회사에서 바로 통하는

일러스트
레이터
CS 5

박혜진(삐딱대가리) 지음

디자인 사무실에서 많이 쓰는 예제만 골라 담아
탐나는 일러스트레이터 책

회사에서 바로 통하는 일러스트레이터 CS5

지은이 | 박혜진(삐딱대가리)
펴낸이 | 김태헌
펴낸곳 | 한빛미디어(주)
주소 | 서울시 마포구 양화로 7길 83 한빛미디어(주) 실용출판부
전화 | IT활용서팀 02)336-7129, 영업팀 02)336-7114
팩스 | 02)336-7124
등록 | 1999년 6월 24일 제10-1779호
초판발행 | 2011년 5월 01일
9쇄발행 | 2016년 4월 25일
정가 | 26,000원
ISBN | 978-89-7914-824-4 18000

기획 | 최근혜
편집 | 김희정
표지디자인 | 여동일
내지디자인 | 삐딱디자인
표지 일러스트 | 송진욱
내지 일러스트 | 삐딱, 카페 띠아모(caffe TIAMO) 협찬

Published by HANBIT Media, Inc. Printed in Korea

이 책에 대한 의견을 주시거나 오탈자 및 잘못된 내용의 수정 정보는 한빛미디어(주)의 홈페이지나 아래 이메일로 연락 주십시오.
잘못된 책은 구입하신 서점에서 교환해 드립니다.

http://www.hanbit.co.kr
ask@hanbit.co.kr

저자 : 박혜진(삐딱대가리)

프리랜서 디자이너&일러스트레이터
항상 다르게 생각해보고 거꾸로 풀어보자는 의미인 [삐딱대가리]라는 닉네임을 갖고 있습니다.
[삐딱디자인]을 운영하며 일러스트, CI, 편집, 캘리그래피, 디자인 팬시 작업을 하고 있습니다.

블로그 http://hejini8904.blog.me
카페 http://cafe.naver.com/bbiddak.cafe
이메일 hejini8904@naver.com

머리말

4번째 일러스트레이터 책이 나왔고, 디자이너 생활도 8년째에 접어들었습니다. 그림을 시작한 고등학생 때부터 '프리랜서가 되고 싶다'고 생각했고, 당연히 그렇게 되리라 여겼기에 지금 이 모습으로 사는 게 아닌가 싶습니다. 10년 전에 꿈꾸었던 것처럼 독립된 작업실에서 고양이를 키우며 그림을 그리고 있지만 지금 생각해보면 꿈이 너무 소박했던 것 같아요. 그때 더 크고 멋진 꿈을 꿨다면 지금쯤 더 멋진 모습으로 있을지 모르겠어요. 그러니 여러분도 바라는 미래가 있다면 지금은 불가능해 보일지라도 목표는 더 크고 높게 잡으세요. 정확히 일치하지는 않아도 꼭 이루어질 테니까요. 해외에서 활동하는 일러스트레이터, 많은 이들이 꿈꾸는 그리고 꿈꾸게 하는 디자이너, 전 세계를 여행하며 그림을 그리는 그림 여행 작가 그 어느 것이든 될 수 있습니다.

그동안 써낸 책, 블로그, 직업 훈련 인터뷰 영상을 보고 많은 분이 고민을 담은 메일을 보내주십니다. 가장 많이 듣는 말이 '어떻게 하면'입니다. "어떻게 하면 디자이너가 될 수 있나요?", "어떻게 하면 잘 그릴 수 있나요?", "어떻게 하면 일이 들어올까요?", "그림 그리는 게 꿈인데 다른 일을 하고 있어요. 어떻게 하면 될까요?" 등 막연하다는 내용입니다. 디자이너나 일러스트레이터가 되는 방법이 한 가지만 있는 게 아니기 때문에 정답을 드리진 못해도 제가 아는 선에서 충분히 실천할 수 있는 방법을 알려드렸습니다. 그렇게 답변을 드리고도 내내 마음에 걸려 Part 01에 디자이너가 될 수 있는 방법과 공부법을 담았습니다.

물론 제가 알려드리는 방법이 정답은 아닙니다. 하지만 어느 분야나 공통적으로 들을 수 있는 답은 꾸준히, 열심히, 즐겁게 해야 한다는 것입니다. 노력하면서 즐기기까지 하면 어느 누구도 따라올 수 없으니까요.

쉽게 많은 것을 배우고 싶었던 학창시절을 떠올리면서 그동안 디자이너로, 일러스트레이터로 활동하며 쌓은 노하우와 일러스트레이터를 쓸 때 꼭 필요한 부분을 모아 책을 엮었습니다. 일러스트레이터 프로그램은 여러분의 머릿속에 있는 것을 명확하게 표현하는 데 도움을 줄 것입니다. 이 책을 보는 모든 분이 즐겁게 공부하고, 나날이 발전해서 원하는 것을 맘껏 그려내 삶 자체를 그려내는 디자이너가 되길 진심으로 바랍니다.

Thanks to
이 책이 나오기까지 수고해주신 한빛미디어 근혜씨와 희정 과장님, 그 외 출판사분들,
사랑하는 가족, 귀여운 코코, 응원해주는 친구들, 뜸한 포스팅에도 꾸준히 찾아주시는
블로그 이웃 분들, 먹고살게 해주시는 클라이언트 분들. 이 글을 보고 있는 독자
여러분 감사합니다.

삐딱대가리로부터

책의 구성

Specialist Interview

아름다운 레이아웃을 만드는 Studio BAF 김종수님

김종수
2009년 studio BAF 재입사
2007년 용진 근무
2004년 studio BAF 근무

개인홈페이지 www.1sang2sang.com
회사홈페이지 www.baf.co.kr
이메일 sangeng@1sang2sang.com

나의 시작은

예전부터 그림을 좋아하고 무언가를 만드는 행위를 좋아했습니다. 그런 행동에 몰두하면 시간가는 줄 몰랐습니다. 막연히 '미'를 추구하기를 원했고 그것이 '나만이 아닌 우리를 위하면 좋겠다'라고 생각한 것 같습니다. 내가 아는 우리를 위한다는 측면에서 순수 회화보다 일러스트레이션이 좋았고, 시각 디자인학과를 다닐 때도 다른 작업보다 일러스트레이션 작업에 더 많은 시간을 할애했습니다. 그 일러스트레이션이 지금의 디자이너로서 살게 한 것 같습니다.

편집 디자인은 이런것

다양한 프로젝트, 다양한 장르로 작업해보니 편집 디자인이란 아름답고 감각적인 레이아웃의 문제라기보다 논제를 전체적으로 파악하는 척도에 가까웠습니다. 그것이 상당히 논리적고 치밀하게 시스템화가 되어야 비로소 아름다운 건물을 올릴 수 있는 기초 공사가 끝났다고 할 수 있습니다. 이때부터는 감각적인 연출과 디자인이 더해져 내가 아닌 우리를 위한 훌륭한 결과물을 내기 위해 노력합니다.

모든 일이 그러하듯 자신이 의도한 대로 디자인을 끌고 가려면 여러 사람을 설득시켜야 합니다. 설득하려면 커뮤니케이션 능력이 무엇보다 중요하고 열린 마음으로 수용하는 자세와 설득력 있게 자신의 의견을 관철시키는 능력과 자신감이 필요합니다. 설득 과정은 작업을 전체적으로 아우르고 있어야만 가능한 작업입니다.

▲ 2005년 점통점통 콩투는 아홉 개의 점 studio BAF자
Studio BAF 10주년 기념 에니메이션 책 기획/사진/일러스트레이션

우르고 있어야만 가능한 작업입니다. 말힘이 필요합니다. 하지만 설득 과정이 그 과정을 잘 버티고 나온 결과로 반응하면 그보다 더한 쾌감과 보다

Specialist Interview

전문 분야에서 실력을 뽐내고 있는 프로 디자이너 이야기를 들을 수 있습니다. 해당 분야 전문 디자이너가 되기 위한 공부법부터 실무 이야기까지 아낌없는 조언을 들을 수 있습니다.

Lesson 25

수묵화 그리기

앞서 배운 것과 같이 브러시로 글자와 그림을 그릴 때는 태블릿을 사용하면 손맛을 낼 때 더욱 효과적입니다. 다양한 모양의 붓 터치 브러시, 태블릿의 필압, 그레이디언트와 투명도를 조정하면 디자인 소스로 손색없는 캘리그래피 오브젝트를 만들 수 있습니다. 이번에는 브러시 라이브러리를 이용해 그림을 그린 다음 수묵화 효과를 내보겠습니다.

● 실습 파일 : 부록CD\Sample\Part07\Lesson28-1.ai
● 완성 파일 : 부록CD\Sample\Part07\Lesson28-2.ai

Lesson

레슨을 따라하는데 필요한 실습 파일과 완성 파일 경로를 알려줍니다. 레슨 소개 글과 결과물 미리보기를 통해 어떤 기능을 배우고, 어떤 결과물을 만들어낼지 머릿속에 그려볼 수 있습니다.

06 ❶앞서 크기 사각형에 여백이 없을 만큼 블렌드 오브젝트를 확대한 다음 가운데를 맞춰 정렬합니다. ❷여분선과 블렌드 오브젝트만 선택한 상태에서 ❸ Ctrl + 7 을 눌러 클리핑 마스크 처리를 합니다.

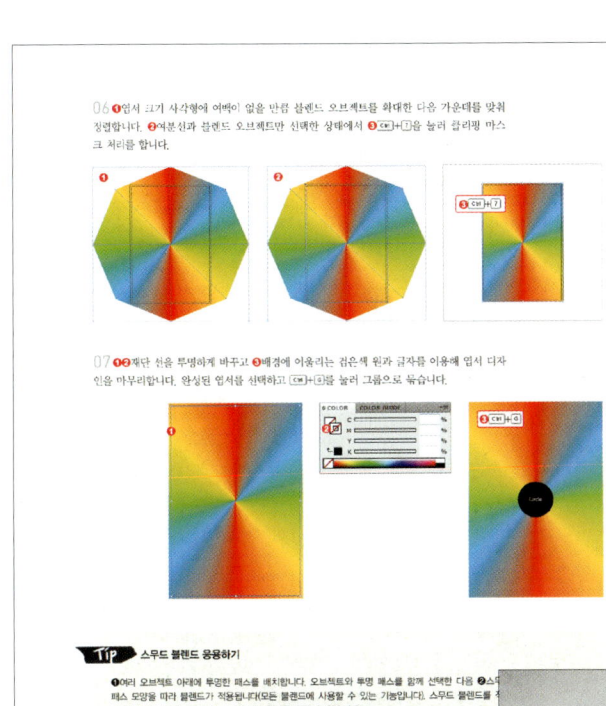

07 ❶❷재단 천을 투명하게 바꾸고 ❸배경에 어울리는 검은색 원과 글자를 이용해 엽서 디자인을 마무리합니다. 완성된 엽서를 선택하고 Ctrl + G 를 눌러 그룹으로 묶습니다.

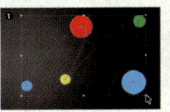 

Tip 스무드 블렌드 응용하기

❶여러 오브젝트 아래에 투명한 패스를 배치합니다. 오브젝트와 투명을 함께 선택한 다음 ❷스무드 패스 모양을 따라 블렌드가 적용됩니다(모든 블렌드에 사용할 수 있는 기능입니다). 스무드 블렌드를 적용하면 부드럽게 이어져 유려한 고무 느낌이 나는 형태를 만들 수 있습니다.

Lesson 37 도형

따라하기 →

실습 내용과 그림을 보면서 차근차근 따라하다 보면 멋진 디자인을 손쉽게 만들 수 있습니다. 따라하다 놓치기 쉬운 부분과 자세히 짚어봐야 할 내용은 Tip으로 만날 수 있습니다.

Special Tip →

중요하거나 유용한 기능은 따로 꺼내 짚어봅니다. 실무에서 더 유용하게 쓸 수 있는 부분은 활용법까지 짚어봅니다.

부록CD

따라하기를 할 때 필요한 실습 파일과 완성 파일을 담아두었습니다. 실습할 때마다 꺼내 써야 하므로 내 문서에 적당한 폴더를 만든 다음 복사해두고 사용하는 것이 좋습니다.

[Sample] 폴더

실습 파일과 완성 파일이 Part 별로 나누어져 있습니다.

Special Tip 02
어도비에서 제공하는 디자인 템플릿 엿보기

일러스트레이터 CS5는 짜여진 틀에 글자만 수정해서 쓸 수 있는 다양한 템플릿을 제공합니다. 웰컴 스크린 오른쪽에 있는 [From Template]을 선택합니다. 템플릿 폴더에 6개 폴더가 테마별로 나눠진 것이 보입니다. 테마별 폴더를 열면 각 테마에 맞게 만들어진 디자인이 가득합니다. 상황에 맞는 디자인을 선택한 후 수정해서 사용하면 됩니다.

 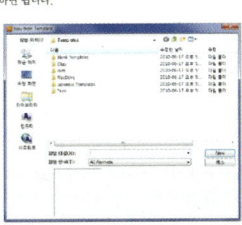

웰컴 스크린이 보이지 않으면 [Help]-[Welcome Screen] 메뉴를 선택합니다...②

Blank Templates

갖가지 디자인 규격을 제시합니다. 가이드만 잡혀 있으므로, 내부 디자인은 자유롭게 만들어 사용할 수 있습니다.

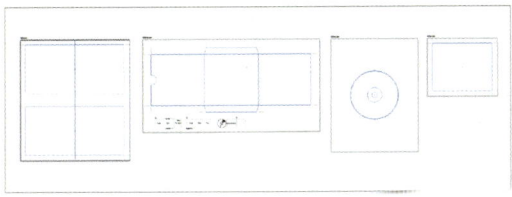

Blank Templates-CD FILE ANGLE

갤러리

Lesson 11 손 그림 낙서로 캐릭터 만들기 122p

Lesson 12 도형과 패턴을 이용해 캐릭터 꾸미기 134p

Lesson 13 면 분할을 활용해 캐릭터 그리기 154p

Lesson 14 활력 있는 선으로 캐릭터 그리기 176p

Lesson 16 쉽게 만드는 배경 일러스트 210p

Lesson 17 브러시를 활용한 일러스트 226p

Lesson 15 사진과 패턴을 활용한 콜라주 일러스트 196p

Lesson 18 원근감 있는 일러스트 244p

Lesson 21 글자를 다양하게 꾸며보기 286p

Lesson 20 일러스트레이터에서 글자 쓰기 272p

Lesson 22 왜곡한 타이포를 디자인에 써먹기 300p

Lesson 24 브러시 툴로 그리는 캘리그래피 326p

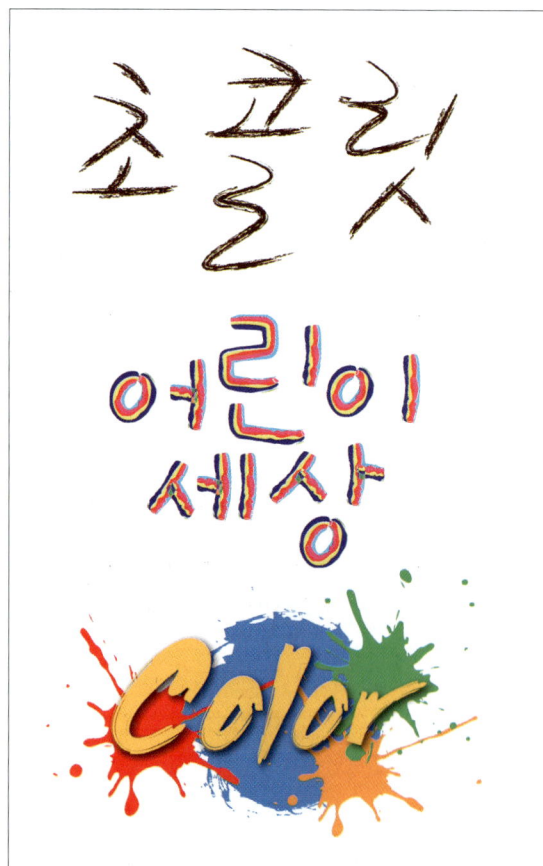

Lesson 23 펜 툴로 그리는 캘리그래피 316p

Lesson 25 수묵화 그리기 336p

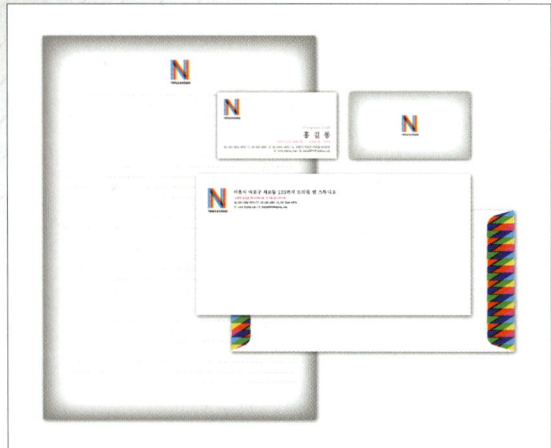

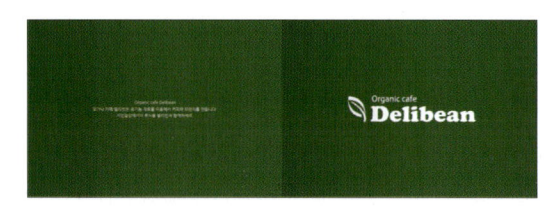

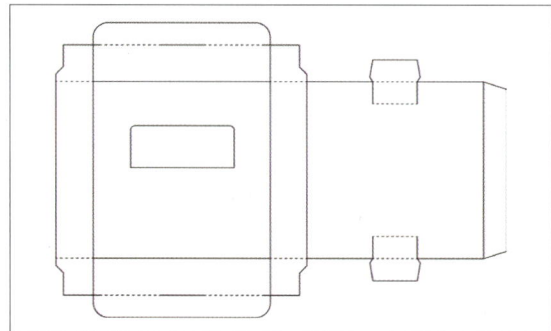

차례

회사에서 바로 통하는 일러스트레이터 CS5는 차례대로 과정을 밟아가면서 모든 툴과 기능을 익힐 수 있도록 짜여져 있습니다. 후반부로 갈수록 앞에서 다룬 세부 설명이 생략되어 있으므로 Part 02, 03은 반드시 먼저 따라해보고 다음 Part로 넘어가세요.

Part 03 디자인하려면 이건 알아야 할 걸?

Part 04 귀엽고 깜찍한 캐릭터 디자인 테크닉

Part 07 손맛이 느껴지는 캘리그래피 테크닉

Part 08 이미지 통합! 아이덴티티 디자인

Part 09 모든 디자인의 기본! 편집 디자인 테크닉

Part 10 제품을 돋보이게 하는 패키지 디자인 테크닉

Part 11 세상에서 제일 예쁜 팬시 디자인 테크닉

Writer Interview

안녕하세요. 삐딱대가리 박혜진입니다.

블로그 http://hejini8904.blog.me
카페 http://cafe.naver.com/bbiddak.cafe
이메일 hejini8904@naver.com

안녕하세요. 이 책의 저자이자 프리랜서 디자이너&일러스트레이터 박혜진입니다. 4살짜리 회색 고양이 코코와 함께 살고 있고, 집을 너~무 좋아하는 방콕녀예요(^^;).

제 닉네임은 삐딱하게 뒤집어 생각해보자는 의미인데, 발음이 고급스럽지 않아 생각 좀 많이 하고 만들 걸~ 하고 후회한 적도 있었지만, 한 번 들으면 잊지 않는다는 점에서는 성공적인 네이밍이었던 것 같아요. 주로 편집 디자인과 일러스트 작업을 하고, 부수적으로 그래픽 서적 집필과 팬시 디자인을 하고 있습니다. 홈페이지로 운영 중인 블로그(http://hejini8904.blog.me)를 통해 개인 소식이나 작업물, 일기와 사진, 리뷰 등을 올리고 있어요. 독자들이 궁금해 하는 내용이나 책에 대한 정보를 제공하기 위해 독자 카페(http://cafe.naver.com/bbiddak.cafe)를 운영하고 있으니 시간 나면 꼭 들러주세요.

블로그 http://hejini8904.blog.me

독자 카페 http://cafe.naver.com/bbiddak.cafe

삐딱대가리의 작업실

음악도 빛도 없는 깜깜한 밤에 혼자 있어야 집중이 잘 되는 편이라 누구에게도 방해받지 않는 저만의 공간이 절실했어요. 학생 때부터 서울에 있는 작업실에서 일하는 멋진 프리랜서가 되는 게 꿈이었는데, 3년 정도 대전에서 프리랜서 생활을 하며 전세금을 모은 후에야 그 꿈을 이룰 수 있었어요(집에 혼자 있다 보니 행색은 별로지만요). 작업실 벽 두 면을 책상으로 길게 채워넣고, 벽 모서리에는 컴퓨터를, 옆으로는 미싱 작업과 수작업을 할 수 있는 공간을 꾸몄어요. 제 모든 작업은 이 작업실 안에서 만들어지며 저는 대부분의 시간을 이곳에서 보내요. 실컷 어지르며 일한 다음 침실에 가서 책을 보거나 잠을 잔답니다.

작업실 전경   작업실에서 팬시 제품을 촬영하는 모습   침실

제가 하는 작업은

크게 나누자면 디자인, 일러스트, 팬시, 집필 4가지 작업을 하고 있어요. 가끔은 직장 생활을
하면서 배운 캘리그래피를 이용해서 글자를 쓸 때도 있고, 디지털 카메라로 제품 사진을 찍고
웹사이트에 쓸 수 있게 보정하기도 합니다. 늘어놓으니 많은 일을 하는 것 같지만, 시각 디자
인 분야는 모두 일맥상통하기 때문에 조금씩만 방향을 바꿨을 뿐 같은 작업이라고 생각해요.
디자인, 그림, 사진 작업을 할 때는 포토샵과 일러스트레이터를 사용하고, 편집할 때는 인디
자인을 사용합니다. 스케치는 주로 손으로 한 다음 스캔해서 작업하며, 필요하면 붓이나 펜
등을 이용해 그림을 그린 다음 컴퓨터로 합성하거나 패스를 만들어 완성해요.

일러스트레이터 집필 서적

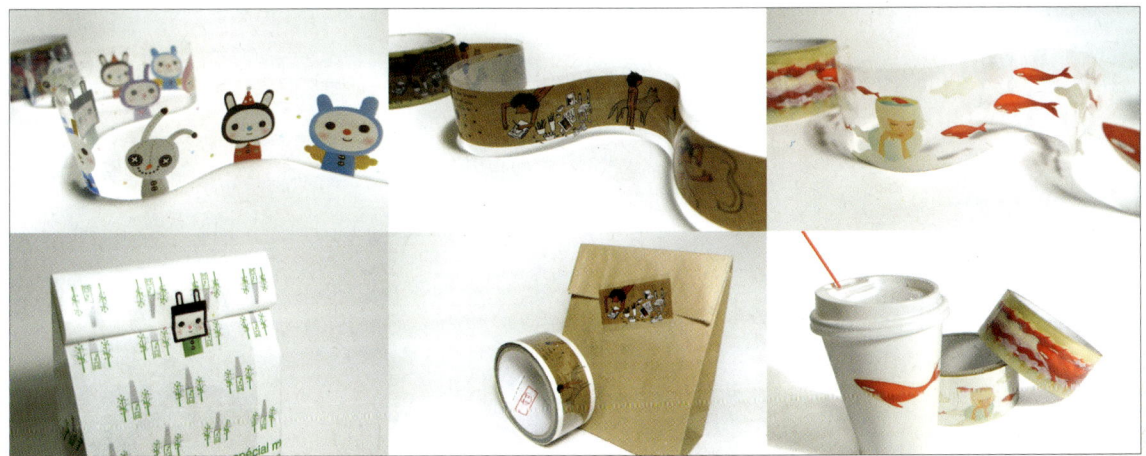

작가들과 함께 한 팬시 테이프(드링키돌, 이다, 빨간 고래)

청소년 일시쉼터 리플렛

샤니 쿨&핫 시리즈 빵 패키지 디자인

유니세프 기부 엽서 일러스트

베르세르크 게임 타이틀

cafe TIAMO 캘린더 디자인&일러스트

YTN 『진실』 1편 「사랑을 시작하다-전태일」 일러스트

SBS 『그것이 알고 싶다』 「당신에게 생길 수 있는 일」 일러스트

감각 트레이닝?

혼자 작업하다보면 감각을 키우는 데 한계가 있기 때문에 좋은 디자인과 아이디어를 살펴보면서 자극을 받으려 노력하는 편이에요. 디자인 잡지도 사서 읽고, 관련 웹사이트도 수시로 들락거리고, 전시회도 보고, 좋은 디자인 제품 정보도 스크랩하다보면 아직도 한참 모자란 제 위치와 보강해야 할 부분을 알 수 있고, 생각지 못한 아이디어가 나올 수도 있거든요. 그리고 평소 카메라를 갖고 다니면서 기억하고 싶은 일상을 찍고 블로그에 기록하는 편입니다.

일상에서 찾은 즐거운 순간

자극이 되었던 순간

제겐 취미 생활도 일의 연장선인 것들이 많아요. 워낙 뭔가를 만드는 걸 좋아하다보니 취미 생활도 만들거나 그리는 게 많아요. 예전엔 만화 축제에도 종종 참가했고, 드라마에 빠져 지낼 땐 연예인 일러스트를 그려 웹에 올리곤 했었죠. 재미삼아 했던 일들로 인해 인터뷰도 해봤고 일로 연결될 때도 있었어요. 취미로 꾸준히 올린 그림 일기와 그림은 파워 블로거가 되는 계기가 되기도 했습니다. 무슨 일이든 꾸준히 하다보면 반드시 좋은 일로 되돌아오는 것 같아요.

영화나 드라마를 보고 감동에 겨워 그린 연예인 일러스트

드라마를 보고 신나서 그린 캐릭터 일러스트

직접 만든 작업실 서랍장

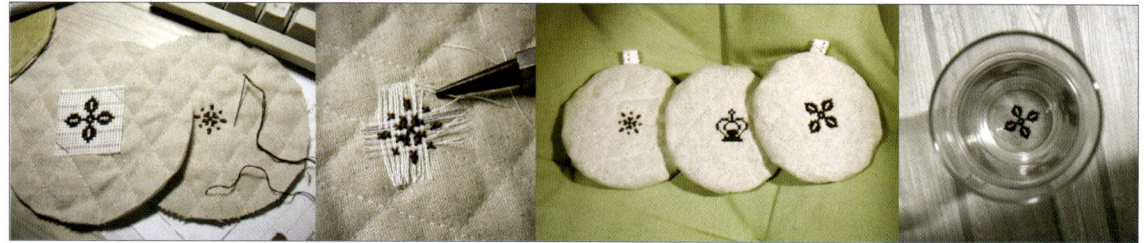

십자수로 만든 컵받침

예비 디자이너에게 하고 싶은 말

푸념할 시간에 노력하세요

집이 경제적으로 넉넉하지 못했기 때문에 지방에서 대학을 나왔던 것이나 여러 가지를 포기하며 살아왔던 것이 많이 속상했고, 그 때문에 제가 할 수 있는 일에는 한계가 있다고 생각했어요. 하지만 그건 철없는 핑계였을 뿐 한계를 만드는 건 제 자신이었던 것 같아요. 어떤 상황에서도 나만 능력 있게 대처했다면 좋은 결과를 만들 수 있습니다. 실제로 현존한 성공인 중에는 명문대 유학파 출신보다 자신의 노력만으로 성공에 다다른 사람이 더 많으니까요.

많이 보고 느끼세요

시각적인 직업인만큼 일하는 시간을 뺀 나머지 시간에 마냥 자거나 놀기보단 스스로를 자극할 수 있는 것들을 일부러도 많이 찾아서 보고 느끼고 기록하세요. 말발이 서지 않으면 스피치 관련 책을 읽거나 강좌를 듣고, 스케치 능력이 부족하면 미술 학원에 다니고, 디자인 레이아웃을 잡기가 힘들면 잘된 디자인이 정리된 책이나 전시를 자주 보세요. 자기관리 서적도 손닿는데 두고 자주 읽어 마인드를 잃지 않는 것도 좋습니다. 관심 있는 분야의 전시회도 관람하고, 책도 많이 읽으세요. 어떤 장소나 웹 또는 책에서도 조언을 얼마든지 얻을 수 있습니다.

졸업 전에 실무 체험이나 인턴 과정을 꼭 경험해보세요

학교 공부와 회사 실무는 많이 다릅니다. 작업 환경과 과정을 떠나 인간관계나 상황별 대처법이나 말로 설명하지 못할 여러 가지가 있습니다. 이런 것들을 졸업하기 전에 조금이라도 경험해보면 사회 생활하는 데 큰 도움이 될 거예요.

기회가 된다면 해외에 꼭 나가보세요

그냥 먹고 노는 여행보단 관심 있는 분야를 보고 느낄 수 있는 여행을 추천해요. 해외 전시회를 여행 일정에 넣어도 좋고, 소품이나 인테리어에 관심 있다면 카페나 소호 샵을 둘러보아도 좋습니다. 저는 태어나서 처음으로 20대 후반에 해외로 나갔어요. 일본어 공부를 반년쯤 하고 떠난 일주일짜리 도쿄 여행이었는데 정말 많은 것을 느꼈고, 좀 더 어렸을 때 이런 것들을 보고 느꼈더라면 지금 더 많이 달라졌을지 모르겠다는 생각까지 들더라고요. 여행 비용은 방학 동안 아르바이트만 해도 충분히 벌 수 있습니다. 돈이 많지 않아도 젊음을 무기삼아 나가보세요. 자신이 얼마나 작은지, 무엇이 중요한지 알 수 있을 거예요.

고민하되 좌절하진 마세요

앞에 소개된 작업을 보면 아시겠지만 저는 딱히 저만의 스타일이란 것이 없습니다. 이것은 상업 디자인을 하는 입장에서 큰 장점일 수 있지만, 작가성을 갖고 싶었던 저로서는 굉장한 고민거리였습니다. 한동안 이 문제로 슬럼프에 빠지기도 했지요. 디자이너나 일러스트레이터라면 누구나 자신의 스타일에 대해 고민할 때가 있습니다. 이런 고민의 해답을 찾으려 유학을 떠나는 사람도 있고, 공부를 다시 시작하는 사람도 있고, 긴 여행을 떠나는 사람도 있어요. 이 책을 읽는 독자들도 언젠가는 이런 고민을 꼭 하게 될 텐데, 그때 '나만' 이런 고민을 하는 것이 아니니 너무 심각해지진 마세요. 하고 싶은 일과 해야 할 일은 다르고, 좋아하는 것과 잘하는 것 역시 다르니까요. 해야 할 일과 잘하는 것을 꾸준히 해가면서 하고 싶은 일과 좋아하는 것을 찾아 발전시켜가면 됩니다.

내 스스로 어떤 노력을 하느냐에 따라 두 마리 토끼뿐 아니라 세 마리, 네 마리도 잡을 수 있어요! 정말로 좋아하는 일을 찾았다면, 정신 바짝 차리고 한 번 해보세요. 그리고 그 일로 인해 행복해지기 바랍니다. 이 글을 읽는 모든 분들 화이팅!

Part 01.
디자이너가 되자

어렸을 때는 별 고민 없이 나중에 크면 대통령, 의사, 디자이너, 연예인이 될 거라고 당당하게 말합니다. 하지만 막상 진로를 결정해야 할 때가 되자 내가 하고자 하는 일이 과연 나에게 맞는 일인지, 어떻게 시작해야 할지, 어떻게 해야 성공할 수 있을지 막막해집니다. 디자이너를 꿈꾸는 사람 중에는 어린 학생도 있고, 다른 일을 하고 있는 어른도 있지만 처음 시작할 때 맞닥뜨리는 막막함은 다들 같을 것입니다. Part 01에서는 디자이너가 되는 방법과 감각을 키우는 방법, 자신의 실력을 높이는 방법을 살펴보고 프리랜서 디자이너의 작업 순서도 알아보겠습니다.

Lesson 01.
디자이너가 되려면

디자이너가 되고 싶은데 어떻게 시작해야 할지 모르겠다는 분, 지금은 다른 일을 하고 있지만 늦게나마 디자이너가 되고 싶다는 분, 디자이너가 되고 싶은 마음만 있지 막상 어떻게 시작해야 할지 몰라 막막한 분을 위해 디자이너가 되는 몇 가지 방법을 알려드리겠습니다.

※ 이 책에서 소개하는 디자이너란 시각 디자이너(일러스트, 편집, 웹, 팬시, 캐릭터, 그래픽 디자이너 등)를 말합니다.
※ 소개된 웹 사이트는 부록CD\Sample\Part01\추천사이트모음.html 파일에 링크되어 있습니다.

드라마나 영화를 보면 멋지고 화려한 디자이너가 많이 나옵니다. 하지만 실제로 영화 속에서 볼 법한 디자이너는 많지 않습니다. 실력을 인정받기 전까지는 돈도 많이 벌지 못하고, 스타일리시한 옷은커녕 추리닝 차림으로 머리도 못 감고 밤새가며 일하는 디자이너도 많습니다. '디자이너'라는 폼 나 보이는 타이틀과 멋진 이미지가 부러워 디자이너가 되려고 한다면 여기서 포기하세요. 현실은 영화처럼 멋지고 화려하지 않답니다. 힘들어도, 멋지지 않아도, 돈을 얼마 못 벌어도 꼭 하고 싶은 마음이 간절해야 실망하지 않습니다.

내 적성에 맞는지 확인할 것

그림을 잘 그리지 못해도 그림 그리는 일이 즐겁다면, 무엇인가 아름답게 꾸미고 만드는 일이 좋다면, 주변에서 미술에 소질이 있다는 얘기를 들어왔다면 적성이 맞는 것이므로 도전할 만합니다. 디자이너는 생각이나 느낌을 아이디어로 정리하고 스케치해서 상대방에게 전달하고 이해시킬 수 있어야 합니다. 그러려면 메모나 스케치나 낙서가 일상이 되어야 합니다. 쓰고, 그리고, 만드는 것이 즐겁더라도 상대방과 소통하고 맞추는 일이 버겁다면 클라이언트를 만족시켜야 하는 디자이너가 되기는 어렵습니다. 스케치하고 꾸미는 것은 물론 소통하는 것도 즐겨야 합니다.

대학에서 디자인을 전공할 것

예술대학에 입학해서 디자인이나 일러스트레이션을 전공하면 좋습니다. 디자인 기초 이론과 디자인을 풀어가는 과정을 체계적으로 공부할 수 있고, 디자인 과제나 전시회 등을 준비하면서 실무를 미리 접할 수 있습니다. 실무 경험이 많은 교수님과 선배에게 모르는 부분을 물어볼 수 있고 고민을 나눌 수도 있습니다. 전공 과정만 충실히 이수해도 디자이너로 취직하기가 어렵지 않습니다.

대학 디자인학과 입학시험은 미술 실기 시험을 치르는 곳이 많기 때문에 입시 미술 학원을 다니는 것이 좋지만, 실기 시험을 보기 힘들다면 비실기전형으로 모집하는 대학에 입학한 후 실기 실력을 닦을 수도 있습니다.

과거에는 대학 전공이 두세 가지 정도로 나뉘어 있었지만, 최근에는 세분화되어 있으므로 자신이 원하는 전공을 선택해서 전문적이고 깊이 있게 공부할 수 있습니다. 진로를 확실하게 결정하지 못했다면 관심학과가 있는 대학 몇 곳을 골라 교육과정을 훑어보면서 어떤 공부를 하는지 알아봅니다. 더불어 졸업자들이 어느 분야로 많이 취업했는지 알아보면 진로를 결정하는 데 도움이 됩니다. 인터넷이나 아는 사람에게 물어볼 수도 있지만 직접 가서 확인해 보는 것이 좋습니다.

전공이 세분화되어 있고 비슷한 이름이 많아 무엇을 배우는지 헷갈릴 수 있습니다. 미래를 위해 조사를 철저하게 하고 직접 상담해보는 것이 좋습니다.

대학 진학이 어려우면 전문 학원을 찾을 것

대학에 가기 어려운 형편이거나 직장을 다니고 있어 시간을 내기 어렵다면 일러스트, 그래픽, 디자인 관련 전문 학원에서 테크닉과 실무 노하우를 익힐 수 있습니다. 일반 미술 학원은 교육과정이 입시 위주라 실무자를 길러내는 전문 학원을 선택해야 합니다. 성적이 좋으면 관련 분야로 더 쉽게 취업할 수 있습니다. 시작할 때는 대학에서 디자인을 전공한 사람에 비해 급여 수준이 낮을 수 있지만 디자이너는 실력이 우선이므로, 실력만 좋아지면 더 나은 조건과 환경에서 일할 수 있습니다.

일러스트 실무 아카데미

일러스트 연구원
http://www.illustin.com

입필 미래그림연구소
http://www.ippil.com

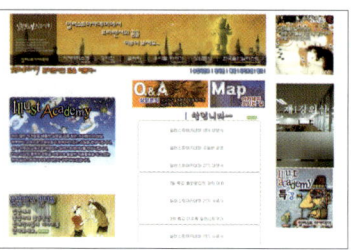

일러스트 아카데미
http://www.illustacademy.com

디자인 실무 아카데미

아카데미 정글
http://www.ejungle.co.kr

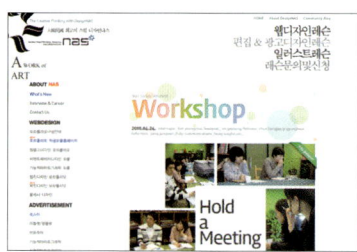

디자인 나스
http://www.designnas.com

SBS 컴퓨터아트학원
http://www.sbsart.com

캘리그래피 전문가 과정

필묵 아카데미
http://www.philmuk.co.kr/re_ac/index.php

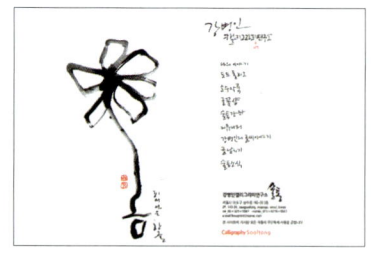

강병인 캘리그래피 연구소
http://www.sooltong.co.kr

캘리디자인
http://www.callidesign.co.kr

국비 지원 프로그램을 활용하면 무료로 공부할 수도 있고 돈을 내더라도 저렴하게 이용할 수 있으므로 잘 알아보기 바랍니다.

국비 지원 정보 사이트와 지원 내용

고용 노동부 홈페이지
http://www.hrd.go.kr/index3.html

아이디어 비즈 뱅크
http://www.ideabiz.or.kr/main.do

근로자 수강 지원 고용보험에 가입된 사업장에 근무 중인 근로자가 직무 능력 향상을 위해 자비로 훈련 과정을 수강한 경우 수강료의 전액 또는 일부를 환급해주는 제도입니다. 1인당 연간 100만원까지 환급받을 수 있으며, 재직 기간 5년간 300만원을 초과할 수 없습니다. 고용 노동부 홈페이지에서 내용을 확인할 수 있으며 거주지 또는 훈련 기관 소재지 관할 지방노동관서 고용지원센터에서 신청할 수 있습니다.

직업 능력 개발 계좌제 직업 훈련을 원하는 구직자(실업자)에게 정부가 발급해주는 200만원 한도의 카드로 훈련비 80%를 정부가 지원하는 제도입니다. 고용 노동부 홈페이지에서 내용을 확인할 수 있으며 거주지 또는 훈련 기관 소재지 관할 지방노동관서 고용지원센터에서 신청할 수 있습니다.

직업 능력 개발 카드제 고용보험에 가입된 비정규직 근로자에게 직업 능력 개발 훈련을 수강할 수 있도록 발급하는 연간 100만원 한도의 카드입니다. 수강료 전액을 지원받을 수 있으며 5년간 300만원을 넘을 수 없습니다. 고용 노동부 홈페이지에서 내용을 확인할 수 있으며 거주지 또는 훈련기관 소재지 관할 지방노동관서 고용지원센터에서 신청할 수 있습니다.

골드 카드 우수 1인 창조 기업이 희망하는 교육과정을 지정된 교육기관에서 직접 선택·수강하여 자신의 역량과 전문성을 강화할 수 있도록 신용 카드 형태의 골드 카드를 발급해주는 제도입니다. 1인당 80만원까지, 교육비의 50%를 지원해주는 맞춤형 교육 프로그램입니다. 아이디어 비즈뱅크에 1인 창조 기업으로 가입한 다음 웹사이트에서 신청할 수 있습니다.

포트폴리오를 잘 정리할 것

디자이너로 취업하려고 그래픽 자격증을 따는 경우가 있는데 실무에서는 자격증이 별로 의미가 없습니다. 자격증보다 내가 디자인한 작업을 잘 정리한 포트폴리오가 중요합니다. 포트폴리오는 자신을 대표하는 작품이나 아이디어를 고스란히 담아내기 때문에 그 어떤 이력보다 실력을 가늠하기에 좋은 잣대입니다. 따라서 디자이너를 평가할 때 가장 큰 비중을 차지합니다. 내 작품 전시회를 연다는 마음으로 작품을 선정해서 포트폴리오를 구성해보세요. 포트폴리오는 구직 사이트에 이미지로 등록할 수 있고 홈페이지를 만들어 등록할 수도 있습니다. 손으로 전할 수 있는 종이책, 전자책, CD로도 만들 수 있습니다. 포트폴리오는 클라이언트와 나를 연결하는 다리이자, 내 실력을 제대로 보여줄 수 있는 방법이므로 꼭 만들어둡니다.

작업한 데이터는 관련 자료와 함께 그때그때 정리해두는 것이 좋습니다.

좋은 포트폴리오를 만들려면

다양한 작업을 가능한 많이 해볼 것

일러스트레이터라고 해서 그림만 그리거나 웹 디자이너가 꿈이라고 해서 웹페이지만 디자인할 필요는 없습니다. 어차피 디자인은 표현되는 매체만 다를 뿐 기본 틀은 같기 때문에 분야에 제한을 두지 말고 다양한 작업을 해보는 것이 좋습니다. 굳이 과제가 아니더라도 취미로 이것저것 그려보거나, 공모전을 준비해도 좋습니다.

이것저것 작업해보면 디자인에 대한 감을 잡을 수 있고, 자신이 잘하는 것이 무엇인지도 알게 됩니다. 장난 삼아 그린 그림이나 취미 삼아 만든 작품으로 자신만의 스타일을 발견할 수도 있습니다. 작품이 많고 다양해지면 그만큼 질 좋은 작품을 골라내기도 좋아집니다.

자신의 스타일을 찾을 것

학점을 받기 위해 억지로 한 과제, 포트폴리오를 채우려고 의무적으로 만든 작품, 트렌드를 쫓아 유행하는 스타일을 흉내 낸 작품은 포트폴리오에 넣어도 높은 점수를 받지 못합니다.

좋은 회사일수록 더 많은 디자이너 지망생이 몰려듭니다. 수많은 포트폴리오 중 선택되는 것은 자신만의 개성이 묻어나면서도 대중에게 어필할 수 있는 디자인을 담아낸 포트폴리오입니다.

자신이 가장 잘하는 것이나 가장 하고 싶은 것이 무엇이고 자신을 가장 잘 표현한 디자인이 어떤 것인지 고민해보세요.

데이터는 그때그때 정리할 것

숨 가쁘게 달리다 보면 꽤 많은 작업물을 만들고도 데이터를 제대로 남기지 못합니다. 컴퓨터에 잘 저장해두었다고 방심하다가 컴퓨터가 고장나 몇 년간 해온 작업이 날아가 버리는 경우도 있습니다. 작업을 마쳤다면 그때그때 잘 챙겨두고, 디지털 데이터로 변환해서 보관합니다. 디지털 데이터는 중간중간 CD나 외장하드 등에 따로 복제하는 습관을 기르기 바랍니다.

패키지 디자인이나 제품 디자인처럼 입체 디자인은 오래 보관하기 힘들기 때문에 스튜디오에 가서 사진으로 촬영해둡니다. 요즘은 개인용 디지털 카메라도 사양이 워낙 좋아 제품 사진을 촬영하기에도 무리가 없습니다. 학교나 학원을 다닌다면 촬영용 스튜디오 공간을 잘 활용하고, 개인이라면 스탠드와 종이를 이용해 미니 스튜디오를 만들어 촬영할 수 있습니다. 스튜디오에서 촬영하기 어려울 때는 배경과 조명을 밝게 한 다음 포토샵으로 보정해서 씁니다.

베스트 디자인 20개만 넣기

내 실력을 모두 보여주려고 이제껏 작업한 모든 디자인을 포트폴리오에 넣는 경우가 있습니다. 시험 공부를 할 때 노트나 책에서 중요한 부분만 빨갛게 표시하는 경우가 있습니다. 그래야 요점이 드러나기 때문입니다. 포트폴리오도 마찬가지입니다. 포트폴리오에 좋은 작품과 그저 그런 작품을 모두 집어 넣으면 실력을 판단하기 어려워집니다. 내 실력을 제대로 보여주는 가장 자신 있는 디자인 베스트 20을 정하고, 이 중 자신 있는 분야나 앞으로 하고 싶은 분야 작품을 앞부분에 배치해서 눈에 띄도록 해야 합니다. 혼자서 베스트 디자인을 고르다보면 객관성이 떨어질 수 있으므로 디자인을 고를 때는 주변에 있는 친구, 선배, 교수님에게 조언을 구하는 것이 좋습니다.

디자인 컨셉이 있는 포트폴리오 만들기

포트폴리오를 만드는 것은 디자인 작업과 비슷합니다. 포트폴리오에서 말하고 싶은 내용, 원하는 내용이 무엇인지 정하고 어떻게 표현할지 고민하고 수정하면서 만들면 됩니다. 포트폴리오는 디자이너의 얼굴입니다. 디자인을 가미한 이력서와 자신을 대변할 수 있는 카피 몇 줄을 활용한 자기소개서도 넣으면 좋습니다. 포트폴리오는 특정한 형식이나 답이 없으므로 책, 카드, 리플릿 형태로 만들어도 되고 캔에 말아 넣거나 일회용기에 포장하는 등 다양하게 만들 수 있습니다. 자신만의 아이디어와 특색을 담아 표현하면 됩니다.

온라인을 활용할 것

요즘은 미니홈피나 블로그를 이용해 누구나 쉽게 개인 홈페이지를 만들고 관리할 수 있습니다. 포트폴리오는 정해진 사람에게 직접 제출할 수도 있지만, 개인 홈페이지나 블로그, 포트폴리오 등록 사이트(포트폴리오 등록&구직 사이트 참고) 같은 온라인 사이트에 올릴 수도 있습니다. 실제로 웹 포트폴리오를 통해 취업 스카우트가 들어오기도 하고, 작업 의뢰가 들어오기도 합니다. 특색 있는 작업물이 많이 올라간 인지도가 있는 디자이너 홈페이지에는 방문자가 하루에도 수천 명이 되기도 합니다. 홈페이지 인기가 높아지면 질수록 디자이너에게 주어지는 기회가 늘어납니다.

개인 홈페이지형 ①
비비천사 : http://www.bibi1004.com

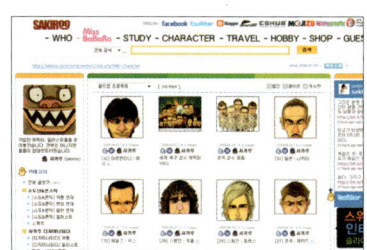

개인 홈페이지형 ②
사키루닷컴 : http://www.sakiroo.com

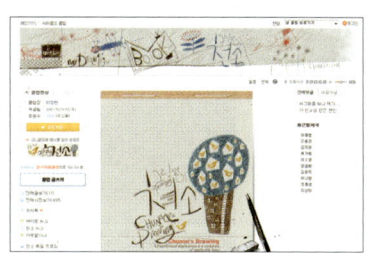

커뮤니티형
그림쟁이 천소 : http://club.cyworld.com/chunsodr

블로그형 ①
굴리굴리의 일러스트 : http://blog.naver.com/kh7116

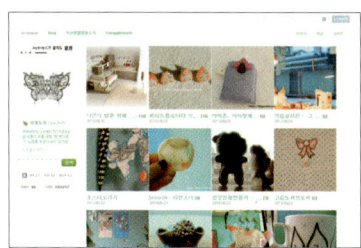

블로그형 ②
워터드롭소나타 : http://dropsonata.com

블로그형 ③
Duboo의 그림생활 : http://duboo.org/

사용처에 따라 결정할 것

취업하려고 할 때는 기업별, 진학하려고 할 때는 대학원별로 접수 양식이 따로 있습니다. 따라서 목표가 뚜렷한 포트폴리오를 만들 때는 제출 형식을 알아보고 그에 맞게 맞춰서 만들어야 합니다. 면접을 볼 때 포트폴리오를 들고 가는 경우 온라인이나 CD 형태 포트폴리오가 있다 하더라도 컴퓨터를 쓸 수 없는 면접장일 수 있으므로 인쇄물 형태 포트폴리오(파일 또는 바인더 형태)를 준비합니다.

포트폴리오는 디자이너의 작품을 좀 더 전문적이고 고급스럽게 보여줘야 합니다. 따라서 가장 중요하게 평가되는 본질은 디자인 작품 자체입니다. 겉포장이 아무리 고급스럽고 화려해도 내용물의 수준이 평균 이하라면 더 낮은 평가를 받을 수 있습니다. 수준 높은 작품을 준비한 뒤에 작품을 돋보이게 하는 멋진 포트폴리오를 만드세요.

끊임없이 나를 알리고 꾸준히 공부할 것

요즘은 자기 PR 시대입니다. 교수님이나 지인이 취직시켜줄 때까지 기다리지 말고 내 발로 뛰어야 합니다. 관련 커뮤니티와 구직 사이트는 물론 내 홈페이지나 블로그에도 포트폴리오를 올려 나를 알려야 합니다. 앞서 말했듯이 포트폴리오는 클라이언트와 나를 연결하는 다리입니다. 더 많은 곳에 다리를 놓아 더 많은 사람이 나를 찾아오도록 만들어야 합니다.

디자이너&일러스트레이터 포트폴리오 등록&구직 사이트

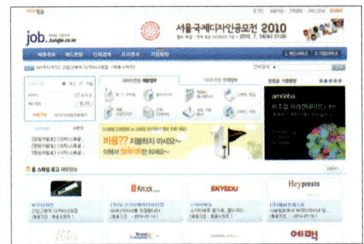

잡정글
http://job.jungle.co.kr/

디자인그룹나인
http://www.designnine.co.kr/

디자이너잡
http://www.designerjob.co.kr

일러스트레이터 전용 포트폴리오 등록&구직 사이트

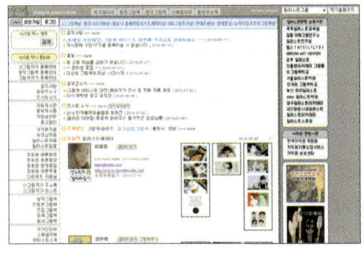

산그림
http://www.picturebook-illust.com

바이일러스트
http://www.byillust.com

포트폴리오 플랫폼

그라폴리오
http://www.grafolio.net/

디자이너라면 디자인 감각과 실력이 중요하지만 그래픽 툴도 능숙하게 다뤄야 합니다. 그래픽 툴을 쓰면 오래 걸리고 힘든 작업을 빠르고 쉽게 끝낼 수 있습니다. 실무에서는 시간이 돈인 경우가 많으므로 그래픽 툴을 이용해서 작업 시간도 줄이고, 새로운 기술도 많이 알아가야 합니다. 디자이너는 사진, 그림, 글자를 다루는 일이 많으므로 포토샵과 일러스트레이터를 자유자재로 쓸 수 있어야 합니다. 모든 툴은 최신 버전일수록 편리한 기능이 많습니다. 새 기능을 익혀 내 작업을 더 빠르고 효과적으로 끝낼 수 있다면 더 좋습니다.

실력 있는 디자이너로 남으려면 자기 계발을 게을리 하지 말아야 합니다. 디자인 공부는 물론 외국어, 대화 기법, 인문학 같은 공부도 필요합니다. 디자인은 국경을 초월하는 작업입니다. 외국 작업물을 보거나 강좌를 들으려면 외국어는 기본입니다. 클라이언트를 설득하면서 작업하려면 대화 기법도 필요합니다. 디자인 트렌드를 놓치지 않아야 하므로 세상 공부도 필요합니다. 다양한 공부야 말로 디자인 감각을 키우는 또 다른 방법입니다. 꾸준히 책을 읽고, 관련 강좌나 세미나를 찾아서 들을 수 있습니다. 함께 일한 사람이나 커뮤니티에서 인맥을 쌓아 경험을 공유하는 것도 좋은 방법입니다.

LESSOM 02.
디자인 감각 이렇게 키워요

디자이너가 되기로 결정한 예비 디자이너부터 활발하게 활동하고 있는 프로 디자이너까지, 디자이너라면 누구나 디자인 감각을 키우는 방법을 고민합니다. 디자이너라면 누구나 고민하는 부분이므로 편하게 생각하세요. 디자인 감각은 배운다고 해서 단번에 좋아지는 것은 아니지만 노력하면 좋아질 수 있습니다. 디자인 감각을 키우는 방법을 실생활에서 찾아보겠습니다.

※ 소개된 웹사이트는 부록CD\Sample\Part01\추천사이트모음.html 파일에 링크되어 있습니다.

다양한 디자인 자료 접하기

디자인은 대중에게 무언가 선보이고 공감을 끌어내는 이미지 작업입니다. 따라서 내 스타일만 고집할 수는 없습니다. 지금 유행하는 스타일은 무엇인지, 대중에게 인기 있는 디자인과 그림 스타일은 어떤 것인지 주의를 기울여야 합니다. 관심 있는 분야만 집중적으로 다루는 디자인 책을 수시로 보고, 관련 잡지를 구독하는 것도 좋습니다. 최근에는 블로그나 미니홈피, 웹진과 오픈캐스트 등에서 멋진 아이디어를 접목한 디자인을 쉽게 접할 수 있습니다. 조금만 노력하면 원하는 자료를 손쉽게 얻을 수 있습니다. 국내외 다양한 디자인을 자주 접하면 좋은 디자인을 보는 눈이 생깁니다.

추천 잡지
한 달에 한두 번은 꼭 대형 서점으로 갑니다. 다양한 잡지를 보고 그 중 맘에 드는 부분을 메모할 수 있고, 사올 수도 있습니다. 잡지 속에는 따끈따끈한 정보도 있지만, 각종 전시회 정보나 독자 참여 정보도 많으므로 기회가 되면 꼭 참여해보세요.

월간 DESIGN NET

월간 DESIGN

월간 CA

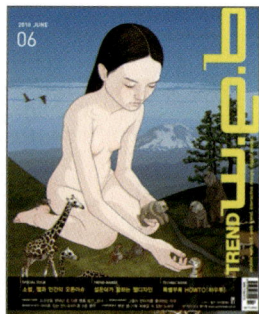
월간 W.E.B.

계간 graphic plus

계간 GRAPHIC

월간 ILLUST

월간 g:

추천 사이트

방대한 디자인 정보를 담은 웹사이트를 수시로 찾아봅니다. 웹사이트는 책이나 잡지에 비해 공간
을 제약 받지 않아 더 많은 정보가 더 빠르게 올라옵니다. 국내외 크고 작은 전시회 정보나 공모
전 정보도 쉽게 찾을 수 있고 디자이너에게 도움이 되는 지원 정보, 해외 진출, 세미나 참여 기회
도 얻을 수 있습니다. 검색 기능을 제공하므로 관심 분야만 콕 집어 찾아 볼 수도 있습니다.

디자인넷
월간 DESIGN NET 온라인 사이트
http://www.designnet.co.kr

디자인
월간 DESIGN 온라인 사이트
http://mdesign.design.co.kr

디자인정글
국내 최대 디자인 전문 포털 사이트
http://jungle.co.kr

디자인플럭스
해외 디자인 정보를 전문으로 제공하는 웹 미디어
www.designflux.co.kr

컴퓨터아트
월간 CA 본사 사이트
http://www.computerarts.co.uk

굿디자인
우수 디자인 상품을 공모하여 시상하는 사이트
http://www.goodesign.or.kr

디자인 클러스터
서울시가 디자인 산업을 육성하고 지원하기 위
해 만든 디자인 지원센터
http://www.dcluster.seoul.kr

디자인 DB
한국디자인신흥원이 민든 디자인 전문 포털 사이트
http://www.designdb.com

한국디자인진흥원
디자인 경쟁력 강화를 목표로 설립된 준정부기관
http://www.kidp.or.kr

책과 모니터만으로도 자료를 수집할 수 있지만 직접 눈으로 보고 손으로 만져 보면 또 다릅니다. 전시회라고 하면 흔히 순수 예술 작품만 떠올리지만 디자이너 전시회도 생각보다 많습니다. 가까운 갤러리를 찾아도 좋고, 다른 일로도 쉽게 갈 수 있는 코엑스 전시장을 수시로 돌아볼 수도 있습니다. 좋은 전시라면 멀어도 일부러 찾아봅니다. 해외로 여행을 다닐 때도 여행지에 디자인 관련 전시가 있는지 알아보고, 있다면 일정에 포함하는 것이 좋습니다. 디자이너가 볼 만한 전시회는 디자인 포털 사이트나 잡지에 자주 소개되므로 수시로 찾아봅니다.

서울디자인페스티벌 : 한국 디자이너를 글로벌 브랜드화하기 위해 매년 새로운 주제로 개최되는 디자인 프로모션 축제입니다.
http://www.designfestival.co.kr/kor/index.asp

서울리빙디자인페어 : 인테리어 트렌드를 한눈에 볼 수 있는 곳입니다. 제품, 인쇄물, 팬시 등 실생활에 어울리도록 제안한 여러 가지 디자인을 입체적인 공간에서 감상할 수 있습니다.
http://www.livingdesignfair.co.kr

서울 캐릭터 라이선싱 페어 : 국내외 캐릭터·라이선스 관련 기업이 참가하는 아시아 최대 전시회입니다. 기업 부스와 개인 작가 부스가 함께 있습니다.
http://characterfair.kr

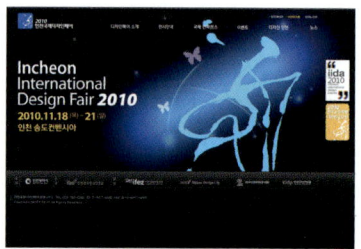

인천국제디자인페어 : 인천국제디자인어워드 수상작과 다양한 디자인 체험 현장 및 디자인 마켓을 운영합니다.
http://cjbook.org/korean/about/win_13.php

CJ 그림책 축제 : 매해 신간 그림책 100권과 일러스트레이터 50인을 선정하여 동화책과 원화 전시회를 개최합니다.
http://cjbook.org/korean/about/win_13.php

디자인 & 아트 페어 : 디자인과 아트의 경계를 넘나드는 개성있고 참신한 아이디어가 있는 작가들이 작품을 전시하고 홍보하는 페어입니다.
http://www.designartfair.com/main.asp

TOKYO DESIGNERS WEEK : 다양한 장르를 융합한 디자인 이벤트입니다. 기업/단체/개인의 발표나 전람회, 학생 작품전, 디자인 마켓 등을 개최합니다.
http://www.tdwa.com

동경디자인페스타 : 전 세계에 있는 아마추어/프로 아티스트가 모여 디자인 작업물을 전시·판매·홍보하는 축제입니다.
http://www.designfesta.com/index_kr.html

런던 100% 디자인 박람회 : 세계에서 가장 영향력 있는 디자인 전시회입니다. 가구, 인테리어, 디자인 소품 등 아이디어 넘치는 디자인이 소개되며, 디자이너와 기업이 한자리에서 만날 수 있습니다.
http://www.100percentdesign.co.uk

정기적인 대형 전시회 이외에도 개인 작가들과 디자이너, 디자인 기업들이 비정기적으로 여는 전시회와 행사도 매우 많습니다. 최근에는 카페를 전시 공간으로 삼거나 수작업으로 만든 제품들을 한곳에 모아 작가들끼리 판매전을 벌이고 있습니다. 접하기 쉽고 친근한 전시 문화가 퍼지는 추세라서 언제라도 마음만 먹으면 좋은 전시회를 관람할 수 있고, 생각보다 쉽게 참여할 수 있습니다. 다양한 문화를 접하고, 관람하고, 참여해보세요.

셀렉트숍 상설 전시장   홍대 프리마켓 전경

촬영하고 스크랩하고 기록하기

아무리 좋은 자료와 전시회도 보고 지나치면 잊어버리기 쉽습니다. 수많은 정보 속에서 순간의 느낌을 잊지 않으려면 촬영하고, 스크랩하고, 기록한 다음 수시로 찾아봐야 합니다. 이렇게 모은 자료는 아이디어가 필요할 때, 디자인이 잘 떠오르지 않을 때, 집중이 되지 않을 때 살펴보면 도움을 받을 수 있습니다. 주위를 둘러보지 않고 내 작업만 하거나 매일 함께 하는 동료의 작업물만 보면 디자인이 어느 순간 정체기에 빠지곤 합니다. 이럴 때는 따로 모아둔 멋진 디자인을 보면서 내 디자인 감각에 생기를 불어넣어야 합니다.

Special Tip 01

프리랜서의 디자인 의뢰, 계약, 납품, 결제

회사에 소속된 디자이너라면 계약 내용이나 일정을 회사에서 관리하지만, 프리랜서 디자이너는 모든 것을 혼자 해야 합니다. 프리랜서 디자이너가 알아야 할 디자인 작업 과정(디자인 의뢰부터 결제까지) 전반을 알아보겠습니다.

프리랜서 디자이너 VS 회사 소속 디자이너

처음부터 프리랜서로 활동하는 사람도 있고, 회사 생활을 몇 년 해보고 프리랜서로 나서는 사람도 있습니다. 반대로 프리랜서 생활을 접고 회사로 다시 들어가거나 공부를 하는 사람도 있습니다. 어느 쪽이나 장단점이 있으므로 내게 더 잘 맞는 쪽을 선택하면 됩니다.

	프리랜서 디자이너	회사 소속 디자이너
일의 범위	영업, 계약, 결제 등 거의 모든 업무를 혼자 해야 합니다. 세무 또는 법무 같은 업무는 전문기업에 맡길 수 있지만 그만큼 돈이 듭니다. 새롭고 다양한 디자인 작업을 할 수 있기 때문에 한 가지 일에 만족 못하는 사람에게 적합합니다.	영업, 계약, 결제, 세무, 법무 등 골치 아프고 어려운 일은 다른 팀에서 하기 때문에 디자인 작업에만 몰두할 수 있습니다. 회사마다 전문 분야가 따로 있으므로 해당하는 전문 분야 지식을 제대로 배울 수 있습니다.
근무 시간	원하는 시간에 일어나 일하고 먹고 잘 수 있습니다. 거꾸로 일이 많을 때는 밤낮없이 일할 때도 있습니다. 그만큼 생활 패턴이 무너지기 쉽지만 시간을 잘 관리하면 원하는 시간에 쉴 수 있습니다.	대개 오전 9시부터 오후 6시까지 일하고, 일이 많을 때는 야근을 하기도 합니다. 정해진 시간에 출근하고, 밥 먹고, 자기 때문에 규칙적으로 생활할 수 있습니다.
인간관계	집에서 혼자 작업하는 일이 많고 생활 패턴이 규칙적이지 않기 때문에 따로 노력하지 않으면 인간관계가 좁아질 수 밖에 없습니다. 외롭기는 해도 사람 때문에 겪는 스트레스는 적습니다.	프로젝트 하나를 여러 명이 작업하므로 즐거울 수 있지만 상사나 동료 사이가 좋지 않으면 스트레스를 받을 수도 있습니다. 함께 하는 동료가 있어 든든하고 관련 분야 자료와 정보를 쉽게 공유할 수 있습니다.
휴무	바쁠 때는 밤낮없이 일해야 하지만, 한가할 때는 장기 여행도 할 수 있습니다. 내 시간을 자유롭게 쓸 수 있어 평일 낮도 잘 활용할 수 있습니다.	공휴일에 쉴 수 있고 휴가(월차, 연차, 여름휴가 등)를 낼 수 있지만 기간이 길지 않습니다.
소득 수준	일한 만큼 돈을 법니다. 일이 많을 때는 몇 달치 월급에 해당하는 돈을 한 번에 벌 수 있지만, 일이 없으면 소득이 없을 때도 있습니다.	계약한 연봉을 나누어 받기 때문에 일이 많건 적건 받는 돈이 같습니다. 디자인 회사는 야근 수당이 없는 경우가 많아 야근을 해도 수입이 늘지 않는 경우가 많습니다.
세금 신고	5월에는 전년 수입에 관한 종합소득신고를 하고, 국민연금과 건강보험료는 모두 본인이 내야 합니다. 개인 사업자는 분기별로 부가세도 신고해야 합니다.	보험/세무 업무는 경리부에서 처리합니다. 디자이너는 연말정산할 때만 서류를 냅니다. 국민연금과 건강보험료는 본인과 회사가 절반씩 부담합니다.

프리랜서 디자이너가 되고 싶어도 회사 생활은 2~3년 정도 해보는 게 좋습니다. 디자인 작업은 다양한 프로세스와 업계별 노하우가 존재합니다. 따라서 자신이 꼭 하고 싶은 분야로 취직한 다음 일을 하면서 자신의 위치를 가늠하고, 어느 부분이 부족하고, 어떤 것을 배우고 익혀야 하는지 파악해야 합니다. 회사 생활을 하면 디자인 전체 프로세스를 익힐 수 있고, 인맥을 넓혀두면 프리랜서로 나선 후에 도움을 받을 수도 있습니다.

프리랜서는 회사 디자이너처럼 정확한 시간에 출근할 필요도 없고, 정해진 공간에서 일할 필요가 없습니다. 그만큼 제약을 받지 않기 때문에 쉽게 나태해질 수 있습니다. 혼자 보내는 시간이 많으므로 외로움을 잘 타는 사람이라면 우울증이 생길 수 있고, 자리를 잡기 전까지는 수입이 적어 생활이 불안정할 수 있습니다. 프리랜서의 화려한 면보다는 어두운 면을 보면서 내가 극복할 수 있다는 확신이 섰을 때 프리랜서로 나서야 합니다. 이런저런 과정을 겪고 프리랜서 디자이너가 되었다면 시간을 헛되이 보내지 않도록 신경 쓰고, 몸과 마음이 느슨해지지 않도록 열심히 사는 방법을 찾아야 합니다. 시간과 감각을 잘만 관리하면 만족할 만한 프리랜서 디자이너가 될 수 있을 것입니다.

디자인 의뢰받기

프리랜서 디자이너가 되려고 할 때 가장 걱정되는 것은 '과연 의뢰가 들어올까?'하는 것입니다. 회사에서는 주어진 일을 처리하면 꼬박꼬박 정해진 월급이 나오지만 프리랜서는 일한 만큼, 남들이 나를 찾는 만큼 돈을 받을 수 있기 때문에 의뢰가 끊이지 않도록 노력해야 합니다.

디자인 실력이 좋고, 좋은 실력을 잘 보여주도록 포트폴리오를 정리하고, 잘 정리한 포트폴리오를 가지고 제대로 홍보하면 전화 또는 메일로 디자인을 의뢰하는 문의가 들어옵니다. 할 수 있는 일이라면 전화나 메일 또는 직접 만나 구체적인 업무를 듣고 파악할 수 있습니다. 이때 너무 소극적이거나 자신감이 없어 보이면 클라이언트가 불안해할 수 있으므로 당당하고 자신 있게 대해야 합니다. 기간, 스타일, 컨셉을 논의하고 합의가 되면 견적으로 넘어갑니다.

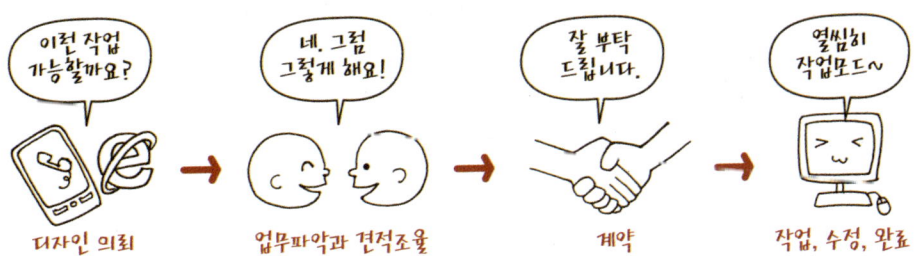

견적 내기

프리랜서 디자이너가 가장 곤혹스러워하는 일이 '돈'에 대해 말하는 것입니다. 디자인 작업에 따르는 정당한 요구임에도 몹시 민망하고, 조율하는 것이 불편하고, 결제가 늦어져도 독촉 전화를 하지 못하는 경우가 많습니다. 돈 이야기를 못하는 것은 내가 아마추어라는 사실을 상대에게 그대로 보여주는 것입니다. 프로 디자이너라면 일한 만큼 돈을 받는 것이 당연한 것이고, 자신의 가치를 스스로 매길 수 있어야 합니다. 따라서 견적을 내고 결제를 받는 과정도 자연스럽게 받아들이기 바랍니다.

디자인 견적은 의뢰처, 의뢰 지역, 디자이너 지명도와 경력별로 천차만별이고 작업 수준별로 가격이 달라지기 때문에 견적을 낼 때마다 머리가 아플 수 있습니다. 이럴 때는 본인에게 적절한 월급을 기준으로 일당을 계산해보고, 작업 기간과 추가적으로 드는 비용을 더한 뒤 스스로 적당한지 판단해봅니다.

예산이 부족한 소기업이거나 타이틀에 대한 자부심이 있는 대기업일 경우 예상보다 적은 돈을 받고 일해야 하는 경우가 있습니다. 돈이 적다고 해서 무조건 거절하기보다 일을 즐겁게 할 수 있는지, 경력에 도움이 되는지, 사회적으로 기여할 수 있는 작업인지 여러 요소를 고려해서 융통성 있게 결정합니다. 경력이 많이 쌓이고 어느 정도 인지도 있는 디자이너가 되면 대기업(또는 계열사)으로부터 미리 금액을 제시한 의뢰가 들어오기도 합니다. 이 경우 포트폴리오뿐만 아니라 인지도를 크게 높일 수 있는 기회이므로 더 긴장해서 일해야 합니다.

계약하기

시간이 촉박하거나 규모가 작은 작업은 계약서를 생략하기도 하지만, 서면으로 계약서를 작성하면 혹시 생길 수 있는 불미스러운 일을 막을 수 있고 법적인 문제가 생기더라도 증거 자료로 쓸 수 있습니다. 계약서가 늘 길고 복잡한 것은 아닙니다. 정하고 갈 부분만 간단하게 한 장으로 작성해도 되므로 겁먹지 않아도 됩니다.

디자인 계약서에 들어가는 항목
① **작업할 범위와 기간과 계약 금액** 시안은 몇 종이고, 총 페이지는 몇 페이지인지 같은 작업량을 구체적으로 적고, 시작일과 완료일을 적습니다. 협의한 견적 내용을 구체적이고 명확하

게 적습니다. 전체 계약금의 일부를 계약금으로 미리 받기도 하는데 이런 내용을 계약서에 넣어야 합니다.

② **납품 일정과 수정 범위** 디자인 작업은 한 번으로 끝나지 않습니다. 시안을 보여주고 수정을 거쳐 완성되기 때문에 시안을 보낼 날짜, 수정을 거쳐 완료될 날짜 등 대략적인 일정을 넣어야 합니다. 수정을 끊임없이 요청할 경우 서로 일정이 바뀌면서 손해가 생길 수 있는데 이럴 경우를 대비해 수정 횟수를 정해두는 방법도 있습니다. 단, 디자이너가 미숙해서 작업 일정이 늦어졌다면 몇 번을 수정해서라도 책임지고 일을 마쳐야 합니다.

③ **자료 제공** 디자인 작업을 할 때는 대개 기업에서 받은 이미지를 활용하는 경우가 많습니다. 필요한 경우 이미지를 대여해서 사용할 수 있습니다. 자료는 충분히 받되, 필요한 부분은 협의한 다음 대여해서 쓸 수 있도록 명시하는 것이 좋습니다.

④ **저작권과 원본 데이터** 작업물 저작권은 작업 완료와 함께 기업에 귀속되지만 견적이 낮게 책정될 경우 저작권을 넘기지 않고 계약할 수 있습니다. 저작권을 넘기지 않을 경우 해당 그림이나 디자인 포맷을 다른 작업에도 활용할 수 있기 때문에 추가적인 수입을 만들어낼 수 있습니다. 원본 데이터는 제공하지 않는 것이 원칙이지만 원본을 요청할 경우 추가 금액을 받고 넘겨주거나, 추가금을 책정하기 어렵다면 글자 수정 이외에는 다른 용도로 쓰지 않도록 확실히 명시하는 것이 좋습니다.

계약서 샘플 살펴보기

부록CD\Sample\Part01\계약서샘플 폴더 안에는 간단한 계약서 양식이 3부 들어 있습니다. 계약할 내용에 맞게 빨갛게 표시한 부분을 수정하고, 필요한 내용을 추가하거나 삭제하면서 자신만의 계약서를 만들어보기 바랍니다.

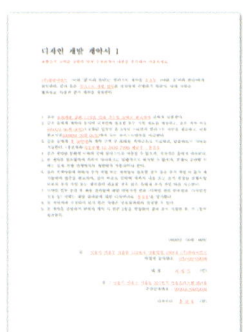 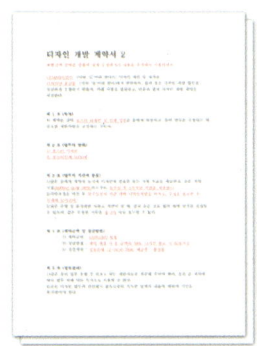 

클라이언트가 계약서를 작성한 후 디자이너에게 도장을 찍도록 하는 경우도 있습니다. 이럴 때는 계약서 내용을 꼼꼼히 읽어보고, 조정이 필요한 부분은 수정한 뒤에 계약합니다. 계약서 내용을 건성으로 보고 무조건 도장을 찍는 일이 많은데, 불이익을 당하는 경우가 꽤 많으므로 계약서에 사인을 하거나 도장을 찍을 때는 꼼꼼하게 확인하기 바랍니다.

계약서 간인하기

계약서는 계약 당사자인 쌍방(클라이언브와 디지이너)이 도장을 함께 찍어야 법적 효력이 있습니다. 이때 도장을 나누어 찍는 방식을 간인이라고 합니다. 내용이 같은 계약서를 2부 준비하고, 도장을 반반씩 찍어 한부씩 보관합니다. 계약 내용이나 기간을 바꿀 때는 계약서 2부에 바뀐 내용을 적고, 바뀐 내용에도 간인해서 표시합니다(간인되지 않은 계약서나 추가 사항은 법적인 보호를 받을 수 없습니다).

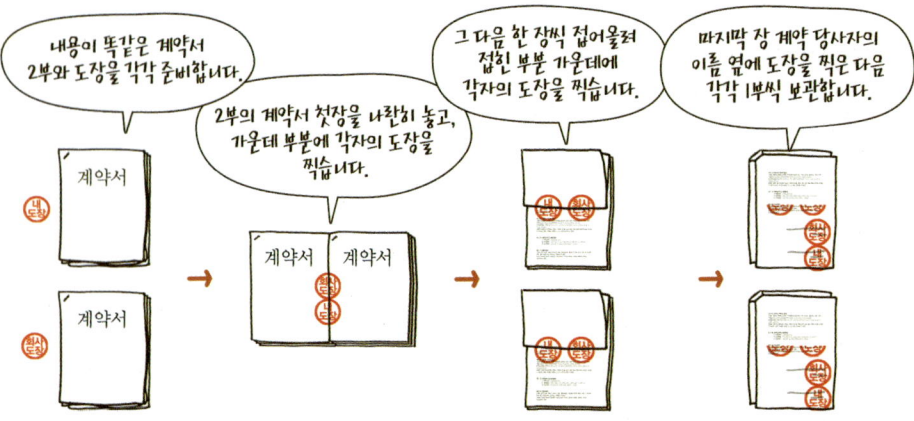

작업하고 납품하기

급한 작업은 시안 작업을 생략할 수 있지만 보통은 일주일 후에 두세 가지 시안을 제시합니다. 제시한 시안 중 클라이언트가 선택한 안을 수정하고 다듬어서 스타일을 결정한 다음 나머지 작업을 진행합니다. 중간 시안이나 확인할 내용은 JPG 형식으로 캡처 받거나 웹용 PDF로 만들어 클라이언트 쪽 담당자에게 보내며, 피드백을 받아 완성한 파일은 이메일이나 웹하드에 올려 전달합니다. 경우에 따라 제작업체(인쇄소나 출력소 등)와 데이터에 대해 의논해야 할 수도 있습니다.

작업을 마치지도 않고 사라지거나, 계약서 내용을 따르지 않거나, 회의 내용을 기억하지 못하고 마음대로 디자인한 후 돈을 요구하는 자질이 부족한 프리랜서 디자이너도 있는데, 이런 일부 디자이너 때문에 책임감을 가지고 일하는 많은 디자이너가 욕을 먹기도 합니다. 아무리 작은 일이라도 일단 맡았다면 최선을 다해 마무리하는 프로 의식을 갖기 바랍니다.

디자인을 할 때 한 번 더 확인할 부분이 저작권 부분입니다. 다른 사람이 만든 폰트, 이미지, 제작물을 무단으로 사용할 경우 법적인 처벌을 받을 수 있습니다. 무료 이미지나 폰트도 상업용으로 쓰는 경우 제약을 두는 경우가 많으므로 타인의 저작물을 사용할 때는 반드시 사용 허락을 받아야 하고, 필요한 경우 정당한 대가를 지급해야 합니다.

디자인 작업을 꾸준히 하다보면 이미지를 사용할 때 지급하는 비용이 부담스러울 수 있습니다. 이럴 때는 한두 개 이미지를 사는 것보다 이미지 라이브러리에 월정액을 내고 쓰는 것이 좋습니다. 업체별로 갖고 있는 이미지, 양, 컨텐츠, 가격 등이 차이가 나므로 원하는 이미지가 많은 곳을 선택해서 가입하기 바랍니다.

추천 이미지 라이브러리 무료 사이트
무료 이미지라도 품질이 꽤 좋습니다. 무단 배포나 판매 용도가 아니라면 대부분 자유롭게 쓸 수 있습니다. 시안용으로만 사용할 수 있고, 상업용은 따로 돈을 내는 이미지도 있으므로 사용하기 전에는 저작권 내용을 꼼꼼히 확인하기 바랍니다.

Stock.XCHNG : http://www.sxc.hu   모그파일 : http://www.morguefile.com   쉐어이미지 : http://www.shareimage.com

추천 이미지 라이브러리 월정액 사이트
월 단위 또는 연 단위로 일정액을 지급하고 이미지를 쓸 수 있습니다. 금액에 따라 쓸 수 있는 기간, 다운로드 수, 이미지 종류가 다르지만 내 작업 범위에 잘 맞춰 사용하면 한두 개씩 그때그때 이미지를 사는 것보다 싸게 살 수 있습니다. 사진, 일러스트, 웹디자인 소스, 아이콘, 캘리그래피 등 다양한 콘텐츠가 있으므로 필요한 데이터가 있는지 검색해보기 바랍니다.

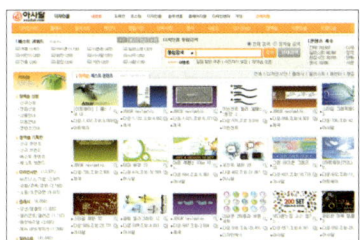

아사달 정액숍 : http://period.asadal.com   오픈애즈 : http://openas.com   클립아트 코리아 : http://www.clipartkorea.co.kr

결제받기

보통 계약금은 작업 전에 받고, 잔금은 작업을 완료한 다음 받습니다. 대개 일주일~익월에 받는데 클라이언트마다 달라질 수 있습니다. 개인사업자로 등록되어 있다면 계약할 때 부가세를 별도로 청구하고 작업을 마치면 세금계산서를 발행합니다. 사업자등록을 하지 않았다면 원천징수 세금(소득세와 주민세 3.3%)을 뺀 금액을 받습니다(예를 들면 작업 비용이 100만원일 경우 33,000원을 뺀 967,000원을 받습니다). 국세청 사이트에서 원천징수 영수증을 확인히고 출력할 수 있습니다.

Part 02
일러스트레이터?
누구냐 넌!

일러스트레이터는 벡터 프로그램 중 가장 대표적인 툴로, 전 세계 디자이너들이 포토샵과 함께 가장 많이 쓰는 그래픽 프로그램입니다. 일러스트레이터는 단순한 선과 도형부터 복잡하고 정밀한 작업까지 가능합니다. 데이터를 좌표 값으로 기억하기 때문에 비트맵 그래픽에 비해 수정이 쉽고 용량이 작습니다. 일러스트레이터 작업을 시작하기 전에 일러스트레이터가 어떻게 생긴 프로그램인지, 어떤 일을 할 수 있는지 알아보겠습니다.

LESSON 03.
일러스트레이터 CS5

일러스트레이터 CS5를 이용하면 복잡하고 정교한 작업을 쉽고 빠르게 마칠 수 있습니다. 사용법을 익히기 전에 일러스트레이터로 할 수 있는 일이 무엇인지 살펴보고, 직접 설치해보겠습니다. 더불어 일러스트레이터와 함께 사용하면 좋은 주변기기도 살펴보겠습니다.

일러스트레이터로 할 수 있는 것

캐릭터 디자인 일러스트레이터를 이용하면 귀엽고 동글동글한 스타일, 기하학적인 무늬와 선으로 만들어진 스타일, 손맛을 살린 수작업 스타일까지 다양한 캐릭터를 만들 수 있습니다. 일러스트레이터로 만든 캐릭터는 크기를 제약받지 않아 정교하게 작업할 수 있으며, 용량도 크지 않아 활용도가 매우 높습니다.

리락쿠마(http://www.san-x.co.jp)   뿌까(http://www.puccaclub.com)   쿠우(http://www.qoo.co.kr)

일러스트 손으로 그린 일러스트가 컴퓨터를 거쳐 각종 디자인에 활용되고 있습니다. 일러스트레이터는 수작업물을 바로 벡터 이미지로 바꿔주므로 손 느낌은 그대로 살리면서 다양한 스타일을 가미할 수 있습니다. 일러스트레이터 CS5의 개선된 그리기 기능을 이용하면 손 느낌이 나는 일러스트레이션 작업을 할 수 있습니다.

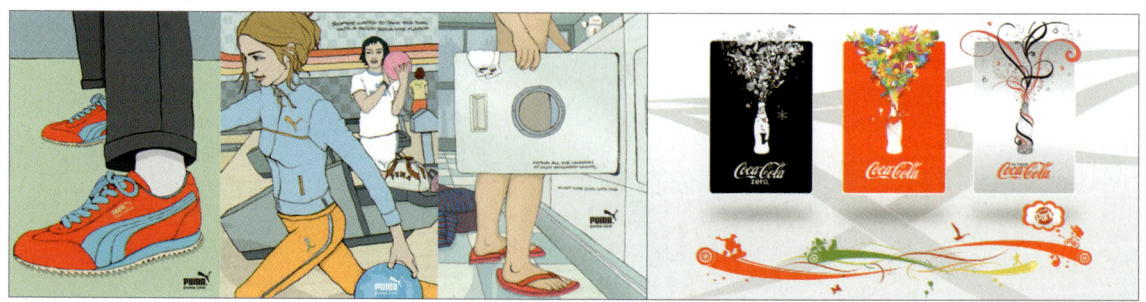

Michael Miller(PUMA 일러스트)   코카콜라 일러스트

네이버 Story(http://story.naver.com)   Feric(http://feric.com)

일러스트 앤(http://www.illustanne.com)   치카로카(http://chicaloca.com)

CIP 개인이나 기업은 부르는 이름도 중요하지만 아이덴티티를 형상화한 로고나 심벌도 중요합니다. 로고나 심벌은 작게는 명함이나 봉투부터 크게는 사인, 배너, 차량에도 인쇄되어야 하므로 인쇄 크기에 제약이 없어야 합니다. 일러스트레이터는 인쇄 크기와 상관없이 선명한 결과물을 얻을 수 있는 벡터 툴이므로 로고나 심벌을 만들 때 가장 널리 쓰입니다.

외국 기업의 아이덴티티 디자인

국내 포털 기업의 아이덴티티 디자인

타이포그래피 일러스트레이터를 이용하면 문자를 자유롭게 수정하고 왜곡할 수 있어 손쉽게 타이포그래피를 만들 수 있습니다. 단순히 문자만이 아니라 벡터 일러스트레이션에 접목해서 독특한 작품을 만들어낼 수 있습니다.

AKA.MEDIAONE의 타이포그래피(http://www.andrebeato.com)   Dylan Roscover의 타이포 일러스트

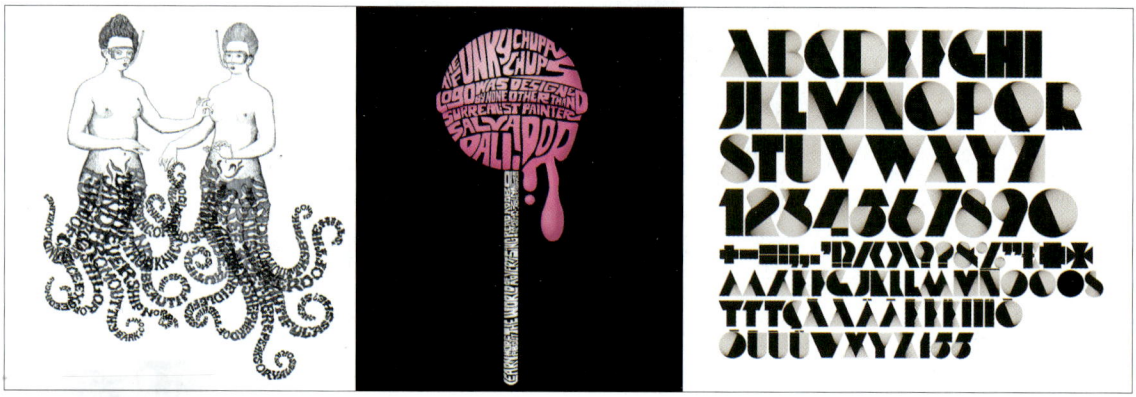

Fiodor Sumkin의 **타이포 일러스트**   Adobo Magazine 타이포그래피 광고   Alex Trochut's의 네오데코 폰트

캘리그래피 캘리그래피는 붓이나 펜, 연필 등 갖가지 재료를 이용해서 손으로 쓴 손글씨를 의미합니다. 이렇게 직접 쓴 손글씨를 일러스트레이터의 벡터로 전환해서 사용하거나 태블릿을 이용해 글자를 쓰거나 브러시 라이브러리를 이용해 손글씨를 흉내내어 디자인에 활용하기도 합니다.

타이틀로 사용된 캘리그래피(일본 관광청 슬로건)   패키지에 사용된 캘리그래피(샤니 발효 빵)   포스터에 사용된 손글씨(EYE2O)

편집 디자인 편집 디자인은 글과 그림의 위치와 공간을 배분해 아름답지만 편하게 읽을 수 있도록 해야 합니다. 대표적인 편집 디자인으로 책 표지와 내지, 설명서, 메뉴판, 포스터, 브로슈어, 책자 등이 있습니다. 일러스트레이터를 이용하면 파일 하나에 아트보드를 여러 개 만들 수 있습니다. 텍스트 링크와 스타일 등 다양한 편집 기능을 제공하므로 여러 페이지를 한꺼번에 만들 수 있고 PDF 문서도 손쉽게 만들 수 있습니다.

인테리어 브랜드 카탈로그　　　　　　　　　　　　캐주얼 브랜드 SKONO 리플릿

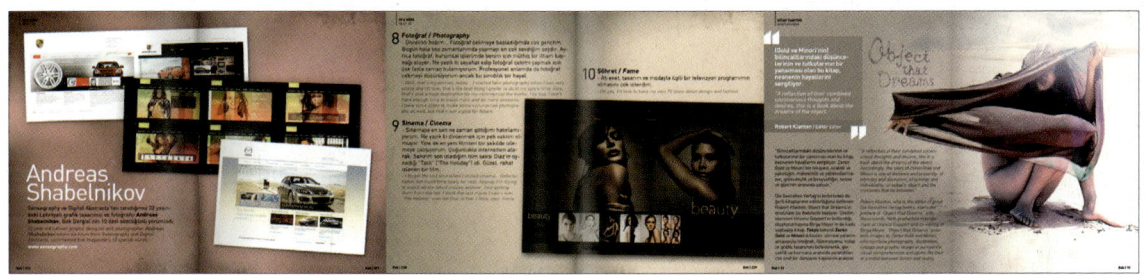

해외 디자인 웹진 Bak

팬시 디자인 종이 인쇄물은 물론 입체적인 작업을 거친 팬시용품, 패브릭 인쇄, 전사, 금형 제작 역시 일러스트레이터로 할 수 있습니다. 그림이나 패턴을 만들 때 일러스트레이터를 이용하면 깔끔하고 정교하게 작업할 수 있습니다.

mmmg의 패브릭, 카드 지갑, 열쇠 고리 디자인

BBIDDAK의 패턴 스티커　　　　　BBIDDAK의 일러스트 테이프　　　　포니브라운의 포스트잇

패키지 디자인 패키지 디자인은 상품이 구겨지거나 깨지지 않도록 포장하는 것을 넘어 소비자에게 구매하고자 하는 욕구를 불러일으킵니다. 패키지 디자인은 평면의 지기구조를 자르고 접어 만드는 것이 기본이지만 포장 재질과 내용물의 특성에 따라 다양한 형태의 패키지가 완성됩니다. 일러스트레이터에서는 선을 정교하게 작업할 수 있을 뿐만 아니라 자유롭게 드로잉할 수 있어 패키지를 디자인할 때 빼놓을 수 없는 툴입니다.

쇼핑백 디자인

화장품 패키지 디자인

초콜릿 패키지 디자인

과일 젤리 패키지

팩 모양 와인 패키지

일러스트레이터 CS5 설치하기

01 한국 어도비 시스템즈 다운로드 메뉴(http://www.adobe.com/kr/downloads/)로 들어가면 어도비 프로그램의 시험 버전을 다운로드할 수 있습니다. 일러스트레이터 CS5 시험 버전을 설치해보겠습니다. 프로그램 용량이 1GB 이상이므로 하드 디스크 공간이 여유 있는지 확인합니다(컴퓨터에 일러스트레이터 CS5가 설치되어 있다면 가볍게 읽고 넘어갑니다).

Windows	Mac OS
· Intel® Pentium® 4 또는 AMD Athlon® 64 프로세서	· Intel 프로세서
· Microsoft® Windows® XP(서비스 팩 3), Windows Vista® Home Premium, Business, Ultimate 또는 Enterprise(서비스 팩 1), Windows 7	· Mac OS X v10.5.7 또는 v10.6
· 1GB RAM	· 1GB RAM
· 하드 디스크 여유 공간 2GB 이상(설치할 때 추가 여유 공간이 필요, 플래시 메모리 기반 이동식 디스크에는 설치할 수 없음)	· 하드 디스크 여유 공간 2GB(설치할 때 추가 여유 공간이 필요, 대소문자를 구분하는 파일 시스템을 사용하는 볼륨 또는 플래시 메모리 기반 이동식 디스크에는 설치할 수 없음)
· 16비트 비디오 카드가 장착된 1024×768 디스플레이(1280×800 권장)	· 16비트 비디오 카드가 장착된 1024×768 디스플레이(1280×800 권장)
· DVD-ROM 드라이브	· DVD-ROM 드라이브
· 온라인 서비스를 이용할 때 필요한 인터넷 연결	· 온라인 서비스를 이용할 때 필요한 인터넷 연결

02 한국 어도비 시스템즈 다운로드 메뉴(http://www.
adobe.com/kr/downloads)에서 [Adobe Illustrator
CS5]를 선택합니다.

03 ❶설치할 언어를 영어로 선택하고 ❷〈지금 다운로드〉 버튼을 누릅니다. ❸어도비 계정을
만들어 ❹로그인합니다.

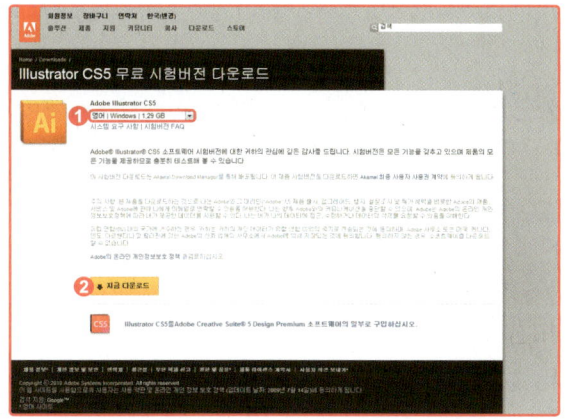

책이나 강좌가 대부분 영문 버전이 기준이고 실무에서도 주로 영문 버전을
씁니다. 혼자 취미로 공부하는 게 아니라면 영어를 선택하세요.

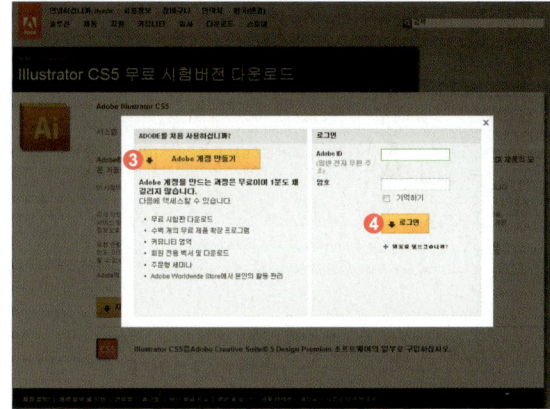

어도비 계정을 이미 갖고 있다면 바로 로그인합니다.

04 ❶프로그램을 다운로드할 폴더를 지정하고 ❷〈확인〉 버튼을 누릅니다. ❸프로그램을 다
운로드할 때까지 잠시 기다립니다. 다운로드가 끝나면 파일을 꺼내야 하므로 ❹〈예〉 버튼을
누릅니다.

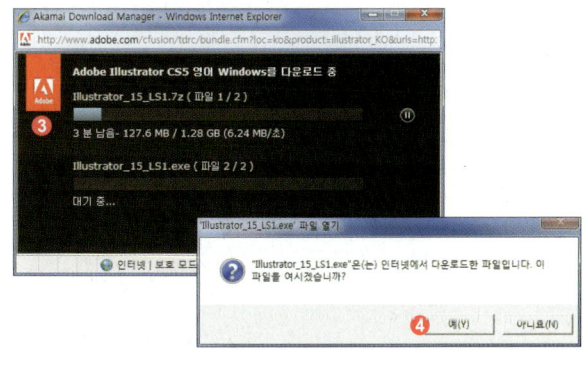

05 ❶파일을 추출할 폴더를 확인하고 〈다음〉 버튼을 누릅니다. ❷파일이 추출될 때까지 잠시 기다립니다.

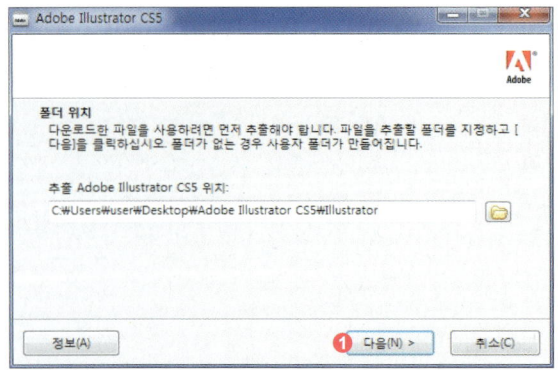
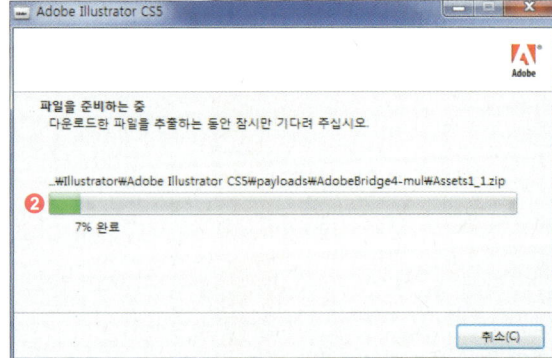

06 ❶설치 프로그램을 모두 초기화하면 설치 화면이 나타납니다. ❷약관을 읽고 〈동의함〉 버튼을 누릅니다.

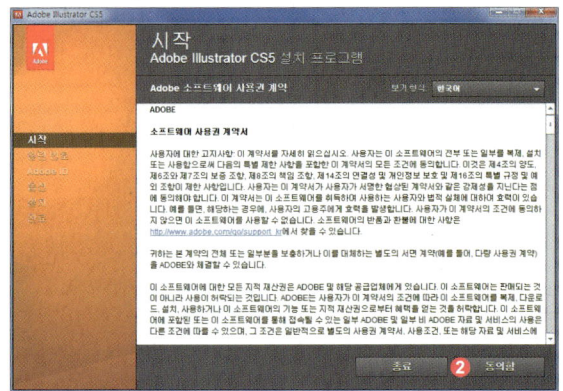

07 ❶[이 제품을 시험판 버전으로 설치합니다]를 체크하고 ❷언어를 [Engligh (International)]로 선택하고 ❸〈다음〉 버튼을 누릅니다. ❹설치가 진행됩니다.

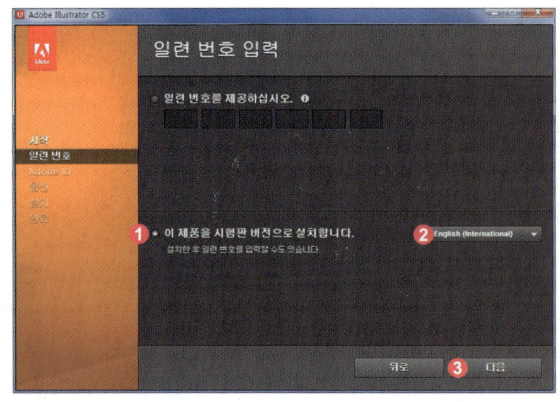
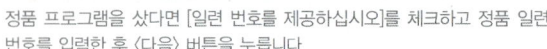

정품 프로그램을 샀다면 [일련 번호를 제공하십시오]를 체크하고 정품 일련 번호를 입력한 후 〈다음〉 버튼을 누릅니다.

08 ❶프로그램이 설치되었으므로 〈완료〉 버튼을 누릅니다. ❷일러스트레이터 CS5 프로그램
을 실행하면 다음과 같은 화면이 나타납니다.

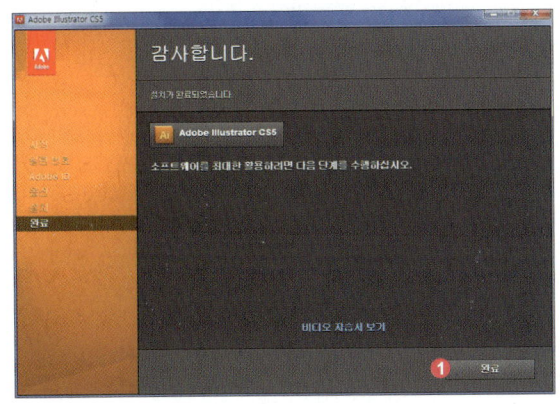 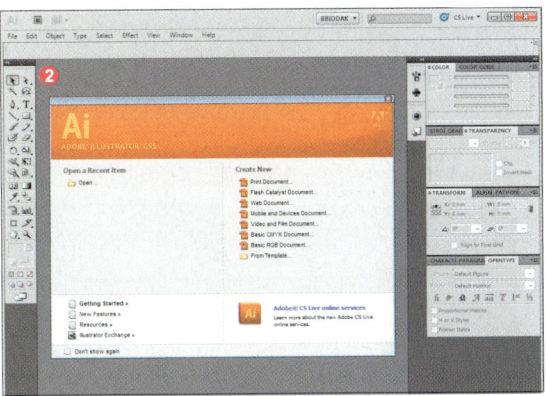

일러스트레이터 CS5와 함께 쓸 주변기기

일러스트레이터를 쓸 때 함께 쓰면 좋은 주변기기를 살펴보겠습니다.

프린터 디자이너에게 프린터는 필수입니다. 각종 문서와 웹페이지, 티켓, 쿠폰 프린트는 기본
이고, 각종 디자인 시안이나 교정용 페이지, 스케줄 표나 스토리보드 등을 출력할 때도 필요
합니다. 잉크젯을 많이 사용하지만 출력물이 많다면 레이저젯을 사용하는 것이 경제적입니
다. 주로 A4 크기를 사용하고, 스캔 기능까지 갖춘 복합기도 꽤 저렴하기 때문에 선택 폭이
매우 넓습니다.

※프린터를 살 때 체크할 것

체크 항목	체크 사항
형태 및 출력 방식	인쇄 크기는 A4, A3 크기가 있고, 종류는 잉크젯, 레이저젯, 스캔 기능을 포함한 복합기가 있으니 쓰임새에 맞게 선택합니다. 레이저 프린터는 인쇄 속도가 빠르고 잉크가 물에 번지지 않아 좋지만, 토너가 비싸고 쓸 수 있는 인쇄 용지가 제한되어 있고 색 표현도나 선명도가 잉크젯보다 떨어집니다.
PPM	기본 흑백 텍스트 인쇄물이 1분에 몇 장이 나오는지 나타내는 수치입니다.
DPI	1×1인치 속에 찍히는 점 개수인 해상도를 말합니다. 수치가 높을수록 인쇄 품질이 좋습니다.

모니터 일반 LCD 모니터는 저렴하고 성능도 좋지만 색감을 표현하는 데는 한계가 있습니다. 디자이너용이 아니므로 모니터로 볼 때와 인쇄했을 때 색이 차이가 나는 경우가 많습니다. 색 오차를 줄이려면 디자이너용 LCD 또는 LED 모니터를 사용해야 하는데, 매우 비싸므로 경제적인 측면을 고려하고 사양을 꼼꼼하게 따져보고 구입하기 바랍니다. 일반 모니터를 쓸 때는 색감과 밝기를 교정한 다음 쓰기 바랍니다.

※ 모니터를 구입할 때 체크할 것

체크 항목	체크 사항
패널	크게 TN, IPS, VA 패널이 있습니다. TN 패널이 가장 저렴하고 대중화되어 있지만 색감 표현력이 떨어지고 가시각이 작아 화면이 왜곡돼 보일 수 있습니다. 디자이너라면 IPS나 VA 패널이 좋습니다.
해상도	화면에 표현할 수 있는 픽셀 수를 말합니다. 해상도가 높을수록 고밀도로 출력할 수 있습니다. 크기가 동일한 모니터를 비교했을 때 최적 해상도 수치가 큰 것이 고해상도입니다(모니터를 사용할 때는 제시된 최적 해상도로 쓰는 것이 좋습니다).
명암비	밝은 부분과 어두운 부분의 격차를 말합니다. 수치가 클수록 선명도를 세밀하게 조절할 수 있습니다.
가시각(시야각)	모니터를 바라볼 때 색 반전이나 왜곡이 일어나지 않는 각도를 말합니다. 가시각이 클수록(180°에 가까울수록) 왜곡이 적습니다.
응답 속도	신호를 화면에 출력하는 속도를 말합니다. 수치가 작을수록 빠르게 움직이는 영상을 나타낼 때 잔상이 적고 선명하게 표현됩니다.

포토샵 일반인에게도 친숙한 프로그램이지만 디자이너라면 반드시 알아야 하는 프로그램입니다. 벡터 프로그램인 일러스트레이터로는 비트맵 이미지를 편집하는데 한계가 있습니다(비트맵과 벡터 개념은 Lesson 07에서 자세히 살펴봅니다). 디자이너는 각종 이미지 소스를 자유자재로 다뤄야 하므로 포토샵도 반드시 익혀둬야 합니다.

스캐너 손으로 그린 그림이나 글자를 보정할 때, 사진이나 일러스트 자료를 수집할 때, 필름을 데이터화할 때 필요합니다. 단순히 스캔만 하는 스캐너도 있지만, 스캐너 기능을 포함한 복합기도 저렴하게 살 수 있으므로 주머니 사정에 맞춰 고르면 됩니다. 스캔 크기는 주로 A4 크기를 씁니다.

※스캐너를 살 때 체크할 것

체크 항목	체크 사항
DPI	해상도를 나타내는 수치입니다. 수치가 클수록 더 세밀하게 스캔할 수 있습니다.
스캔 속도	스캔하는데 걸리는 시간으로 수치가 작을수록 빠르게 스캔합니다.
옵션	평판 스캐너를 많이 쓰지만, 필름을 스캔하는 일이 많다면 필름 스캔 겸용인지 확인합니다.

태블릿(펜 마우스) 펜처럼 생긴 마우스와 펜 마우스의 압력을 감지하는 보드로 구성된 입력 장치입니다. 포토샵과 페인터 같은 비트맵 방식 프로그램에서는 펜 압력(오래 누르느냐 잠깐 누르느냐, 꽉 누르느냐 살짝 누르느냐)을 감지해 브러시 굵기와 농도를 조절할 수 있습니다. 벡터 방식인 일러스트레이터에서는 압력에 따라 브러시 굵기가 자동으로 조절되므로 자유롭고 빠르게 선 굵기를 바꿔가며 그릴 수 있습니다. 디자이너가 많이 쓰는 제품은 와콤사의 인튜어스 시리즈입니다. 크기는 4×5~12×19인치로 다양합니다. 시리즈와 형태에 따라 압력 감지 수준, 크기, 가격이 다르므로 사용 범위와 예산에 맞춰 선택하면 됩니다.

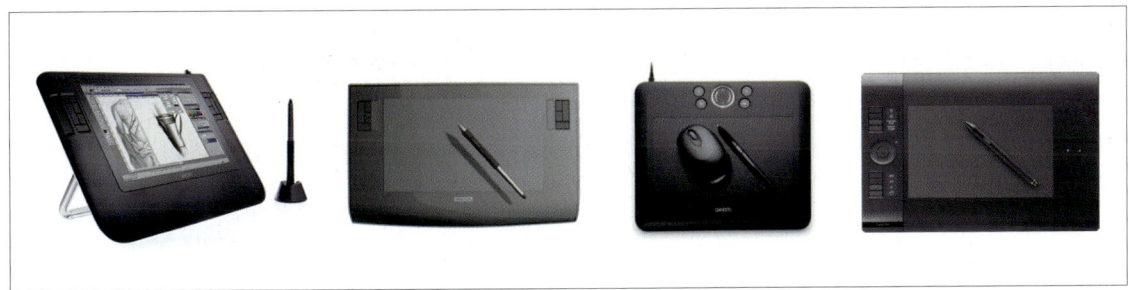

※태블릿을 살 때 체크할 것

체크 항목	체크 사항
해상도	수치가 클수록 더 세밀하게 조작할 수 있습니다.
압력 감지 단계	단계가 높을수록 미세한 차이의 압력도 놓치지 않고 구분하여 받아들입니다. 펜 압력을 이용해 디테일한 일러스트를 그릴 때 차이를 느낄 수 있습니다.

Lesson 04

일러스트레이터 CS5 작업 환경 살펴보기

일러스트레이터 CS5는 디자이너가 좀 더 효율적으로 작업할 수 있도록 여러 가지 기능이 더해졌습니다. 일러스트레이터 CS5를 실행하면 볼 수 있는 웰컴 스크린과 작업 화면을 보면서 이름과 기능을 알아보겠습니다

웰컴 스크린

일러스트레이터 CS5를 실행하면 다음과 같은 화면이 나타납니다. 웰컴 스크린을 이용하면 규격화된 새 창이나 최근에 작업한 도큐먼트 등을 쉽게 열 수 있습니다.

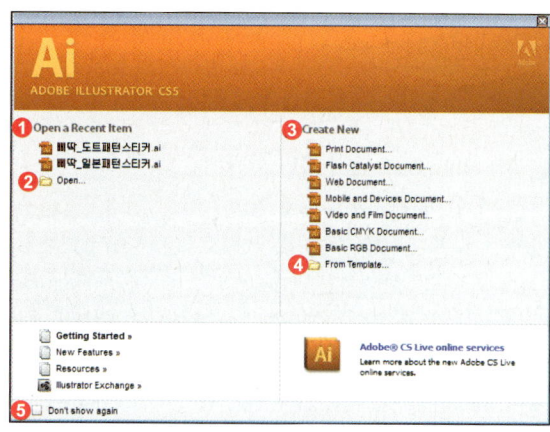 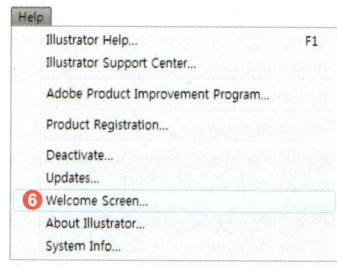

❶ **Open a Recent Item** 최근에 작업한 도큐먼트 목록입니다. 클릭하면 선택한 도큐먼트가 열립니다.

❷ **Open** 클릭하면 Open 창이 열립니다. 원하는 도큐먼트를 선택하면 열립니다.

❸ **Create New** 각 상황에 맞게 옵션이 설정된 도큐먼트입니다. 프린트, 웹, 비디오 등을 선택하면 자동으로 옵션이 선택되어 일일이 옵션을 선택하지 않아도 됩니다.

❹ **From Template** 일러스트레이터 CS5에서 제공하는 디자인 템플릿을 불러옵니다. 주제별로 다양한 템플릿을 제공하므로 유용하게 쓸 수 있습니다(자세한 내용은 Special Tip 02를 참조합니다).

❺ **Don't Show again** 체크하면 일러스트레이터를 실행할 때 시작 화면이 나타나지 않습니다.

❻ **Welcome Screen** 웰컴 스크린이 보이지 않으면 [Help]-[Welcome Screen] 메뉴를 선택합니다.

일러스트레이터 CS5 기본 화면

일러스트레이터 CS5 작업 화면은 크게 메뉴, 패널, 작업 창으로 나뉩니다. 패널에는 도구를 모아놓은 툴 패널, 기능을 모아놓은 기능 패널, 기능을 제어하는 컨트롤 패널이 있습니다. 화면을 구성하는 각 요소와 사용법을 살펴보겠습니다.

❶ 브릿지 바로가기 아이콘 도큐먼트 뷰어를 비롯한 갖가지 정보를 제공하는 어도비 전용 뷰어 프로그램인 브릿지를 실행합니다.

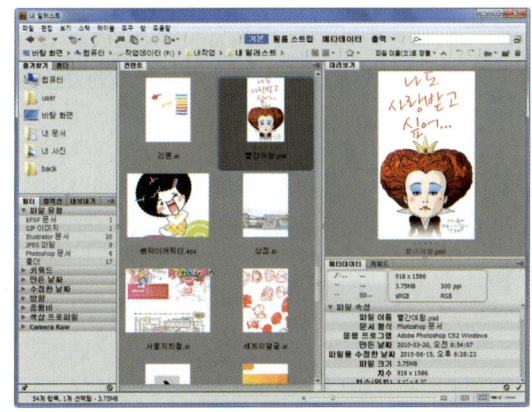

브릿지 실행 화면

❷ 메뉴 바 File, Edit, Object, Type, Select, Effect, View, Window, Help로 총 9가지 메뉴가 있으며 메뉴별로 하위 메뉴를 제공합니다. 메뉴를 클릭하면 실행할 수 있는 메뉴는 검은색, 조건에 맞지 않아 실행할 수 없는 메뉴는 회색으로 나타납니다.

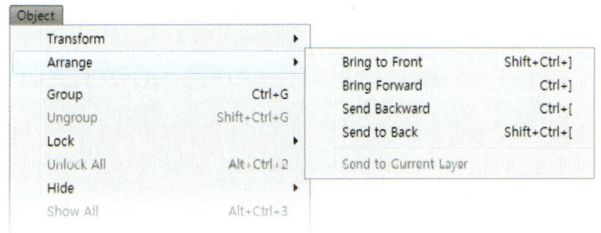

[Object]-[Arrange] 메뉴를 선택하는 화면

❸ **도큐먼트 정돈 버튼** 작업 창이 여러 개 열려 있을 때 버튼 모양대로 작업 창을 정돈할 수 있습니다(프로그램 창을 최대화하면 위치가 메뉴 오른쪽으로 옮겨집니다).

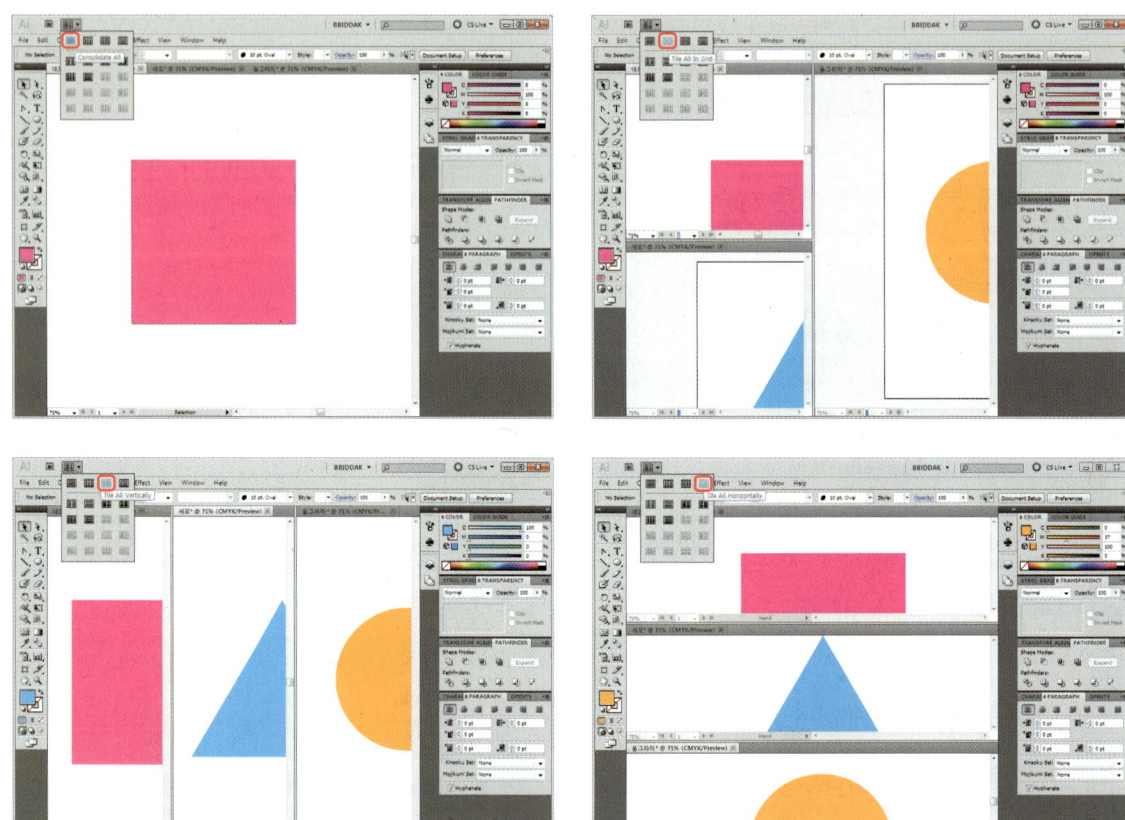

❹ **컨트롤 패널** 선택한 툴과 오브젝트의 옵션 사항을 표시합니다. 메뉴나 패널에 흩어져 있는 기능을 컨트롤 패널에서 한 번에 설정할 수 있어 편리합니다.

선택 툴(▶)로 오브젝트를 선택했을 때 나타나는 컨트롤 패널

글자 툴(T)로 글자를 드래그해서 선택했을 때 나타나는 컨트롤 패널

펜 툴(✎)로 패스를 그릴 때 나타나는 컨트롤 패널

❺ **툴 패널** 일러스트레이터를 쓸 때 가장 중요하고 기본이 되는 도구를 모아둔 곳입니다(툴 패널은 Lesson 05에서 자세히 다룹니다).

❻작업 창 실제로 작업하는 영역입니다. 작업 창이 여러 개일 때는 각 작업 창을 탭으로 구분합니다. 탭을 클릭해서 원하는 창으로 바로 이동할 수 있으며, 탭을 드래그해서 창 순서를 바꿀 수도 있습니다. 탭을 바깥으로 분리해 항상 위에 놔둘 수도 있습니다.

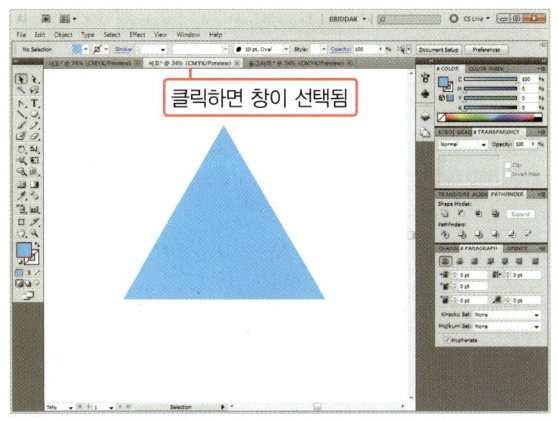

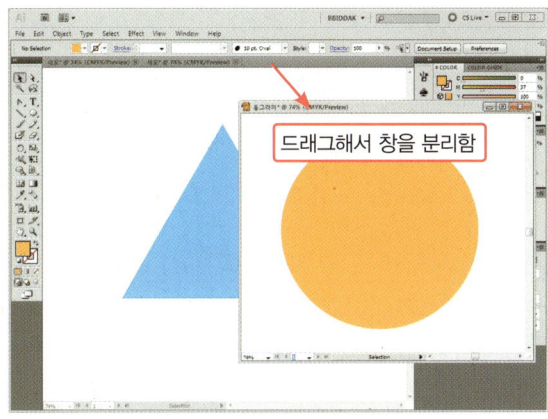

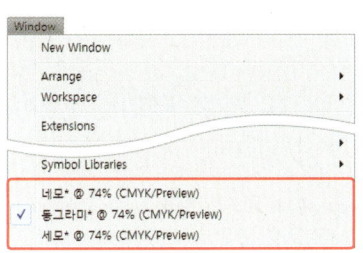

[Window] 메뉴 맨 아래에는 현재 열려있는 작업 창 목록이 나타납니다. 창이 많아 탭을 선택하기 어려울 때는 [Window] 메뉴를 이용해서 작업 창을 선택할 수도 있습니다.

❼작업 화면 선택하기 작업 특성에 맞게 화면 구성을 선택할 수 있습니다. 원하는 작업 화면을 만든 다음 [Save Workspace] 메뉴를 선택하면 작업 화면을 저장할 수 있습니다(메뉴 바를 이용해 화면을 저장할 경우 [Window]-[Workspace]-[Save Workspace]를 누릅니다).

편집 프로그램 인디자인 스타일로 구성한 화면

글자를 작업하기 좋게 최적화한 작업 화면

❽Adobe Community Help 작업하다가 궁금한 점을 단어를 입력해서 검색하면 어도비 커뮤니티 도움말에서 정보를 얻을 수 있습니다.

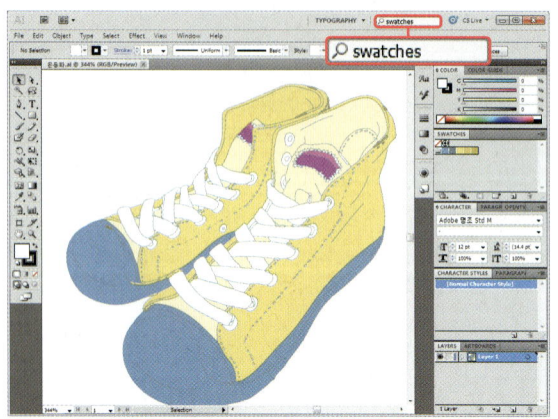 

❾CS Live Adobe Creative Suite 5와 통합되어 있는 온라인 서비스를 모아놓은 곳입니다. 디자인 검토 과정을 간소화하고 웹사이트의 호환성 여부를 신속하게 평가하는 등 다양한 작업을 처리할 수 있습니다. 단, 아직까지 한국어는 지원하지 않습니다(지원하는 언어는 영어, 프랑스어, 독일어, 일본어입니다).

❿패널 오브젝트를 제어하는 기능을 모아놓은 곳입니다.

⓫상태 바 현재 작업중인 도큐먼트 크기와 위치는 물론 갖가지 상태를 볼 수 있습니다. 아트보드를 여러 개 놓고 작업할 때는 번호 란에 숫자를 입력하거나 선택해서 해당 아트보드를 선택할 수 있습니다. 이외에도 해당 아트보드를 중앙에 표시할 수 있고 원하는 작업 창의 정보를 표시할 수도 있습니다.

❶Artboard Name : 선택한 작업 창의 이름을 표시합니다.
❷Current Tool : 선택한 툴 이름을 표시합니다.
❸Date and Time : 현재 날짜와 시간을 표시합니다.
❹Number of Undos : 취소(Undos) 횟수와 번복(Redos) 횟수를 표시합니다.
❺Document Color Profile : 작업 창의 컬러 프로필을 표시합니다.

패널 조작 방법

01 ❶[Window] 메뉴를 이용해 원하는 패널을 화면에 표시할 수 있고 ❷❸ ▶▶ 버튼을 눌러 패널을 열거나 닫을 수 있으며 ❹아이콘 상태로 표시할 경우 아이콘을 클릭해서 패널을 부분적으로 열 수도 있습니다.

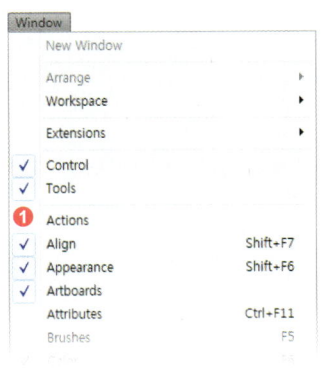

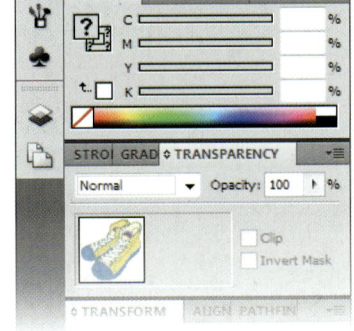

체크된 패널은 화면에 표시됩니다.　　　패널을 열었을 때

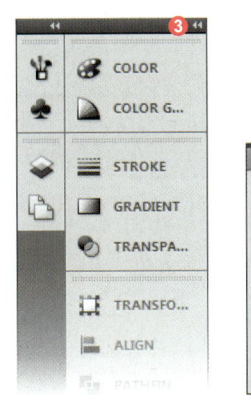

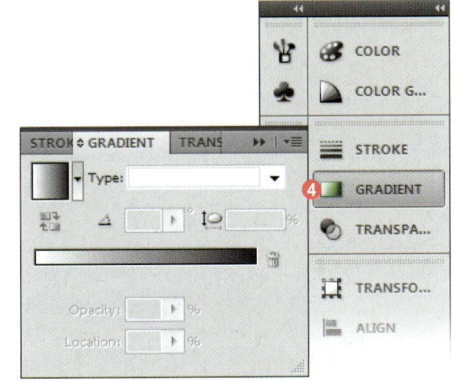

패널을 닫았을 때　　　　닫은 상태에서 아이콘을 클릭했을 때

02 ❶패널이 아이콘 상태일 때, 세로로 두 줄일 경우 ❷경계선을 드래그해서 아이콘 이름을 보이게 할 수 있습니다. ❸그룹으로 묶인 패널의 위쪽을 ❹드래그해서 다른 패널의 안쪽에 갖다 대면 해당 패널 그룹의 테두리가 파랗게 표시됩니다. ❺이때 마우스를 놓으면 드래그한 패널이 원래 그룹에 포함됩니다(열린 상태에서도 옮기는 방법은 같습니다).

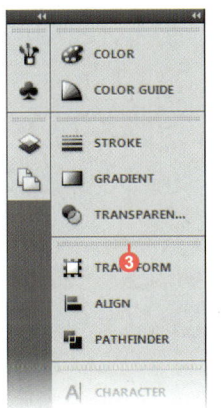

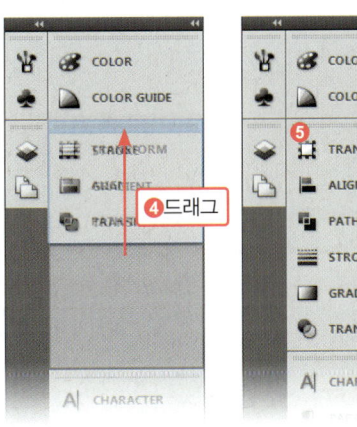

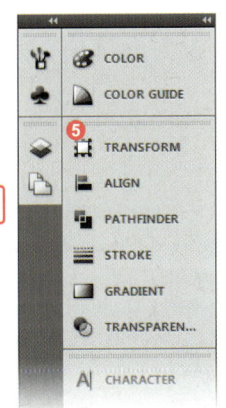

03 ❶패널 그룹 속에 있는 탭을 ❷바깥쪽으로 드래그하면 ❸탭이 별도 패널로 분리됩니다.

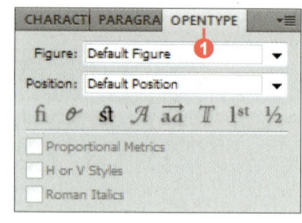 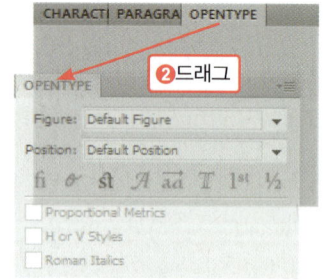 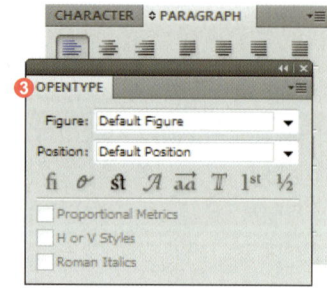

04 ❶패널 그룹 속에 있는 탭을 ❷패널 그룹 사이로 드래그해서 ❸패널 위치를 옮길 수 있습니다.

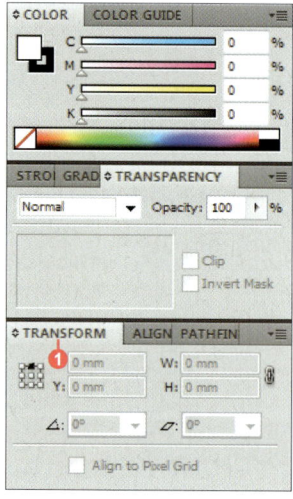 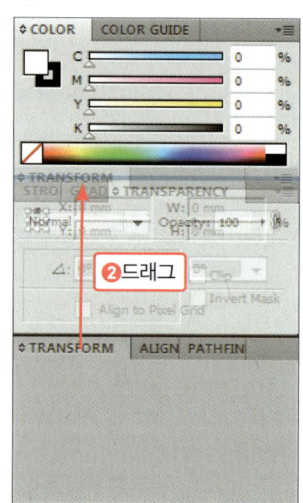 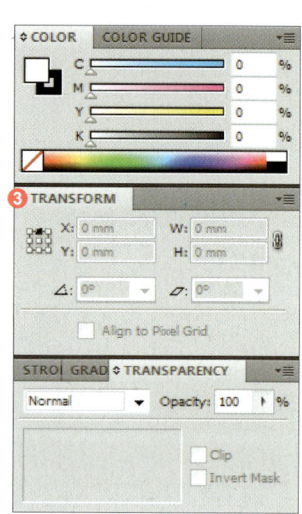

05 ❶각 패널 이름 앞에 있는 🔳 버튼을 클릭하면 ❷옵션을 숨길 수 있고 ❸한 번 더 클릭하
면 모든 기능을 숨기고 탭만 남습니다. 다시 클릭하면 ❹숨긴 기능이 다시 나타납니다. ❺❻❼
🔳 버튼을 누르고 [Show Options] 메뉴를 선택해서 숨은 옵션을 나타나게 할 수도 있습니다.

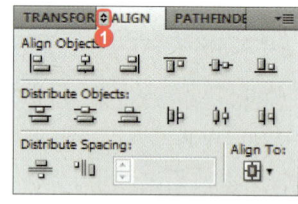 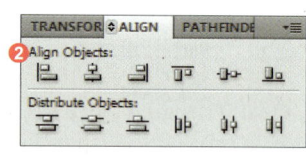 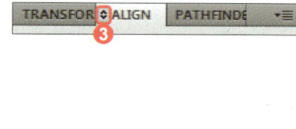

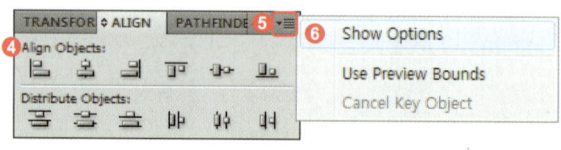 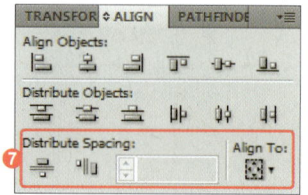

06 각 패널에서 ≣ 버튼을 누르면 해당 패널 속에 숨은 기능을 선택할 수 있습니다.

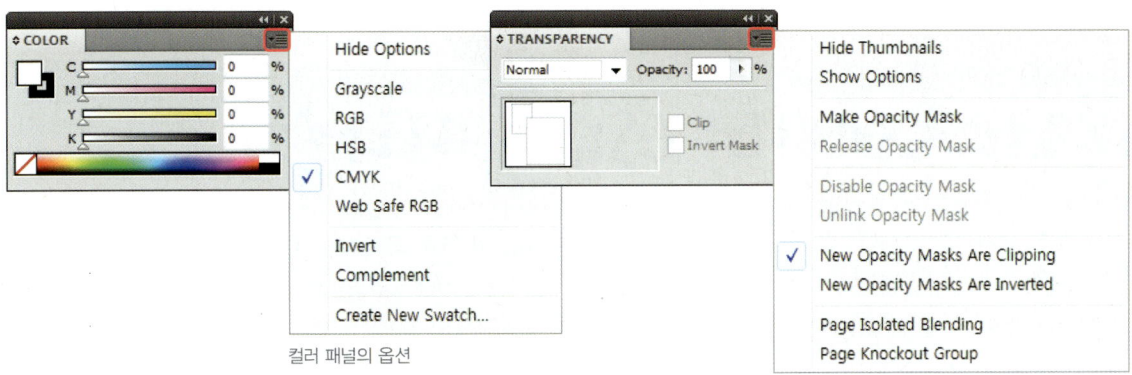

컬러 패널의 옵션

투명도 패널의 옵션

07 ❶패널에서 각 항목에 수치를 입력하면 오브젝트에 적용됩니다. ❷+(더하기), −(빼기), x(곱하기), /(나누기), %(퍼센트)와 같은 수치 연산자를 이용해서 간단한 수학식을 입력하면 ❸계산한 값을 자동으로 적용합니다.

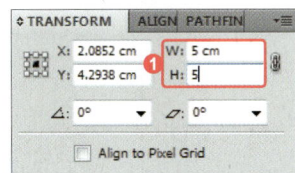 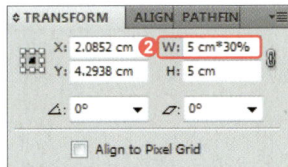 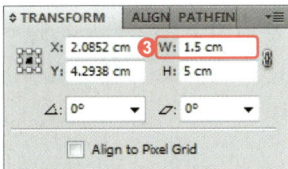

08 각 툴을 사용할 때 해당 툴의 옵션과 패널의 주요 기능은 컨트롤 패널에 표시되어 패널을 직접 사용할 때보다 시간을 단축시킬 수 있습니다.

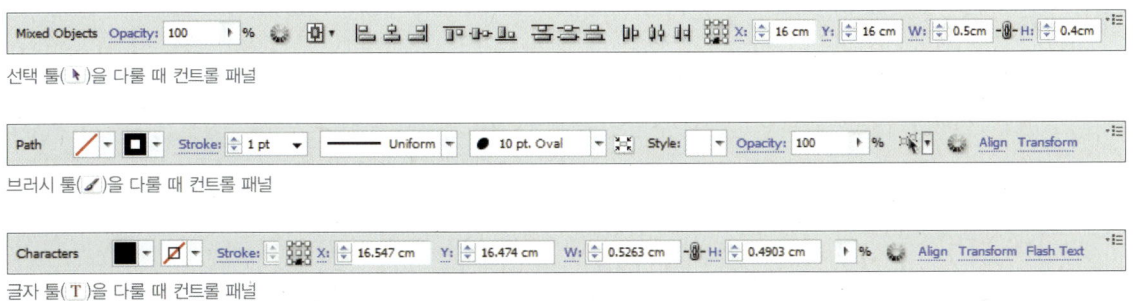

선택 툴( )을 다룰 때 컨트롤 패널

브러시 툴( )을 다룰 때 컨트롤 패널

글자 툴(T)을 다룰 때 컨트롤 패널

Lesson 05
일러스트레이터 CS5 툴 미리보기

툴 패널은 일러스트레이터를 쓸 때 가장 중요하고 기본이 되는 도구를 모아놓은 곳입니다. 전문가들이 자신의 일을 할 때 사용하는 도구를 정리해서 갖고 다니는 것처럼 일러스트레이터도 쓸 때 필요한 모든 도구를 툴 패널에 차곡차곡 정리해두었습니다. 툴 패널을 사용하는 방법과 기능을 알아보겠습니다.

툴 패널 다루기

01 ❶◀◀ 버튼을 누르면 툴 패널을 ❷1줄 또는 2줄로 표시할 수 있으며, ❸각 툴에 마우스를 갖다 대면 툴 이름이 나타나고 툴 이름 바로 옆에 괄호로 단축키가 나타납니다. 마우스로 툴을 선택하지 않아도 해당 단축키를 눌러 원하는 툴을 선택할 수 있습니다.

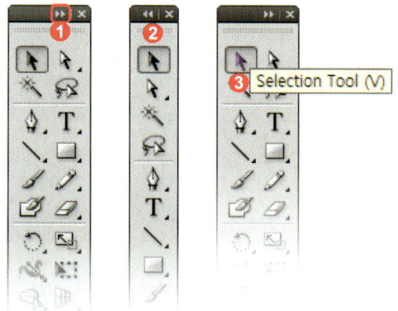

02 Caps Lock 을 누르면 세밀하게 작업할 수 있도록 마우스 포인터 모양이 바뀝니다.

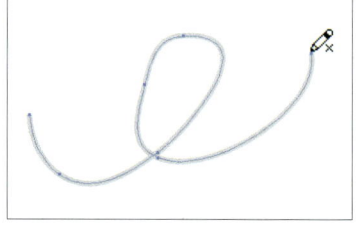

연필 툴(✏)의 마우스 포인터 모양

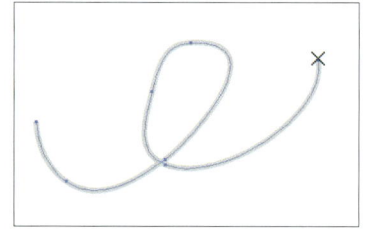

Caps Lock 을 눌렀을 때 바뀐 마우스 포인터 모양

03 ❶글자 툴(T)처럼 툴 모양 오른쪽 아래에 삼각형 표시(◢)가 있는 툴은 숨겨진 툴이 있다는 표시입니다. 해당 툴을 잠시 누르고 있으면 숨겨진 툴이 나타납니다. ❷오른쪽에 있는 분리 버튼을 누르면 ❸관련 툴 전체를 화면으로 끌어낼 수 있습니다.

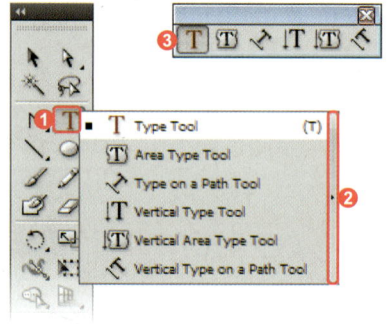

04 숨겨진 툴이 있는 경우 Alt 를 누른 채로 툴을 클릭하면 숨겨진 툴이 차례로 선택됩니다.

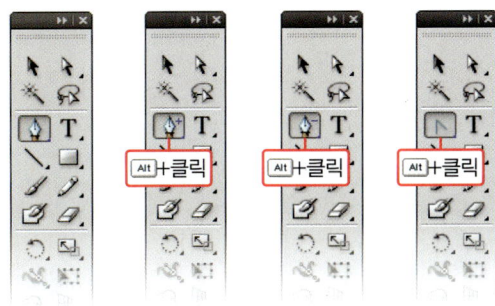

05 오브젝트를 선택한 채로 ❶❸툴을 더블클릭하면 ❷❹해당하는 툴의 옵션을 지정하는 창이 나타납니다.

 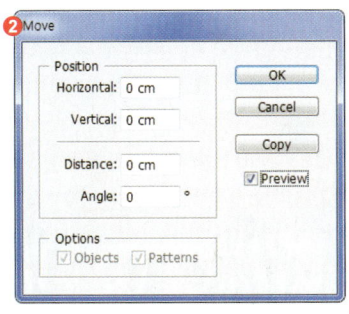

선택 툴(▶)을 더블클릭하면 오브젝트를 옮길 수 있는 옵션 창이 나타납니다.

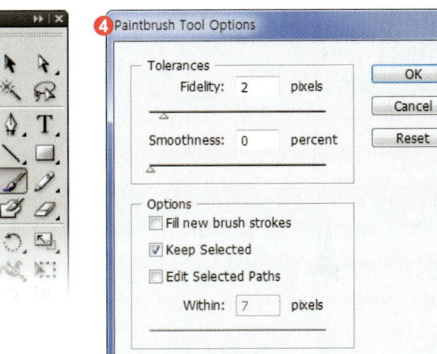

브러시 툴(✔)을 더블클릭하면 브러시 속성을 지정할 수 있는 옵션 창이 나타납니다.

작업하기 편한 환경 만들기

❶ Ctrl + K 를 누르면 환경 설정 창이 나타납니다. ❷▾ 버튼을 눌러 원하는 설정 테마를 선택하고 환경을 설정할 수 있습니다. 몇 가지 중요한 부분을 알아보겠습니다.

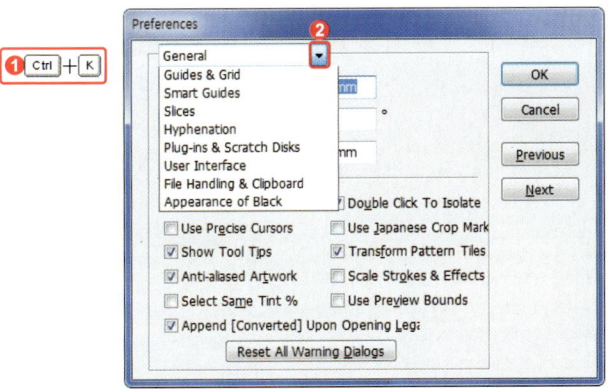

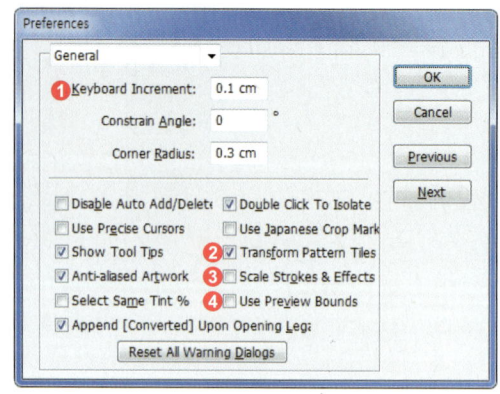

❶Keyboard Increment 오브젝트를 선택하고 키보드 방향키(←↑→↓)를 누를 때 옮겨질 거리입니다. 1mm를 입력하고 →를 누르면 오른쪽으로 1mm 옮겨지고, Shift 를 누른 채로 →를 누르면 오른쪽으로 10mm 옮겨집니다.

❷Transform Pattern Tiles 체크 표시를 풀면 패턴 오브젝트를 회전하거나 축소해도 패턴 모양이나 크기가 바뀌지 않습니다. 체크해두면 패턴 오브젝트를 회전하거나 축소할 때 패턴 모양이나 크기도 따라 바뀝니다.

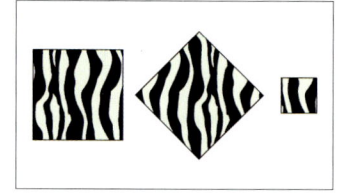 

체크 해제   체크

❸Scale Strokes＆Effects 체크 표시를 풀면 오브젝트 크기를 바꿔도 선 굵기나 이펙트 크기가 바뀌지 않습니다. 체크해두면 오브젝트 크기가 바뀔 때 선 굵기와 이펙트 크기도 따라 바뀝니다.

체크 해제   체크

❹Use Preview Bounds 체크를 표시를 풀면 오브젝트에 적용된 선과 이펙트 크기와 상관없이 패스만 인식해서 바운딩 박스와 크기를 표시하고, 체크해두면 선과 이펙트 크기를 포함해서 바운딩 박스와 크기를 표시합니다.

 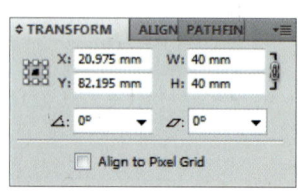 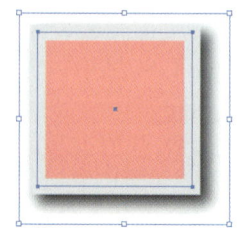 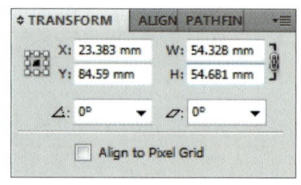

체크 해제   체크

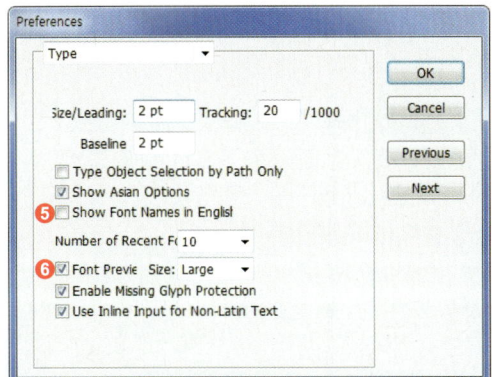
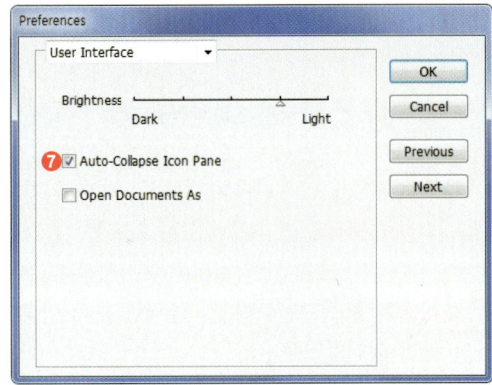

❺❻Show Font Names in English/Font Preview Type에서 Show Font Names in English를 체크하면 폰트 이름이 영어로 바뀌고 Font Preview를 체크하면 [Type]−[Font] 메뉴에서 폰트 모양을 미리 볼 수 있습니다(메모리 용량에 따라 프로그램 작업 속도가 느려질 수 있습니다).

Show Font Names in English 체크 표시를 풀었을 때

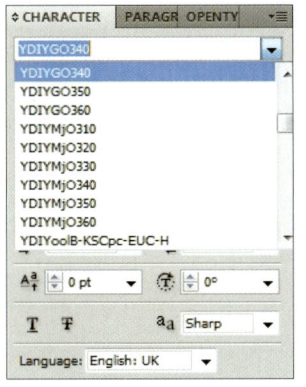

Show Font Names in English를 체크했을 때

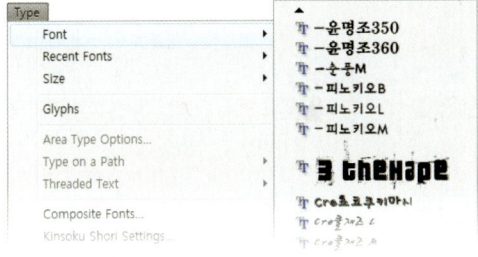

Font Preview를 체크했을 때

❼Auto−Collapse Icon Panel User Interface에서 Auto−Collapse Icon Panel을 체크하면 아이콘 형태로 패널을 쓸때 편리합니다.

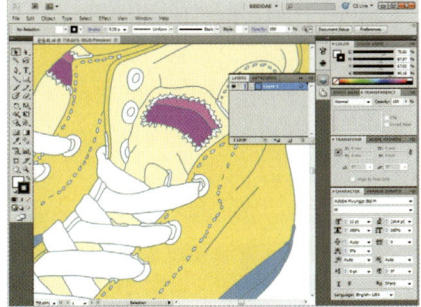

패널 아이콘을 클릭해서 열었을 때

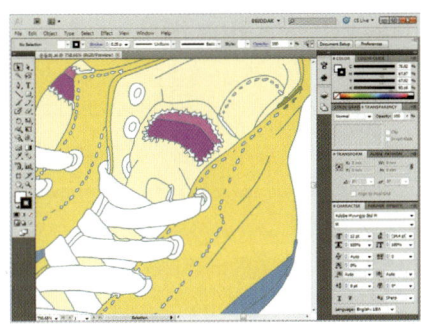

작업 화면을 클릭하면 패널이 자동으로 닫힙니다

❶선택 툴(🔺/단축키 Ⅴ) 오브젝트를 선택하거나 옮깁니다.

❷직접 선택 툴(🔺/단축키 Ⓐ) 오브젝트의 기준점이나 패스를 선택합니다.
그룹 선택 툴(🔺) 그룹에 있는 오브젝트나 그룹 묶음을 순차적으로 선택합니다.

❸마술봉 툴(🔧/단축키 Ⓨ) 클릭한 곳과 비슷한 속성을 가진 오브젝트를 한꺼
번에 선택합니다.

❹올가미 툴(🔗/단축키 Ⓠ) 드래그한 영역에 있는 모든 오브젝트를 선택합니다.

❺펜 툴(🖊/단축키 Ⓟ) 직선, 곡선, 도형 같은 오브젝트를 그리는 툴입니다.
기준점 추가 툴(🖊) 기준점이 없는 패스를 클릭해서 기준점을 추가합니다.
기준점 삭제 툴(🖊) 기준점을 클릭해서 삭제합니다.
기준점 변환 툴(▷) 기준점 양쪽의 패스를 직선 또는 곡선으로 바꿉니다.

❻글자 툴(T 🗚 ↘ T 🗚 ↙/단축키 Ⓣ) 글자를 다양한 형식으로 입력하거나
수정할 수 있습니다.

❼선 툴(＼ ⌒ ◉ ▦ ✳/단축키 Ⓦ) 직선, 곡선, 나선, 격자, 원형 격자를 그립
니다.

❽도형 툴(▣ ▢ ● ○ ★ ✹/단축키 Ⓜ) 사각형, 모서리가 둥근 사각형, 원형,
다각형, 별, 광선을 그립니다.

❾브러시 툴(단축키 Ⓑ) 일반적인 패스에 다양한 선 모양이나 붓 터치 느낌을
더할 수 있습니다.

❿연필 툴(✏/단축키 Ⓝ) 자유롭게 드래그해서 굵기가 일정한 선을 그립니다.
스무드 툴(✏) 그린 곡선 위를 드래그해서 부드럽게 만듭니다.
패스 지우개 툴(✏) 오브젝트 기준점과 곡선을 지울 때 씁니다.

⓫블럽 브러시 툴(✒/단축키 Shift+Ⓑ) 포토샵 브러시로 색칠하는 것처럼 선
이 아닌 면으로 그림을 그립니다.

⓬지우개 툴(⌫/단축키 Shift+Ⓔ) 포토샵 지우개 툴처럼 벡터 오브젝트를 지
웁니다. 오브젝트를 선택한 상태에서 드래그하면 선택한 오브젝트에만 적용
되고, 선택하지 않은 상태에서 드래그하면 전체적으로 적용됩니다.
가위 툴(✂/단축키 Ⓒ) 가위로 실을 자르듯 이어져 있는 패스를 자릅니다.
잘라낸 오브젝트는 열린 패스가 됩니다.

칼 툴(🔪) 칼로 종이를 잘라내듯 드래그해서 오브젝트를 자릅니다. 지우개 툴과 마찬가지로 오브젝트를 선택한 상태에서 드래그하면 선택한 오브젝트에만 적용되고, 선택하지 않은 상태에서 드래그하면 전체적으로 적용됩니다. 잘라낸 오브젝트는 닫힌 패스가 됩니다.

⑬**회전 툴**(🔄/단축키 `R`), **반전 툴**(🔁/단축키 `O`) 오브젝트를 회전하거나 반전합니다.

⑭**스케일 툴**(📐/단축키 `S`) 선택한 오브젝트 크기를 조절하거나 기울입니다. 형태를 자연스럽게 유지한 채로 오브젝트를 변형시킵니다.

⑮**폭 툴**(✏️/단축키 `Shift`+`W`) 선 폭을 자유롭게 조절해서 구불구불한 형태로 만듭니다.
왜곡 툴(🖌️🔲🌀🔷🔳🔲📋/단축키 `Shift`+`R`) 다양한 방법으로 오브젝트 모양을 왜곡하여 변형합니다.

⑯**자유 변형 툴**(⬚/단축키 `E`) 오브젝트를 선택했을 때 나타나는 바운딩 박스의 기준점을 조절하여 크기, 기울기, 회전 정도를 조절합니다.

⑰**도형 구성 툴**(🔍/단축키 `Shift`+`M`) 선택한 여러 오브젝트를 드래그로 연결해서 한 덩어리로 만듭니다.
라이브 페인트 버킷 툴(🪣/단축키 `K`) 일반 오브젝트 또는 라이브 트레이스를 이용해 만든 오브젝트에 지정한 색이나 속성을 클릭 한 번으로 적용시킵니다. 속성이 적용될 영역에는 식별하기 쉽도록 붉고 굵은 선이 나타납니다.
라이브 페인트 선택 툴(🪣/단축키 `Shift`+`L`) 라이브 페인트 버킷 툴(🪣)로 색을 채운 오브젝트만 선택합니다.

⑱**원근감 격자 툴**(📐/단축키 `Shift`+`P`) 원근감 있는 일러스트를 그릴 수 있도록 원근감 격자를 만듭니다.
원근감 선택 툴(👆/단축키 `Shift`+`V`) 오브젝트, 텍스트, 심벌을 원근감 격자로 드래그해서 입체적으로 적용합니다.

⑲**메시 툴**(🔲/단축키 `U`) 오브젝트 내면에 그물망 모양의 기준점을 추가하여 자연스러운 그레이디언트 효과를 만듭니다. 사진처럼 정교한 일러스트를 그릴 때 사용합니다.

⑳**그레이디언트 툴**(⬛/단축키 `G`) 선택한 오브젝트에 그레이디언트 효과를 줍니다.

㉑**스포이트 툴**(💉/단축키 `I`) 선택한 오브젝트에 클릭한 오브젝트 속성을 복제합니다.
측정 툴(📏) 화면을 드래그하면 드래그한 곳의 좌표와 길이 정보를 알 수 있습니다.

㉒**블렌드 툴**(🔳/단축키 `W`) 서로 다른 속성을 가진 오브젝트를 자연스럽게 연결하고, 변화 단계를 자동으로 만듭니다.

㉓**심벌 툴**(🗑🎯🎯🎯🎯🎯🎯🎯/단축키 Shift + S) 심벌을 만들고 수정할 수 있습니다. 심벌 뿌리기 툴(🗑)로 심벌 오브젝트를 만든 뒤 다른 심벌 툴을 이용해서 밀도, 색상, 위치, 크기, 회전, 투명도, 스타일을 바꿀 수 있습니다.

㉔**그래프 툴**(📊📊📊📊📈📈📉🌐⊗/단축키 J) 수치만 입력해서 다양한 그래프를 만들 수 있습니다.

㉕**아트보드 툴**(▥/단축키 Shift + O) 아트보드를 추가, 이동, 복사하고 크기를 조절할 수 있습니다.

㉖**슬라이스 툴**(✂/단축키 Shift + K), **슬라이스 선택 툴**(✂) 작업 영역을 웹 이미지별로 나누거나 선택합니다.

㉗**손 툴**(✋/단축키 H) 작업 화면을 드래그해서 원하는 곳으로 옮깁니다. 손 툴(✋)을 더블클릭하면 도큐먼트 크기가 화면에 딱 맞게 맞춰집니다. 텍스트를 입력할 때를 제외한 나머지 경우에는 Space bar 를 누르면 일시적으로 손 툴 상태가 됩니다.
페이지 툴 인쇄할 영역을 조정합니다.

㉘**돋보기 툴**(🔍/단축키 Z) 클릭하거나 드래그해서 화면을 확대합니다. Alt 와 함께 사용하면 축소됩니다. 돋보기 툴(🔍)을 더블클릭하면 작업 화면 크기가 100%로 맞춰집니다.

㉙**초기화 버튼**(🔲/단축키 D) 선택한 오브젝트 또는 툴 패널의 컬러 속성을 초기화합니다. 면은 흰색, 선 굵기는 1px, 선 색은 검은색으로 지정합니다. 스타일이나 브러시가 적용되어 있는 오브젝트는 해당 속성이 사라집니다.
바꾸기 버튼(↰/단축키 Shift + X) 선택한 오브젝트 또는 툴 패널의 선 색과 면 색을 서로 맞바꿉니다.
면(Fill)과 선(Stroke)(🔲/단축키 X) 선택한 오브젝트의 면 색과 선 색을 표시합니다. 투명은 붉은색 사선으로 나타납니다.
🔲▥✏(단축키 <, >, /) 선택한 오브젝트의 면 또는 선을 단일색, 그레이디언트, 투명으로 처리합니다.

㉚**그리기 모드**(단축키 Shift + D)

🔲 Draw Normal : 일반적인 그리기 모드입니다.

🔲 Draw Behind : 선택한 오브젝트 뒤쪽에 그려집니다.

🔲 Draw Inside : 선택한 오브젝트 안쪽에만 그려집니다(오브젝트를 클리핑 마스크로 처리하는 것이며, 작업이 끝나면 선은 아웃라인 처리합니다).

㉛ 화면 모드(단축키 F)

Normal Screen Mode : 별도 창으로 분리된 모드입니다. 상·하·좌·우 모서리를 드래그해서 프로그램 창의 크기를 확대하거나 축소할 수 있습니다.

Full Screen Mode with Menu Bar : 화면을 꽉 채운 화면 모드입니다. 메뉴와 패널을 함께 표시합니다.

Full Screen Mode : 메뉴와 패널을 모두 숨기고 작업중인 도큐먼트를 화면 가득 표시합니다.

TIP ⎣Tab⎦을 이용해서 작업 화면 넓게 보기

❶ ⎣Shift⎦+드래그하면 45° 단위로 정확하게 회전할 수 있습니다. ❷회전 도중 ⎣Alt⎦를 누르면 복제본이 회전됩니다. 회전 툴로 클릭하는 곳이 회전점이 됩니다.

일반적인 작업 화면

⎣Shift⎦+⎣Tab⎦을 눌렀을 때 : 기능 패널이 사라집니다. ⎣Shift⎦+⎣Tab⎦을 한 번 더 누르면 사라진 패널이 다시 나타납니다.

⎣Tab⎦을 눌렀을 때 : 패널이 모두 사라지고 메뉴만 표시합니다. ⎣Tab⎦을 한 번 더 누르면 사라진 패널이 다시 나타납니다.

Lesson 06.
실속 단축키 & 사용자 정의 단축기 만들기

디자인은 창의적인 아이디어나 느낌도 중요하지만, 창의성 못지않게 일정을 지키는 것도 중요합니다. 시간을 단축해서 일정을 지키는 것은 기본 중 기본이므로 실무 디자이너들은 단축키를 자유자재로 쓰면서 작업 시간을 단축하고 있습니다. 단축키는 무작정 외우는 것보다 작업할 때 자주 쓰는 버릇을 들이면 더 쉽게 외워지므로 예제를 따라하면서 사용 빈도가 높은 것을 자연스럽게 손으로 익혀가는 것이 좋습니다.

실속 단축키 살펴보기

파일 관련

`Ctrl`+`N` 새 파일 만들기
`Ctrl`+`Shift`+`N` 템플릿 불러오기
`Ctrl`+`O` 파일 불러오기
`Ctrl`+`Alt`+`O` 어도비 브릿지로 불러오기

`Ctrl`+`W` 파일 닫기
`Ctrl`+`Alt`+`W` 열린 파일 모두 닫기
`Ctrl`+`S` 파일 저장하기
`Ctrl`+`Shift`+`S` 다른 이름으로 저장하기
`Ctrl`+`Alt`+`S` 복사본 저장하기
`Ctrl`+`Shift`+`Alt`+`S` 웹용 파일로 저장하기

`Ctrl`+`Alt`+`P` 도큐먼트 셋업하기
`Ctrl`+`P` 프린트하기
`Ctrl`+`Q` 일러스트레이터 종료하기

편집 관련

`Ctrl`+`Z` 실행 취소(작업 순서를 전단계로 되돌리기)
`Ctrl`+`Shift`+`Z` 다시 실행(최근 작업 순서로 돌아오기)
`Ctrl`+`X` 잘라내기
`Ctrl`+`C` 복사하기
`Ctrl`+`V` 붙여 넣기
`Ctrl`+`F` 제자리 위에 붙여 넣기

`Ctrl`+`B` 제자리 뒤에 붙여 넣기
`Ctrl`+`Shift`+`V` 현재 아트보드에 붙여 넣기
`Ctrl`+`Shift`+`Alt`+`V` 모든 아트보드에 붙여 넣기
`Ctrl`+`I` 맞춤법 검사하기

오브젝트 관련

`Ctrl`+`D` 변형 작업 반복하기
`Ctrl`+`G` 선택한 오브젝트를 그룹으로 묶기
`Ctrl`+`Shift`+`G` 묶인 그룹 풀어주기
`Ctrl`+`]`, `Ctrl`+`[` 선택한 오브젝트의 배열을 위·아래로
`Ctrl`+`Shift`+`]`, `Ctrl`+`Shift`+`[` 선택한 오브젝트의 배열을 최상위·최하위로

`Ctrl`+`2` 선택한 오브젝트 잠그기
`Ctrl`+`Alt`+`2` 잠긴 오브젝트 풀어주기
`Ctrl`+`3` 선택한 오브젝트를 보이지 않게 숨기기
`Ctrl`+`Alt`+`3` 감춘 오브젝트 보이게 하기
`Ctrl`+`Shift`+`Alt`+`3` 선택한 오브젝트만 남기고 모두 숨기기

`Ctrl`+`J` 떨어져 있는 패스 기준점 이어주기
`Ctrl`+`Alt`+`X` 라이브 페인트 환경 만들기
`Ctrl`+`7` 클리핑 마스크 만들기
`Ctrl`+`Alt`+`7` 클리핑 마스크 해제하기
`Ctrl`+`8` 컴파운드 패스 만들기

Ctrl + Alt + B 블렌드 만들기
Ctrl + Shift + Alt + B 블렌드 없애기
Ctrl + Shift + Alt + W 와프로 둘러싸서 왜곡하기
Ctrl + Alt + M 메시로 둘러싸서 왜곡하기
Ctrl + Alt + C 상위 오브젝트로 둘러싸서 왜곡하기
Ctrl + Alt + X 라이브 페인트 환경 만들기

보기 관련

Ctrl + +, Ctrl + Space bar +드래그(or 클릭) 도큐먼트 확대
Ctrl + -, Ctrl + Space bar + Alt +클릭 도큐먼트 축소
Ctrl + 0 도큐먼트를 화면에 딱 맞게 보기
Ctrl + 1 실 사이즈(100%)로 보기

Space bar +드래그 화면 옮기기
Ctrl + Y 아웃라인 보기/숨기기
Ctrl + H 패스 보기/숨기기
Ctrl + R 눈금자 보기/숨기기
Ctrl + Shift + B 바운딩 박스 보기/숨기기
Ctrl + Shift + D 도큐먼트를 투명으로 보기/흰색으로 보기

Ctrl + ; 안내선 보기/숨기기
Ctrl + Alt + ; 안내선 잠그기/풀기
Ctrl + 5 선택한 패스를 안내선으로 만들기
Ctrl + ` 격자 보기/숨기기
Ctrl + Shift + I 원근감 격자 보기/숨기기

글자 관련

Ctrl + Shift + O 글자 속성을 버리고 아웃라인 만들기
Ctrl + → 단어 끝 부분으로 커서 이동
Ctrl + ← 단어 첫 부분으로 커서 이동
Ctrl + Shift + ↑, Ctrl + Shift + ↓ 행 단위로 블록 선택
Ctrl + Shift + →, Ctrl + Shift + 단어 단위로 블록 선택
Ctrl + Shift + R 오른쪽 정렬
Ctrl + Shift + L 왼쪽 정렬
Ctrl + Shift + C 가운데 정렬

Ctrl + Shift + > 글자 크기 키우기
Ctrl + Shift + < 글자 크기 줄이기
Alt + ↑ 행간 넓히기
Alt + ↓ 행간 좁히기
Alt + → 자간 넓히기
Alt + ← 자간 좁히기
Shift + Alt + ↑ 기준선 올리기
Shift + Alt + ↓ 기준선 내리기

키를 동시에 누르면 단축키가 제대로 작동하지 않을 수 있습니다. 차례대로 누른다 생각하면서 단축키를 써주세요.

Tip ▶ **매킨토시 사용자의 단축키**

매킨토시 사용자는 Ctrl 은 command ⌘ 로, Alt 는 option ⌥ 으로 바꿔
사용하면 됩니다. 컴퓨터가 달라도 프로그램을 사용하는 방법과
결과는 같기 때문에 걱정하지 않아도 됩니다.

IBM	Ctrl	Alt	마우스 오른쪽 버튼 클릭
MAC	command ⌘	option ⌥	option ⌥ +클릭

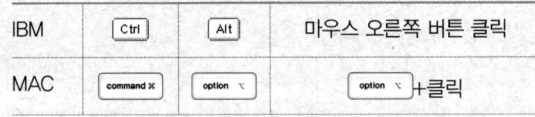

단축키 만들기

자주 쓰는 기능은 나만의 단축키로 만들어 쓸 수 있습니다. 제가 자주 쓰는 기능 중 단축키가 없어 불편한 기능은 [Object]–[Path]–[Outline Stroke] 메뉴입니다. 선을 면으로 바꿔주는 기능인데, 캐릭터를 그리거나 일러스트를 그릴 때 자주 씁니다. 선을 면으로 바꿔주는 [Outline Stroke] 메뉴에 맞는 단축키를 만들어보겠습니다.

01 ❶[Edit]–[Keyboard Shortcuts] 메뉴를 선택합니다. ❷두 번째 선택 상자에서 [Menu Commands] 항목을 선택합니다. ❸[Object] 항목 앞에 붙은 ▷ 표시를 클릭해서 하위 메뉴를 엽니다.

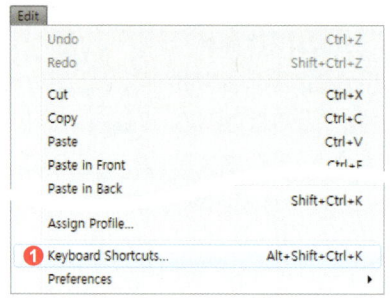
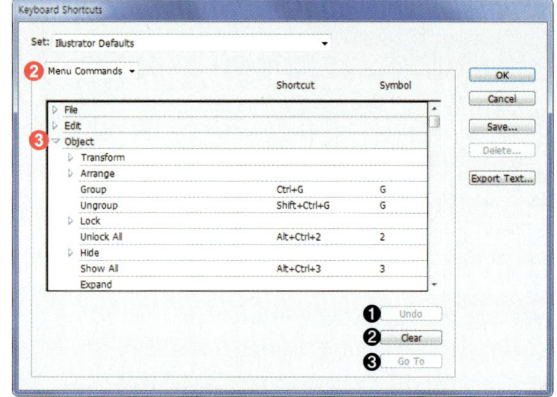

❶Undo : 단축키 설정을 취소합니다.
❷Clear : 입력된 단축키를 삭제합니다.
❸Go To : 단축키 설정을 완료하고 다음으로 넘어갑니다.

02 ❶[Path] 항목 앞에 붙은 ▷ 표시를 클릭해서 하위 메뉴를 엽니다. ❷[Outline Stroke] 항목 중간 부분을 클릭하면 글 상자 속에 커서가 깜박거립니다. ❸ Ctrl + Shift + 9 (또는 원하는 단축키)를 누릅니다. ❹누른 키가 글자로 입력되면 Save... 버튼을 누릅니다.

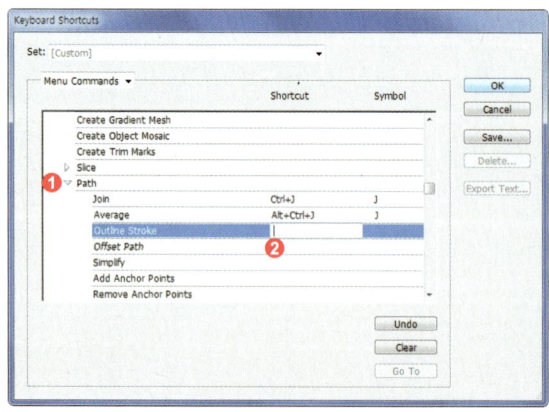
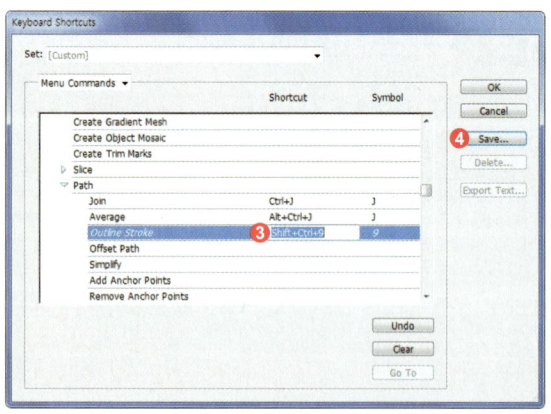

03 ❶단축키 설정을 저장하라는 창이 나오면 적당한 이름을 입력하고 ☐OK☐ 버튼을 누릅니다. 저는 제 닉네임인 "bbiddak"을 입력했습니다. ❷단축키 모음에 등록된 것을 확인하고 ❸ ☐OK☐ 버튼을 누릅니다. ❹[Object]-[Path]-[Outline Stroke] 메뉴를 보면 등록한 단축키가 표시된 것을 볼 수 있습니다.

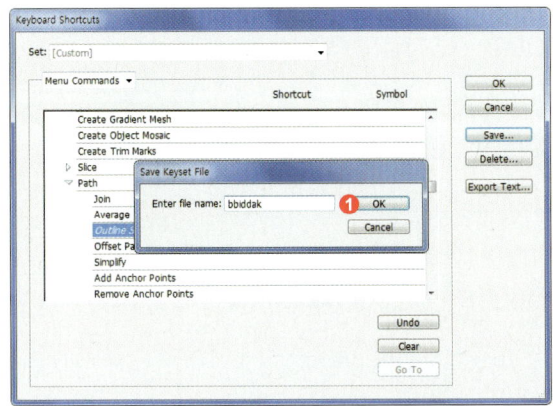

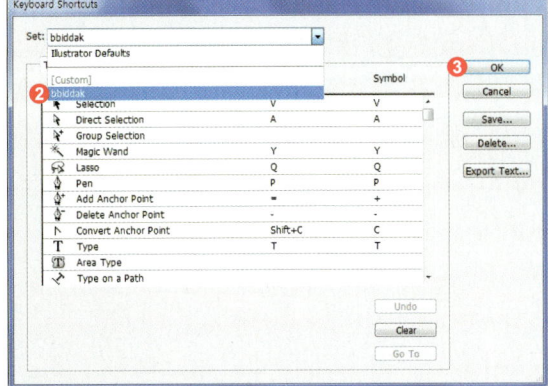

메뉴 단축키에서는 숫자 0을 사용할 수 없습니다. 또한 입력한 단축키가 이미 설정된 키와 겹치는 경우 설정 창 아래쪽에 ⚠모양 경고문이 나타납니다. 무시하고 진행하면 이미 설정된 단축키 대신 새로 정한 단축키로 재설정됩니다. 경고문이 뜨지 않으면 겹치는 단축키가 없는 것이므로 다음으로 진행합니다.

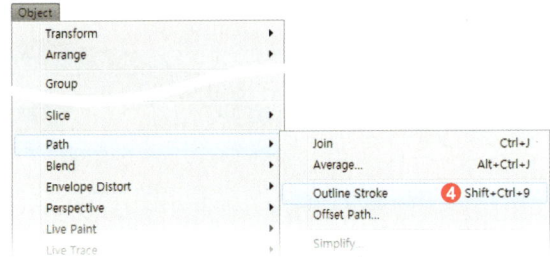

04 단축키가 제대로 설정되었는지 확인하겠습니다. ❶ ❷Ctrl+N을 눌러 새 창을 만듭니다. ❸선 툴(＼)을 클릭하고 ❹컨트롤 패널에서 선 두께를 20pt로 설정합니다. ❺화면을 드래그해서 선을 그린 다음 단축키인 ❻Ctrl+Shift+9를 누르면 선이 면으로 바뀝니다. 단축키가 제대로 적용된 것을 알 수 있습니다.

❶ Ctrl + N

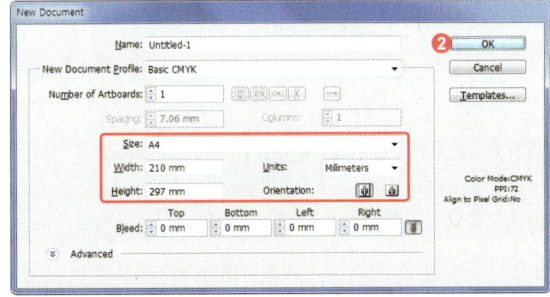

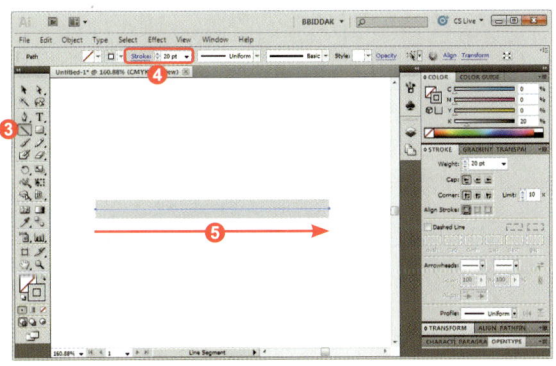

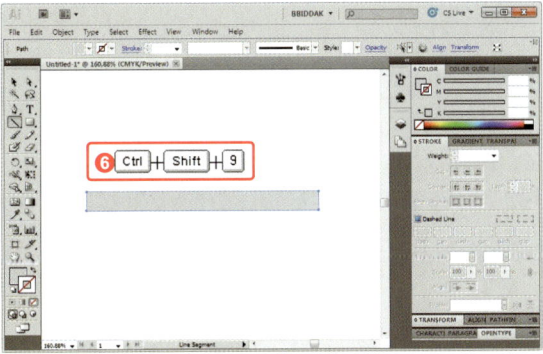

Part 03

디자인하려면
이건 알아야 할 걸?

일러스트레이터를 시작하려면 알아야 할 상식이 있습니다. 상식을 모르고 시작하면 '왜? 뭐가 문제야?'라는 물음이 끊이지 않을 것입니다. Part 03에서는 디자인할 때 알아야 할 기본 상식과 일러스트레이터에서 그림을 그릴 때 기본으로 알아야 하는 패스를 다뤄보겠습니다.

Lesson 07
비트맵과 벡터, RGB와 CMYK

픽셀이라고 부르는 사각형 점으로 이루어진 이미지를 비트맵이라 하고, 좌표 값으로 표현되는 도면 데이터를 벡터라고 합니다. 일러스트레이터에서는 벡터와 비트맵을 동시에 쓸 수 있습니다. 컬러 모드는 빛의 3원색을 이용한 RGB와 색의 3원색을 이용한 CMYK 모드가 있습니다. 일러스트레이터에서는 RGB와 CMYK 모드를 모두 쓸 수 있습니다. 비트맵과 벡터, RGB와 CMYK 모드의 차이점과 활용법을 살펴보겠습니다.

비트맵과 벡터

비트맵은 이미지를 픽셀(pixel)이라는 작은 점으로 나누어 저장하는 방식입니다. 우리가 흔하게 접하는 사진 파일이나 JPG 파일이 비트맵 파일에 속합니다. 픽셀 하나하나가 색이나 위치 정보를 담기 때문에 사진처럼 사실적인 표현이 가능하지만, 픽셀이 많아질수록 파일 용량도 커집니다.

비트맵은 정사각형 모양 점으로 이미지를 표현하기 때문에 직선이나 직각 이미지가 아닌 곡선이나 둥근 이미지는 거칠어 보일 수 있습니다. 이런 거친 현상을 보완하기 위해 곡선이나 둥근 이미지 경계 면에 중간색을 써서 표현하는데 이것을 안티에일리어싱(anti-aliasing)이라고 말합니다. 이미지를 크게 확대하면 안티에일리어싱이 적용된 것을 알 수 있습니다. 대표적인 비트맵 파일로는 포토샵 파일인 PSD와 일반적인 이미지 파일인 JPG, GIF, BMP, PNG가 있습니다.

원본 이미지(비트맵 파일)

5배 확대 이미지

40배 확대 이미지

벡터 형식은 점과 점의 좌표 값, 두 점을 연결하는 선과 면 정보, 선과 면에 적용된 색 정보를 수학적 연산을 통해 표현하므로 이미지가 커져도 용량이 커지지 않습니다. 경계선이 칼로 자른 듯 선명하게 표현되기 때문에 사진처럼 정밀하게 대상을 표현하기에는 한계가 있지만 크기를 키워도 매우 선명하고 깔끔한 결과물을 얻을 수 있습니다. 대표적인 벡터 파일로는 일러스트레이터 파일인 AI, 플래시 파일인 SWF, 코렐드로우 파일인 CDR이 있습니다.

원본 이미지(벡터 파일)

5배 확대 이미지

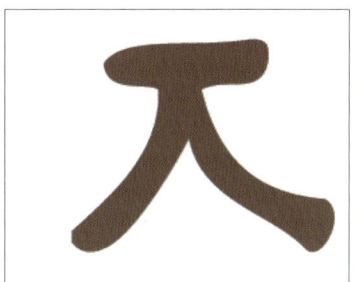

40배 확대 이미지

비트맵 파일의 해상도

비트맵 파일을 다룰 때는 해상도 개념을 이해해야 합니다(벡터 파일은 크기 제약이 없고 용량이 변하지 않으므로 해상도 개념이 없습니다). 해상도는 이미지를 표현할 때 1인치 안에 픽셀을 몇 개 담는지 나타내는 말입니다. 1인치에 픽셀(pixel)을 몇 개 담았는지 나타내는 화면 해상도는 ppi(pixel per inch), 1인치에 점(dot)을 몇 개 담았는지 나타내는 인쇄 해상도는 dpi(dot per inch)를 단위로 씁니다. 픽셀 또는 도트 수가 많을수록 이미지를 정밀하게 표현할 수 있지만, 해상도가 높아지는 만큼 용량이 커지므로 상황에 맞게 적절한 해상도로 설정해야 합니다. 일반적으로 모니터 화면 해상도는 72dpi, 인쇄 해상도는 300dpi입니다.

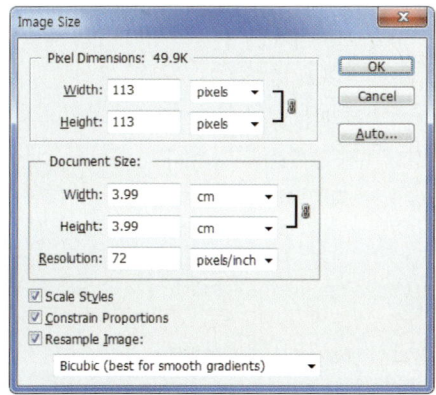

해상도 72dpi, 가로·세로 크기 4cm, 정사각형 모양 비트맵 그림과 사진 파일을 인쇄했을 때 : 점 개수가 적어(해상도가 낮아) 선명하지 않습니다.

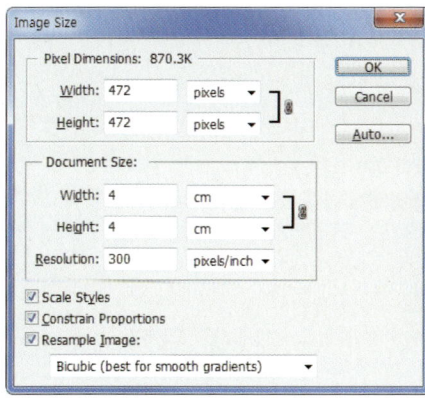

해상도 300dpi, 가로·세로 크기 4cm, 정사각형 모양 비트맵 그림과 사진 파일을 인쇄했을 때 : 점 개수가 충분해(해상도가 높아) 선명합니다.

컴퓨터에서 만들 수 있는 컬러 모드는 매우 다양하지만, 일러스트레이터에서 사용하는 컬러 모드는 RGB와 CMYK 뿐입니다. 포토샵에서는 갖가지 필터를 사용하고 색감도 풍부하게 표현해야 하므로 RGB 모드가 기본이지만, 일러스트레이터는 인쇄를 기반으로 작업하는 경우가 많아 CMYK 모드가 기본입니다. 필요한 경우 CMYK 모드로 작업하고 RGB 모드로 바꿉니다.

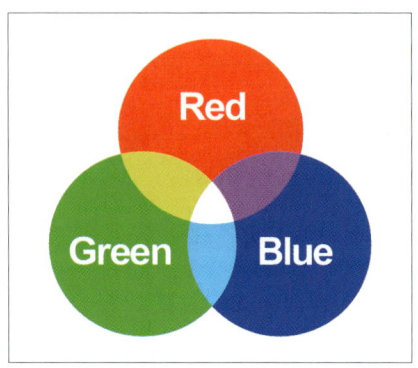

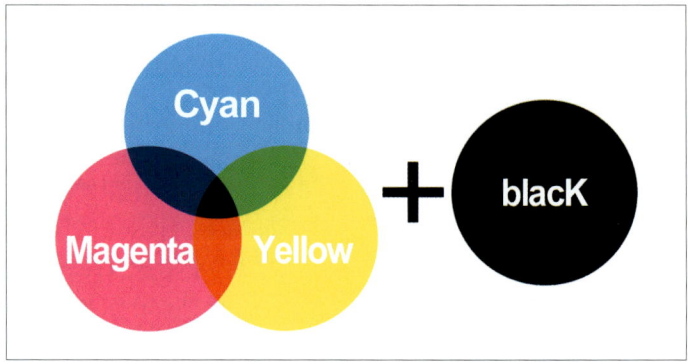

빛의 3원색인 RGB는 겹칠수록(섞을수록) 밝아집니다.

색의 3원색인 CMY는 겹칠수록(섞을수록) 어두워집니다. 색의 3원색을 모두 섞으면 검은색이 되지만, 실제 인쇄할 때는 세 가지 색을 섞으면 검은색이 탁해지기 때문에 선명한 검은색을 따로 만들어 씁니다. 따라서 인쇄할 때는 색의 3원색과 검정을 섞어 씁니다.

❶❷웰컴 스크린에서 [Basic CMYK Document]를 클릭하면 CMYK 모드 새 창, ❸❹[Basic RGB Document]를 클릭하면 RGB 모드 새 창이 만들어집니다. ❺기존 창에서는 [File]-[Document Color Mode] 메뉴에서 선택할 수도 있습니다. 작업 도중에 컬러 모드를 바꾸면 컬러 수치가 미세하게 바뀌므로 인쇄할 데이터라면 처음부터 CMYK 모드로 설정하고 작업하는 것이 좋습니다.

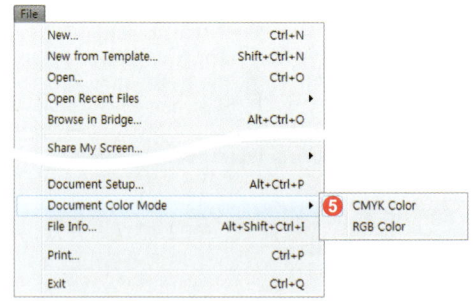

도큐먼트 컬러 모드와 별개로 컬러 패널에 있는 팝업 메뉴에서도 컬러 패널 옵션을 선택할 수 있습니다. 옵션별로 컬러를 표현하거나 수정하는 방식이 다르므로 상황에 맞춰 선택하면 됩니다.

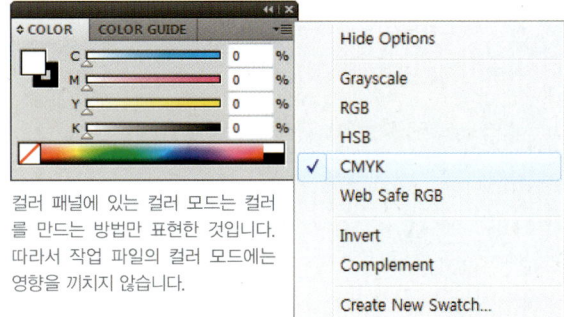

컬러 패널에 있는 컬러 모드는 컬러를 만드는 방법만 표현한 것입니다. 따라서 작업 파일의 컬러 모드에는 영향을 끼치지 않습니다.

TIP 컬러 패널 옵션 자세히 보기

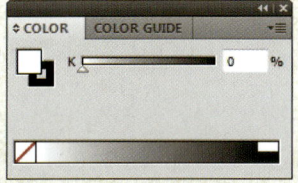

Grayscale : 흰색에서 검은색까지 256단계로 색을 표현합니다.

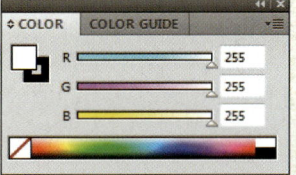

RGB : 빛의 3원색인 Red, Green, Blue로 색상을 표현합니다.

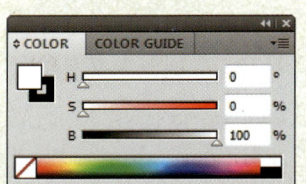

HSB : 색상(Hue), 채도(Saturation), 명도(Brightness)로 색을 표현합니다.

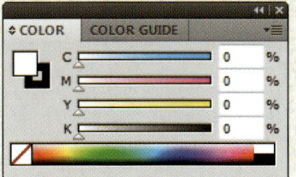

CMYK : 색의 3원색인 Cyan, Magenta, Yellow에 blacK을 더해 색을 표현합니다.

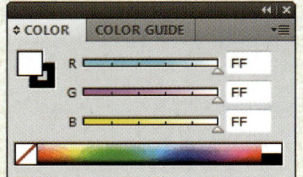

Web Safe RGB : 어떤 웹 브라우저에서도 안전하게 구현되는 216색으로 표현합니다

Lesson 08
파일 열고 닫고 저장하기

멋진 레스토랑에서 식사를 하려면 문을 열고 들어가 자리를 잡고 테이블을 세팅하는 과정이 필요합니다. 마찬가지로 일러스트레이터로 멋진 디자인을 하려면 새로운 창을 만들고, 도큐먼트를 세팅하는 과정이 필요합니다. 새 창을 만드는 방법, 화면을 조작하는 방법, 파일을 열고 닫고 저장하는 방법을 알아보겠습니다.

실습 파일 : 부록CD\Sample\Part03\Lesson08_1.ai, Lesson08_2.ai

새 창 만들기

01 ❶ 시작 화면의 웰컴 스크린에서 Create New 항목의 [Basic CMYK Document]를 클릭하거나 ❷ [File]-[New] 메뉴(단축키 Ctrl + N)를 선택합니다. ❸ 다음과 같이 설정하고 OK 버튼을 누릅니다.

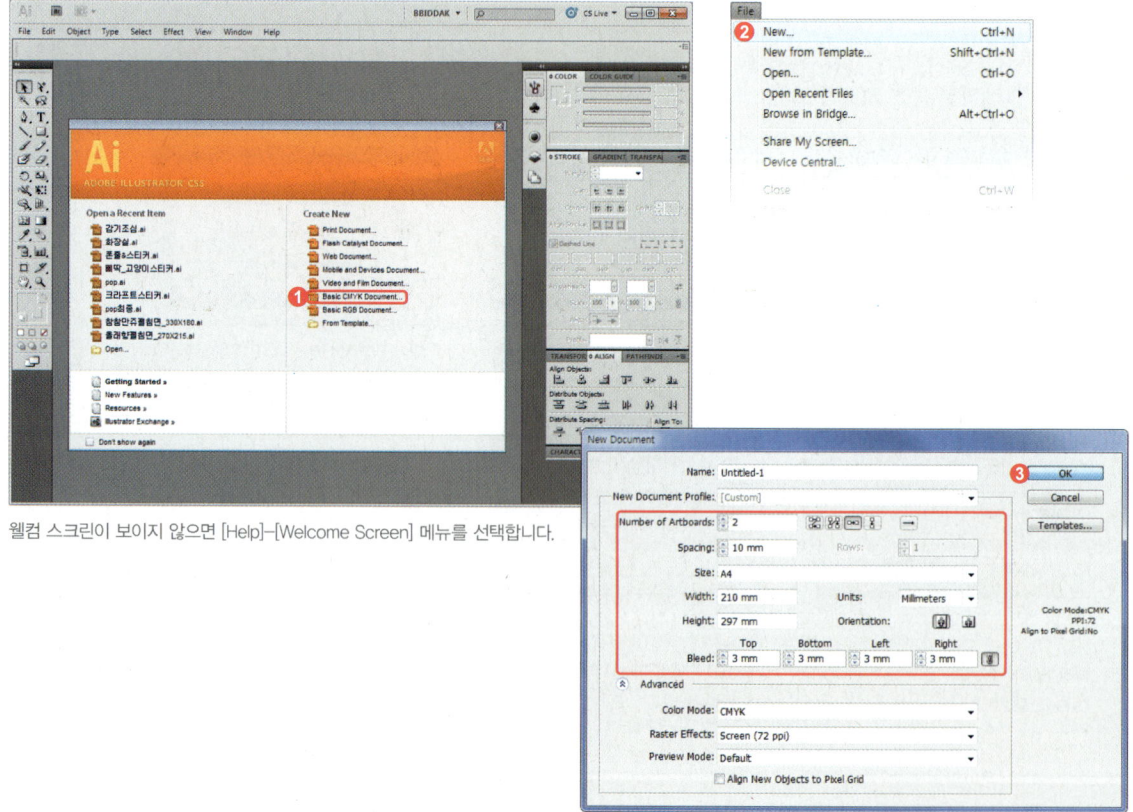

웰컴 스크린이 보이지 않으면 [Help]-[Welcome Screen] 메뉴를 선택합니다.

02 설정한 대로 새 창이 만들어집니다.

화면 조작하기

01 ❶ Ctrl + O 를 눌러 부록CD\Sample\ Part03\Lesson08_1.ai 파일을 불러옵니다. ❷선택 툴(▶)로 ❸아이 얼굴을 클릭하면 그룹 오브젝트가 통째로 선택되고, ❹트랜스폼 패널에 오브젝트 크기가 표시됩니다 (트랜스폼 패널이 보이지 않으면 [Window]-[Transform] 메뉴를 선택합니다).

02 ❶ Ctrl + R 을 눌러 작업 창 왼쪽과 위쪽에 줄자를 띄웁니다. ❷줄자 위를 마우스 오른쪽 버튼으로 클릭하면 길이 단위를 바꿀 수 있습니다. Centimeters를 선택하면 ❸ 트랜스폼 패널에 표시되는 길이 단위가 바뀝니다. ❹다시 Ctrl + R 을 눌러 줄자를 없앱니다.

03 ❶빈 화면을 클릭해서 선택을 해제합니다. ❷ Ctrl + Space bar 를 눌러 마우스 포인터가 🔍 모양으로 바뀌면 화면을 클릭합니다. ❸클릭한 부분을 중심으로 화면이 확대됩니다.

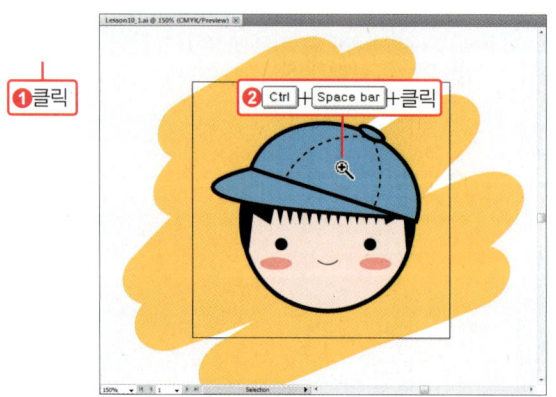

04 ❶ Ctrl + Space bar 를 누른 상태에서 드래그합니다. ❷드래그한 영역이 한 번에 확대됩니다. ❸ Space bar 를 눌러 마우스 포인터가 ✋ 모양으로 바뀌면 ❹드래그해서 확대된 화면을 이리저리 옮겨 볼 수 있습니다. ❺ Ctrl + Alt + Space bar 를 눌러 마우스 포인터가 🔍 모양으로 바뀌면 클릭해서 화면을 축소할 수 있습니다.

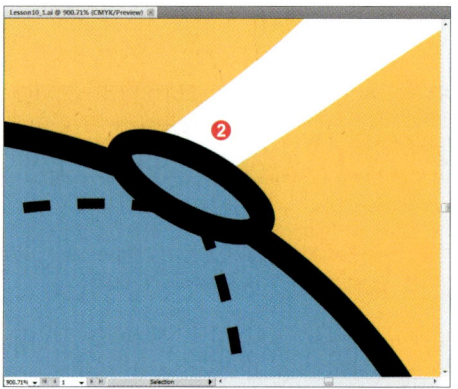
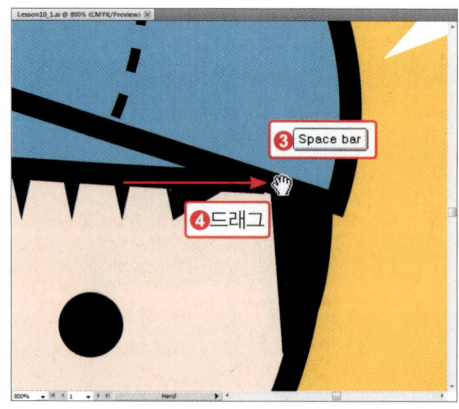

단축키인 Ctrl + + , Ctrl + − 를 눌러도 확대하거나 축소할 수 있습니다. Ctrl + 0 을 누르면 아트보드 크기에 맞는 화면으로 바뀝니다.

아트보드 조절하기

01 ❶ Ctrl + N 을 눌러 다음과 같이 설정한 후 ❷ OK 버튼을 누릅니다. ❸2행 2열로 아트보드 4개가 20mm 간격으로 만들어집니다. 각 아트보드에는 5mm 여분이 빨간색 선으로 표시됩니다.

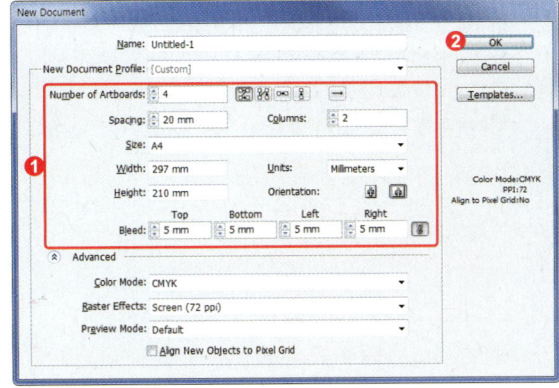

02 ❶아트보드 툴(🔲)을 선택하면 ❷아트보드를 제어할 수 있는 상태가 됩니다. 각 아트보드 왼쪽 위에는 아트보드 이름, 오른쪽 위에는 아트보드를 지울 수 있는 버튼이 있습니다. ❸바운딩 박스를 조절해서 크기를 조절할 수 있고, ❹아트보드 패널을 이용해서 아트보드 이름과 우선순위를 바꿀 수 있습니다.

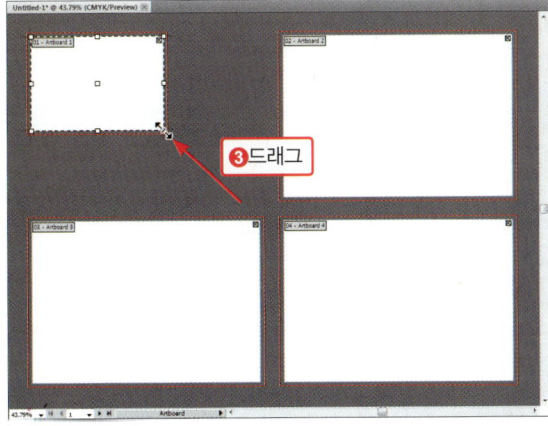

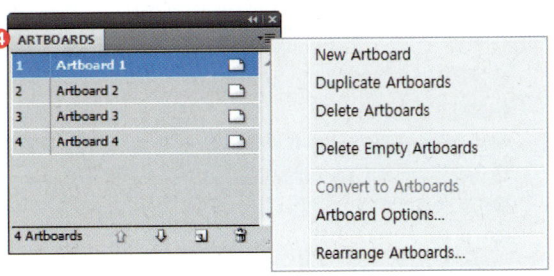

아트보드 패널이 보이지 않으면 [Window]–[Artboards] 메뉴를 선택합니다.

Tip 새 창 만들기 옵션 자세히 보기

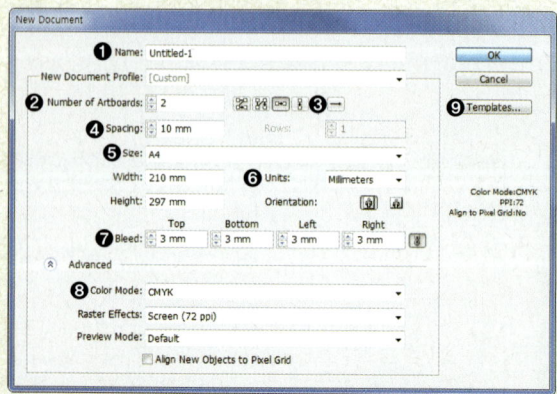

❶새 창 이름을 정합니다.
❷새 창에 나타낼 아트보드 개수를 숫자로 입력합니다.
❸아트보드가 여러 개일 때 나열 순서를 정합니다.
❹아트보드가 여러 개일 때 보드 사이 간격을 정합니다.
❺아트보드 크기를 정합니다.
❻아트보드에서 사용할 길이 단위를 정합니다.
❼아트보드 바깥쪽 여분 영역을 표시합니다.
❽컬러 모드를 정합니다.
❾템플릿을 불러옵니다.

Tip 아트보드 패널 옵션 자세히 보기

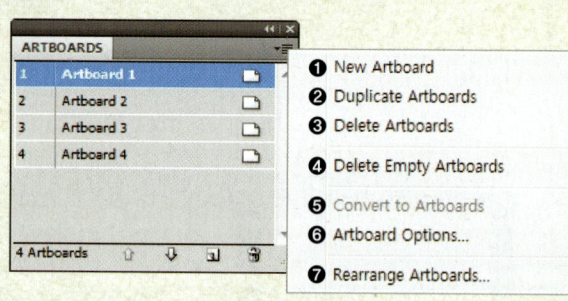

❶New Artboard : 선택한 아트보드와 동일한 새로운 아트보드를 추가합니다. 아트보드 패널의 🔲 버튼과 같은 기능입니다.
❷Duplicate Artboards : 선택한 아트보드 속에 있는 오브젝트까지 똑같이 복제하여 새로운 아트보드를 추가합니다. 아트보드 패널에서 선택한 아트보드를 🔲 버튼으로 드래그&드롭했을 때와 같은 기능입니다.

❸Delete Artboards : 선택한 아트보드를 삭제합니다. 아트보드 패널에 있는 🗑 버튼과 같은 기능입니다.
❹Delete Empty Artboards : 오브젝트가 없는 빈 아트보드를 삭제합니다.
❺Convert to Artboards : 선택한 사각형 오브젝트를 아트보드로 만듭니다.
❻Artboard Options : 아트보드 이름, 크기, 위치 값 등을 다시 설정합니다.
❼Rearrange Artboards : 아트보드의 배열 순서, 열 개수, 간격 등을 다시 설정합니다.

Tip 아트보드 툴의 컨트롤 패널 자세히 보기

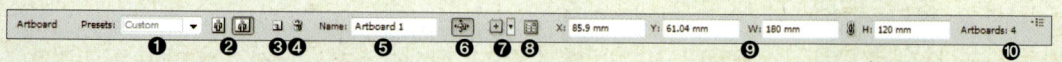

❶규격 크기를 선택합니다.
❷용지 방향을 정합니다.
❸새 아트보드를 추가합니다(아트보드 툴로 빈 화면을 드래그해도 새 아트보드를 추가할 수 있습니다).
❹선택한 아트보드를 삭제합니다.
❺아트보드 이름을 설정합니다.
❻버튼을 누르지 않았을 때 : 아트보드를 Alt +드래그하면 크기가 같은 아트보드를 복제합니다.
　버튼을 눌렀을 때 : 아트보드를 Alt +드래그하면 아트보드 속에 있는 오브젝트까지 복제합니다.
❼아트보드의 중심선, 십자선, 비디오 영역의 가이드 선을 보이거나 숨깁니다.
❽선택한 아트보드의 옵션을 팝업 창에 띄워 나타냅니다. 내용은 컨트롤 패널과 같습니다.
❾아트보드 위치 정보와 너비와 높이입니다.
❿아트보드 개수를 표시합니다.

03 ❶아트보드 패널에서 아트보드를 더블클릭하면 ❷해당 아트보드가 화면에 딱 맞게 확대
됩니다. ❸컨트롤 패널을 이용해 간편하게 아트보드를 제어할 수도 있습니다. ❹아트보드에
나타나는 검정 경계선을 숨기고 싶다면 [View]-[Hide Artboards] 메뉴(단축키 Ctrl + Shift
+ H)를 선택합니다.

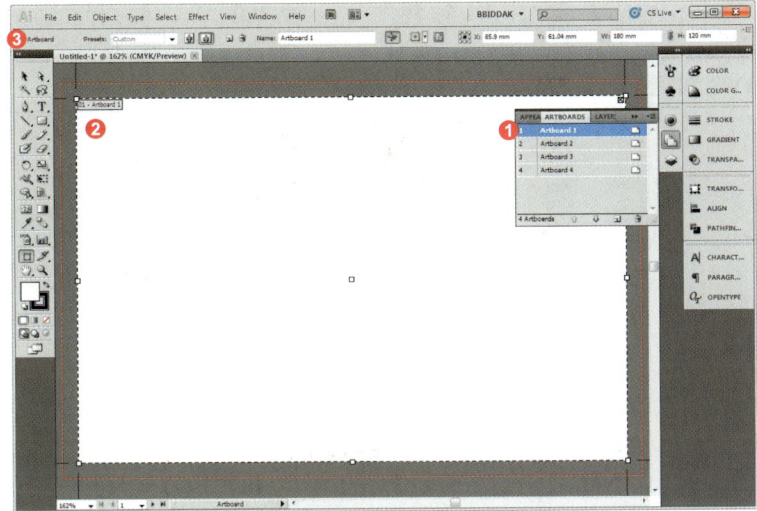

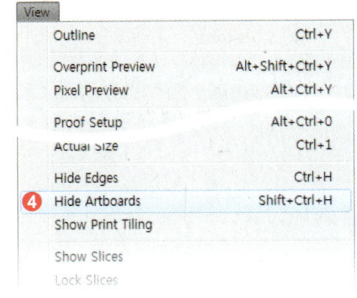

아트보드 툴(✛)이 선택된 상태에서는 [Show
Artboards], [Hide Artvoards] 메뉴가 비활성화
됩니다.

파일을 열고 닫기

01 ❶웰컴 스크린에 있는 [Open a Recent Item] 항목에는 최근에 작업한 파일 목록이 나
타납니다. 목록에 나타난 파일을 클릭하면 파일이 열립니다. 이외에도 ❷일러스트레이터 배경
화면을 더블클릭하거나 ❸웰컴 스크린에서 [Open] 항목을 클릭하거나 ❹[File]-[Open] 메뉴
(단축키 Ctrl + O)를 선택하면 파일을 불러올 수 있는 Open 창이 나타나는데, 이때 ai 파일을
선택해 파일을 열 수도 있습니다.

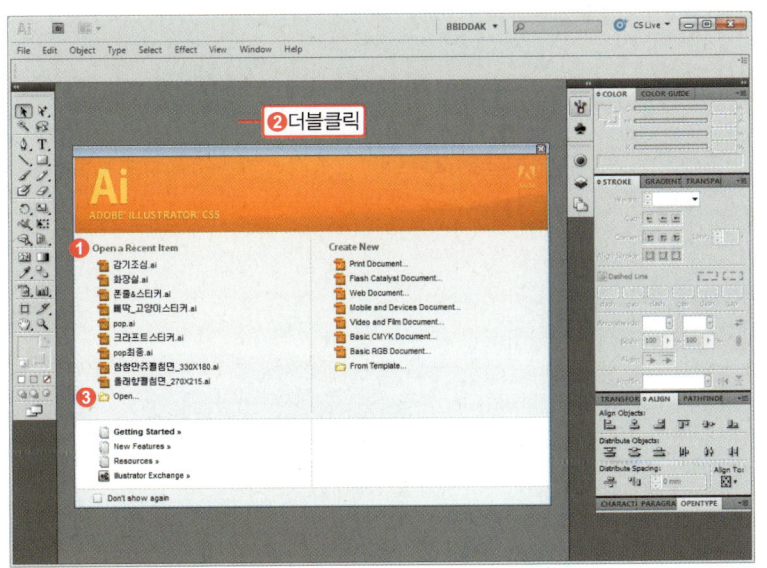

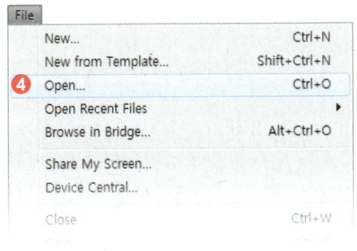

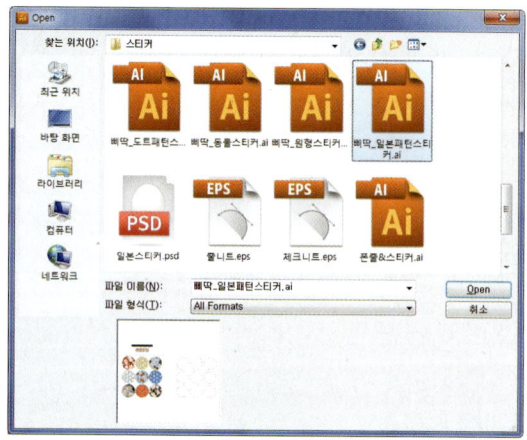

Open 창 : 파일을 클릭하면 내용을 미리 볼 수 있습니다.

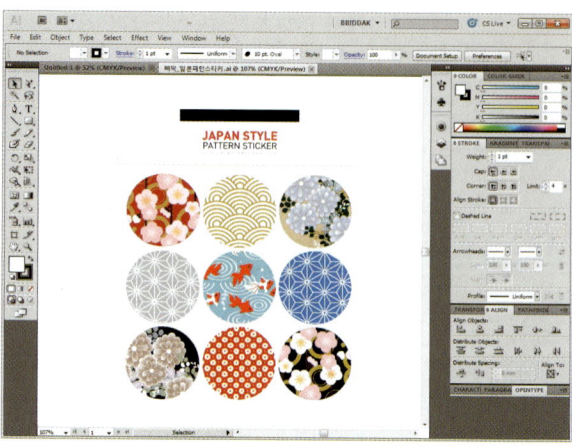

파일이 열린 모습

02 파일을 닫을 때는 ❶파일 탭에 있는 ⊠ 버튼을 누르거나 [File]-[Close] 메뉴(단축키 [Ctrl]+[W])를 선택합니다. ❷이때 바꾼 내용을 저장하지 않았다면 저장할 것인지 묻는 경고 창이 나타납니다. 〈Yes〉 버튼을 누르면 파일을 저장한 다음 닫고, 〈No〉 버튼을 누르면 저장하지 않고 닫습니다. 〈Cancel〉 버튼을 누르면 작업 창으로 돌아옵니다.

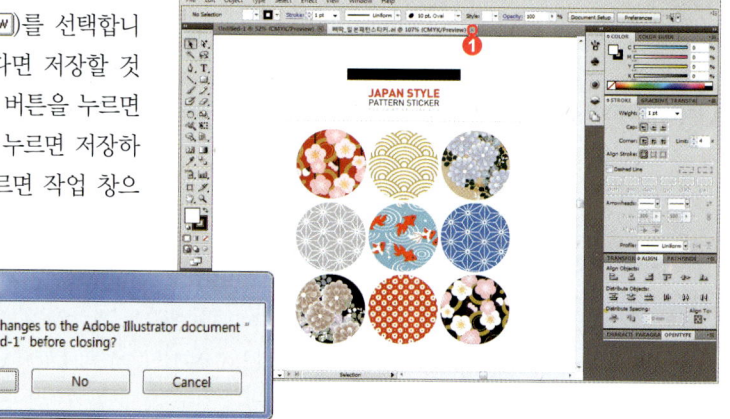

[SAVE] 메뉴로 AI, EPS, PDF 파일 저장하기

[File]-[Save] 메뉴 또는 [File]-[Save As] 메뉴를 선택하면 Save As 창이 나타납니다. Save As 창에서 파일 형식을 보면 일곱 가지 형식이 나타나는데 이 중 많이 사용하는 파일 형식은 일러스트레이터 전용 파일 형식인 AI, 출력 전용 파일 형식인 EPS, 디지털 출판에 적합한 PDF입니다. 세 가지 형식으로 저장하는 방법을 알아보겠습니다.

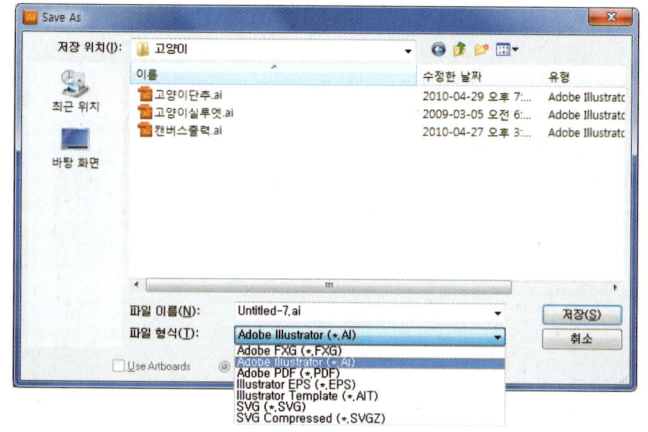

AI로 저장하기

AI는 일러스트레이터 전용 파일입니다. 따라서 파일 형식을 별도로
지정하지 않으면 기본 형식인 AI 파일로 저장됩니다. 일러스트레이터
에서 작업한 패스, 색, 텍스트, 레이어 같은 데이터가 그대로 들어 있
어 언제든지 수정할 수 있습니다.

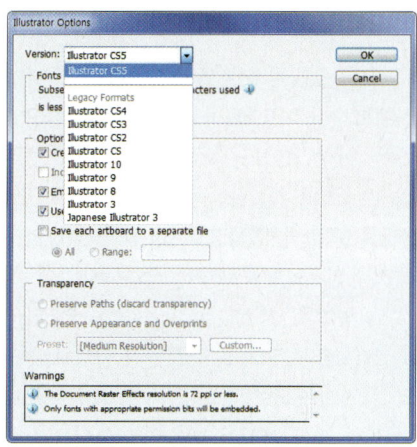

내 컴퓨터에서만 작업할 데이터라면 버전을 신경 쓰지 않아도 됩니다. 하지만 다른 컴퓨터로
옮겨가면서 작업할 때는 버전이 맞지 않아 열리지 않는 경우가 많습니다. 따라서 다른 컴퓨터
에 설치된 일러스트레이터 프로그램 버전에 맞춰 저장하는 것이 좋습니다.

EPS로 저장하기

인쇄하거나 출력하기 위한 형식으로 편집 프로그램인 쿼크 익스프
레스(Quark Xpress)에서도 사용할 수 있습니다. 낮은 버전으로 바
꿔 저장하면 파일 오류가 자주 나타나므로, 원본 AI 파일과 변환한
EPS를 별도로 저장하는 것이 좋습니다. 화면과 다르게 인쇄될 때도
있으므로 오버 프린트, 이펙트 영역, 투명도 영역을 꼼꼼히 체크해야
합니다.

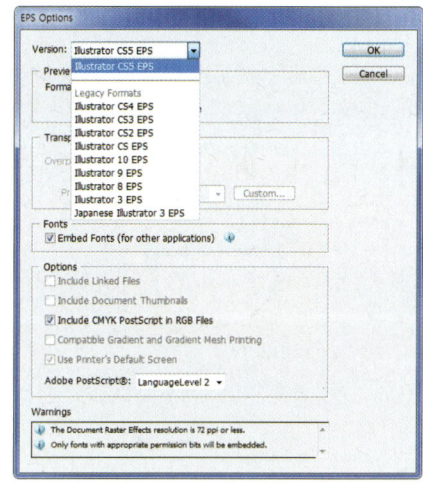

EPS 파일 역시 버전을 신경 써야 합니다. 실무에서는 최신 버전을 쓰지 않는 경우가 많기 때문
입니다. 인쇄할 업체에 설치된 일러스트레이터 버전을 미리 확인한 후 맞춰 저장하고, 확인하
지 못했다면 안전하게 두세 단계 아래 버전으로 저장하는 것이 좋습니다. 만약 최종 편집 작업
을 쿼크 익스프레스(Quark Xpress)로 할 거라면 EPS 저장을 매킨토시용 일러스트레이터에서
별도로 저장하는 것이 좋습니다.

PDF로 저장하기

PDF는 모든 사용자와 시스템에서 동일한 정보를 볼 수 있고 공유할 수 있는 형식입니다. 의
사 전달이나 아이디어를 공유하기 좋고 일반 출판물이나 전자책(E-book)을 만들거나 인쇄
할 때 사용하는 형식입니다. 화면을 그대로 인쇄 또는 출력하기 때문에 간편하게 교정볼 수
있습니다.

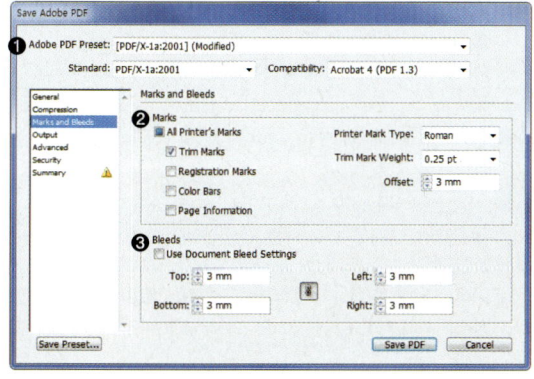

❶Adobe PDF Preset : PDF 인쇄 품질을 결정합니다.
High Quality Print : 고품질 인쇄가 필요할 때 선택합니다.
PDF/X : 인쇄 · 출판용으로 많이 사용되는 PDF 형식입니다.
Press Quality : 출판 전용 품질의 PDF 형식입니다.
Smallest File Size : 화면용 PDF 형식입니다. 화면이나 웹에서 확
인하는 문서인 경우에 선택합니다.
❷Marks : 재단선, 재단 여분, 컬러 바, 페이지 정보를 체크해서 표시
합니다.
❸제단 여분의 그기를 설정합니다.

[Save for Web & Devices] 메뉴로 웹용 이미지 만들기

❶[File]-[Save for Web & Devices] 메뉴를 선택합니다. ❷만들어질 비트맵 이미지가 왼쪽에 미리 보이고, 오른쪽 옵션을 조절하면 원하는 이미지를 만들 수 있습니다. ❸[Image Size] 탭을 클릭하고 Clip to Artboard를 체크하면 오브젝트 크기와 상관없이 아트보드 영역을 JPEG로 만듭니다. ❹Clip to Artboard의 체크 표시를 풀면 아트보드 크기와 상관없이 오브젝트 전체를 JPEG로 만듭니다. 완성할 파일이 웹용 이미지이므로 파일의 컬러 모드와 상관없이 RGB 모드로 만들어집니다. ❺〈Save〉 버튼을 눌러 저장합니다.

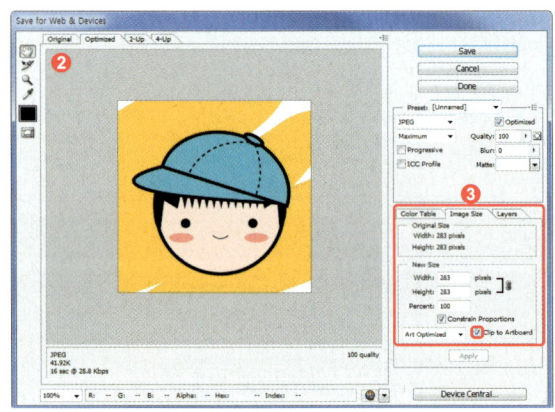

TIP Save for Web&Devices 옵션 자세히 보기

❶Preset : GIF, JPEG, PNG 형식 중 원하는 형식을 선택하고 세부 옵션을 조정할 수 있습니다.

❷New Size : 위쪽에 원본 크기가 픽셀 값으로 나타납니다. New Size에 원하는 크기를 입력해서 웹 이미지를 만들 수도 있습니다. Percent에 500% 정도를 입력하면 인쇄할 수 있을 정도의 크기가 됩니다.

❸Constrain Proportions : 체크하면 가로·세로 크기를 정비례로 고정합니다.

❹Clip to Artboard : 체크하면 오브젝트 크기와 상관없이 아트보드 크기에 딱 맞게 잘라 이미지를 만듭니다.

※ Image Size 항목을 바꿨다면 〈Apply〉 버튼을 눌러 변경된 이미지를 확인하고 저장하세요.

[Export] 메뉴로 PSD 파일 만들기

01 ❶ Ctrl + O 를 눌러 부록CD\
Sample\Part03\Lesson08_2.ai
파일을 불러옵니다. ❷레이어 패널을
확인하면 배경과 캐릭터와 장식이
레이어 세 개에 따로 담겨 있습니다.

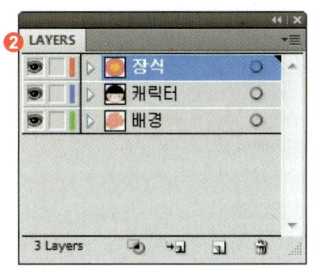

02 ❶[File]-[Export] 메뉴를 선택하고 ❷파일 형식을 PSD로 선택한 후 〈저장〉 버튼을 누릅니다. ❸해상도를
High (300ppi)로 선택하고 OK 버튼을 눌러 저장을 마칩니다.

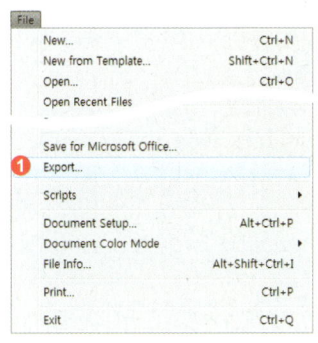

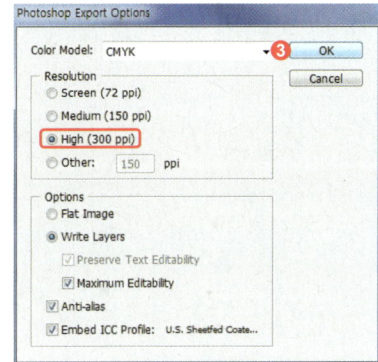

03 ❶포토샵을 실행한 후 프로그램 배경 화면을 더블클릭해서 ❷앞서 저장한 PSD 파일을 불러오면 ❸일러스트레
이터에서 나눈 레이어가 그대로 저장된 것을 확인할 수 있습니다.

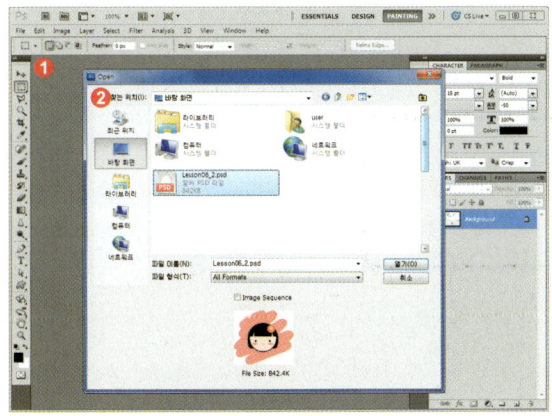

Lesson 09
일러스트레이터의 기초! 패스 다루기

벡터 데이터는 점과 점의 좌표값, 두 점을 연결하는 선과 면 정보, 선과 면에 적용된 색 정보를 수학적 연산식으로 표현합니다. 모든 정보는 패스라는 형태로 입력되고 확인할 수 있는데, 일러스트레이터는 패스를 만들 때 가장 편리한 툴입니다. 패스를 다루는 방법을 간단히 살펴보겠습니다.

직선 그리기 실습 파일 : 부록CD\Sample\Part03\Lesson09_1.ai
곡선 그리기 실습 파일 : 부록CD\Sample\Part03\Lesson09_2.ai
도형 그리기 실습 파일 : 부록CD\Sample\Part03\Lesson09_3.ai

일러스트레이터에서 패스를 만들려면 펜 툴(🖊), 브러시 툴(🖌), 연필 툴(✏), 선 툴(↘), 도형 툴(🔵🟦🟩🔵⭐)을 이용하면 됩니다. 패스는 점과 선으로 이루어져 있고, 각 부분에는 명칭이 있습니다. 패스 만들기는 자주 하는 작업이므로 명칭을 정확히 알고 넘어갑시다.

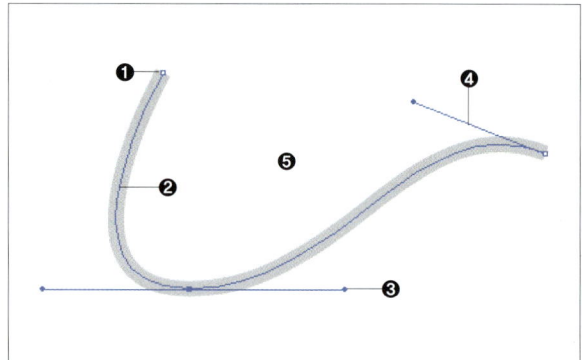

❶ 기준점(Anchor Point) : 패스를 고정하는 기준이 되는 점
❷ 세그먼트(Segment) : 기준점 사이의 선
❸ 방향점(Direction Point) : 방향선을 움직여 곡선 형태를 조정
❹ 방향선(Direction Line) : 세그먼트의 기울기와 굴곡을 조정
❺ 패스(Path) : 이어져 있는 기준점과 세그먼트 전체

Tip 열린 패스와 닫힌 패스

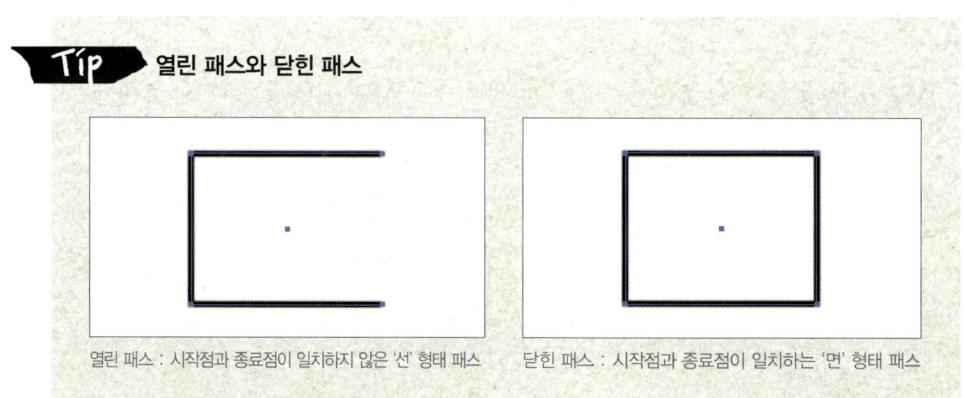

열린 패스 : 시작점과 종료점이 일치하지 않은 '선' 형태 패스

닫힌 패스 : 시작점과 종료점이 일치하는 '면' 형태 패스

직선 그리기

직선 그리기

❶펜 툴(✎)을 선택하고 ❷면 색은 투명, 선 색은 검정으로 설정합니다. ❸펜 툴(✎)로 빈 곳을 클릭해서 시작점을 만듭니다. ❹다른 곳을 클릭하면 시작점과 이어진 직선이 만들어집니다. ❺지그재그 방향으로 클릭하면 클릭한 곳이 연결된 직선이 그려집니다. ❻마우스 포인터를 시작점에 갖다 대면 ✎ₒ 모양으로 바뀝니다. ❼시작점을 클릭하면 닫힌 패스가 만들어지고 그리기가 종료됩니다.

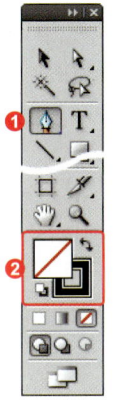
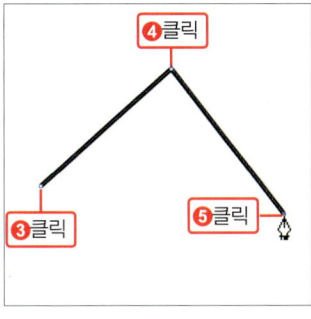
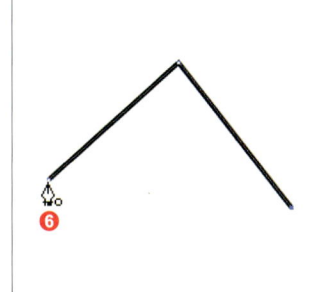
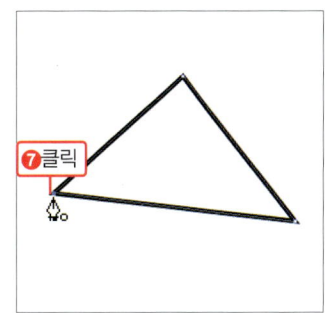

수직/수평/45° 직선 그리기

❶다시 빈 공간에서 펜 툴(✎)을 클릭해서 시작점을 만듭니다. ❷[Shift]를 누른 채로 다른 곳을 클릭하면 수평선이 그려집니다. ❸마찬가지로 [Shift]를 누른 채로 위쪽을 클릭하면 클릭한 높이와 같은 곳에 수직선이 그려집니다. ❹[Shift]를 누르고 사선 방향으로 클릭하면 정확히 45° 각도로 직선이 그려집니다. 클릭하는 지점이 정확하지 않아도 괜찮습니다. 눈짐작으로 클릭해도 [Shift]를 누른 채 클릭하면 수직/수평/45° 각도로 직선이 그려집니다. ❺[Enter↵]를 누르면 열린 패스 상태에서 그리기가 종료됩니다.

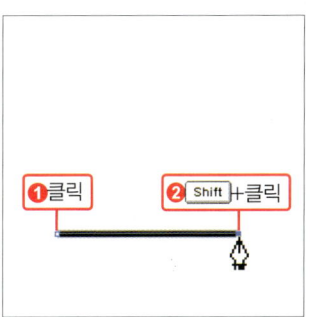
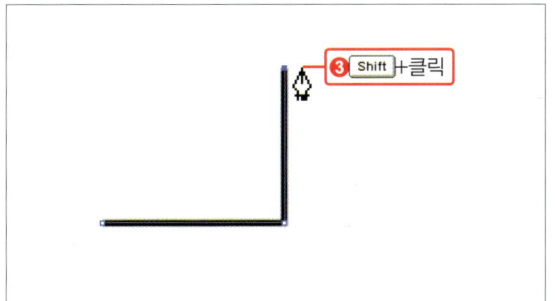
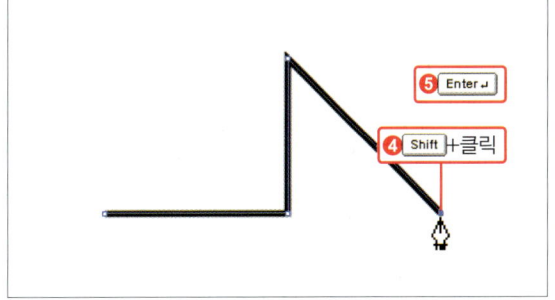

곡선 그리기

01 ❶펜 툴(✎)로 빈 공간을 클릭해 시작점을 만듭니다. ❷다음 기준점을 클릭한 채로 위로 드래그하면 아래로 볼록한 곡선이 만들어집니다. ❸반대로 클릭한 채로 아래로 드래그하면 위로 볼록한 곡선이 만들어집니다.

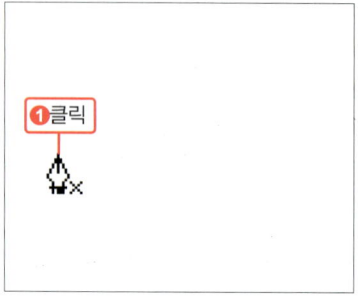
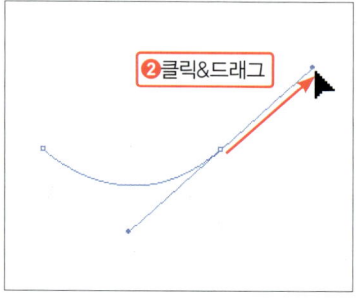
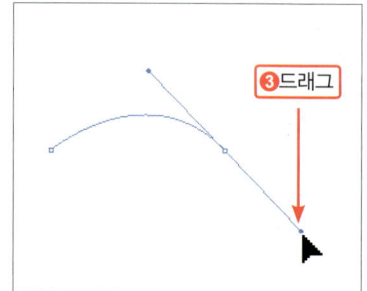

02 ❶마우스에서 손가락을 떼면 곡선이 그려집니다. ❷ 다음 기준점을 클릭한 채로 아래로 드래그하면 앞서 설정한 방향선의 영향을 받아 S자 곡선이 그려집니다. ❸ 위로 드래그하면 U자형 곡선이 그려집니다. ❹U자형 곡선이 만들어졌을 때 마우스를 누르고 있던 손가락을 뗍니다.

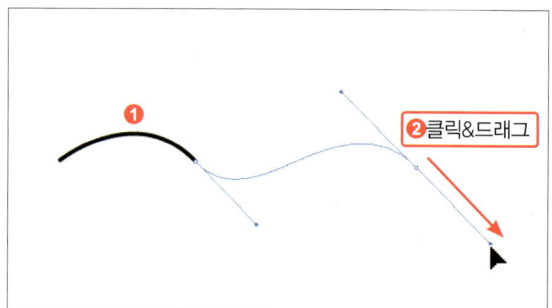

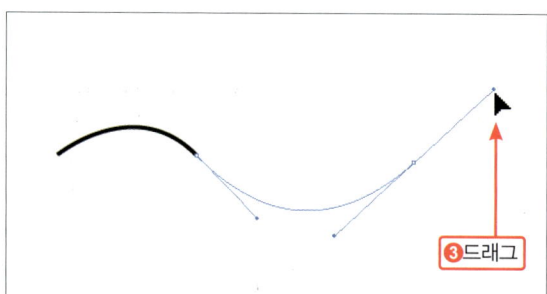
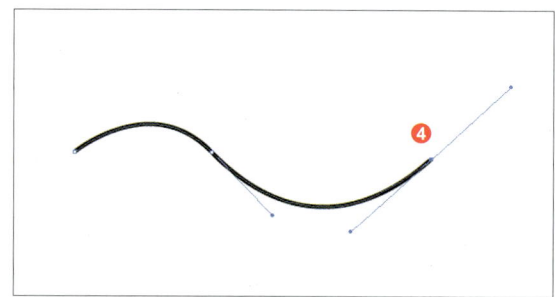

<hr>

TIP ▶ **패스 그리기를 종료하는 네 가지 방법**

❶그리기를 마친 후 [Enter↵]를 누릅니다.
❷ [Ctrl]을 누른 채로 빈 화면 클릭합니다([Ctrl]를 누르면 일시적으로 마우스 포인터가 선택 툴(▶) 모양으로 바뀝니다).
❸[Select]-[Deselect] 메뉴를 선택하거나 단축키인 [Ctrl]+[Shift]+[A]를 누릅니다.
❹툴 패널에서 다른 툴을 선택합니다.

곡선에 직선을 이어 그리기

03 ❶곡선의 마지막 기준점에 마우스를 갖다 대면 마우스 포인터가 ✒️ 모양으로 바뀝니다. ❷이 상태에서 기준점을 클릭하면 방향선 한쪽이 사라집니다. ❸위치를 옮겨 다른 곳을 클릭 하면 직선이 이어지고 ❹다시 클릭&드래그하면 곡선을 그릴 수 있습니다.

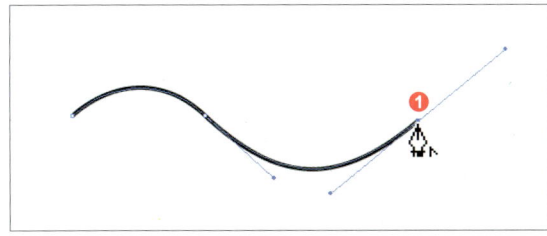

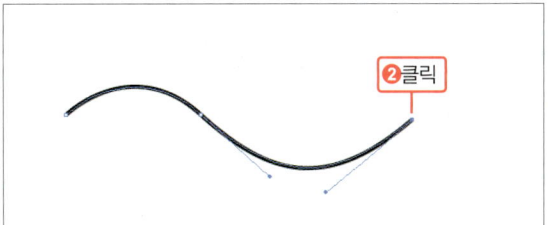

❷클릭

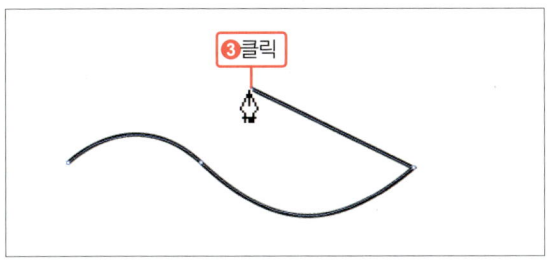

❸클릭

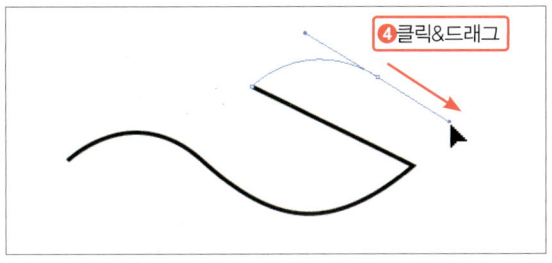

❹클릭&드래그

곡선을 그리던 도중 직선을 이어갈 때는 반드시 마지막 기준점을 한 번 더 클릭한 후에 다음 기준점이 될 곳을 클릭합니다.

곡선으로 닫힌 패스 그리기

❶이번에는 클릭해서 시작점을 찍었던 것과 달리 펜 툴(✒️)을 클릭 & 드래그해서 시작점 을 만듭니다. ❷클릭 & 드래그로 곡선을 이어 그려주세요. ❸시작점에 마우스를 갖다 대면 마우스 포인터는 ✒️ 모양이 됩니다. ❹시작점 을 클릭&드래그하면 연결된 곡선이 자연스럽 게 이어집니다. ❺마우스에서 손가락을 떼면 곡선으로 이어진 닫힌 패스가 완성됩니다.

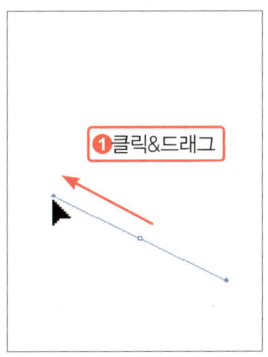

❶클릭&드래그

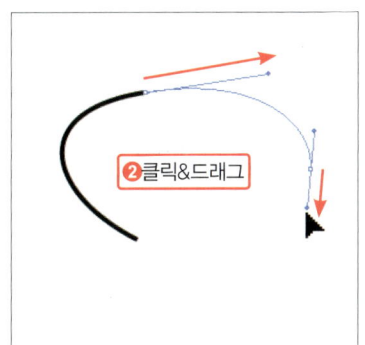

❷클릭&드래그

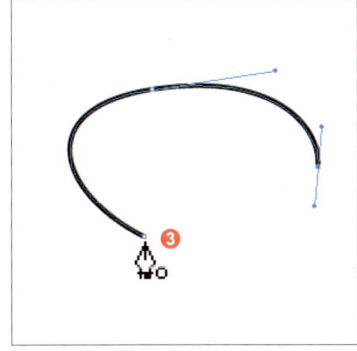

❸

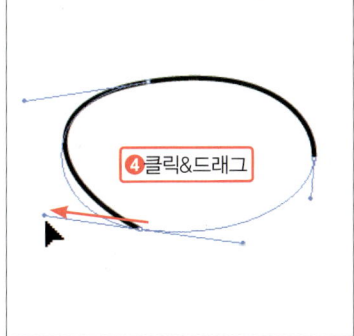

❹클릭&드래그

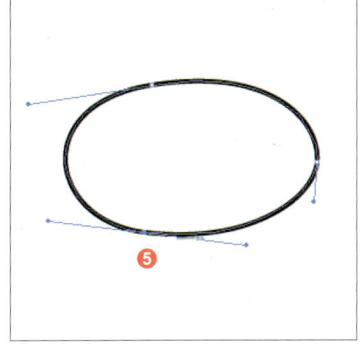

❺

TIP **곡선 패스를 닫는 방법**

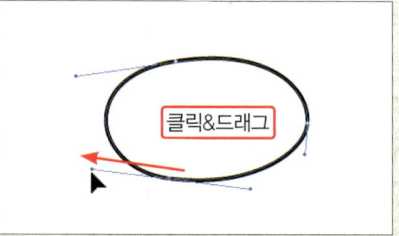

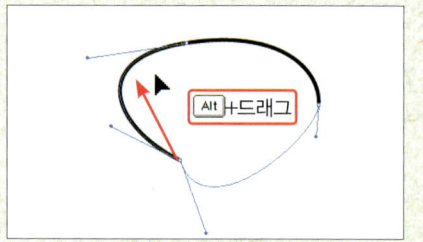

곡선 패스를 닫을 때, 시작점을 드래그하면 시작점과 종료점의 방향선이 부드럽게 하나로 이어집니다.

곡선 패스를 닫을 때, 시작점을 Alt+드래그하면 시작점의 방향선은 고정되고 종료점의 방향선이 따로 만들어져 원하는 각도로 만들 수 있습니다.

다른 각도로 곡선을 이어 그리기

❶❷펜 툴(✎)로 곡선을 그립니다. ❸곡선을 만들면서 당긴 방향점을 Alt를 누른 채 위로 드래그하면 방향선이 꺾입니다. ❹이어서 다른 곡선을 그릴 수 있고, 각 곡선은 양쪽 방향선으로 모양을 수정할 수 있습니다.

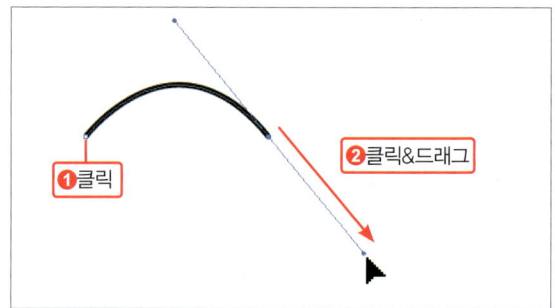

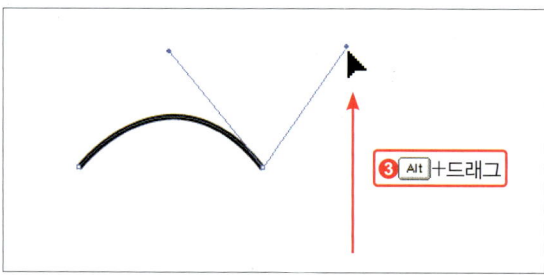

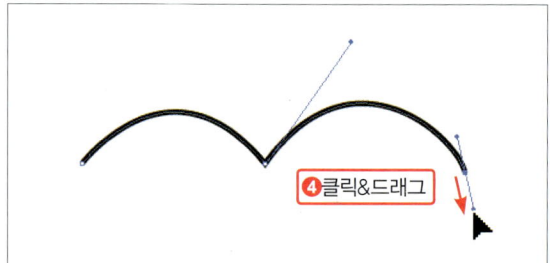

TIP **방향선에 따라 달라지는 곡선 모양**

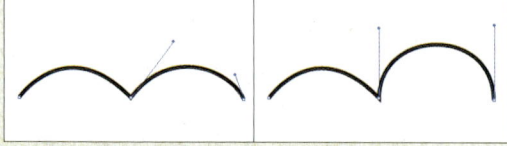

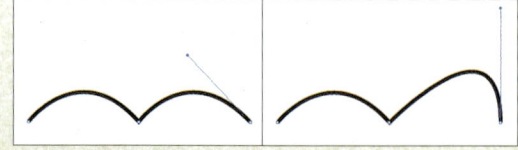

방향선을 꺾어서 곡선을 이어 그린 경우 : 곡선 양쪽에 방향선이 있으므로 곡선 모양을 조절하기 쉽습니다.

기준점을 클릭한 후 곡선을 이어 그린 경우 : 방향선이 한쪽만 있기 때문에 곡선 모양을 조절하는데 한계가 있습니다.

자유 곡선 그리기

연필 툴로 그리기

01 ❶연필 툴(✏)을 선택하고 ❷면 색은 투명, 선 색은 검정으로 설정합니다. ❸원하는 모양대로 드래그합니다. ❹마우스에서 손가락을 떼면 드래그한 모양대로 패스가 그려집니다.

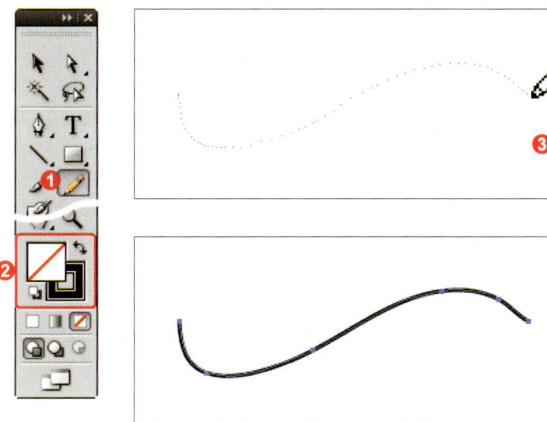

02 ❶Alt를 누른 채로 마우스에서 손가락을 떼면 ❷시작점과 종료점이 직선으로 이어져 닫힌 패스가 만들어집니다.

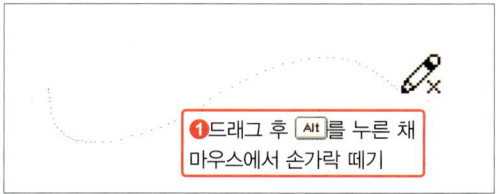

❶드래그 후 Alt를 누른 채
마우스에서 손가락 떼기

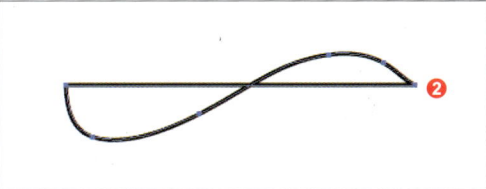

연필 툴로 패스 이어 그리기

❶❷선택 툴(▶)로 미리 그려둔 곡선 패스를 선택합니다. ❸연필 툴(✏)을 선택하고 ❹마지막 기준점을 ❺클릭&드래그하면 ❻그려진 곡선과 드래그해서 그린 곡선이 자연스럽게 이어집니다.

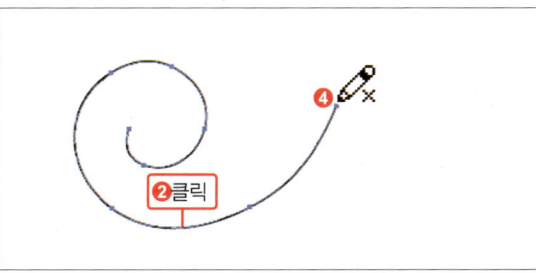

❷클릭

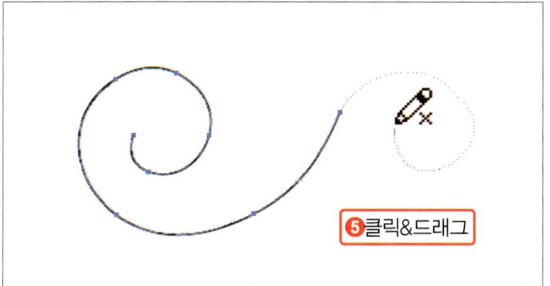

❺클릭&드래그

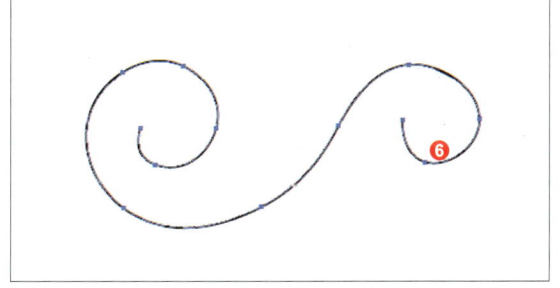

연필 툴로 패스 고쳐 그리기

❶❷선택 툴()로 미리 그려둔 곡선 패스를 선택합니다. ❸연필 툴(✏)로 ❹패스의 중간 포인트를 드래그하면 ❺드래그한 대로 곡선이 수정됩니다.

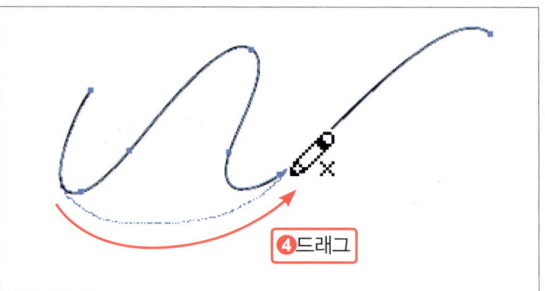

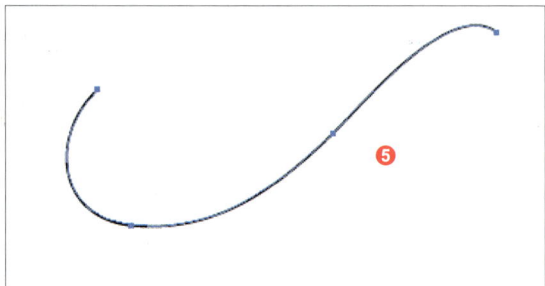

Tip 브러시 툴과 연필 툴 설정하기

브러시 툴(✏)이나 연필 툴(✏)을 더블클릭하면 각 툴의 환경 설정 창이 나타납니다. 설정 값을 조정하면서 선을 그려보세요.

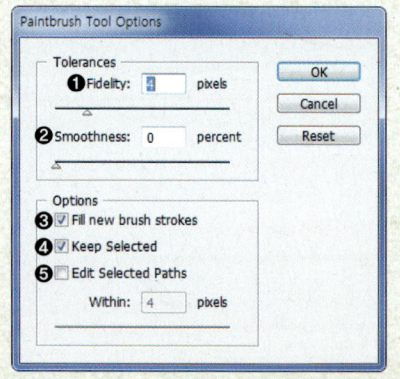

❶Fidelity : 포인트 사이 간격을 설정합니다. 수치가 클수록 포인트가 적게 만들어집니다.

❷Smoothness : 선이 매끄럽게 그려지는 정도를 나타냅니다. 수치가 클수록 선이 매끄럽고 완만하게 그려집니다.

❸Fill new brush strokes : 체크하면 지정된 면 색이 브러시에 적용됩니다.

❹Keep Selected : 체크하면 드로잉한 후에 오브젝트가 선택된 상태가 됩니다.

❺Edit Selected Paths : 먼저 그린 패스 위에 또 다른 패스를 그릴 때 자연스럽게 이어줍니다. Within 값으로 이어지는 간격을 설정합니다.

연필 툴 또는 브러시 툴로 드래그했을 때

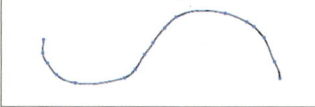

Tolerances 수치가 작은 경우

Tolerances 수치가 큰 경우

선택된 곡선 위를 연필 툴 또는 브러시 툴로 드래그했을 때

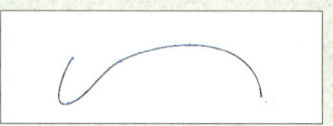

Edit Selected Paths를 체크한 경우

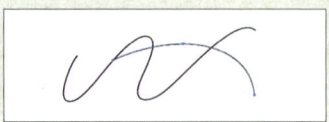

Edit Selected Paths를 체크하지 않은 경우

스무드 툴로 매끈하게 고치기

❶❷선택 툴(↖)로 미리 그려둔 곡선 패스를 선택합니다. 연필 툴(✏)을 길게 눌러 ❸스무드 툴(✏)을 선택합니다. ❹스무드 툴을 패스의 앞쪽에 위치시킨 후 곡선에 겹치게 모양을 따라 드래그합니다. ❺드래그한 부분의 기준점이 줄어들면서 곡선이 부드럽게 정리됩니다.

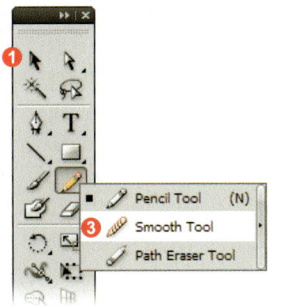
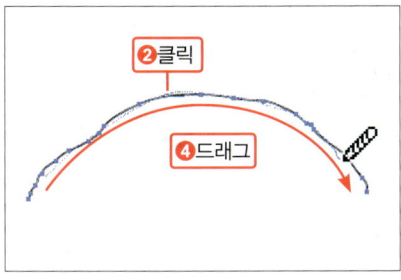
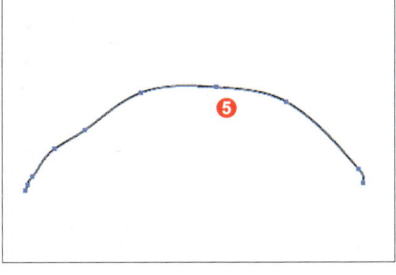

패스 지우개 툴로 지우기

❶❷선택 툴(↖)로 미리 그려둔 곡선 패스를 선택합니다. ❸❹패스 지우개 툴(✏)로 선택한 패스의 일부분을 드래그하면 ❺드래그한 부분의 패스가 지워집니다.

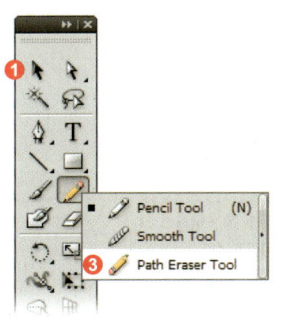
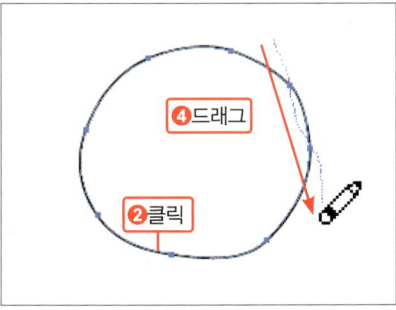
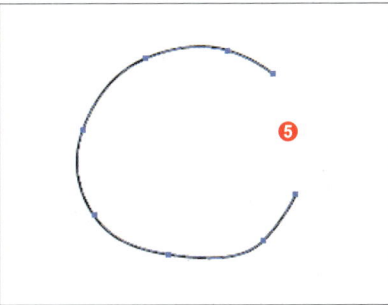

기준점과 패스 부분을 겹쳐 드래그할수록 많이 지워집니다. 한 번에 지워지지 않을 때는 여러 번 드래그해서 지웁니다.

브러시 툴로 그리기

01 ❶브러시 툴(✏)을 선택하고 ❷[Window]-[Brush Libraries]-[Artistic]-[Artistic_Chalk CharcoalPencil] 메뉴를 선택합니다.

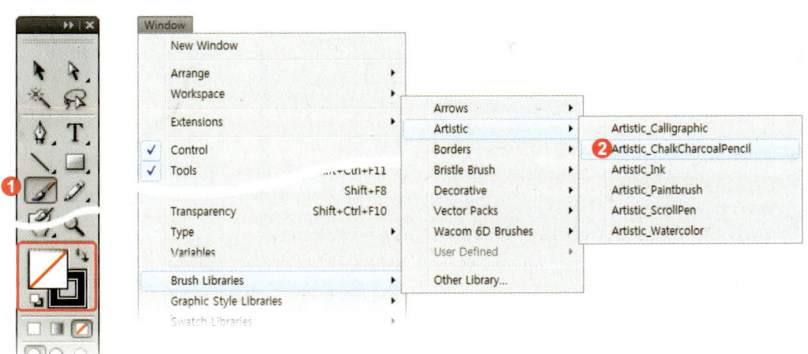

02 ❶브러시 라이브러리 패널에서 원하는 모양의 아트 브러시를 선택하고 ❷화면을 드래그하면 선택한 브러시 모양으로 패스가 그려집니다.

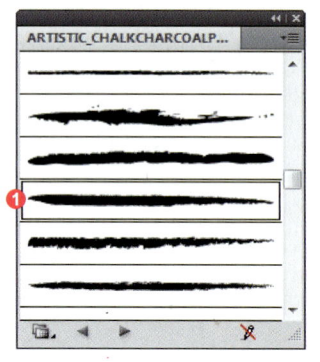

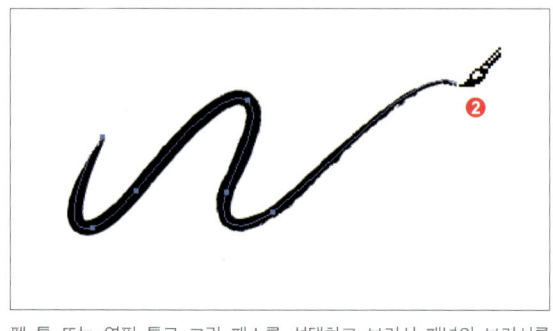

펜 툴 또는 연필 툴로 그린 패스를 선택하고 브러시 패널의 브러시를 클릭해도 브러시 효과가 적용됩니다.

태블릿으로 필압이 있는 선 그리기

태블릿이 있다면 브러시를 더 유용하게 쓸 수 있습니다. ❶[Window]-[Brush Libraries]-[Artistic]-[Artistic_Calligraphic] 메뉴를 선택하고 ❷브러시 라이브러리 패널에서 20 pt. Round 브러시를 클릭합니다. ❸클릭한 브러시가 브러시 패널에 등록되면 해당 브러시를 더블클릭하고 ❹필압을 감지할 수 있도록 설정합니다. ❺태블릿으로 힘을 조절하며 선을 그립니다. 살짝 누르며 그린 곳은 가늘게, 세게 눌러 그린 곳은 굵게 표현됩니다.

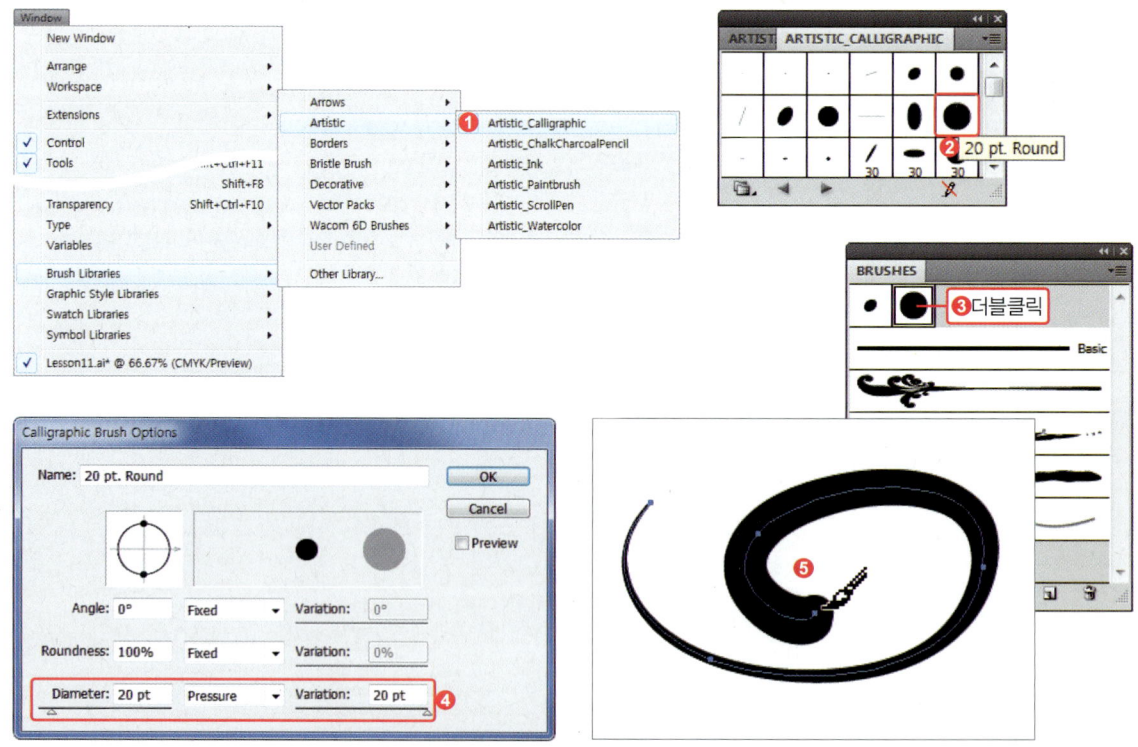

도형 그리기

도형 툴(▢ ▢ ◯ ◯ ☆)을 드래그해서 그리기

❶사각형 툴(▢)을 길게 누르면 다섯 가지 도형 툴과 플레어 툴이 나타납니다. ❷ 각 도형 툴을 선택하고 드래그하면 도형을 원하는 크기로 그릴 수 있습니다. ❸ Shift 를 누른 채로 드래그하면 정형을 그릴 수 있고, ❹ Alt 를 누른 채로 드래그하면 드래그를 시작한 곳을 중심으로 한 도형을 그릴 수 있습니다.

❶ ■ ▢	Rectangle Tool (M)
	▢ Rounded Rectangle Tool
	◯ Ellipse Tool (L)
	⬡ Polygon Tool
	☆ Star Tool
	◉ Flare Tool

❷도형 툴로 드래그했을 때

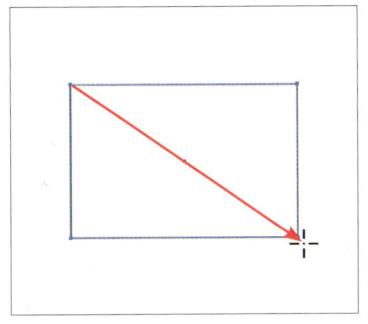

사각형 툴(▢)로 드래그했을 때

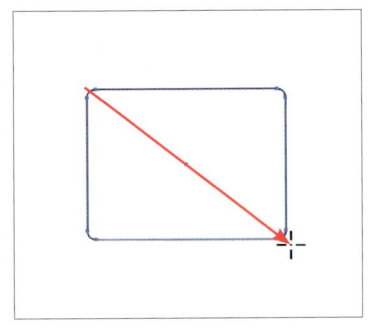

모서리가 둥근 사각형 툴(▢)로 드래그했을 때

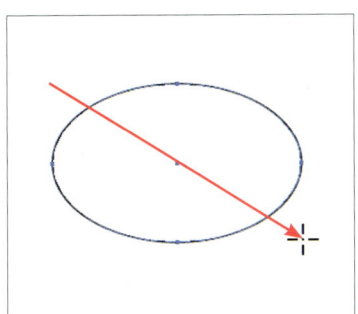

원형 툴(◯)로 드래그했을 때

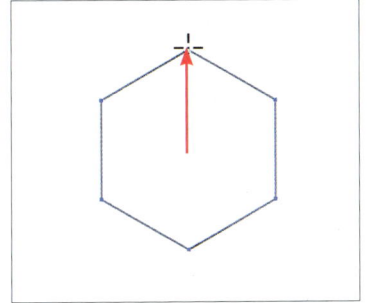

다각형 툴(◯)로 드래그하면 시작점이 중심이 되고, 드래그 방향으로 각도를 정합니다.

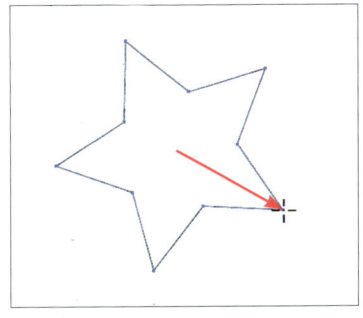

별 툴(☆)로 드래그하면 시작점이 중심이 되고, 드래그를 마치는 곳이 꼭짓점이 됩니다.

❸도형 툴을 Shift +드래그했을 때

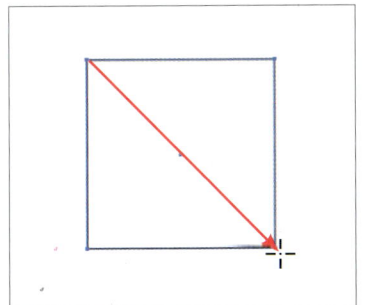

사각형 툴(▢)로 Shift +드래그하면 정사각형을 그릴 수 있습니다.

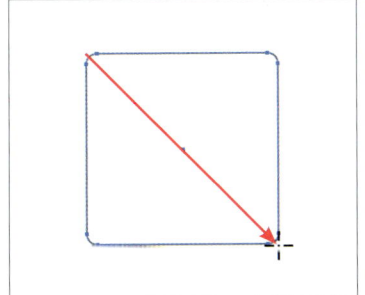

모서리가 둥근 사각형 툴(▢)로 Shift +드래그하면 모서리가 둥근 정사각형을 그릴 수 있습니다.

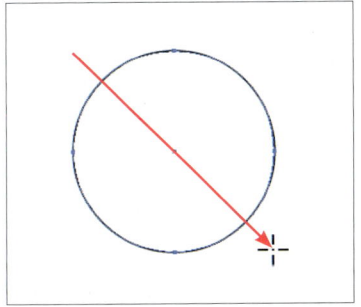

원형 툴(◯)로 Shift +드래그하면 정원을 그릴 수 있습니다.

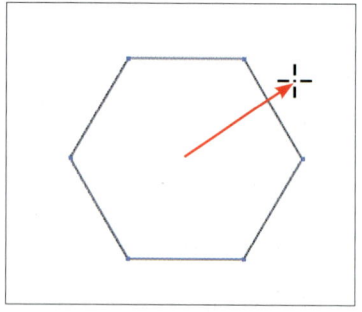

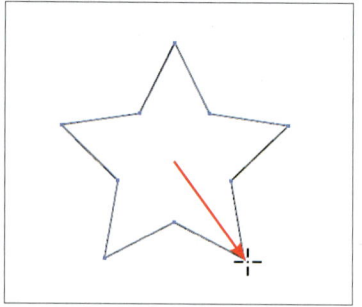

다각형 툴(⬤)은 Shift 와 함께 사용하면 각도를 정방향으로 고정해서 그릴 수 있습니다.

별 툴(☆)은 Shift 와 함께 사용하면 각도를 정방향으로 고정해서 그릴 수 있습니다.

❹ 도형 툴을 Shift + Alt +드래그했을 때

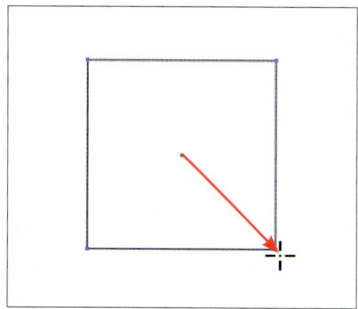

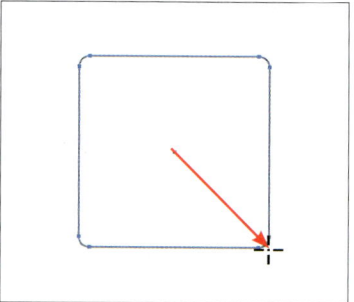

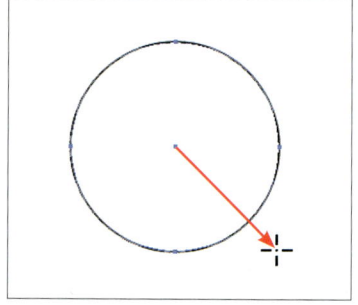

사각형 툴(◻)로 Shift + Alt +드래그하면 도형 가운데를 중심으로 정사각형을 그릴 수 있습니다.

모서리가 둥근 사각형 툴(◻)로 Shift + Alt +드래그하면 도형 가운데를 중심으로 모서리가 둥근 정사각형을 그릴 수 있습니다.

원형 툴(⬤)로 Shift + Alt +드래그하면 도형 가운데를 중심으로 정원을 그릴 수 있습니다.

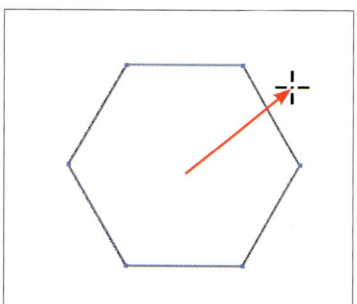

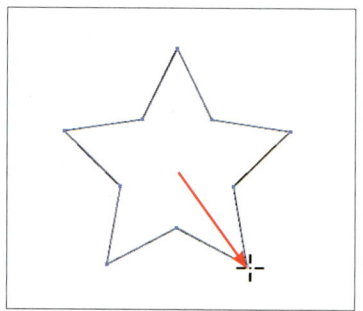

다각형 툴(⬤)은 Shift 를 단독으로 쓸 때와 차이가 없습니다.

별 툴(☆)은 Shift 를 단독으로 쓸 때와 차이가 없습니다.

수치를 입력해서 정확하게 그리기

각 툴을 선택한 후 화면을 클릭하면 수치를 입력할 수 있는 옵션 창이 나타납니다. 크기가 정확한 도형을 그릴 때 유용합니다.

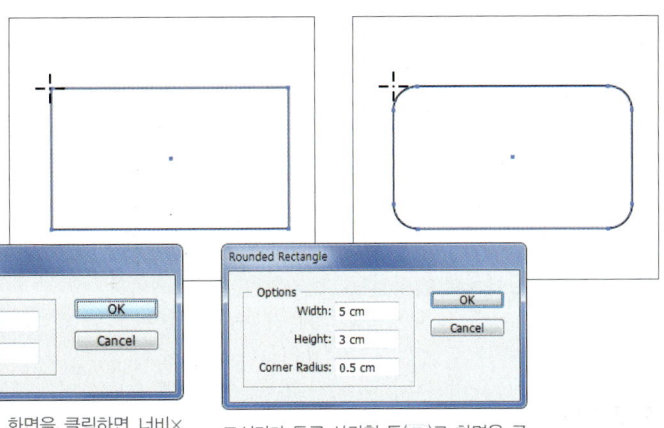

사각형 툴(■)로 화면을 클릭하면 너비×높이 값을 설정할 수 있습니다.

모서리가 둥근 사각형 툴(●)로 화면을 클릭하면 너비×높이 값과 모서리 곡률 크기를 설정할 수 있습니다.

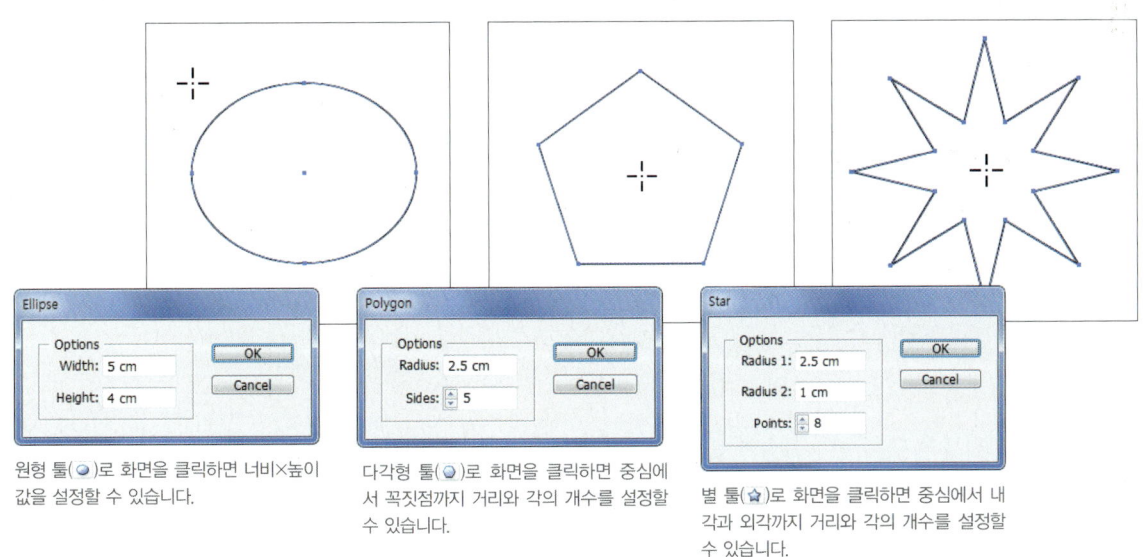

원형 툴(●)로 화면을 클릭하면 너비×높이 값을 설정할 수 있습니다.

다각형 툴(●)로 화면을 클릭하면 중심에서 꼭짓점까지 거리와 각의 개수를 설정할 수 있습니다.

별 툴(☆)로 화면을 클릭하면 중심에서 내각과 외각까지 거리와 각의 개수를 설정할 수 있습니다.

TIP 별 툴 활용하기

별 툴(☆)로 화면을 드래그할 때 몇 가지 키를 함께 사용하면 원하는 모양을 더 쉽게 그릴 수 있습니다.

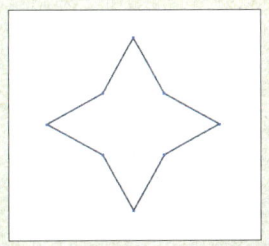

드래그하면서 ↓를 누르면 각 개수가 줄어듭니다(다각형 툴도 동일).

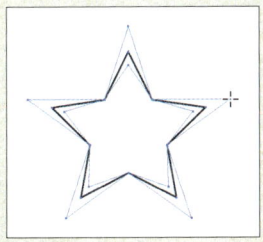

드래그하면서 ↑를 누르면 각 개수가 늘어납니다(다각형 툴도 동일).

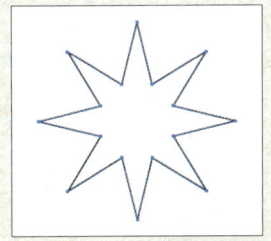

드래그하면서 Ctrl을 누르면 내각을 고정시킨 채 외각만 안쪽이나 바깥쪽으로 조절할 수 있습니다.

직선 그리기

❶선 툴(◢)을 선택하고 ❷화면을 클릭&드래그하면 직선이 그려집니다. ❸❹다른 도형 툴과 마찬가지로 화면을 클릭하면 직선 길이와 각도를 입력해서 ❺직선을 그릴 수 있습니다.

> **Tip** 트랜스폼 패널 활용하기
>
> 수직/수평선의 길이는 트랜스폼 패널의 W(너비)와 H(높이) 값을 입력하여 바꿀 수 있습니다.

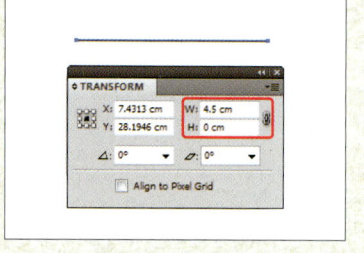

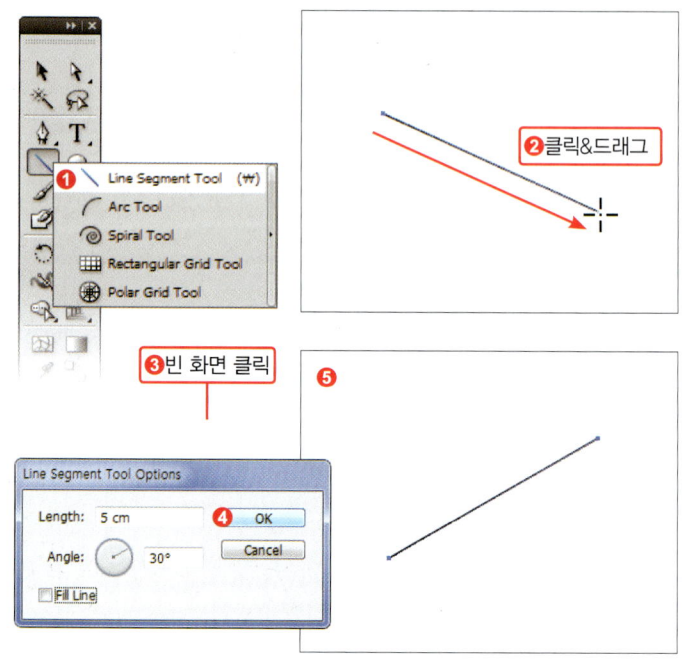

❷클릭&드래그

❸빈 화면 클릭

❺

곡선 그리기

❶곡선 툴(◜)을 클릭하고 ❷화면을 클릭하면 ❸❹원하는 수치를 입력하여 곡선을 그릴 수 있습니다. ❺❻❼설정을 바꿔가며 곡선 모양을 다르게 그려보세요.

❷빈 화면 클릭

❺빈 화면 클릭

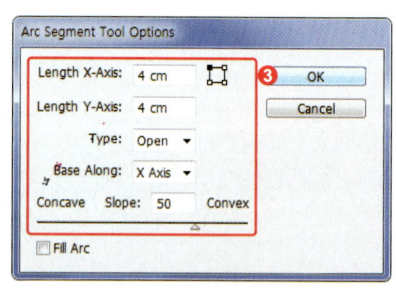

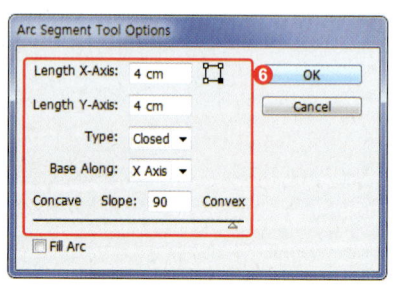

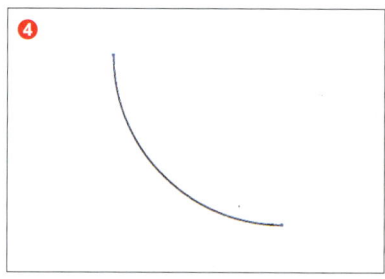

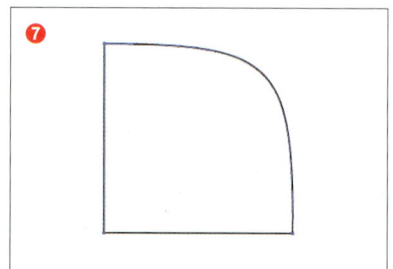

Tip 곡선 툴 옵션 자세히 보기

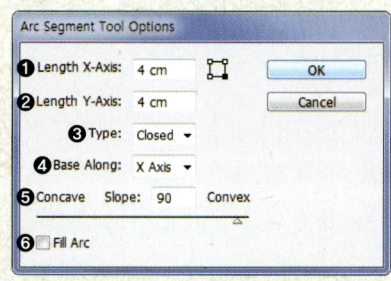

❶ Length X-Axis : 가로 길이
❷ Length Y-Axis : 세로 길이
❸ Type : 열린 패스와 닫힌 패스 중 선택
❹ Base Along : 곡선의 기준이 되는 축
❺ Concave Slope : 곡선의 오목함과 볼록한 정도
❻ Fill Arc : 면 색을 채움

나선 그리기

❶선 툴(\)을 길게 눌러 나선 툴(◎)을 선택합니다. ❷드래그하면 세그먼트 10개가 이어진 나선이 그려집니다. ❸❹화면을 클릭하고 반지름, 말려들어가는 비율, 세그먼트 개수와 방향을 지정해서 ❺나선을 그릴 수도 있습니다.

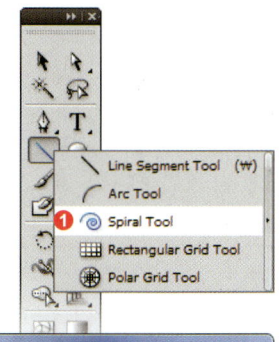

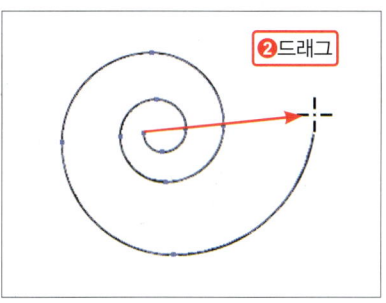

❸빈 화면 클릭

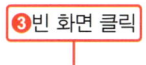

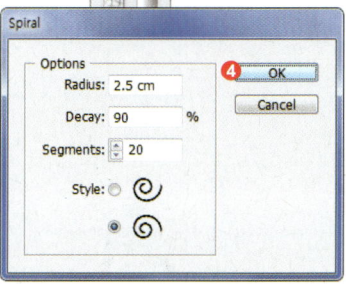

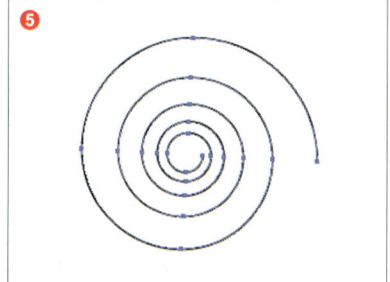

Tip 나선 툴 활용하기

나선 툴(◎)로 화면을 드래그할 때 몇 가지 키를 함께 사용하면 원하는 모양을 더 쉽게 그릴 수 있습니다.

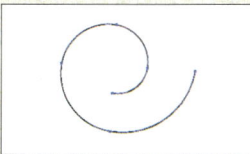

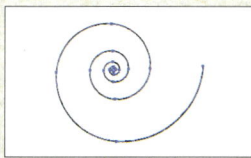

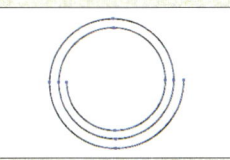

드래그하면서 ↓를 누르면 세그먼트가 줄어듭니다.

드래그하면서 ↑를 누르면 세그먼트가 늘어납니다.

드래그하면서 Ctrl을 누르면 횟수를 고정시킨 채 외나선이 뻗어가는 비율을 조절할 수 있습니다.

패스 수정하기

패스가 원하는 대로 그려지는 것은 아닙니다. 패스를 다 그린 다음에도 얼마든지 수정할 수 있어야 합니다. 패스를 수정하는 방법과 선 모양을 바꾸는 방법을 알아보겠습니다.

직선 패스 수정하기

01 ❶패스를 부분적으로 수정할 때는 직접 선택 툴( )을 사용합니다. ❷직접 선택 툴( )로 선을 클릭하면 기준점과 세그먼트가 나타납니다. ❸기준점에 마우스 포인터를 갖다 대면 마우스 포인터가 모양으로 바뀌고 ❹❺드래그해서 직선 패스를 수정할 수 있습니다.

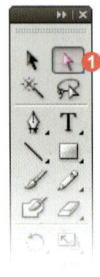

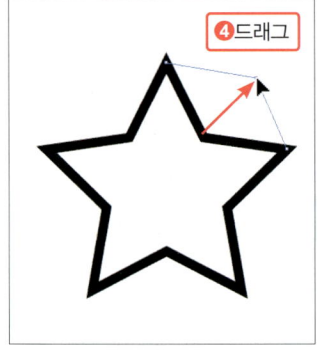
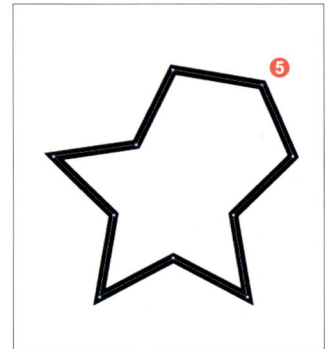

02 ❶Ctrl+Z를 눌러 전 단계로 돌아간 다음 ❷빈 화면을 클릭하면 선택이 해제됩니다. ❸마우스 포인터를 세그먼트에 갖다 대면 마우스 포인터가 모양이 됩니다. ❹❺드래그하면 선택한 세그먼트와 연결된 기준점이 함께 옮겨집니다.

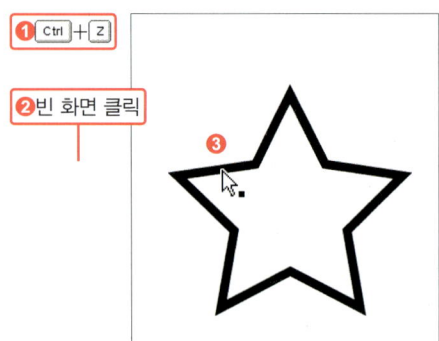

03 ❶Ctrl+Z를 눌러 전 단계로 돌아간 다음 펜 툴(✒)을 선택합니다. ❷❸펜 툴(✒)을 기준
점에 갖다 대면 마우스 포인터가 ✒ 모양이 되고 ❹❺클릭하면 기준점이 사라집니다.

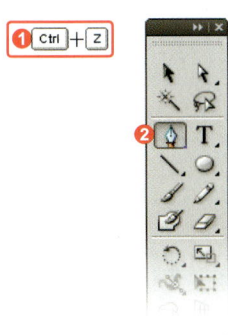

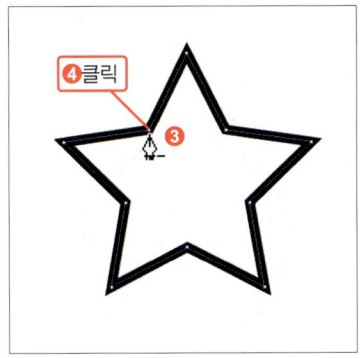

04 ❶기준점이 없는 곳에 펜 툴(✒)을 갖다 대면 마우스 포인터는 ✒ 모양이 되고 ❷직접 선
택 툴(▶)을 이용해 ❸❹수정할 수 있습니다.

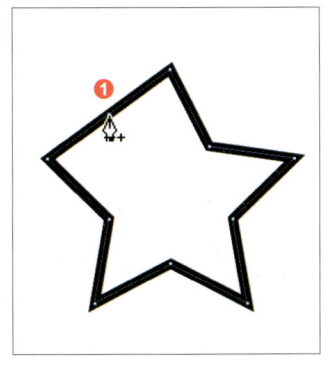

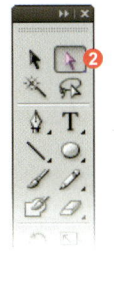

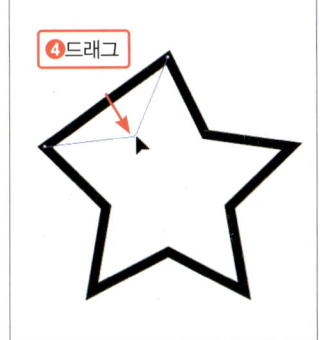

05 ❶직접 선택 툴(▶)로 드래그하면 ❷드래그 영역의 기준점이 모두 선택되어 ❸여러 기준
점을 한 번에 옮길 수 있습니다.

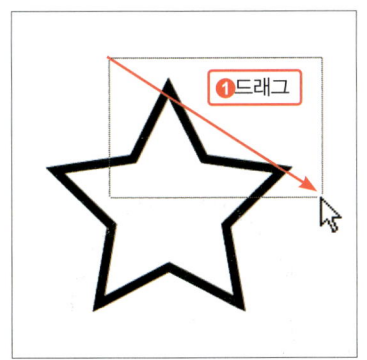

곡선 패스 수정하기

01 ❶직접 선택 툴( )로 곡선을 클릭하면 기준점에 방향선이 나타납니다. ❷방향선의 끝부분인 방향점을 드래그하면 ❸방향선과 이어진 전체 세그먼트가 수정됩니다.

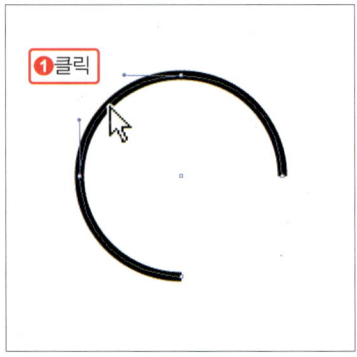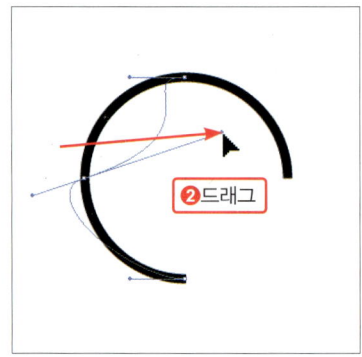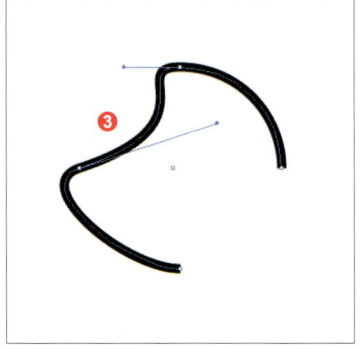

02 ❶Ctrl+Z를 눌러 전 단계로 돌아간 다음 ❷Alt를 누른 채 방향선의 끝부분에 갖다 대면 마우스 포인터가 모양이 됩니다. ❸그 상태로 드래그하면 ❹선택한 방향선과 이어진 한쪽 세그먼트만 수정됩니다.

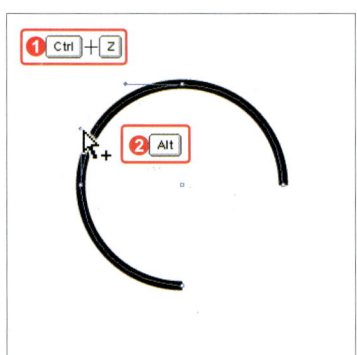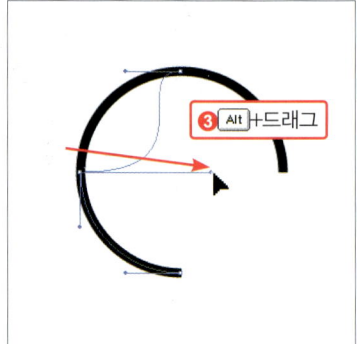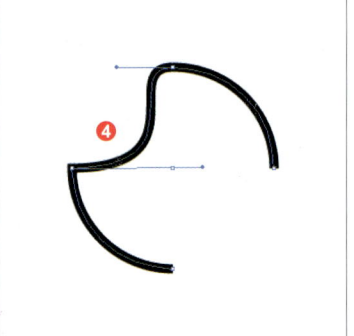

03 ❶Ctrl+Z를 눌러 전 단계로 돌아간 다음 ❷펜 툴( )을 선택합니다. ❸끊어진 부분에 마우스 포인터를 갖다 대면 마우스 포인터는 모양이 되고 ❹클릭&드래그하면 반대쪽에 방향선이 생깁니다.

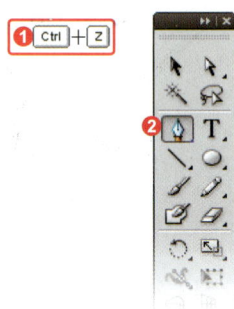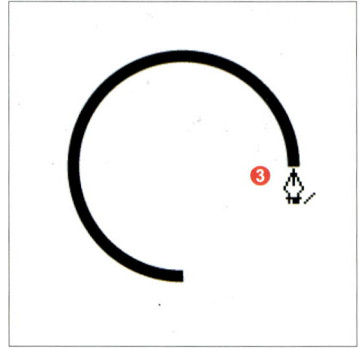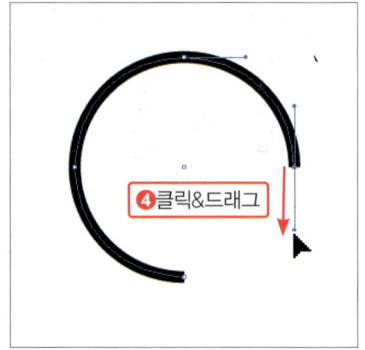

04 ❶다른 끝부분에 마우스를 갖다 대면 마우스 포인터가 ✿ 모양이 됩니다. ❷❸클릭&드래그하면 연결된 곡선이 만들어집니다. ❹ Ctrl + Z 를 두 번 눌러 전전 단계로 돌아간 다음 ❺끊어진 양 끝을 펜 툴(✿)로 클릭해서 닫힌 패스를 만들면 ❻방향선이 생기지 않기 때문에 직선으로 연결됩니다.

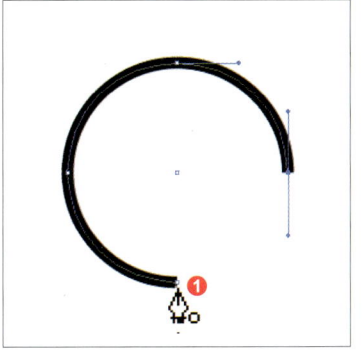

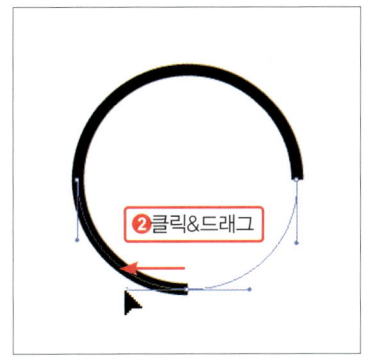

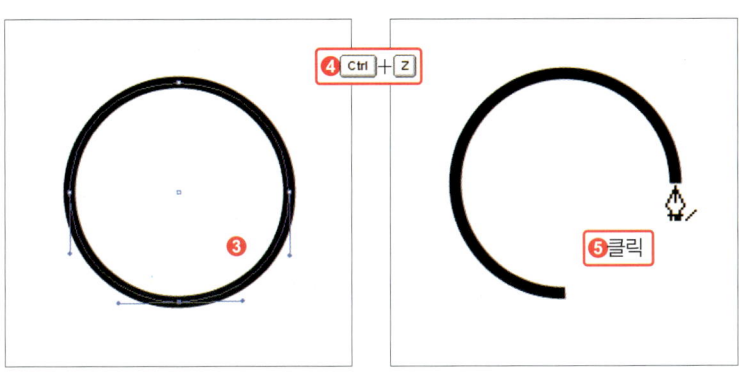

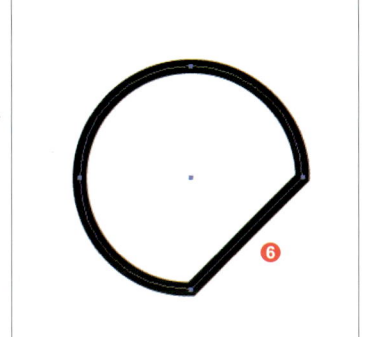

직선을 곡선으로 바꾸기

❶펜 툴(✿)을 길게 눌러 기준점 변환 툴(∧)을 선택합니다. ❷직선으로 연결된 꼭짓점에 마우스 포인터를 갖다 대고 ❸❹드래그하면 직선이 곡선으로 바뀝니다. ❺곡선으로 연결된 꼭짓점을 클릭하면 방향선이 사라지면서 다시 직선으로 바뀝니다.

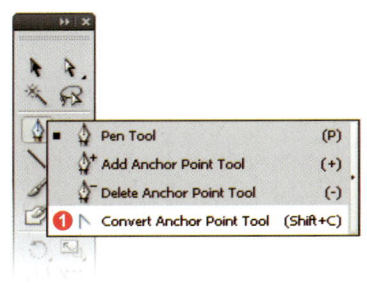

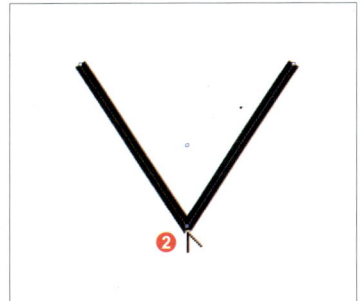

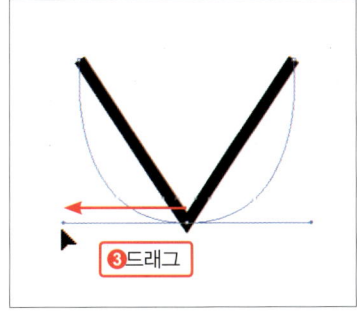

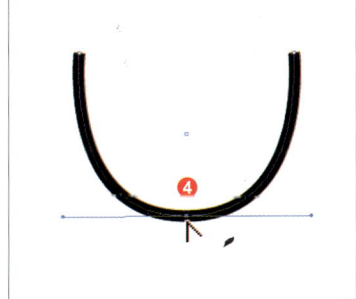

Lesson 10

이미지 불러오기와 고정하기

일러스트에서 이미지를 불러오는 방법은 매우 다양합니다. 이미지를 불러오는 방법과 불러온 이미지를 고정시키는 방법을 살펴보겠습니다.

 실습 파일 : 부록CD \ Sample \ Part03 \ Lesson10.jpg

스캔한 이미지 불러오기

[Open] 메뉴를 이용해서 이미지 불러오기

❶[File]-[Open] 메뉴를 선택합니다(단축키 Ctrl+O). ❷부록CD \ Sample \ Part03 \ Lesson10.jpg 파일을 찾은 다음 〈Open〉 버튼을 누릅니다. 이미지 파일은 컬러 모드가 RGB인 경우가 많으므로 인쇄물을 작업할 때는 도큐먼트를 CMYK 모드로 바꿔놓고 작업하길 바랍니다(Lesson 07을 참고하세요). ❸❹작은 이미지는 돋보기 툴(🔍)로 화면을 드래그하거나 Ctrl+Space bar+드래그해서 확대합니다.

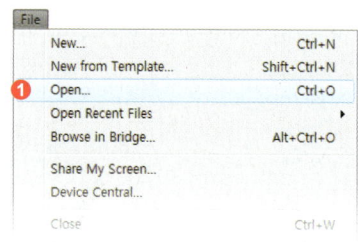

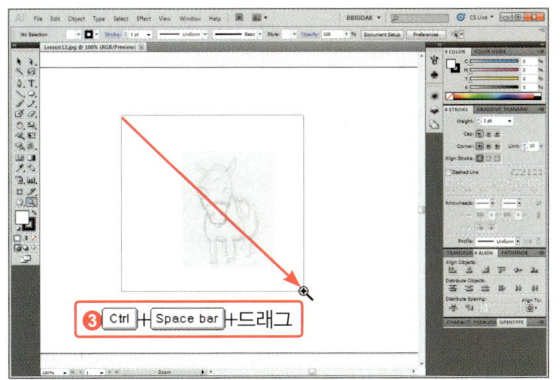

[Place] 메뉴를 이용해서 이미지 불러오기

①Ctrl+N을 눌러 CMYK 모드로 새 창을 만듭니다. ②
[File]-[Place] 메뉴를 선택해서 ③부록CD\Sample
\Part03\Lesson10.jpg 파일을 불러옵니다. Place
한 이미지는 외부 파일을 링크해서 보여주는 것이므
로, 처음 Place할 때와 이미지 경로가 다르게 바뀌면
경로를 수정하거나 새로 불러와야 하고, 인쇄할 때는
링크된 외부 파일을 따로 준비해 가야 합니다. ④컨트
롤 패널에서 Embed 버튼을 누르면 링크가 끊어지
면서 이미지가 파일에 포함되어 편하지만 그만큼 파일
크기가 커집니다.

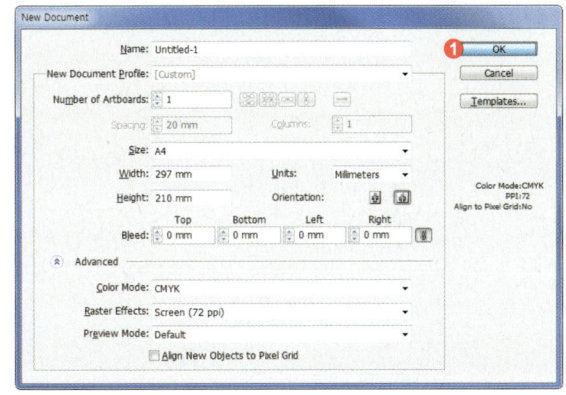

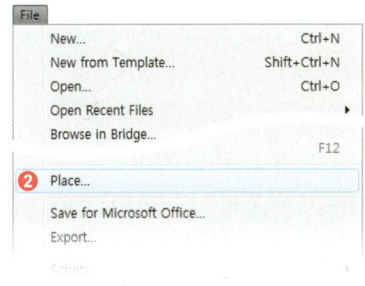

오브젝트 고정하기

임시로 고정하기

❶고정하고 싶은 오브젝트를 선택하고 ❷Ctrl+2를 누릅니다. ❸이미지가 고정되어 선택 툴(▶)로 드래그해도 선택되지 않습니다. ❹❺고정된 오브젝트를 풀고 싶다면 Ctrl+Alt+2를 누릅니다(고정된 오브젝트가 여러 개라면 Ctrl+Alt+2를 눌러 한꺼번에 풀 수도 있습니다).

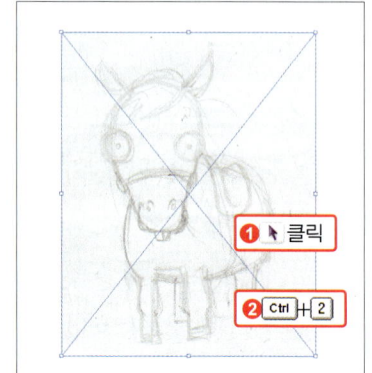

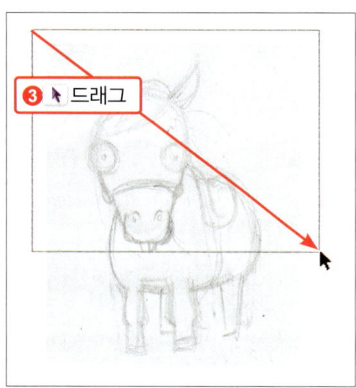

레이어 고정하기

01 스케치 이미지가 너무 또렷하게 보이는 경우 스케치 이미지를 별도의 레이어로 분리한 다음 투명도를 낮춰 레이어 자체를 고정합니다. ❶스케치 이미지를 선택하고, ❷컨트롤 패널에서 Opacity를 50으로 입력하고 Enter↵를 누르면 ❸이미지가 반투명해 보입니다.

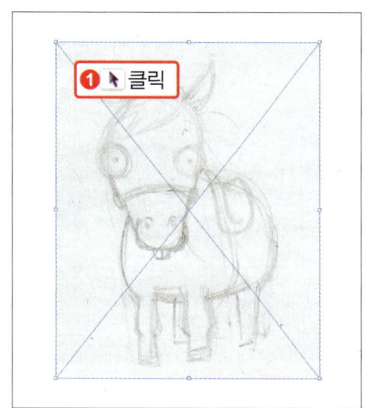

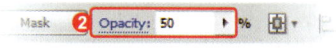

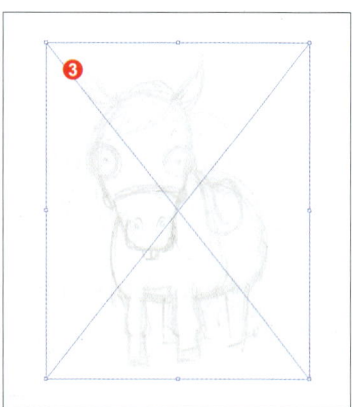

02 ❶레이어 패널에서 눈 옆에 있는 공란을 클릭하면 자물쇠 아이콘이 생깁니다. 자물쇠 아이콘이 붙은 레이어에 담긴 스케치 이미지가 고정됩니다. ❷🖼 버튼을 눌러 새 레이어를 만든 다음 ❸패스를 그리면 스케치 이미지에 구애받지 않고 작업할 수 있습니다.

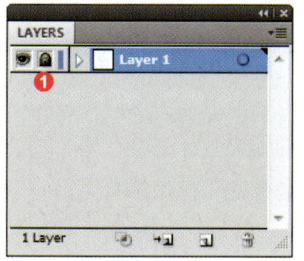 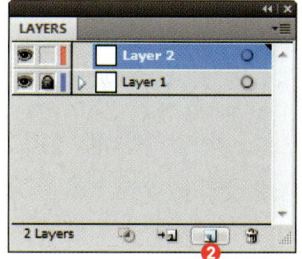

Tip 패스 표시 색 바꾸기

❶레이어에 표시된 색은 ❷패스를 선택했을 때 표시되는 색입니다. ❸❹❺레이어를 더블클릭해서 레이어 옵션 설정을 통해 다른 색으로 지정할 수 있습니다.

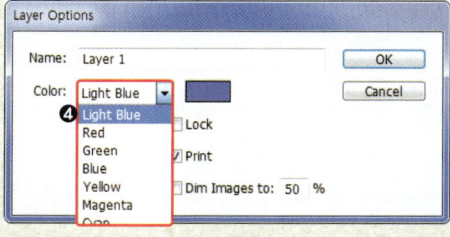

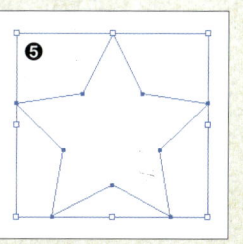

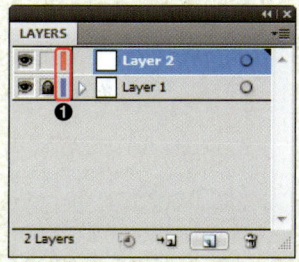

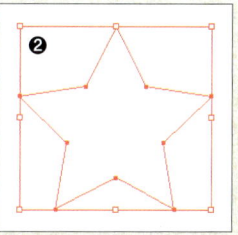

Special Tip 02

어도비에서 제공하는 디자인 템플릿 엿보기

일러스트레이터 CS5는 짜여진 틀에 글자만 수정해서 쓸 수 있는 다양한 템플릿을 제공합니다.
❶웰컴 스크린 오른쪽에 있는 [From Template]을 선택합니다. ❷템플릿 폴더에 6개 폴더가
테마별로 나눠진 것이 보입니다. 테마별 폴더를 열면 각 테마에 맞게 만들어진 디자인이
가득합니다. 상황에 맞는 디자인을 선택한 후 수정해서 사용하면 됩니다.

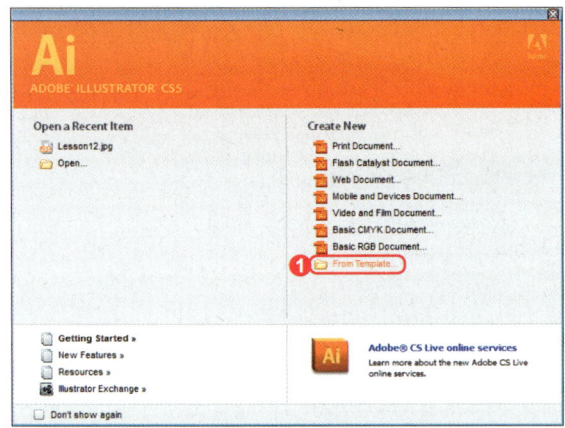 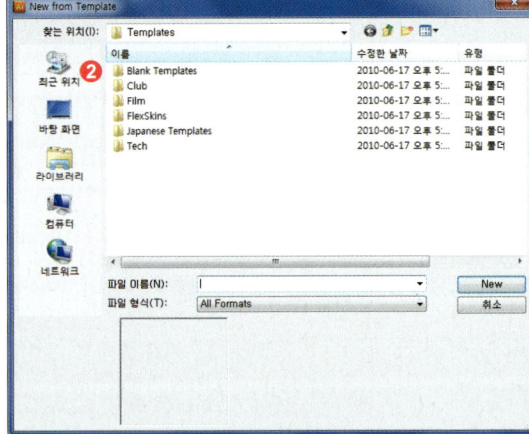

웰컴 스크린이 보이지 않으면 [Help]-[Welcome Screen] 메뉴를 선택합니다.

Blank Templates

갖가지 디자인 규격을 제시합니다. 가이드만 잡혀 있으므로, 내부 디자인은 자유롭게
만들어 사용할 수 있습니다.

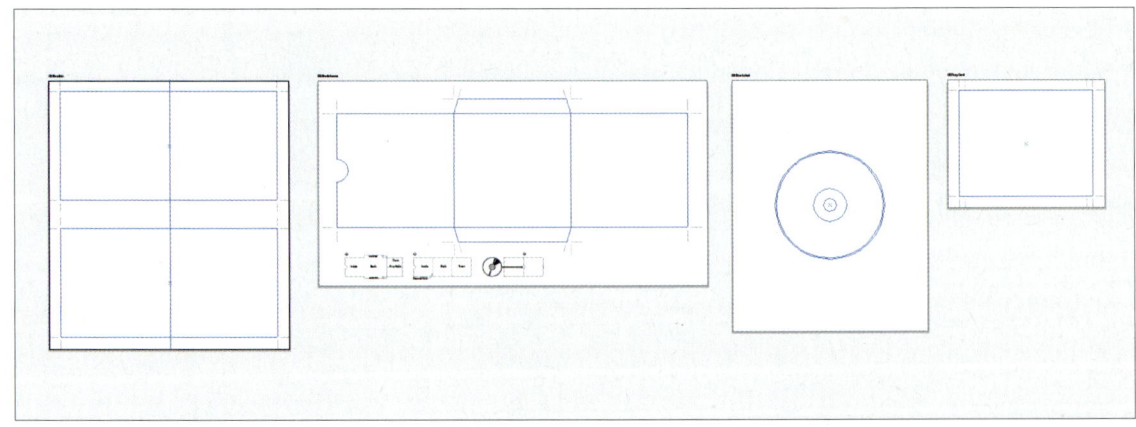

Blank Templates\CD Print Items.ait

Club

클럽 테마에 맞는 다양한 디자인 템플릿을 제공합니다. 글자는 텍스트 파일로 살아 있으므
로 글자 툴(T)을 이용해서 원하는 클럽명이나 문구로 바꿔 쓸 수 있습니다.

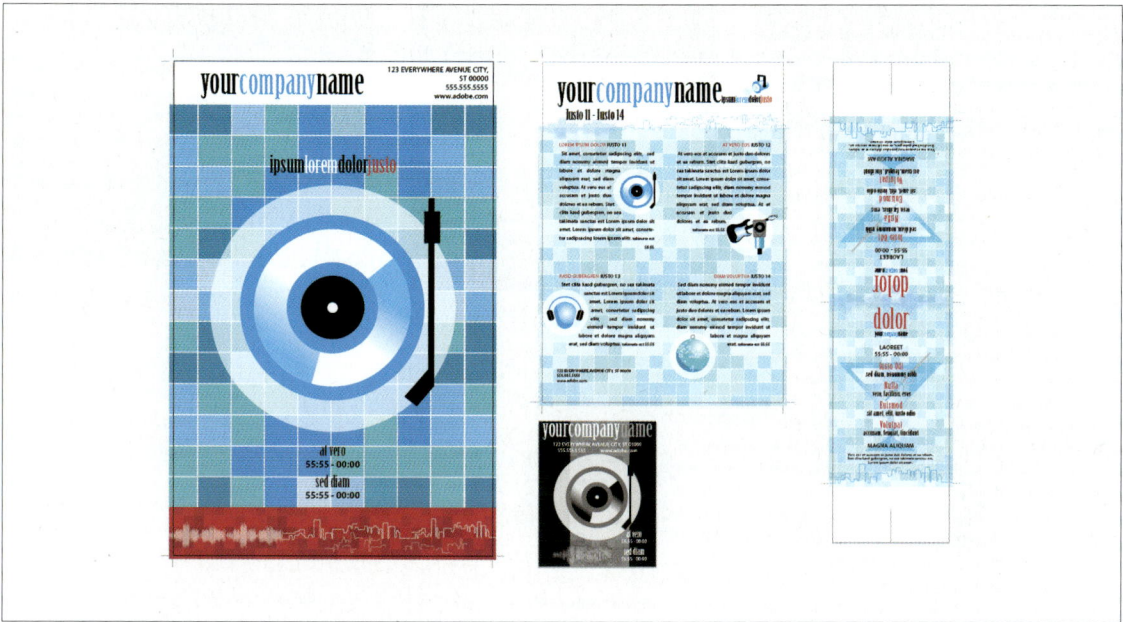

Club\Promotional 2.ait

Film

영화 테마에 맞는 다양한 디자인 템플릿을 제공합니다. 글자는 텍스트 파일로 살아 있으므로
글자 툴(T)을 이용해서 원하는 타이틀이나 문구로 바꿔 쓸 수 있습니다.

Film\Print Items 2.ait

FlexSkins

웹 플레이어나 사이트 스킨으로 쓸 수 있는 애플리케이션 템플릿을 제공합니다. 색과
크기를 수정할 수 있습니다.

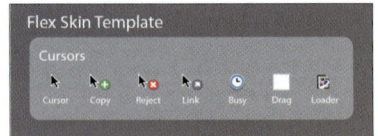

FlexSkins\components\Cursors.ait

FlexSkins\Components\Panel.ait

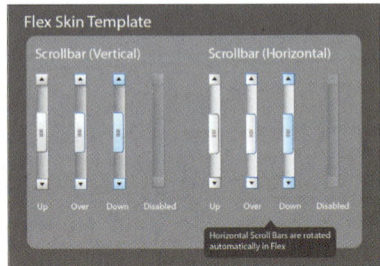

FlexSkins\Components\Scrollbars.ait

Japanese Templates

기업, 가정, 식당에서 쓰이는 일본 스타일 디자인 템플릿을 제공합니다. 사진이나 글자를
수정할 수 있습니다.

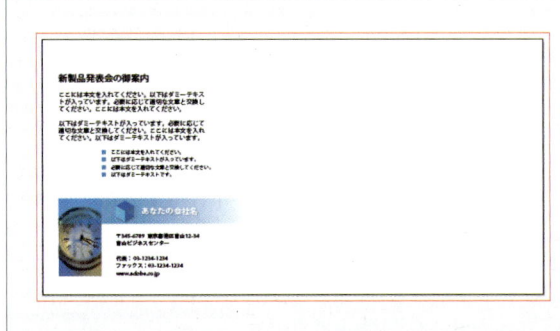

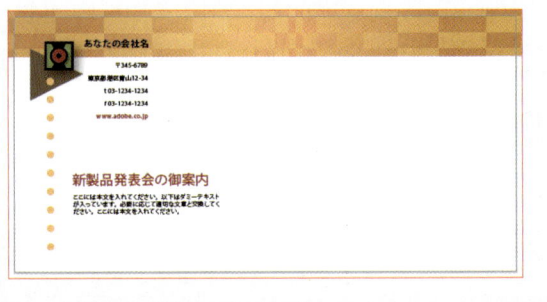

Japanese Templates\Business Set\J_Envelopes.ait

Japanese Templates\Cards\J_Birthday Card .ait

Japanese Templates\Cards \J_Reminder Card.ait

Tech

기술 분야에서 쓰는 다양한 디자인 템플릿을 제공합니다. 사진이나 글자를 수정할 수 있습니다.

Tech\Brochures.ait

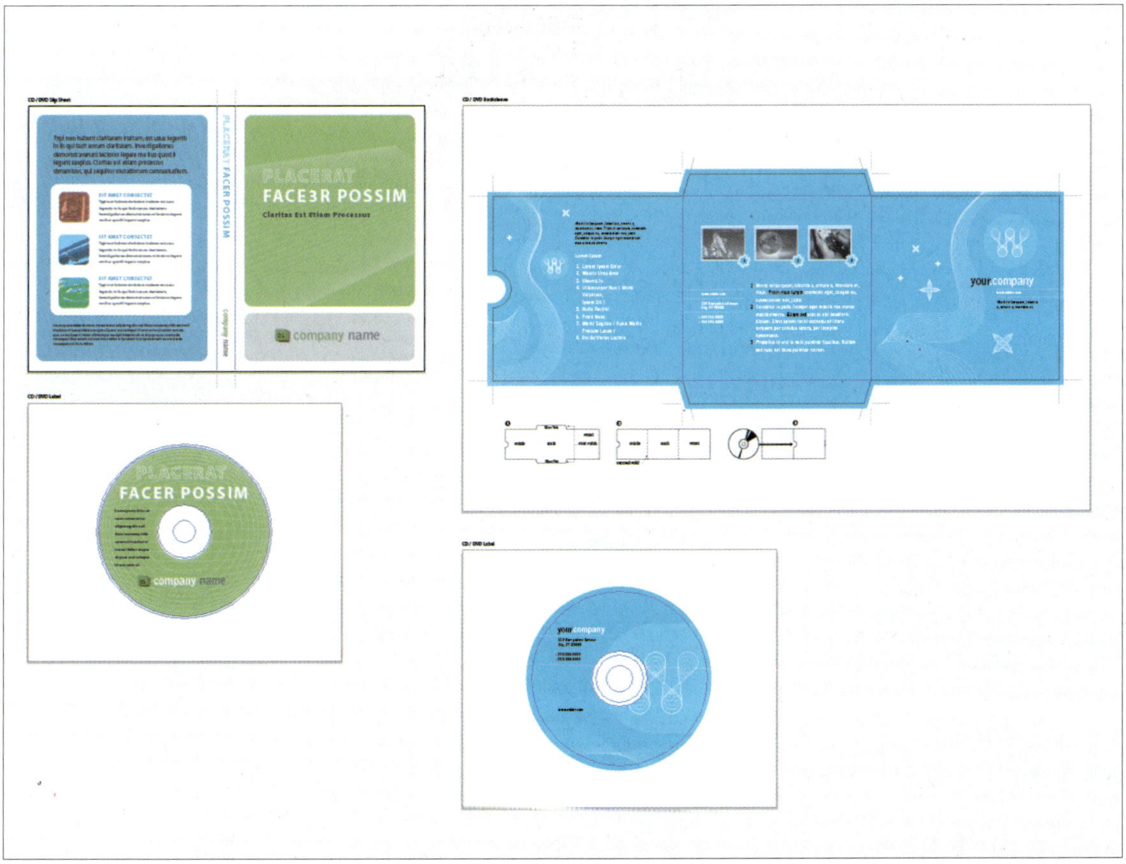

Tech\CD-DVD Print items.ait

Part 04

귀엽고 깜찍한
캐릭터 디자인 테크닉

캐릭터는 팬시, 광고, 책, 제품 등 다양한 곳에 활용되며, 소비자로 하여금 기업에 대해 친밀감을 느끼도록 만듭니다. 일러스트레이터로 만든 캐릭터는 여러 매체에 활용할 때 제약이 없기 때문에 가장 많이 사용됩니다. 손으로 그리는 자유로운 형태부터 단순한 단색 캐릭터, 패턴을 활용한 기법까지 다양한 스타일로 캐릭터를 그리는 방법을 알아보겠습니다.

Specialist Interview

웹툰계의 절대강자 마조&새디의 주부 만화가 정철연님

2010년 마조&새디 연재 시작
2006년 대한민국 만화대상 – 인기상
2005년 대한민국 만화대상 – 인기상
2004년 국회대상 만화애니메이션 부문 – 대상
2003년 대한민국 캐릭터 대상 – 우수상
2003년 대한민국 만화대상 – 대상
2003년 독자 만화대상 – 대상
2001년 마린블루스 연재 시작

블로그 www.blog.naver.com/majosady
이메일 majosady@naver.com

이렇게 시작했어요

저 역시 캐릭터 디자이너가 되고 싶은데, 뭘 어떻게 준비해야 할지 몰라 막막했습니다. 그 답을 찾아 제대한 후에도 복학을 미룬 채 무작정 서울로 올라왔습니다. 캐릭터 업체에서 아르바이트라도 해보면 뭘 공부해야 할지 알 수 있을 것 같았거든요. 서울로 올라와 제가 머문 곳은 고향 친구가 살고 있는 14평 복층 오피스텔이었습니다. 그곳에는 이미 제 친구 말고도 네 명이 더 있었습니다. 각자 꿈을 준비하면서 어울려 살고 있었던 거죠. 바로 이 친구들이 불가사리군이나 멍게군 같은 마린블루스 캐릭터 모델입니다.

나모 웹에디터 책과 포토샵 책을 옆에 펴두고 일주일 만에 링크만 걸리는 너무도 간단한 마린블루스 홈페이지를 만들었습니다. 이 홈페이지를 포트폴리오 삼아 여러 캐릭터 회사에 메일을 보냈습니다. 마침 제 2의 마시마로를 찾던 킴스라이센싱에서 프리랜서 작가를 제의해 왔습니다. 캐릭터 업체에 취직하고픈 마음에 사장님께 떼를 써서 프리랜서 작가가 아닌 킴스라이센싱 직원으로 입사했습니다. 마린블루스는 포트폴리오용이라 입사와 함께 접으려고 했지만 사장님 권유와 지원으로 계속하게 되었습니다.

캐릭터 디자이너의 매력과 힘든 점

캐릭터를 만들고 생명을 불어넣는 작업은 아이돌을 키우는 작업과 비슷합니다. 독특한 얼굴만으로는 오래 사랑받을 수 없습니다. 외모만큼이나 성격과 스토리가 중요합니다. 캐릭터가 인기를 끌고 자리를 잡기까지 돈과 시간이 많이 들기 때문에 개인이 혼자 진행하기가 힘이 듭니다. 캐릭터 웹툰은 무엇보다 꾸준한 게 미덕입니다. 마린블루스 역시 회사에서 안정적으로 지원받지 못했다면 7년이나 연재하지 못했을 겁니다.

캐릭터 웹투니스트가 되는 방법

아이디어는 많이 봐야 많이 나옵니다. 다시 대학시절로 돌아간다면 만화 가게나 비디오 가게에서 아르바이트를 하고 싶다는 생각을 가끔 합니다. 앞서 말한 것처럼 캐릭터 디자이너는 아이돌 기획사 사장님과 비슷합니다. 가능성 있는 연습생(습작 캐릭터)을 여럿 키우고, 좋은 곡(아이디어)을 많아 받아두세요. 준비가 되면 기회는 반드시 옵니다! 열심히 도전하세요. 그리고 캐릭터 업계에서 꼭 만나요. ^^

Lesson 11
손 그림 낙서로 캐릭터 만들기

태블릿에서 바로 그림을 그릴 수도 있지만, 태블릿이 손에 익기 전까지는 연필이 편합니다. 필자는 태블릿에서 바로 그림을 그릴 때도 있지만 종이에 연필로 스케치하거나 플러스 펜으로 선을 그린 그림을 스캔해서 작업하는 일이 많습니다. 플러스 펜으로 그린 그림을 일러스트레이터로 가져와 캐릭터를 만들어보겠습니다.

실습 파일 : 부록CD\Sample\Part04\Lesson11.jpg
완성 파일 : 부록CD\Sample\Part04\Lesson11.ai

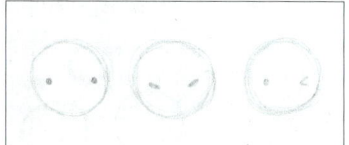 >  >

캐릭터 작업을 하려면 스케치가 필요합니다. 스케치하면서 캐릭터 모양을 미리 그려볼 수 있고, 쉽게 수정할 수 있습니다. 장난 삼아 한 낙서에서도 좋은 캐릭터가 보이기도 하므로 항상 연필과 펜을 가까이 두고 심심할 때마다 낙서해보세요. 마음에 드는 낙서는 잘 보관해둡니다.

삐딱대가리의 낙서와 스케치

스케치할 때는 연필이나 지우개나 종이를 좋은 걸 쓰지 않아도 됩니다. 그리는 연습을 많이 하다 보면 버리는 종이가 많아지므로 쉽게 구할 수 있고 버려도 아깝지 않은 것이 오히려 좋습니다. 필자는 일반 A4 용지, 4H 연필, 물렁물렁한 잠자리(Tombow) 지우개, 플러스 펜을 쓰고 기분에 따라 진한 연필, 싸인 펜, 캘리그래피 펜, 붓 펜을 사용하기도 합니다.

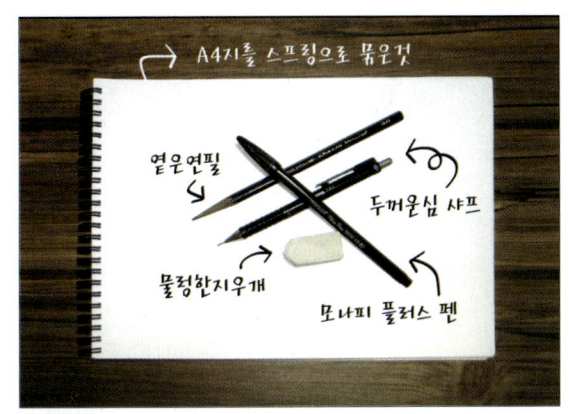

손 그림 그리기

01 연필과 플러스 펜을 이용해서 캐릭터를 그려보겠습니다. 어떤 것을 그릴지 생각한 다음 연필을 움직입니다. 여기서는 동그라미부터 시작하는 캐릭터를 만들겠습니다. 종이에 동그라미 세 개를 그립니다.

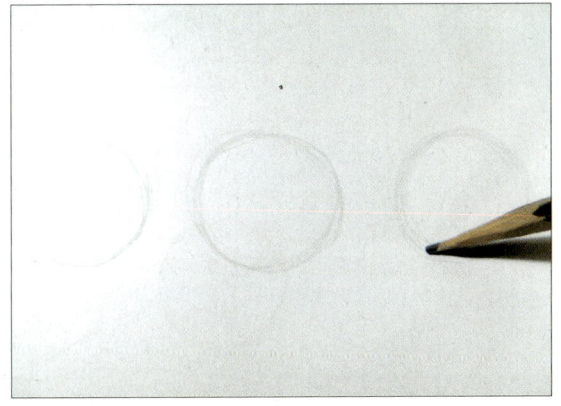

스케치용 연필은 조금 뭉툭하고 연한 것이 좋습니다. 뾰족하고 진한 연필로 스케치하면 지우개로 지울 때 자국이 남을 수 있기 때문입니다.

02 ❶동그라미 세 개는 캐릭터 얼굴입니다. 동그라미 가운데에 눈을 그려주세요. 눈 모양에 따라 표정이 결정됩니다. ❷코와 입을 그려 얼굴을 완성합니다. ❸❹머리 모양을 그리고 액세서리와 소품을 이용해 꾸밉니다.

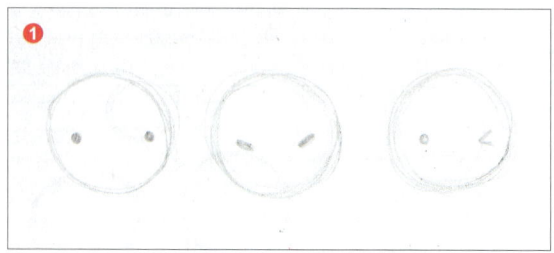

03 ❶플러스 펜(쓰기 편한 수성 펜이면 OK!)으로 스케치를 조심히 따라 그립니다. 잉크가 번지지 않도록 일정한 속도로 선을 그려야 합니다. 잘못 그렸거나 튀어나간 선은 포토샵으로 정리해도 되지만, 그런 과정을 생략할 수 있게 최대한 깔끔하게 그리는 것이 좋습니다. ❷선을 모두 따라 그렸다면 연필 선은 지우개로 꼼꼼히 지웁니다. ❸완성한 그림은 300dpi로 스캔을 받아 JPG 파일로 저장합니다.

스캐너가 없다면 디지털 카메라에 있는 접사 기능을 이용해서 촬영합니다.

04 ❶Ctrl + N을 눌러 ❷❸크기가 A4, 방향이 가로인 새 창을 만듭니다. ❹[File]−[Place] 메뉴를 눌러 ❺부록CD\Sample\Part04\Lesson11.jpg 파일을 불러옵니다. ❻불러온 이미지는 아트보드 크기에 맞게 조정하는 것이 좋습니다. Ctrl + Alt + Space bar 를 누르면 마우스 포인터가 🔍 모양으로 바뀝니다. 아트보드 가운데를 클릭해서 이미지가 한눈에 들어오도록 화면을 축소합니다.

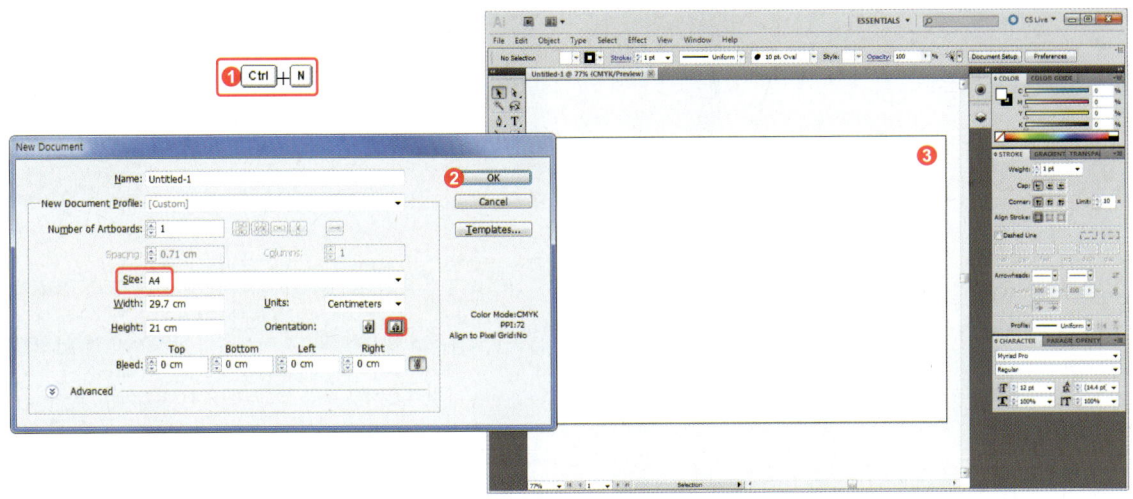

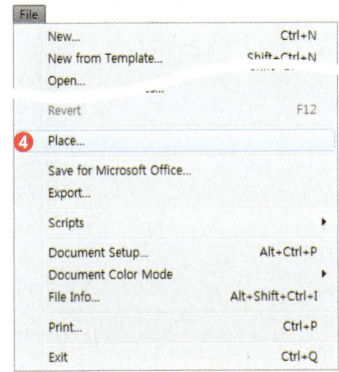

여러분이 직접 그린 이미지로 따라하고 있다면 스캔을 받아 저장해둔 이미지를 불러오면 됩니다.

05 ❶이미지 모서리를 [Shift]+[Alt]+드래그해서 아트보드 크기에 맞게 이미지 크기를 줄입니다. ❷[Ctrl]+[0]을 누르면 아트보드 크기가 화면에 딱 맞게 표시됩니다.

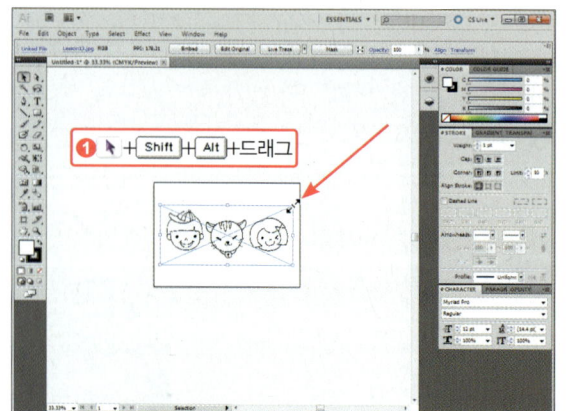

06 ❶컨트롤 패널에서 [Live Trace] 버튼 옆에 있는 버튼을 누르고 ❷[Simple Trace]를 선택하면 이미지가 흰색과 검은색으로 깔끔하게 정리됩니다. ❸캐릭터 얼굴이 잘 보이도록 화면을 확대한 다음 ❹Threshold를 200으로 입력하고 ❺[Expand] 버튼을 누릅니다.

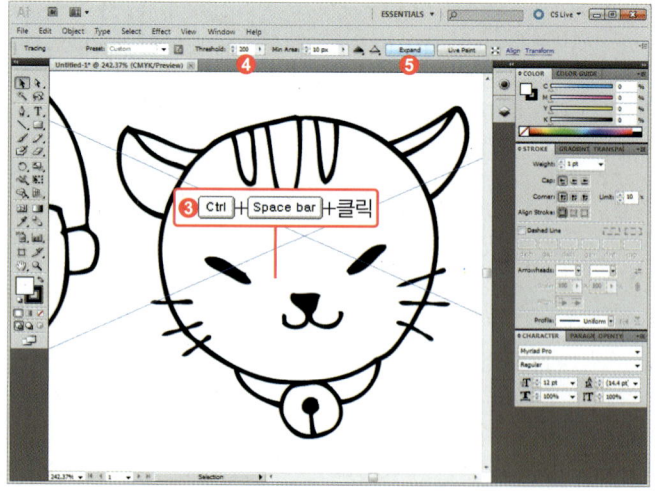

❶Preset : 원하는 라이브 트레이스 스타일을 선택합니다.

Custom
[Default]
Simple Trace
Color 6
Color 16
Photo Low Fidelity
Photo High Fidelity
Grayscale
Hand Drawn Sketch
Detailed Illustration
Comic Art
Technical Drawing
Black and White Logo
One Color Logo
Inked Drawing
Lettering

Simple Trace : Default와 같은 스타일로 어두운 명암 부분이 검은색 패스로 추출됩니다.

Color 6과 Color 16 : 색을 6단계와 16단계로 나누어 표현합니다. 스케치보다 명암 단계가 뚜렷하게 구분되는 사진 이미지에 적용하는 것이 좋습니다.

Photo Low와 High Fidelity : 저품질과 고품질 사진 이미지로 표현합니다. High Fidelity로 바꾸면 사진 이미지와 흡사한 디테일 일러스트를 만들 수 있습니다.

Grayscale : 이미지를 흑백 명암으로 구분해서 표현합니다.

Hand Drawn Sketch : 펜으로 그린 이미지를 선으로 추출합니다(두꺼운 선은 면으로 추출합니다). 적용하면 두께가 서로 다른 선으로 표현되지만, 스트로크 패널이나 컨트롤 패널을 이용해서 원하는 굵기로 바꿀 수 있습니다.

Detailed Illustration : 명암을 원본과 가장 흡사하게 표현하는 스타일입니다. 어두운 명암 부분이 검은색 패스로 추출됩니다.

Comic Art : 만화처럼 필압이 느껴지도록 표현합니다. 굵기가 일정한 펜으로 그린 스케치 이미지라고 해도 Comic Art 스타일로 바꾸면 선에 강약이 표현되어 역동적인 느낌을 낼 수 있습니다. 검은색과 흰색 패스로 추출됩니다.

Technical Drawing : 명암의 경계선을 둘러싼 형태로 선을 표현합니다. Hand Drawn Sketch와 함께 선으로 표현되는 스타일이므로 스트로크 패널이나 컨트롤 패널을 이용해서 원하는 굵기로 바꿀 수 있습니다.

Black and White Logo : 검은색과 흰색 로고 스타일로 표현합니다. 실무에서 로고 이미지를 벡터로 만들 때는 직접 그려주는 것이 좋습니다.

One Color Logo : 한 가지 색 로고를 표현하는 것으로 어두운 명암 부분이 검은색 패스로 추출됩니다.

Inked Drawing : 잉크로 그린 효과를 냅니다. 어두운 명암 부분이 검은색 패스로 추출됩니다.

Lettering : 레터링 펜으로 그린 효과를 냅니다. 선을 확대하면 거친 질감이 살아 있습니다.

❷Tracing options dialog : 이미지를 미리 보면서 세세한 부분까지 옵션을 설정할 수 있습니다. 설정은 〈Save Preset〉 버튼을 눌러 저장할 수 있습니다. 저장한 옵션은 지정한 이름으로 라이브 트레이싱 스타일 목록에 등록됩니다.

❸Threshold : 이미지 명암을 1~255단계로 나누어 표시합니다. 입력한 숫자보다 밝은 픽셀은 흰색, 어두운 픽셀은 검은색으로 표시되므로 숫자가 커질수록 이미지에 검은색 영역이 늘어납니다.

❹Min Area : 입력한 픽셀보다 작은 영역은 생략해서 표현합니다. 예를 들어 검은색 영역에 흰색 영역이 4픽셀 포함되어 있을 때, Min Area 값에 4보다 큰 수를 입력하면 흰 영역을 검은색으로 메워 표현합니다.

❺Expand : 트레이싱 이미지를 벡터로 전환합니다.

❻Live Paint : 트레이싱 이미지를 벡터로 전환함과 동시에 라이브 페인트 환경으로 만듭니다.

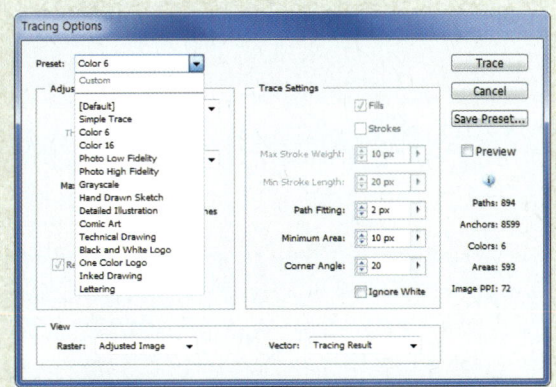

Tracing Options 창

07 펜 선 그대로 벡터 오브젝트가 되면 ❶컬러 패널에 먼 색을 C50, M70, Y70, K50을 입력해서 ❷테두리 선을 진갈색으로 바꿉니다.

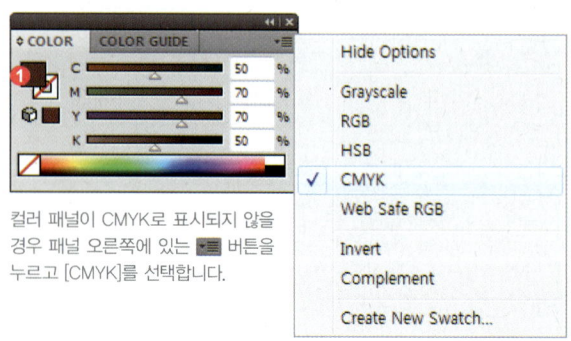

컬러 패널이 CMYK로 표시되지 않을 경우 패널 오른쪽에 있는 ▼≣ 버튼을 누르고 [CMYK]를 선택합니다.

TIP 화면과 오브젝트 확대 · 축소 단축키 활용하기

Ctrl + Space bar : 확대 툴(🔍)
Ctrl + Space bar + Alt : 축소 툴(🔍)
Ctrl + + , Space bar +드래그(또는 클릭) : 화면 확대
Ctrl + − : 화면 축소
Ctrl + 0 : 아트보드를 화면에 딱 맞게 보기
Ctrl + 1 : 실 사이즈(100%)로 보기

선택 툴(▶)로 오브젝트를 선택하고 바운딩 박스의 조절점을 드래그
: 자유 비례로 확대·축소
Shift +드래그 : 정비례로 확대·축소
Alt +드래그 : 반대편과 대칭으로 확대·축소
Shift + Alt +드래그 : 정비례로 중심점을 기준으로 확대·축소

라이브 페인트 버킷 툴로 색칠하기

08 ❶오브젝트가 선택된 상태에서 [Object]-[Live Paint]-[Make] 메뉴를 선택하면 ❷라이브 페인트 버킷 툴(🖌)을 사용할 수 있는 라이브 페인트 환경이 됩니다. ❸빈 공간을 클릭해서 선택을 해제합니다.

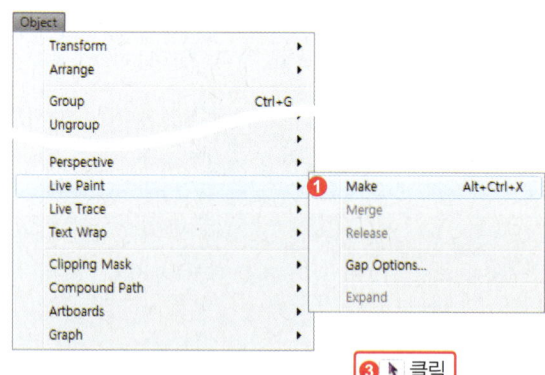

선택 툴(▶)이 아닌 다른 툴을 사용하고 있다면 빈 공간을 Ctrl +클릭합니다. Ctrl 을 누르면 툴이 일시적으로 선택 툴(▶)로 바뀝니다.

09 ❶라이브 페인트 버킷 툴(🖌)을 선택하고 남자 아이 머리카락에 마우스를 갖다 대면 빨간 선이 표시됩니다. ❷클릭하면 지정한 진갈색이 채워집니다. ❸❹같은 방법으로 고양이 무늬와 여자 아이 머리카락도 색칠합니다.

10 ❶피부색(M10, Y15)을 설정하고 ❷얼굴을 클릭해서 색칠합니다. ❸핑크색(M60, Y30)을 설정하고 ❹남자 아이 입, 고양이 목줄, 여자 아이 리본을 클릭해서 색칠합니다. ❺컬러 가이드 패널을 선택하면 사용하고 있는 핑크색과 어울리는 컬러 배합이 보입니다. ❻이 중 핑크색에 해당하는 가장 윗줄에서 밝은 명암을 클릭한 뒤 ❼고양이 귀를 클릭해서 색칠합니다.

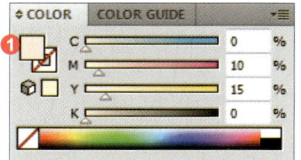 

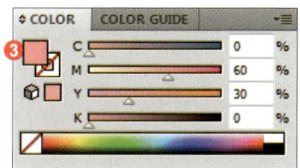 

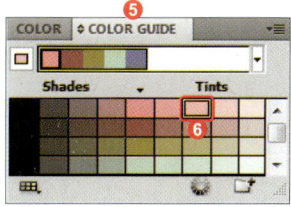

컬러 가이드 패널에서는 선택한 컬러와 어울리는 컬러 배합을 볼 수 있습니다. 각 컬러는 명암별로 구분되어 있어 같은 컬러를 맑고 어둡게 사용할 때 매우 편리합니다.

11 ❶다시 컬러 패널을 선택합니다. ❷❸하늘색(C40)으로 남자 아이 모자를, ❹❺노란색(Y50)
으로 모자와 고양이 방울을, ❻❼흰색으로 고양이 얼굴과 귀를 색칠합니다.

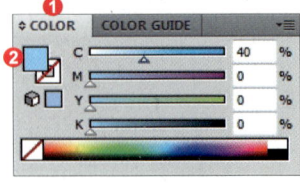

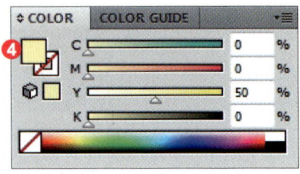

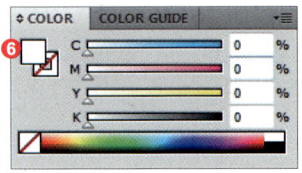

12 색칠을 마친 후 ❶선택 툴(▶)로 ❷오브젝트를 클릭하면 라이브 페인트 환경의 오브젝트
전체가 선택됩니다.

13 ❶[Object]–[Live Paint]–[Expand] 메뉴를 선택하면 ❷라이브 페인트 환경을 벗어나 일반 오브젝트가 됩니다.

캐릭터 정리하기

14 캐릭터에 홍조를 넣어 생기를 불어넣어보겠습니다. ❶사각형 툴(🔲)을 꾹 눌러 원형 툴(🔵)을 선택하고 ❷남자 아이 왼쪽 볼을 Shift+드래그해서 정원을 그립니다. ❸❹스포이트 툴(🖊)로 핑크색을 클릭하면 같은 핑크색이 채워집니다. ❺❻선택 툴(▶)로 홍조를 Alt+드래그해서 오른쪽 볼에 복제합니다. 같은 방법으로 계속 복제해서 고양이와 여자 아이도 홍조를 만듭니다.

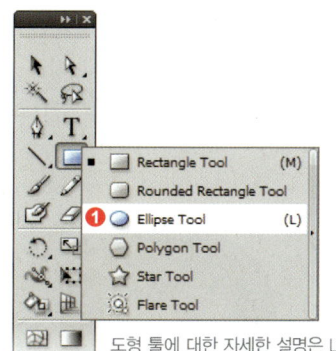
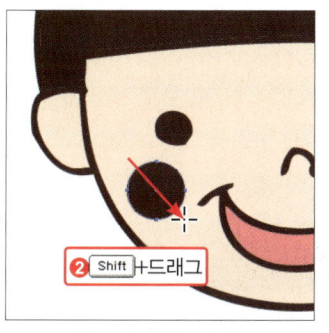

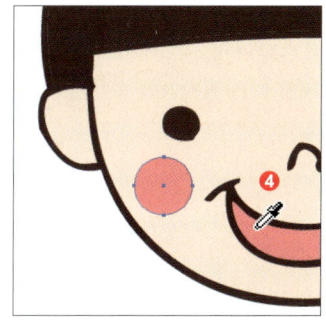

도형 툴에 대한 자세한 설명은 Lesson 09 도형 그리기를 참고하세요.

15 전체적으로 홍조가 너무 진하고 선 밖까지 튀어나와 어색합니다. ❶ Shift 를 누른 채로 홍
조를 모두 클릭해서 선택합니다. ❷❸투명도 패널에서 블렌딩 모드를 Darken, 불투명도를
40으로 설정합니다. 홍조가 옅어져서 피부가 더 밝아 보입니다.

16 ❶라이브 트레이스 환경이었던 오브젝트는 그룹으로 묶여 있기 때문에 한 곳만 클릭해도
전체가 선택됩니다. ❷ Ctrl + Shift + G 를 여러 번 눌러 그룹을 풀면 ❸오브젝트를 하나씩 선택
할 수 있습니다.

17 ❶남자 아이를 드래그해서 선택하고 ❷`Ctrl`+`G`를 누르면 남자 아이만 그룹으로 묶여 한 덩어리로 움직입니다. ❸❹같은 방법으로 고양이와 여자 아이도 각각 그룹으로 묶습니다.

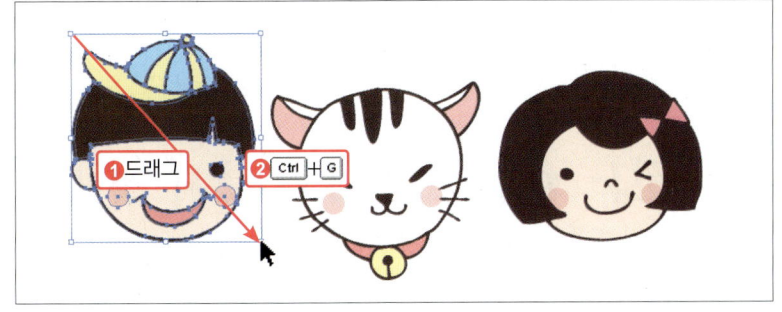

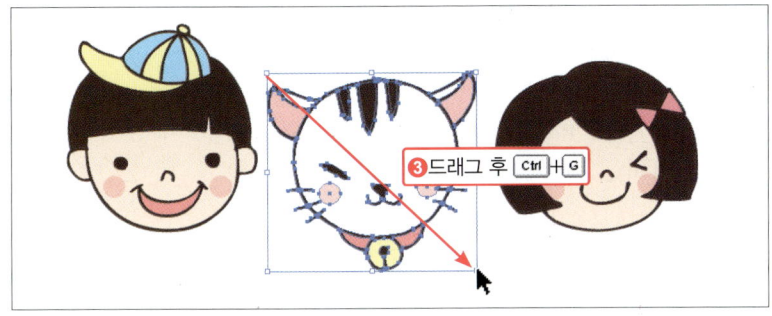

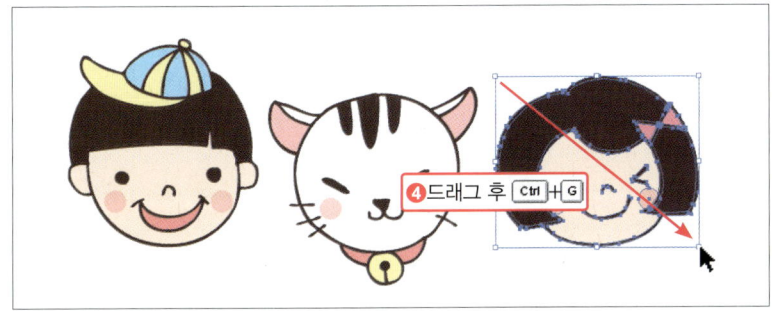

18 도형 툴을 활용해서 배경을 만들거나 글자를 넣어 다양하게 디자인해봅시다.

Lesson 12

도형과 패턴을 이용해 캐릭터 꾸미기

모든 형태는 동그라미, 네모, 세모에서 시작하기 때문에 도형 툴을 적절히 이용하면 캐릭터와 일러스트를 더 빠르게 그릴 수 있습니다. 스케치해 둔 캐릭터를 펜 툴과 도형 툴을 이용해서 형태를 완성하고, 선과 면과 패턴을 활용해 꾸며보겠습니다.

실습 파일 : 부록CD\Sample\Part04\Lesson12.jpg
완성 파일 : 부록CD\Sample\Part04\Lesson12.ai

 >  >

도형 툴로 강아지 얼굴 그리기

01 ❶ Ctrl + ⓞ 를 눌러 부록CD\Sample\Part04\Lesson12.jpg 파일을 불러와 선택합니다. ❷[File]-[Document Color Mode]-[CMYK Color] 메뉴를 선택해 컬러 모드를 CMYK로 바꿉니다. ❸트랜스폼 패널에서 스케치 너비를 25cm로 지정합니다. ❹스케치가 담긴 레이어가 움직이지 않도록 잠근 다음 ❺새 레이어를 추가합니다.

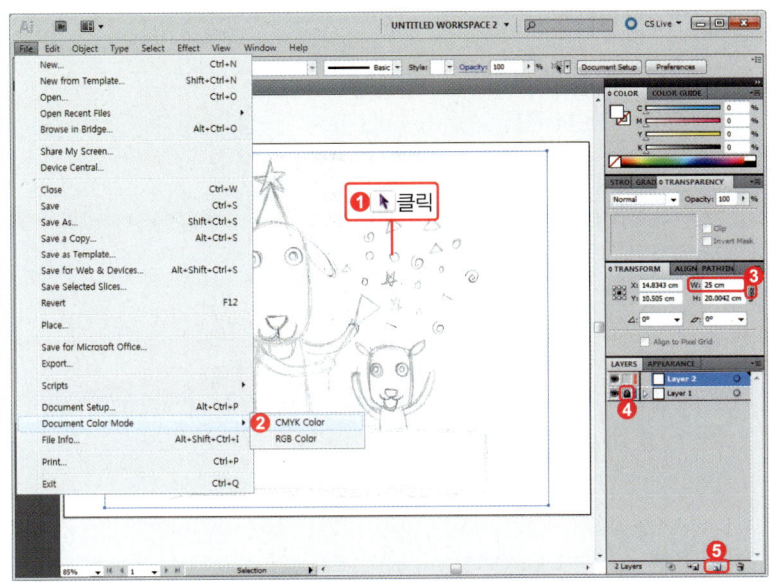

스케치를 불러와 고정하는 방법은 Lesson 10을 참고하세요.

02 ❶사각형 툴(■)을 선택합니다. ❷면은 투명하고 선은 검은색으로 설정하고 ❸개 얼굴 크기에 맞게 드래그합니다. ❹[Effect]-[Stylize]-[Round Corners] 메뉴를 선택하고 ❺Radius를 1.5cm로 설정한 다음 ❻ OK 버튼을 누릅니다.

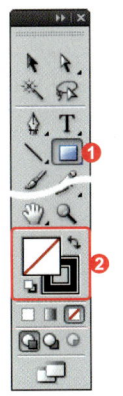 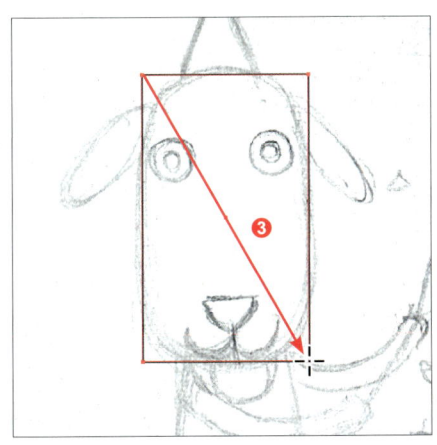 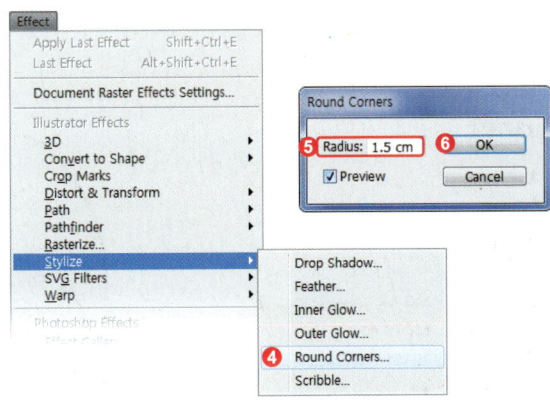

Tip 길이 단위 설정하기

Ctrl+R을 누르면 작업 화면 왼쪽과 위쪽에 줄자가 나타납니다. 줄자 위를 마우스 오른쪽 버튼으로 누르면 길이 단위가 나타납니다. 일러스트레이트 작업물은 인쇄하는 경우가 많으므로 mm나 cm를 기본 단위로 많이 사용합니다.

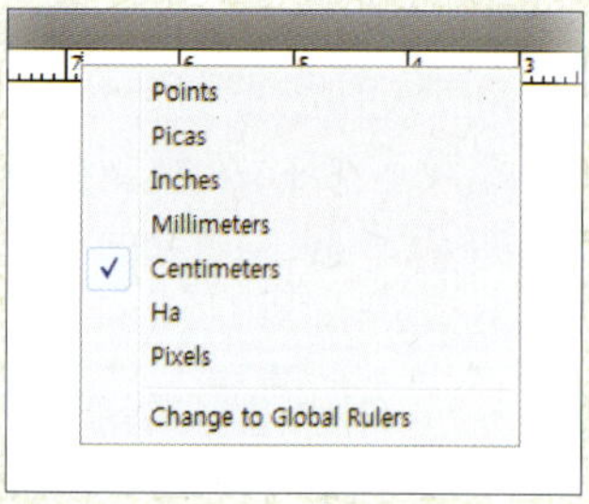

03 ❶모서리가 둥글게 바뀝니다. ❷[Object]-[Expand Appearance] 메뉴를 선택하면 ❸이펙트가 적용된 모양대로 일반 패스가 됩니다.

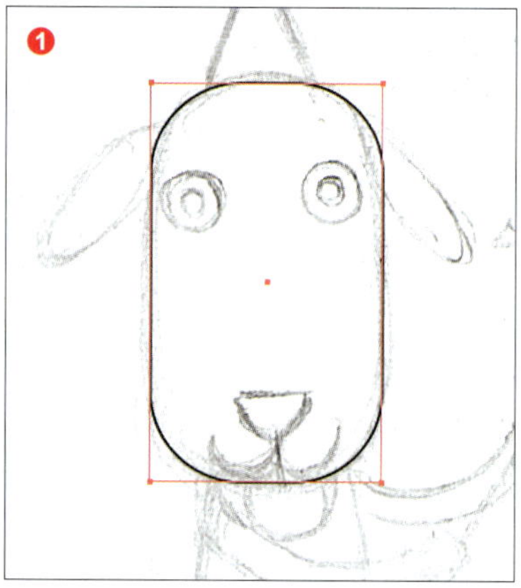

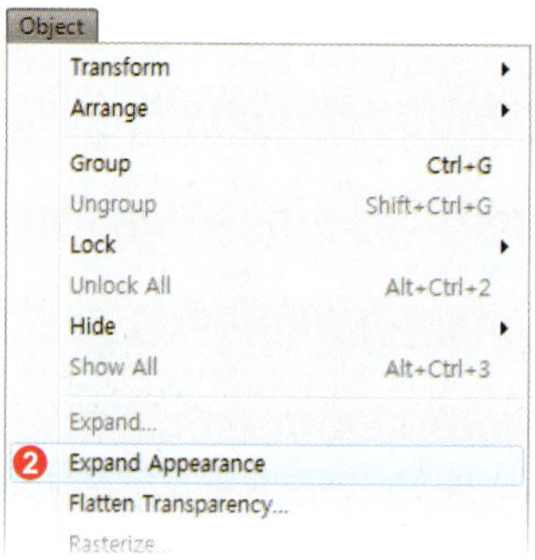

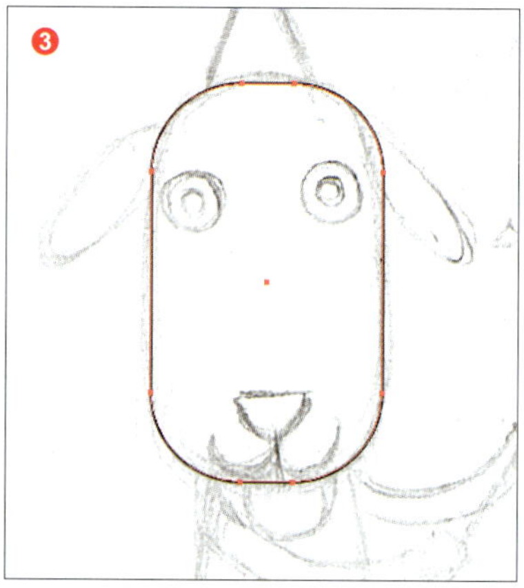

04 ❶❷원형 툴( )로 Shift+드래그해서 눈을 그립니다. ❸Ctrl+C, Ctrl+F를 차례로 누르면 선택한 오브젝트가 같은 위치에 복제됩니다. ❹선택 툴( )을 선택하고 ❺Shift+Alt+드래그해서 눈동자를 만듭니다.

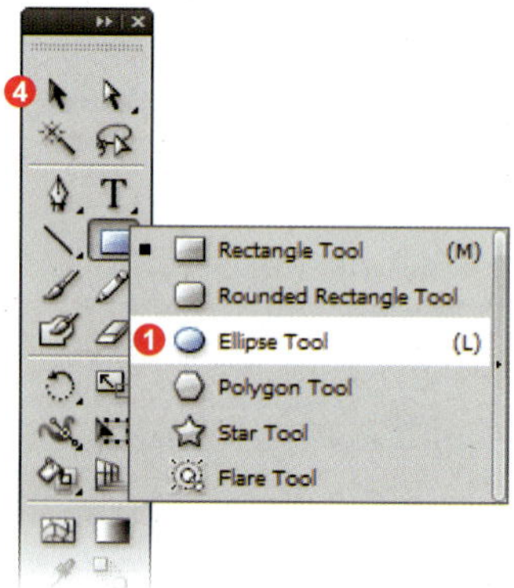

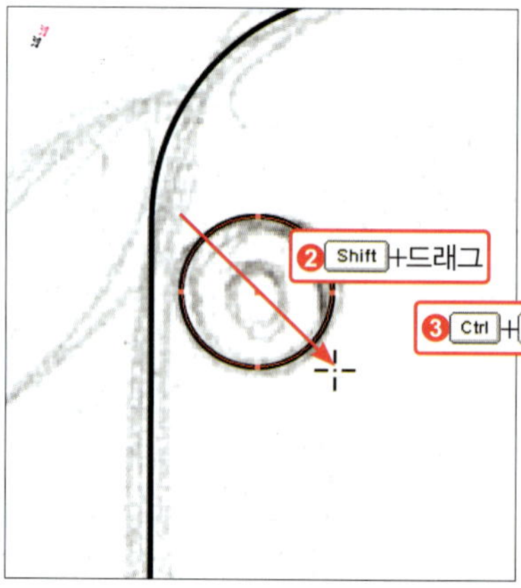

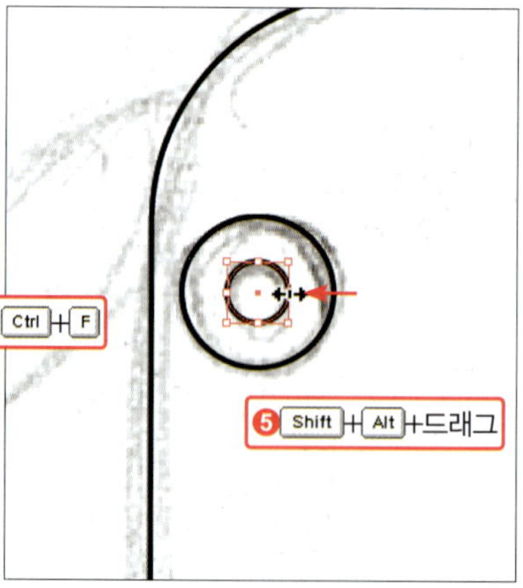

05 ❶ Shift + X 를 누르면 선 색이 면 색으로 바뀝니다. ❷바깥쪽 동그라미를 선택하고 ❸❹면 색은 흰색, 선 색은 투명으로 설정합니다.

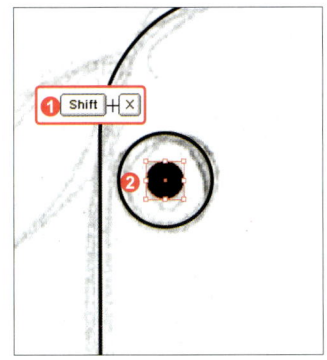 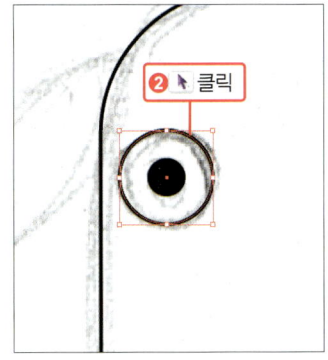 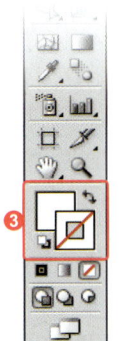 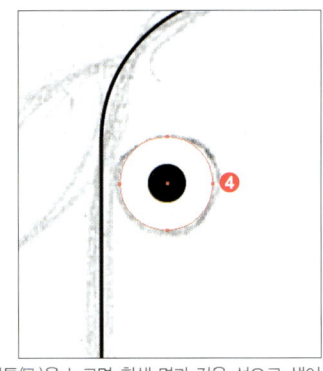

컬러 초기화 버튼(▣)을 누르면 흰색 면과 검은 선으로 색이 정해집니다. 선 색을 클릭하고 ◩ 버튼을 누르면 선이 투명한 흰 면을 만들 수 있습니다.

06 ❶눈 전체를 선택하고 ❷오른쪽으로 Shift + Alt +드래그해서 눈을 복제합니다.

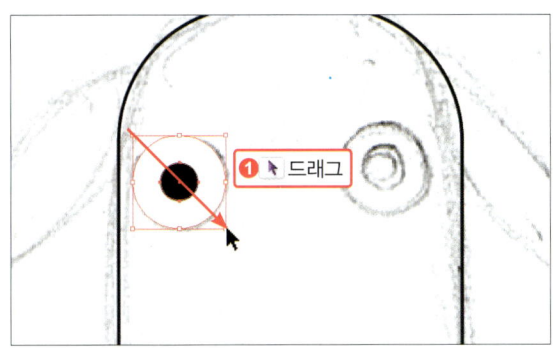 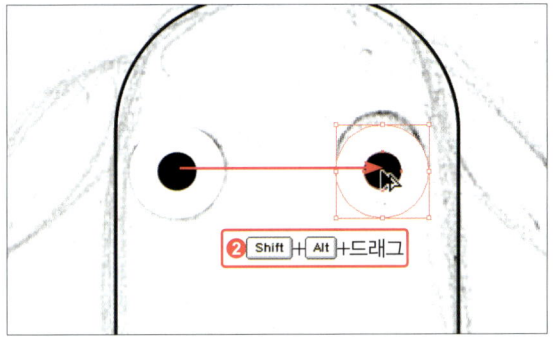

키를 동시에 누르면 단축키가 제대로 적용되지 않는 경우가 있습니다. 차례로 누른다는 생각으로 단축키를 사용하세요.

07 이번에는 삼각형 모양 코를 그려보겠습니다. ❶다각형 툴(◯)을 선택하고 ❷화면을 드래그하면 육각형이 그려집니다. ❸드래그 도중 ↓을 세 번 누르면 세 각이 사라지면서 도형이 삼각형으로 바뀝니다. ❹ Shift 를 눌러 반듯한 정삼각형이 만들어질 때 마우스를 누르고 있는 손가락을 떼면 삼각형이 그려집니다.

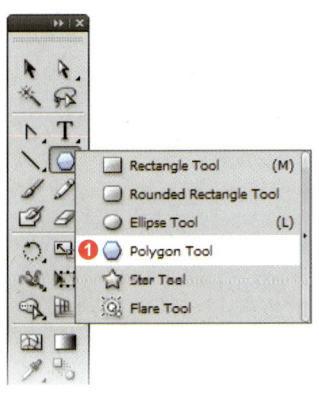 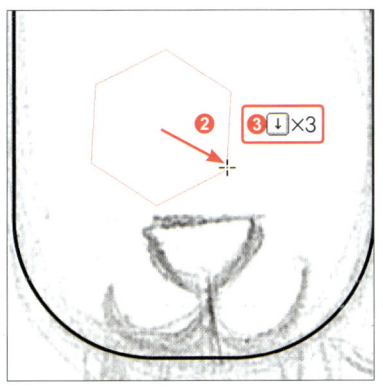 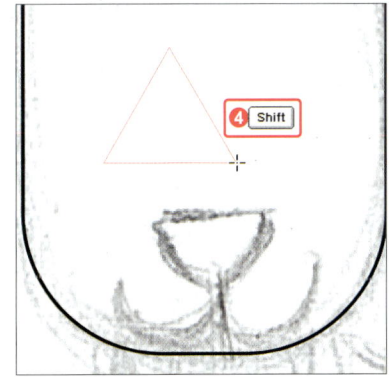

08 ❶선택 툴(￼)로 ❷삼각형을 코 윗면에 맞게 위치와 크기를 조절합니다. ❸위쪽 가운데
조절점을 드래그해서 꼭짓점이 아래로 향하도록 만듭니다.

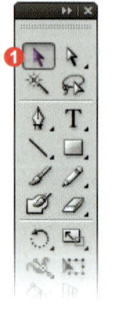
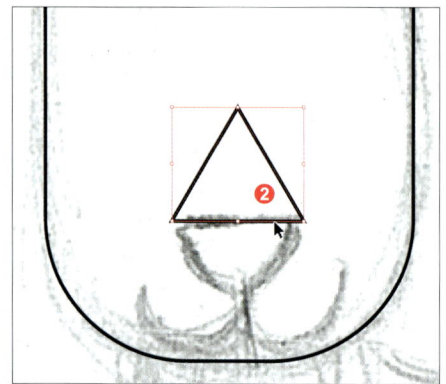
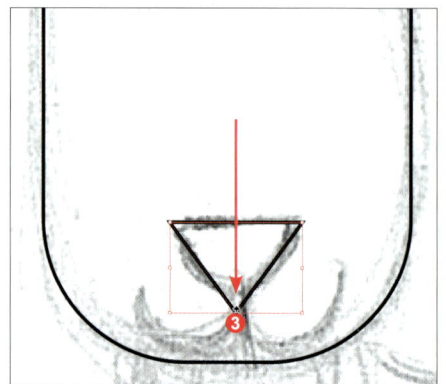

09 ❶[Effect]-[Stylize]-[Round Corners] 메뉴를 선택하고 ❷Radius를 0.4cm로 설정한
다음 ❸ OK 버튼을 눌러 ❹코의 모서리를 둥글게 합니다.

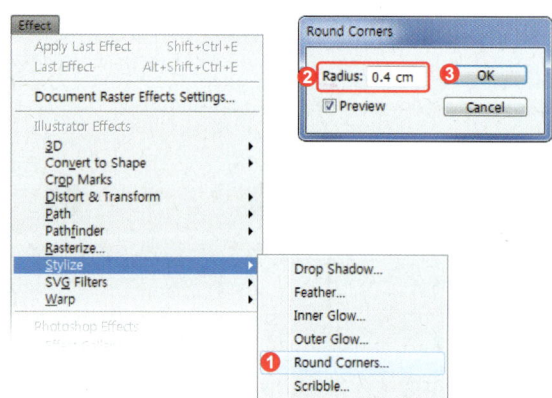
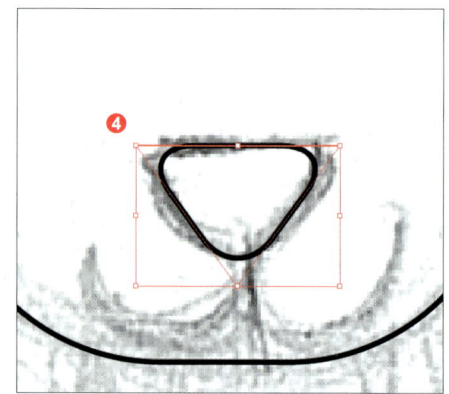

10 ❶❷[Object]-[Expand Appearance] 메뉴를 선택해 코를 일반 패스로 바꿉니다. ❸￼버
튼을 눌러 ❹면과 선이 흰색과 검은색으로 바뀌도록 만듭니다.

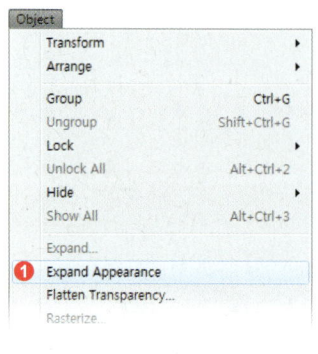
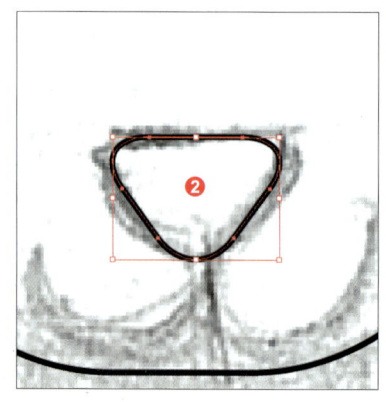
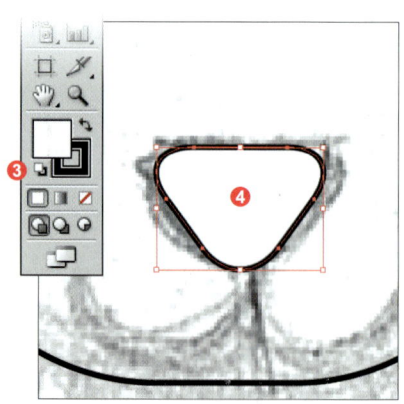

11 ❶❷펜 툴(✒️)을 선택하고 검은색 선만 나오도록 설정한 다음 ❸입 모양을 그립니다(펜 툴 사용법은 Lesson 09를 참고하세요). ❹❺원형 툴(⬭)을 드래그해서 귀 부분에 타원을 그립니다.

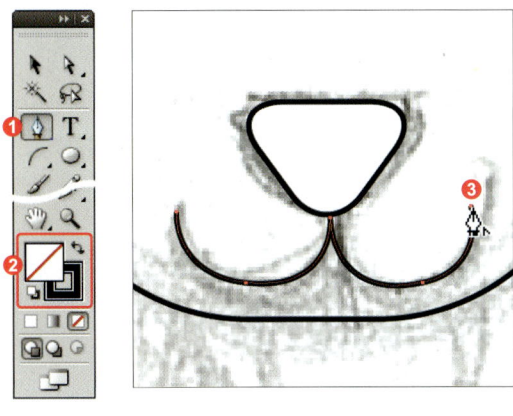

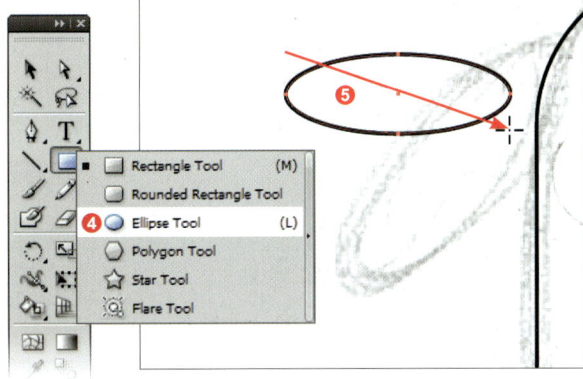

12 ❶❷선택 툴(▶)로 바운딩 박스의 모서리를 드래그해서 귀의 각도를 조정하고 ❸크기와 위치를 스케치에 맞게 배치합니다. ❹오른쪽으로 Shift + Alt +드래그해서 복제합니다. ❺회전 툴(↻)을 꾹 눌러 반전 툴(◿)을 선택하고 ❻ Shift +드래그하면 거울처럼 방향이 좌우로 뒤집힙니다.

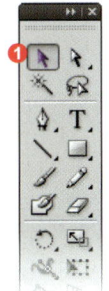

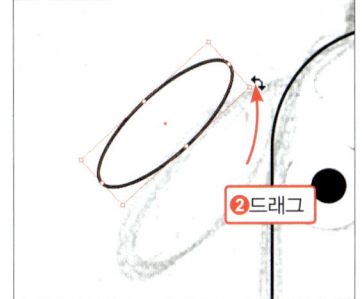

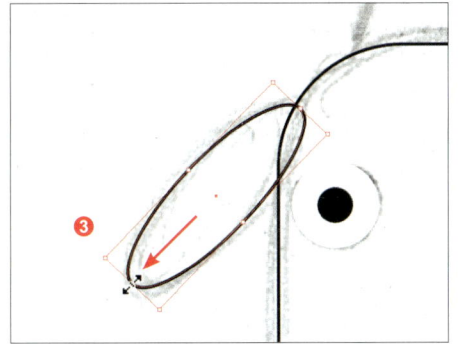

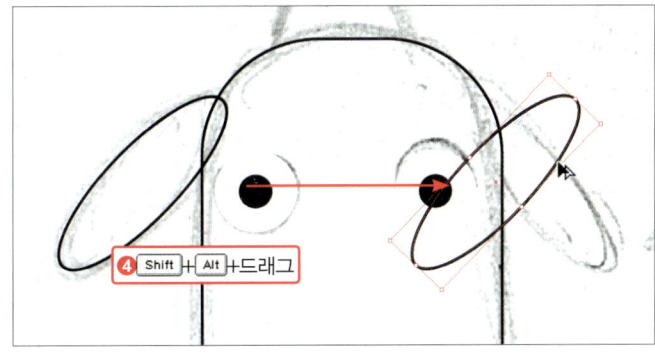

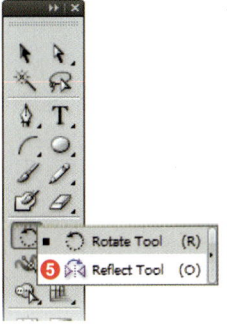

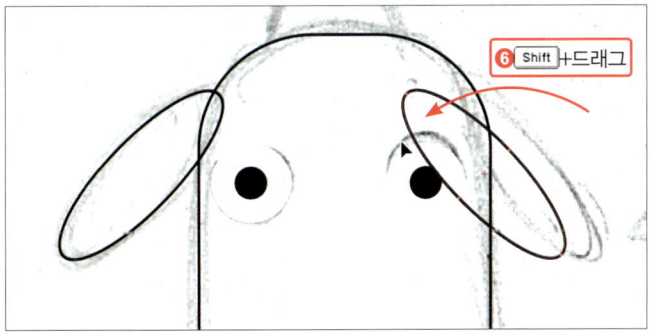

13 ❶다시 선택 툴()로 ❷귀를 오른쪽으로 Shift +드래그해서 배치합니다. 좌우가 대칭인 캐릭터이므로 스케치에 있는 오른쪽 귀 위치는 무시해도 됩니다. ❸얼굴을 선택하고 ❹❺컬러 패널에서 면 색을 황토색(C10, M50, Y100), 선 색을 투명으로 설정합니다.

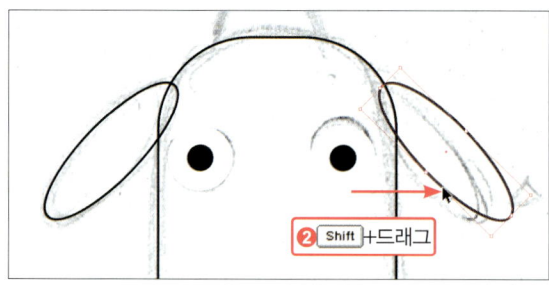

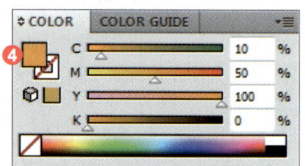

14 ❶코를 선택하고 ❷면 색을 진갈색(C35, M70, Y100, K50), ❸❹❺선 색을 투명으로 설정합니다.

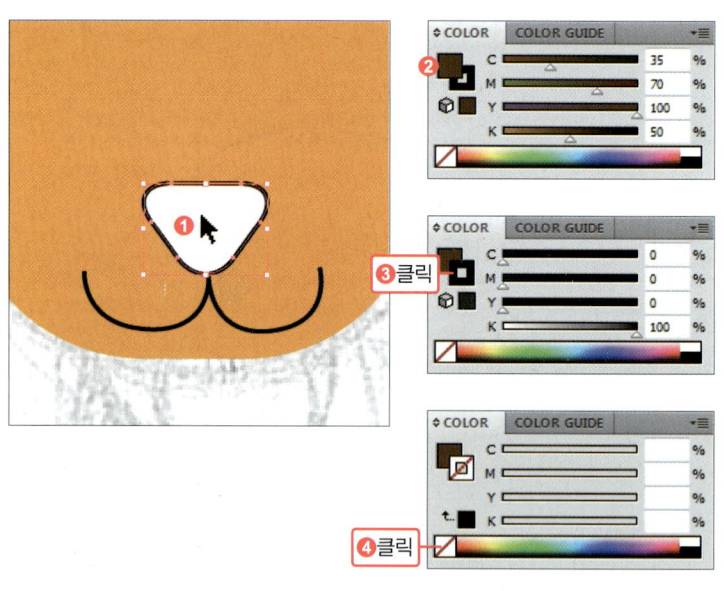

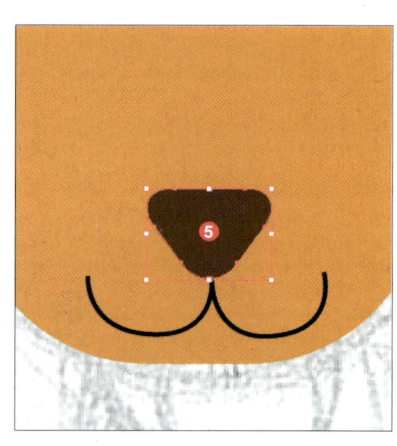

15 ❶입을 선택하고 ❷❸스포이트 툴(✐)로 코를 클릭해서 같은 색을 칠합니다. ❹ [Shift]+[X]
를 눌러 면 색을 선 색으로 바꿉니다. ❺❻스트로크 패널에서 선 굵기를 3pt, 선 끝과 모서리
모양을 둥글게 설정합니다.

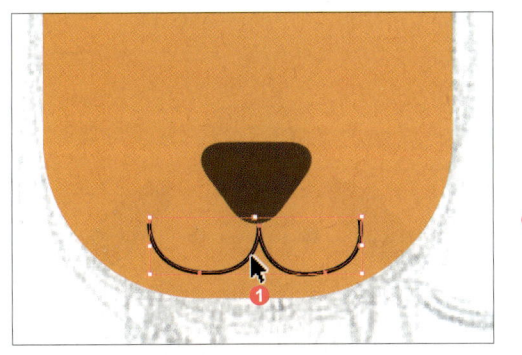
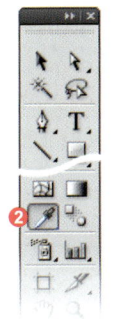
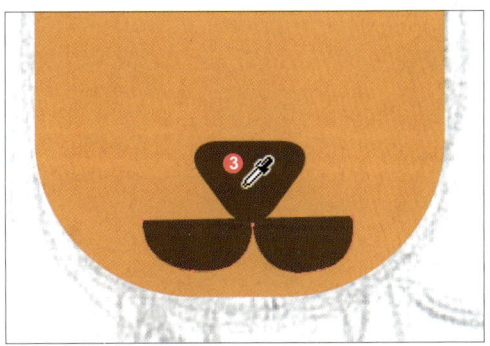

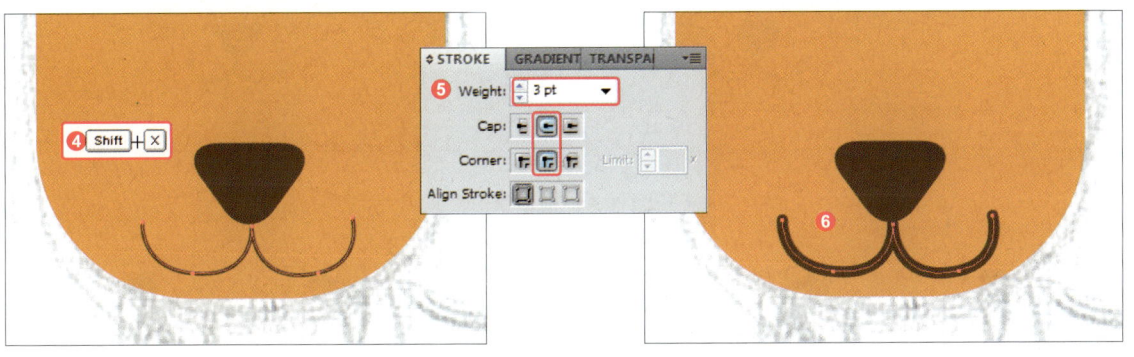

16 ❶선택 툴(▶)로 ❷[Shift]를 누른채 양쪽 귀를 클릭해서 함께 선택하고 ❸스포이트 툴(✐)
로 ❹코를 클릭해서 코와 같은 색을 칠합니다.

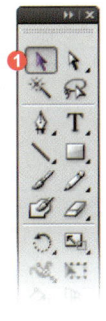

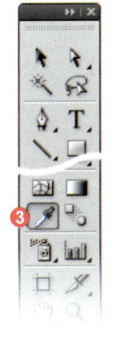

17 얼굴을 중심으로 좌우 대칭이 되도록 정리하겠습니다. ❶선택 툴(▶)로 양쪽 귀를 선택하고 ❷Ctrl+G를 눌러 그룹으로 묶습니다. ❸같은 방법으로 양쪽 눈도 그룹으로 묶습니다. ❹얼굴 전체를 드래그해서 선택하고 ❺정렬 패널에서 🔲 버튼을 누르면 ❻얼굴을 중심으로 이목구비가 가운데로 정렬됩니다. ❼Ctrl+G를 눌러 그룹으로 묶습니다.

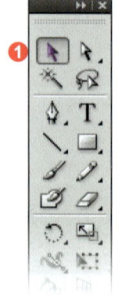

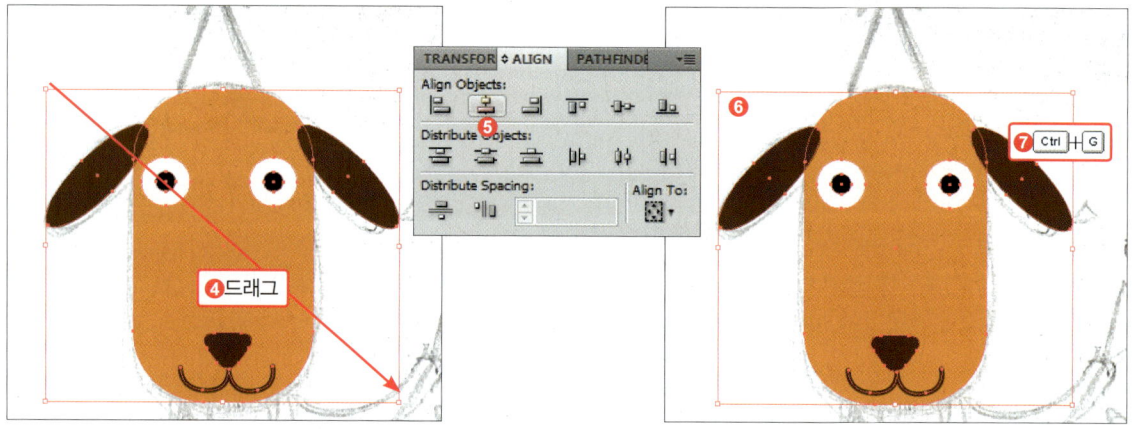

18 ❶오른쪽 강아지 캐릭터는 지금까지 배운 방법을 이용해서 그립니다. 모양이 같은 눈, 코, 귀는 복제해도 됩니다. ❷벌어진 모양의 입을 선택하고 ❸[Object]-[Live Paint]-[Make] 메뉴를 선택합니다.

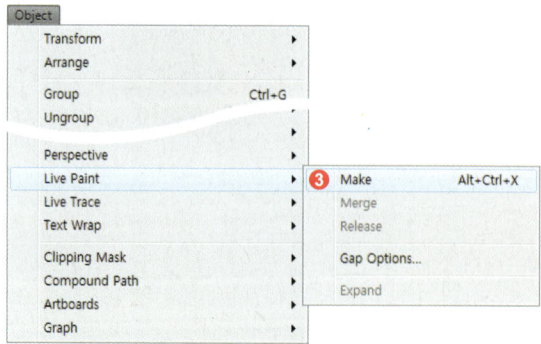

19 ❶라이브 페인트 환경이 되었습니다. ❷❸라이브 페인트 버킷 툴(🖌)을 이용해 연한 핑크 색(M50, Y40)으로 ❹입 안을 색칠하고 얼굴과 가운데를 맞춘 후 얼굴 전체를 그룹으로 묶어 완성합니다.

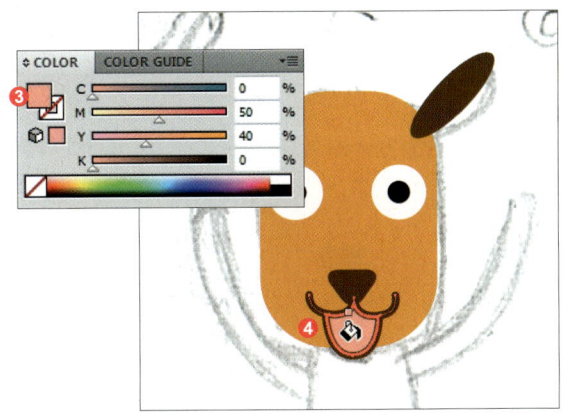

Tip 컬러 패널 자세히 보기

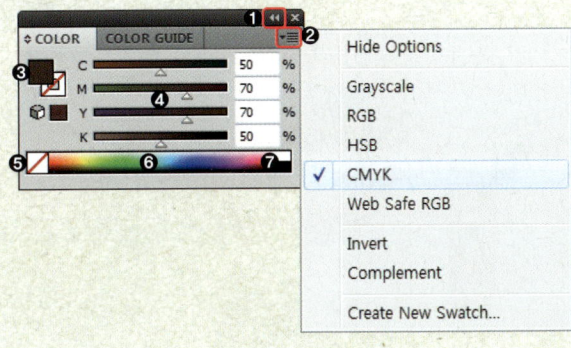

❶패널을 확장하거나 축소합니다.

❷팝업 버튼을 누르면 컬러 패널에 있는 옵션 메뉴가 나타 납니다. 컬러 패널의 컬러 모드를 바꿀 때 이용합니다.

❸오브젝트의 면 색과 선 색을 나타냅니다.

❹선택한 오브젝트의 면 색이나 선 색을 만드는 색상 조 절바입니다.

❺면 색 또는 선 색을 투명으로 지정합니다.

❻스펙트럼을 클릭하여 색을 지정합니다. 눈짐작으로 색 을 지정하는 것이므로 클릭한 다음 색상 조절바를 이 용해서 정확한 색상 값으로 수정하는 것이 좋습니다.

❼흰색 또는 검은색을 클릭하면 면 색과 선 색을 흰색과 검은색으로 빠르게 만들 수 있습니다.

컨트롤 패널에서도 선 색과 면 색을 지정할 수 있습니다.

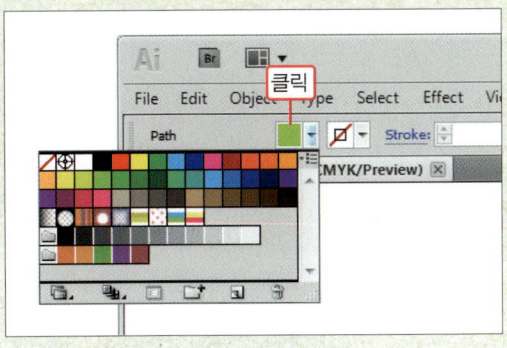

컬러 버튼을 클릭하면 스와치 패널이 나타납니다.

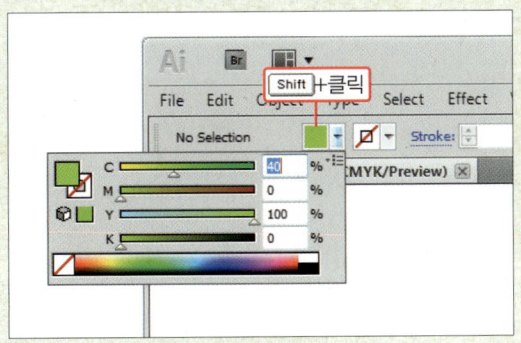

Shift +클릭하면 수치를 입력할 수 있는 컬러 패널이 나타납니다.

펜 툴로 강아지 포즈 그리기

20 강아지 몸을 그리겠습니다. ❶펜 툴(✏)을 선택합니다. ❷검은색 선만 나오도록 설정하고 ❸오른팔 두께의 가운데에 곡선을 그립니다. ❹❺스포이트 툴(💧)로 얼굴을 클릭해 같은 색으로 만든 다음 ❻ `Shift` + `X`를 눌러 면 색을 선색으로 바꿉니다. ❼❽스트로크 패널에서 두께를 18pt, 모서리 끝을 둥글게 설정합니다. ❾같은 방법으로 왼팔도 그립니다.

  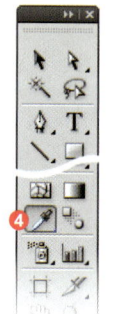 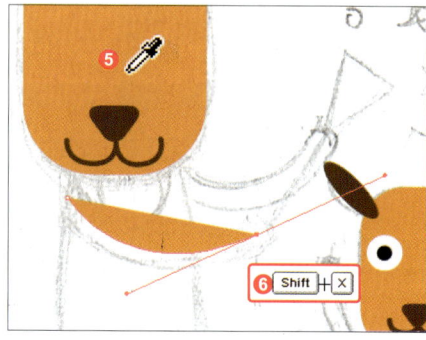

단축키가 적용되지 않을 경우 `한/영`을 누른 다음 다시 시행해보세요.

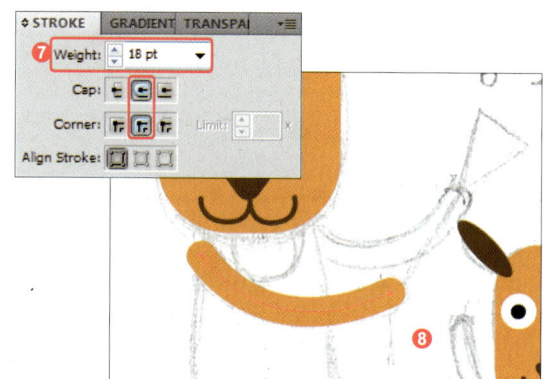 

펜 툴(✏)을 사용할 때는 마지막으로 선택한 오브젝트 속성대로 패스가 그려집니다.

21 ❶펜 툴(✏)을 선택합니다. ❷검은색 선만 나오도록 설정한 다음 ❸❹몸통과 목 부분을 닫힌 패스로 그립니다.

22 목 부분 패스가 선택된 상태에서 ❶스포이트 툴(🖋)로 ❷얼굴을 클릭해 같은 색을 칠합니다. ❸얼굴과 구분되도록 컬러 패널에서 K15를 더해 색을 조금 어둡게 바꾸고 ❹ Ctrl + Shift + [를 눌러 어두운 색 목을 맨 뒤로 보냅니다.

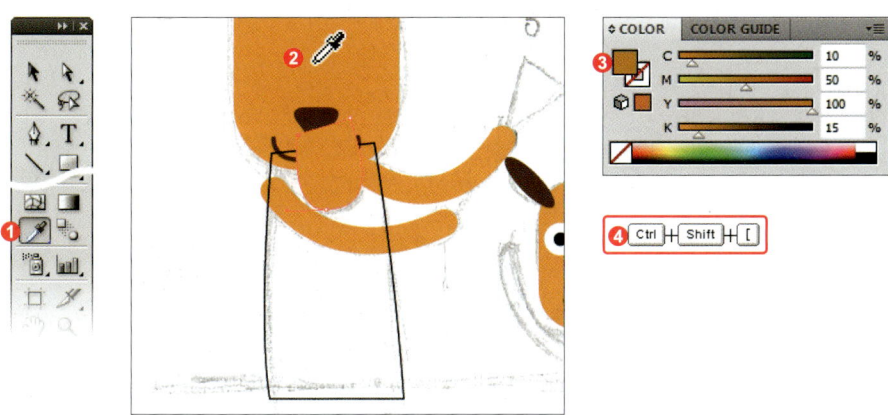

23 ❶선택 툴(🔾)로 ❷몸통 부분을 선택합니다. ❸면 색을 노란색 계열(Y70), 선 색을 투명하게 설정합니다. ❹ Ctrl + Shift + [를 눌러 맨 뒤로 보냅니다. ❺❻왼팔도 Ctrl + Shift + [를 눌러 맨 뒤로 보냅니다.

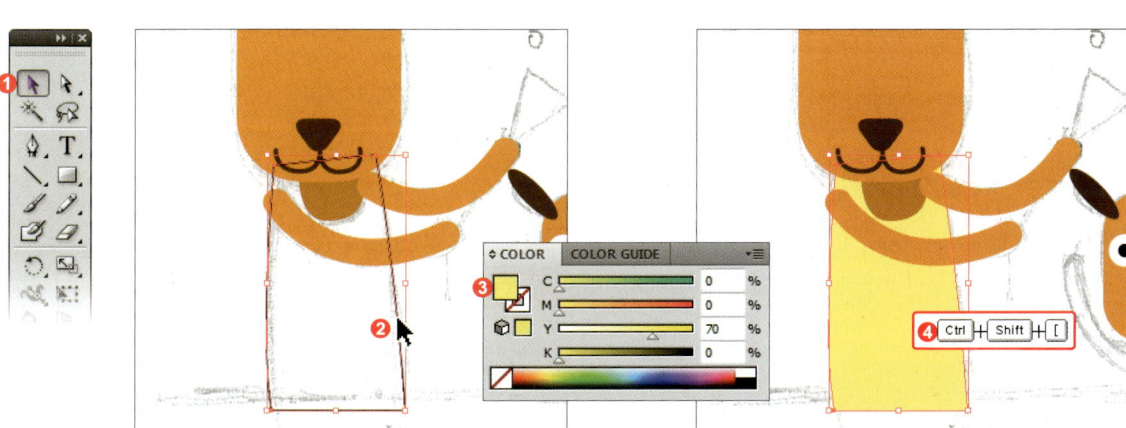

오브젝트를 정렬했을 때 스케치 이미지에 가려 오브젝트가 잘 보이지 않으면, 스케치 레이어의 눈 아이콘을 꺼서 캐릭터만 보이도록 합니다. 수시로 확인하면서 작업합니다.

24 ❶나머지 부분도 도형 툴, 선 패널, 컬러 패널을 이용해서 완성합니다. ❷스케치 레이어의 눈 아이콘을 끄면 ❸캐릭터만 볼 수 있습니다.

패스와 선을 다루는 자세한 방법은 Lesson 09를 참고하세요.

패턴으로 캐릭터 꾸미기

라이브러리 패턴을 수정해서 사용하기

25 ❶[Window]-[Swatch Libraries]-[Patterns]-[Basic Graphics]-[Basic Graphics_Dots] 메뉴를 선택하면 ❷도트 모양 패턴 라이브러리 패널이 나타납니다.

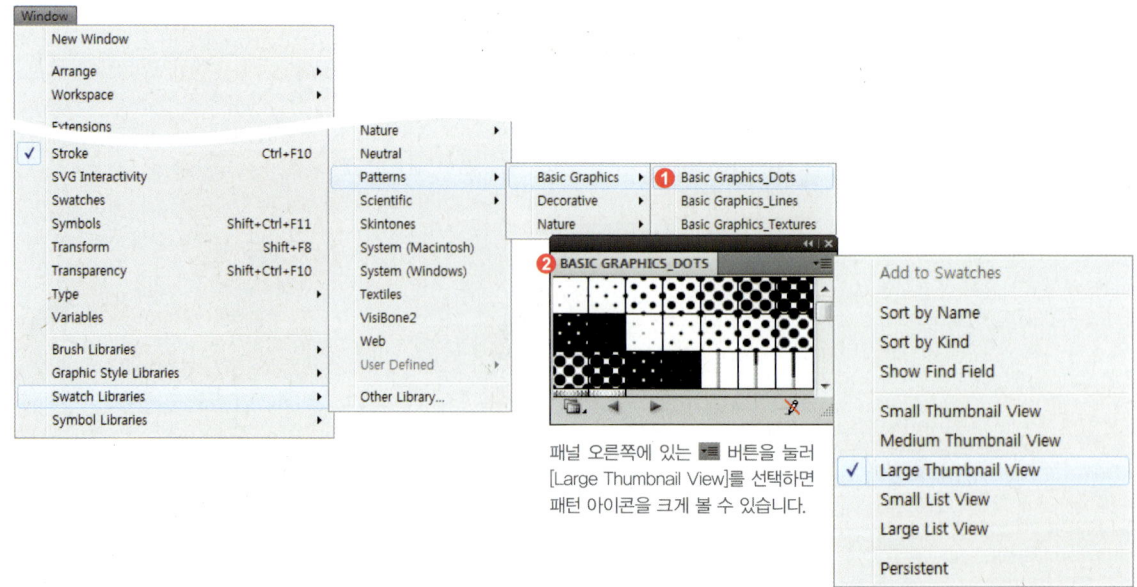

패널 오른쪽에 있는 ▾▤ 버튼을 눌러 [Large Thumbnail View]를 선택하면 패턴 아이콘을 크게 볼 수 있습니다.

26 ❶❷세 번째 도트 패턴을 화면으로 드래그하면 패턴으로 등록된 오브젝트가 나타납니다. ❸직접 선택 툴 (﹅)을 꾹 눌러 나타나는 그룹 선택 툴(﹅)로 ❹❺사각형 부분을 Shift+클릭해서 선택을 해제합니다.

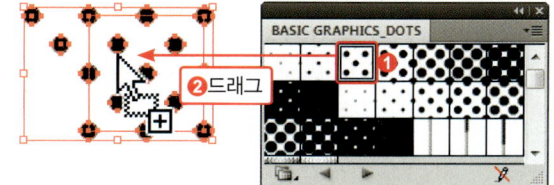

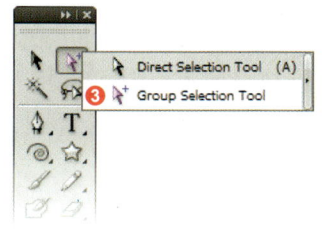

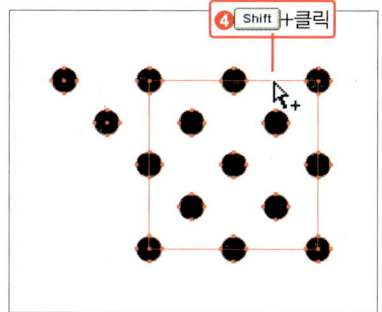

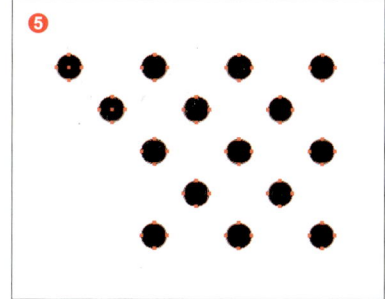

그룹 선택 툴은 그룹으로 묶인 오브젝트를 따로따로 선택할 수 있습니다.

27 ❶컬러 패널에서 면 색을 핑크색(M70, Y30)으로 설정해 ❷도트를 색칠합니다. ❸오브젝트 전체를 선택해 ❹스와치 패널로 드래그해 넣습니다.

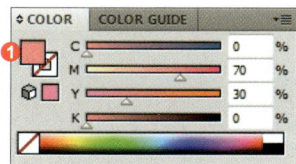

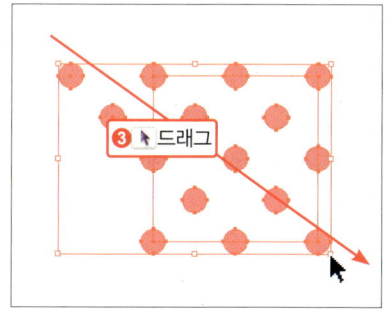

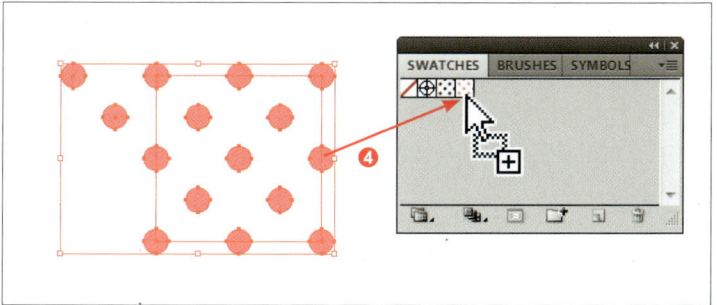

라이브러리 패널은 있는 그대로 꺼내 쓸 수 있는 보관함입니다. 스와치 라이브러리에서 사용한 항목은 스와치 패널에 등록되며, 스와치 패널에서 수정하거나 새로 등록할 수도 있습니다.

패턴 크기 조절하기

28 ❶노랑 옷을 선택하고 ❷Ctrl+C, Ctrl+F를 차례로 눌러 같은 자리에 옷을 복제합니다.
❸앞서 등록한 핑크색 도트 패턴을 클릭하면 ❹복제된 오브젝트에 도트 패턴이 채워집니다.

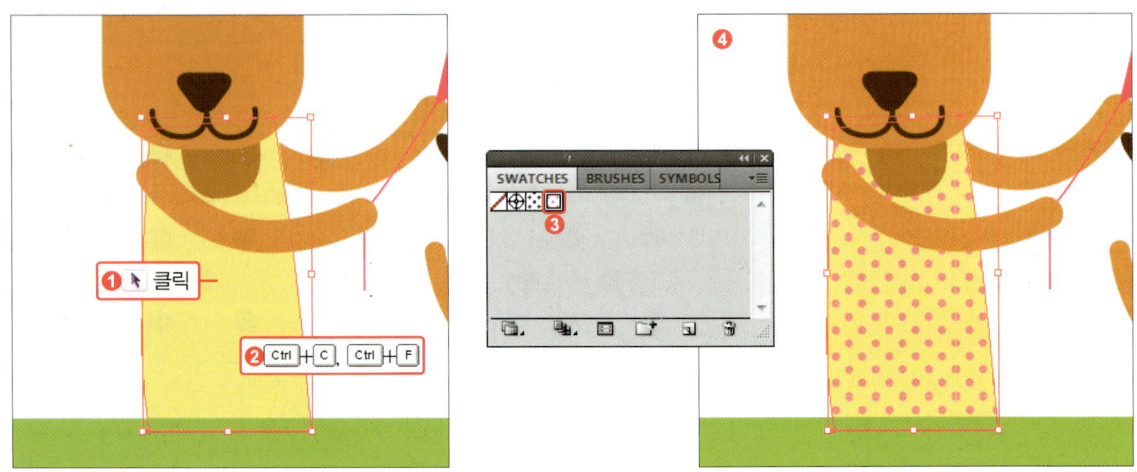

29 ❶스케일 툴(🔲)을 더블클릭하고 ❷❸Patterns 옵션을 체크하고 Scale을 200으로 입력
하면 패턴 크기가 두 배로 커집니다.

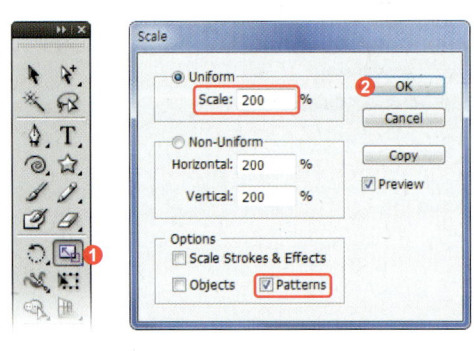

패턴 만들기

30 ❶❷사각형 툴로 빈 화면을 클릭해서 ❸❹너비와 높이가 2cm와 0.5cm인 사각형을 만듭
니다. ❺면 색을 노란색(Y70)으로 설정합니다.

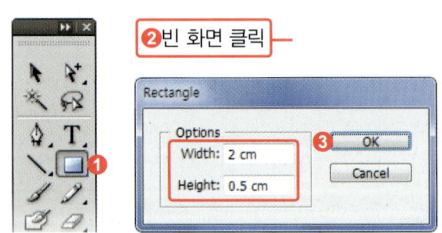
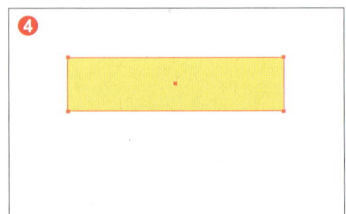
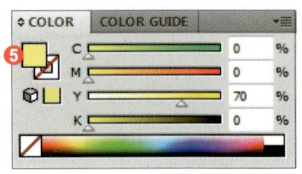

31 ❶선택 툴( )을 더블클릭하고 ❷❸아래쪽으로 0.5cm 지점에 사각형을 복제합니다. ❹
면 색을 핑크색(M100, Y50)으로 설정합니다. ❺사각형 두 개를 한꺼번에 선택하고 ❻스와치
패널로 드래그해서 패턴으로 등록합니다.

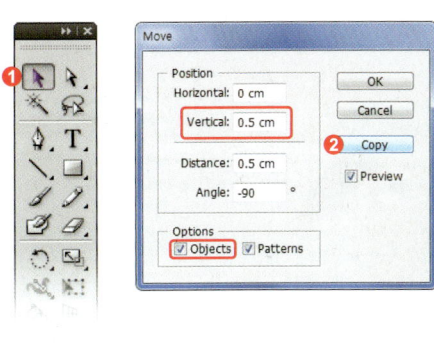

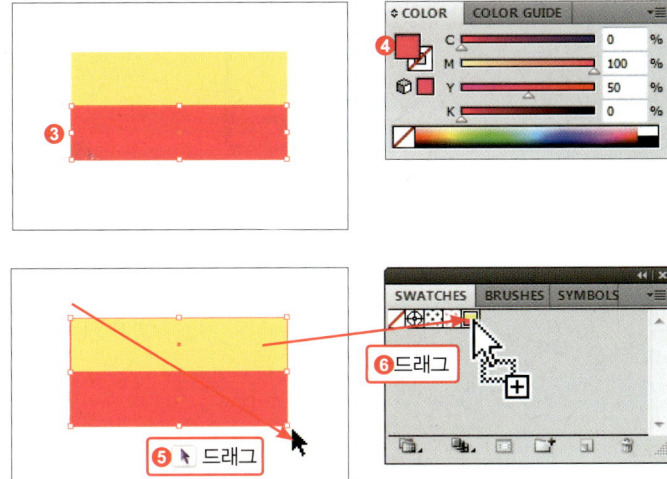

32 ❶삼각형 모양 모자를 선택하고 ❷등록한 패턴을 클릭하면 ❸모자에 패턴이 채워집니다.
❹스케일 툴( )을 더블클릭해서 ❺❻패턴을 50%로 축소합니다.

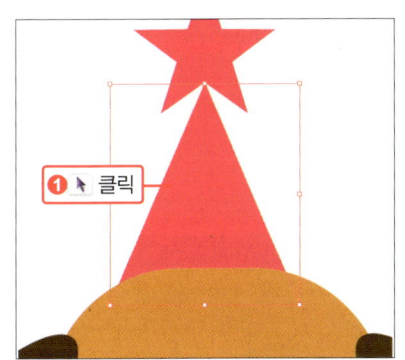

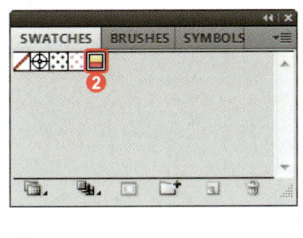

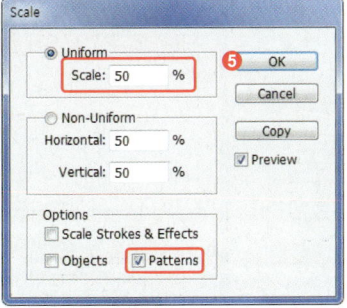

33 ❶❷❸회전 툴(⟳)을 더블클릭해서 패턴 모양을 30° 회전합니다. ❹나머지 소품에도 같
은 패턴을 적용합니다.

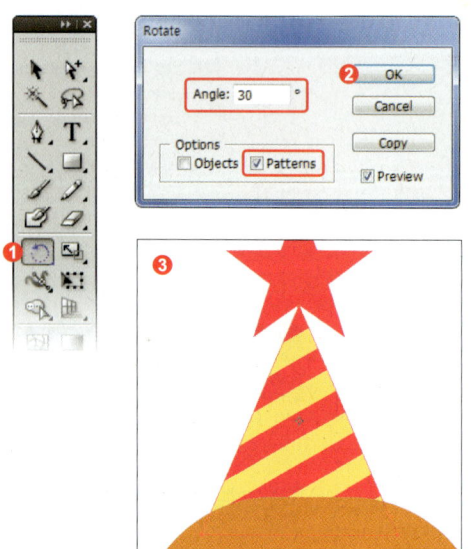

패턴 컬러 수정하기

34 패턴이 다양해 보이도록 색을 바꿔보겠습니다. ❶강아지 옷을 선택하고 ❷컬러 가이드 패
널에서 [🎨] 버튼을 눌러 Recolor Artwork 창을 실행합니다. ❸[📋] 버튼을 눌러 원본 색이
나타나도록 한 다음 ❹❺컬러 조절바에 있는 [▤] 버튼을 누르고 [CMYK]를 선택합니다.

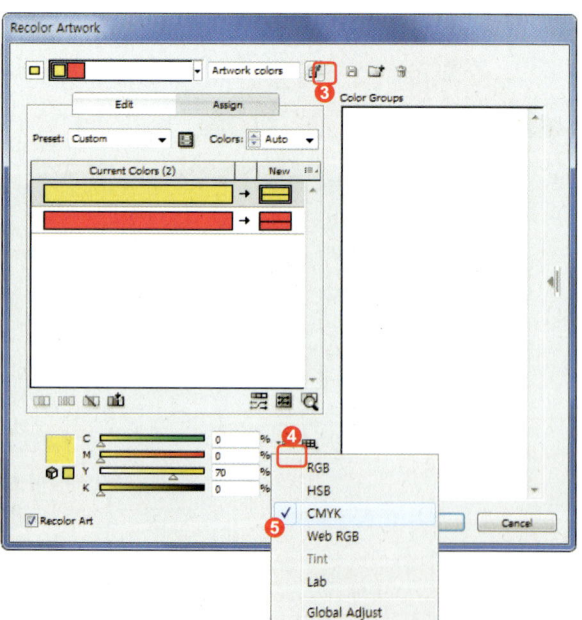

35 Current Colors는 기존 색이고 New는 변경할 색입니다. ❶New에 있는 노란색을 클릭하고 ❷파란색(C100)으로 설정합니다. ❸New에 있는 진핑크색을 클릭하고 ❹녹색(C50, Y100)으로 설정한 다음 ❺ OK 버튼을 누르면 ❻바꾼 패턴 색이 채워집니다.

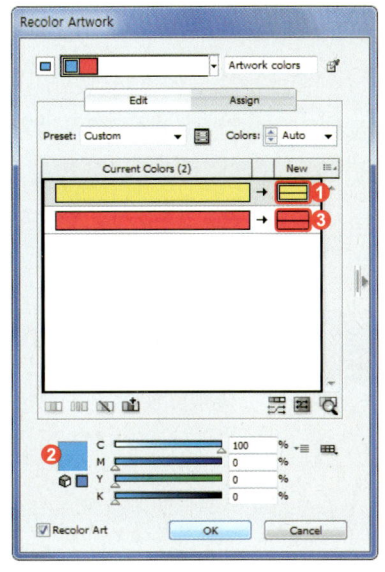
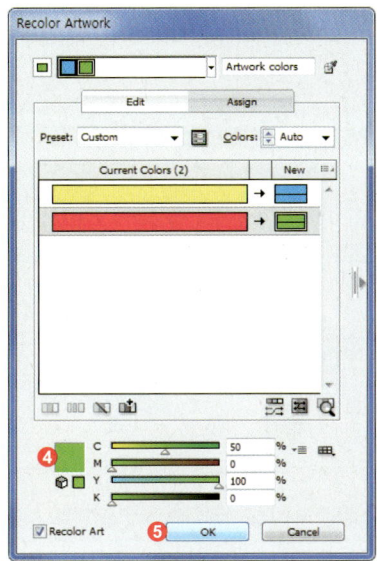

36 지금까지 배운 방법으로 다른 패턴도 다양하게 바꿔봅니다. 원형 툴(◯)로 홍조도 그리고, 배경색이나 모양까지 넣으면 완성도가 높은 캐릭터 이미지를 만들 수 있습니다.

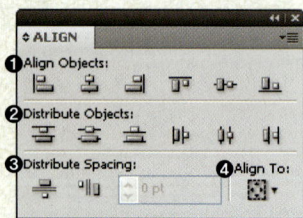

컨트롤 패널에 있는 정렬 버튼은 정렬 패널과 사용법이 같습니다. 정렬 패널을 이용하면 더 많은 방식으로 정렬할 수 있습니다. 버튼 아이콘에 그려진 크고 작은 사각형은 선택된 오브젝트를 의미하고, 선은 정렬하는 기준선을 의미합니다.

❶Align Objects : 여러 오브젝트를 한쪽 기준으로 맞춥니다. 앞쪽부터 차례대로 왼쪽 정렬, 세로 가운데 정렬, 오른쪽 정렬, 윗줄 정렬, 가로 가운데 정렬, 아랫줄 정렬입니다.

❷Distribute Objects : 오브젝트 사이 간격을 오브젝트 양쪽 끝이나 가운데를 기준으로 균등하게 정렬합니다.

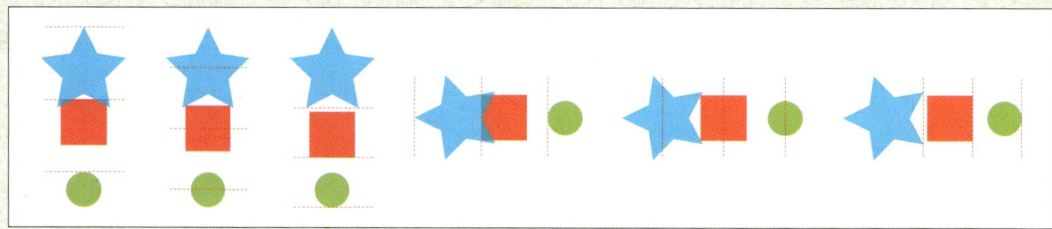

❸Distribute Spacing : 오브젝트 사이 간격을 똑같이 맞춥니다. 원하는 길이를 입력하여 정렬할 수도 있습니다.

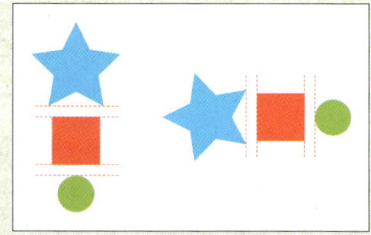

Distribute Spacing을 응용하면 일정한 공간뿐만 아니라 오브젝트를 빈틈없이 붙일 수 있습니다. ①붙이려는 오브젝트를 선택하고 ②기준으로 삼을 오브젝트를 한 번 클릭해서 진한 테두리가 생기도록 만듭니다. ③Distribute Spacing에 0을 입력하고 ④ 버튼을 누르면 ⑤오브젝트 사이가 딱 붙습니다. 자주 쓰는 기능이므로 꼭 기억해둡니다.

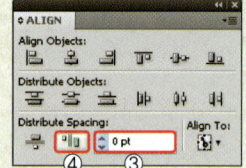

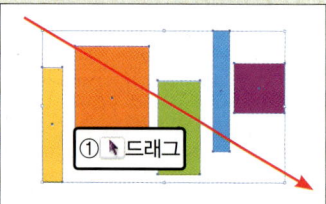

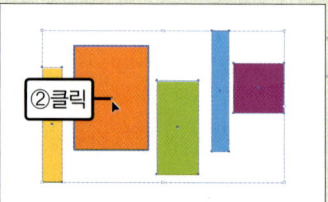

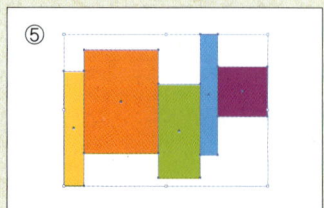

❹Align To : 정렬 기준을 정합니다.

Align to Selection : ①여러 개의 오브젝트를 선택하고, ②③Align to Selection(▨▾) 상태에서 정렬 버튼을 누르면 ④선택한 오브젝트 영역 안에서 정렬합니다.

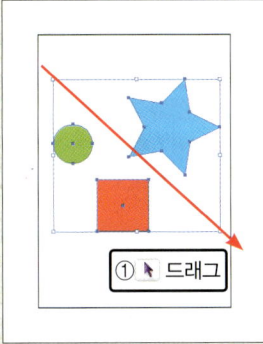
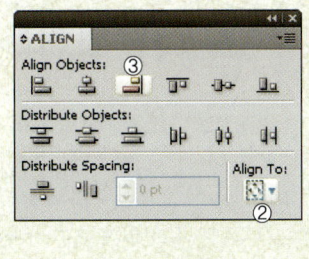
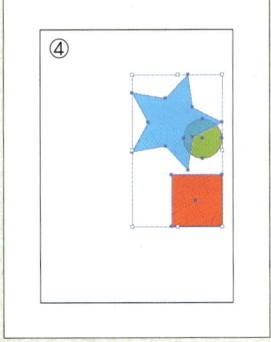

Align to Key Object : ①②여러 개의 오브젝트를 선택한 상태에서 한 오브젝트를 한 번 더 클릭하면 클릭한 오브젝트가 기준 오브젝트가 되어 테두리가 진하게 표시됩니다. ③이때는 정렬 기준이 자동으로 Align to Key Object(▨▾) 상태가 되어 ④정렬 버튼을 누르면 ⑤기준 오브젝트를 기준으로 정렬됩니다.

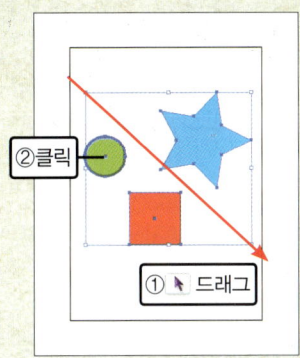
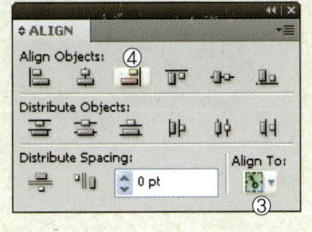
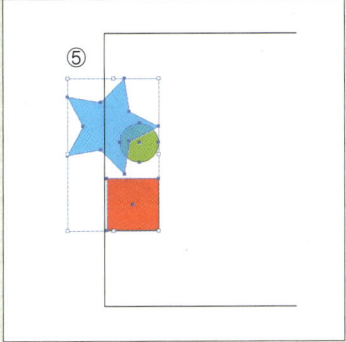

Align to Artboard : ①오브젝트를 선택하고 ②Align to Artboard(▨▾) 상태에서 ③정렬 버튼을 누르면 ④아트보드를 기준으로 정렬합니다.

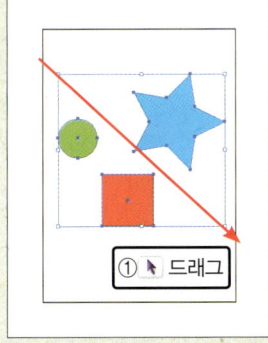
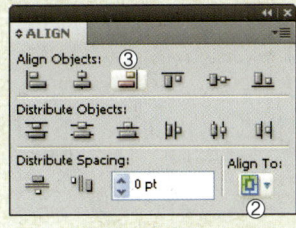
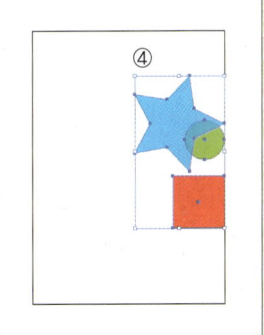

Lesson 13
면 분할을 활용해 캐릭터 그리기

일러스트레이터에는 면을 분할하거나 합칠 때 쓰기 좋은 패스파인더 패널과 쉐이프 빌더 툴이 있습니다. 패스파인더와 쉐이프 빌더 툴을 이용하면 복합적인 도형으로 사물을 그리거나 캐릭터를 그릴 수 있습니다. 정교한 일러스트를 그릴 때 펜 툴과 함께 쓰면 빠르고 쉽게 그릴 수 있습니다. 면 분할과 선 속성을 이용해서 캐릭터를 더 쉽게 드로잉하는 방법을 알아보겠습니다.

실습 파일 : 부록CD \ Sample \ Part04 \ Lesson13.jpg
완성 파일 : 부록CD \ Sample \ Part04 \ Lesson13.ai

 >  >

패스 파인더로 캐릭터 형태 그리기

01 ❶❷ Ctrl + N 을 눌러 크기가 A4, 방향이 세로인 새 창을 만듭니다. ❸[File]-[Place] 메뉴를 선택해 ❹ 부록CD\Sample\Part04\Lesson13.jpg 파일을 불러옵니다. 이미지를 아트보드 크기에 맞게 수정한 다음 ❺❻이미지를 잠그고 새 레이어를 추가합니다. (스케치를 불러와 고정하는 방법은 Lesson 10을 참고하세요).

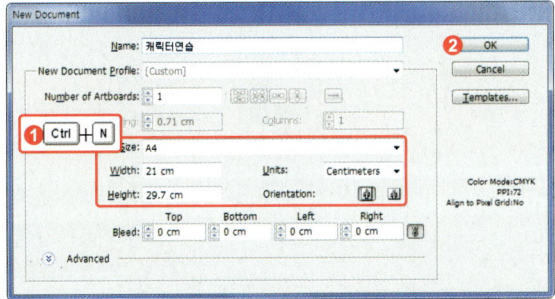

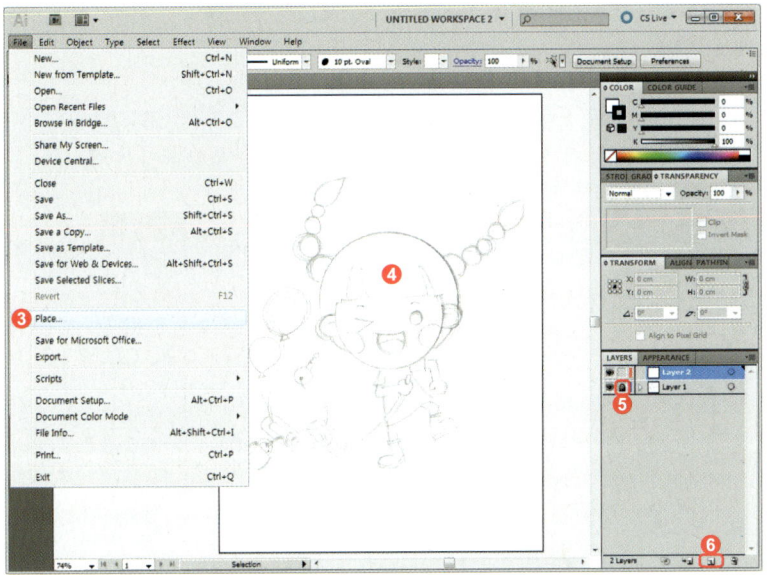

02 오브젝트 크기를 조절해도 선이나 이펙트 설정을 그대로 유지하도록 환경 설정을 해두겠습니다. ❶ Ctrl + K 를 눌러 ❷ Scale Strokes&Effects에 체크된 표시를 풀고 ❸ OK 버튼을 누릅니다.

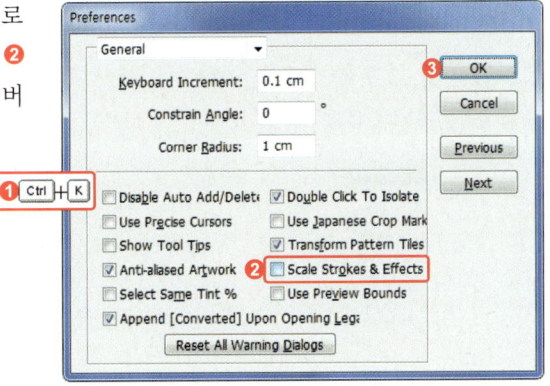

03 ❶면은 투명, 선은 검은색으로 설정합니다. **❷❸**원형 툴(◯)로 얼굴 부분을 [Shift]+드래그
해서 정원을 그립니다.

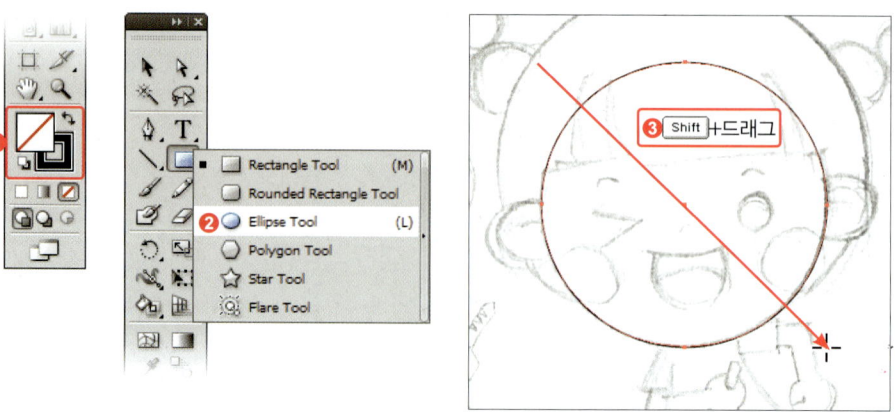

04 ❶선 툴(✎)로 **❷**[Shift]+드래그해서 앞머리 선을 수평선으로 그어줍니다. **❸❹**선택 툴(▶)
로 원과 직선을 함께 선택하고 **❺**패스파인더 패널에서 🗗 버튼을 누릅니다.

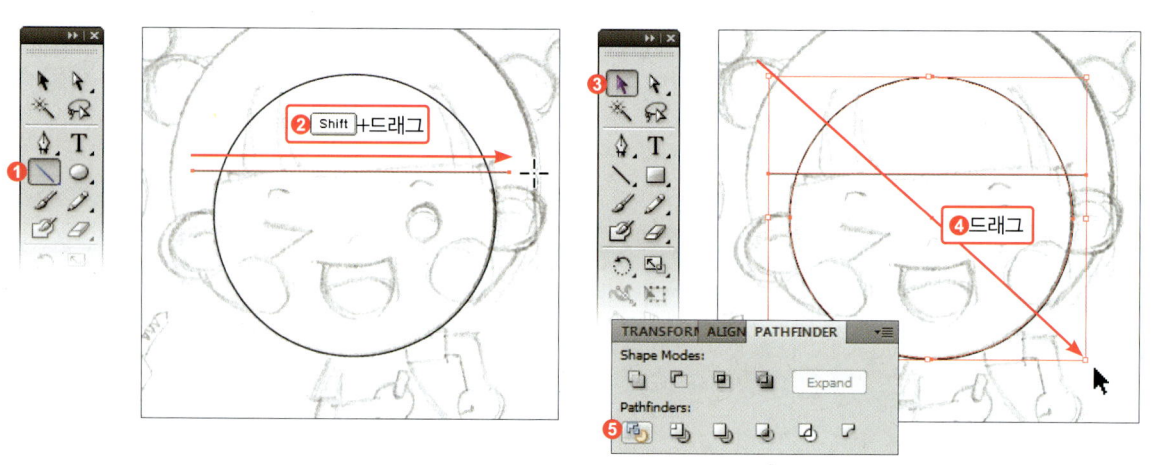

05 ❶❷직접 선택 툴(▷)로 나눠진 부분 중 윗부분을 선택하고 **❸**[Delete]를 눌러 삭제하면 **❹**
반달 모양 얼굴이 만들어집니다.

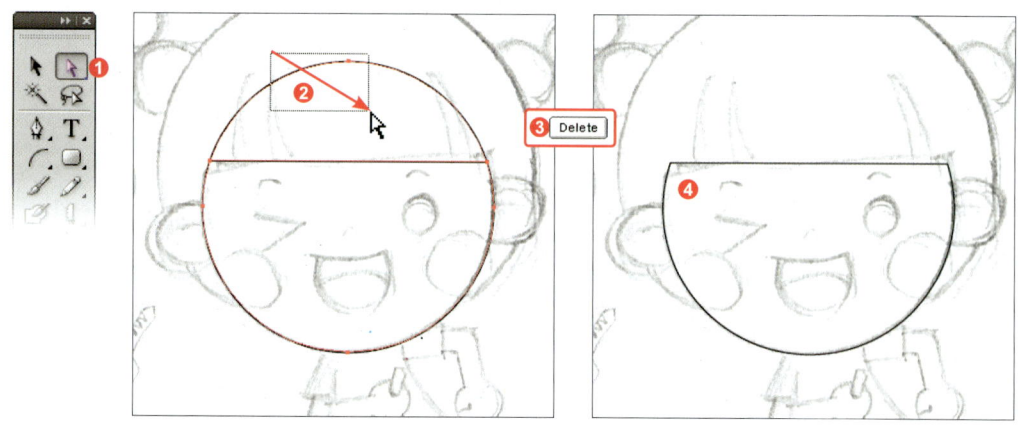

06 ❶❷펜 툴( )로 앞머리에서 갈라진 부분을
차례로 그립니다. ❸ Ctrl 을 눌러 마우스 포인터가
일시적으로 선택 툴( )로 변할 때 드래그해서
앞머리 공간과 얼굴을 함께 선택합니다. ❹패스파
인더 패널에서 버튼을 누르면 ❺선택한 오브젝
트가 하나로 합쳐집니다.

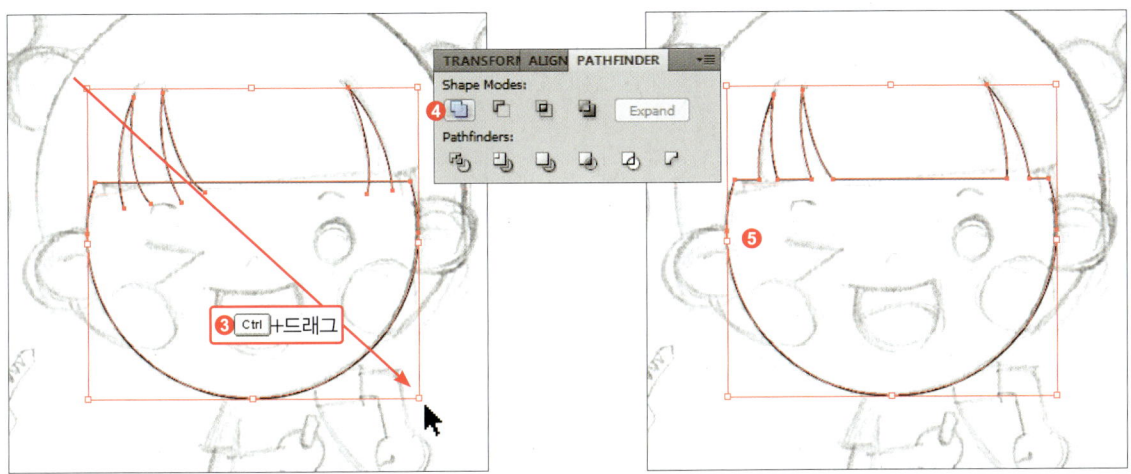

07 ❶선 툴( )을 꾹 눌러 곡선 툴( )
을 선택하고 ❷빈 화면을 클릭합니다. ❸
다음과 같이 설정하고 OK 버튼을 누
르면 ❹반지름이 1cm인 곡선이 그려집니
다. ❺❻선택 툴( )로 앞서 그린 곡선을
얼굴 안쪽으로 옮깁니다.

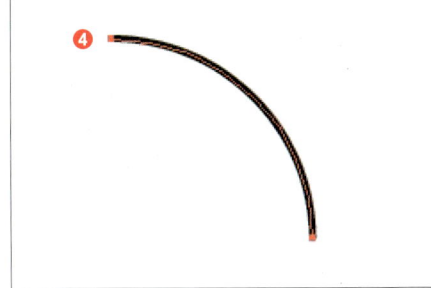

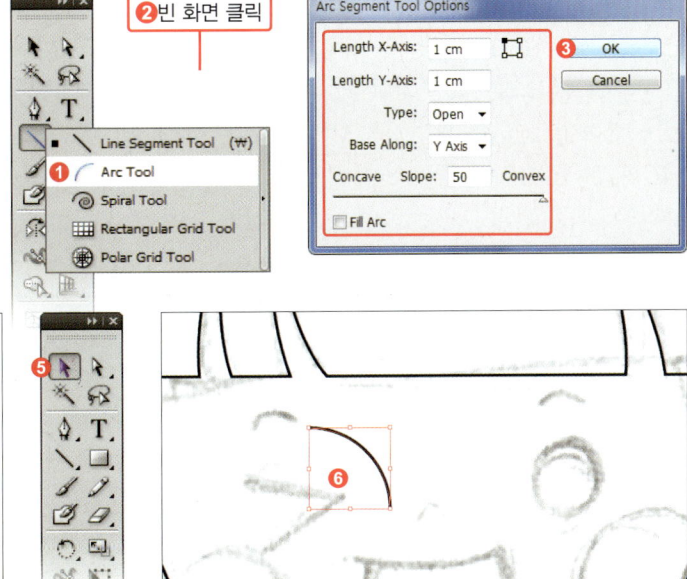

08 ❶모서리를 Shift+드래그해서 90° 회전시킨 다음 ❷[Object]-[Transform]-[Reset Bounding Box] 메뉴를 선택합니다. ❸❹바운딩 박스가 마름모 모양에서 직사각형 모양으로 다시 설정됩니다. 조절점을 드래그해서 곡선 폭과 크기를 조절합니다. ❺Alt+드래그해서 곡선을 복제해 오른쪽 눈썹과 코도 만듭니다.

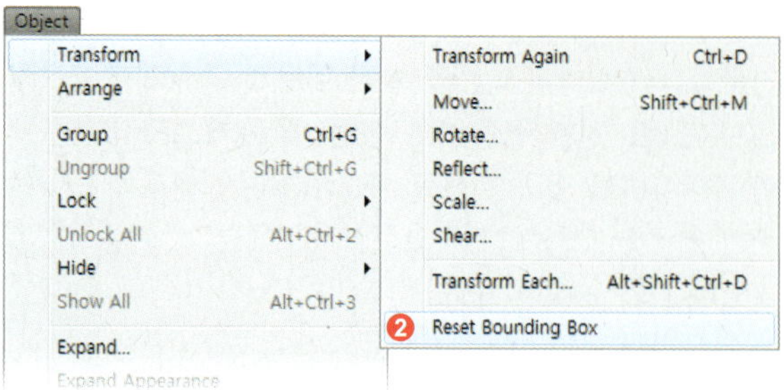

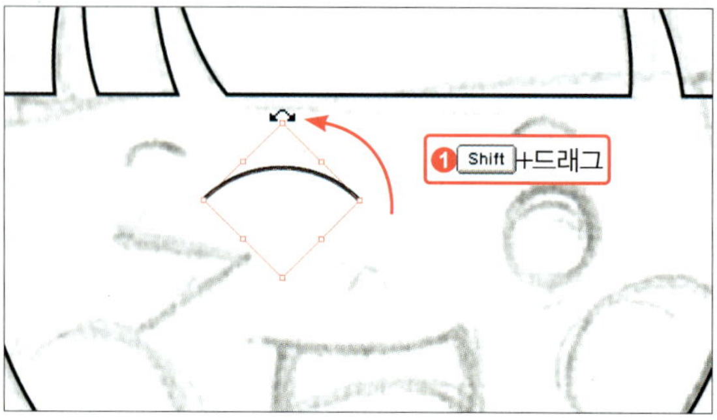

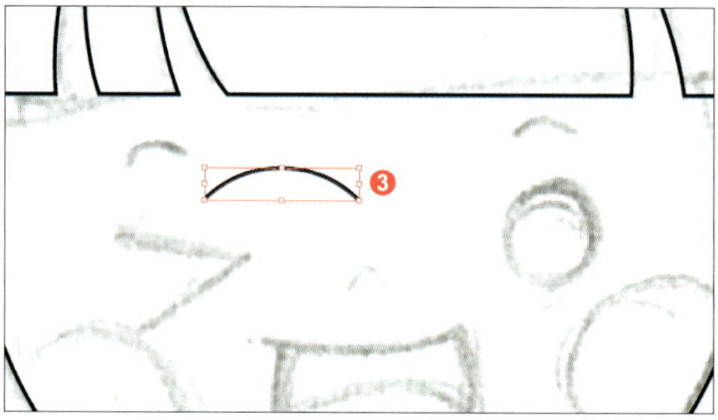

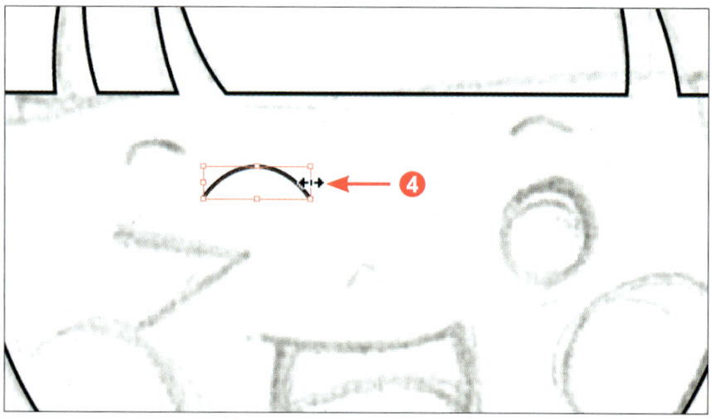

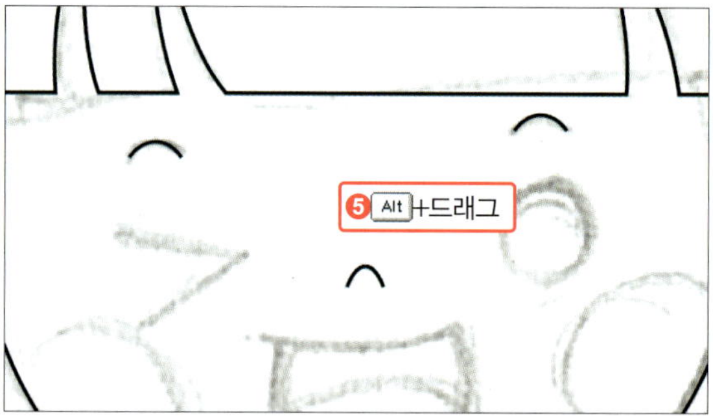

09 ❶❷❸❹펜 툴과 원형 툴( )로 양쪽 눈을 그린 다음 ❺원형 툴( )로 입 아랫부분에 맞는 원을 그립니다. ❻❼원의 밑면이 입 연필선 윗부분에 닿도록 선택 툴( )로 Shift+Alt+드래그해서 수직 방향으로 원을 복제합니다.

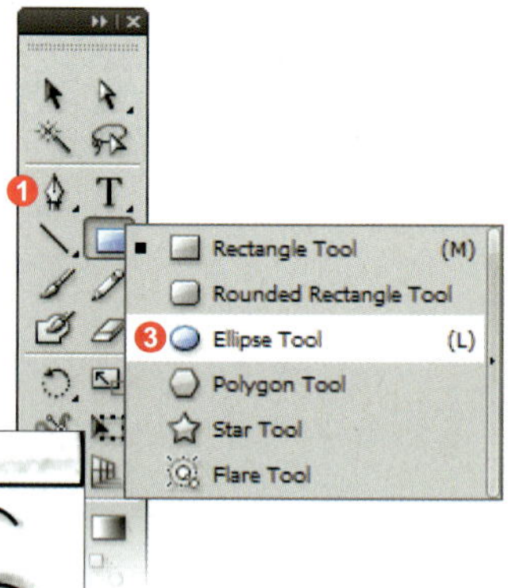

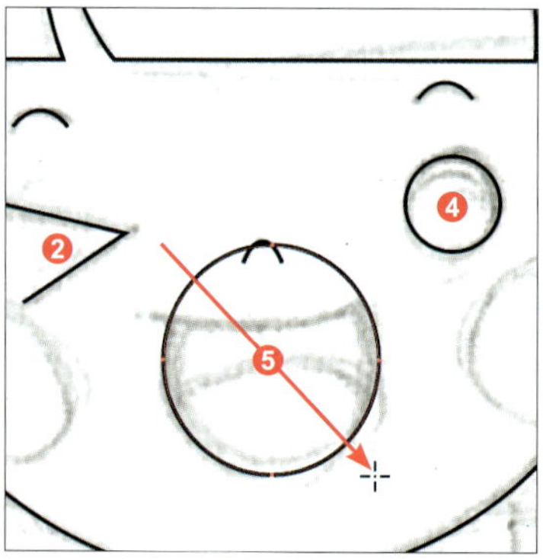

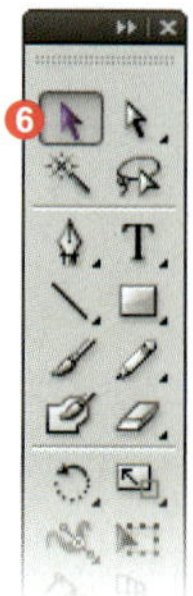

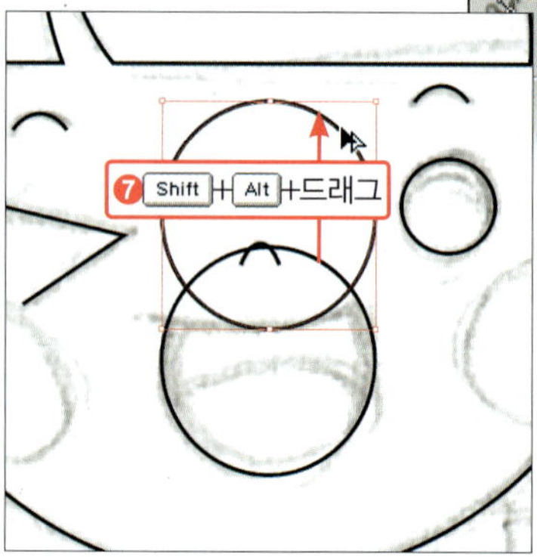

10 ❶❷조절점을 드래그해서 입 윗부분 곡선과 맞닿도록 조절합니다. ❸입으로 만들 동그라미 두 개를 함께 선택하고 ❹패스파인더 패널에서 ⬜ 버튼을 누릅니다. ❺윗면 모양대로 먼저 그린 오브젝트를 잘라내어 입 모양이 완성되었습니다.

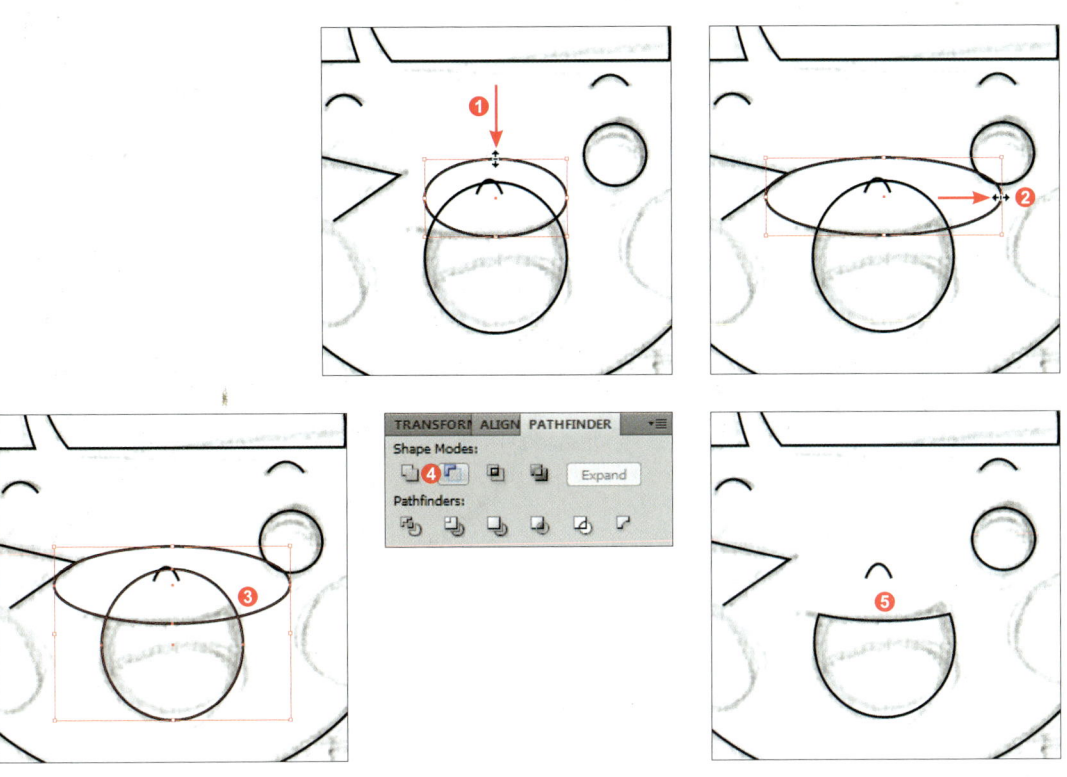

11 ❶지금까지 그린 오브젝트를 선택 툴(▶)로 모두 선택합다. ❷ 스트로크 패널에서 선 두께를 5pt, 모서리와 끝 모양을 둥글게 설정합니다. ❸❹컬러 패널에서 면 색을 흰색으로 설정해서 얼굴 스케치를 가립니다.

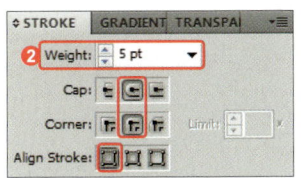

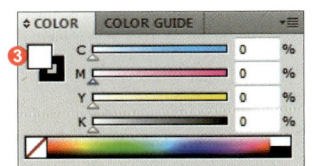

12 ❶❷원형 툴(◯)로 Shift+드래그해서 귀를 그린 다음 ❸Ctrl+[를 눌러 얼굴 뒤쪽으로 숨깁니다. ❹귓바퀴 부분도 펜 툴(✎)로 그린 다음 ❺Ctrl+[를 눌러 얼굴 뒤로 숨깁니다. 나머지 귀도 똑같이 만듭니다.

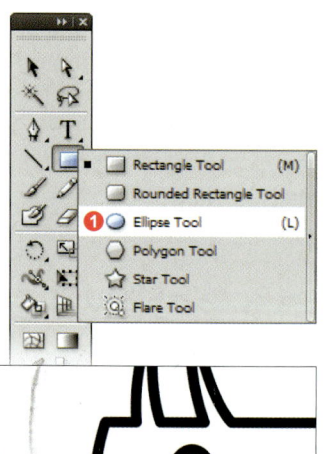
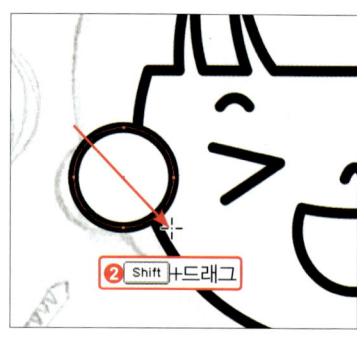

13 ❶검은 선만 나오도록 설정하고 ❷❸원형 툴(◯)로 Shift+드래그해서 머리 크기에 맞는 정원과 양 갈래 머리를 그립니다. ❹❺머리 끝부분은 펜 툴(✎)로 그린 다음 ❻선택 툴(▶)로 머리와 양갈래 머리를 모두 선택합니다. ❼패스파인더에서 Alt 를 누른 채로 🗖 버튼을 누릅니다.

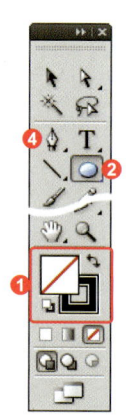

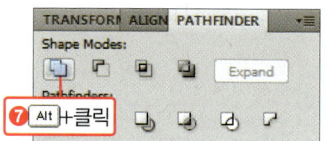

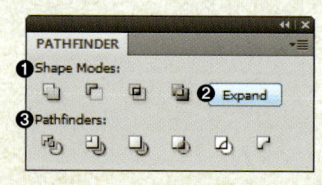 패스파인더 패널 자세히 보기

❶Shape Modes : 여러 오브젝트를 하나로 합칩니다. 합친 오브젝트는 맨 위에 있는 오브젝트 속성을 따릅니다.

❷Expand : Alt 를 누른 채로 Shape Modes 버튼을 클릭하면 Expand 버튼을 누르기 전까지는 직접 선택 툴(▶)을 이용해서 수정할 수 있습니다.

❸Pathfinders : 선택한 오브젝트에서 겹쳐지는 패스를 이용하여 오브젝트를 나눕니다. 나눈 다음 그룹을 풀면 오브젝트별로 나눠집니다.

Shape Modes 버튼	원본	Alt +클릭	버튼 클릭
합치기 : 선택한 오브젝트를 하나로 합칩니다.			
위쪽 지우기 : 위쪽 오브젝트 영역을 지웁니다.			
겹친 부분 남기기 : 선택한 오브젝트가 모두 겹쳐지는 부분만 남기고, 나머지 영역은 지웁니다.			
겹친 부분 지우기 : 겹친 부분만 지웁니다.			

Shape Moces 버튼을 Alt +클릭하면 Expand 버튼이 활성화 되고, Expand 버튼을 클릭하면 Shape Moces 버튼을 그냥 클릭했을 때와 같아집니다.

Pathfinders 버튼	원본	버튼 클릭	그룹 해제
면 나누기 : 오브젝트를 겹쳐진 패스 모양대로 나눕니다.			
분리하기 : 오브젝트를 눈에 보이는 모양대로 나눕니다.			
병합하기 : 오브젝트 색이 모두 다르면 분리하기와 같지만, 색이 같은 오브젝트는 같은 색끼리 묶어서 나눕니다.			
윗면으로 자르기 : 맨 위에 있는 오브젝트와 겹치는 아래 부분만 남깁니다.			
윤곽선 나누기 : 패스가 교차되는 곳을 모두 잘라 선으로만 표현합니다. 면 색이 선 색으로 바뀝니다.			
뒷면 지우기 : 맨 윗면만 남기고 겹치거나 뒤에 위치한 오브젝트는 모두 지웁니다.			

14 ❶스포이트 툴(🖋)로 앞머리 선을 클릭해서 ❷선 속성을 복제하면 나중에 그린 머리카락이 얼굴 위로 올라와 얼굴을 가립니다. ❸ Ctrl + Shift + [를 눌러 머리 오브젝트를 맨 뒤로 보냅니다.

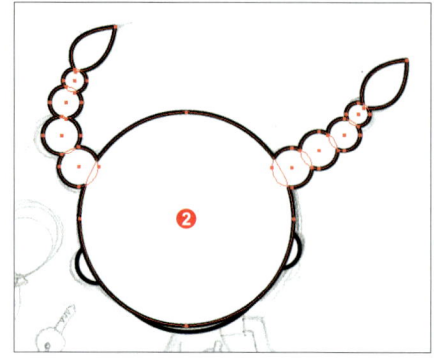

TIP **오브젝트 앞뒤 순서 변경 단축키**

Ctrl +] 선택한 오브젝트의 배열을 위로
Ctrl + [선택한 오브젝트의 배열을 아래로
Ctrl + Shift +] 선택한 오브젝트의 배열을 최상위로
Ctrl + Shift + [선택한 오브젝트의 배열을 최하위로

15 ❶ Ctrl + Y 를 누르면 색이나 이펙트 효과가 없는 온전한 패스를 확인할 수 있습니다. ❷다시 Ctrl + Y 를 눌러 이펙트가 적용된 상태로 돌아옵니다. ❸직접 선택 툴(▷)로 ❹땋은 머리(동그라미) 중 하나를 드래그해봅니다. 패스파인더 버튼을 Alt 와 함께 사용하면 원본의 패스가 살아 있기 때문에 패스 위치를 수정할 수 있습니다. ❺전체적인 간격을 보기 좋게 조정합니다.

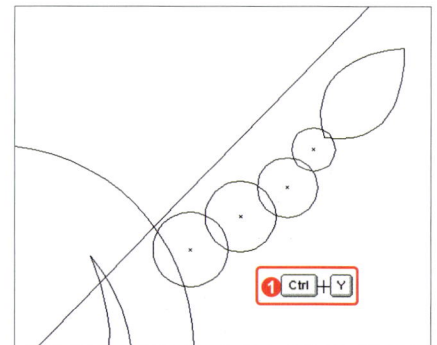

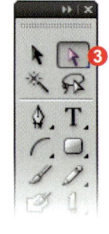
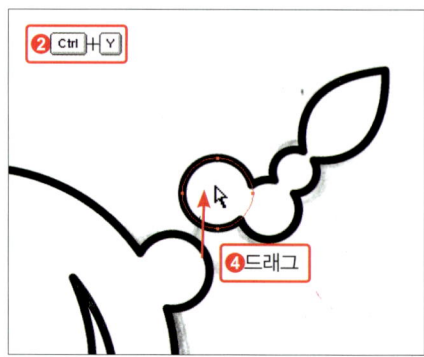
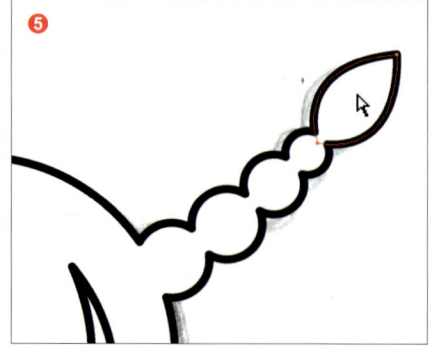

16 머리 부분은 분리하는 것이 좋을 것 같습니다. **①②**직접 선택 툴(▶)로 머리 부분을 클릭하고 Ctrl + X 를 눌러 잘라냅니다. **③** Ctrl + F 를 눌러 제자리에 다시 붙인 다음 **④** Ctrl + [를 여러 차례 눌러 머리가 얼굴 뒤에 오도록 만듭니다.

잘라냈다가 붙인 오브젝트 속성이 기본으로 바뀌면 스포이트 툴(✔)로 얼굴 선을 클릭해 속성을 복제합니다.

17 **①**검은색 선만 나오도록 설정하고 **②③④**펜 툴(✒)을 이용해 팔과 다리 두께의 가운데 부분을 선으로 그립니다.

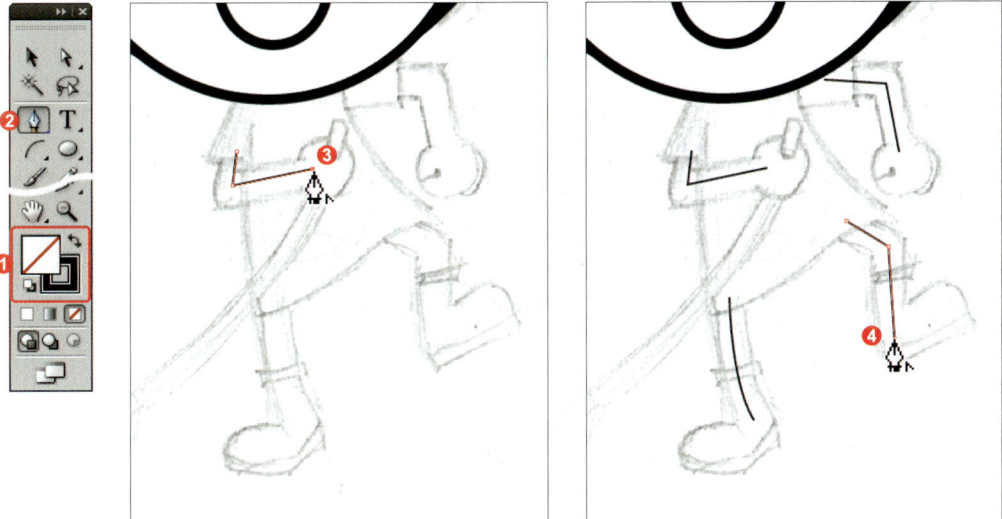

펜 툴(✒)을 사용하다가 Enter↵ 를 누르거나 빈 화면을 Ctrl +클릭하면 그리기가 마감되어 새로운 패스를 그릴 수 있습니다.

18 ❶❷선택 툴(￫)로 선을 모두 선택합니다. ❸스트로크 패널에서 선 두께를 15pt, 모서리
와 끝 모양을 둥글게 설정합니다. ❹팔과 다리 두께만큼 두꺼운 선이 만들어집니다.

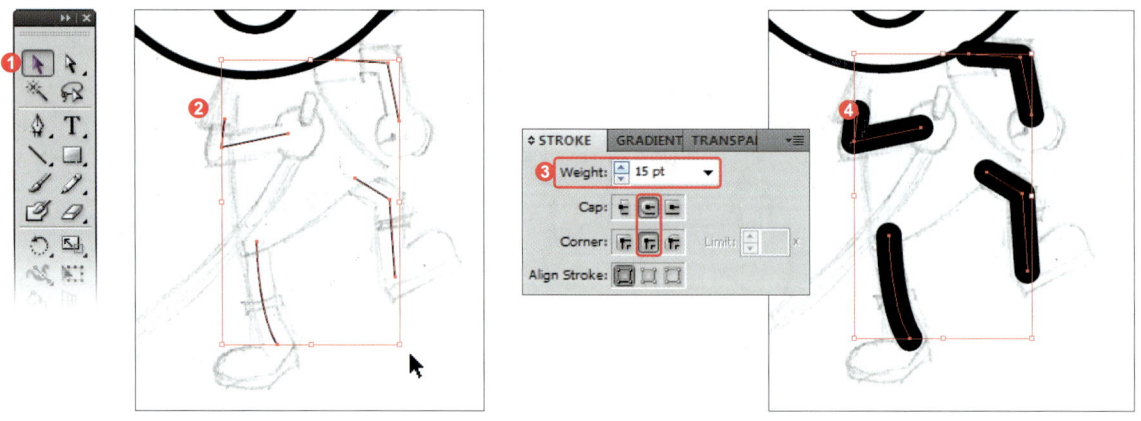

19 ❶[Object]–[Path]–[Outline Stroke] 메뉴를 선택해서 선을 면 오브젝트로 바꿉니다.
❷스포이트 툴(🖋)로 ❸얼굴을 클릭해 속성을 복제합니다.

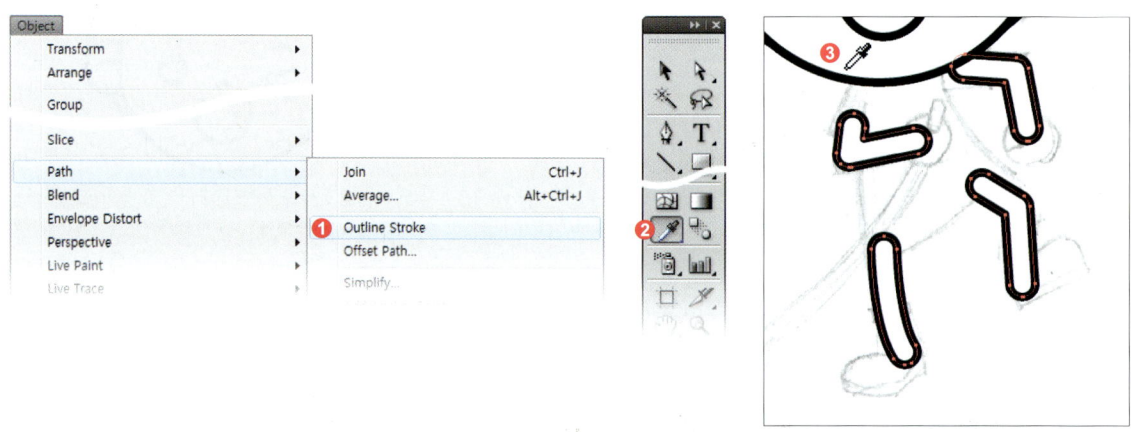

20 ❶원형 툴(◯)로 ❷ Shift +드래그해서 손을 그립니다. ❸손과 팔을 함께 선택하고 ❹패스
파인더 패널에서 버튼을 Alt +클릭합니다.

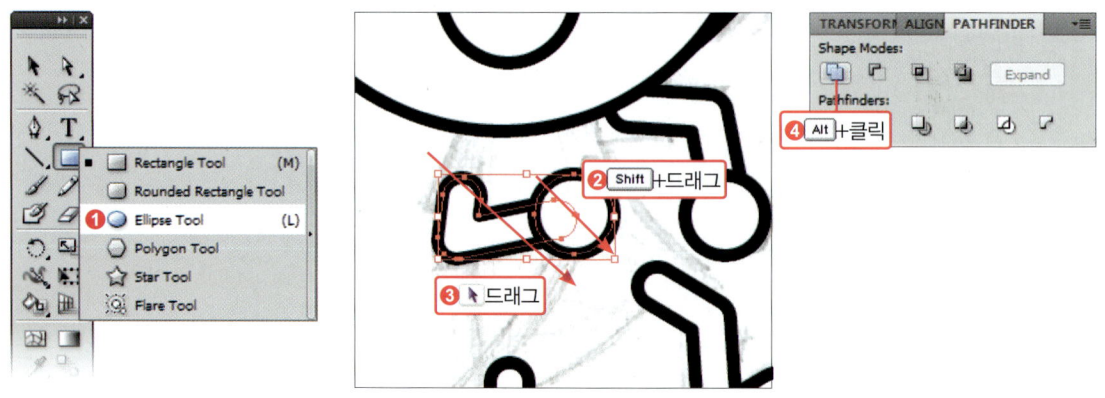

21 ❶원본 패스를 유지한 채 합친 효과가 적용되었습니다. ❷나머지 팔도 똑같이 만듭니다.

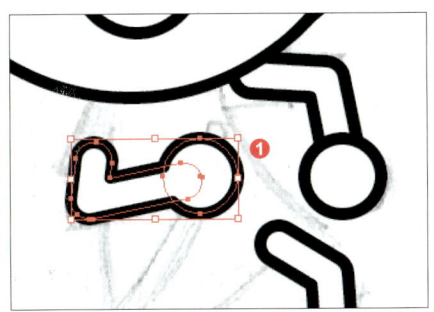 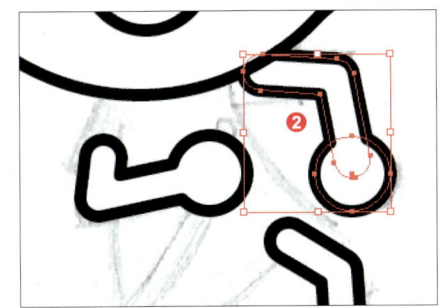

22 신발을 그려보겠습니다. ❶모서리가 둥근 사각형 툴(⬜)을 선택합니다. ❷빈 화면을 클릭해 ❸❹너비와 높이가 1.7×1.2cm이고 모서리 굴림 반지름이 0.4cm인 사각형을 만듭니다.

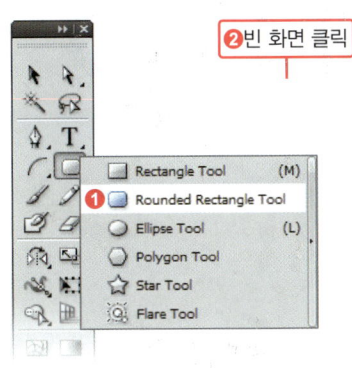 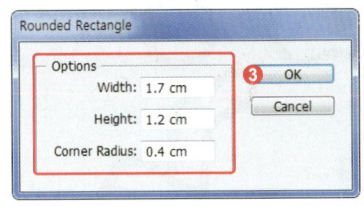 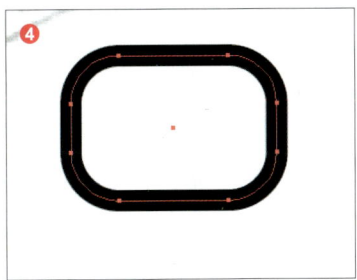

23 ❶지우개 툴(✏)을 꾸욱 눌러 칼 툴(🔪)을 선택합니다. ❷Alt를 누른 채로 모서리가 둥근 사각형의 아래쪽을 드래그하면 ❸수평선 방향으로 면이 잘립니다. ❹같은 방법으로 조금 윗부분도 자릅니다. ❺직접 선택 툴(▸) 아랫부분을 드래그해서 선택한 다음 ❻Delete를 누릅니다.

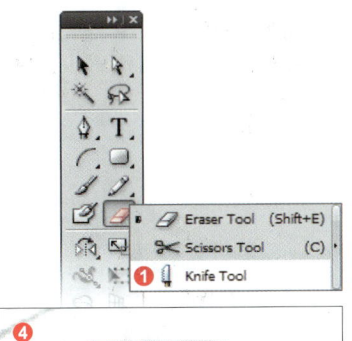 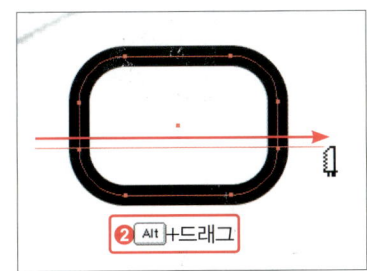 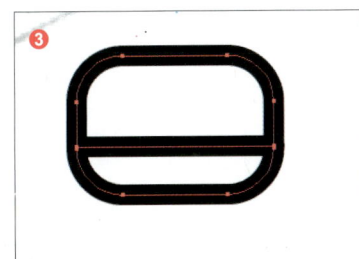

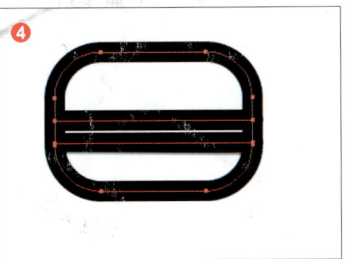 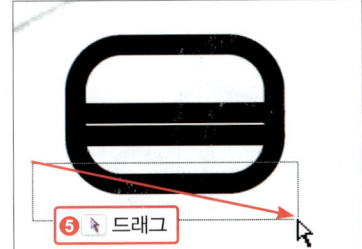 

24 ❶완성한 신발을 다리 아래쪽으로 옮겨 적당히 배치합니다. ❷면 색을 투명으로 설정하고 ❸❹❺❻펜 툴(✒)로 소매-치마-소매 순서로 옷을 그립니다. ❼선택 툴(▶)로 Shift +클릭해서 모두 선택하고 ❽❾면 색을 흰색으로 칠합니다. ❿오브젝트의 위아래 순서를 자연스럽게 맞춥니다.

경우에 따라 Ctrl + [, Ctrl +] 가 한 번에 적용되지 않을 수 있습니다. 원하는 결과가 나올 때까지 단축키를 여러 번 누르거나, 맨 앞으로 보내기(Ctrl + Shift +]), 맨 뒤로 보내기(Ctrl + Shift + [ )를 활용합니다.

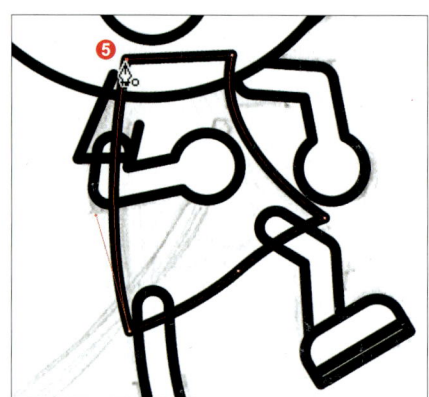

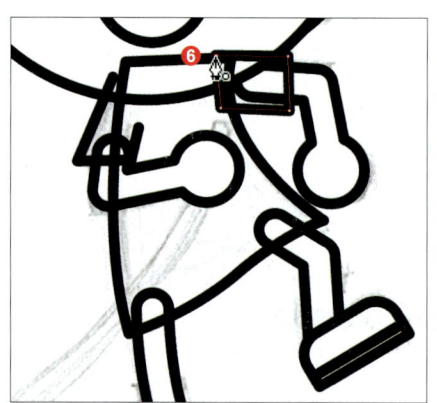

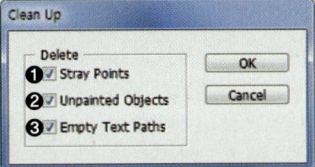

Tip 불필요한 패스 지우기

패스파인더 패널을 사용하다보면 불필요한 투명 패스가 생길 수 있습니다. 작업에 방해가 될 수 있으므로 [Object]–[Path]–[Clean Up] 메뉴를 선택해 불필요한 패스를 한 번에 지웁니다.

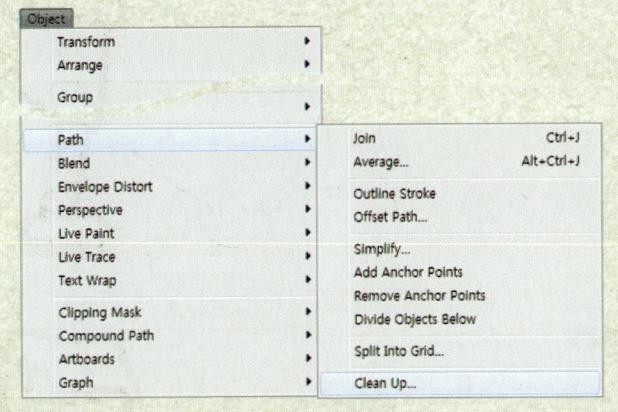

❶ 세그먼트가 없는 기준점 지우기
❷ 면과 선이 색칠되지 않은 투명 패스 지우기
❸ 글자가 쓰여 있지 않은 텍스트 패스 지우기

쉐이프 빌더 툴로 사슬 만들기

25 ❶검은색 선만 나오도록 설정한 다음 사각형 툴(■)과 원형 툴(●)과 펜 툴(✎)을 이용해서 끈 모양과 쇠사슬 모양을 그립니다. ❷❸사각형만 선택하고 [Effect]–[Stylize]–[Round Corners] 메뉴를 선택합니다. ❹모서리 반지름을 0.3cm로 설정하고 OK 버튼을 누르면 ❺모서리 굴림 크기가 0.3cm인 모서리가 둥근 사각형이 됩니다.

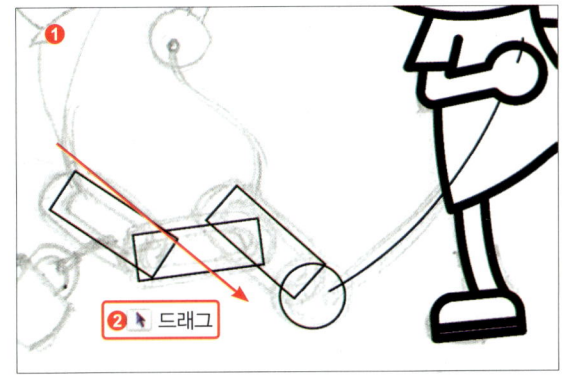

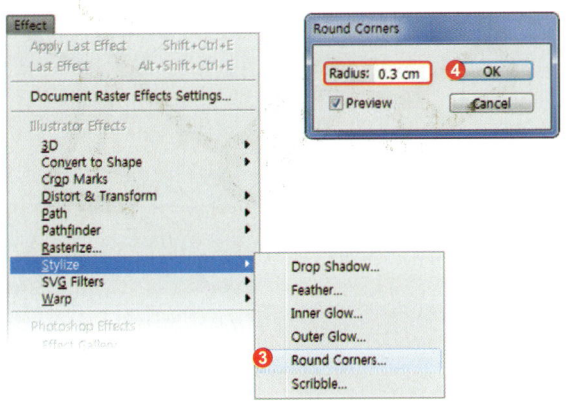

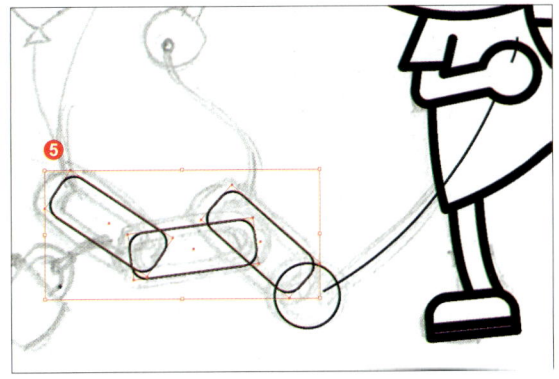

26 ❶[Object]-[Expand Appearance] 메뉴를 선택해 ❷라운드 굴림 이펙트를 일반 패스로
만듭니다. ❸❹❺나머지 선과 동그라미도 함께 선택해서 선 굵기를 7pt로 바꿉니다.

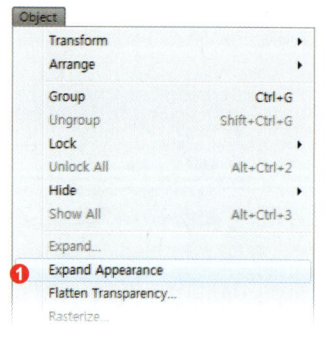

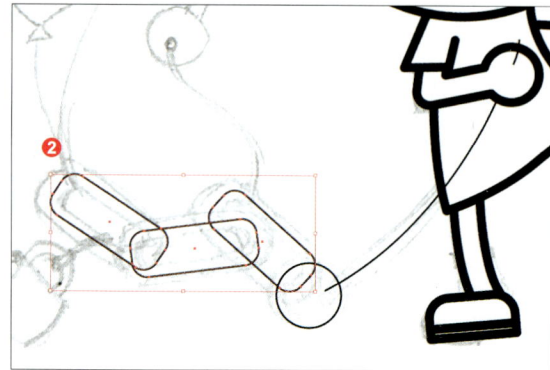

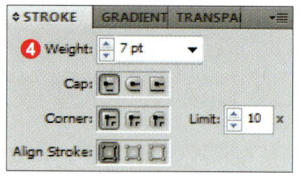

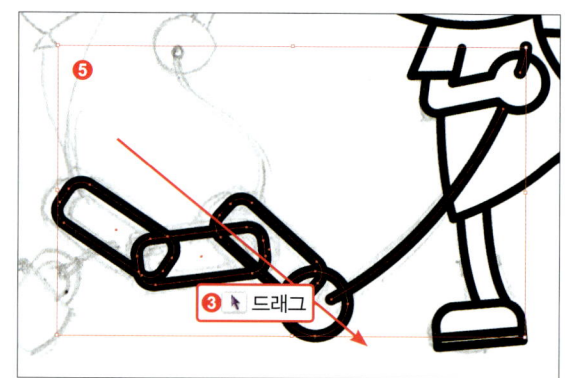

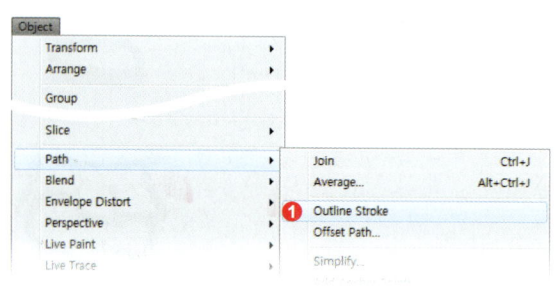

27 ❶[Object]-[Path]-[Outline Stroke] 메뉴를 선택해서 ❷선 오브젝트를 면 오브젝트로
바꿉니다. ❸사슬 부분을 화면에 크게 보이도록 확대합니다.

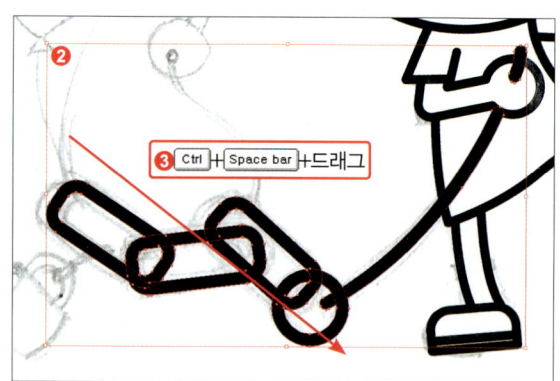

28 ❶❷툴 바에 있는 🔲 버튼을 누르면 면 과 선이 흰색과 검은색으로 칠해집니다. ❸ 쉐이프 빌더 툴(🔍)을 선택합니다.

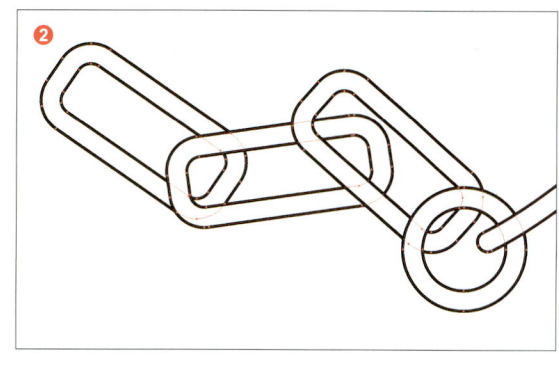

29 ❶쉐이프 빌더 툴(🔍)을 오브젝트에 갖다 대면 패스가 겹치는 영역이 따로 구분되어 회색 망점으로 선택됩니다. ❷구분되는 영역이 망점으로 선택되도록 드래그하면, ❸함께 선택되었던 영역이 오브젝트 하나로 합쳐집니다. ❹❺❻나머지 구분된 영역도 드래그해서 쇠사슬이 연결된 모양을 만듭니다.

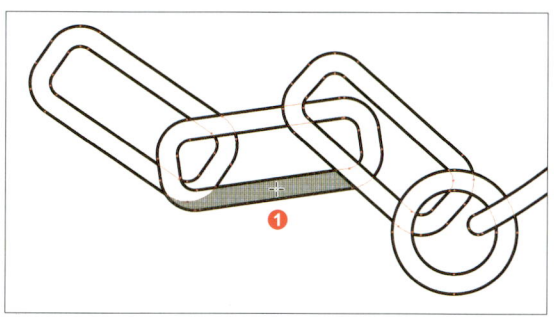

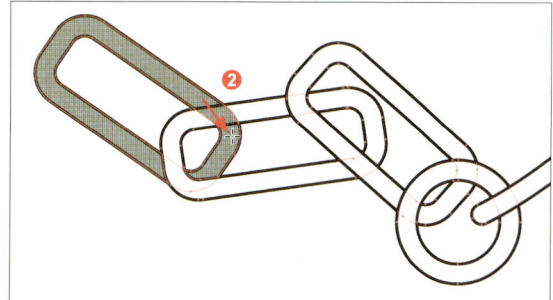

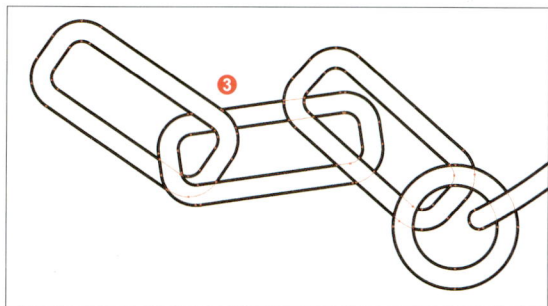

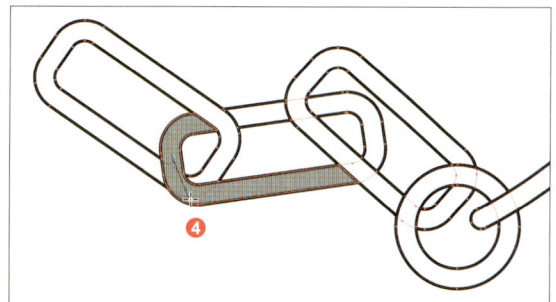

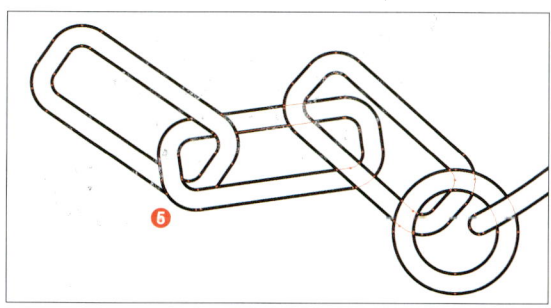

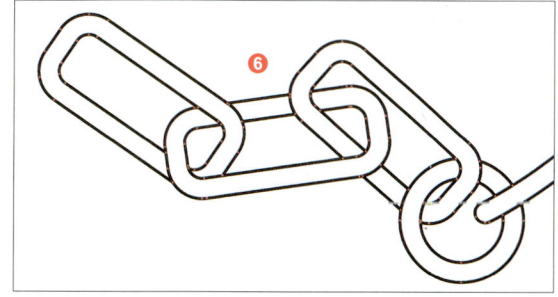

Tip 쉐이프 빌더 툴 사용법 자세히 보기

쉐이프 빌더 툴(🔍)을 사용하면 오브젝트를 합치거나, 필요 없는 부분을 클릭으로 없앨 수 있습니다. ❶면과 선 속성을 가진 오브젝트 두 개가 겹쳐 있을 때 ❷쉐이프 빌더 툴(🔍)로 오브젝트를 드래그하면 ❸해당 영역이 한 덩어리로 합쳐집니다. ❹ Alt 를 누르면 마우스 포인터가 ▶_모양으로 바뀌고 ❺클릭하거나 드래그한 곳은 지워집니다.

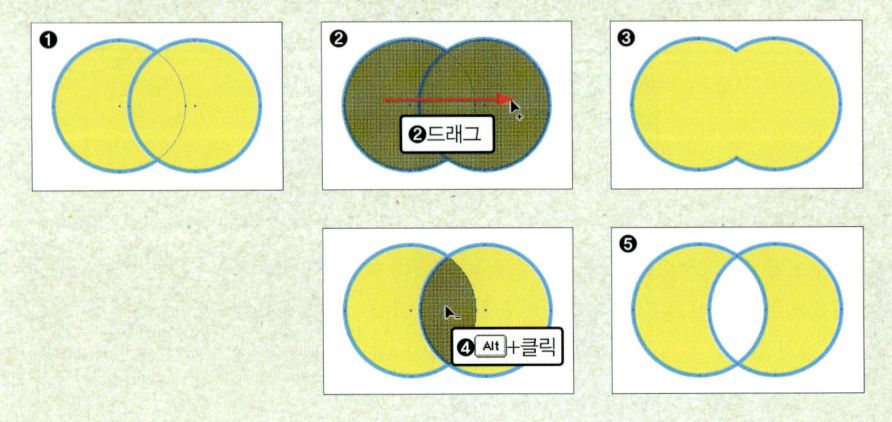

30 ❶끈을 제외한 사슬만 선택하고 ❷ Ctrl + 8 을 눌러 오브젝트를 하나로 인식시킵니다. ❸모양 패널을 보면 Compound Path로 표시되어 있습니다. ❹[■] 버튼을 눌러 선 속성을 추가한 다음 ❺굵기를 5pt로 늘리고, ❻Fill 속성 아래에 위치하도록 드래그해서 내립니다. ❼스트로크 패널에서 선 모서리와 끝을 둥글게 설정하고, 선 위치를 패스 바깥으로 설정하면 ❽선 바깥쪽에 5pt 두께의 테두리가 추가로 생깁니다.

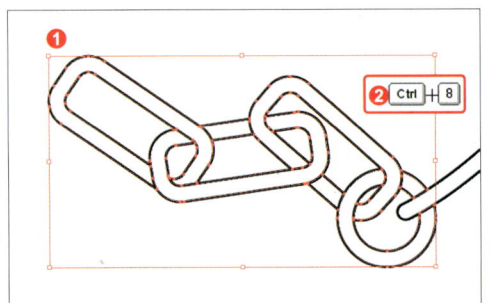

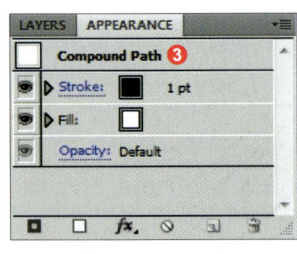

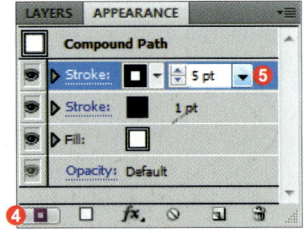

모양 패널이 보이지 않는다면 [Window]–[Appearance] 메뉴를 선택합니다.

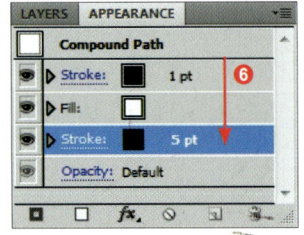

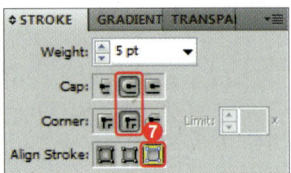

31 ❶이번에는 끈을 선택하고 ❷선 두께를 5pt, 선 위치를 패스 중간으로 설정합니다. ❸선 두께가 패스 중간에 위치하기 때문에 패스 바깥에 선이 위치한 사슬보다 가늘게 표현됩니다.

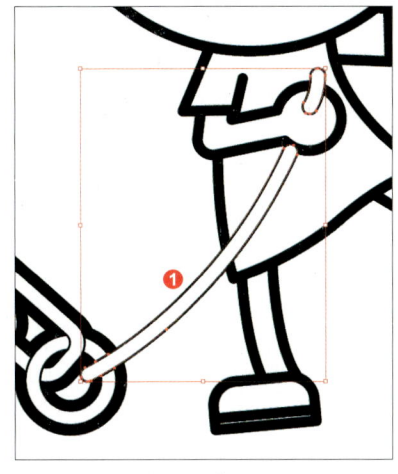
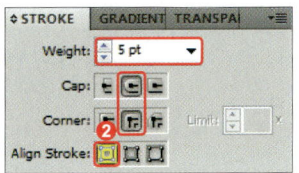

32 나머지 소품도 패스파인더 패널이나 쉐이프 빌더 툴(🔘)을 활용해서 그려주세요.

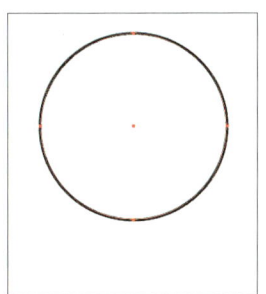
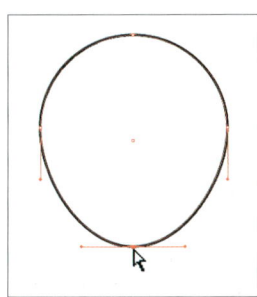
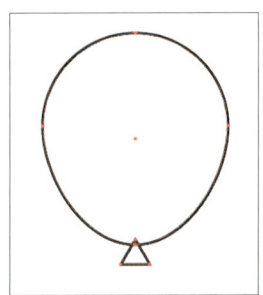
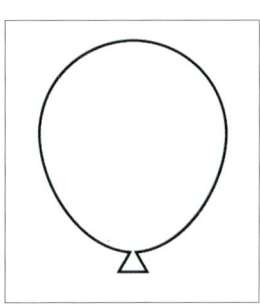

풍선 그리기 : 정원 그리기 → 직접 선택 툴(▷)로 기준점 밑으로 당기기 → 삼각형 추가하기 → 함께 선택한 후 겹친 부분 지우기

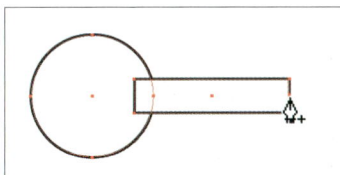
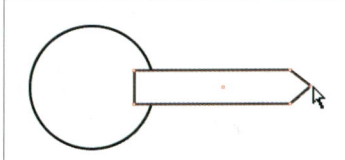
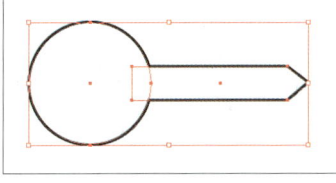

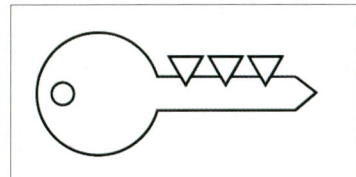
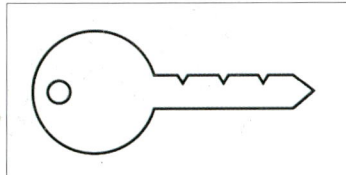

열쇠 그리기 : 정원과 사각형 그리고 펜 툴(🖋)로 기준점 추가하기 → 직접 선택 툴(▷)로 기준점을 오른쪽으로 당기기 → 함께 선택한 후 합치기 → 열쇠 구멍과 삼각형을 추가하기 → 함께 선택한 후 필요없는 부분 지우기

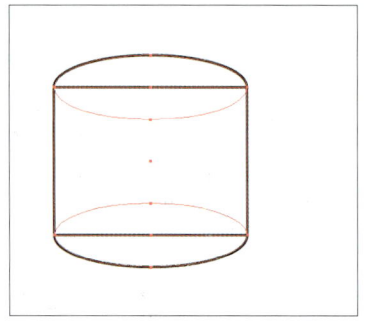 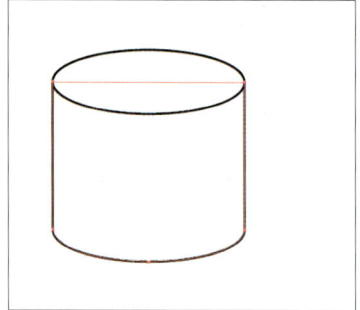 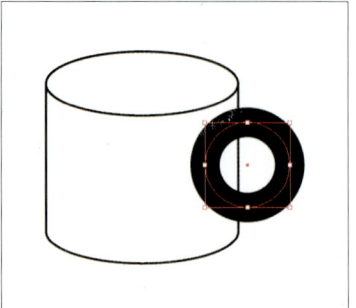

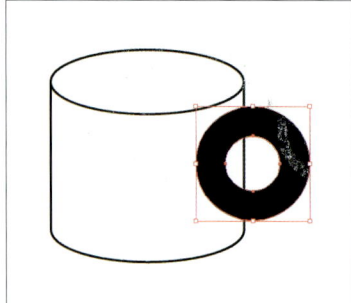 

컵 그리기 : 너비가 같은 타원 두 개와 사각형 그리기 → 아래쪽 사각형과 타원을 함께 선택한 후 합치기 → 선이 굵은 정원 그리기 → 선을 면으로 바꾸기(Outline Strokes) → 동그라미와 컵을 함께 선택한 후 합치기

33 ❶완성된 소품의 크기, 각도, 선 굵기를 조정해 제자리에 배치합니다. ❷펜 툴( )로 선을 그린 다음 선택하고 ❸선 색을 흰색으로 칠하고 ❹모서리와 끝 모양을 둥글게 만듭니다.

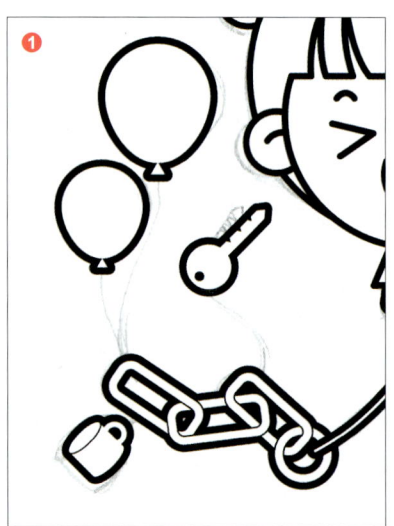 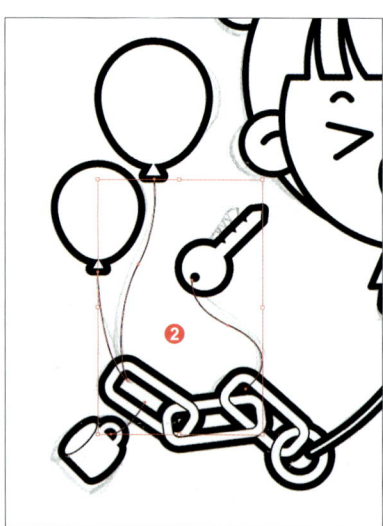

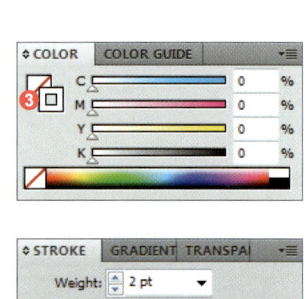

34 ❶모양 패널의 선 속성을 클릭한 다음 ❷[■] 버튼을 누르면 선택했던 선 속성이 복제됩니다. ❸아래에 위치한 선 속성을 검은색의 10pt 굵기의 선으로 바꾸면 ❹선 오브젝트 하나에 흰색과 검은색 선 두 개가 겹쳐진 효과가 만들어집니다. ❺❻스케치 레이어를 감추고 캐릭터를 전체적으로 살펴봅니다.

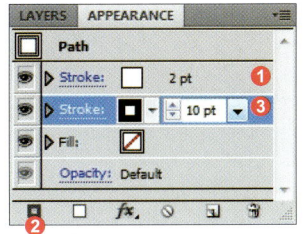

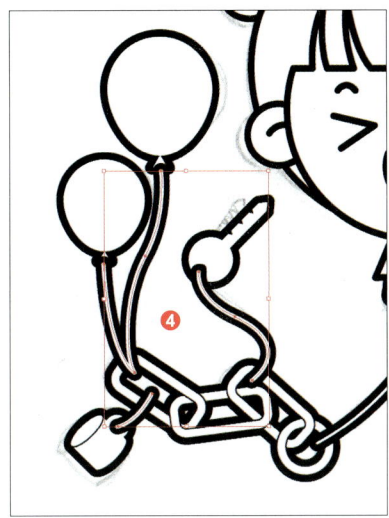

면과 선 색칠하기

35 ❶직접 선택 툴(◤) 얼굴을 클릭하고 ❷❸컬러 패널에서 면 색을 M15, Y20, 선 색을 M60, Y80, K80으로 설정합니다. ❹이렇게 부위별로 따로 그려진 캐릭터는 각각 원하는 색으로 선 색을 지정할 수 있습니다.

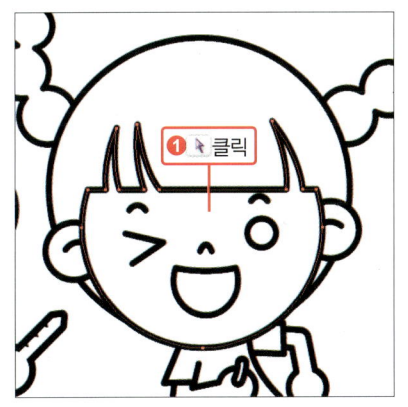

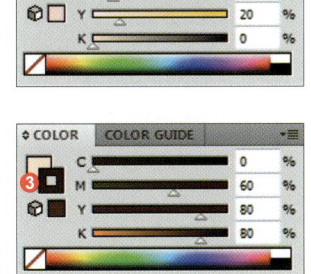

36 하나하나 클릭해서 원하는 색을 칠해보세요. 풍선처럼 같은 계열이지만 짙은 색으로 선 색을 지정해도 좋습니다.

선 속성이 다양하게 섞여 있으므로 스포이트 툴보다 컬러 패널을 이용해서 색칠하는 것이 빠릅니다.

TIP ▌**스트로크 패널 옵션 자세히 보기**

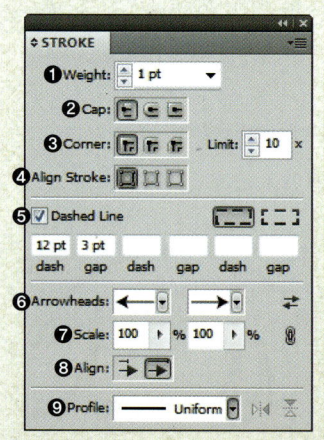

❶ Weight : 선 굵기를 나타냅니다. 화살표 버튼을 이용하거나 수치를 직접 입력할 수 있습니다. 단위는 주로 pt를 이용하지만 mm가 편하다면 환경 설정(단축키 Ctrl + K , Preferences/Units & Display Performance 항목)에서 바꿔줄 수 있습니다.

❷ Caps : 선의 끝 모양을 정합니다.

❸ Corner : 모서리 모양을 정합니다.

❹ Align Stroke : ▣▢▢ 버튼을 누르면 선 위치를 패스 중간/안쪽/바깥쪽으로 조정할 수 있습니다.

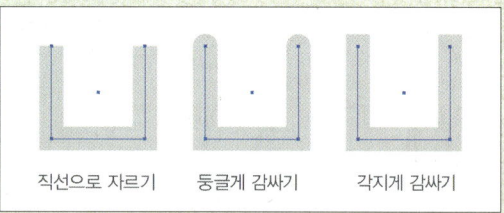

| 직선으로 자르기 | 둥글게 감싸기 | 각지게 감싸기 |

Caps 설정에 따른 선 끝 모양

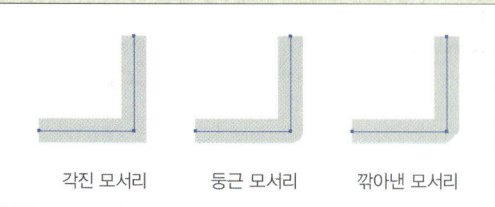

| 각진 모서리 | 둥근 모서리 | 깎아낸 모서리 |

Corner 설정에 따른 모서리 모양

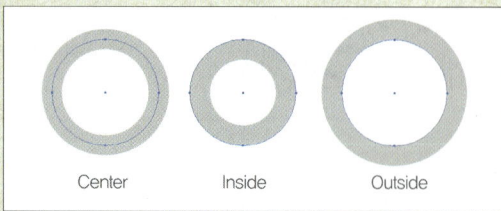

| Center | Inside | Outside |

Align Stroke 설정에 따른 선 위치

❺Dashed line : 선에 패턴을 입히는 방식으로 점선을 만드는 기능입니다. dash 부분은 선으로 표현될 길이, gap 부분은 사이 공간 값입니다. 선 굵기와 선의 끝 모양을 적절히 조절하면 원하는 점선을 만들 수 있습니다.

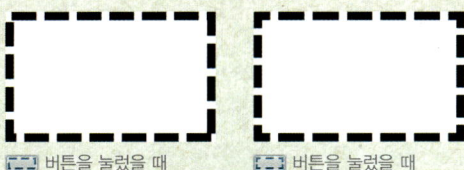

선 두께를 10pt, Dashed Line을 33, 15, 5, 15로 설정했을 때 Caps 설정에 따른 모양 변화

▭ 버튼을 누르면 지정한 대로 정확한 점선 간격을 표시하고, ▭ 버튼을 누르면 모서리를 기준으로 선 길이가 맞도록 조정해 표시합니다.

▭ 버튼을 눌렀을 때   ▭ 버튼을 눌렀을 때

❻Arrowheads : 선의 끝부분을 선택한 모양으로 장식합니다. ⇄ 버튼을 누르면 양쪽 장식을 교환합니다.

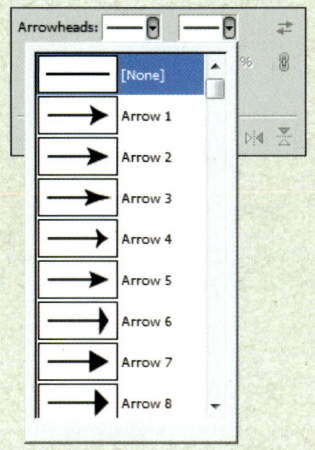

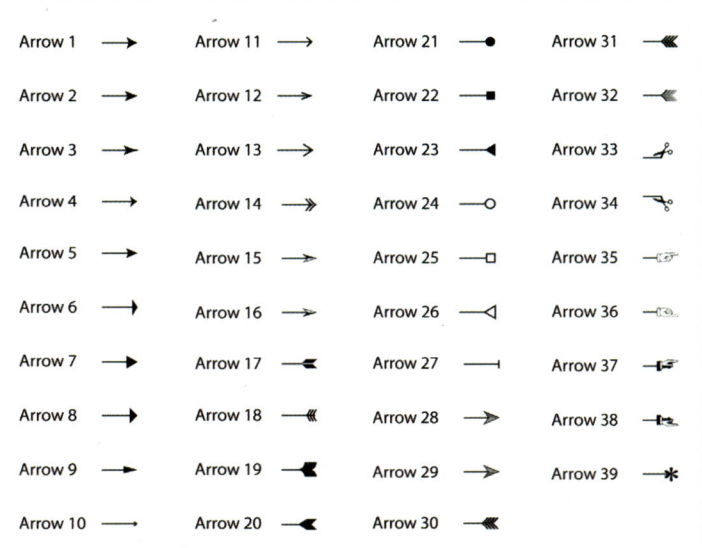

❼Scale : 표시된 장식 크기를 조절합니다. 🔗 버튼을 누르면 양쪽 비율이 고정됩니다.
❽Align : 장식을 패스 안에 표시할지, 패스 바깥에 표시할지 선택합니다.
❾Profile : 폭 프로파일을 선택합니다(자세한 내용은 Lesson 14에서 살펴보겠습니다).

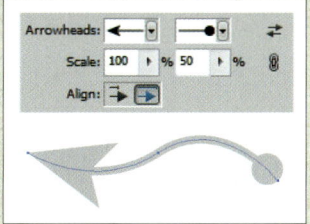

크기를 100, 50으로 설정하고 ▶ 버튼을 눌렀을 때

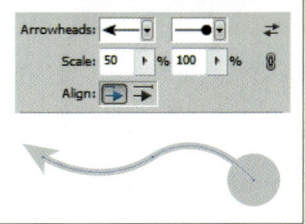

크기를 50, 100으로 설정하고 ▶ 버튼을 눌렀을 때

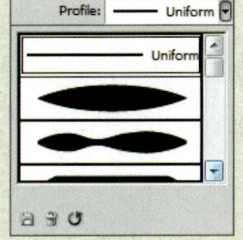

폭 프로파일을 선택하는 모습

Lesson 14
활력 있는 선으로 캐릭터 그리기

그림을 그릴 때 선 굵기에 변화를 주면 굵기가 일정한 선보다 생동감이 느껴집니다. 굵기가 일정하지 않은 선을 그릴 때는 펜 툴로 일일이 그리거나 선을 수정할 수도 있지만, 일러스트레이터 CS5에서는 선 폭을 자유자재로 넓히거나 좁힐 수 있는 폭 툴을 제공합니다. 펜 툴과 폭 툴을 활용해서 활력 있는 캐릭터를 그려보겠습니다.

실습 파일 : 부록CD\Sample\Part04\Lesson14.jpg
완성 파일 : 부록CD\Sample\Part04\Lesson14.ai

 >  >

폭 툴로 선 폭 조절하기

01 ①`Ctrl`+`O`를 눌러 부록CD\Sample\Part04\Lesson14.jpg 파일 불러옵니다. ②스케치
를 화면에 꽉 차게 조정하고, ③스케치가 있는 레이어를 움직이지 않도록 잠근 다음 ④새 레이
어를 추가합니다.

이번 예제에서 쓸 Lesson14.jpg 파일은 컬러 모드가 그레이스케일입니다. RGB 모드가 아닌 다른 컬러 모
드의 이미지를 열 때는 도큐먼트가 CMYK 모드로 만들어집니다.

02 ①②펜 툴(✎)로 얼굴선을 그립니다. ③선 굵기
를 4pt로 바꾸고 ④빈 화면을 `Ctrl`+클릭해서 선택
을 해제합니다.

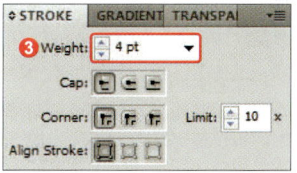

03 ❶폭 툴(🖌)을 선택하고 ❷선에 마우스를 갖다 대
면 작은 동그라미가 생깁니다. 이 동그라미를 폭 포인트
라고 부르고, 이 포인트를 드래그해서 선 폭을 조절할
수 있습니다. ❸❹선 끝부분을 바깥쪽으로 드래그하면
드래그한만큼 양방향으로 선이 두꺼워집니다.

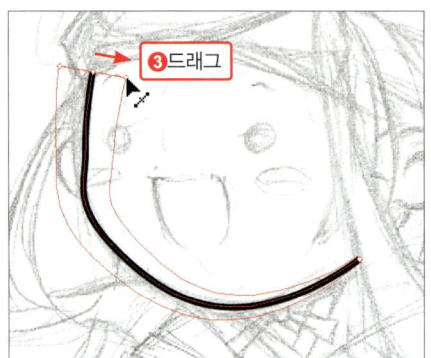

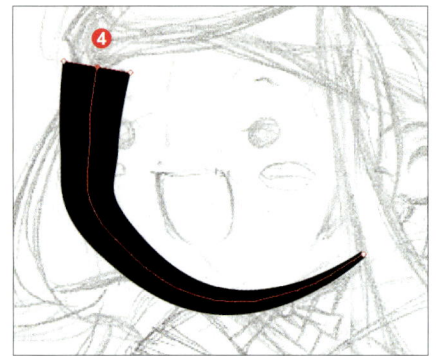

04 ❶선 폭만큼 벌어진 폭 포인트를 다시 안쪽으로 드래그하면 ❷선 폭이 좁아집니다. ❸한
쪽 폭 포인트를 Alt를 누른 채로 드래그하면 ❹선 폭을 한쪽으로만 조절할 수 있습니다.

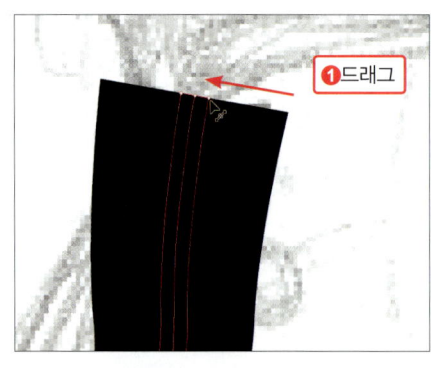

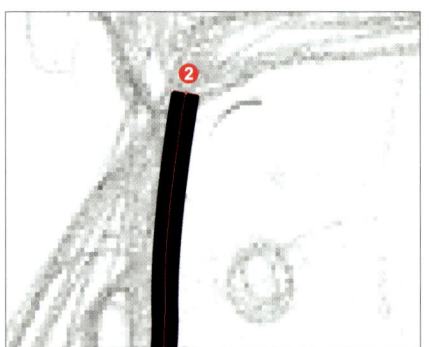

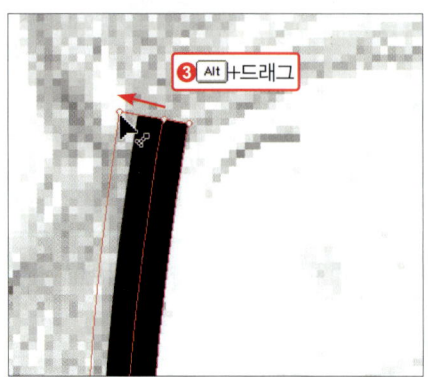

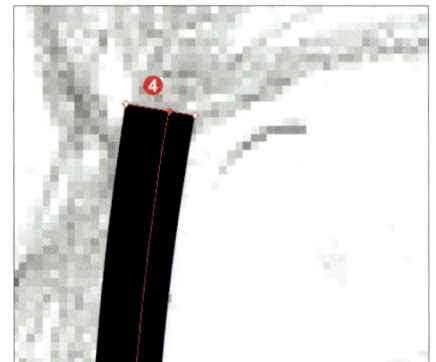

05 관자놀이 부근은 살짝 들어가는 부분이므로 선 폭을 좁히는 것이 좋습니다. ❶관자놀이 부근을 확대한 다음 마우스 포인터를 갖다 대고, 폭 포인트가 표시되면 ❷안쪽으로 드래그해서 폭을 좁힙니다. ❸❹같은 방법으로 얼굴선에 굴곡을 만듭니다.

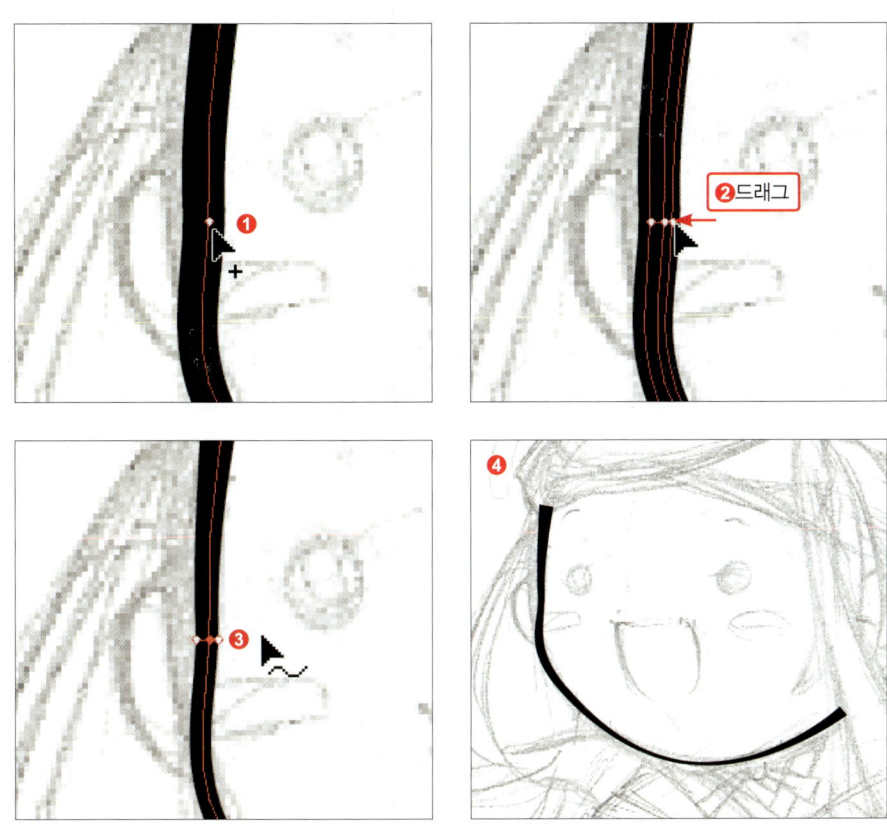

06 닫힌 패스도 마찬가지입니다. ❶❷머리 옆에 있는 리본의 테두리를 펜 툴(✒)로 그린 다음, ❸❹폭 툴로 선 폭을 좁히거나 넓힙니다.

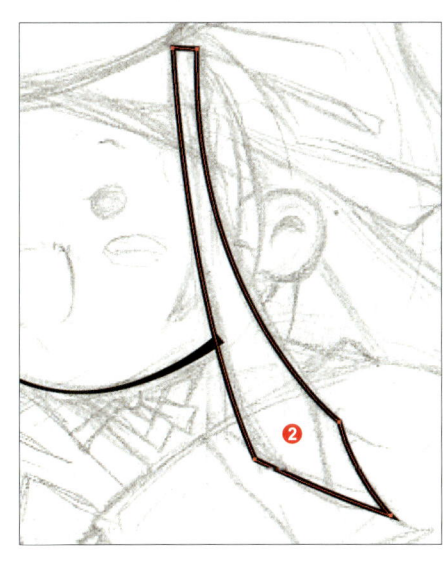
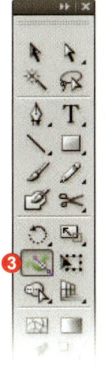
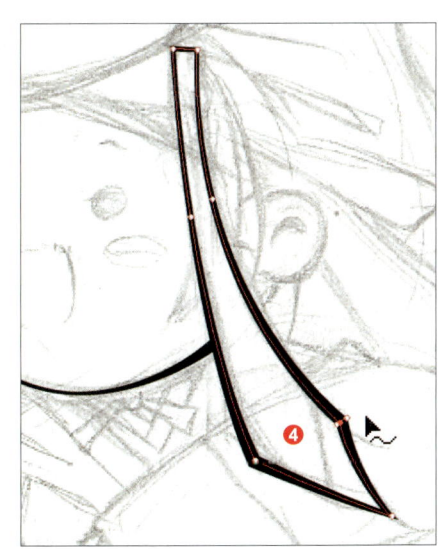

❶폭 포인트를 더블클릭하면 ❷정확한 수치로 ❸폭을 조절할 수 있습니다.

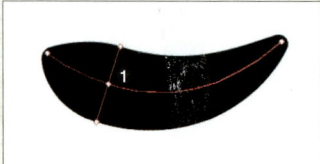 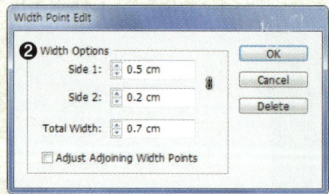 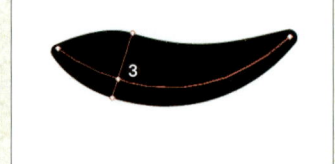

❶폭 포인트를 Alt +드래그하면 ❷폭 포인트가 복제됩니다.

 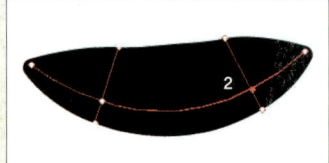

❶서로 다른 폭 포인트가 있을 때 ❷포인트를 드래그해서 ❸다른 포인트에 겹쳐놓으면 잘라 붙인 듯 연결됩니다.

 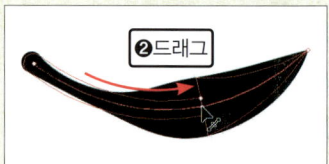 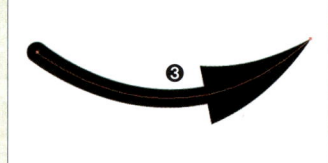

❶폭 포인트를 여러 개 옮길 때는 Shift 를 누른 채로 옮기려는 폭 포인트 모두를 클릭하고 ❷❸원하는 방향으로 드래그하면 됩니다.

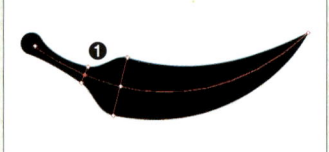 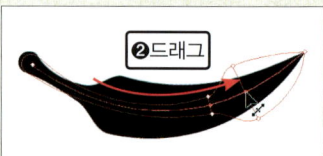 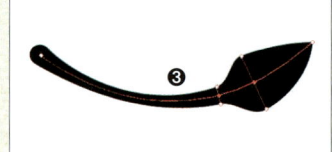

❶폭 포인트를 클릭해서 선택하고 ❷ Delete 를 누르면 폭 포인트가 지워집니다.

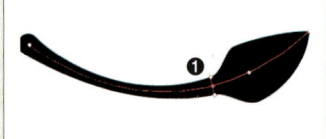 

폭 프로파일 활용하기

07 앞에서 그린 리본 위쪽의 주름을 표현하겠습니다. 주름이 시작하는 부분을 두껍게, 주름이 끝나는 부분을 뾰족하게 끝내는 것이 자연스럽습니다. ❶❷먼저 펜 툴(✒)로 주름 모양을 한 줄로 그립니다. ❸스트로크 패널 아래쪽에서 삼각형 모양 프로파일을 선택하고 ❹선 두께를 5pt로 설정하면 ❺5pt 두께로 시작해서 뾰족하게 끝나는 선이 만들어집니다. ❻다른 주름도 선 두께를 조절하며 그려주세요.

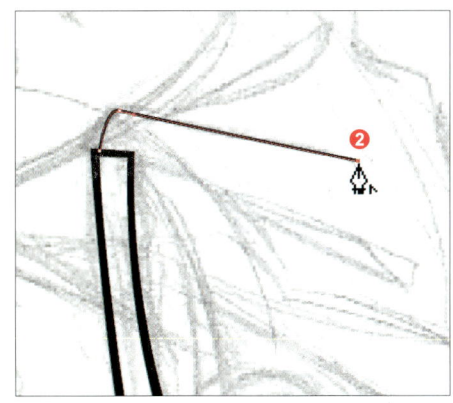

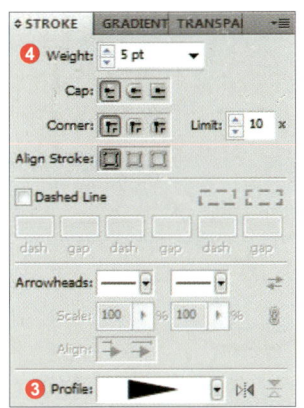
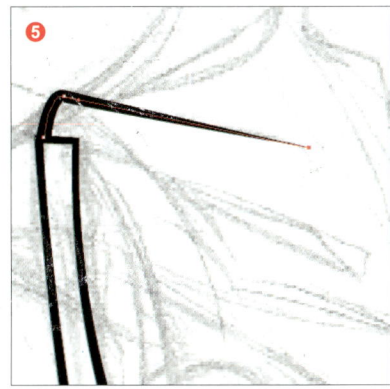
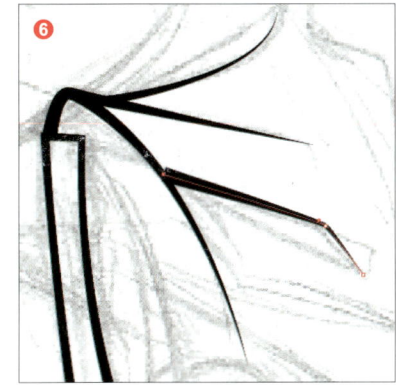

08 ❶폭 툴(✎)과 폭 프로파일로 만든 선은 기본적으로 패스 수직 방향으로 폭을 조절하기 때문에 다른 오브젝트와 사선으로 만나는 부분이 어색할 수 있습니다. 이 경우 ❷[Object]-[Expand Appearance] 메뉴를 선택해서 ❸면 오브젝트로 바꾼 다음 ❹직접 선택 툴(▷)을 이용해서 기준점 위치를 조정하면 됩니다.

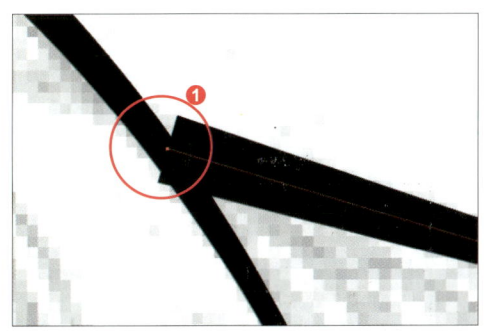

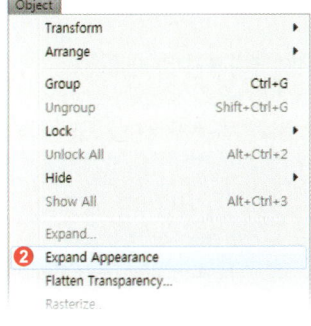

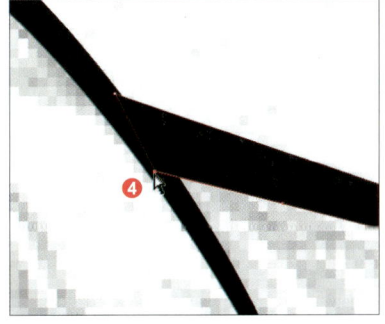

09 각시 탈 눈을 그려보겠습니다. ❶펜 툴(✒)로 눈 모양 굴곡을 따라 가운데 부분을 선으로 그립니다. ❷❸컨트롤 패널에서 유선형 폭 프로파일을 선택하고 선 두께를 5pt로 설정하면 ❹패스의 시작 부분과 끝 부분이 뾰족하게 끝나는 자연스러운 선이 만들어집니다. ❺폭 툴(🖌)과 펜 툴(✒), 선 두께와 폭 프로파일을 이용해서 나머지 패스도 완성합니다.

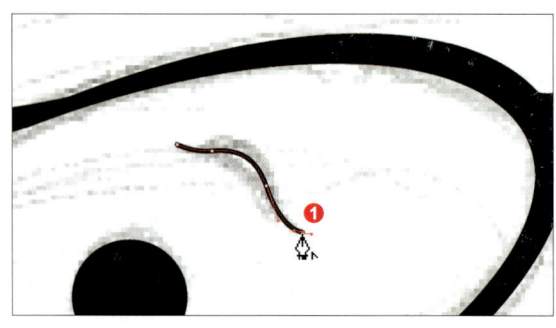

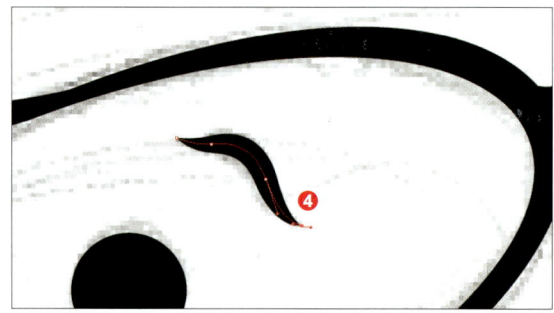

스케치 레이어가 보이지 않도록 눈 아이콘을 끄면 캐릭터 라인만 볼 수 있습니다. 어색한 곳이 있으면 직접 선택 툴(▶)로 조정합니다.

TIP **폭 프로파일 자세히 보기**

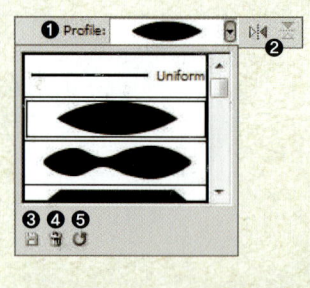

❶폭 프로파일을 선택합니다.
❷적용된 프로파일 모양을 수직·수평으로 반전합니다.
❸폭 툴로 조정한 폭 프로파일을 저장합니다.
❹선택한 프로파일을 삭제합니다.
❺기본 프로파일 목록으로 재설정합니다. 재설정하면 별도로 저장된 프로파일이 삭제됩니다.

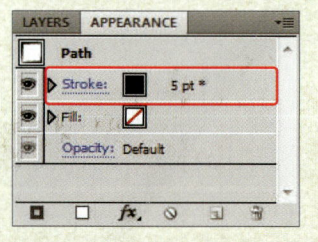

폭 프로파일이 적용된 선 오브젝트는 모양 패널의 선 속성에 별(*) 표시가 나타납니다.

라이브 페인트 버킷 툴로 색칠하기

10 ❶지금까지 그린 캐릭터 전체를 선택하고 ❷Alt+드래그해서 복제합니다. ❸[Object]-
[Expand Appearance] 메뉴를 선택하면 폭이 조절된 선 오브젝트가 면 오브젝트로 바뀝니
다. ❹[Object]-[Live Paint]-[Make] 메뉴를 선택해 라이브 페인트 환경을 만든 다음 ❺빈
화면을 Ctrl+클릭해서 선택을 해제합니다.

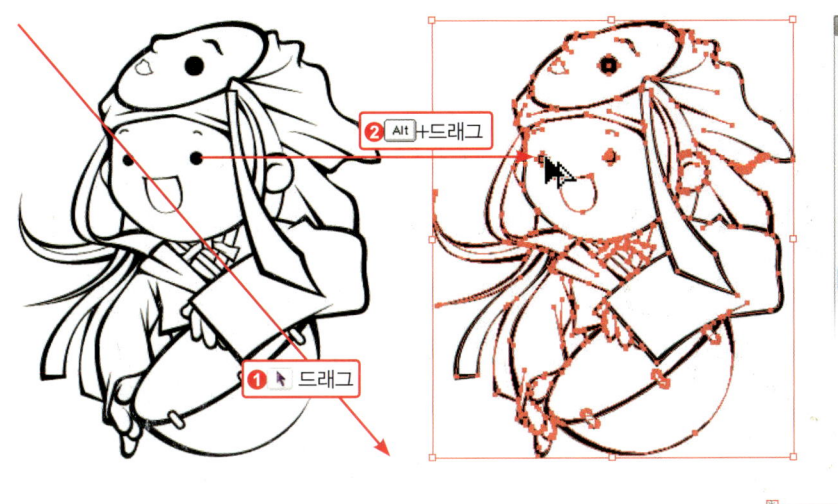

라이브 페인트 환경에서 색칠한 후 Expand(일반 오브젝트로 만들기)를 하
고 나면 패스가 교차된 부분이 모두 분할됩니다. 만일을 대비해 복사본을
이용해 라이브 페인트 환경을 만드는 것이 좋습니다.

11 ❶라이브 페인트 버킷 툴(🪣)을 선택하고, ❷컬러 패널에서 피부색
(M15, Y20)을 설정한 다음 ❸캐릭터의 피부를 클릭해서 색칠합니다.

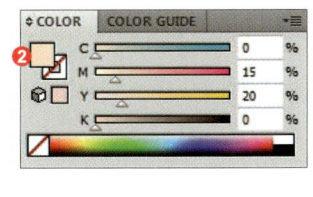
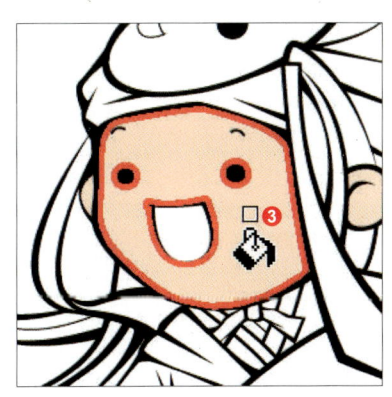

12 ❶같은 방법으로 나머지 부분도 색칠해주세요(라이브 페인드 버킷 툴은 Lesson 11에서도 사용되었습니다). ❷색칠된 오브젝트를 클릭하면 전체가 선택됩니다. ❸[Object]-[Live Paint]- [Expand] 메뉴를 선택하면 ❹라이브 페인트 환경을 벗어나 일반 오브젝트가 됩니다.

피부색 [M15, Y20]	회색 [K60]
빨간색 [M100, Y100]	머리색 [K80]
핑크색 [M50]	북 윗면 색 [M5, Y10]
보라색 [C30, M50, K20]	북 밑면 색 [C30, M60, Y100, K15]

Object

Transform	▶
Arrange	▶
Group	Ctrl+G
Ungroup	
Perspective	▶
Live Paint	▶
Live Trace	▶
Text Wrap	▶
Clipping Mask	▶
Compound Path	▶
Artboards	▶
Graph	▶

Make   Alt+Ctrl+X
Merge
Release

Gap Options...

❸ Expand

물방울 브러시로 원하는 영역에만 색칠하기

13 ❶❷직접 선택 툴(▶)로 얼굴을 클릭하고 ❸툴 패널에서 ◙ 버튼을 누르면 ❹얼굴 영역에 사각형으로 점선이 표시됩니다. ❺빈 화면을 클릭해서 선택을 해제합니다.

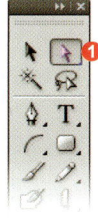

❺빈 화면 클릭

14 ❶컬러 패널을 이용해서 선 색을 M30, Y40으로 설정합니다. ❷물방울 브러시 툴(☑)을 선택하면 ❸흰색 브러시 아이콘이 표시됩니다. 동그라미는 브러시 크기를 나타내며 브러시 크기는 ⌐, ⌐를 눌러 조절할 수 있습니다. ❹얼굴 아래쪽 부분을 곡선으로 드래그하면 ❺지정한 영역에만 색이 칠해집니다.

15 ❶명암이 필요한 다른 부분도 색칠하고 **❷❸**🔲 버튼을 눌러 영역 지정을 마칩니다. 브러
시 크기를 작게 하면 세밀한 곳도 색칠할 수 있습니다.

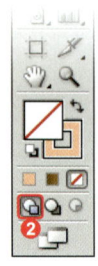

Tip **물방울 브러시 자세히 보기**

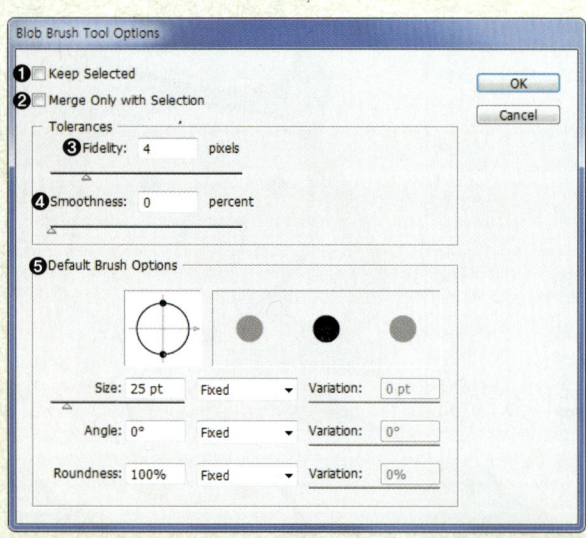

물방울 브러시 툴은 사용 방법이 브러시 툴과
같지만, 그린 선이 면으로 표현되는 점이 다릅니다.

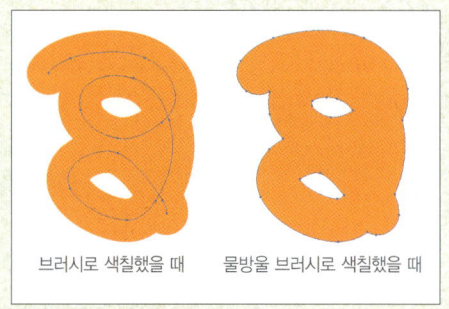

브러시로 색칠했을 때   물방울 브러시로 색칠했을 때

❶Keep Selected : 체크하면 드로잉을 마친 후 선택된 상태가 됩니다.
❷Merge Only with Selection : 드로잉했을 때 기존에 선택된 패스만 합칩니다.
❸Fidelity : 정확도를 설정합니다. 값이 높아지면 그리기가 단순해집니다.
❹Smoothness : 매끄러움을 설정합니다. 값이 높아지면 그리기가 매끄러워집니다.
❺브러시 크기, 각도, 둥글기를 설정합니다.

16 **①**하이라이트와 홍조를 추가해 캐릭터를 완성합니다. **②**지금까지 배운 방법을 이용하여 직접 그린 다른 스케치로도 캐릭터를 그려보세요.

②

Special Tip 03

패턴 라이브러리 한눈에 보기

일러스트레이터 CS5에는 테마별로 다양한 패턴이 등록되어 있어 마음껏 골라 쓰거나 바꿔 쓸 수 있습니다. 캐릭터나 일러스트뿐만 아니라 각종 디자인에 유용하게 쓸 수 있는 패턴 라이브러리를 견본처럼 미리 볼 수 있다면 편리합니다. 이번 Special Tip에서는 일러스트레이터 CS5에서 제공하는 패턴 견본 이미지와 함께 적용된 이미지를 살펴보겠습니다.

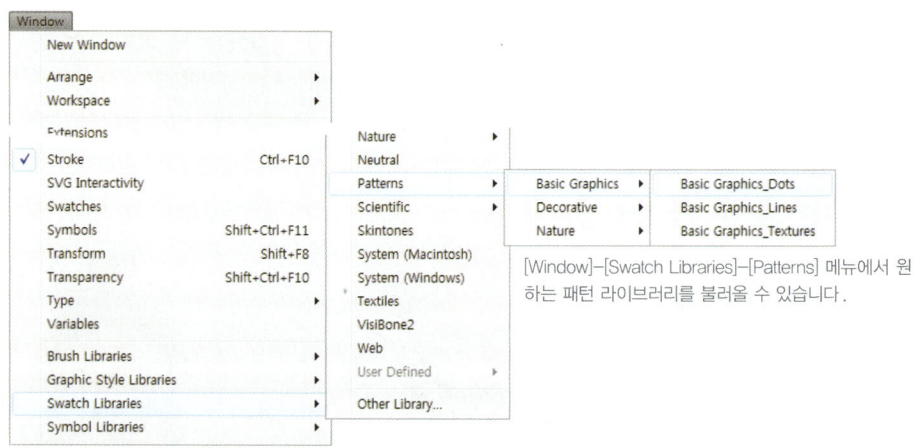

[Window]–[Swatch Libraries]–[Patterns] 메뉴에서 원하는 패턴 라이브러리를 불러올 수 있습니다.

Basic Graphics

점, 선, 텍스처를 흑백으로 표현한 패턴입니다.

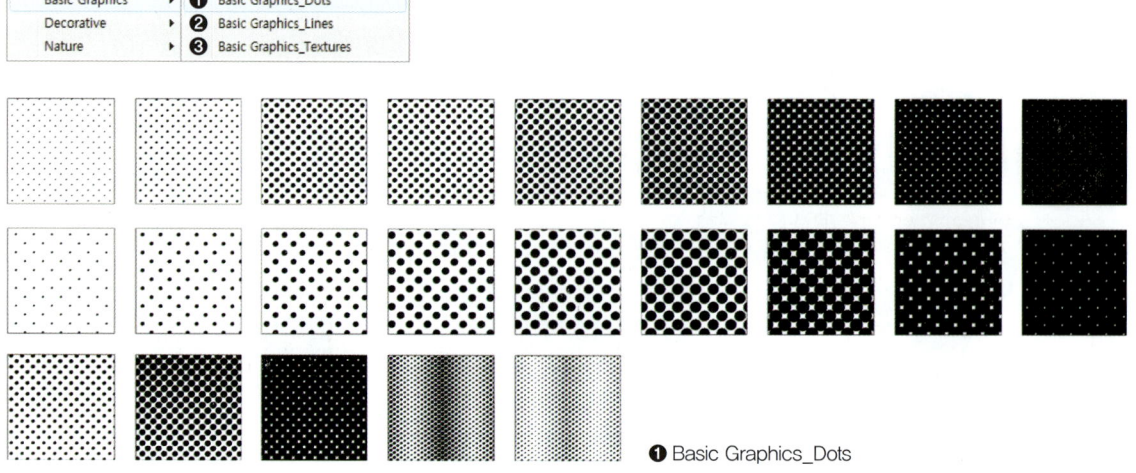

❶ Basic Graphics_Dots

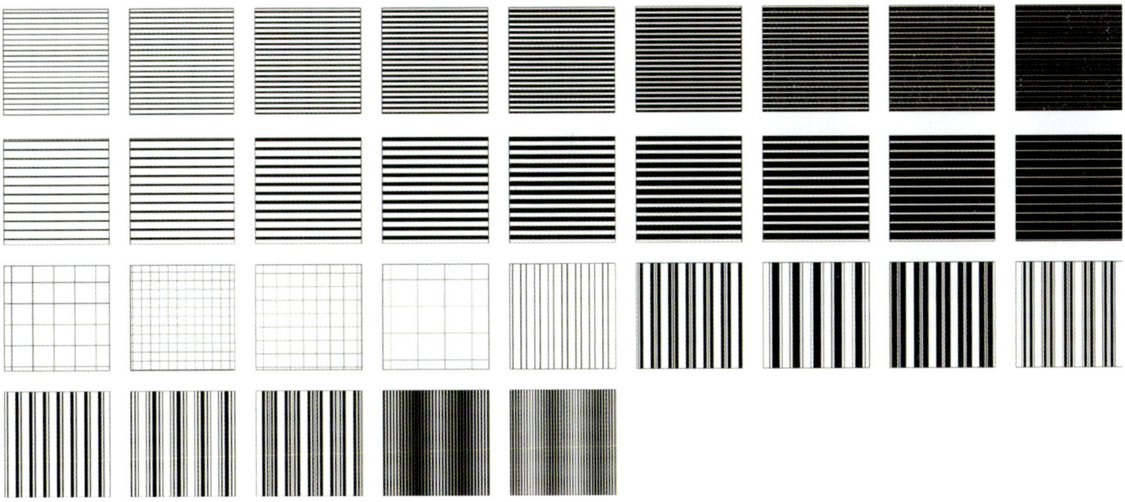

❷ Basic Graphics_Lines

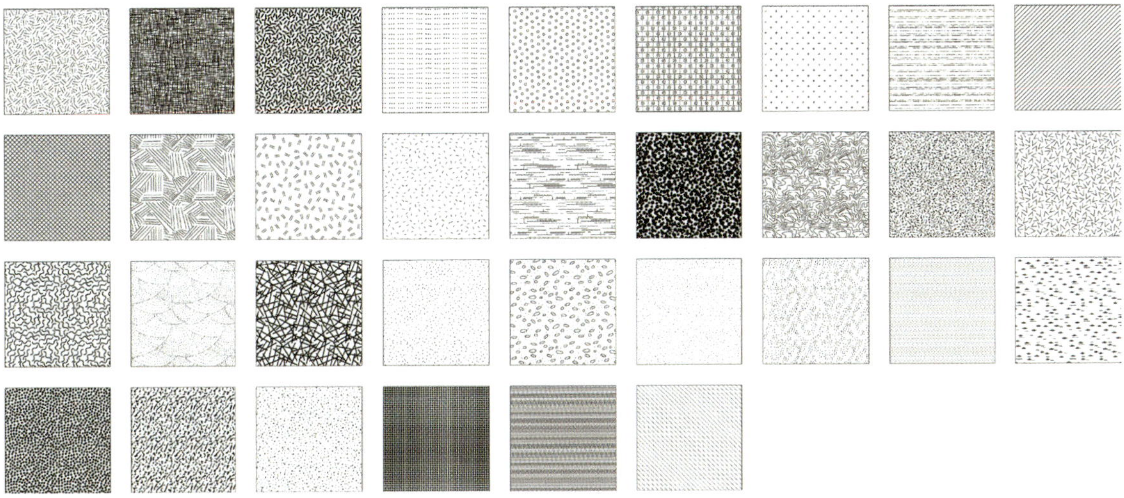

❸ Basic Graphics_Textures

Decorative

장식적인 요소가 강한 기하학 무늬로 이뤄진 패턴입니다.

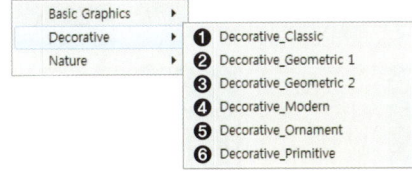

- Basic Graphics ▶
- Decorative ▶
- Nature ▶

❶ Decorative_Classic
❷ Decorative_Geometric 1
❸ Decorative_Geometric 2
❹ Decorative_Modern
❺ Decorative_Ornament
❻ Decorative_Primitive

❶ Decorative_Classic

❷ Decorative_Geometric 1

❸ Decorative_Geometric 2

❹ Decorative_Modern

❺ Decorative_Ornament

❻ Decorative_Primitive

Nature

자연 소재를 이용한 패턴입니다

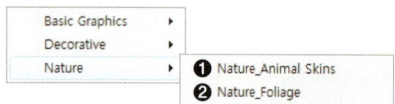

Basic Graphics	▶
Decorative	▶
Nature	▶

❶ Nature_Animal Skins
❷ Nature_Foliage

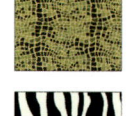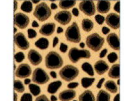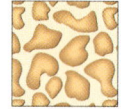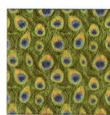

❶ Nature_Animal Skink

❷ Nature_Foliage

Nature 패턴을 사용한 일러스트

Decorative 패턴을 사용한 일러스트

Part 05
아름다운 디지털 그림
일러스트 테크닉

일러스트레이터 CS5로 그릴 수 있는 일러스트 스타일은 무궁무진합니다. 입체적인 일러스트를 그릴 때는 투시도를 적용해서 쉽게 그릴 수 있고, 추가된 브러시를 활용해서 붓글씨나 먹그림 느낌도 표현할 수도 있습니다. 사진 위에 그림을 그리는 포토 일러스트, 시선을 붙잡는 패턴 일러스트, 손맛이 느껴지는 수채화 일러스트 등 다양한 분야에 바로 적용할 수 있는 일러스트 테크닉을 배워보겠습니다.

Specialist Interview

빨간 고래를 찾아 여행하는 일러스트레이터 정아

2010년 『당신의 빨간 고래는 안녕한가요?』 출간(도서출판 장조가)
2010년 당신의 빨간 고래는 안녕한가요? 출판 기념전(스폰지하우스, 아이띵소, 274g 갤러리)
2006~2008년 18~22회 Design505전(이화아트센터)
2007년 제 3회 WAVE 세계 미술 교류전(이화아트센터)

랜덤하우스, 김영사, 작가정신 등 여러 출판사의 책 표지 디자인
일룸, 불고기 브라더스, 워커힐, LG건설 등 여러 기업의 광고 디자인

홈페이지 http://www.j-illust.com
이메일 jaillust@naver.com

안녕하세요. 일러스트레이터 정아입니다. 빨간 고래와 함께 여행을 다니고 그림을 그리며 이야기를 좋아하는 일러스트레이터입니다. 프리랜서 일러스트레이터로 출판, 광고, 인테리어 등 다양한 분야에서 활동하면서 여행 자금을 모으고 일 년에 한두 번 정도는 여행을 떠납니다.

이렇게 시작했어요

대학을 졸업하고 디자인 업체에서 그래픽 디자이너로 4년 정도 일하다 그만두고 프리랜서 일러스트레이터가 되었습니다. 처음 일러스트레이션을 시작할 때에는 '무엇을 그려야 할까'라는 고민이 가장 컸답니다. 그래서 내가 좋아하는 것들을 찾아 여행을 다니면서 그림을 그리기 시작했고요. 개인적으로 작업한 그림을 블로그나 일러스트 커뮤니티에 올리자 일이 들어왔고 프리랜서 일러스트레이터로 일하기 시작했습니다.

일러스트레이터의 매력과 힘든 점

일러스트레이터! 분명 매력 있는 직업이에요. 그림을 그린다는 것은 종이 안에 또 다른 세상을 창조해내는 작업이에요. 현실에서 이루어질 수 없는 일도 그림 안에서는 얼마든지 가능하거든요. 또 파인아트와 달리 일러스트레이션은 상업적으로 이용되기 때문에 더 많은 사람에게 보여줄 수 있어요. 내가 그린 그림이 TV, 신문, 잡지 같은 곳에 나오고 사람들에게 공감을 얻을 때 보람을 느낍니다.

물론 매력적인 만큼 힘든 점도 있습니다. 일러스트레이터는 작가성이 요구되지만 디자이너처럼 대중적 코드도 이해하고 있어야 합니다. 두 가지를 적절히 섞는 일이 가장 힘든 점 같습니다.

일러스트레이터가 되는 길

일러스트레이터가 되는 길은 여러 가지가 있어요. "이렇게 하면 됩니다!"라고 단정 지어 말할 수 없지만, 사람들이 일 러스트레이터가 되는 경로를 살펴보면, 일러스트레이터 전 문 학원에서 공부를 하거나, 미술 대학에서 디자인이나 회 화를 공부하거나 합니다. 또 혼자 열심히 그리다 득도(?)하 시는 분도 많습니다. 이밖에도 제가 알지 못하는 경로로 일 러스트레이션 공부를 하고 자신의 그림을 여러 사람에게 홍보하고 일을 받아서 합니다.

홍보하는 방법은 일러스트레이터 커뮤니티에 자신의 그림 을 올리거나, 일러스트레이터를 많이 쓰는 회사에 직접 찾 아가 홍보하는 방법이 있어요. 또 전시회나 공모전 같은 곳 에서 자신 그림을 알릴 수도 있고요. 방법은 찾아보면 정말 많아요. 자신에게 맞는 방법으로 시작하면 될 것 같습니다. 요즘 들어 일러스트레이터가 갑자기 늘어나고 있는데, 그 림 잘 그리는 신인 분도 많아요. 일러스트레이션 학원도 많

이 생겨나고요. 제가 이런 분을 두고 '공부는 이렇게 해라!' 라고 말하는 것은 큰 의미가 없을 것 같습니다. 그러나 조 금 먼저 시작한 사람으로서 약간 팁을 드리면 '그림을 즐기 면서 그리기'가 가장 중요한 것 같습니다. 그림 그리는 것 자체가 즐거워야 자신만의 그림 스타일도 찾을 수 있고, 이 직업을 오랫동안 할 수 있다고 생각합니다.

Lesson 15
사진과 패턴을 활용한 콜라주 일러스트

일러스트레이터에서는 비트맵 이미지를 활용하기도 좋습니다. 각종 디자인 작업을 할 때 이미지를 소스로 사용하는 것처럼 일러스트를 그릴 때도 사진을 활용하면 더 재밌는 효과를 만들 수 있습니다. 사진과 패턴을 활용해서 콜라주 일러스트를 만들어보겠습니다.

실습 파일 : 부록CD \ Sample \ Part05 \ Lesson15-1~Lesson15-4.jpg
완성 파일 : 부록CD \ Sample \ Part05 \ Lesson15-1.ai, Lesson15-2.ai

 >  >

이미지에 클리핑 마스크 씌우기

01 **❶❷**`Ctrl`+`N`을 눌러 A4 크기 새 창을 만들고 **❸** [File]-[Place] 메뉴를 선택해서 부록CD\Sample\ Part05\Lesson15-1.jpg 파일을 불러옵니다. **❹**불러 온 이미지는 외부 폴더와 링크되어 × 모양으로 표시됩 니다. **❺**컨트롤 패널에서 Embed 버튼을 눌러 문서 에 포함시킵니다.

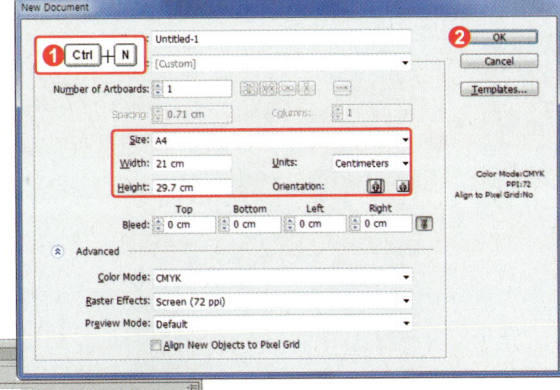

[File]-[Place] 메뉴로 이미지를 불러오면 다른 컴 퓨터로 데이터를 옮기거나 데이터 위치가 바뀔 때마다 이미지 경로를 다시 찾아야 합니다. 따라 서 일러스트레이터 파일과 이미지 파일을 함께 가져와야 합니다. 하지만 Embed 버튼을 눌러 이미지를 파일에 포함시키면 일러스트레이 터 파일만 있어도 이미지를 보거나 인쇄할 수 있 습니다.

비트맵 이미지를 만든 컬러 환경이 일러스트레이 터와 다를 경우 Embedded Profile Mismatch 대 화상자가 나타납니다. OK 버튼을 눌러 비트 맵 이미지의 컬러 환경을 일러스트레이터 컬러 환경에 맞춥니다.

02 **❶**펜 툴( )을 선택하고 검은색 선만 나오도록 설정합니다. **❷**화면을 확대한 뒤 캔 테두리 를 꼼꼼하게 따라 그립니다. **❸**패스를 모두 그렸다면 시작점을 클릭해서 패스를 마감합니다.

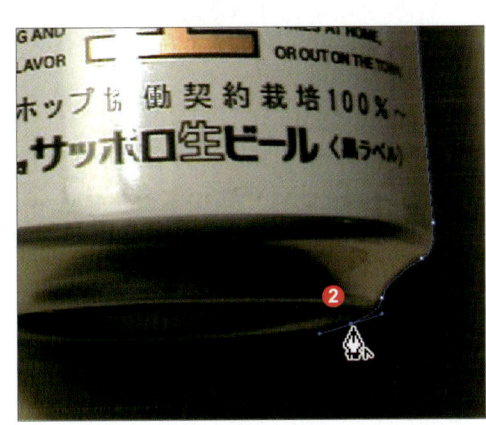

맥주 캔의 테두리를 따라 그리다 보면 시작점이 나타납니다. 시작점에 마우스를 갖다 대면 마우스 포인터가 모양으로 바뀌고, 클릭하면 닫 힌 패스로 마감됩니다(펜 툴 사용법은 Lesson 09를 참고하세요).

03 ❶❷선택 툴(🔺)로 이미지와 패스를 함께 선택하고 ❸Ctrl+7을 눌러 클리핑 마스크를
만듭니다. ❹트랜스폼 패널에서 🔒 버튼을 눌러 너비와 높이 비율을 고정하고, 너비(W)에 3을
입력하고 Enter↵를 눌러 ❺너비가 3cm인 맥주 캔 이미지만 남깁니다.

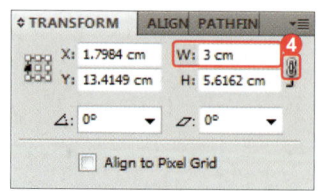

패스를 이용해서 배경이 보이지 않도록 깔
끔하게 처리하는 방법을 실무에서는 '누끼
처리' 또는 '누끼따기' 라고 부릅니다.

04 ❶부록CD\Sample\Part05\Lesson15-2.jpg 파일을 불러와 ❷펜 툴(✒)로 테두리를
그리고 ❸클리핑 마스크를 만듭니다. ❹트랜스폼 패널에서 너비(W)에 15를 입력하고 Enter↵를
누릅니다.

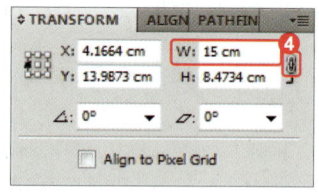

05 ❶마지막으로 부록CD\Sample\Part05\Lesson15-3.jpg 파일을 불러와 펜 툴(🖊)로 테두리를 그리고 **❷**클리핑 마스크를 만듭니다. **❸**트랜스폼 패널에서 너비(W)에 10을 입력하고 Enter↵를 누릅니다.

06 ❶캔을 자동차 앞부분으로 옮기고 바운딩 박스 모서리 바깥쪽을 드래그해서 회전합니다. **❷**파라솔은 자동차 뒷부분에 비스듬하게 오도록 옮기고 회전합니다. **❸**캔을 Alt+드래그해서 복제하고 **❹**조절점을 Shift+드래그해서 정비례로 축소합니다.

07 큰 캔과 반대 방향으로 회전해서 자동차와 큰 캔 중간에 오도록 만듭니다.

도형 툴을 활용한 소스 만들기

08 ❶원형 툴(◯)로 ❷빈 화면을 클릭해서 ❸❹지름이 5cm인 정원을 그립니다. ❺❻컬러 패널에서 면 색을 다홍색(M70, Y60)으로 설정해서 원을 칠합니다. ❼스케일 툴(◱)을 더블클릭합니다. ❽Scale에 80을 입력하고 [Copy] 버튼을 누르면 ❾80% 축소된 원이 가운데에 복제됩니다.

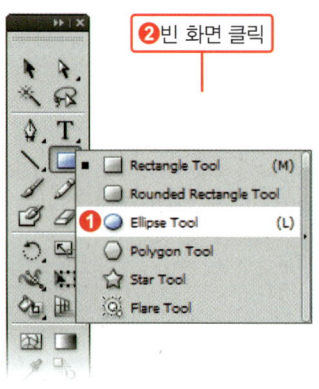

❷빈 화면 클릭

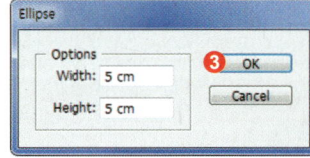

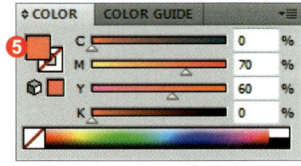

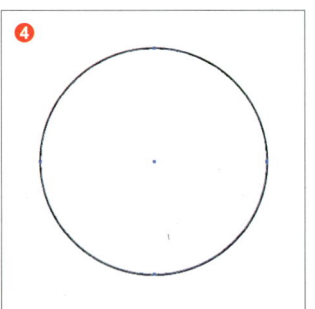

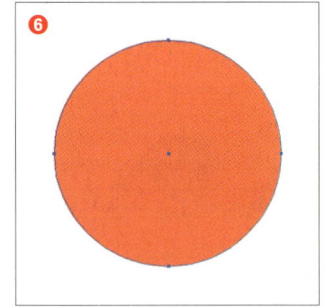

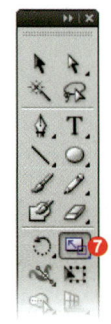

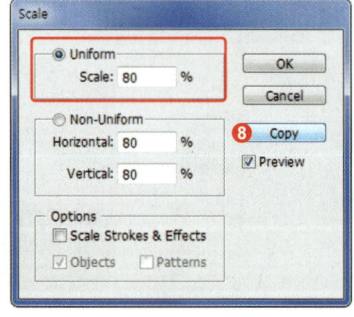

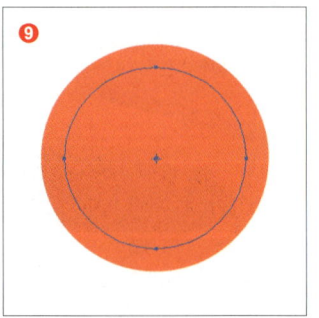

09 ❶컬러 가이드 패널을 보면 현재 선택된 색이 메인 색으로 등록되어 있습니다. ❷▼ 버튼을 눌러 Tetrad 배합을 선택한 뒤 ❸❹한 단계 밝은 노란색을 칠합니다. ❺스케일 툴(🔲)을 더블클릭해서 ❻❼60% 줄어든 원을 복제합니다.

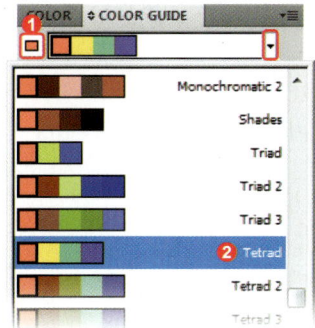
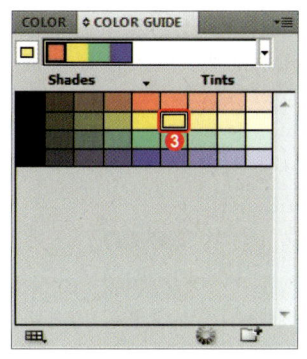

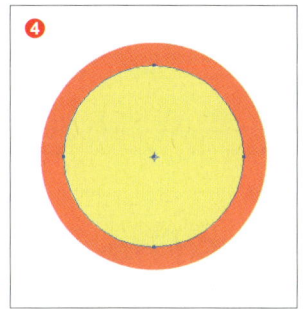

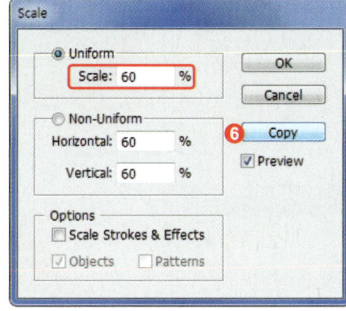
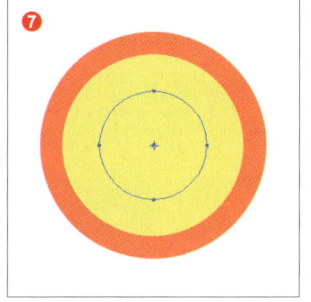

10 ❶❷컬러 가이드 패널에서 민트색을 클릭해서 색을 칠합니다. ❸❹❺다시 스케일 툴(🔲)을 더블클릭해서 50% 축소된 원을 복제합니다. ❻❼컬러 가이드 패널에서 보라색을 클릭해서 색을 칠합니다.

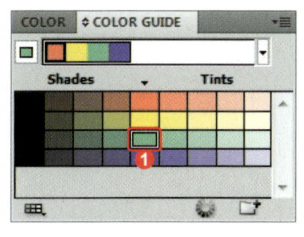
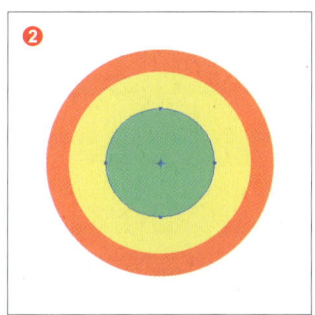

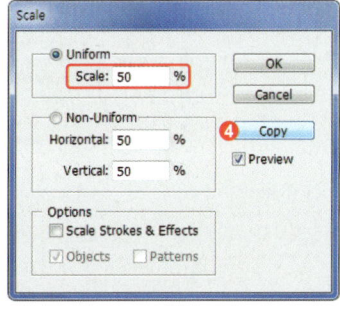

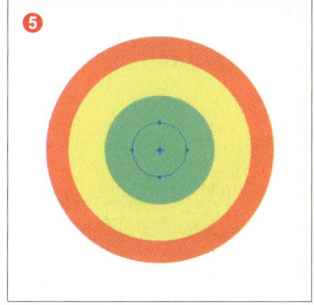
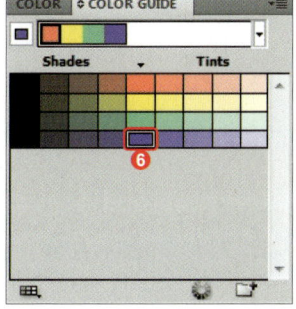
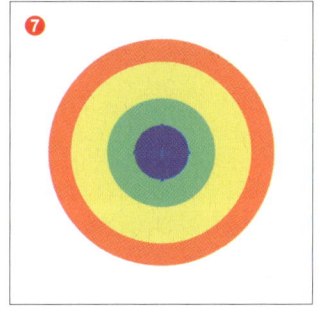

11 ❶❷선택 툴(￼)로 전체를 선택합니다. ❸Ctrl+G를 눌러 그룹으로 묶고 ❹Alt+드래그
해서 복제합니다. ❺❻복제한 동그라미 그룹이 선택된 상태에서 컬러 가이드 패널에 있는
￼ 버튼을 누릅니다. Recolor Artwork 창이 나타나면 ￼ 버튼을 눌러 선택한 컬러 배합
순서를 순차적으로 섞어봅니다. ❼여러 번 클릭해서 민트색이 가장 바깥쪽에 오도록 만들고
OK 버튼을 누릅니다. ❽또 다른 동그라미 그룹이 생겼습니다.

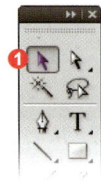
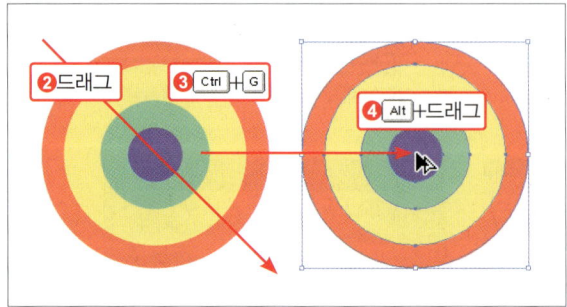

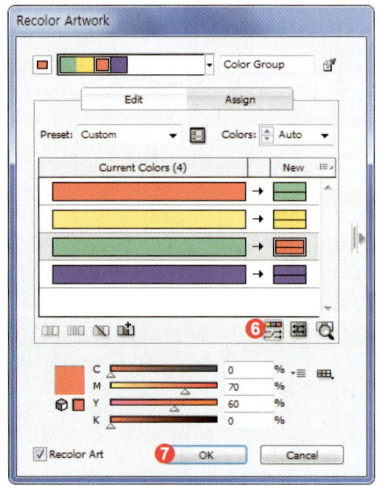

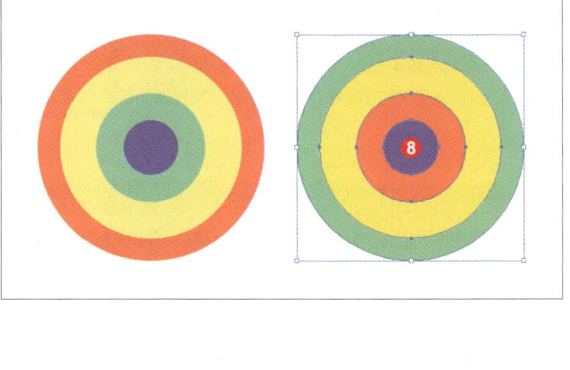

12 ❶테두리가 붉은 동그라미 그룹
을 자동차 뒤에 오도록 옮기고 Ctrl
+Shift+[을 눌러 맨 뒤로 보냅니
다. ❷테두리가 민트색인 동그라미
그룹으로 파라솔 받침대를 가립니다.

13 ❶민트 테두리 동그라미를 Alt +드래그해서 복제하고 ❷
조절점을 Shift +드래그해서 정비례로 축소한 후 적당히 배
치합니다. ❸동그라미 크기, 위치, 순서를 조절해서 적당히
배치합니다.

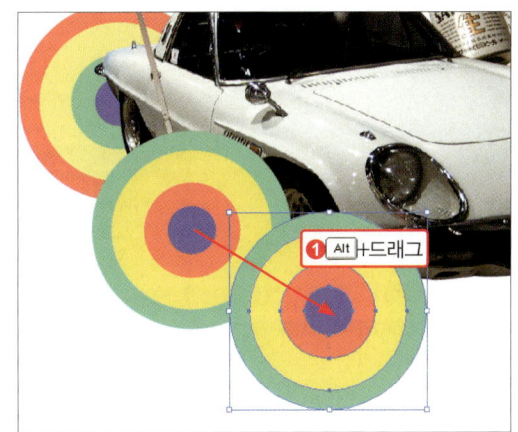

지그재그 이펙트로 배경 만들기

14 배경을 만들겠습니다. ❶원형 툴(⬭)을 선택하고 ❷빈 화면을 클릭해서 ❸지름이 5cm인
정원을 그립니다. ❹❺컬러 가이드 패널에서 민트색을 클릭해 색을 칠합니다.

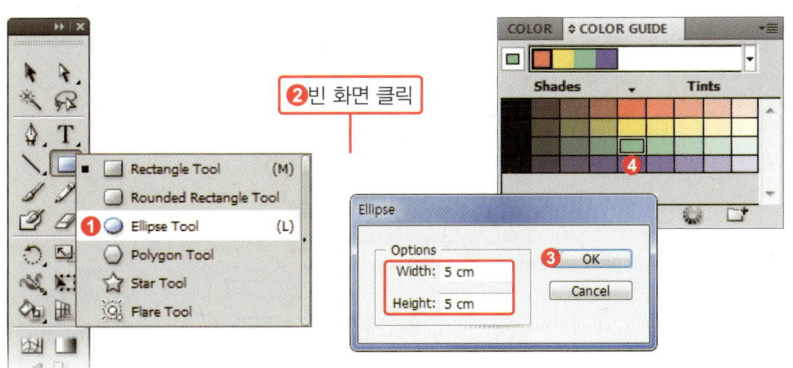

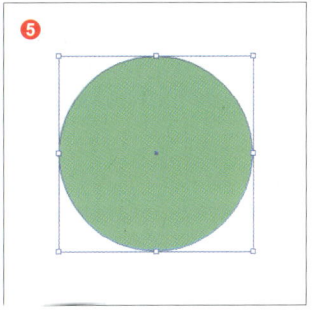

15 ❶[Effect]-[Distort&Transform]-[Zig Zag] 메뉴를 선택합니다. ❷Size에 1.5cm, Ridges per segment에 20을 입력하고 Corner를 체크한 다음 [OK] 버튼을 누릅니다. ❸ 패스 안팎으로 길이가 1.5cm이고 빗살이 20개인 지그재그가 만들어집니다.

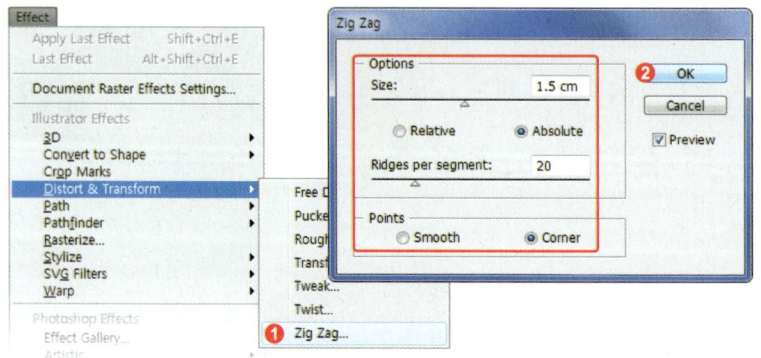
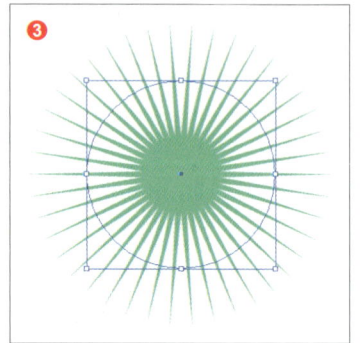

16 ❶[Object]-[Expand Appearance] 메뉴를 선택해서 ❷적용한 이펙트를 일반 오브젝트로 만듭니다. ❸크기를 조절해서 자동차 배경과 어울리도록 배치하고 [Ctrl]+[Shift] +[[]을 눌러 맨 뒤로 보냅니다.

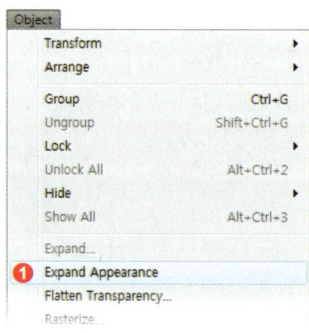

17 ❶회전 툴( )을 선택하고 드래그하면 오브젝트가 가운데를 기준으로 회전합니다. ❷꼭짓점이 엇갈리는 위치에서 [Alt]를 누르면 마우스 포인터가 ▶ 모양으로 바뀌고, 마우스에서 누르고 있던 손가락을 떼면 회전된 모양대로 오브젝트가 복제됩니다.

18 ❶스포이트 툴(🖊)로 노란색을 클릭해서 색을 복제한 후 ❷빈 화면을 Ctrl+클릭해서 선택을 해제합니다. ❸사진과 그림이 적절히 섞인 콜라주 느낌이 나는 사진 일러스트가 완성되었습니다.

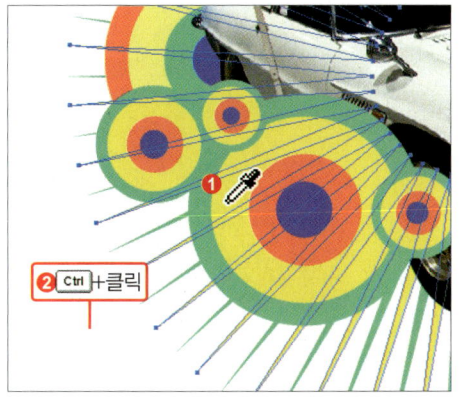

❷ Ctrl+클릭

❸

Tip **회전 툴 자세히 보기**

❶회전 툴(🔄)로 Shift+드래그하면 45° 단위로 정확하게 회전할 수 있습니다. ❷회전 도중 Alt 를 누르면 오브젝트가 복제되면서 회전합니다. ❸회전하기 전에 회전 툴로 클릭하는 곳은 회전점이 됩니다. 이후 드래그해서 회전할 수 있습니다.

❶ Shift+드래그

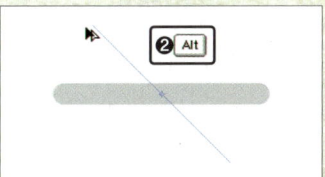
❷ Alt

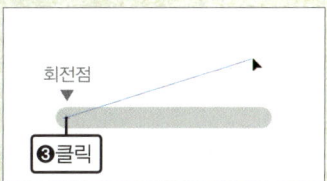
회전점
❸클릭

❶회전 툴(🔄)을 Alt+클릭하면 클릭한 곳을 회전점으로 ❷원하는 각도만큼 ❸회전할 수 있습니다.

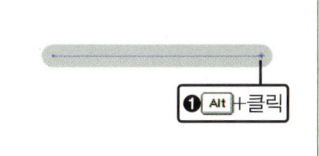
❶ Alt+클릭

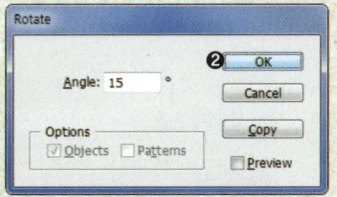

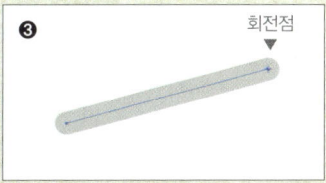
회전점
❸

❶오브젝트를 선택하고 회전 툴(🔄)을 더블클릭하면 ❷오브젝트 가운데를 회전점으로 삼아 ❸원하는 각도로 회전할 수 있습니다.

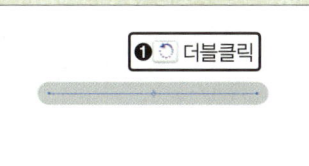
❶ 🔄 더블클릭

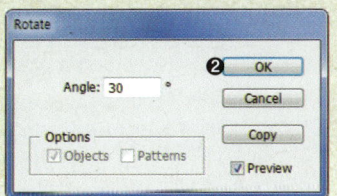

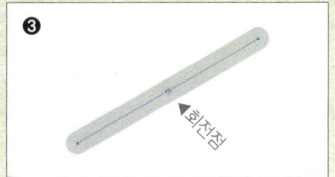
❸
회전점

01 ❶사진 이미지(부록CD\Sample\Part05\Lesson15-4.jpg)를 선택합니다. ❷컨트롤 패널에서 라이브 트레이스 옆에 있는
⏷ 버튼을 누르고 [Color 6]을 선택합니다. ❸Max Colors에 3, Min Area에 20을 입력하고 ⌜Enter↵⌟를 누릅니다. 세 가지 색으로
표현되고 경계가 명확해집니다. ❹컨트롤 패널에서 ⌜Expand⌟ 버튼을 눌러 ❺벡터 오브젝트로 바꿉니다.

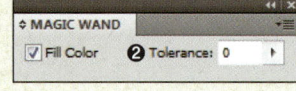
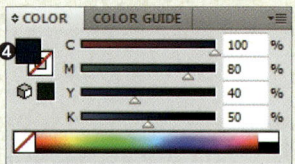

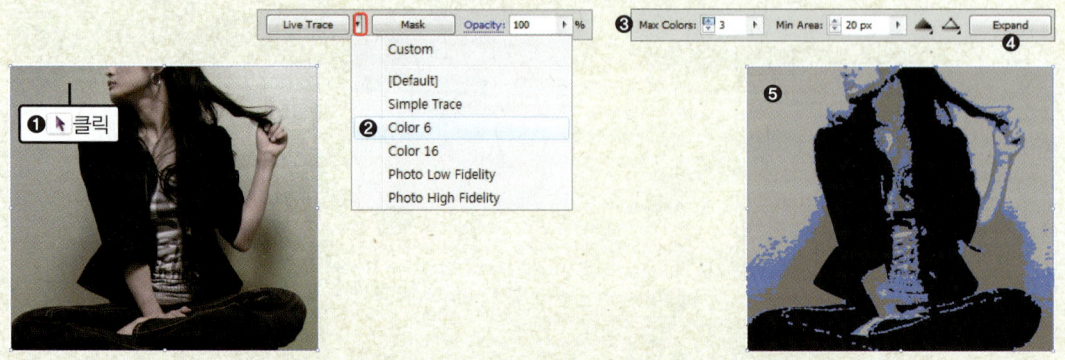

02 ❶마술봉 툴(🪄)을 더블클릭해서 ❷선택 범위(Tolerance)를 0으로 설정하고 ❸가장 어두운 색을 클릭합니다. 마술봉 툴은 클
릭한 곳과 같은 색을 한꺼번에 선택할 수 있습니다. ❹❺어두운 부분을 컬러 패널을 이용해 C100, M80, Y40, K50으로 칠합니다.

03 컬러 가이드 패널을 선택하면 칠한 색
이 앞에 표시됩니다. ❶표시된 색을 클릭해서
메인 색으로 등록하면 ❷선택한 색과 어울
리는 컬러 배합을 선택할 수 있습니다. [High
Contrast 2]를 선택합니다.

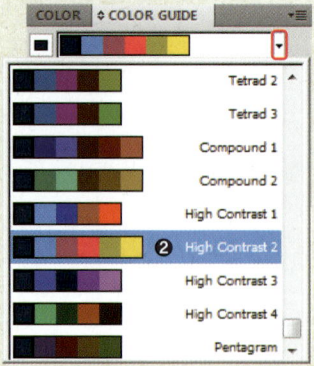

04 ❶중간 톤 영역을 클릭한 다음 ❷❸한 단계 밝은 핑크색을 클릭해 칠합니다. ❹배경을 클릭하고 ❺❻한 단계 밝은 노란색을 클릭합니다.

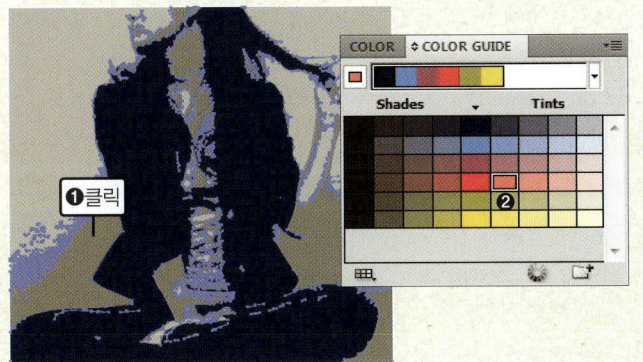

05 글자를 추가하거나 색을 바꾸면 콜라주 일러스트를 만들 수 있습니다.

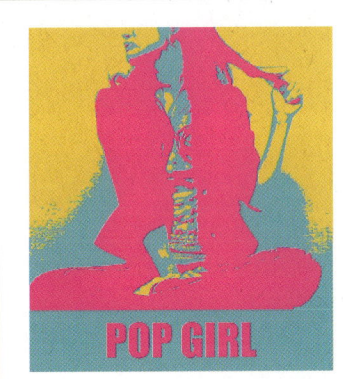

콜라주 느낌을 제대로 살리고 싶다면 명암 대비가 강한 사진을 써야 합니다. 그림자가 강하거나 흑백 대비가 명확한 사진을 이용해 복습해보세요.

Lesson 16
쉽게 만드는 배경 일러스트

일러스트레이터에서는 각종 인쇄물, 간판, 방송, 캐릭터 등에 쓰이는 세련된 배경을 손쉽게 만들 수 있습니다. 왜곡 툴로 오브젝트를 변형할 수 있고, 메시 툴을 이용해 자유로운 위치에 원하는 색으로 그레이디언트를 표현할 수 있습니다. 메시 메뉴를 이용해 오브젝트를 왜곡시킬 수 있으며, 블렌딩 모드를 이용해 신비로운 합성 효과를 만들 수 있으며, 블렌드를 적용해 자연스럽게 연결된 수많은 오브젝트를 만들 수 있습니다. 왜곡 툴, 메시 툴과 메뉴, 블렌딩 모드와 블렌드를 활용해서 배경 일러스트를 만들어보겠습니다.

 완성 파일 : 부록CD\Sample\Part05\Lesson16.ai

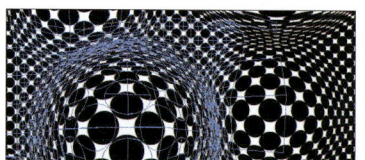 > 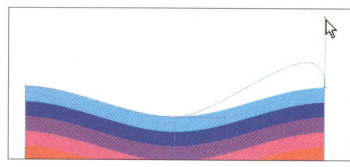 >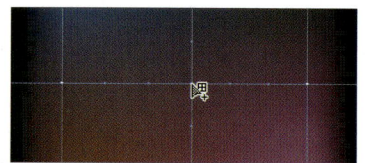

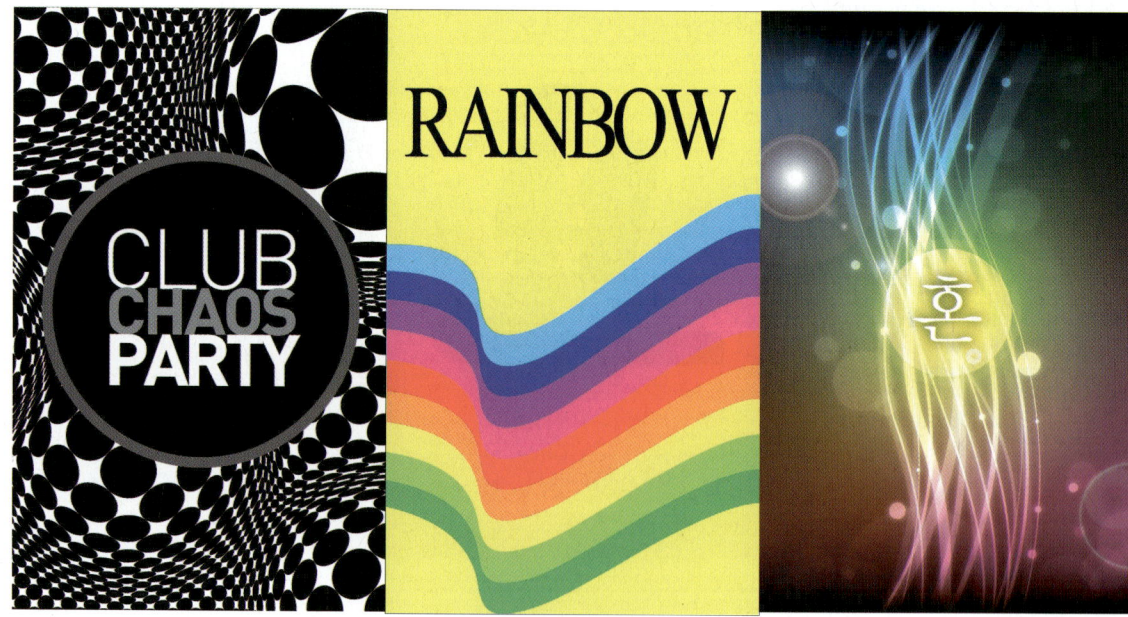

패턴과 왜곡 툴을 이용해 배경 만들기

01 ❶Ctrl+N을 눌러 A4 크기로 새 창을 만듭니다. ❷사각형 툴(■)로 ❸빈 화면을 클릭해서 ❹❺사방이 20cm인 정사각형을 그립니다.

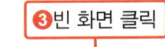
❸빈 화면 클릭

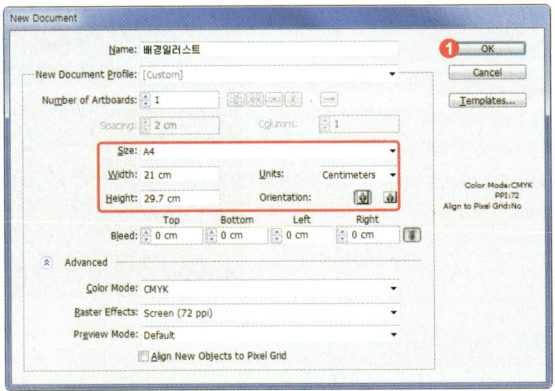

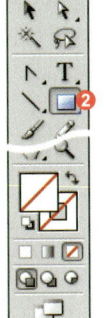

02 ❶[Window]-[Swatch Libraries]-[Patterns]-[Basic Graphics]-[Basic Graphics_Dots] 메뉴를 선택합니다. ❷❸일곱 번째 패턴을 클릭해 패턴을 채웁니다.

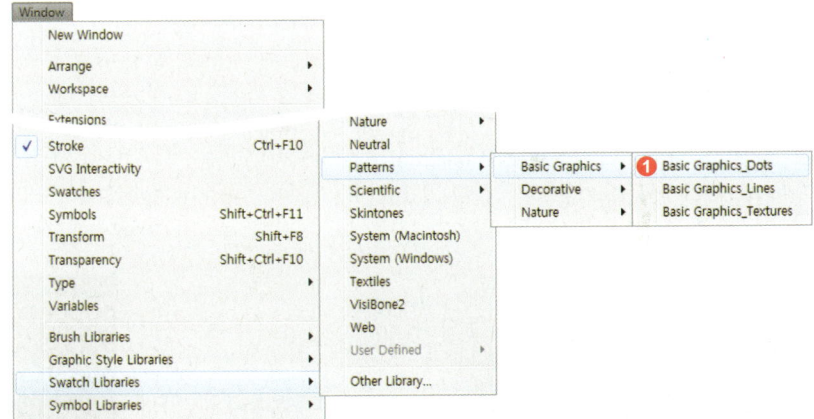

패턴 패널 오른쪽에 있는 ≡ 버튼을 눌러 패턴 섬네일 크기를 선택할 수 있습니다.

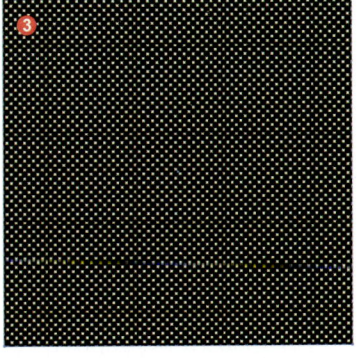

03 ❶스케일 툴(🔲)을 더블클릭해서 ❷❸패턴만 150% 확대합니다. ❹[Object]-[Expand]
메뉴를 선택해 ❺❻패턴을 일반 오브젝트로 바꿉니다. 패턴 오브젝트를 일반 오브젝트로 바
꿔도 겉보기에는 변화가 없습니다(Ctrl+Y를 눌러 외곽선을 확인할 수 있습니다).

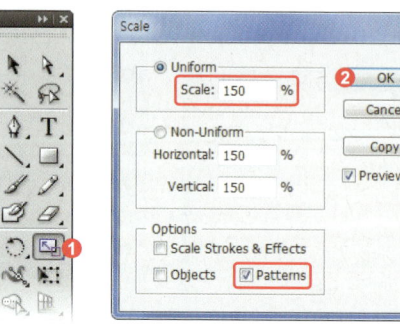
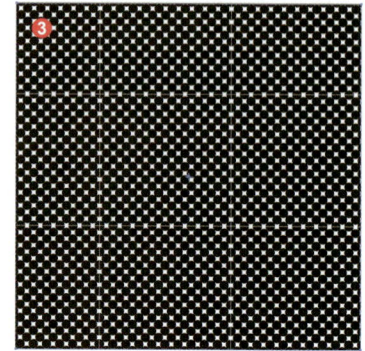

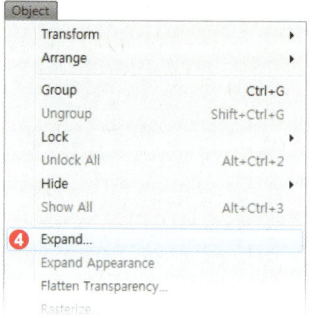
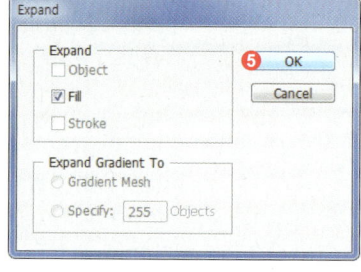
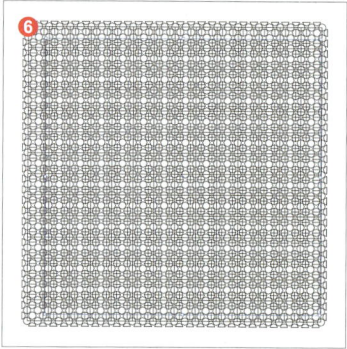

Expand 적용 후 외곽선 상태

04 ❶폭 툴(🖊)을 꾹 누르면 왜곡 툴이 일곱 가지 나타납니다. 이 중 확대 왜곡 툴(🔴)을 선
택하고 ❷Alt+Shift+드래그해서 적용 범위를 조절합니다. ❸오브젝트 위를 클릭하면 클릭한
부분이 확대됩니다.

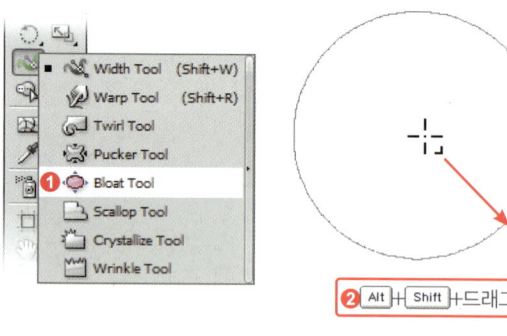
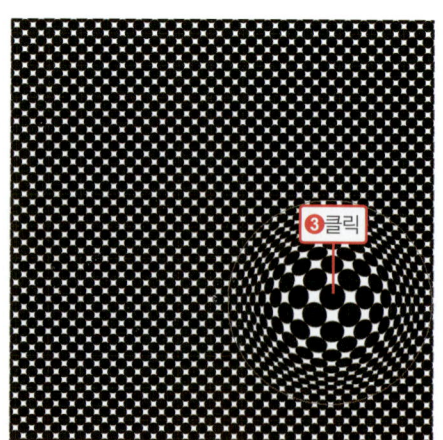

05 ❶같은 방법으로 툴 크기를 조정하면서 군데군데 클릭해서 입체적인 모양을 만듭니다. ❷ 사각형을 그린 다음 ❸선택 툴( )로 왜곡 툴을 사용한 배경과 함께 선택합니다. ❹ Ctrl + 7 을 눌러 클리핑 마스크를 씌우면 불규칙하게 볼록한 동그라미 패턴 배경이 만들어집니다. ❺도 형과 글자를 이용해 필요한 디자인에 적용할 수 있습니다(글자 쓰는 방법은 Part 06을 참고 하세요).

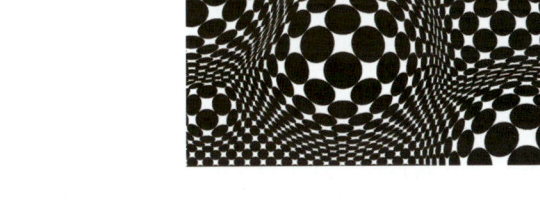

Tip 왜곡 툴 자세히 보기

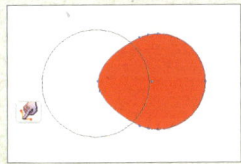

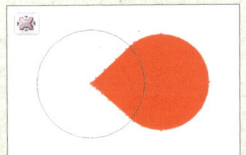

손가락으로 밀어 넣듯 드래그하 는 방향으로 패스를 밀어 왜곡시 킵니다.

마우스로 패스 부분을 꾹 누르면 누른 부분이 회오리 모양으로 왜 곡됩니다. All 를 누르면 반대 방 향으로 회오리 모양을 만들 수 있습니다.

마우스로 클릭하거나 꾹 누른 곳 으로 패스가 모여듭니다.

마우스로 클릭하거나 꾹 누른 곳 으로 패스가 팽창됩니다.

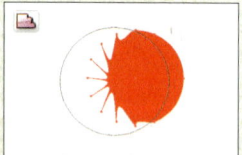 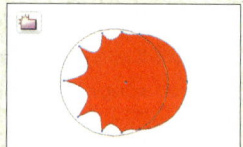 

마우스로 클릭하거나 꾹 누른 곳
의 가운데 쪽으로 패스가 오그
라들어 풍선이 터진 모양으로 뾰
족하게 왜곡됩니다.

마우스로 클릭하거나 꾹 누른 곳
의 가장자리로 패스가 뻗어나가
풍선이 터진 모양으로 뾰족하게
왜곡됩니다.

마우스로 클릭하거나 꾹 누른 곳
을 종이를 구긴 것처럼 주름지게
왜곡됩니다.

❶패턴 라이브러리를 이용하면 패턴 속성에 따라
반복되는 경계선에 미세한 틈이 생길 수 있습니다. ❷
원하는 오브젝트를 반복해서 복제하고 패턴과 같은
모양을 만든 다음 왜곡 툴을 사용하면 빈틈이 없는
왜곡 배경을 만들 수 있습니다.

 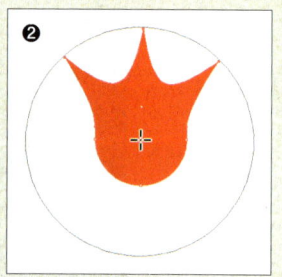

Lines 패턴을 Expand한 후 확대 툴
을 클릭한 경우

선 오브젝트를 반복해 패턴 모양을
만든 다음 확대 툴을 클릭한 경우

❶오브젝트의 일부 기준점만 선택한 다음 ❷왜곡
툴을 사용하면 선택한 기준점에만 왜곡 효과를 만들
수 있습니다.

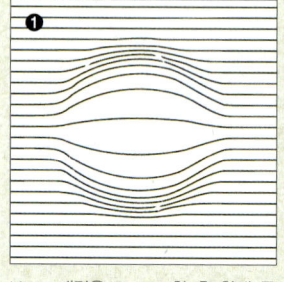 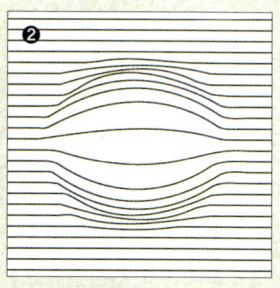

원 오브젝트의 기준점 하나만 직접
선택 툴로 선택했을 때

오브젝트보다 큰 크기의 왜곡 툴로
클릭했을 때

왜곡 툴을 활용하면 오브젝트를 손쉽게
왜곡해서 그림을 그릴 수 있습니다. 텍스트,
그래프, 심벌을 포함하는 오브젝트에는
사용할 수 없으므로 일반 오브젝트로
만든 다음 사용하기 바랍니다. 각 툴을
더블클릭하면 세부 옵션을 원하는 대로
설정할 수 있습니다.

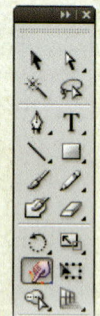 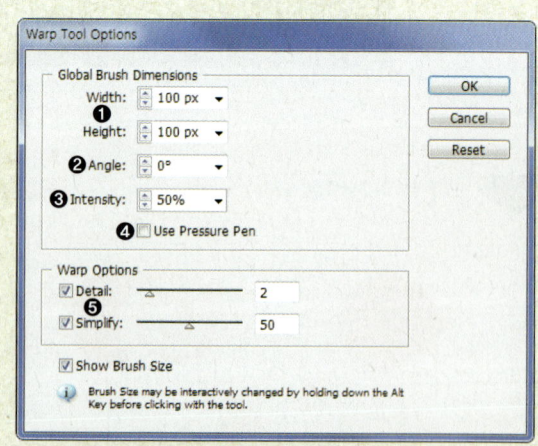

밀기 왜곡 툴을 더블클릭했을 때 나타나는 창

❶ Width와 Height : 왜곡할 범위의 너비와 높이를 조절합니다.

❷ Angle : 왜곡할 범위의 방향을 조절합니다.

❸ Intensity : 왜곡 반응 속도를 지정합니다. 수치가 높을수록 빠르게 왜곡됩니다.

❹ Use Pressure Pen : 태블릿을 사용할지 선택합니다. 태블릿이 연결되어 있지 않으면 선택할 수 없습니다.

❺ Detail, Simplify : Detail 값이 클수록 점이 가깝게 찍힙니다. Simplify 값이 클수록 불필요한 점을 줄일 수 있습니다.

🖱 툴의 추가 옵션인 Twirl Rate : 회전 비율을 지정합니다. 범위는 −180° ~ +180° 입니다. − 값은 시계 방향, + 값은 시계 반대 방향으로 오브젝트를 회전합니다. 값이 −180° 또는 180°에 가까울수록 오브젝트는 더 빠르게 돌아갑니다. 느리게 돌리려면 0°에 가까운 값으로 지정합니다.

🖱🖱🖱 툴의 추가 옵션인 Complexity : 왜곡 결과가 오브젝트 윤곽선에서 얼마나 근접할지 지정합니다.

메시 메뉴를 이용해 배경 만들기

06 ❶[Window]–[Swatch Libraries]–[Kids Stuff] 메뉴를 선택하면 어린이와 어울리는 알록달록한 컬러 그룹이 나타납니다. ❷[Rainbow] 컬러 그룹에서 📁 모양을 클릭하면 ❸그룹 폴더가 스와치 패널에 등록됩니다.

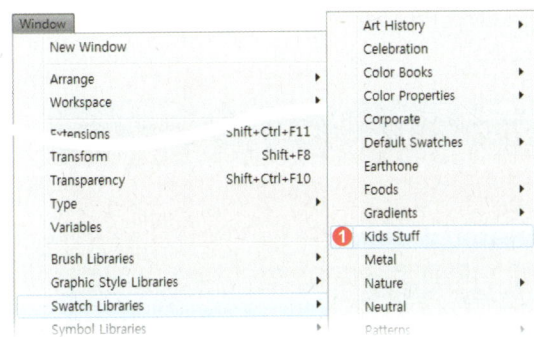

07 ❶선 색을 투명으로 만들고 면 색이 위로 오도록 클릭합니다. ❷사각형 툴(▢)로 ❸화면을 클릭해서 ❹❺20×1cm인 직사각형을 그립니다. ❻등록된 컬러 패널에서 첫 번째 스와치를 클릭하면 ❼면에 파란색이 칠해집니다.

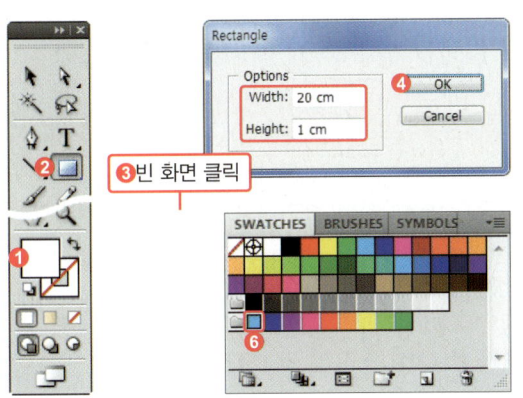
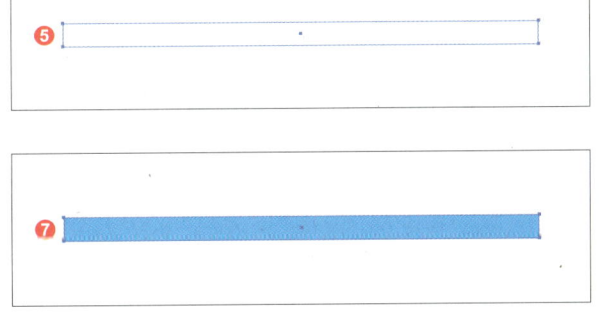

08 ❶선택 툴( )을 더블클릭합니다. ❷세로(Vertical)에 1을 입력하고 Copy 버튼을 누르면 ❸1cm 아래에 오브젝트가 복제됩니다. ❹스와치 패널에서 두 번째 스와치를 클릭해서 ❺남색을 칠합니다. ❻ Ctrl + D 를 누르면 방금 실행한 복제 작업이 재실행되면서 1cm 아래에 오브젝트가 복제됩니다. ❼세 번째 스와치를 클릭해서 보라색으로 칠합니다. ❽같은 방법으로 Ctrl + D 를 누른 후 다음 스와치를 클릭해 컬러 그룹의 색을 모두 만듭니다.

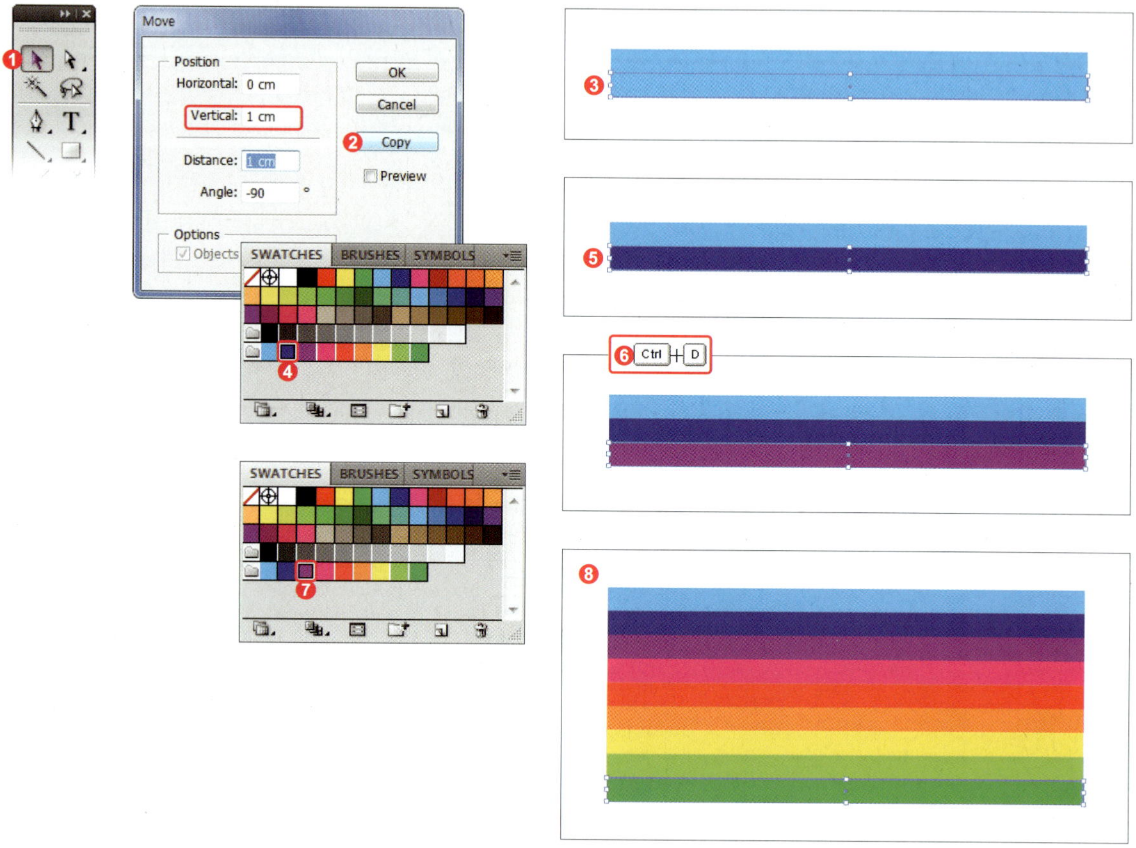

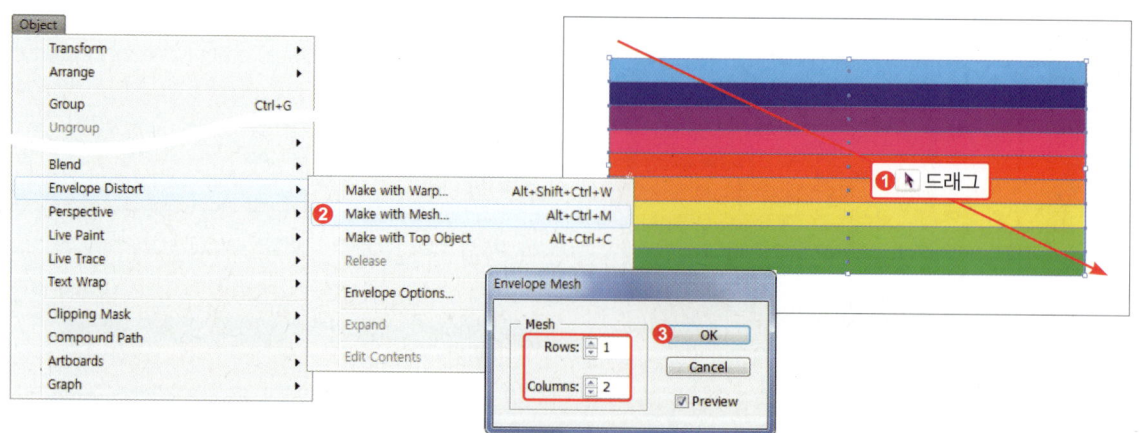

09 ❶오브젝트 전체를 선택하고 ❷[Object]–[Envelope Distort]–[Make with Mesh] 메뉴를 선택합니다. ❸Rows에 1, Columns에 2를 입력하고 OK 버튼을 누릅니다.

10 ❶오브젝트 전체를 두 칸으로 나눈 패스가 생깁니다. 직접 선택 툴( )로 왼쪽 기준점 두 개를 선택하고 ❷ Shift 를 누른 채로 ↑을 두 번 누르면 무지개 색 사각형 오브젝트가 자연스 럽게 따라 올라갑니다. ❸반대쪽 패스를 선택하고 ❹ Shift 를 누른 채로 ↑을 누르면 좌우가 대 칭인 곡선 오브젝트가 만들어집니다.

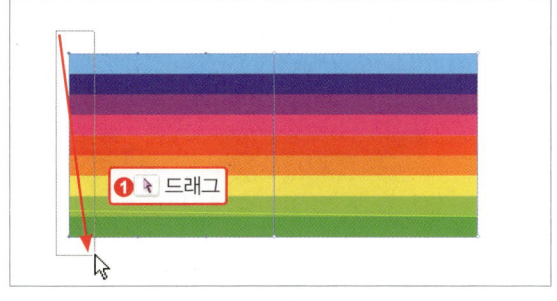

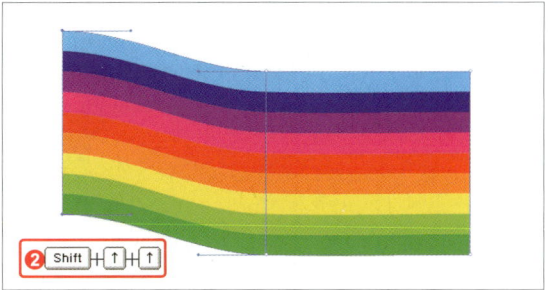

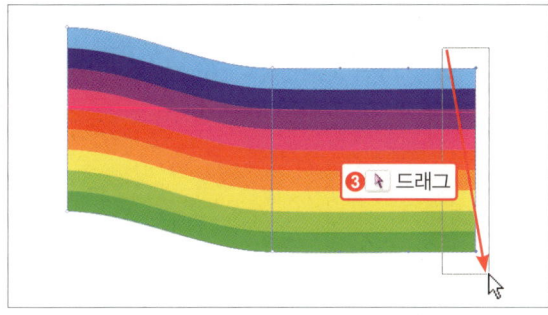

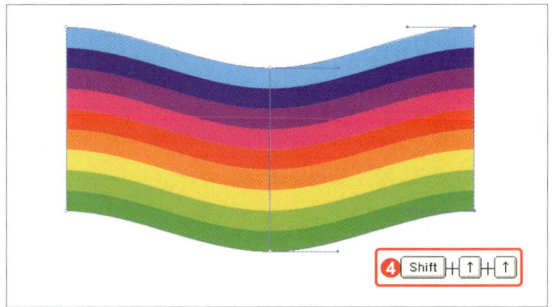

11 메시 메뉴로 메시를 만들면 그룹으로 묶인 전체 오 브젝트를 하나로 인식하기 때문에 수정된 패스 모양대 로 오브젝트 모양이 따라 수정됩니다. ❶직접 선택 툴 ( )로 기준점을 클릭하면 각도를 조절할 수 있는 방향 선이 나타납니다. 방향선을 드래그해서 원하는 곡선 모 양을 만들어보세요. ❷❸ Shift 와 함께 사용하면 방향선 을 수직·수평 방향으로 반듯하게 조정할 수 있습니다.

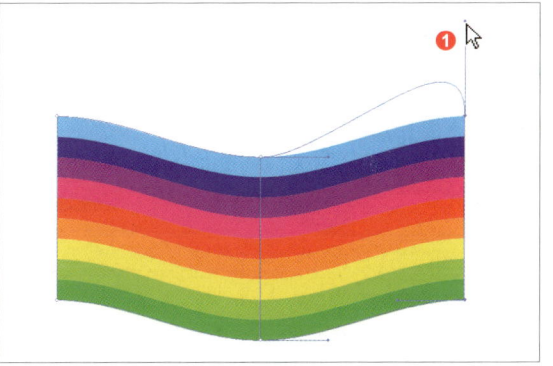

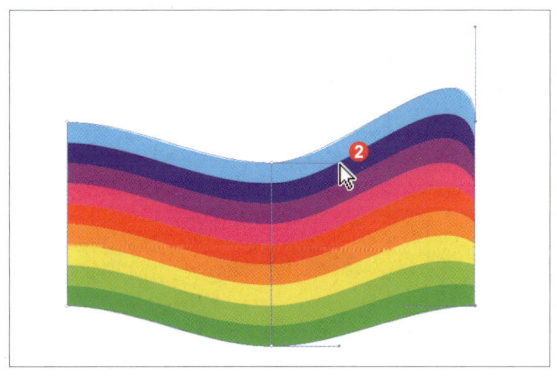

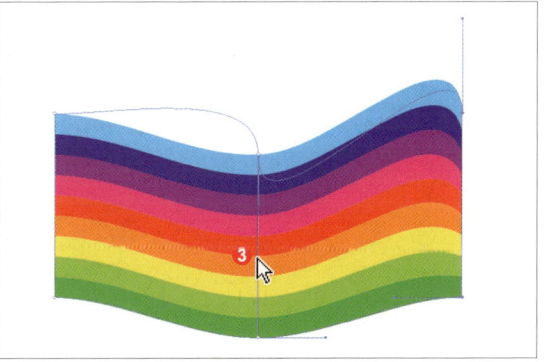

12 ❶원하는 곡선 모양을 만들고 크기를 조정한 후 배경색을 채우면 자연스럽게 물결치는 컬러 배경이 완성됩니다. ❷도형과 글자를 더해 필요한 디자인에 적용할 수 있습니다(글자 쓰는 방법은 Part 06을 참고하세요).

Tip ▶ 메시 메뉴 활용하기

01 ❶메시로 왜곡된 오브젝트를 선택하고 ❷ [Object]-[Envelope Distort]-[Release] 메뉴를 선택하면 ❸❹원본 오브젝트와 메시 영역이 분리되어 따로 선택하거나 이동할 수 있습니다.

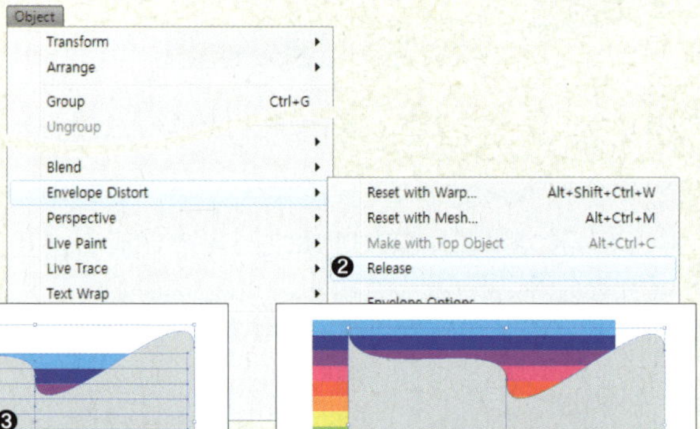

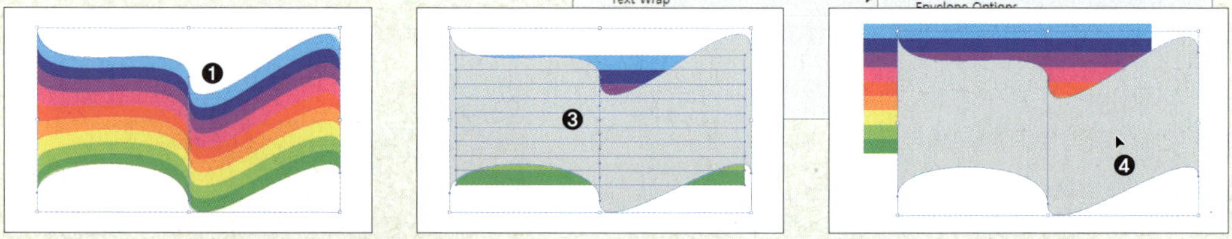

Object
Transform ▶
Arrange ▶
Group   Ctrl+G
Ungroup
Blend ▶
Envelope Distort ▶
Perspective ▶
Live Paint ▶
Live Trace ▶
Text Wrap ▶

Reset with Warp...   Alt+Shift+Ctrl+W
Reset with Mesh...   Alt+Ctrl+M
Make with Top Object   Alt+Ctrl+C
❷ Release
Envelope Options...

02 ❶분리된 오브젝트를 함께 선택하고 ❷[Object]-[Envelope Distort]-[Make with Top Object] 메뉴를 선택하면 ❸다시 메시 오브젝트와 합성됩니다.

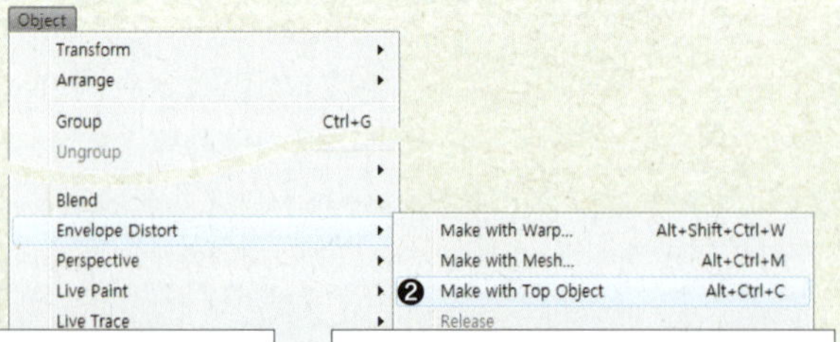

Object
Transform ▶
Arrange ▶
Group   Ctrl+G
Ungroup
Blend ▶
Envelope Distort ▶
Perspective ▶
Live Paint ▶
Live Trace ▶

Make with Warp...   Alt+Shift+Ctrl+W
Make with Mesh...   Alt+Ctrl+M
❷ Make with Top Object   Alt+Ctrl+C
Release

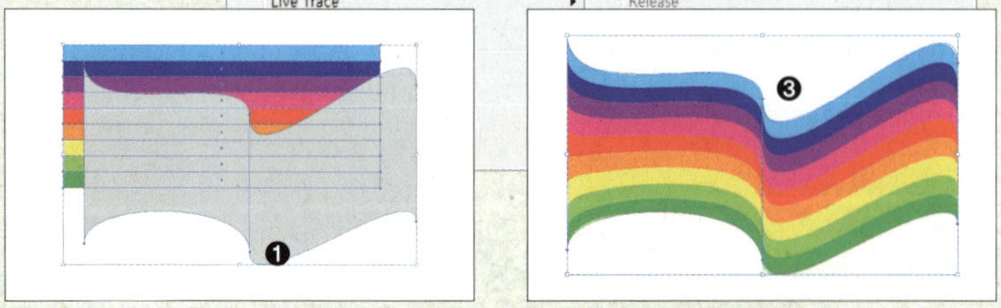

03 ❶메시로 왜곡된 오브젝트를 선택하고 ❷ [Object]-[Envelope Distort]-[Expand] 메뉴를 선택하면 ❸❹왜곡된 모양대로 일반 오브젝트가 되면서 곡선이 된 컬러 오브젝트를 분리할 수 있습니다.

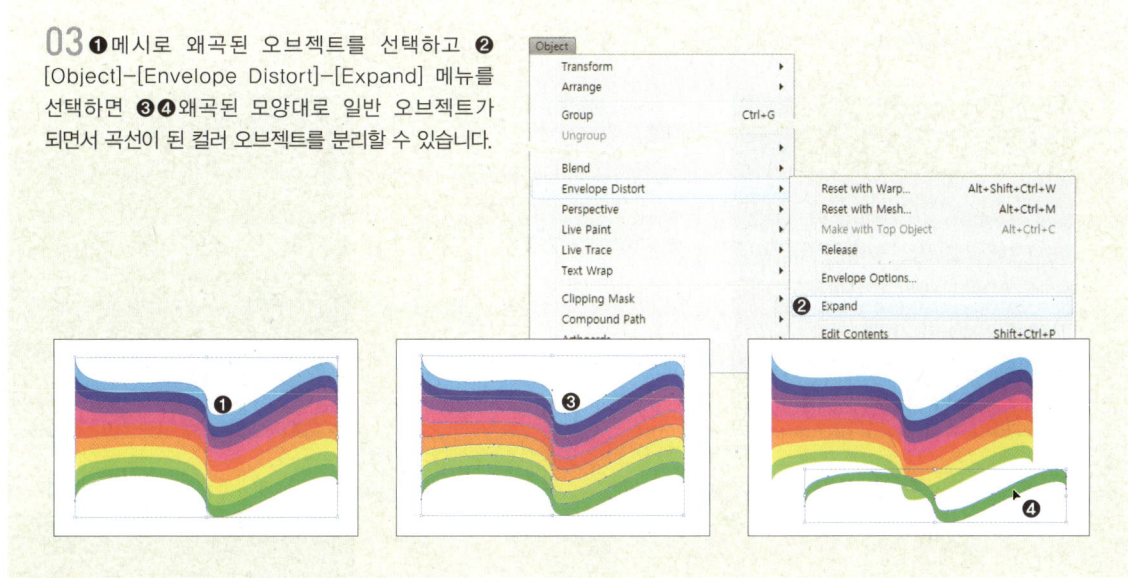

블렌딩 모드로 합성한 배경 만들기

01 ❶사각형 툴(▢)로 ❷화면을 클릭해서 ❸사방이 20cm인 정사각형을 그립니다. ❹❺CMYK 가 모두 100%인 검정으로 색을 칠합니다. ❻❼메시 툴(▦)로 사각형 왼쪽 위를 클릭하면 면이 쪼개지면서 세그먼트가 생깁니다. ❽❾이 상태에서 검청색(C100, M50, K60)을 칠하면 클릭한 기준점에만 색이 칠해지고, 칠한 색은 다른 기준점 색과 부드럽게 이어집니다.

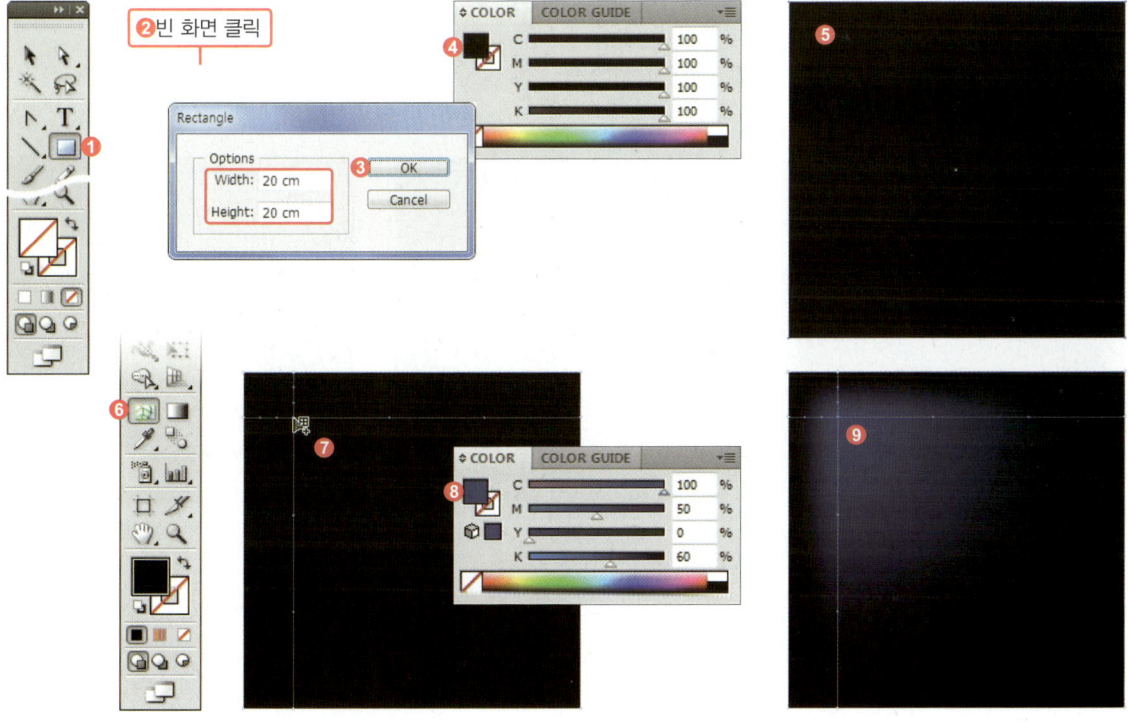

02 ❶❷❸오른쪽 아래를 클릭하고 자주색(M100, K50)으로 칠합니다. 메시 툴( )을 이용하
면 한 오브젝트 안에서 기준점을 만들고, 그 점을 이용해 자연스럽게 칠할 수 있습니다.

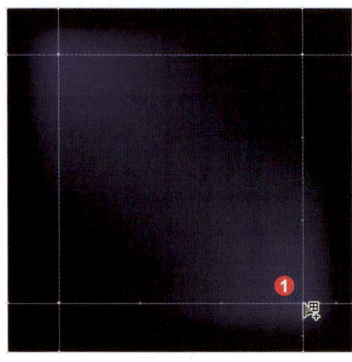
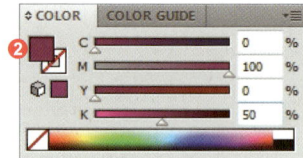
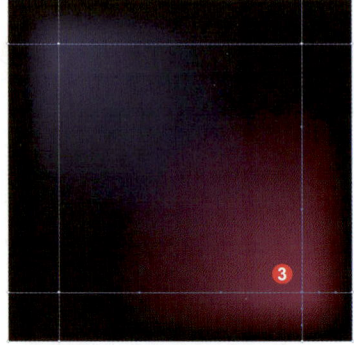

03 ❶오른쪽 위 기준점을 클릭하면 기준점이 선택됩니다. ❷진녹색(C100, M80, Y100, K50)으로 칠하고 ❸❹왼쪽 아래의 기준점은 적갈색(M80, Y100, K70)으로 칠합니다. ❺마지막으로 사각형 가운데를 클릭해 메시 기준점을 추가합니다. ❻❼연두색(C50, Y100)으로 칠하고 ❽Ctrl+2를 눌러 메시로 만든 배경을 임시로 고정합니다.

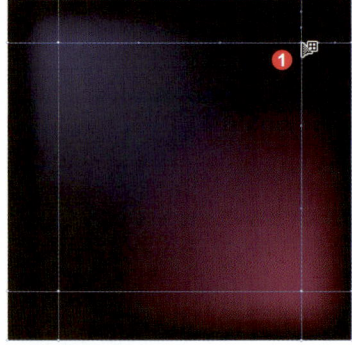

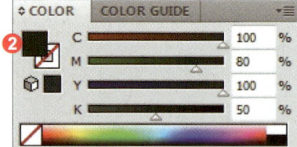
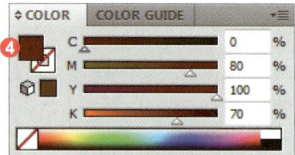
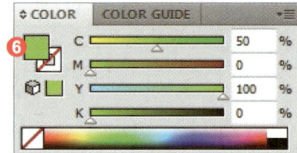

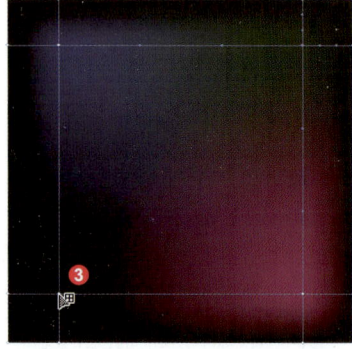
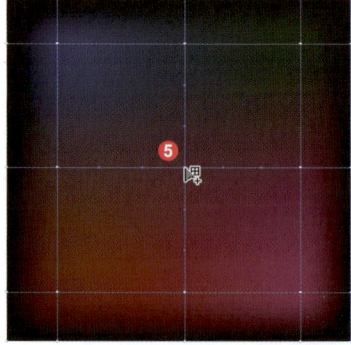
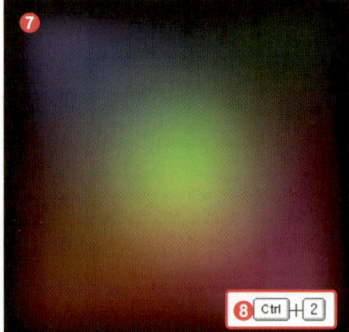

04 ❶면 색은 투명, 선 색은 흰색으로 설정합니다. ❷펜 툴(✒)로 ❸❹배경 가운데에 물결 모양 곡선을 그립니다. 조금 겹치도록 곡선을 여러 개 그립니다. ❺컨트롤 패널이나 스트로크 패널을 이용해서 선 굵기를 다양하게 조절합니다. ❻다양한 굵기의 선을 모두 선택합니다.

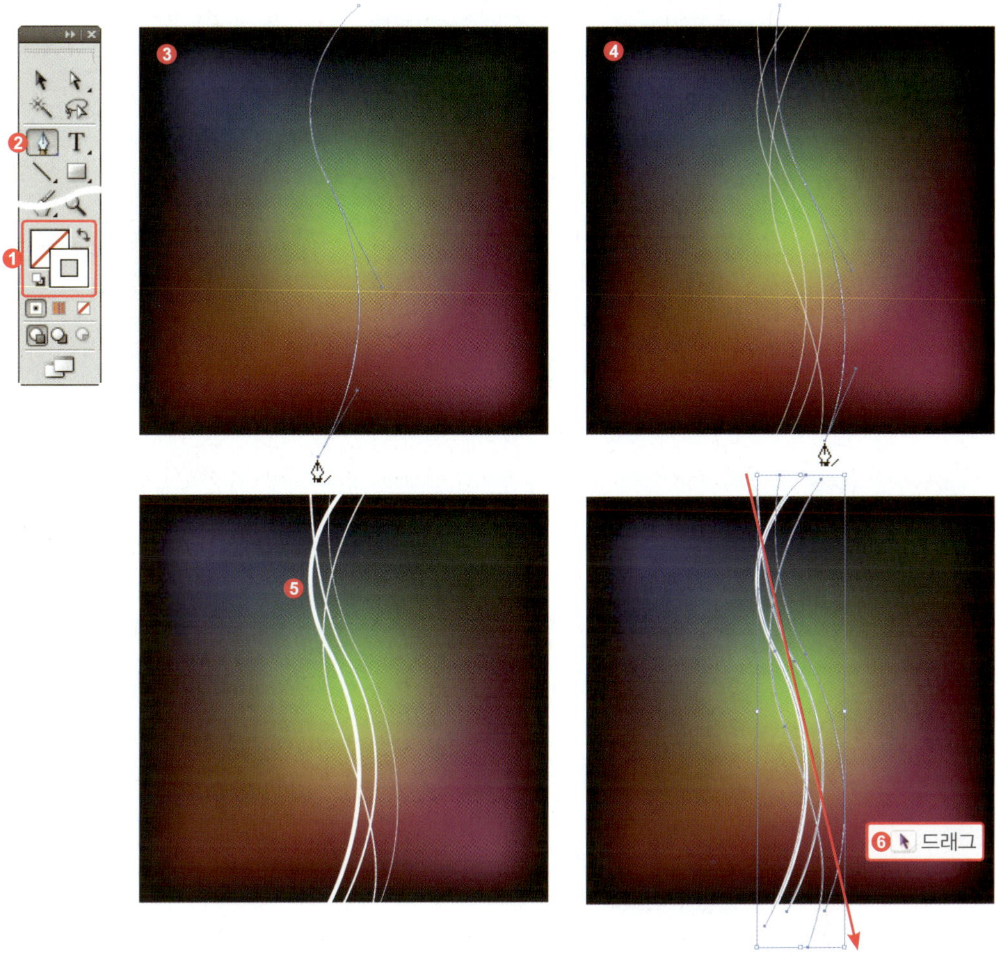

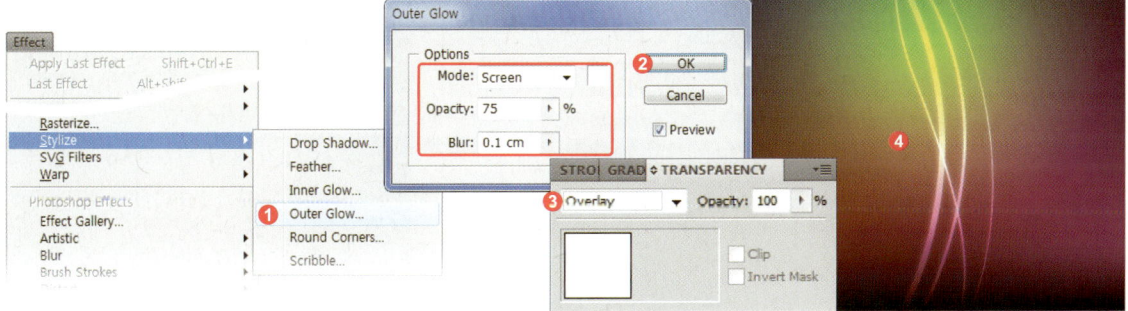

05 ❶[Effect]-[Stylize]-[Outer Glow] 메뉴를 선택합니다. Outer Glow는 오브젝트 바깥쪽으로 빛이 번지는 효과를 만듭니다. ❷Mode는 Screen, 오른쪽 컬러 스와치를 클릭한 후 흰색을 선택하고 Blur에 0.1을 입력한 후 OK 버튼을 누릅니다. ❸❹투명도 패널에서 블렌딩 모드를 Overlay로 선택하면 배경 색이 투명하게 비치면서 빛나는 흰색 물결이 만들어집니다.

06 ❶선을 복제하거나 추가해 선을 풍성하게 만듭니다. ❷투명도 패널에서 Opacity 값을 줄여 반투명한 효과를 냅니다. ❸투명 선도 만들어 함께 겹치면 훨씬 자연스러워집니다.

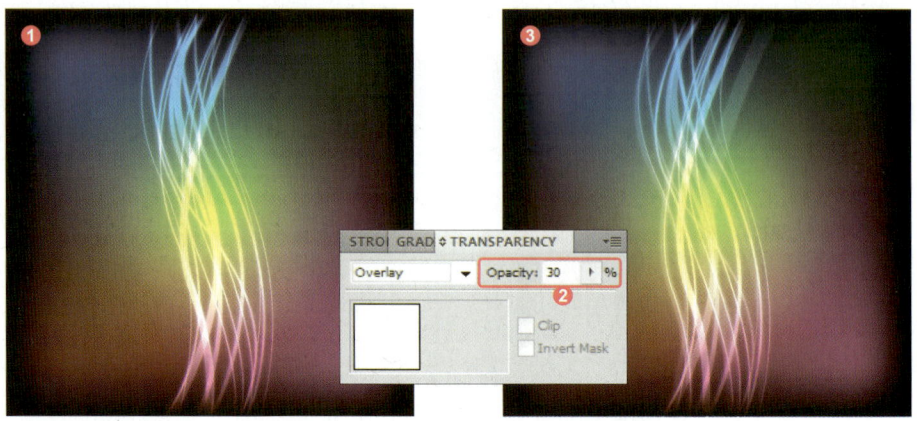

07 ❶❷원형 툴(◉)로 흰색 원을 그리고 ❸선에 적용한 Outer Glow 이펙트와 Overlay 블렌딩 모드를 적용합니다. ❹원 크기와 투명도를 조절해서 주변을 장식하면 빛나는 물결 무늬 배경이 완성됩니다.

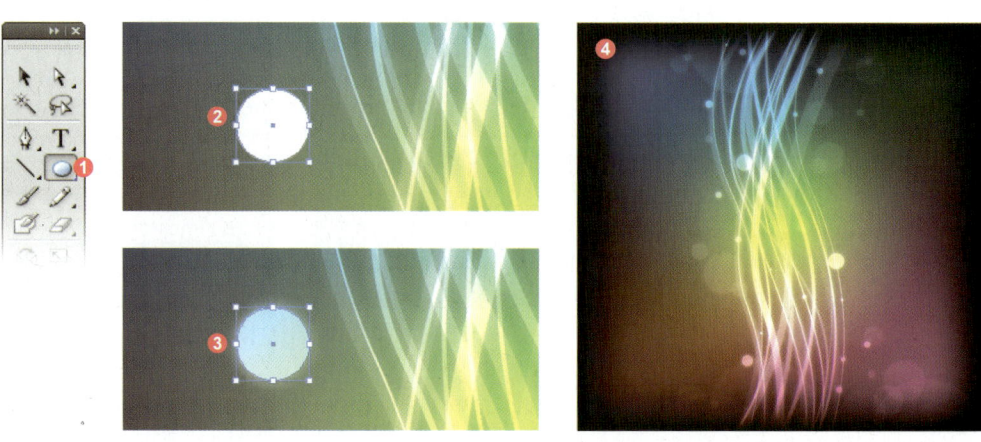

08 마지막으로 태양광 느낌을 더해보겠습니다. ❶플레어 툴(◉)을 선택하고 ❷빛이 시작될 부분(메인 플레어)을 드래그합니다. 드래그하는 도중에 ↑을 누르면 방사선이 늘어나고, ↓을 누르면 줄어듭니다.

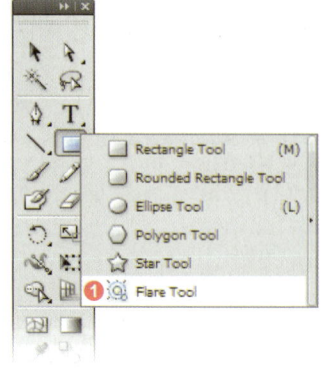

TIP **Create Gradient Mesh 메뉴를 이용한 그레이디언트 메시**

01 ❶선택한 오브젝트에 그레이디언트 메시를 만들 때 ❷[Object]-[Create Gradient Mesh] 메뉴를 이용하면 메시를 정확히 나눌 수 있습니다. ❸❹Appearance를 Flat으로 선택하면 메시 선만 만들어집니다. 직접 선택 툴( )로 기준점이나 면을 클릭해서 다른 색을 칠할 수 있습니다.

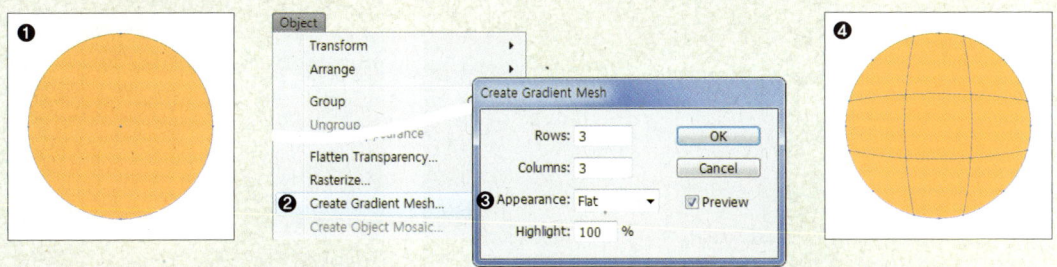

02 ❶Appearance에서 To Center를 선택하면 ❷가운데 면 또는 기준점에 하이라이트가 만들어집니다. 하이라이트 색은 Highlight에 입력한 숫자로 결정됩니다. ❸❹Appearance에서 To Edge를 선택하면 가장자리에 하이라이트가 만들어집니다.

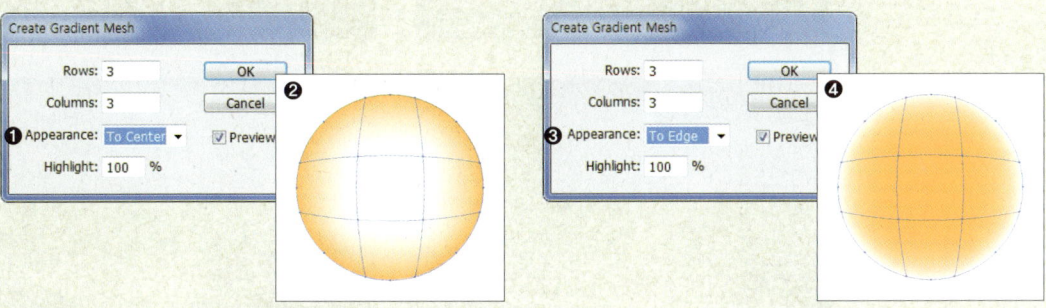

03 ❶그레이디언트나 패턴이 적용된 오브젝트에 ❷그레이디언트 메시를 만들면 흑백 메시가 만들어집니다. ❸Stroke가 적용된 오브젝트에 ❹그레이디언트 메시를 만들면 선은 사라지고 메시가 면에만 적용됩니다.

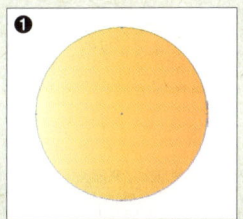
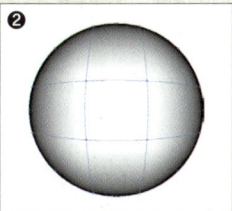
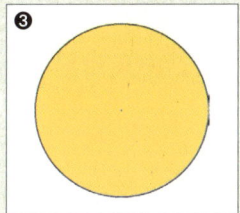
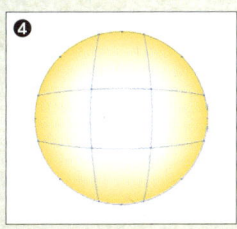

TIP **플레어 툴 옵션 자세히 보기**

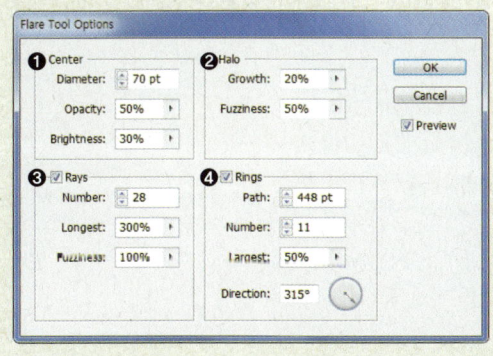

플레어 툴( )을 더블클릭하거나 빈 화면을 클릭하면 툴의 세부 옵션을 설정할 수 있습니다.
❶ Center : 메인 플레어의 크기, 투명도, 밝기를 설정합니다.
❷ Halo : 후광 크기와 정도를 설정합니다.
❸ Rays : 광선의 수, 길이, 선명도를 설정합니다.
❹ Rings : 빛 고리 수, 크기, 방향, 각도를 설정합니다.

09 ❶떨어진 곳을 클릭하면 빛과 이어진 빛 고리가 생깁니다. ❷플레어 중심에 마우스를 갖다 대면 마우스 포인터가 ✛ 모양이 되고, 이때 드래그하면 플레어 위치를 바꿀 수 있습니다. ❸광선을 누르거나 드래그하는 도중에 ⬆을 누르면 연결 부분에 작은 빛 고리가 늘어나고, ⬇을 누르면 줄어듭니다. ❹광선의 적당한 위치와 빛을 추가해서 마무리합니다.

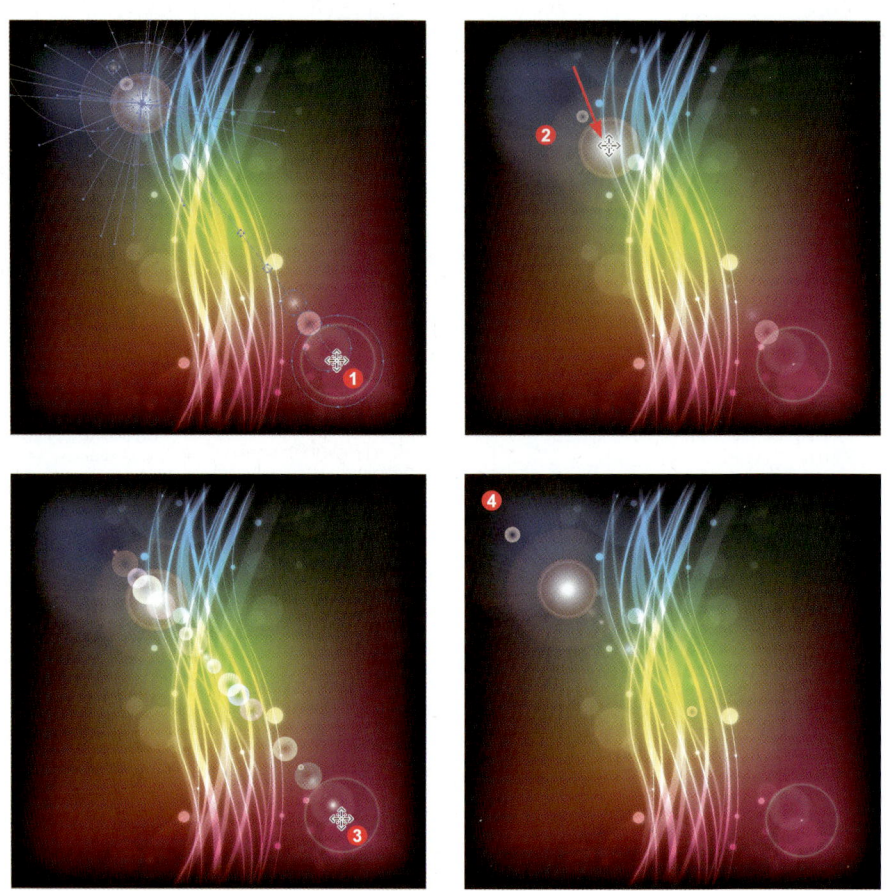

10 도형과 글자를 이용해 필요한 디자인에 적용할 수 있습니다(글자 쓰는 방법은 Part 06을 참고하세요).

01 ❶원형 툴(◉)로 그레이디언트가 적용된 타원을 그립니다. ❷❸회전 툴(↻)로
타원의 끝부분을 Alt+클릭하고 ❹Angle에 15를 입력한 후 OK 버튼을 누르면 ❺
Alt+클릭한 점을 기준으로 15° 회전된 곳에 타원이 복제됩니다.

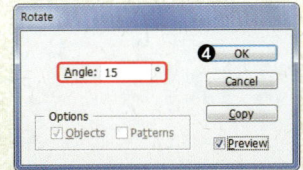

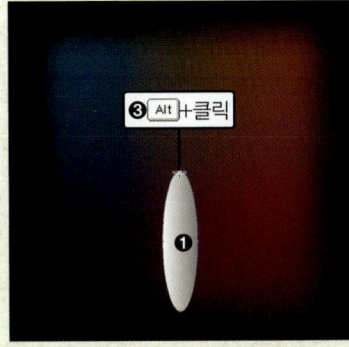

02 ❶Ctrl+D를 여러 번 눌러 복제한 타원이 동그란 형태를 만들 때까지 복제합니다. ❷타원 전체를 선택하고 ❸투명도
패널에서 블렌딩 모드를 Overlay로 선택합니다. ❹패스가 겹치는 부분이 투명하게 비치면서 멋진 배경이 만들어집니다. 선과
도형을 응용해서 다양한 배경 소스를 만들어보세요.

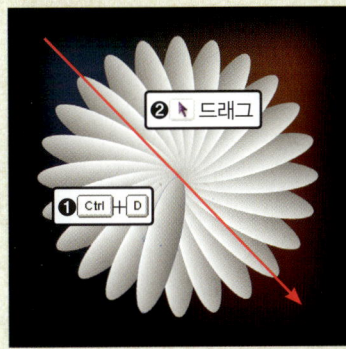

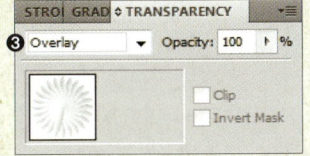

03 ❶배경이 밝다면 오브젝트를 선택하고 ❷투명도 패널에서 블렌딩 모드를 Multiply로 선택합니다. ❸선택한 오브젝트가
셀로판지처럼 어둡게 겹칩니다. 선과 도형과 블렌딩 모드를 응용해서 다양한 배경 소스를 만들어보세요.

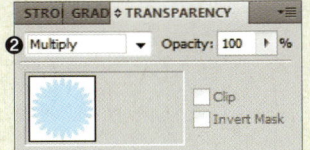

Lesson 17
브러시를 활용한 일러스트

일러스트레이터 CS5에서는 다양한 브러시 라이브러리를 제공합니다. 밧줄이나 사슬, 패턴이 반복된 프레임 등도 패스 흐름에 따라 자연스럽게 그려지도록 설정할 수 있습니다. 브러시 라이브러리를 사용하는 방법, 직접 만들어 쓰는 방법을 살펴보고, 일러스트레이터 CS5 신기능인 강모 브러시로 사과 일러스트를 그려보겠습니다.

실습 파일 : 부록CD\Sample\Part05\Lesson17-1.ai
완성 파일 : 부록CD\Sample\Part05\Lesson17-2.ai

 > 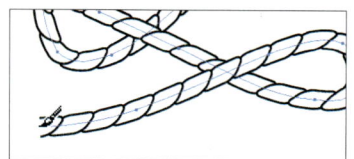 >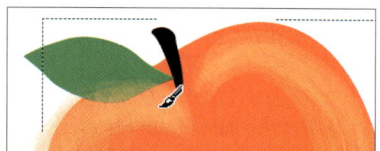

브러시 사용 방법

브러시를 이용하면 패스 모양에 스타일을 입힐 수 있습니다. 브러시 툴로 직접 그리거나 일반 패스에 브러시를 적용할 수 있습니다. 브러시에는 적용 스타일에 따라 캘리그래픽 브러시, 뿌리기 브러시, 아트 브러시, 강모 브러시, 패턴 브러시가 있습니다.

01 ❶브러시 툴을 선택하고 ❷브러시 패널에 표시되어있는 브러시를 선택해 사용할 수 있습니다. ❸❹[Window]–[Brush Libraries] 메뉴에서 브러시를 불러와 쓸 수도 있으며 만들어서 쓸 수도 있습니다.

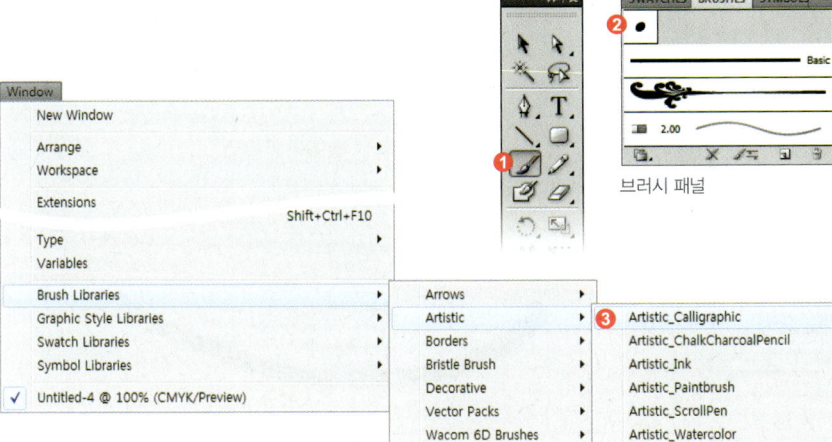

브러시 패널

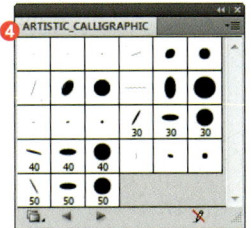

브러시 라이브러리 패널

Tip ▶ 브러시의 종류

❶ 캘리그래픽 브러시 : 붓으로 그린 것 같은 효과를 냅니다. 물방울 브러시로 사용하면 병합된 모양으로 그려집니다.

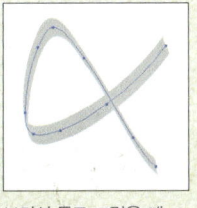

브러시 툴로 그렸을 때

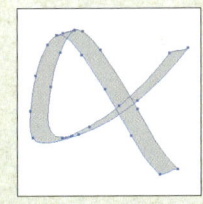

브러시 툴로 그린 다음 외곽선을 처리했을 때

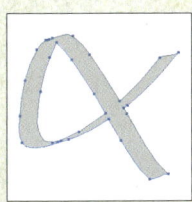

물방울 브러시 툴로 그렸을 때

❷ 뿌리기 브러시 : 패스를 따라 등록된 오브젝트를 반복해서 뿌려줍니다.

❸ 아트 브러시 : 등록된 오브젝트를 패스 길이만큼 늘려서 표현합니다.

❹ 패턴 브러시 : 등록된 오브젝트를 패턴처럼 반복해서 자연스럽게 그려줍니다. 패턴 브러시는 직선, 모퉁이, 끝 부분에 모양을 최고 다섯 개까지 추가해 각진 부분과 끝 부분을 원하는 모양으로 자연스럽게 표현할 수 있습니다.

❺ 강모 브러시 : 빳빳한 붓으로 그린 것 같은 효과를 냅니다.

02 ❶라이브러리 브러시를 클릭하면 ❷브러시 패널에 등록되고 브러시 패널에 등록된 브러
시는 더블클릭해서 ❸속성을 수정할 수 있습니다.

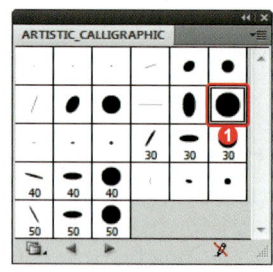 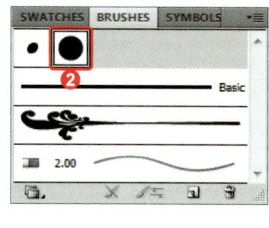 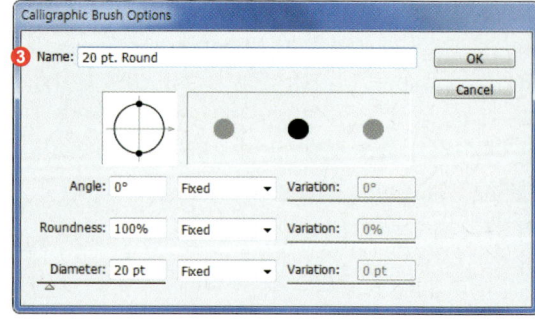

03 ❶브러시 툴을 선택하고 ❷브러시 패널에서 원하는 브러시를 선택합니다. ❸❹화면을 드
래그하면 두꺼운 선이 그려집니다.

 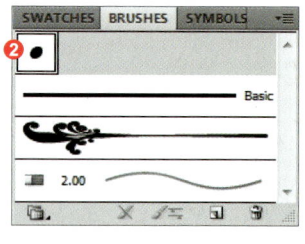 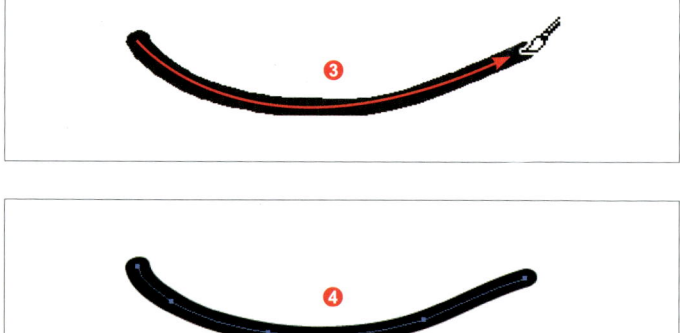

04 ❶❷컨트롤 패널에서 선 굵기를 키우
면 브러시 크기도 커집니다. ❸❹브러시 패
널 아래에 있는 ☒ 버튼을 누르면 브러
시 속성이 사라지고 일반 선 오브젝트가
됩니다.

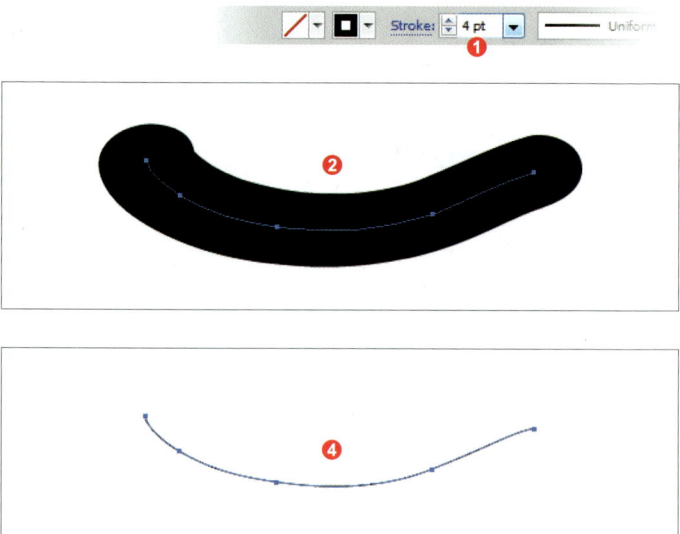

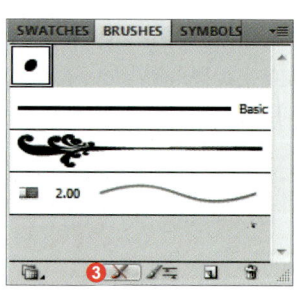

브러시 툴을 더블클릭하면 브러시 툴의 속성을 조정할 수 있습니다.

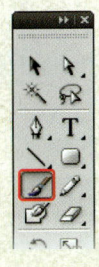
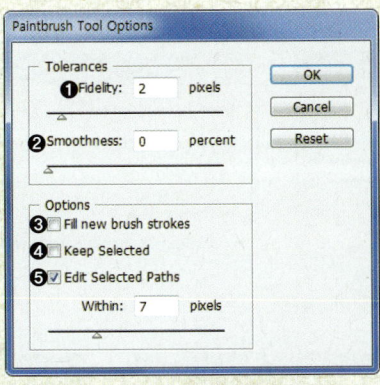

❶ Fidelity : 포인트 사이 간격을 설정합니다. 수치가 클수록 포인트 개수가 적습니다.

❷ Smoothness : 브러시의 부드러운 정도를 나타냅니다. 수치가 커지면 정교하게 드래그하지 않아도 부드럽고 완만하게 선이 그려집니다.

❸ Fill new brush strokes : 체크하면 지정된 면 색이 브러시에 적용됩니다.

❹ Keep Selected : 체크하면 드로잉한 다음 오브젝트가 선택된 상태가 됩니다.

❺ Edit Selected Paths : 먼저 그린 패스 위로 또 다른 패스를 그릴 때 자연스럽게 이어주는 옵션입니다. Within에서 이어지는 간격을 설정합니다.

계속해서 뿌리기 브러시, 패턴 브러시, 강모 브러시 사용법을 알아보겠습니다(캘리그래픽 브러시와 아트 브러시는 Part 07에서 공부하겠습니다).

사용자 정의 브러시 만들기

01 ❶사각형 툴(■)을 꾹 눌러 별 툴을 선택합니다. ❷화면을 드래그하는 도중 Ctrl 을 눌러 드래그해서 외각이 뾰족한 별을 그립니다. ❸❹면 색을 상아색(Y30), 선 색을 노란색(M15, Y60)으로 설정하고 ❺트랜스폼 패널을 이용해 너비를 1cm로 만듭니다.

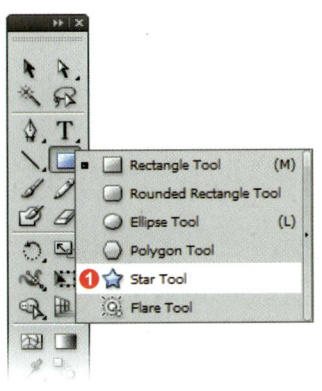
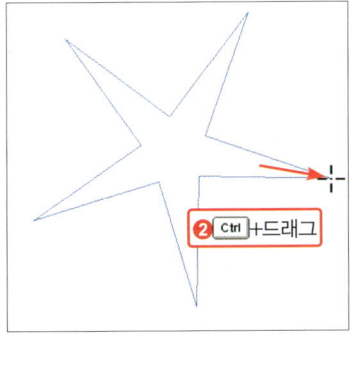
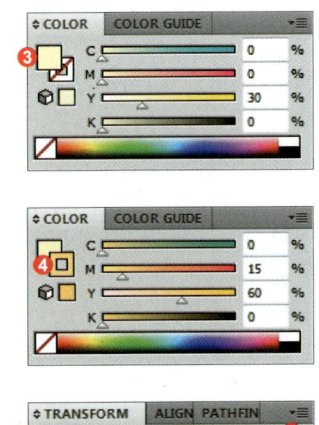
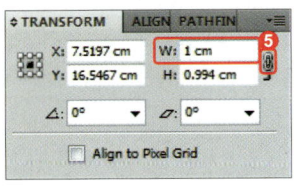

02 ❶완성된 별 오브젝트를 브러시 패널로 드래그해서 등록합니다. ❷Scatter Brush(뿌리기 브러시)를 체크하고 [OK] 버튼을 누릅니다. ❸❹브러시 이름을 입력하고 [OK] 버튼을 누르면 별 모양 뿌리기 브러시가 패널에 등록됩니다. ❺❻브러시 툴로 화면을 드래그하면 오브젝트가 같은 간격으로 찍힙니다.

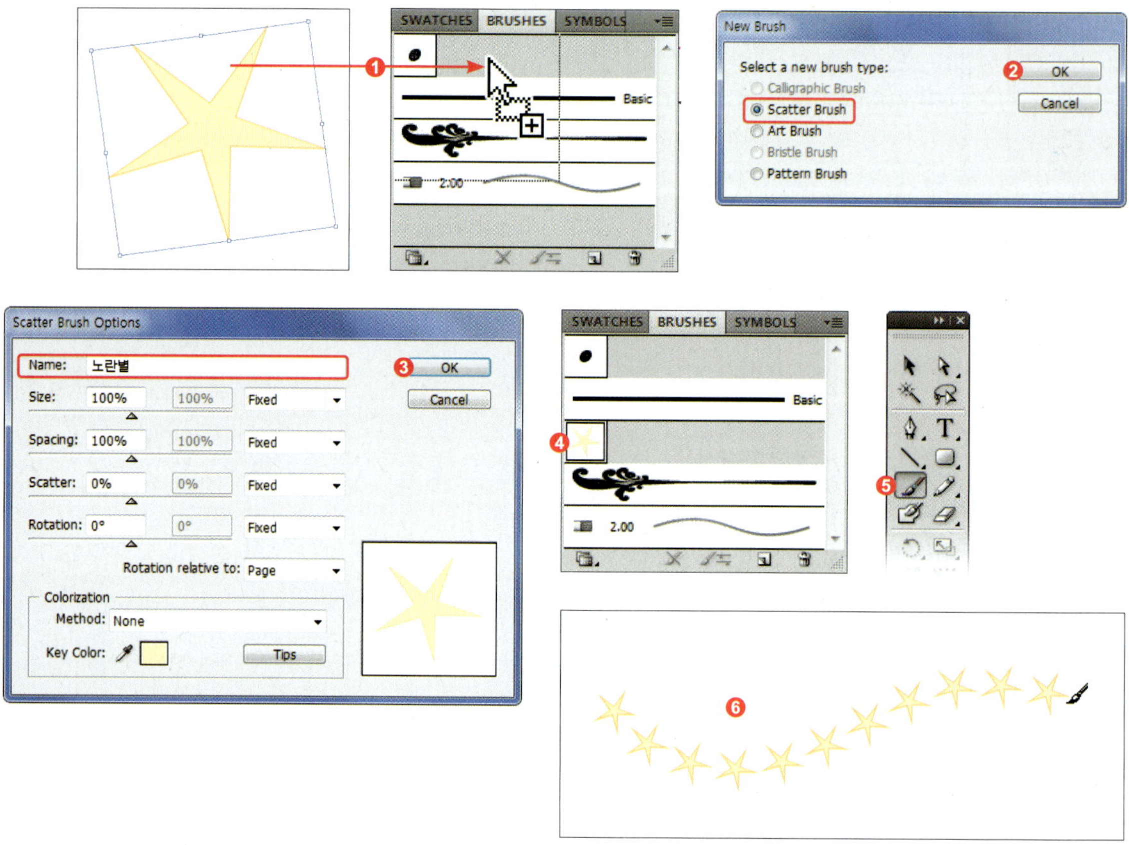

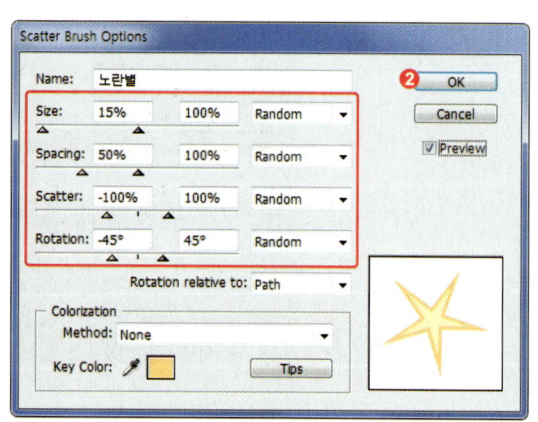

03 ❶브러시 패널에 등록된 브러시를 더블클릭하면 ❷옵션을 수정할 수 있습니다. 다음과 같이 설정하고 [OK] 버튼을 누른 후 ❸〈Apply to Strokes〉 버튼을 누릅니다.

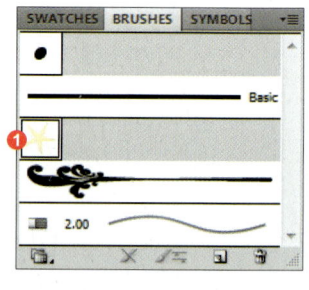

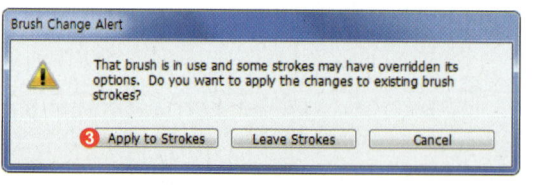

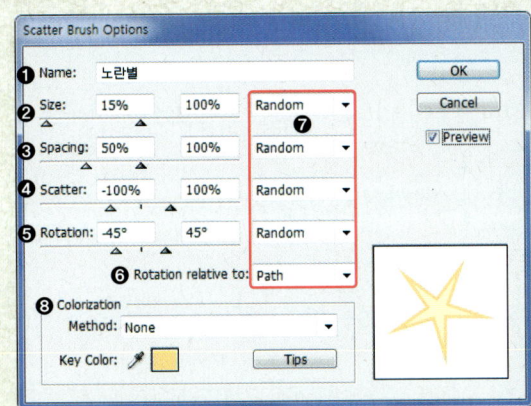

❶Name : 브러시의 이름을 정합니다.
❷Size : 오브젝트 크기를 조절합니다.
❸Spacing : 오브젝트 사이 간격을 조절합니다.
❹Scatter : 오브젝트와 패스 사이 간격을 조절합니다. 값이 클수록 오브젝트는 패스에서 멀리 떨어집니다.
❺Rotation : 오브젝트 회전 각도를 조절합니다.
❻Rotation relative to : 오브젝트 회전 기준을 설정합니다. Page를 선택하면 패스에 상관없이 화면을 기준으로 정방향으로 표시되고, Path를 선택하면 패스를 기준으로 오브젝트를 표시합니다.

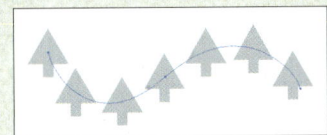

Page를 선택했을 때

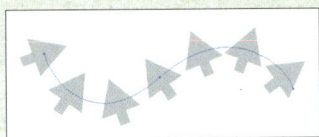

Path를 선택했을 때

❼브러시 변형을 조절할 수 있습니다.
　Fixed : 고정된 브러시를 만듭니다.
　Random : 랜덤으로 변하는 브러시를 만듭니다.
　Pressure : 태블릿을 연결했다면 필압에 따라 변하는 브러시를 만듭니다.
　Stylus Wheel(스타일러스 휠), Tilt(수직 감지), Bearing(기울기 감지),
　Rotation(회전 감지)에 따라 바뀌는 브러시를 만듭니다.
　해당 기능을 감지할 수 있는 태블릿이라야 쓸 수 있습니다.

❽Colorization : 브러시 색을 어떻게 나타낼지 정합니다.

브러시를 선택하고 지정한 선 색

None : 선 색과 상관없이 등록한 브러시 색을 그대로 표시합니다.

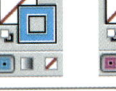

Tints : 색 농도에 따라 선 색을 표시합니다. 등록한 브러시 색이 짙을수록 지정한 선 색에 가깝게, 옅을수록 희미하게 표시합니다. 흑백 또는 별색으로 등록한 브러시를 쓸 때 유용합니다.

Tints and Shades : 검은색을 제외한 모든 색은 명암에 따라 지정한 선 색으로 표시합니다. 흑백으로 등록한 브러시를 쓸 때 유용합니다.

Hue Shift : 등록된 브러시에 선이 설정된 경우 그 선을 지정한 색으로 표시합니다. 나머지 부분은 선 색과 관련된 색으로 표시하지만 검정, 회색, 흰색일 경우 그대로 유지됩니다.

Key Color : 스포이트를 클릭하고 오른쪽 미리보기 이미지에서 원하는 색을 클릭하면 키 색으로 지정한 곳을 지정한 선 색으로 표시합니다(화살표 가운데 색을 키 색으로 설정하고 선 색을 바꿨을 때).

04 ❶같은 크기, 같은 간격으로 그려졌던 브러시가 크기, 방향, 간격이 일정하지 않게 아무렇게나 뿌린 것처럼 바뀝니다. ❷다른 곳에 브러시를 드래그하면 패스를 따라 자연스럽게 별이 뿌려집니다.

05 밧줄 모양 브러시를 만들어보겠습니다. ❶❷사각형 툴(▢)을 선택하고 화면을 클릭해서 ❸❹6×1cm인 직사각형을 그립니다. ❺❻선 툴(✎)로 Shift+드래그해서 각도가 45°인 사선을 그립니다.

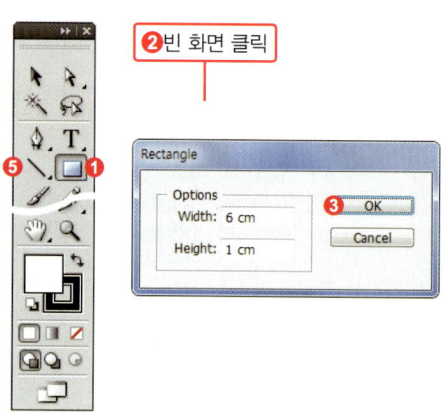

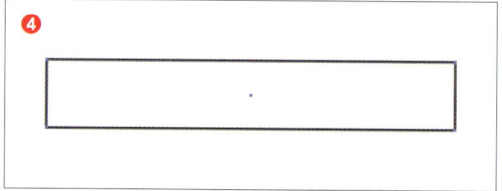

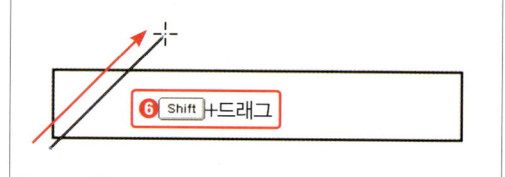

06 ❶선택 툴(▸)을 더블클릭하고 ❷수평에 2를 입력한 후 Copy 버튼을 누릅니다. ❸2cm 오른쪽에 선이 복제됩니다. ❹Ctrl+D를 눌러 선을 한 개 더 복제합니다. ❺오브젝트 전체를 선택합니다.

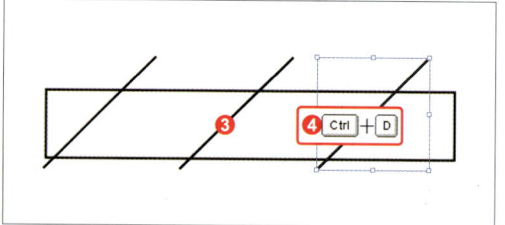

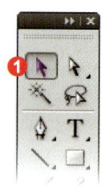

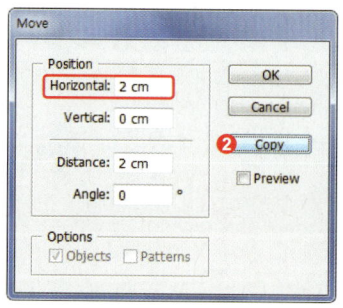

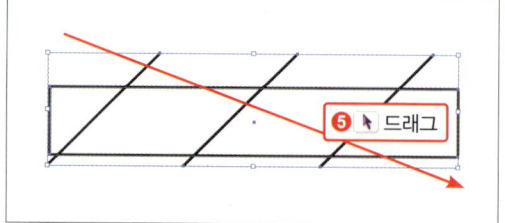

07 ❶패스파인더 패널에서 🖱 버튼을 누르면 ❷면이 분할됩니다. ❸❹[Effect]–[Stylize]–
[Round Corners] 메뉴를 선택합니다. 모서리 굴림 반지름에 0.5cm를 입력해서 ❺모서리를
동그랗게 만듭니다.

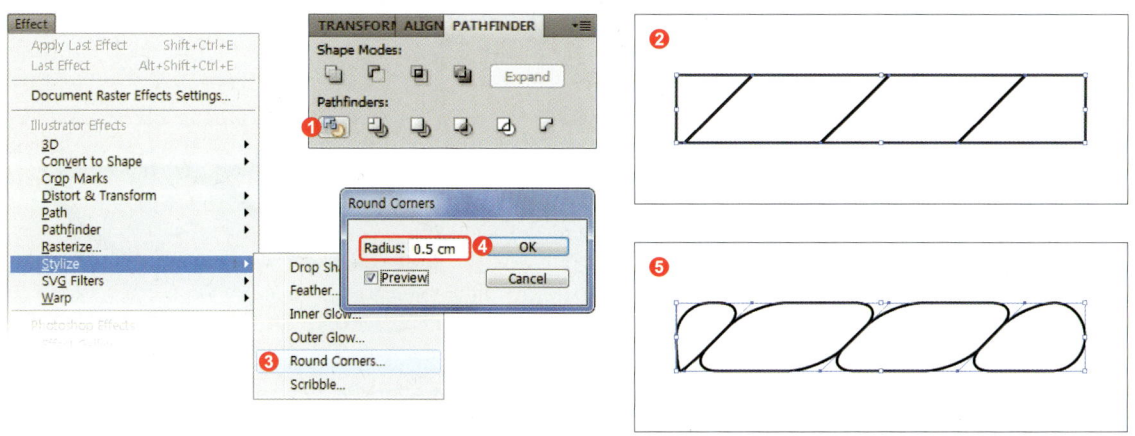

08 ❶[Object]–[Expand Appearance] 메뉴를 선택해 적용된 이펙트를 일반 오브젝트로
만듭니다. ❷❸❹Ctrl+Shift+G를 눌러 그룹을 풀고 양쪽 오브젝트를 지웁니다. ❺오브젝트가
살짝 겹치도록 옮기고 ❻❼❽전체를 선택하고 컨트롤 패널에서 선 굵기를 3pt로 바꿉니다.

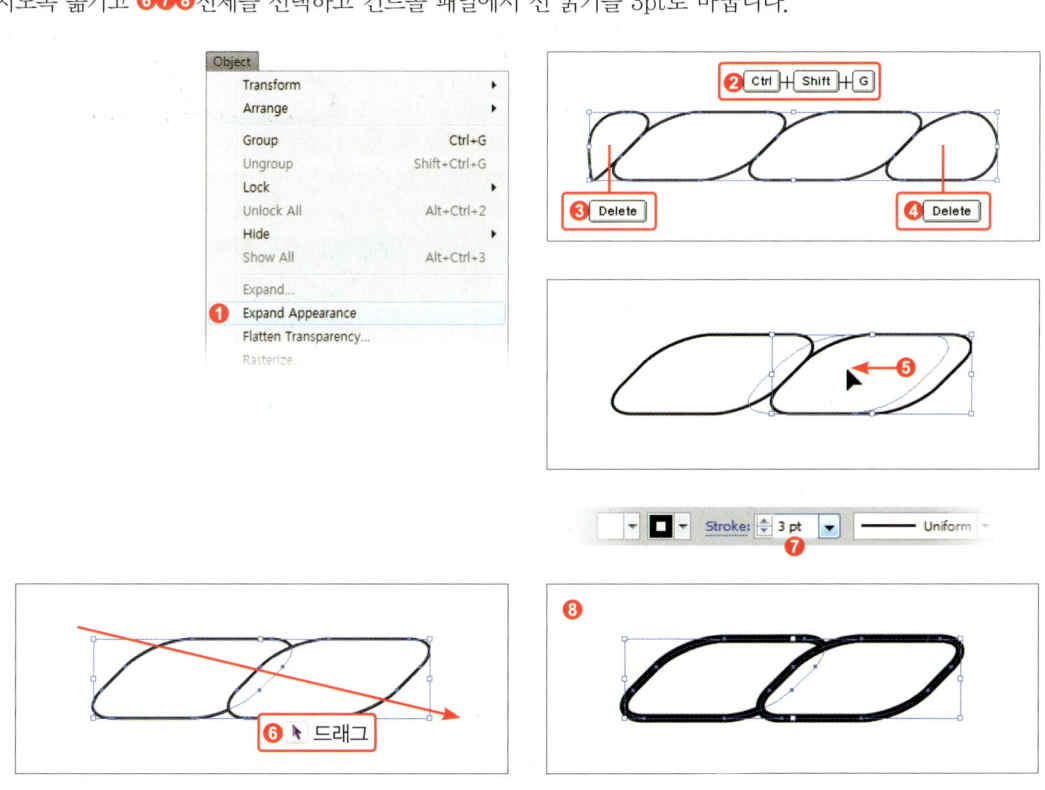

09 ❶❷❸[Object]–[Expand] 메뉴를 선택해서 선 오브젝트를 면 오브젝트로 만들고 ❹컨트롤 패널에서 너비를 4cm로 바꿉니다.

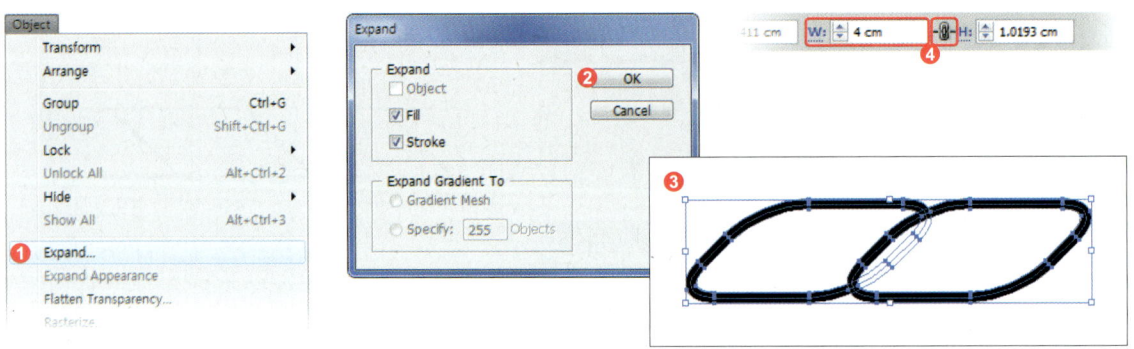

10 ❶선 툴(✐)을 선택하고 면과 선 색을 투명으로 바꿉니다. ❷오브젝트의 중간을 Shift +드래그해서 수직선을 그린 다음 ❸선택 툴(▶)로 오브젝트와 투명 패스를 함께 선택합니다. ❹ 오브젝트를 클릭하면 기준 오브젝트가 됩니다. ❺정렬 패널에서 🔲 버튼을 누르면 기준 오브젝트 가운데로 투명 패스가 정렬됩니다.

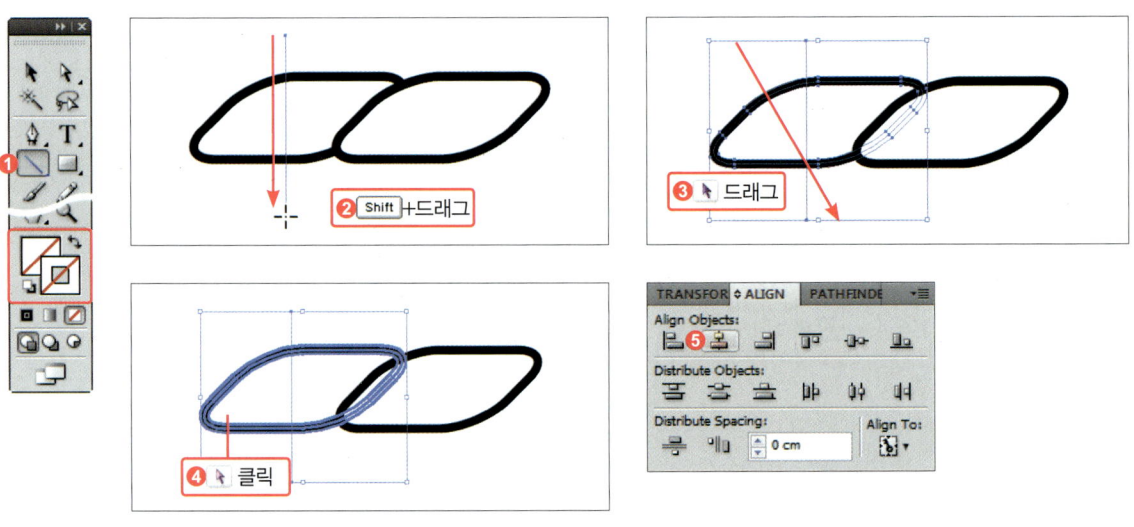

11 ❶패스파인더 패널에서 🔳 버튼을 누르면 면이 분할됩니다. ❷직접 선택 툴(▶) 로 분할된 오브젝트 앞부분을 드래그해서 선택하고 ❸ Delete 를 눌러 삭제합니다.

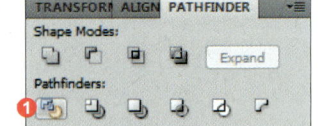

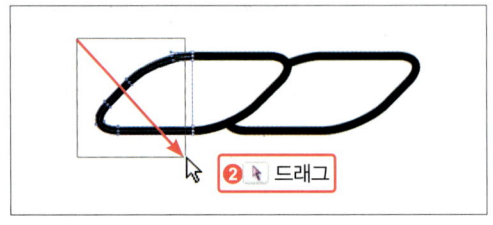

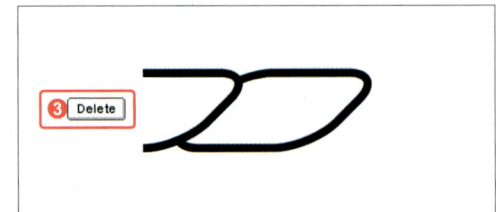

12 ❶반대쪽도 같은 방법으로 절반을 지우고 함께 선택한 후 ❷브러시 패널에 드래그해 넣습
니다. ❸이번에는 Pattern Brush를 체크하고 OK 버튼을 누릅니다.

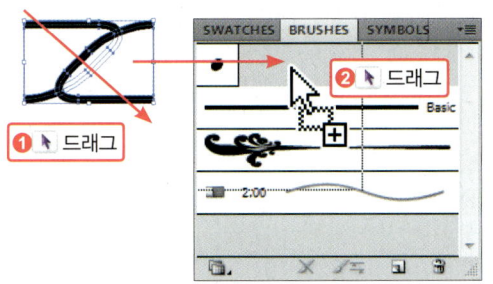
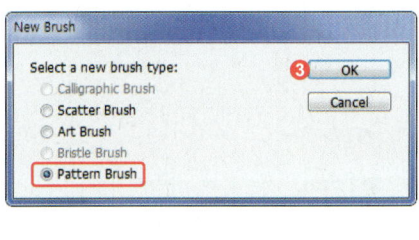

13 ❶옵션을 그대로 두고 OK 버튼을 누르면 ❷
패턴 브러시가 등록됩니다. ❸브러시로 화면을 드래그
하면 패스를 따라 밧줄이 그려집니다. ❹패턴 브러시
로 그린 선은 폭 툴(✎)을 사용할 수 있습니다(폭 툴
사용법은 Lesson 14를 참고하세요).

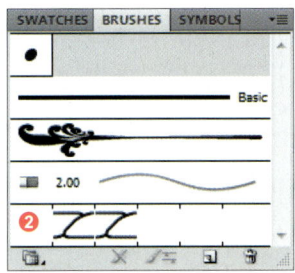
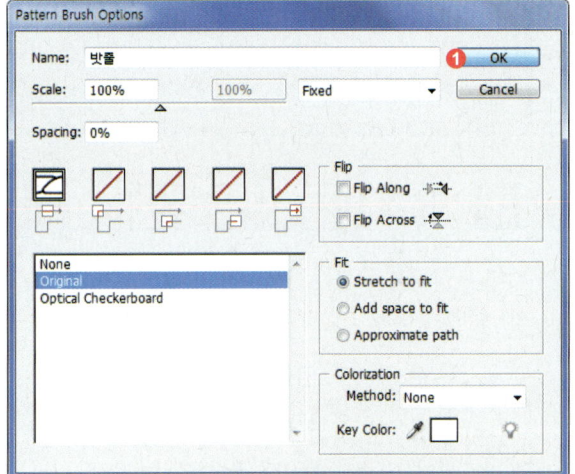

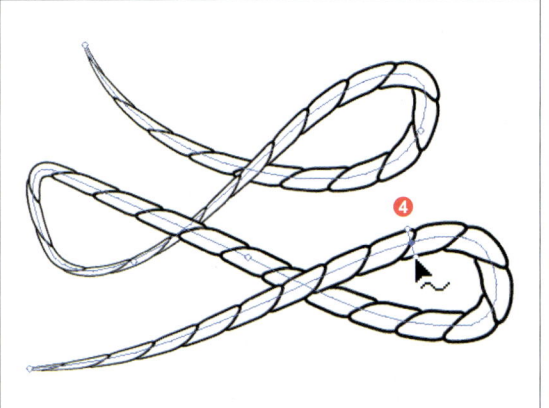

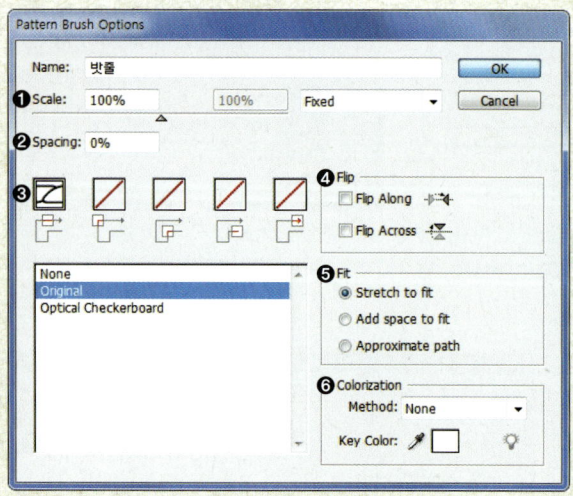

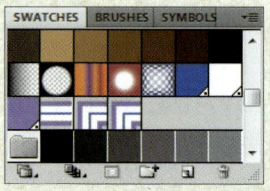

❶Scale : 타일(브러시 패턴) 크기를 설정합니다.

❷Spacing : 타일 간격을 설정합니다.

❸일반 패스, 외각, 내각, 시작점, 끝점에 서로 다른 오브젝트를 등록해 브러시 모양으로 사용할 수 있습니다. 2~5번째 타일은 타일을 클릭하고 아래 목록에서 원하는 패턴을 선택해 등록합니다(직접 만든 타일을 스와치에 등록해야 목록에서 선택할 수 있습니다).

스와치에 등록된 패턴 타일

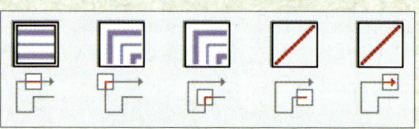

패턴 브러시 타일 설정

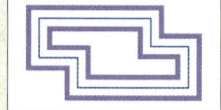

패턴 브러시 적용

❹Flip : 패스를 기준으로 패턴 방향을 반전시킵니다.

❺Fit : 패턴을 패스에 맞추는 방식을 선택합니다. 타일을 늘여 맞추기, 공간을 추가해서 맞추기, 패스에 맞추기 중 선택할 수 있습니다. 타일 모양에 따라 자연스럽게 표현되는 것을 고릅니다.

❻Colorization : 브러시 색을 어떻게 나타낼지 정합니다.

강모 브러시 활용하기

01 ❶[Ctrl]+[O]를 눌러 부록CD\Sample\Part05\Lesson17-1.ai 파일을 불러오면 사과 일러스트가 있습니다. ❷사과에서 빨간 영역을 클릭하고 ❸툴 패널 아래에서 🔲 버튼을 누릅니다. ❹빈 화면을 클릭해서 선택을 해제하면 ❺오브젝트 영역에 점선이 표시됩니다. 이렇게 설정해두면 빨간 사과 부분에만 그림을 그릴 수 있습니다.

❹빈 화면 클릭

02 ❶[Window]-[Brush Libraries]-[Bristle Brush]-[Bristle Brush Library] 메뉴를 선택하면 강모 브러시 라이브러리를 불러올 수 있습니다. ❷6.00이 붙은 넓은 붓 모양 Mop 브러시를 클릭하면 ❸브러시 패널에 등록됩니다.

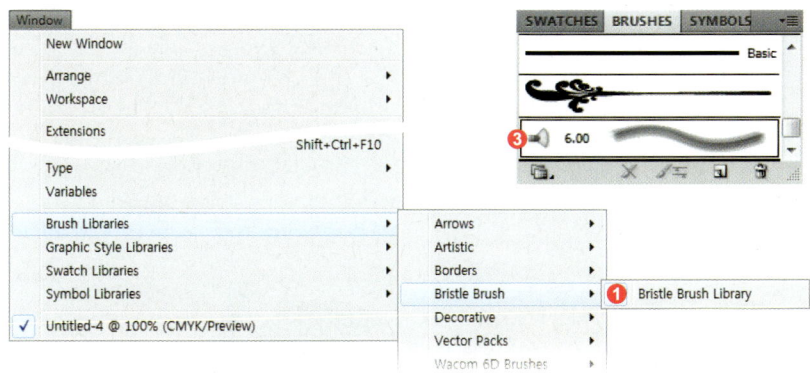
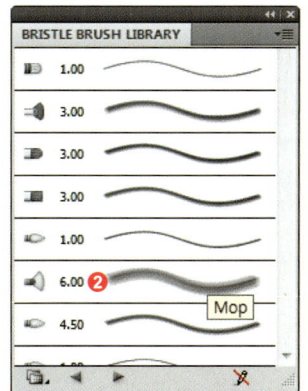

03 ❶브러시 툴을 더블클릭하고 ❷Keep Selected를 체크한 후 OK 버튼을 누릅니다. ❸선 색을 주황색(M40, Y80)으로 설정하고 ❹사과 안쪽을 드래그하면 투명한 선이 겹겹이 겹친 브러시가 그려집니다. Keep Selected 설정으로 브러시 오브젝트가 선택된 상태가 됩니다.

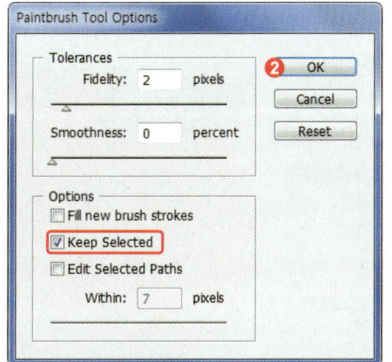

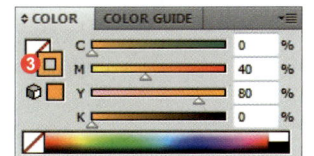

예제는 태블릿을 써서 드래그한 화면입니다. 마우스로 드래그하면 굵기가 일정한 선이 그려집니다.

Tip 강모 브러시와 태블릿

강모 브러시는 라이브러리에 등록된 그대로 쓸 수도 있지만, 붓 길이, 뻣뻣함, 불투명도 같은 특성을 수정해서 쓸 수도 있습니다. 태블릿을 함께 쓰면 회화 느낌을 더 낼 수 있습니다. Art(6D) 펜이 있는 와콤 인튜어스 3 이상을 쓰면 강모 브러시에 있는 모든 기능을 쓸 수 있지만, 와콤 그립 펜과 아트 브러시 펜처럼 일부 모델에서는 속성 일부를 쓸 수 없습니다.

마우스로 선을 그렸을 때 : 브러시가 균일하게 그려집니다.   태블릿으로 선을 그렸을 때 : 누르는 압력에 따라 브러시 강도가 바뀝니다.

04 ❶가장자리 전체를 드래그해서 그린 다음 ❷불투명도를 50%로 설정
하면 ❸반투명한 브러시가 적용됩니다. ❹투명도를 조절한 브러시를 여러
번 드래그해서 밝은 부분을 그립니다. 선을 튀어나가게 그려도 사과 안쪽
에만 선이 그려집니다. 모두 그렸다면 빈 화면을 ❺ Ctrl +클릭해서 선택을
해제합니다.

05 ❶선 색을 빨간색(M100, Y100)으로 설정하고 ❷왼쪽 경계선을 드
래그합니다. ❸역시 사과 안쪽에만 그려집니다. ❹나머지 어두운 부분
도 그리고 ❺빈 화면을 Ctrl +클릭합니다.

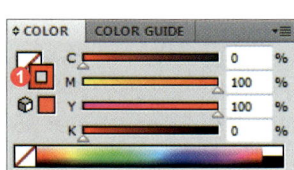

브러시 패스가 선택된 상태 또는 브러시
툴이 선택된 상태에서 Ⅰ을 누르면 브러
시 굵기가 가늘어지고, Ⅰ를 누르면 브러
시 굵기가 굵어집니다.

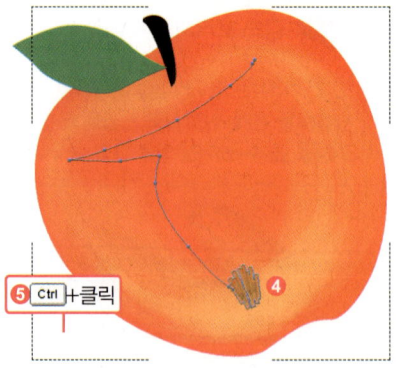

06 ❶❷브러시 라이브러리에서 3.00 Fan 브러시를 클릭해 브러시 패널에 등록합니다. ❸❹
선 색을 진빨강(M100, Y100, K50)으로 설정하고 사과 결을 그립니다.

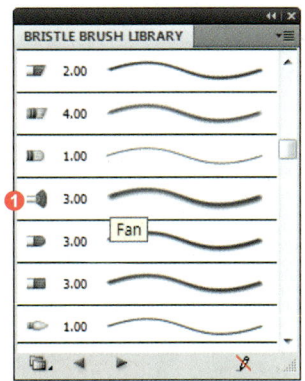 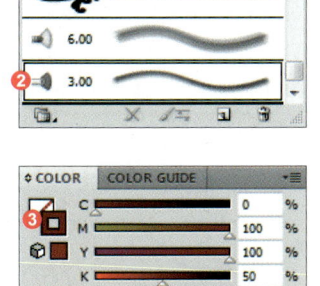 

07 ❶❷❸다시 넓은 붓을 선택하고 사과 꼭지 부근을 드래그해서 그림자를 넣고 빈 화면을
Ctrl+클릭합니다. ❹❺이번엔 선 색을 노란색(Y80)으로 설정하고, 투명도 패널에서 블렌딩 모
드를 Screen, 불투명도를 60%로 설정합니다. ❻사과에서 덜 익은 부분을 지그재그로 드래그
해서 그립니다.

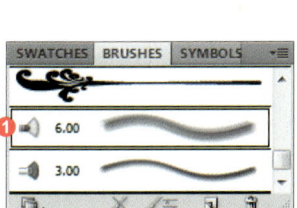 

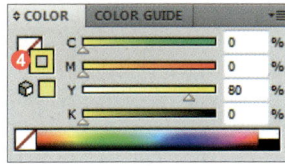 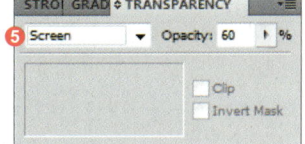

08 ❶브러시 라이브러리 아래쪽에 있는 📷 버튼을 누르면 또 다른 브러시 라이브러리를 불러올 수 있습니다. ❷[Artistic]–[Artistic_ChalkCharcoalPencil] 라이브러리를 불러와 ❸[Charcoal–Pencil 브러시를 클릭해 ❹브러시 패널에 등록합니다. ❺❻선 색을 진빨강 (M100, Y100, K50)으로 설정하고 사과에 짧은 선 무늬를 그립니다. ❼빈 화면을 Ctrl 을 누른 채 더블클릭하면 점선이 사라지고 다른 오브젝트에 📷 버튼을 적용할 수 있습니다.

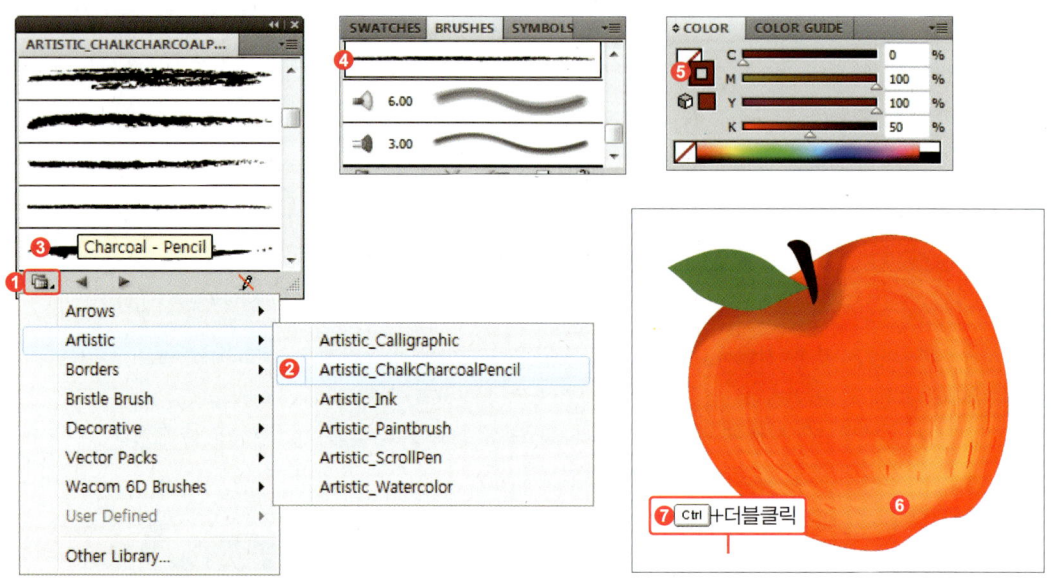

09 ❶꼭지와 나뭇잎도 같은 방법으로 칠합니다. ❷빈 화면을 더블클릭한 다음 ❸❹❺검은색 선 투명도를 조절하면서 사과 아래쪽에 그림자도 그립니다.

❷빈 화면 클릭

10 지금까지 배운 기능을 이용해서 사과를 자연스럽게 완성합니다.

Tip 　 강모 브러시 옵션 자세히 보기

브러시 패널에서 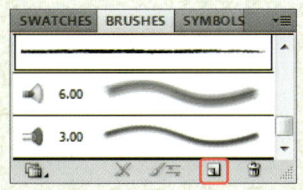 버튼을 눌러 새 강모 브러시를 설정하거나, 기존 브러시를 더블클릭하면 강모 브러시 옵션을 설정할 수 있습니다.

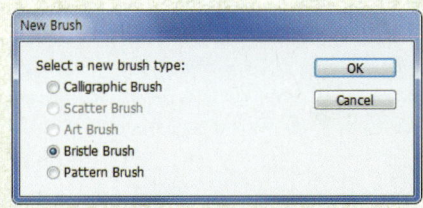

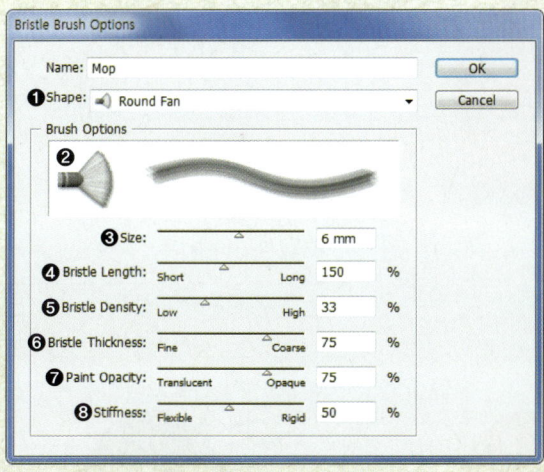

❶ Shape : 13가지 브러시 모양 중 원하는 모양을 선택합니다.
❷ Preview : 설정 브러시를 미리 볼 수 있습니다.
❸ Size : 브러시 직경을 설정합니다.
❹ Bristle Length : 강모 길이를 설정합니다.
❺ Bristle Density : 강모 밀도를 설정합니다.
❻ Bristle Thickness : 강모 두께를 설정합니다.
❼ Paint Opacity : 브러시를 사용했을 때 적용할 투명도를 설정합니다.
❽ Stiffness : 강모의 뻣뻣함을 설정합니다. 값이 작을수록 붓 선이 부드러워집니다.

Tip 벡터 오브젝트 래스터라이징하기

강모 브러시 선이 서른 개가 넘으면 인쇄하거나 저장 또는 병합하려고 할 때 다음과 같은 경고 메시지가 나타납니다.

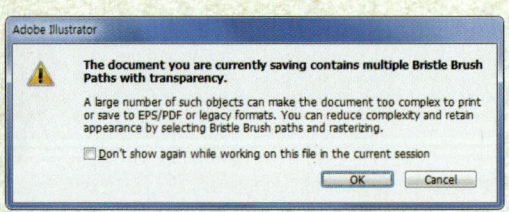

투명도가 적용된 강모 브러시 패스가 많아 인쇄 또는 하위 버전으로 저장할 때 문제가 발생할 수 있습니다. 최상의 결과를 얻으려면 병합 래스터/벡터 균형을 50 이하로 설정하십시오.

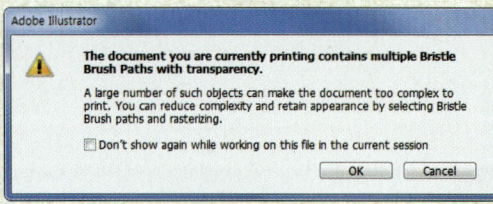

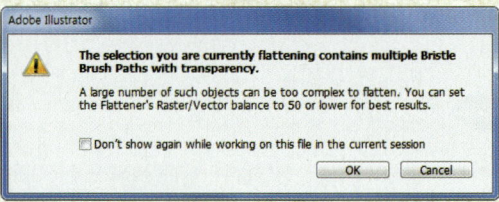

프린트 하려고 할 때 : 투명도가 적용된 강모 브러시·패스가 많아 문서를 인쇄할 때 문제가 발생할 수 있습니다. 패스를 래스터화하면 문제를 줄이고 모양을 유지할 수 있습니다.

투명도가 적용된 강모 브러시 패스가 많아 투명도를 병합할 때 문제가 발생할 수 있습니다. 최상의 결과를 얻으려면 병합 래스터/벡터 균형을 50 이하로 설정하십시오.

투명도, 겹치는 효과, 이펙트 효과를 여러 번 사용했다면 하위 버전으로 저장하거나 인쇄할 때 문제가 생길 수 있습니다. 실무에서는 파일이 깨졌다고 표현하는데, 이런 경우 패스 색이 바뀌거나 강제로 래스터라이징되어 오브젝트에 흰색 틈이 생기거나 일부분이 아예 사라지기도 합니다.

원본 이미지

Ctrl + Y 를 눌러 외곽선 상태를 보았을 때

원본을 별도 레이어로 처리하지 않았다면 오브젝트를 선택했을 때 패스 색이 파란색입니다. 하위 버전에서 저장한 파일을 열고 Ctrl + A 를 눌러 전체를 선택했을 때 패스 색이 빨간색으로 표시된다면 깨진 파일이므로 인쇄 데이터로 쓸 수 없습니다.

8.0 버전으로 낮춰 저장했을 때

Ctrl + Y 를 눌러 외곽선 상태를 보면 사각형으로 깨진 상태인 것을 확인할 수 있습니다.

CS 이전 버전에서 제공하지 않는 이펙트나 브러시 등을 사용했다면 최종 파일에서 문제가 일어날 수 있습니다. 따라서 문제가 생길 수 있는 부분은 비트맵으로 바꾸는 래스터라이징 작업을 하는 것이 좋습니다. 오브젝트를 선택하고 ❶[Object]–[Rasterize] 메뉴를 선택하고 ❷원하는 해상도와 배경을 선택한 다음 OK 버튼을 누릅니다.

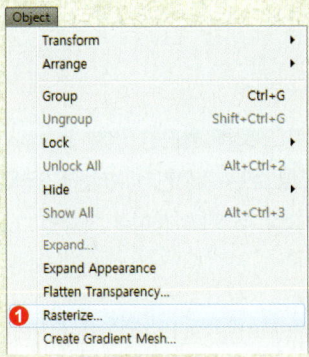
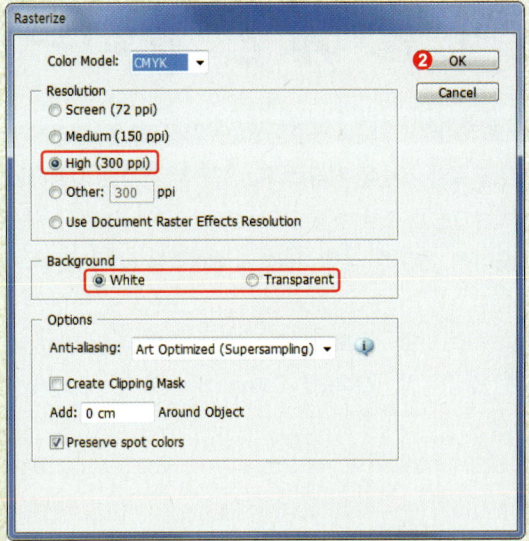

White 배경을 설정한 경우 : 오브젝트를 포함한 사각 영역이 흰색인 비트맵 이미지가 됩니다.

Transparent 배경을 설정한 경우 : 오브젝트를 제외한 나머지 부분이 투명한 비트맵 이미지가 됩니다. 8.0 이하 버전으로 저장하면 투명 배경은 적용되지 않습니다.

래스터라이징된 상태에서 Ctrl+Y를 눌러보면 비트맵 이미지와 같이 사각형 외곽선을 확인할 수 있습니다.

원근감 있는 일러스트

일러스트레이터 CS5는 원근감 있는 일러스트를 손쉽게 그릴 수 있도록 원근감 격자 툴(🏛)과 원근감 드로잉 기능을 제공합니다. 원근감 격자를 사용하면 눈으로 보는 것처럼 1~3점 소실점이 존재하는 그림을 그릴 수 있으며, 실제와 같이 크기와 거리를 측정할 수 있어 정확한 그림을 그릴 수 있습니다. 원근감 격자 사용법과 활용법을 알아보겠습니다.

실습 파일 : 부록CD\Sample\Part05\Lesson18.jpg, Lesson18_1~Lesson18_2.ai
완성 파일 : 부록CD\Sample\Part05\Lesson18_3.ai

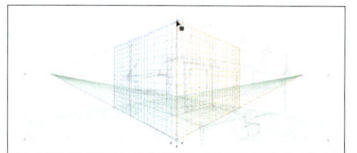 > 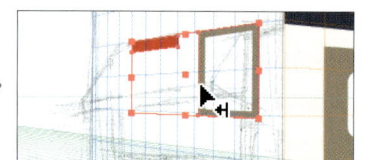 >

스케치에 원근감 격자 적용하기

01 ❶❷Ctrl+N을 눌러 눌러 컬러 모드가 CMYK고 크기가 A4인 새 창을 만듭니다. ❸
[File]-[Place] 메뉴로 부록CD\Sample\Part05\Lesson18.jpg 파일을 불러옵니다. 이미
지를 아트보드 가운데를 기준으로 크기를 맞추고 ❹❺레이어를 잠근 다음 새 레이어를 추가
합니다. ❻[View]-[Hide Artboards] 메뉴를 선택하면 아트보드 선이 숨겨져 원근감 격자를
쓸 때 편합니다.

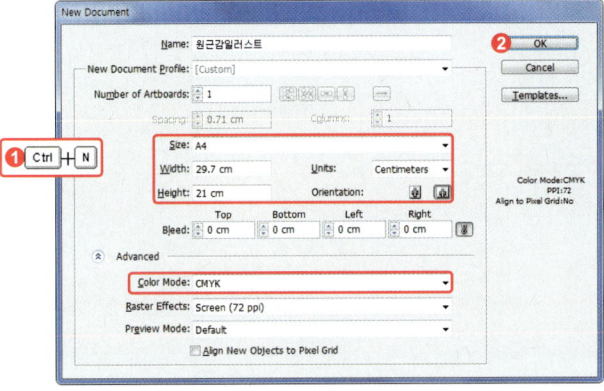

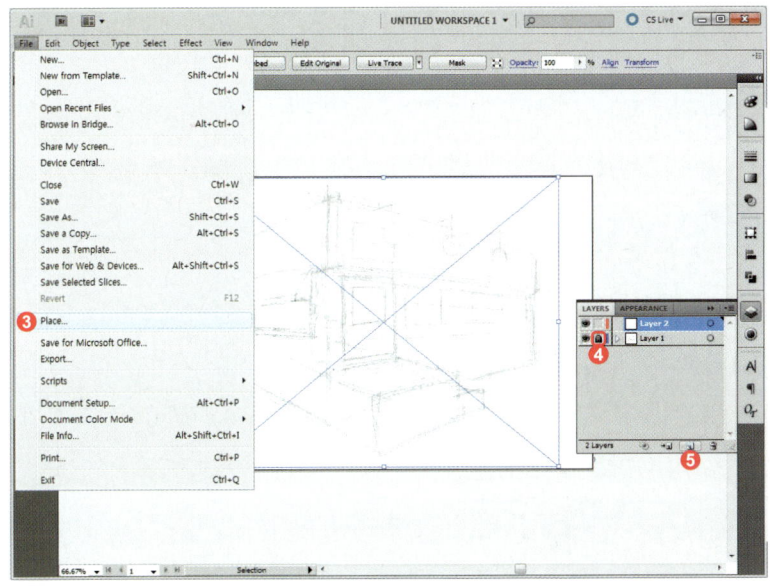

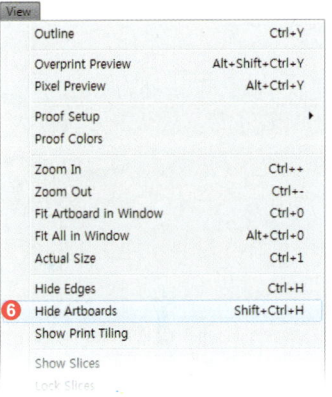

02 ❶❷원근감 격자 툴(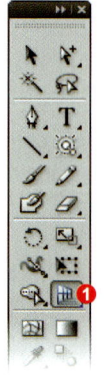)을 클릭하면 화면에 2소실점 원근감 격자가 생깁니다. ❸왼쪽 아래에 마름모 점을 드래그하면 격자를 옮길 수 있습니다. 마우스로 드래그해서 격자의 가운데 모서리와 스케치의 건물 모서리 위치를 맞춥니다. ❹맨 위에 있는 마름모 점으로 수직 방향 격자 높이를 조절할 수 있습니다. 아래로 드래그해서 스케치에 담긴 건물 높이와 맞춥니다.

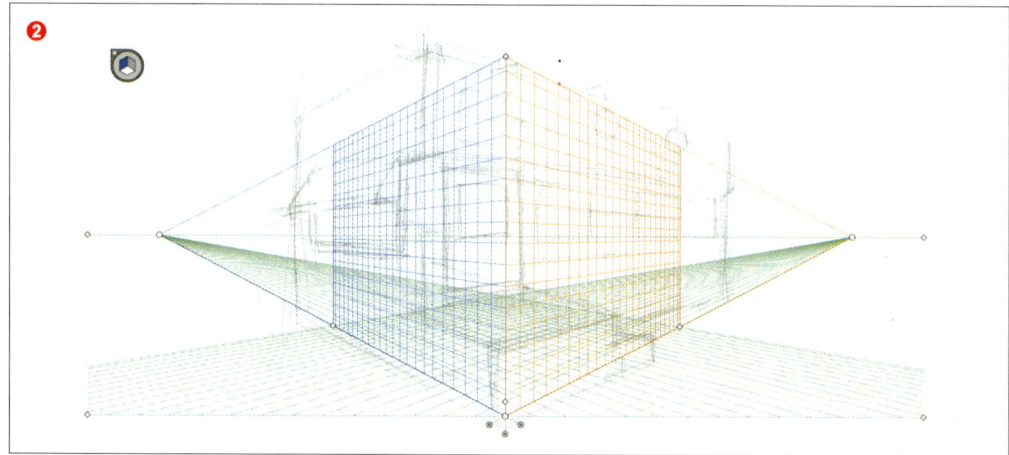

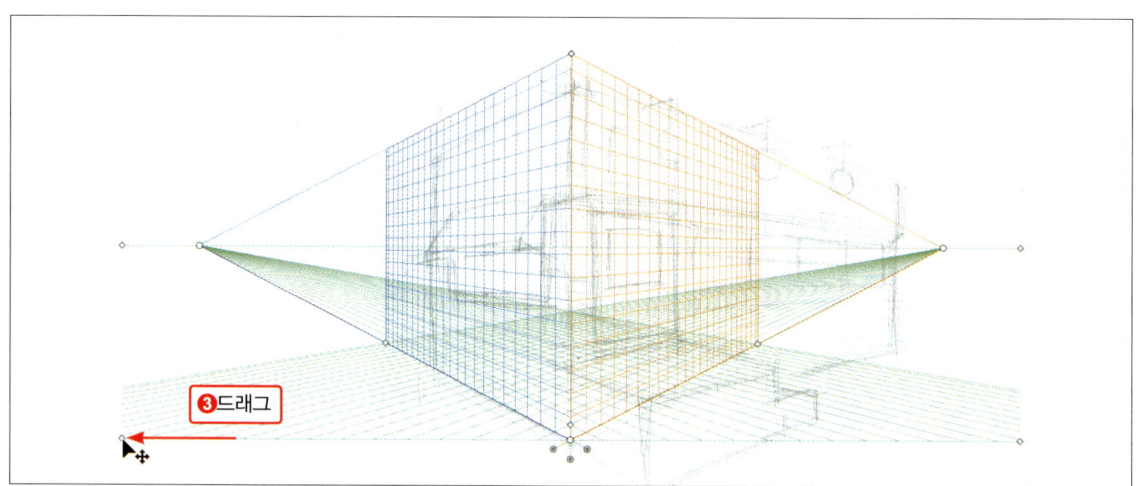

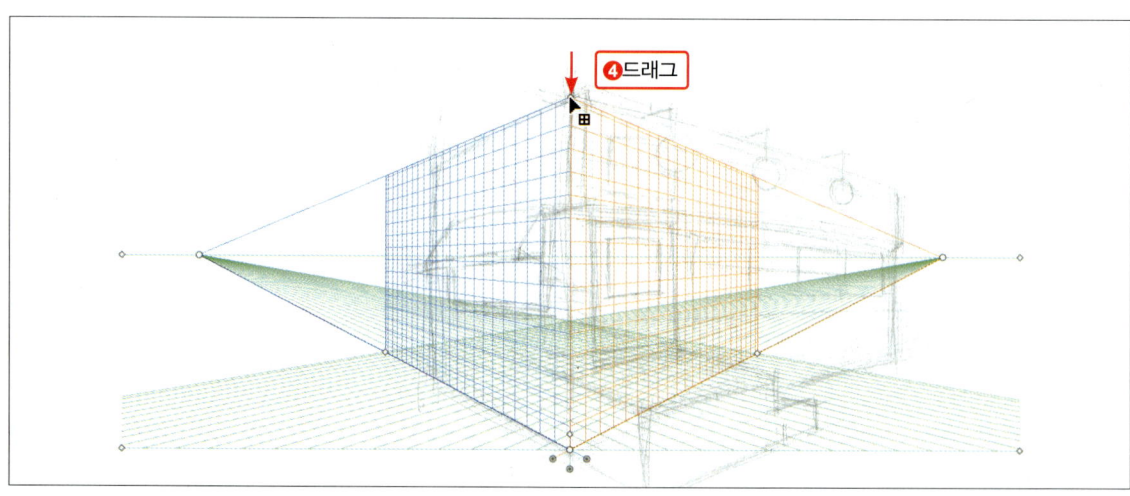

03 ❶격자 중간에 이어진 좌우 마름모 점은 눈높이입니다. 아래로 드래그해서 스케치 눈높이
와 맞춥니다. ❷눈높이를 조절한 점 바로 옆에 있는 동그란 점은 소실점 위치입니다. 오른쪽으
로 드래그해서 스케치에 있는 건물 각도에 맞게 늘립니다. ❸아랫면 중간쯤에 있는 마름모 점
을 드래그해서 스케치의 건물 끝부분에 오도록 맞춥니다.

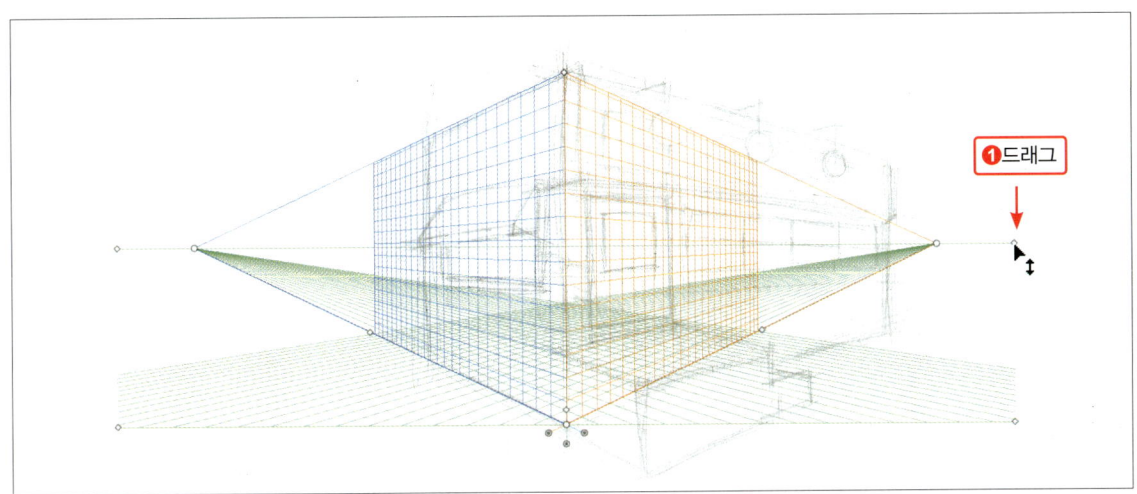

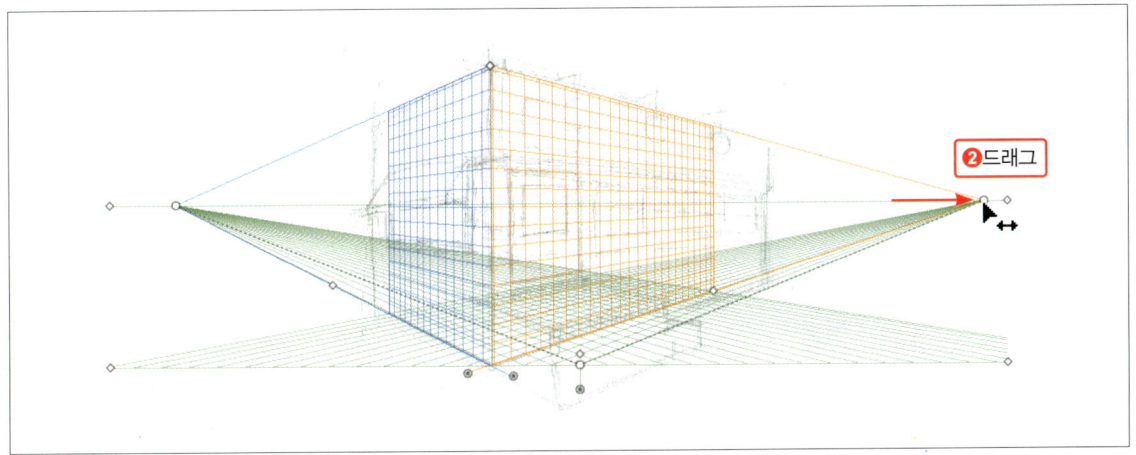

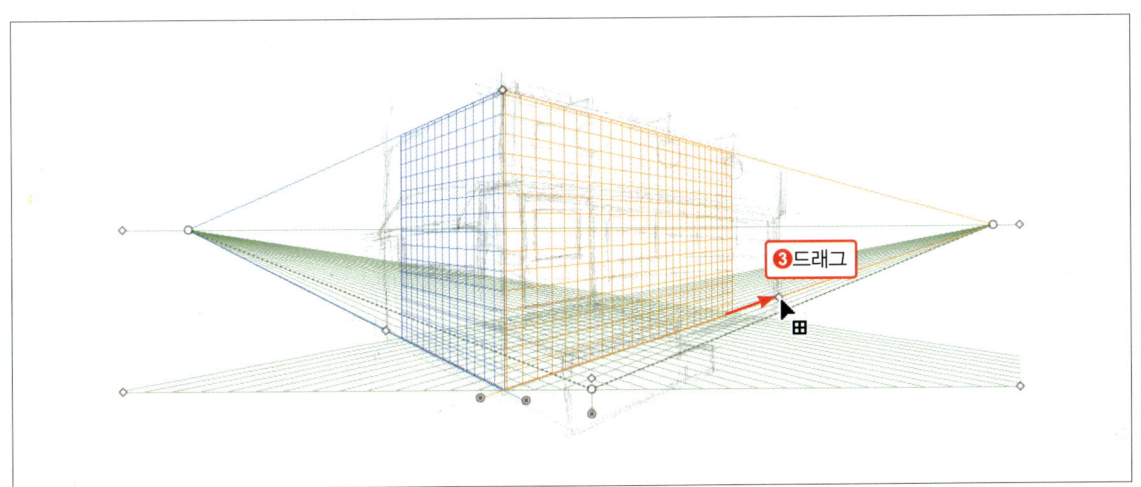

04 ❶지표 가운데 위에 있는 점을 위로 드래그해서 격자가 건물 끝까지 가도록 설정합니다. ❷
[View]–[Perspective Grid]–[Define Grid] 메뉴를 선택합니다. ❸Opacity에 30을 입력하고
⬚ OK ⬚ 버튼을 누르면 ❹격자가 더 연해져 스케치가 잘 보입니다.

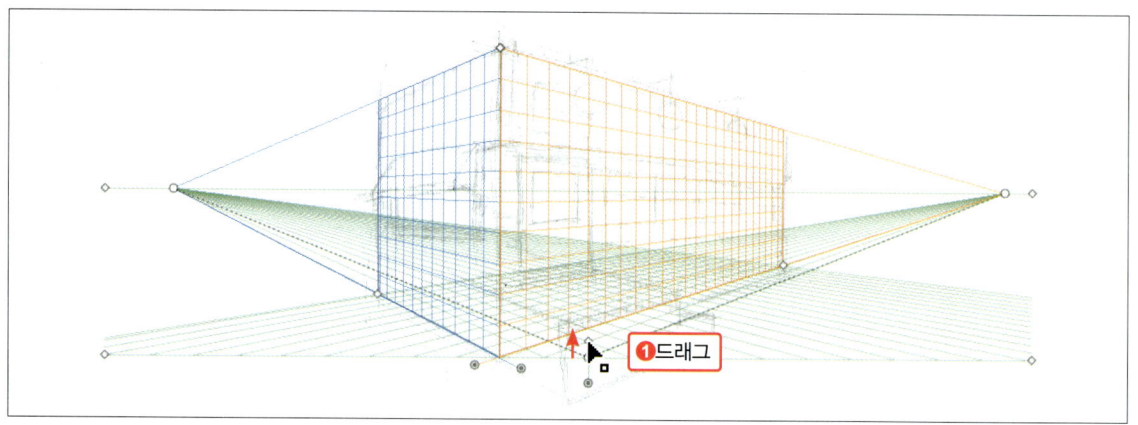

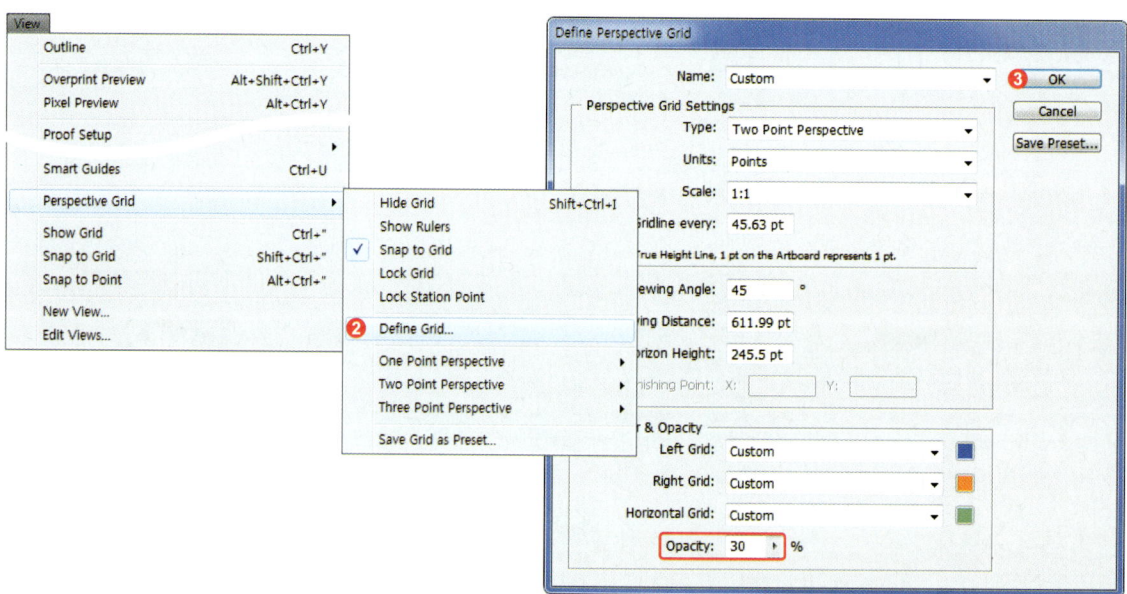

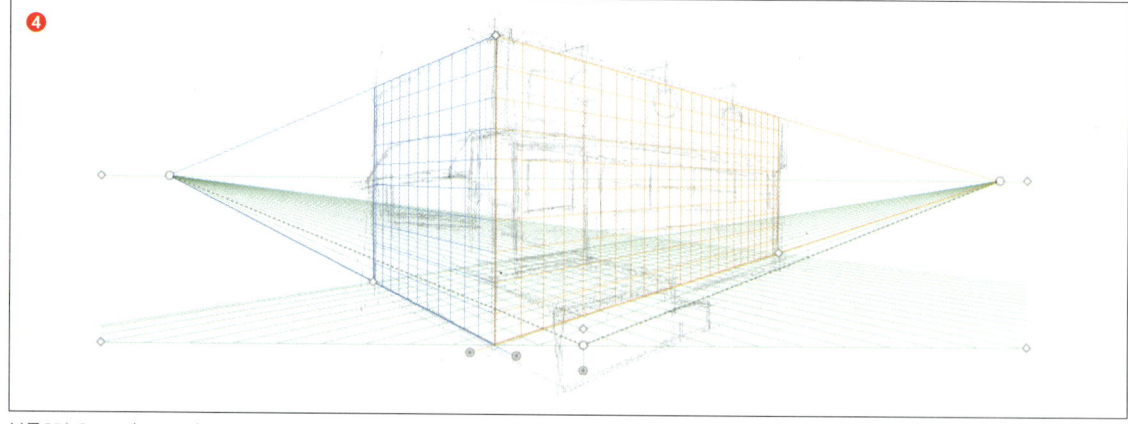

부록CD\Sample\Part05\Lesson18_1.ai 파일을 불러오면 지금까지 작업한 파일이 저장되어 있습니다.

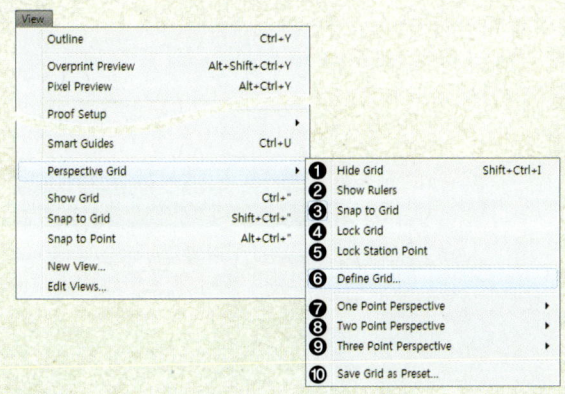

❶ 원근감 격자를 보이지 않게 합니다.
❷ 실측 줄자를 표시합니다.
❸ 오브젝트를 그리거나 옮길 때 격자에 스냅이 걸립니다.
❹ 원근감 격자가 움직이지 않게 고정합니다.
❺ 소실점 하나를 옮기면 다른 소실점이 영향을 받아 함께 움직입니다.
❻ 원근감 격자를 설정합니다.
❼❽❾ 1, 2, 3점 투시 격자를 만듭니다.
❿ 설정한 격자를 저장합니다.

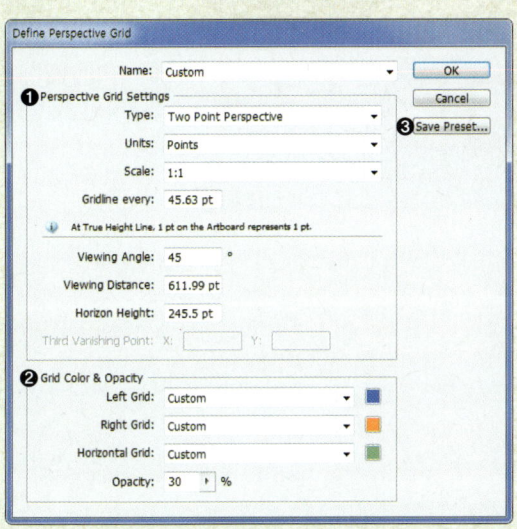

❶ Perspective Grid Settings : 격자 모양(Type)을 1점 투시, 2점 투시, 3점 투시 중 선택할 수 있으며, 격자 단위(Units), 실측 비율(Scale), 격자 간격(Gridline every)을 설정합니다.

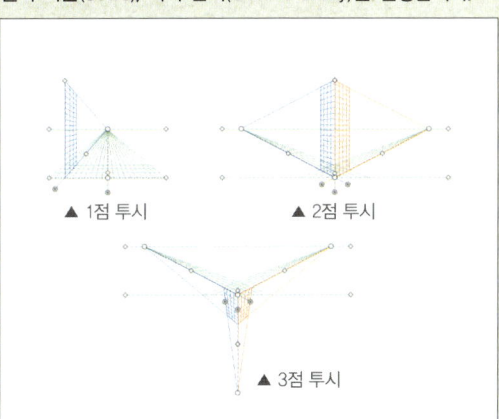

▲ 1점 투시   ▲ 2점 투시

▲ 3점 투시

시선의 좌우 각도(Viewing Angle)와 관찰자와의 거리(Viewing Distance)와 눈높이(Horizon Height), 3점 투시가 선택된 경우 세 번째 소실점의 좌표 값(Third Vanishing Point)을 설정합니다.

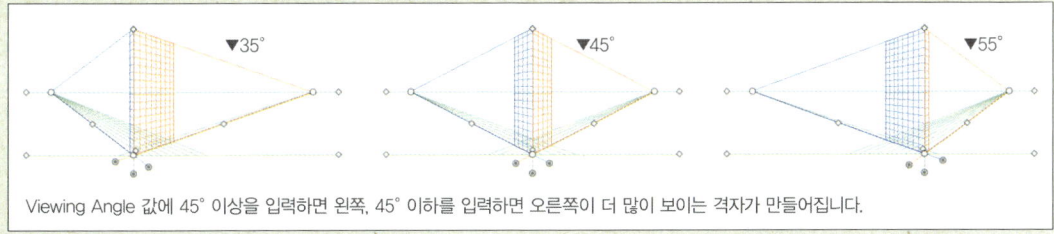

Viewing Angle 값에 45° 이상을 입력하면 왼쪽, 45° 이하를 입력하면 오른쪽이 더 많이 보이는 격자가 만들어집니다.

❷ Grid Color & Opacity : 격자 색과 전체적인 투명도를 설정합니다. 격자 색은 평면 전환 위젯의 면 색을 나타냅니다.

❸ Save Preset... 버튼을 누르면 설정을 저장할 수 있습니다.

원근감 격자에 오브젝트 적용하기

05 부록CD\Sample\Part05\Lesson18_2.ai 파일을 열면 건물 앞면과 옆면을 심플하게 그린 오브젝트가 들어있습니다. ❶❷전체를 복사한 다음 ❸원근감 격자가 있는 창에 붙여 넣습니다.

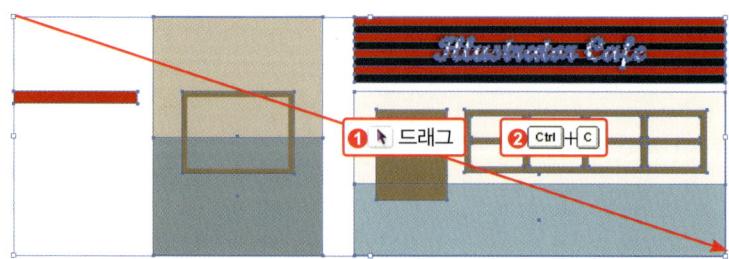

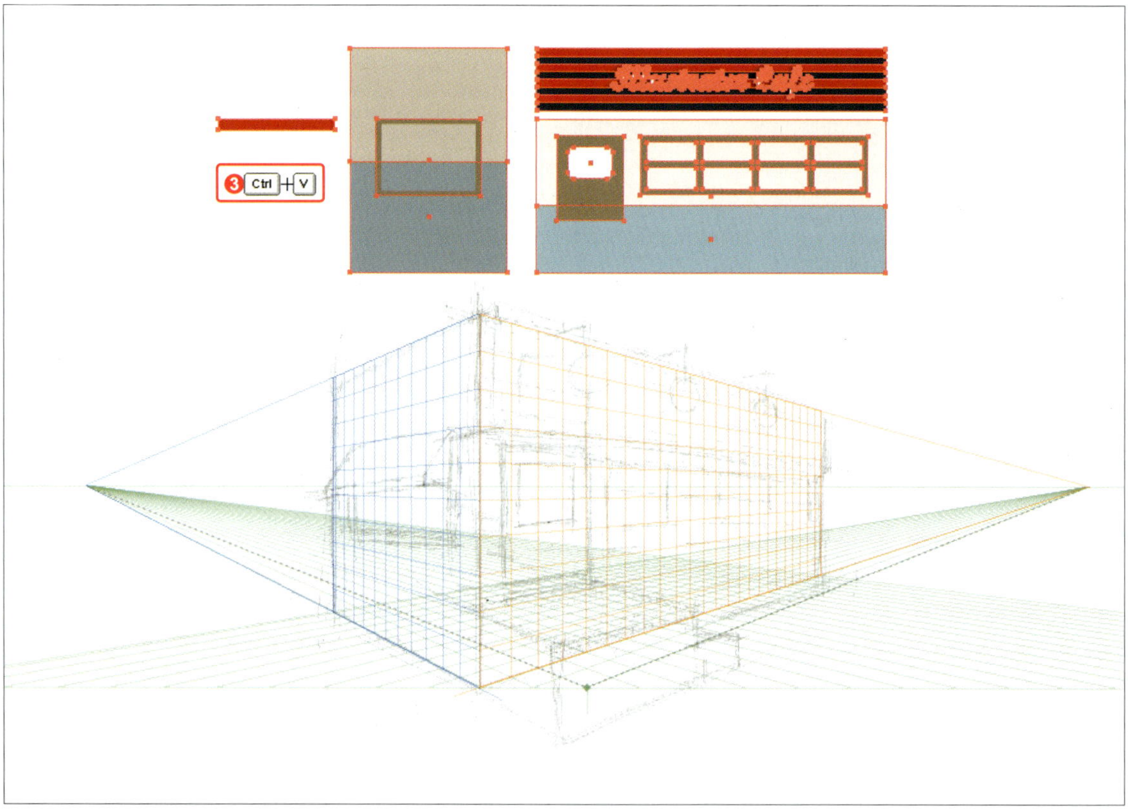

06 ❶원근감 격자 툴을 꾹 눌러 원근감 선택 툴(▶)을 선택하고 ❷위젯 오른쪽 면을 클릭합니다. ❸위젯 오른쪽 면에 해당하는 작업을 할 땐 마우스 포인터가 ▶ 모양이 됩니다. ❹간판을 드래그해서 격자로 옮기면 원근감 격자에 맞게 적용됩니다. 위젯의 각 면은 왼쪽, 오른쪽, 위아래를 의미하므로 위젯의 면을 클릭하면 원근감 격자의 원하는 부분에 맞게 오브젝트를 조절할 수 있습니다. ❺오브젝트 모서리를 드래그하면 크기를 조정할 수 있습니다. 스케치에 맞게 드래그해서 키웁니다. ❻나머지 부분도 같은 방법으로 스케치를 토대로 주황색 격자에 맞춰 넣습니다.

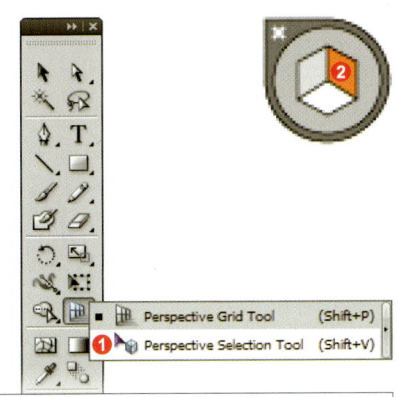

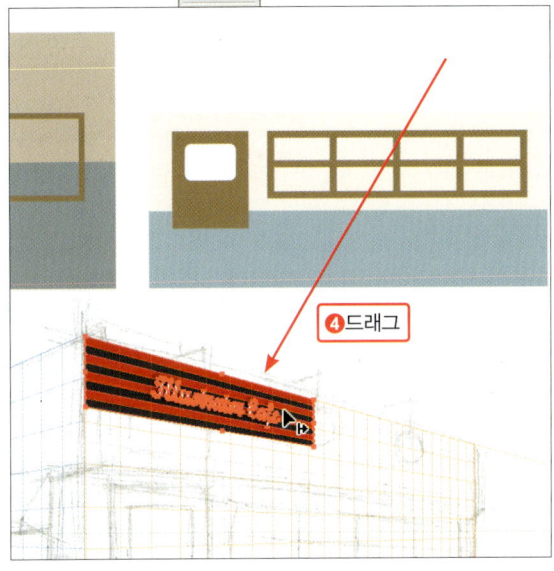

❹드래그

❺드래그

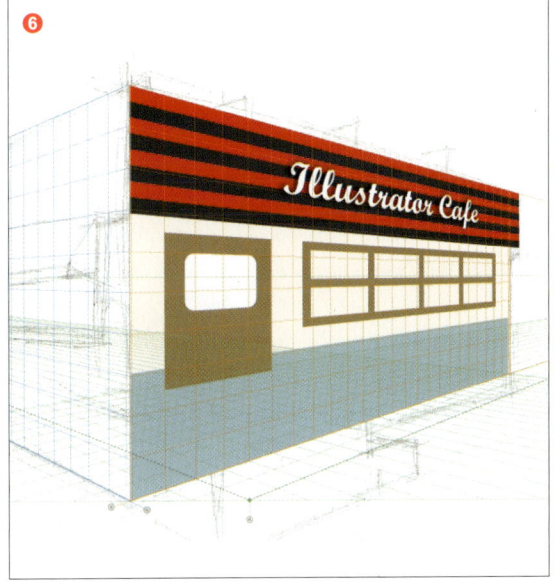

07 ❶이번에는 위젯 왼쪽을 클릭합니다. ❷빨간색 직사각형과 창문을 [Shift]를 누른 채 클릭해 함께 선택하고 ❸파란색 격자에 드래그해 넣습니다. 창문 오른쪽 상단의 모서리에 맞춰 넣습니다. ❹그대로 모서리를 드래그해서 창문 크기에 맞게 조정합니다.

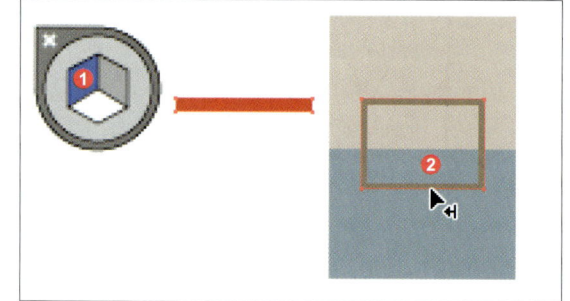

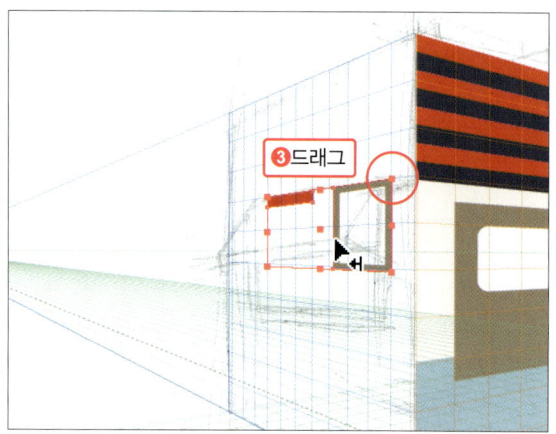

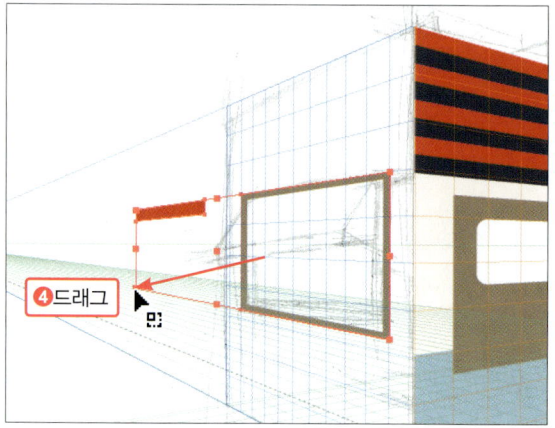

08 ❶건물 밖으로 나간 빨간색 직사각형을 ❷창문의 중간부분 어닝의 밑 부분으로 옮기면 자연스러운 크기로 적용됩니다. 원본 오브젝트의 빨간 사각형은 창문 폭과 같았습니다. 이처럼 크기가 같아야 하는 오브젝트는 함께 크기를 키운 다음 위치를 옮겨 주는 것이 수고를 덜 수 있습니다. ❸나머지 벽면도 파란색 격자에 맞춰 넣습니다.

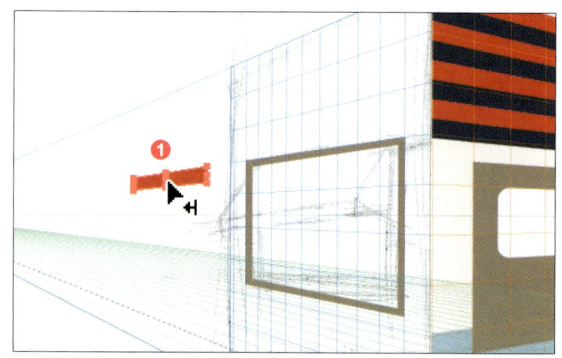

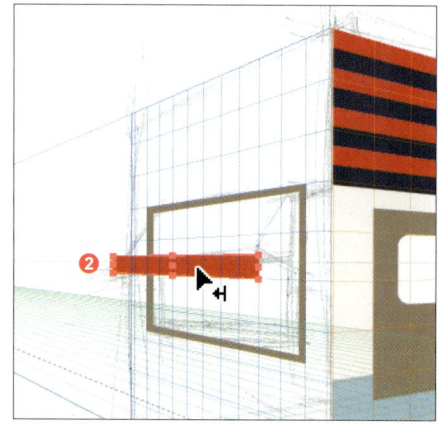

09 ❶❷스포이트 툴(💧)로 옆면 파란색 부분을 클릭하고 ❸❹사각형 툴(□)로 계단을 그립니다. ❺위젯 밑면을 클릭하고 ❻스포이트 툴(💧)로 건물 앞면 하늘색을 클릭합니다. ❼❽컬러 가이드 패널에서 옅은 색을 클릭해 계단 위쪽을 그립니다.

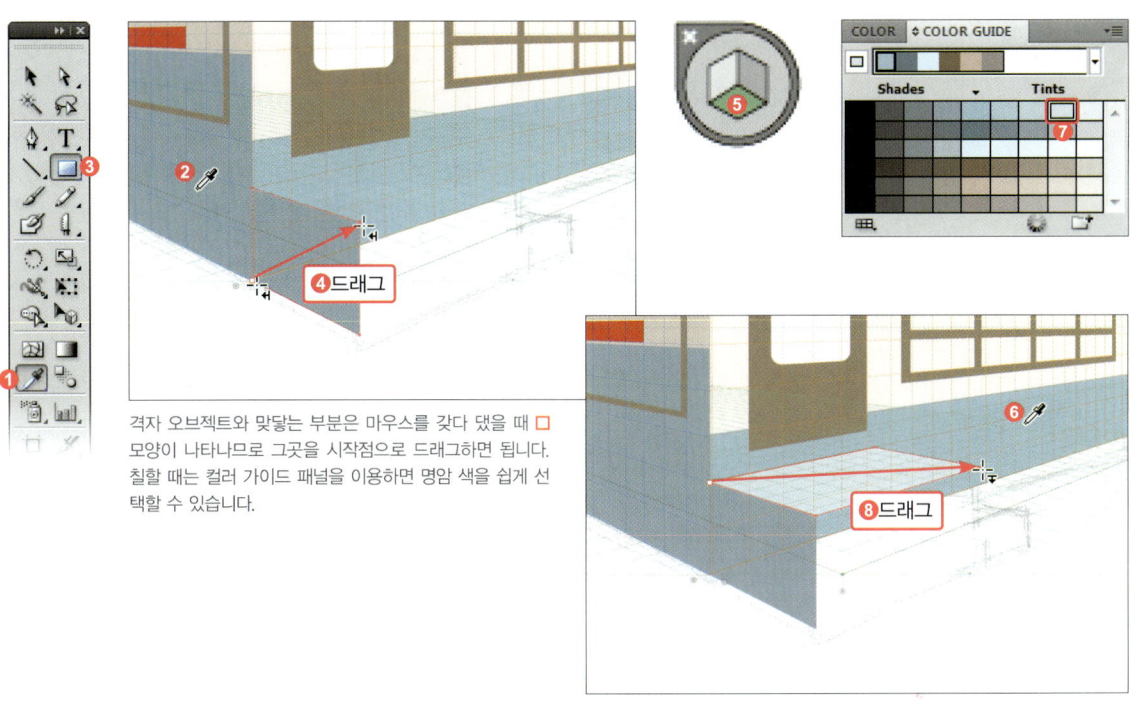

격자 오브젝트와 맞닿는 부분은 마우스를 갖다 댔을 때 □ 모양이 나타나므로 그곳을 시작점으로 드래그하면 됩니다. 칠할 때는 컬러 가이드 패널을 이용하면 명암 색을 쉽게 선택할 수 있습니다.

10 ❶위젯의 오른쪽을 선택하고 ❷계단 앞면을 추가로 그립니다(색은 건물 앞면 하늘색을 스포이트 툴로 클릭합니다). ❸ Alt + Shift +드래그해서 오브젝트를 복제하고 ❹윗면 가운데 조절점을 아래로 드래그해서 아래 계단을 만듭니다.

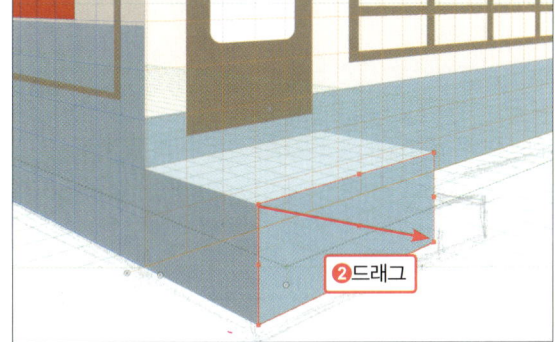

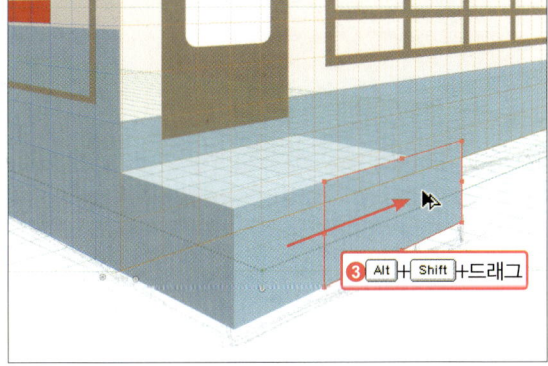

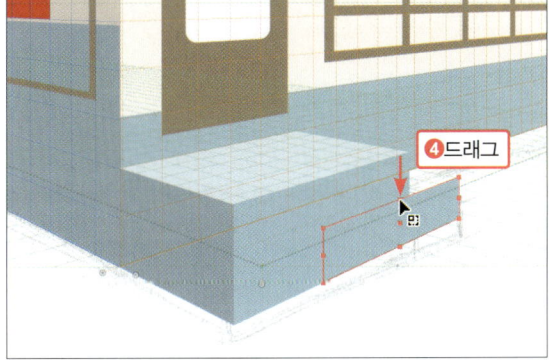

11 ❶다시 위젯의 밑면을 클릭하고 ❷아래 계단 윗면을 만듭니다. ❸Ctrl+[를 눌러 뒤로 보냅니다.

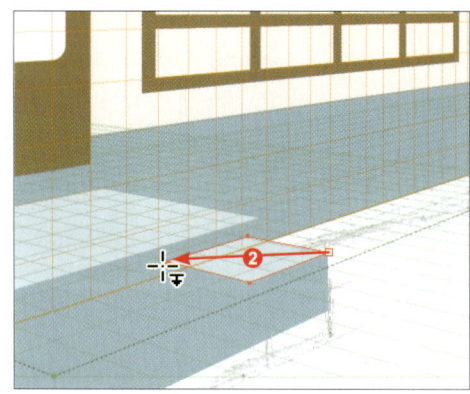
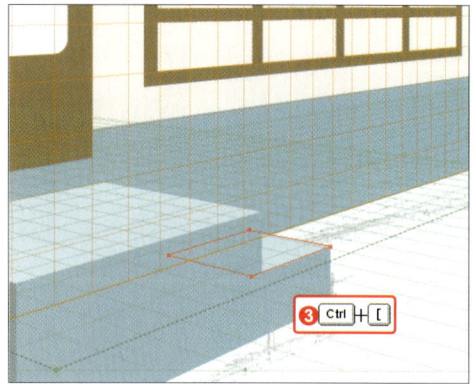

원근감 격자가 적용되지 않는 사물 그리기

12 창문에 입체적인 효과를 만들겠습니다. ❶위젯 밑면이 선택된 상태에서 ❷❸사각형 툴(□)로 창문 틀 안쪽부터 드래그해서 창틀 두께를 그립니다. ❹❺지우개 툴(✐)로 튀어 나간 부분을 드래그해서 지우고 ❻Ctrl+[을 눌러 뒤로 보냅니다.

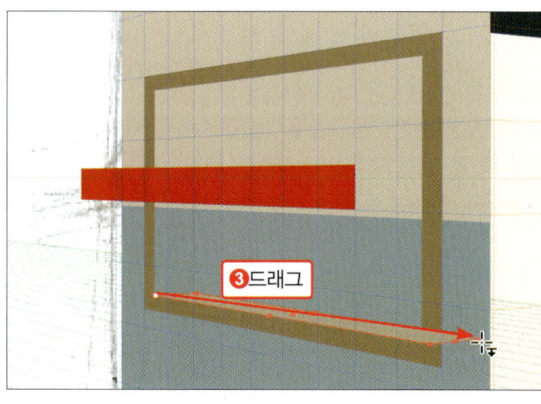
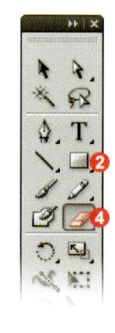

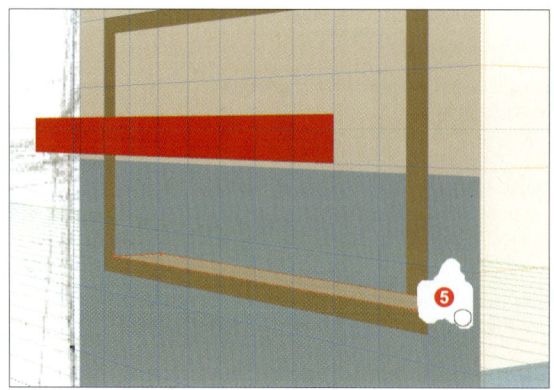
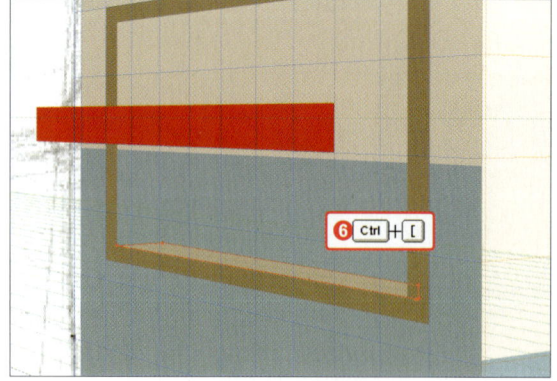

13 ①같은 방법으로 창틀 두께를 완성합니다(창틀 두께의 위·아래는 위젯의 밑면을 클릭하고 그리기/옆면은 위젯의 오른쪽을 클릭하고 그리기). 이번에는 어닝을 그리겠습니다. **②**원근감 선택 툴(🖱)로 Alt + Shift +드래그해서 빨간색 직사각형을 맞닿는 위치에 복제합니다. **③④⑤**직접 선택 툴(🖱)로 사각형의 모서리를 선택해 모서리를 창문 윗부분으로 드래그합니다.

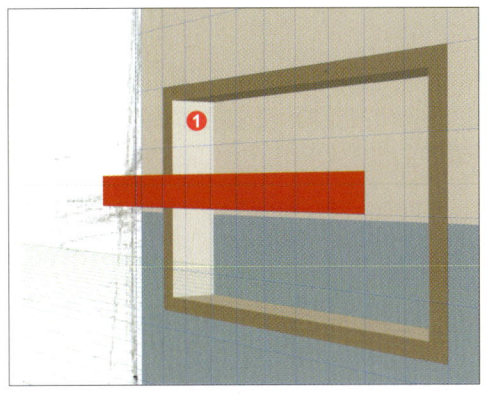
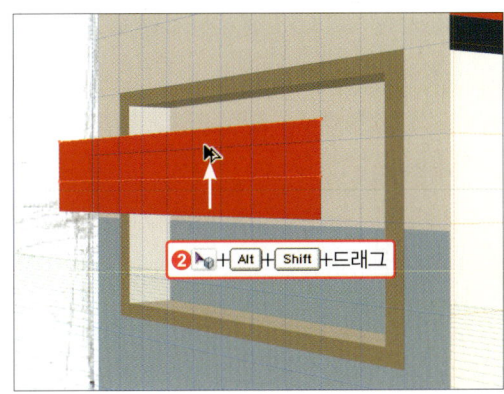

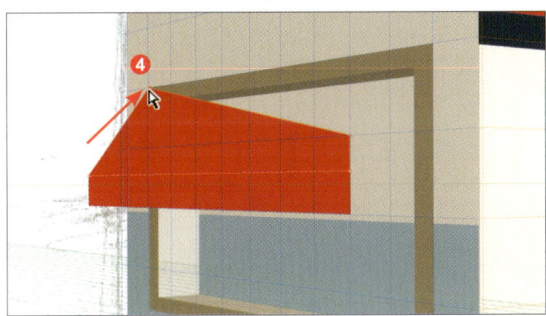
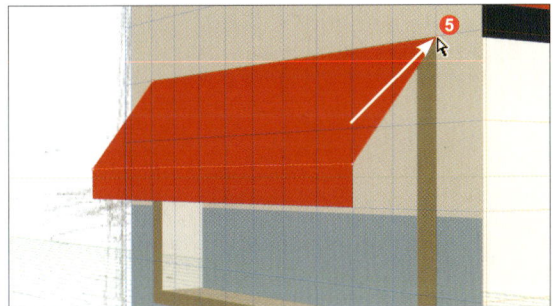

위 그림에 있는 어닝처럼 기울어진 사물은 격자 원근감이 적용되지 않으므로 직접 그리거나 수정해서 그려야 합니다.

14 ①②꺾인 부분의 그림자를 진빨강(M100, Y100, K50)으로 칠합니다. **③④⑤**위젯 왼쪽을 클릭하고 어두운 색 사각형을 그려 Ctrl + [를 여러 번 눌러 창틀 뒤로 보내면 창문 안쪽이 완성됩니다.

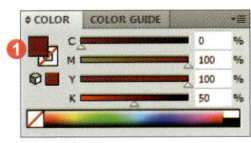
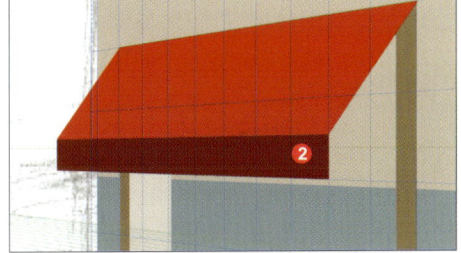

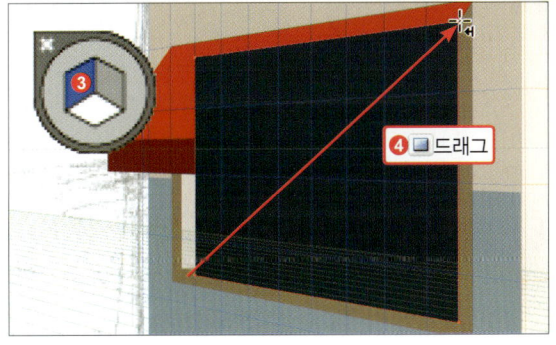
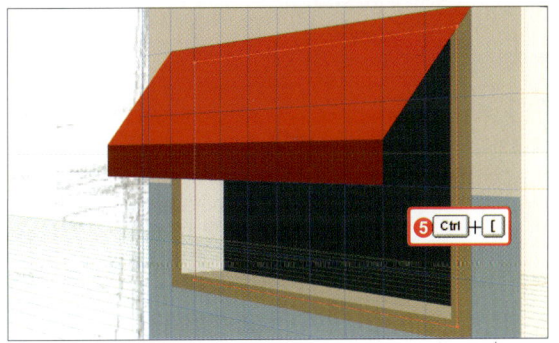

15 ❶위젯 바깥쪽을 클릭하면 원근감이 적용되지 않은 일반 오브젝트를 그릴 수 있습니다. ❷선 툴(╲)을 선택하고 ❸굵기가 6pt이고 모서리와 끝부분이 둥근 선으로 옵션을 설정합니다. ❹ Shift +드래그해서 수직선을 그립니다. ❺선택 툴(▶)로 Alt +드래그해서 복제하고 ❻ Ctrl +D를 눌러 또 한 번 복제해서 간격이 같은 직선 3개를 만듭니다.

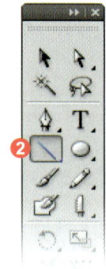
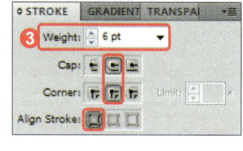

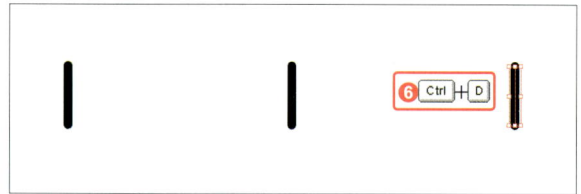

16 조명 지지대를 그리겠습니다. ❶위젯 오른쪽을 클릭하고 ❷원근감 선택 툴(▶o)로 직선 3개를 함께 간판으로 드래그합니다. ❸모서리를 드래그해서 양쪽에 격자 4칸의 여유를 둔 크기로 키웁니다. ❹위젯 왼쪽을 클릭하고 ❺선 툴(╲)로 ㄱ자 모양이 되도록 이어 그리고 ❻ Ctrl + Shift + [을 눌러 맨 뒤로 보냅니다. 나머지도 같은 방법으로 그려주세요.

17 전등을 그리겠습니다. ❶❷❸원형 툴(◯)로 연노란색(Y30) 정원을 그립니다. ❹[Effect]–
[Stylize]–[Inner Glow] 메뉴를 선택합니다. ❺Mode는 Screen, Blur는 0.5로 설정하고
Center를 체크하고 ⬜OK⬜ 버튼을 누르면 ❻가운데에 흰색 빛이 생깁니다.

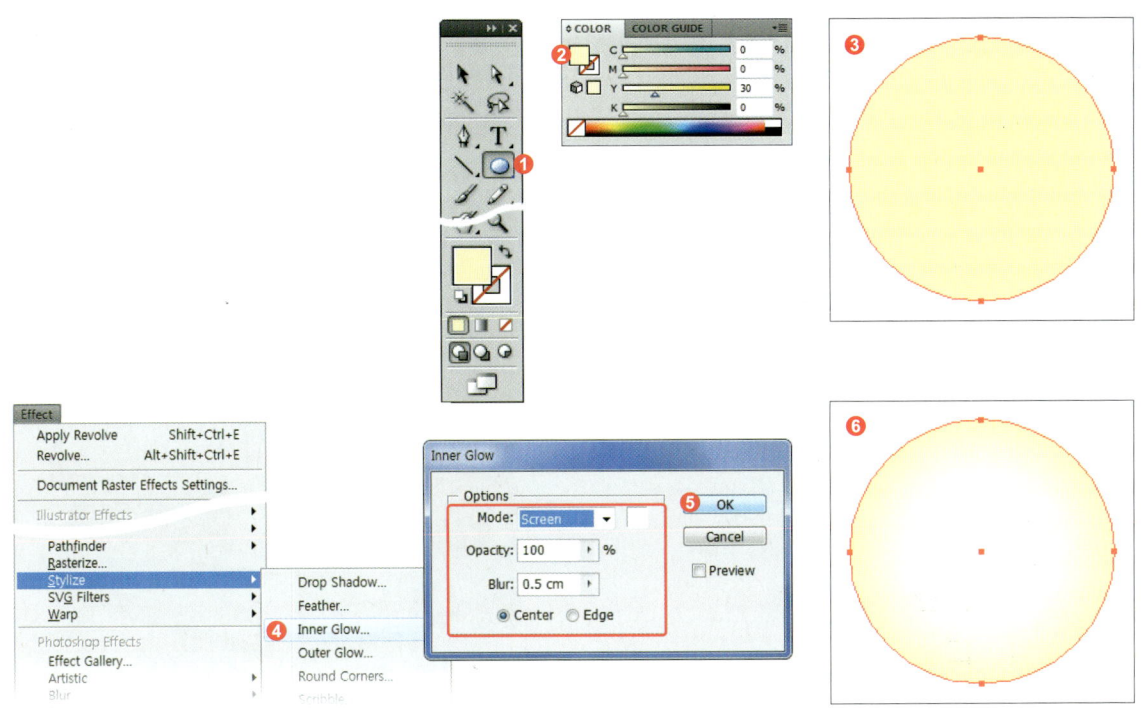

18 ❶선택 툴(▸)로 드래그해서 첫 번째 조명을 달아줍니다. ❷❸ Alt +드래그해서 복제하고
첫 번째 조명과 이어지는 격자를 기준으로 어울리는 크기로 줄입니다. ❹세 번째 조명도 완성
합니다.

19 ❶나머지 부분을 지금까지 공부한 것을 반복하고 응용해서 완성합니다. 원하는 대로 색을 칠할 수 있고 창문과 계단을 만들 수 있습니다. ❷[View]-[Perspective Grid]-[Hide Grid] 메뉴를 선택하고 ❸ 스케치 레이어를 숨깁니다. ❹어긋난 곳이 없는지 확인합니다.

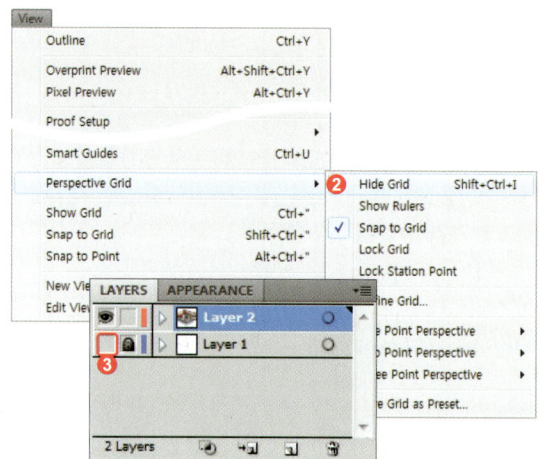

20 배경을 넣어 일러스트를 완성합니다.

평면 전환 위젯

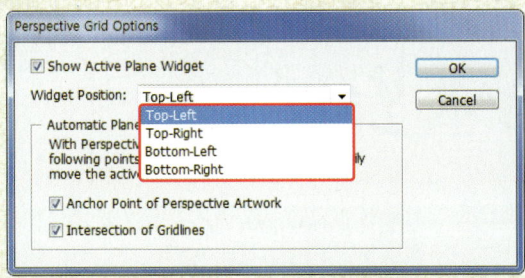

위젯은 기본적으로 왼쪽 위에 위치하지만, 원근감 격자 툴(🔲)을 더블클릭하면 위젯의 위치를 옮길 수 있습니다.

Tip 원근감 격자에 글자와 심벌 적용하기

01 ❶글자 툴(T)로 쓴 글자 데이터도 원근감 격자에 적용시킬 수 있습니다. ❷격자 안에서는 아웃라인이 처리된 것처럼 보이지만 ❸❹더블클릭하고 Ctrl+Y를 누르면 원본 글자를 볼 수 있어 드래그해서 선택한 다음 ❺글자를 수정할 수 있습니다(글자 툴 사용 방법은 Part 06을 참고하세요).

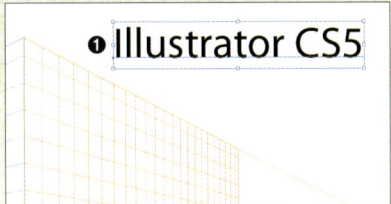

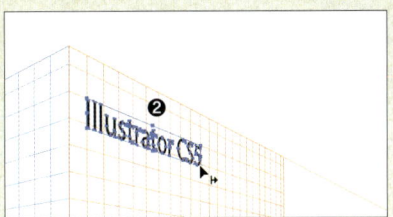

02 ❶심벌을 화면으로 드래그합니다. ❷원근감 선택 툴(⬛)을 이용해 원근감 격자에 적용할 수 있으며, 심벌 패널에서 심벌을 더블클릭하면 심벌 모양을 수정할 수 있습니다(심벌 툴 사용 방법은 Lesson 36을 참고하세요).

Special Tip 04

브러시 라이브러리 한눈에 보기

[Window]-[Brush Libraries] 메뉴 속에는 기본으로 제공되는 브러시 라이브러리가 테마별로 정리되어 있습니다. 브러시 라이브러리를 이용하면 더 다양한 일러스트를 쉽게 그릴 수 있어 디자이너에게 매우 유용합니다. 일러스트레이터 CS5에서 제공하는 브러시를 한눈에 살펴보세요.

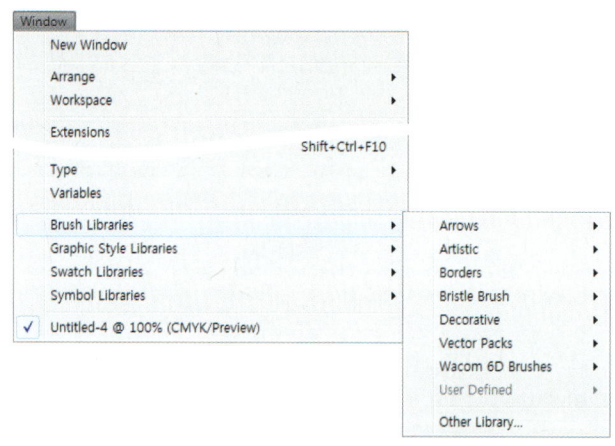

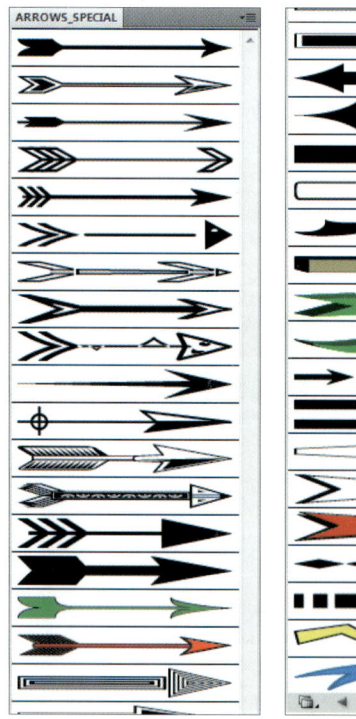

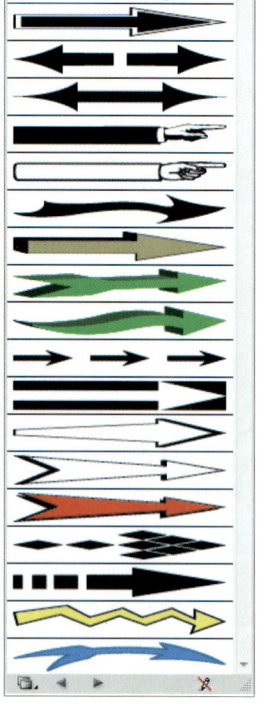

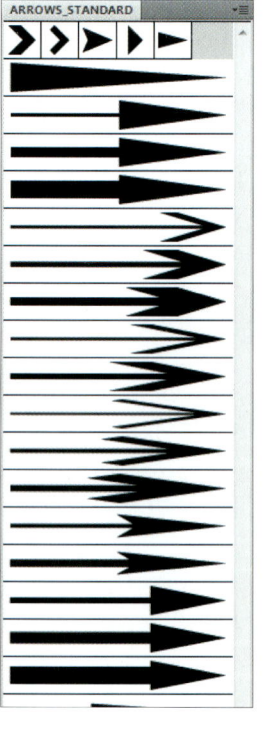

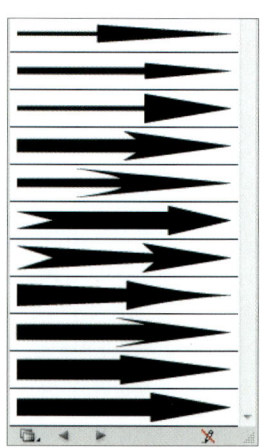

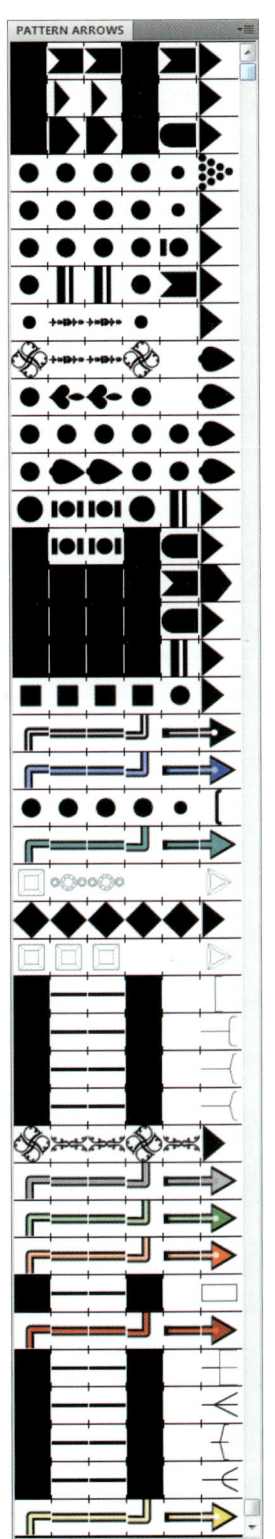

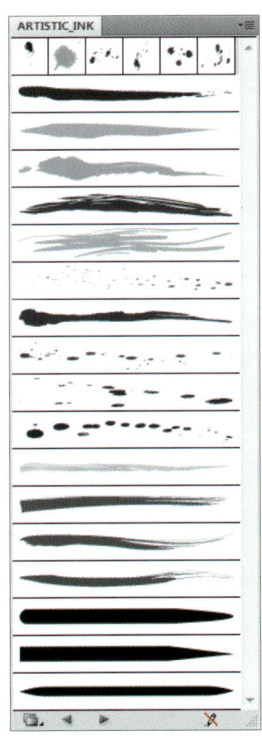

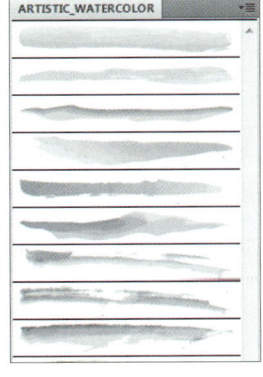

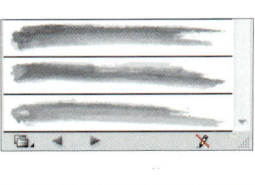

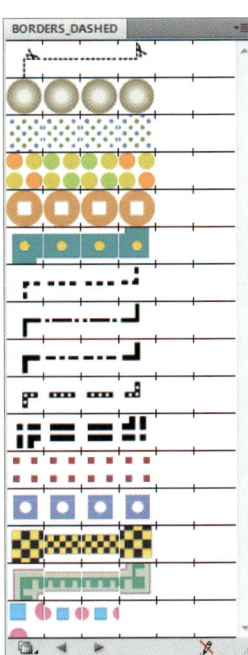

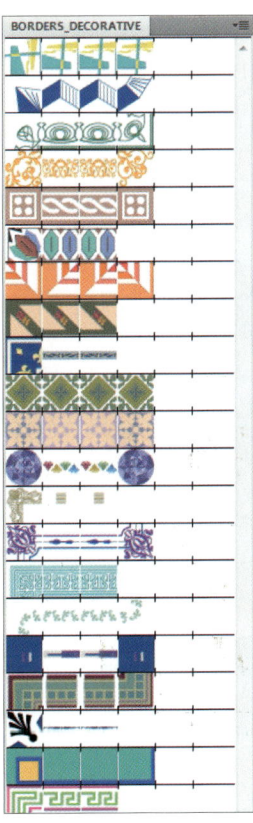

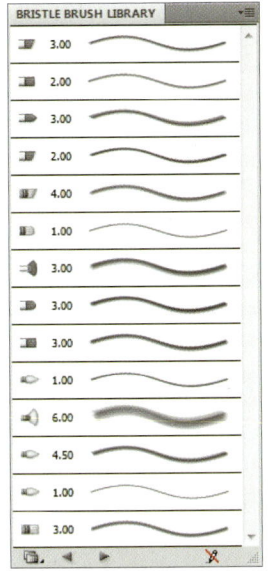

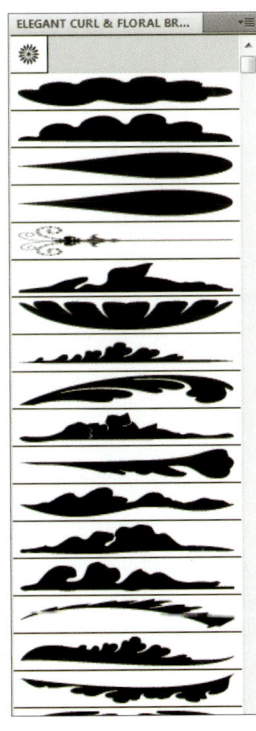

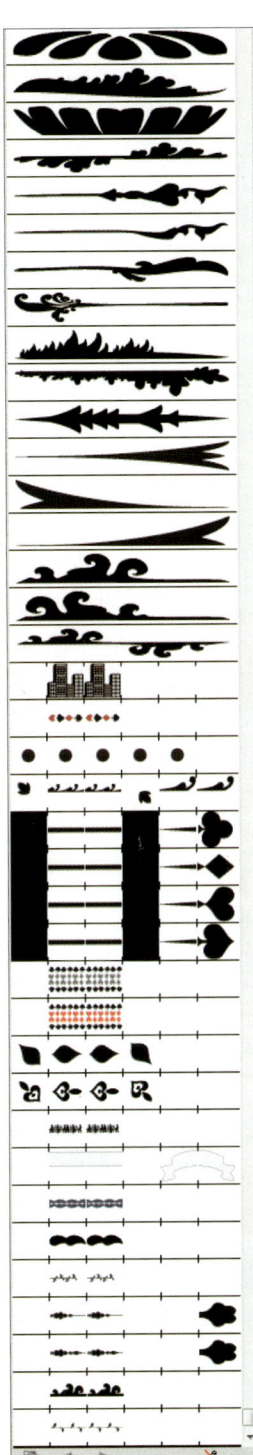

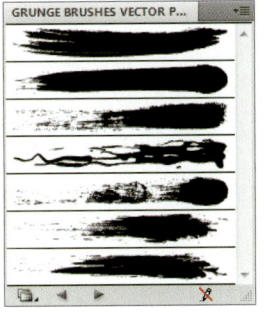

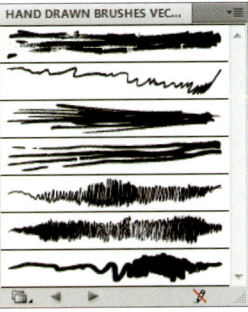

Part 06
마음을 사로잡는 글자 디자인
타이포그래피 테크닉

디자인에서 글자는 단순한 글이 아니라 주제를 드러내고, 내용을 말하고, 이미지를 전달하는 매우 중요한 요소입니다. 내용만 전달하던 글자에 디자인이 접목되면서 이미지로써, 그림으로써, 그 자체가 주체가 되는 '타이포그래피' 영역이 탄생했습니다. 일러스트레이터에서 글자를 쓰는 방법, 이미지로 만드는 방법, 손맛이 느껴지는 캘리그래피 만드는 방법 등을 배워보겠습니다.

Specialist Interview **명쾌한 활자의 매력에 빠진 아트 디렉터 김태헌님**

Specialist Interview

명쾌한 활자의 매력에 빠진 아트 디렉터 김태헌님

現 안녕연구소 아트 디렉터

2008년 TDC(Tokyo TDC) Award 2008 입선
1999년 세종대왕기념사업회 폰트 공모전 우수상
1998년 윤디자인 한글 폰트 공모전 입선

2008년 TDC(Tokyo TDC) Exhibition(Tokyo ggg (ginza graphic gallery))
2007년 디자인 쇼쇼쇼(예술의 전당 한가람미술관)
2007년 헤이리판페스티발 한글상상전(헤이리 소소갤러리)
2007년 문자놀이전(한가람미술관)
2007년 개인전사각형전(루프 갤러리)

홈페이지 www.makeface.net
이메일 makeface@makeface.net

저는 차가우면서도 명쾌한 '활자'에 매력을 느끼고, 활자를 이용한 작업을 좋아합니다. 작업 방식은 진지하기보다 재미나게 접근하는 것을 좋아하고, 거창한 것보다 소박한 것에 감동하는 편입니다. 2003년 이후 메이크페이스 사이트(makeface.net)를 통해 클라이언트와 작업하고 한글 폰트를 판매하다 2008년에 안녕연구소를 만들어 한글 활자 디자인에 집중하고 있습니다.

이렇게 시작했다

대학 초에 들은 한글 디자인이란 수업이 계기가 된 것 같습니다. 이후 관련 책을 찾아 읽고, 친구들과 스터디를 하고 전시회를 하면서 재미 있게 작업한 것이 본격적인 계기가 되었습니다. 어릴 때 부모님이 공판에 글자를 새겨 수건에 인쇄하는 일을 하셨는데 옆에서 보고 자랐던 것도 영향을 받았을 것입니다.

타이포그래피의 매력과 힘든 점

타이포그래피는 말 그대로 활자를 운용하는 기술입니다. 문자를 이용해 내용을 이해시키고 전달시키는 것은 커뮤니케이션 디자인에 있어 아주 기초적인 것입니다. 건축의 뼈대처럼 평면의 공간을 지탱하고, 조형적으로도 훌륭한 느낌을 줘야 하고, 나아가 어떤 요소를 더하지 않고 문자만으로 내용을 전달시켜야 하는 과정은 힘이 듭니다. 하지만 최소 재료로 최대 효과를 발휘하는 것은 타이포그래피만의 매력입니다. 개인적으로 한 가지를 더하자면 문자, 즉 한글을 이해하고 그것을 디자인하는 것이 무엇보다 어렵고 힘든 것 같습니다.

▼ 사각형 연산과 기하학 타이포그래피 / 책 / 2007 / '선'으로 이루어진 구조 문자를 면으로 재구성한 작업

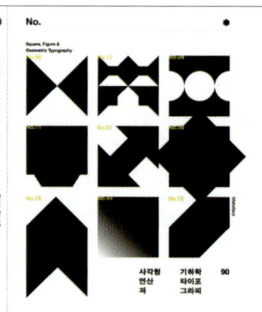

타이포그라퍼가 되는 방법

문자는 디자이너가 아니라도 누구나 사용합니다. 어디서나 워드
프로그램을 사용하여 문서를 작성하고 어딘가에 붙여집니다. 이
런 행위는 분명 타이포그래피와 같은 것인데 누구도 그런 사람을
타이포그라퍼라 부르지 않는다. 디자인과 타이포그래피 교육 이
전에 '문자의 이해'가 바탕에 깔려 있지 않기 때문입니다. 다시
말해 문자를 이해하고 사용하는 것이 타이포그라퍼가 되기 위한
첫번째 조건입니다.

문자는 각각의 성질(혹은 성격)이 다릅니다. 세리프와 산세리프
에도 글자만의 특징이 있습니다. 그런 문자들의 성질을 파악하
는 것이 필요합니다. 문자 종류는 너무 다양합니다. 이렇게 설명
하는 것이 현재 모든 글자를 펴놓고 익혀야 한다는 뜻은 아닙니
다. 문자를 가볍게 보지 말고 작더라도 그것을 이해하려는 노력
이 필요하다는 뜻입니다. 왜냐하면 문자는 평면 조형에 대한 모
든 요소가 어우러져 있는 종합 예술품이기 때문입니다. 이런 문
자를 이해한다면 어떤 평면 공간도 두렵지 않을 것이고, 어떠한
문자의 특징을 해석했다면 그 문자를 어떤 식으로 사용해야 하
는지 자연스럽게 이해할 수 있을 것입니다.

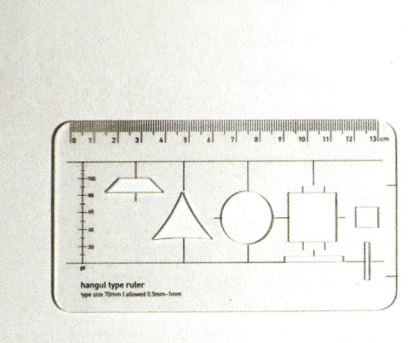

▲ 한글제도자 / 제품디자인 / 2001 / 기하학적인 한글의 특징을
이용해 제도할 수 있는 자

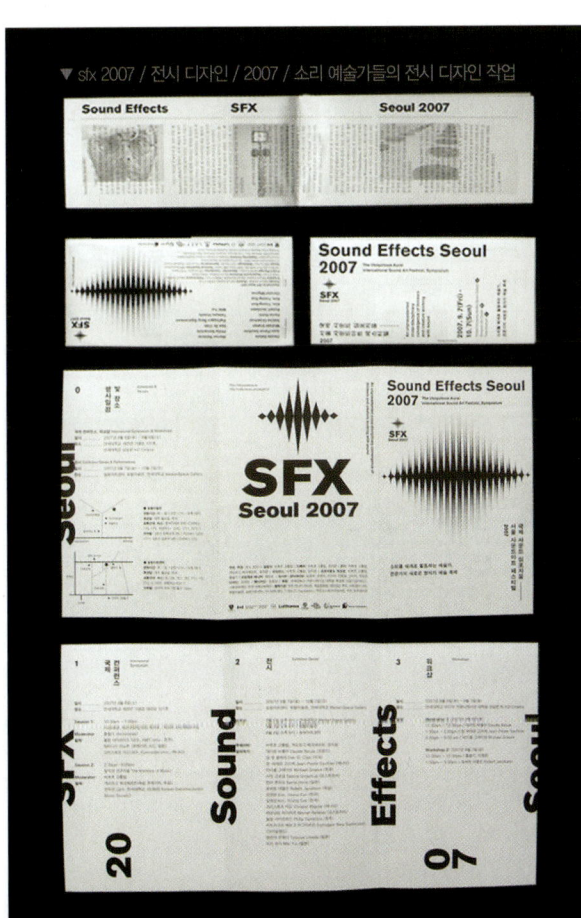

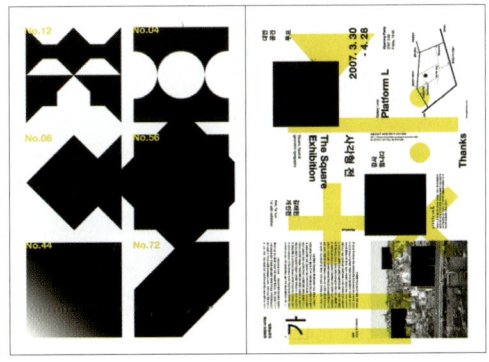

▲ 사각형전 / 리플렛 / 2007 / 사각형 전시회 소개 리플렛

Lesson 19
컴퓨터에 폰트 설치하기

디자인 작업을 할 때는 좀 더 잘 읽히고, 좀 더 아름답게 표현하기 위해 글자 모양도 신경 써야 합니다. 글자 모양을 정해주는 폰트에 대해 알아보고, 다운 받아 설치하는 방법도 알아보겠습니다.

폰트란

폰트(Font)는 글자에 모양을 입혀 우리가 쉽게 사용할 수 있도록 한 파일로, 서체나 글꼴로도 불립니다. 폰트 파일은 컴퓨터에 있는 폰트 폴더에 직접 넣어서 쓰거나 설치 프로그램을 실행해 설치해 쓸 수도 있습니다. 폰트가 설치되면 아래한글, 워드, 파워포인트, 포토샵, 일러스트레이터 등 원하는 프로그램에서 골라 쓸 수 있습니다.

🅰 비트맵 폰트

화면용 폰트입니다. 픽셀 형식으로 만들어진 폰트로, 용량이 가볍고 속도가 빨라 주로 시스템용 폰트로 쓰이며 인쇄용으로는 쓸 수 없습니다.

🆃 트루타입 폰트

가장 많이 쓰는 폰트로 화면용 폰트와 출력용 폰트 속성을 모두 갖고 있습니다. 편집/그래픽 프로그램에서 사용할 수 있으며, 전자출판에 사용하기 좋지만 PC와 MAC에서 각자 사용되는 트루타입 폰트는 대부분 서로 호환되지 않습니다.

🅾 오픈타입 폰트

마이크로소프트와 어도비가 공동으로 개발한 트루타입 폰트 확장본으로 PC와 MAC에서 함께 호환해 쓸 수 있습니다. 확장 문자 세트와 레이아웃 기능을 포함시킬 수 있고, 오픈타입 패널에서 활용할 수도 있습니다. 중앙 유럽(CE) 언어를 지원하는 어도비 오픈타입 폰트는 Pro, 중앙 유럽 언어를 지원하지 않는 오픈타입 폰트에는 Std가 폰트 이름 뒤에 붙습니다.

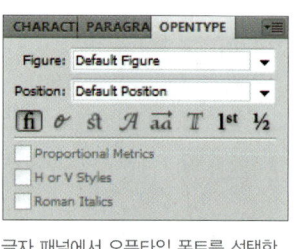 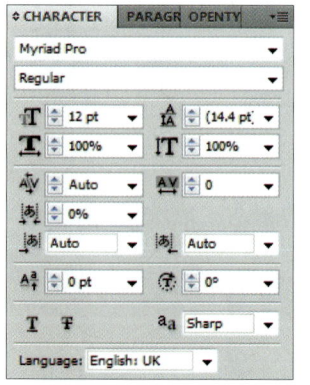 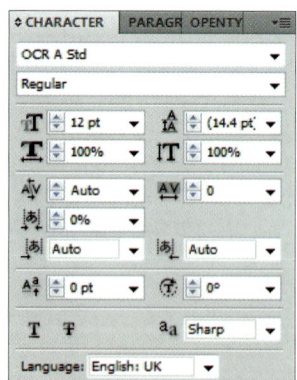

글자 패널에서 오픈타입 폰트를 선택한 모습과 오픈타입 패널의 모습

폰트 설치하기

단일 폰트 파일(ttf, ttc, otf)을 다운 받았다면 C:₩
WINDOWS₩Fonts 폴더로 드래그해서 넣기만 해도
설치됩니다.

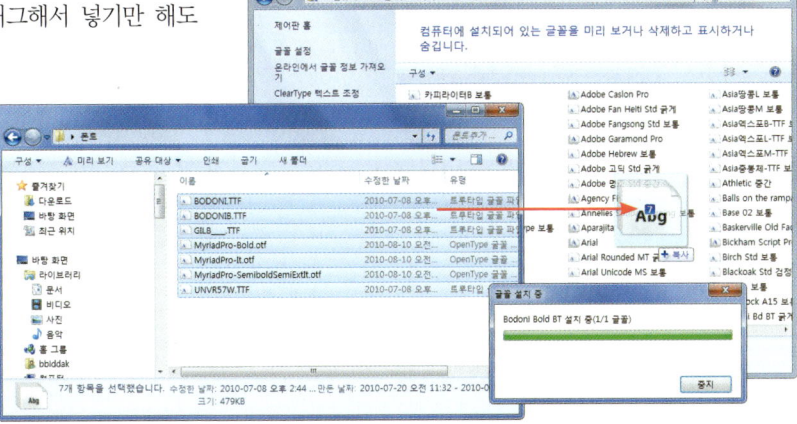

유료 폰트는 대개 결제하면 설치 파일을 다운 받을 수
있습니다. 다운 받은 파일을 실행하면 폰트가 자동으
로 설치됩니다. 유료 폰트는 대개 인증 받은 컴퓨터에
서만 사용할 수 있습니다. 다음은 폰트 클럽(www.
fontclub.co.kr)에서 폰트를 사는 과정입니다.

①원하는 폰트를 골라 〈바로 구매〉 버튼을 누릅니다.

②약관에 동의하고 주문서를 작성한 다음 결제를 마칩니다.

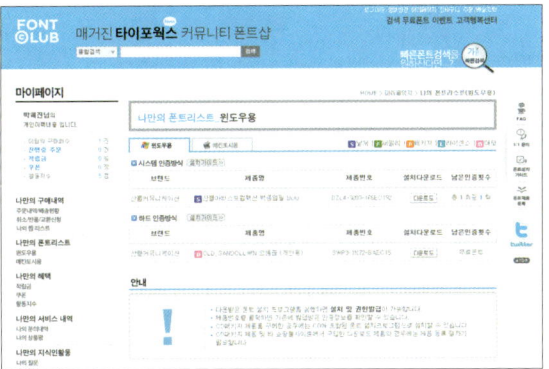

③폰트 설치 프로그램을 다운 받습니다.

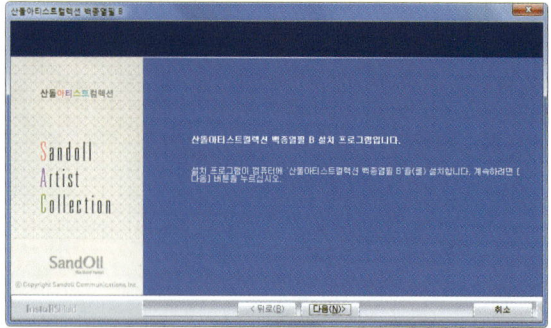

④ 설치 프로그램을 실행해 폰트를 설치합니다.

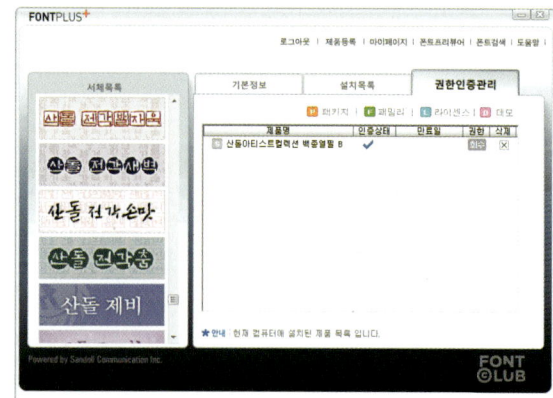

⑤ 설치를 마친 후 인증 과정을 거치면 폰트 프로그램이 실행된 상태에서만 폰트를 쓸 수 있게 됩니다.

추천 무료 폰트 사이트

폰트는 제작자에게 저작권이 있으므로, 무단으로 복제하거나 배포하면 처벌 받을 수 있습니다. 무료 폰트도 개인 용도로만 사용처를 제한하는 경우가 많으므로 폰트 사용 설명서에서 저작권 부분은 반드시 확인하기 바랍니다.

국내 폰트 전문 회사 사이트에서는 유료 폰트 이외에도 무료 폰트 다운로드 서비스를 제공합니다. 회사별로 특화된 폰트가 무엇이 있고, 새롭게 추가된 폰트가 무엇이 있는지 수시로 확인하면서 내 디자인에 잘 맞는 폰트를 찾아보기 바랍니다.

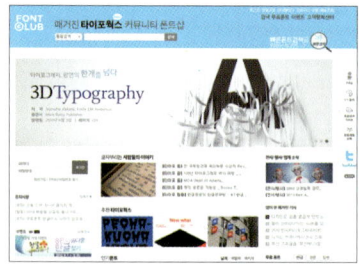

[폰트클럽] http://www.fontclub.co.kr

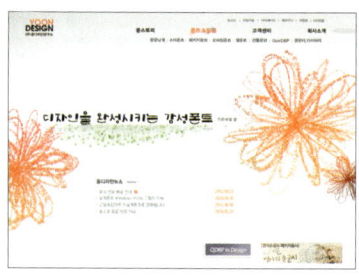

[윤디자인연구소] http://yoonfont.co.kr

[폰트릭스] http://www.fontrix.co.kr

[좋은글자] http://www.goodfont.kr

[아시아 폰트] http://www.asiafont.com

[헤움] http://www.heumm.com

[폰트나비] http://www.fontnavi.com

[직지소프트] http://www.smfont.com

기업 홍보나 나눔을 목적으로 폰트를 무료로 나눠주기도 합니다. 무료지만 완성도와 활용도
가 높은 폰트라 유용하게 쓸 수 있습니다. 마찬가지로 폰트 사용 설명서에서 저작권 부분은
반드시 확인하기 바랍니다.

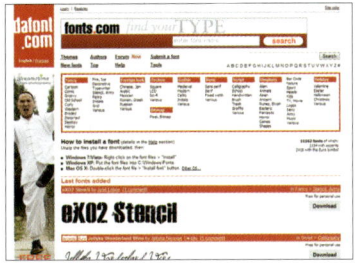

[무료 영문 폰트 사이트] http://www.dafont.com

[네이버 나눔 폰트] http://hangeul.naver.com

[윤폰트 한글상상체] http://yoonfont.co.kr/2008SS

[DAUM 다음 서체] http://info.daum.net/Daum/
info/introduceOfCI.do

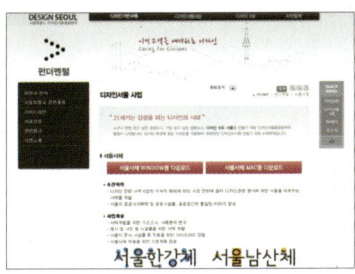

[서울 서체] http://design.seoul.go.kr/dscontent/
designseoul.php?MenuID=490&pgID=57

[KT&G 상상체] http://www.ktng.com/kor/
company/sangsang.jsp

Lesson 20
일러스트레이터에서 글자 쓰기

디자이너에게 이미지와 일러스트만큼 중요한 것이 글자입니다. 글자가 들어가지 않는 디자인은 거의 없으니까요. 글자 툴을 이용해서 글자를 써보고, 활용하는 방법도 알아보겠습니다.

실습 파일 : 부록CD\Sample\Part06\Lesson20-1.ai
완성 파일 : 부록CD\Sample\Part06\Lesson20-2.ai

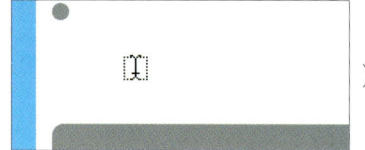  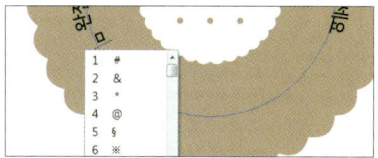

글자 쓰고 색칠하기

01 ❶❷글자 툴(T)을 선택하고 화면에 갖다 대면 마우스 포인터가 ⟨I⟩ 모양이 됩니다. ❸클릭하면 글자를 입력할 수 있는 커서가 깜빡입니다. ❹"open"을 입력합니다.

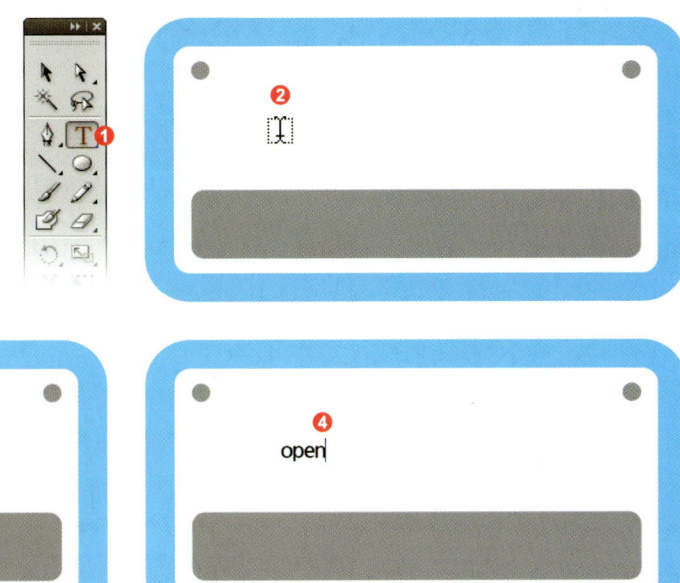

02 ❶❷선택 툴(▶)을 선택하면 글자에 바운딩 박스가 생깁니다. ❸❹글자 패널에서 폰트를 선택하고 글자 크기를 70pt, 자간을 50으로 설정합니다.

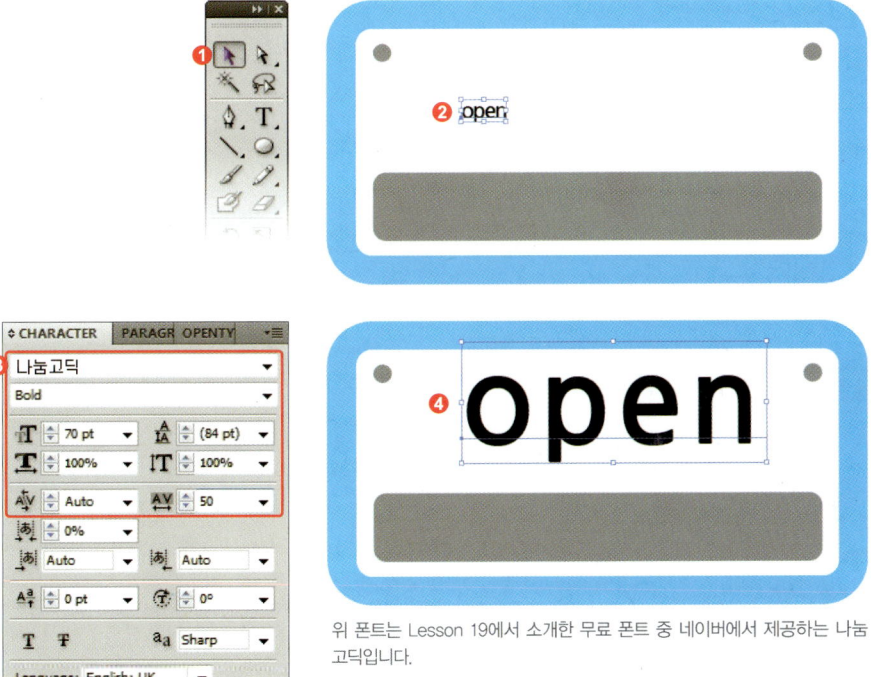

위 폰트는 Lesson 19에서 소개한 무료 폰트 중 네이버에서 제공하는 나눔고딕입니다.

글자 패널에서 아래쪽 옵션이 보이지
않을 때는 ❶패널 오른쪽에 있는 버튼을 누르고 ❷[Show Options] 메뉴를
선택합니다.

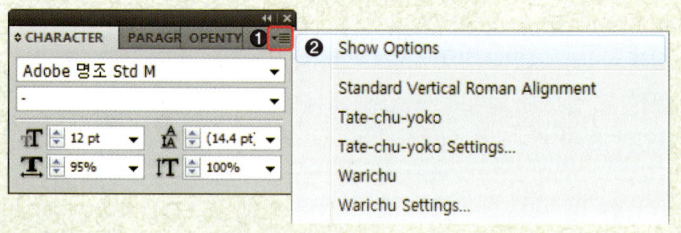

03 글자 속성은 컨트롤 패널에서도 수정할 수 있습니
다. ❶❷컨트롤 패널에서 선 색을 검은색으로 지정하고
선 두께를 5pt로 설정하면 글자가 두꺼워집니다. ❸❹
[Type]-[Change Case]-[UPPERCASE] 메뉴를 선택
하면 소문자 전체가 대문자로 바뀝니다.

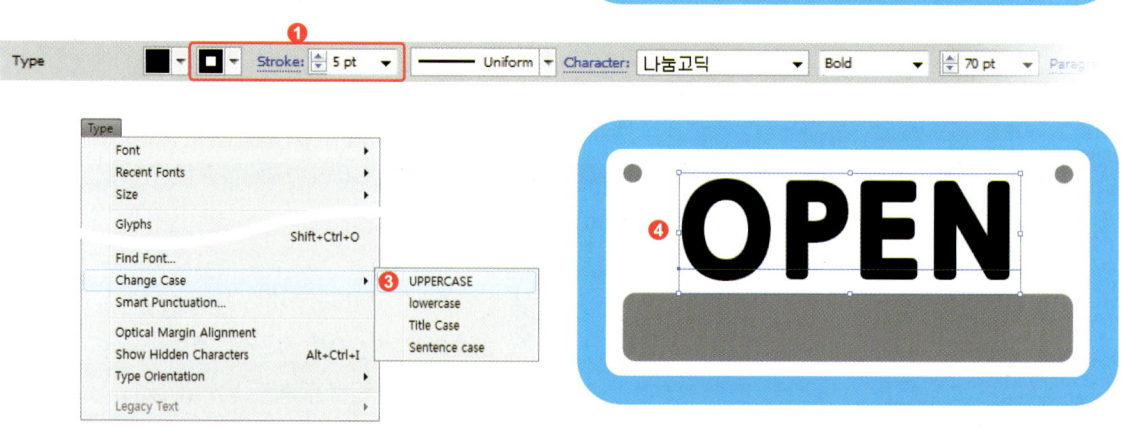

[Type]-[Change Case] 메뉴를 이용하면 영어 문장의 대소문자
스타일을 원하는 대로 바꿀 수 있습니다.

❶UPPERCASE : 글자 전체를 대문자로 표시합니다.
❷lowercase : 글자 전체를 소문자로 표시합니다.
❸Title Case : 글자의 첫 글자만 대문자로, 나머지는 소문자로
　표시합니다.
❹Sentence case : 문장의 첫 글자만 대문자로, 나머지는
　소문자로 표시합니다.

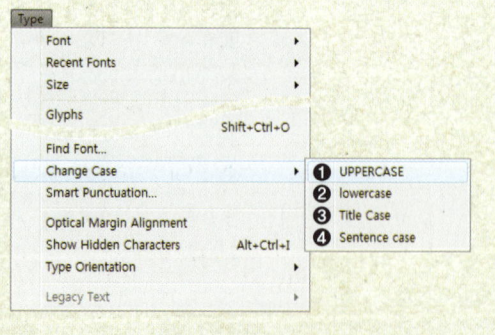

04 ❶다시 글자 툴(T)을 선택하고 회색 박스 안쪽을 클릭해 커서를 만듭니다. ❷커서는 가
장 최근에 쓴 글자 속성을 그대로 적용하기 때문에 큰 글자가 써질 것입니다. ❸❹글자 패널에
서 글자 크기를 35pt로 설정하고 "9AM~7PM"을 입력합니다. ❺❻선택 툴(▶)을 선택해 글
자에 바운딩 박스가 생기면 컬러 패널에서 면 색을 흰색으로 설정해 글자에 흰색을 칠합니다.

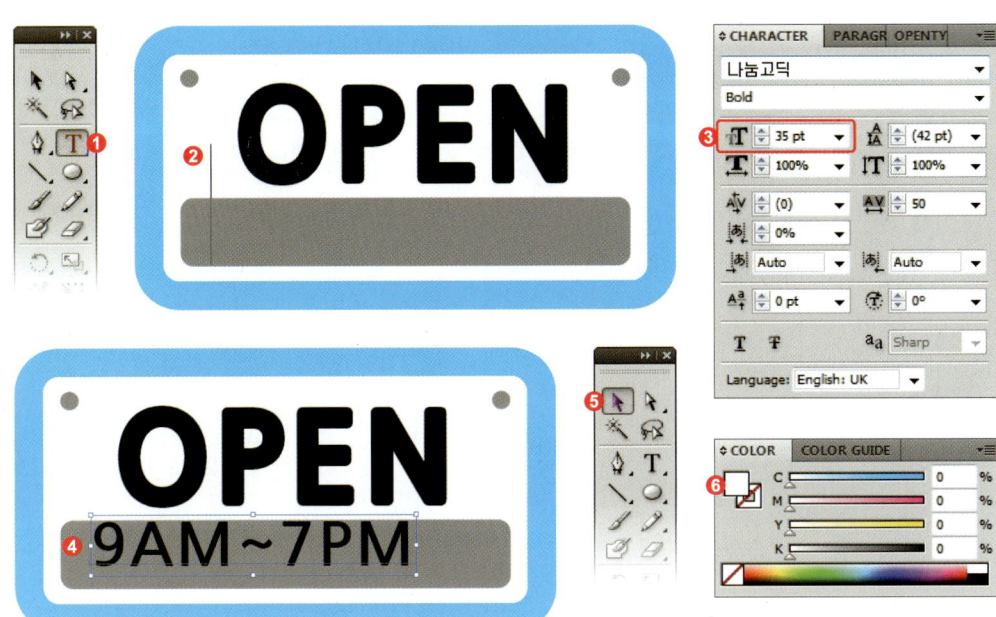

05 ❶전체를 선택하고 ❷❸정렬 패널에서 🔲 버튼을 눌러 가운데로 보기 좋게
맞춥니다.

Tip 패스 위치에 따른 글자 툴의 모양과 기능

❶글자 툴을 패스 근처에 갖다 대면 마우스 포인터가 ⒤ 모양이 됩니다. ❷이 상태로 클릭하면 오브젝트 속성이 사라지고 투명한 텍스트 영역으로 바뀝니다. ❸패스에서 조금 벗어나 마우스 포인터가 ⒤ 모양일 때 클릭하면 ❹글자만 따로 입력할 수 있는 커서가 생깁니다.

Tip 글자 툴과 글자 패널 자세히 보기

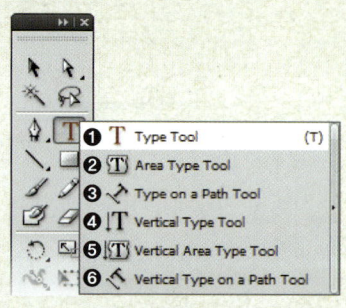

❶기본 글자 툴입니다. 다른 툴이 선택되어 있어도 써 둔 글자를 더블클릭하면 글자를 다시 입력하거나 수정할 수 있습니다. 패스 위에서는 패스 글자 툴, 닫힌 패스 위에서는 패스 영역 속에 글자를 입력할 수 있도록 바뀝니다.
❷닫힌 패스 속에 글자를 씁니다.
❸패스를 따라 글자를 씁니다.
❹세로쓰기를 합니다.
❺닫힌 패스 속에 세로쓰기를 합니다.
❻패스를 따라 세로쓰기를 합니다.

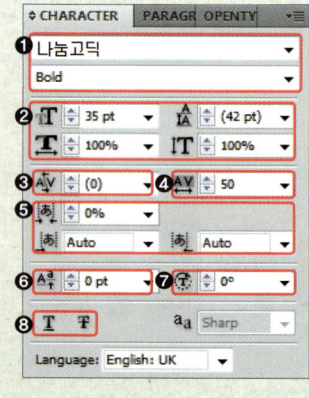

❶컴퓨터에 설치된 폰트를 선택합니다(폰트 설치 경로 : C:₩WINDOWS₩FONT). 스타일을 지원하는 폰트에 한해 아래 칸에서 Normal, Italic, Bold 등을 선택할 수 있습니다. 작업할 때 사용한 폰트는 [Type]–[Recent Fonts] 메뉴에 등록되어 있습니다. 폰트가 많을 경우 쉽게 선택할 수 있습니다.

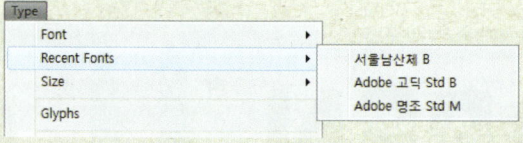

❷글자 크기, 행간, 글자 폭, 글자 길이를 조절합니다.
❸알파벳 스펠링 사이에 커서를 두고 값을 입력하면 클릭한 곳의 자간만 좁히거나 늘릴 수 있습니다.
❹글자 자간을 조절합니다.
❺아시아권 전각 문자의 좌우 공간을 조절합니다.
❻글자 기준선을 중심으로 글자를 위 또는 아래로 옮깁니다.
❼글자를 회전시킵니다.
❽글자 아래나 중간에 줄을 긋습니다.

패스 따라 글자 쓰고 회전하기

01 ❶글자 툴(T)을 선이 시작하는 부분에 갖다 대고 마우스 포인터가 ⟨모양⟩ 모양이 될 때 클릭합니다. ❷선 오브젝트가 투명한 글자 기준선이 되고, 기준선 수직 방향으로 커서가 나타납니다. ❸원하는 폰트를 선택하고, 글자 크기를 20pt, 자간을 −30으로 설정합니다. ❹글자를 입력하면 글자가 패스 위를 흐르듯이 써집니다. 여기서는 "맑은공기 마시며 신나게 달려보자!!!"를 입력했습니다.

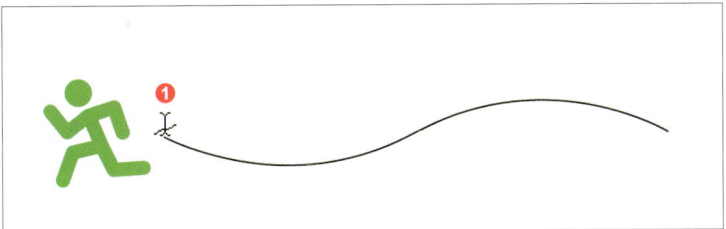

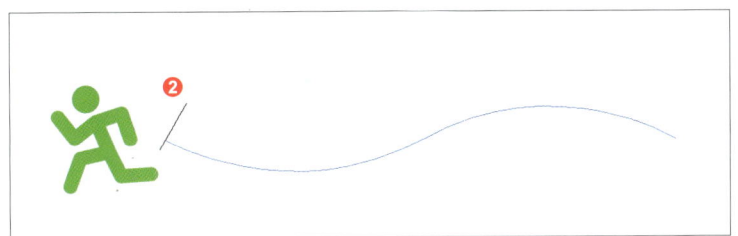

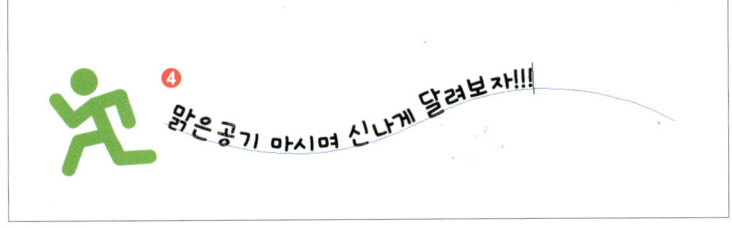

예제에서 쓴 헤움반가워체는 Lesson 19에서 소개한 헤움 사이트에서 제공하는 무료 폰트입니다.

02 ❶'신나게'를 드래그하고 ❷글자 크기를 35pt로 키운 다음 ❸T 아이콘을 누릅니다. ❹선택한 글자인 '신나게'만 글자 크기가 커지고 아래쪽에 밑줄이 생깁니다.

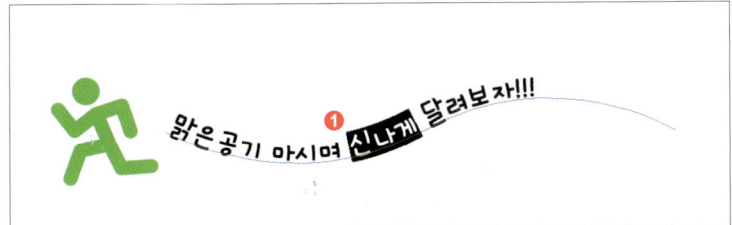

03 ❶❷밑줄 친 글자에서 첫 글자인 '신'만 드래그하고 핑크색(M60, Y30)을 칠합니다. ❸❹
두 번째 글자인 '나'를 드래그하고 스포이트 툴(🖊)로 사람 아이콘을 클릭해서 아이콘과 같은
녹색을 칠합니다. ❺❻세 번째 글자인 '게'를 드래그하고 파란색(C70)을 칠합니다.

04 글자를 삐뚤빼뚤 회전해서 재미를 더해보겠습니다. ❶❷'신'을 선택하고 글자
패널에서 회전 각도를 20으로 입력합니다. ❸❹두 번째 글자는 -30 ❺❻세 번째
글자는 -20으로 입력하고 Enter↵를 누릅니다.

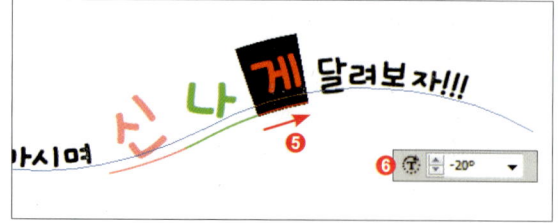

패널에 숫자를 입력한 뒤에는 Enter↵를 짧게 한 번만 눌러주세요. 길게 누르
거나 두 번 이상 누르면 입력한 글자에 Enter↵가 적용됩니다.

05 회전시켰더니 글자 간격이 넓혀졌습니다. ❶❷'신나게'를 드래그하고 자간을 −350으로 설정해 글자 간격을 좁힙니다. ❸ Ctrl + A 를 눌러 입력한 글자 전체를 선택합니다. ❹ Ctrl + Shift + > 를 두 번 눌러 글자가 패스에 꽉 차도록 키웁니다.

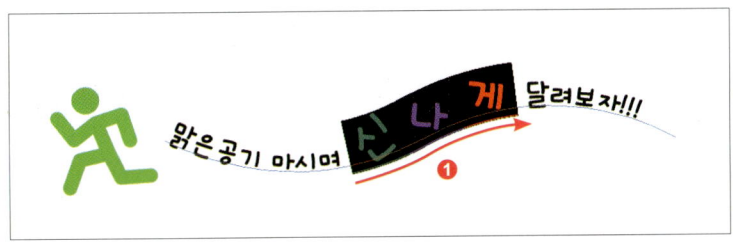

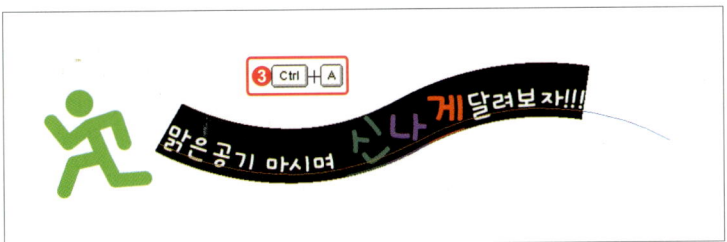

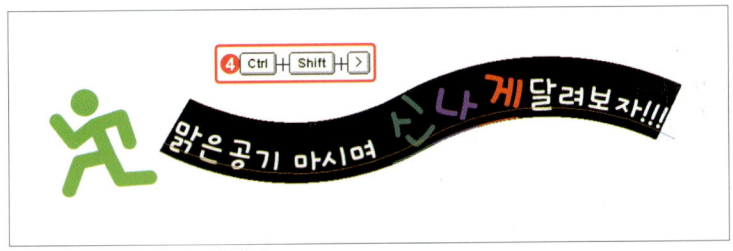

06 두 번째와 세 번째 글자 사이가 넓어 보입니다. 자간을 좁혀보겠습니다. ❶커서를 좁혀야 하는 글자 사이에 두고 ❷커닝을 −100으로 설정하면 ❸글자 사이 간격이 좁아집니다.

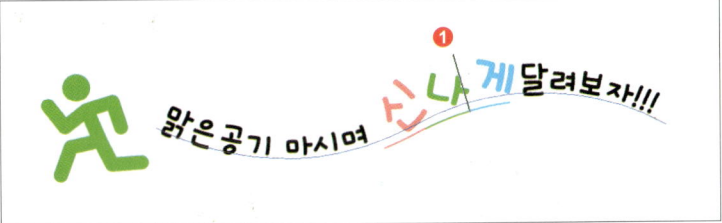

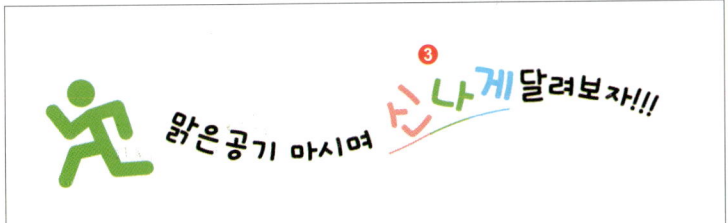

자간 설정은 선택된 글자를 좁히거나 넓히는데 비해, 커닝 설정은 글자 사이에 커서를 두고 그 공간만 좁히거나 넓힐 수 있습니다.

07 ❶❷직접 선택 툴()로 기준선을 클릭하면 기준선 패스를 고칠 수 있습니다. ❸패스 조
절점을 드래그해서 글자가 흐르는 모양을 바꿔보세요.

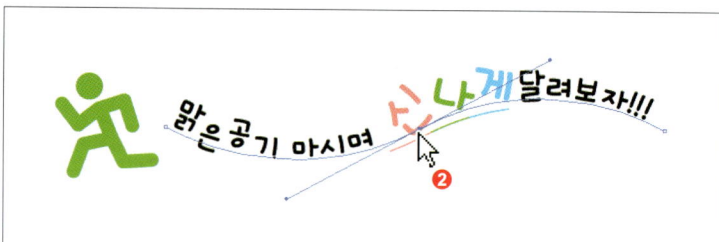

Tip 패스 위에 있는 글자 위치 옮기기

❶직접 선택 툴()로 패스 글자를 선
택하면 문장 처음/가운데/끝에 직선이
3개 나타납니다. 문장의 시작/이동 막
대/끝을 나타냅니다. ❷시작 부분에 마
우스를 갖다 대면 마우스 포인터가 ▶▲
모양이 됩니다. 오른쪽으로 드래그하면
문자가 밀려납니다.

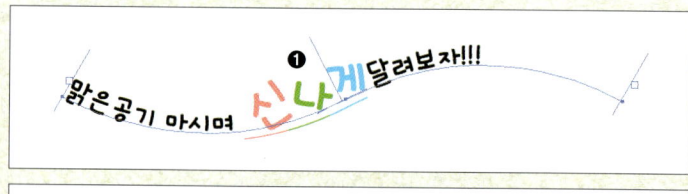

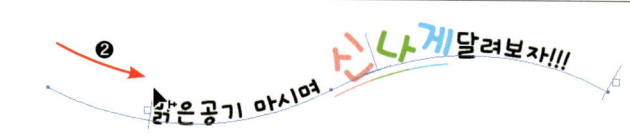

❶가운데 이동 막대에 마우스를 갖다
대면 마우스 포인터가 ▶▲모양이 되고,
문장 전체를 드래그하는 방향으로 옮길
수 있습니다. ❷끝에 마우스를 갖다 대
면 마우스 포인터가 ▶▲ 모양이 되고 문
장 마지막 부분을 옮길 수 있습니다. 문
장이 잘려서 보이지 않을 경우 끝 부분
에는 ⊞ 표시가 생깁니다.

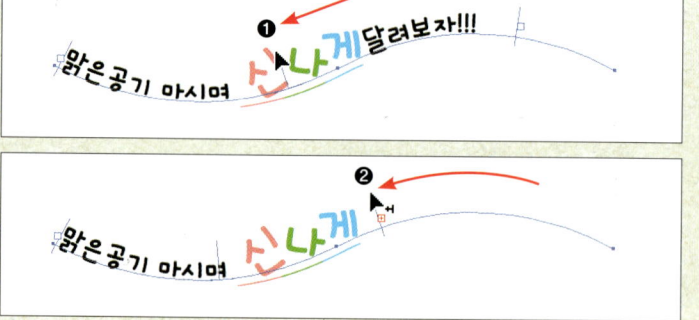

Tip 패스 위에 있는 글자 방향 바꾸기

[Type]-[Type on a Path] 메뉴를 선택하면 글자 방향을 다양하게 바꿀 수 있습니다.

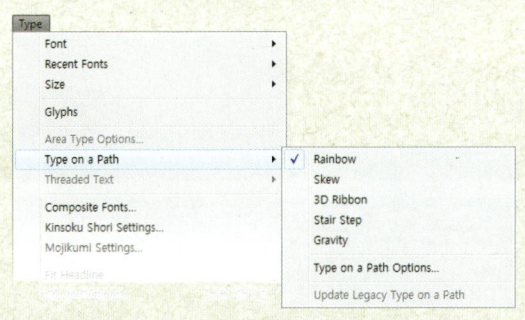

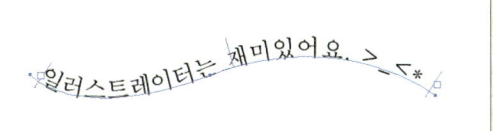

Rainbow : 글자가 기준선 직각 방향으로 나열됩니다.

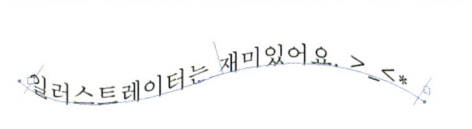

Skew : 글자가 기준선 모양대로 비스듬해집니다.

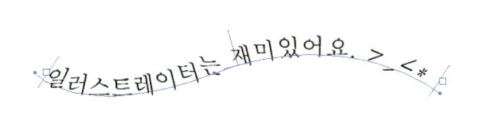

3D Ribbon : 글자가 기준선을 따라 입체적인 모양으로 변형됩니다.

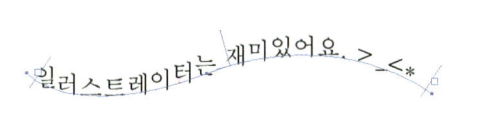

Stair Step : 글자 방향은 그대로 유지한 채 위치만 기준선을 따릅니다.

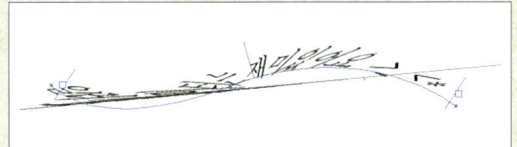

Gravity : 글자가 무게 중심점 방향으로 왜곡됩니다.

닫힌 패스 위에 글자와 특수문자 입력하기

01 ❶글자 툴(T)을 꾹 눌러 패스 위 글자 툴()을 선택합니다. ❷검은 동그라미에 마우스를 갖다 댔을 때 모양으로 바뀌면 ❸클릭해서 커서를 만듭니다.

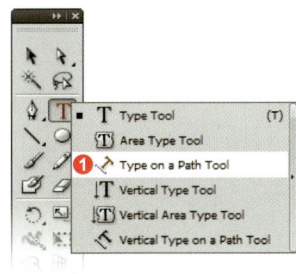

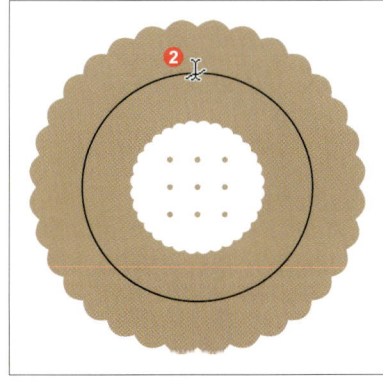

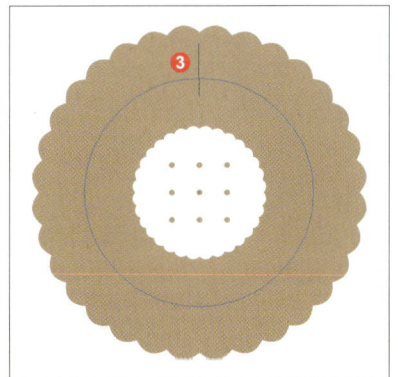

02 ❶❷폰트, 글자 크기, 자간을 설정하고 문장을 입력하면 원형 패스를 따라 글자가 입력됩
니다. 여기서는 "완전 맛있는 쿠키가 10개 1000원! 따뜻한 커피와 함께 드세요"를 입력했습니
다. ❸'10개 1000원' 부분을 드래그해서 선택합니다.

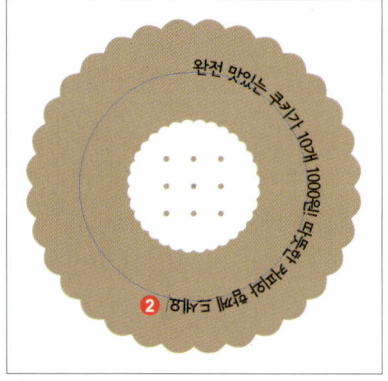
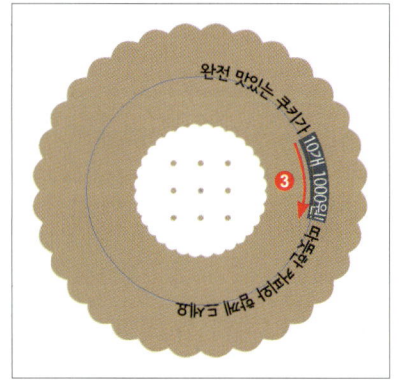

열린 패스일 경우 글자 툴로 클릭만 해도 패스 위에 글자를 쓸 수 있지만, 닫힌 패스에서는 패스 위 글자 툴(🖊)
을 선택한 다음 클릭해야 합니다.

03 ❶글자 크기를 19pt로 키우고 ❷글자 색을 진빨강(M100, Y100, K15)으로 칠합니다. ❸면
색을 선 색으로 드래그하면 같은 색 1pt 선이 생겨 글자가 두꺼워집니다. ❹❺선택 툴(▶)을 이
동 막대 부분에 갖다 대면 마우스 포인터가 ▶ᴸ 모양이 됩니다. ❻이동 막대를 드래그해서 글자
가운데로 옮깁니다. ❼ Ctrl + C 와 Ctrl + F 를 차례로 눌러 글자를 복사하고 제자리에 붙입니다.

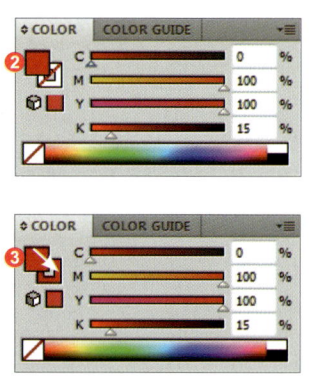
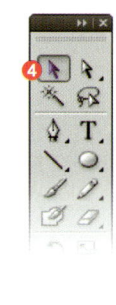
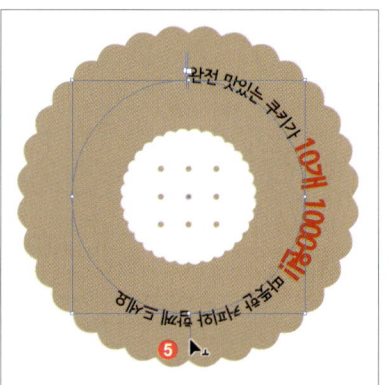

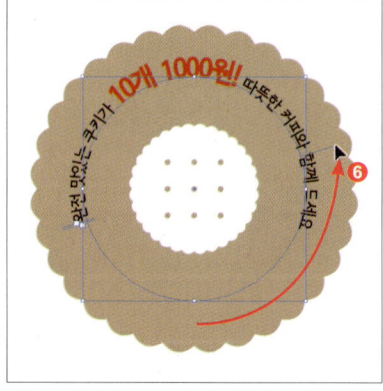

이동 막대를 이용하여 원 안으로 글자를
넣을 수도 있습니다.

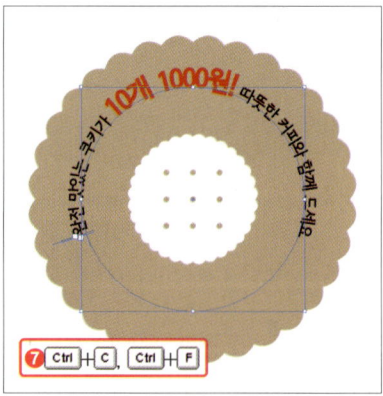

04 ❶[Type]-[Type on a Path]-[Type on a Path Options] 메뉴를 선택합니다. ❷Flip을
체크하고 ☐ OK ☐ 버튼을 누르면 ❸복제된 패스 위 글자가 동그라미 안쪽으로 방향이 바뀝니다.

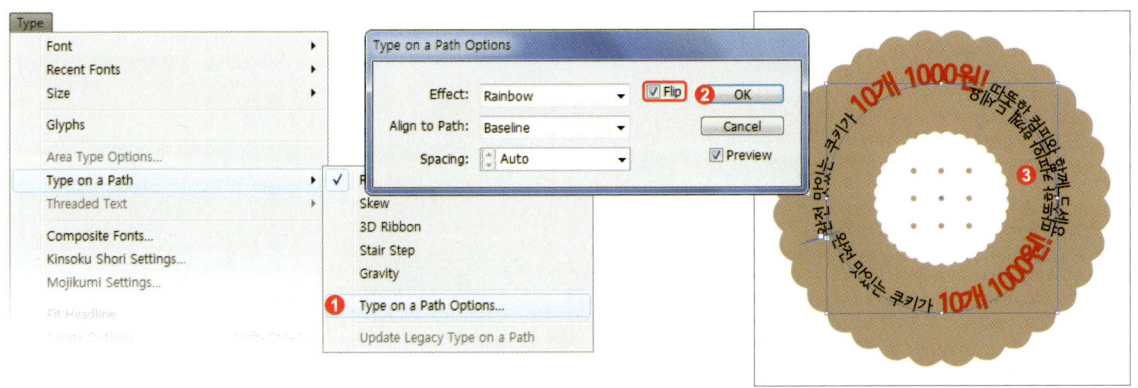

05 ❶복제된 글자를 더블클릭하면 글자 툴(T)로 전환되어 커서가 생기고 한 번 더 클릭하
면 글자 전체가 선택됩니다(또는 커서 위치 후 ☐ Ctrl ☐+☐ A ☐를 눌러주세요). ❷☐ Delete ☐를 눌러 글자
를 지웁니다. ❸자음 ㅁ을 누르고 ☐ 한자 ☐를 누르면 모니터 오른쪽 아래 또는 글자 바로 아래에
ㅁ에 해당하는 특수문자가 나타납니다. 그 중 별을 클릭해서 ❹입력합니다.

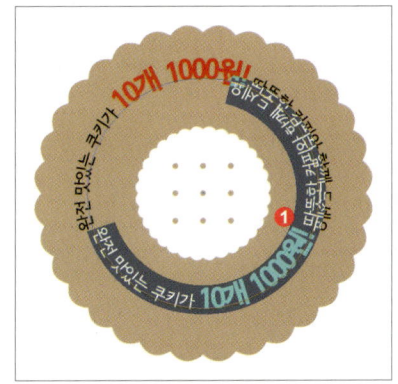

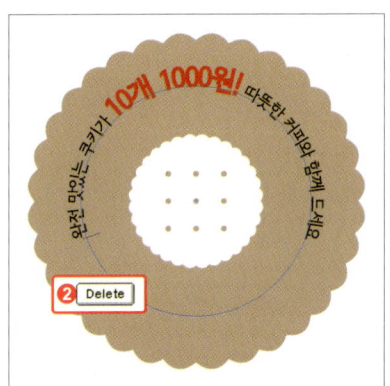

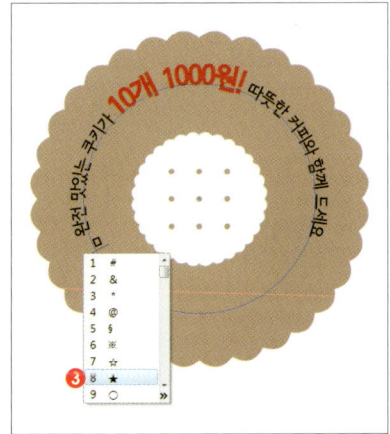

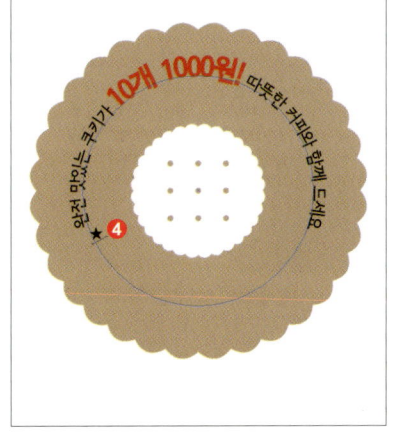

한 글자가 완성된 후 ☐ 한자 ☐를 누르면 특수문자 대신 글자에 해당하는 한자를 선택해 입력할 수 있습니다. 특수문
자나 한자를 선택하는 화면은 윈도우 버전에 따라 다를 수 있습니다.

06 ❶❷나머지 글자를 입력하고 선택 툴(➤)을 선택해 바운딩 박스가 나타나게 합니다. ❸
❹글자 패널과 컬러 패널을 이용해 원하는 글자 속성으로 바꿔주세요. ❺❻바운딩 박스 모서
리를 드래그해서 글자가 가운데 오도록 조정해서 완성합니다.

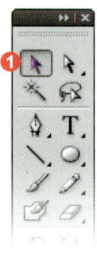

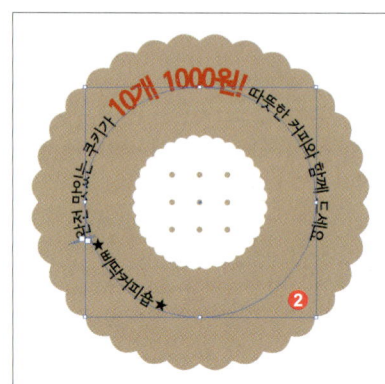

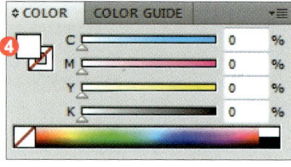

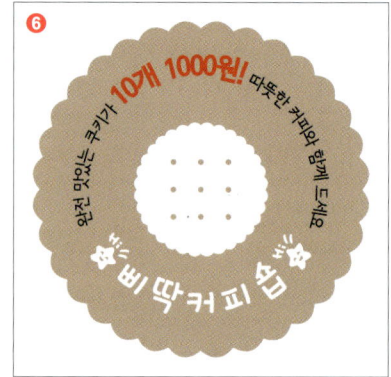

정원 패스 위에 글자를 썼다면 바운딩 박스를 이용해서 회전해도 기준선 위치가 같기 때문에 이동 막대를 드
래그하는 것보다 편합니다.

Tip 특수문자 프로그램 이용하기

특수문자를 쓸 일이 많다면 가벼운 특수문자 프리웨어를 사용할 수 있습니다. 간편하게 원하는 문자를 복사해서 프로그램 입력 란에 붙일 수 있습니다.

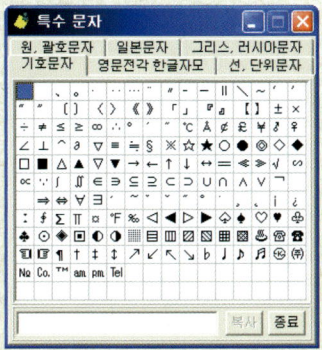

특수문자 프로그램 SpecialCharacter V1.0.1

Tip 글자 관련 단축키

`Ctrl`+`Shift`+`O` 글자 속성을 버리고 아웃라인 만들기
`Ctrl`+`→` 단어의 끝 부분으로 커서 이동하기
`Ctrl`+`←` 단어의 첫 부분으로 커서 이동하기
`Ctrl`+`Shift`+`↑`, `Ctrl`+`Shift`+`↓` 행 단위로 블록 선택하기
`Ctrl`+`Shift`+`←`, `Ctrl`+`Shift`+`→` 단어 단위로 블록 선택하기
`Ctrl`+`Shift`+`R` 오른쪽 정렬
`Ctrl`+`Shift`+`L` 왼쪽 정렬
`Ctrl`+`Shift`+`C` 가운데 정렬
`Ctrl`+`Shift`+`>` 글자 크기 키우기
`Ctrl`+`Shift`+`<` 글자 크기 줄이기
`Alt`+`↑` 행간 넓히기
`Alt`+`↓` 행간 좁히기
`Alt`+`→` 자간 넓히기
`Alt`+`←` 자간 좁히기
`Shift`+`Alt`+`↑` 기준선 올리기
`Shift`+`Alt`+`↓` 기준선 내리기

Tip 아웃라인(윤곽선) 처리하기

01 글자 툴(`T`)로 쓴 글자는 언제든지 글자, 폰트, 크기 등을 수정할 수 있습니다. 하지만 적용한 폰트가 없는 다른 컴퓨터에서 파일을 열면 폰트가 제대로 표현되지 않습니다. ❶텍스트 파일 속성을 지닌 글자 오브젝트는 ❷`Ctrl`+`Y`를 눌러보면 일반 패스와 달리 검게 채워져 있습니다. ❸이 상태라면 글자 툴(`T`)로 글자를 드래그한 후 설정을 바꿀 수 있습니다.

텍스트 파일 상태에서 `Ctrl`+`Y`를 눌렀을 때

02 오류 없이 인쇄하려면 반드시 마지막에 아웃라인 처리(외곽선 따기)를 해주어야 합니다. ❶글자를 선택하고 ❷[Type]-[Create Outlines] 메뉴를 선택하거나 단축키 `Ctrl`+`Shift`+`O`를 누르면 글자가 아웃라인 처리되어 일반 오브젝트로 바뀝니다. ❸일반 패스가 되었으므로 기준점 위치를 이동하거나 패스를 수정할 수 있습니다. 일단 아웃라인 처리된 글자는 텍스트를 수정할 수 없으므로 원본 텍스트는 별도로 저장해두는 것이 좋습니다.

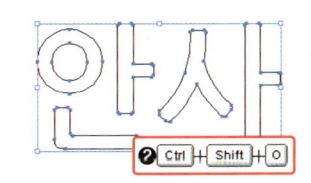
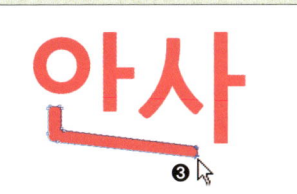

아웃라인 처리 후 `Ctrl`+`Y`를 눌렀을 때

Lesson 21
글자를 다양하게 꾸며보기

기본 폰트만 있어도 이미지를 만들고 디자인할 수 있지만, 글자를 다른 오브젝트와 조합하고, 칠하고, 이미지를 넣어 좀더 다양한 이미지를 만들 수 있습니다. 글자에 질감을 입히거나 이미지를 넣는 방법, 겹치기 효과를 내는 방법을 알아보겠습니다.

실습 파일 : 부록CD\Sample\Part06\Lesson21.jpg, Lesson21-1.ai
완성 파일 : 부록CD\Sample\Part06\Lesson21-2.ai

스파클링 글자 만들기

01 ❶ Ctrl+O를 눌러 부록CD\Sample\
Part06\Lesson21-1.ai 파일을 불러옵니
다. ❷지우개 툴(❏)을 선택하고 ❸화면에 갖
다 대면 동그란 모양으로 마우스 포인터가 바
뀝니다. 지우개 크기는 [,]을 눌러 줄이거
나 키울 수 있습니다.

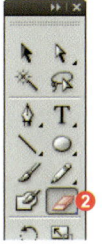

02 ❶글자 아랫부분을 클릭하면 클릭한 부분이 지워집니다. ❷ Ctrl+Y를 눌러 외곽선을 확
인하면 패스 자체가 지운 모양대로 수정된 것을 알 수 있습니다. ❸다시 Ctrl+Y를 누릅니다.

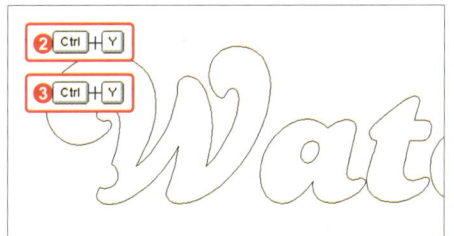

03 ❶군데군데 클릭해서 동그랗게 지워주세
요. ❷[를 눌러 지우개 크기를 줄여 아랫부
분에 거품이 올라오는 것처럼 보이도록 지웁
니다.

04 ❶원형 툴(⬭)로 ❷ Shift +드래그해서 작은 정원을 그리고 복제한 후 글자 위쪽에 배치합
니다. ❸더 작은 원도 그린 다음 위쪽에 여러 개를 복제해서 배치합니다.

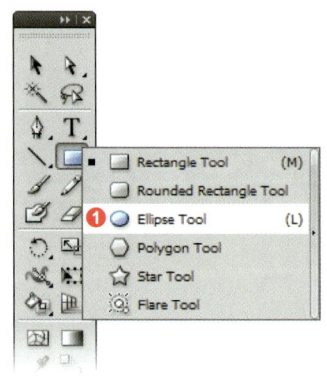

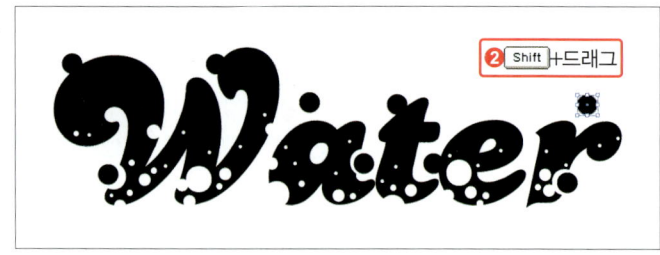

05 같은 크기로 그린 수많은 동그라미를 다양한 크기로 바꿔보겠습니다. ❶작은 동그라미
를 여러 개 선택하고 ❷[Object]-[Transform]-[Transform Each] 메뉴를 선택합니다. ❸
Random을 체크하고 Scale에 1을 입력한 후 ⬛ OK ⬛ 버튼을 누르면 ❹선택한 오브젝트 크기
를 1~100% 크기까지 적용해서 자연스러운 거품 모양을 만듭니다.

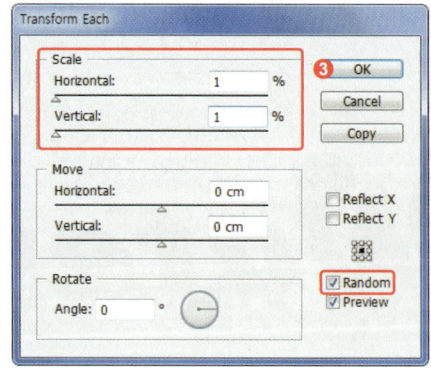

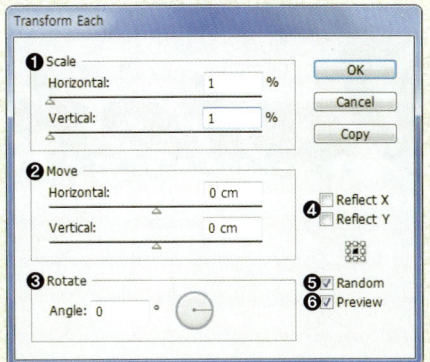

[Transform Each] 메뉴를 이용하면 여러 오브젝트를 선택했을 때 개별 상태를 유지한 채 크기, 각도, 위치를 바꿀 수 있습니다.

❶ Scale : 가로와 세로의 크기 변형 비율을 설정합니다.
❷ Move : 가로와 세로의 위치 변형 범위를 설정합니다.
❸ Rotate : 각도를 변형할 범위를 설정합니다.
❹ X축 또는 Y축을 기준으로 반전합니다.
❺ 설정한 범위 내에서 불규칙적으로 섞어 변형합니다.
❻ 설정을 미리 볼 수 있습니다.

01 ❶한 송이씩 그룹으로 묶인 꽃 오브젝트를 ❷❸아래 가운데를 기준으로 크기를 50%로 축소하면 다음과 같습니다.

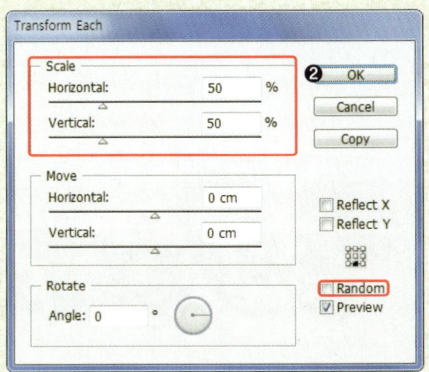

02 ❶크기가 같은 동그라미 여러 개를 ❷❸가로 30%, 세로 100% 크기, 현재 위치에서 1cm, 안쪽, 180° 회전 범위 안에서 개별 변형을 랜덤으로 적용하면 다음과 같습니다.

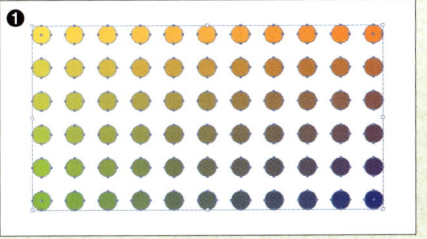

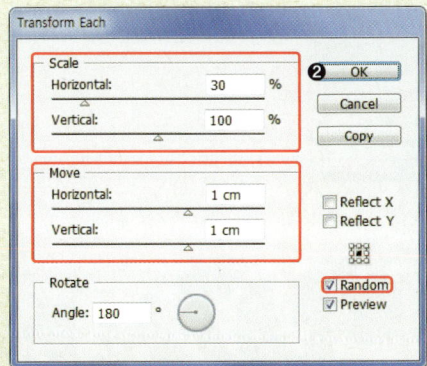

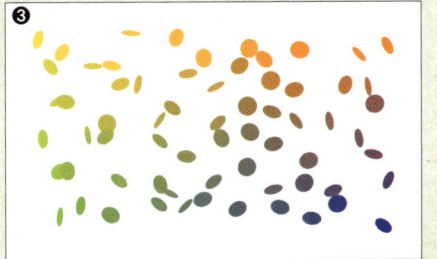

06 ❶오브젝트를 모두 선택합니다. ❷❸툴 패널 아래쪽에 있는 ▮ 버튼을 눌러 그레이디언트를 적용하면 오브젝트 개별적으로 그레이디언트가 적용됩니다. ❹❺그레이디언트 툴(▮)을 선택하고 Shift 를 누른 채로 오브젝트 위쪽에서 아래쪽으로 드래그하면 따로 적용되어있던 그레이디언트가 전체적인 하나의 그레이디언트로 바뀝니다.

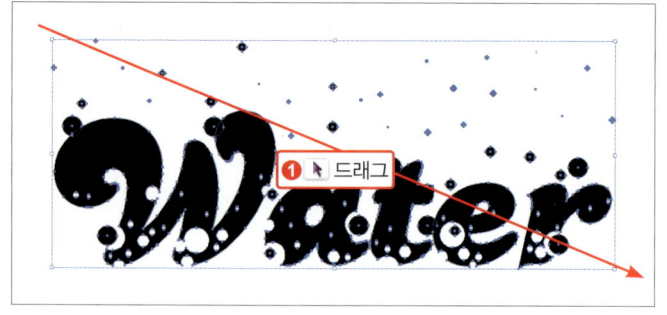

07 ❶그레이디언트 패널의 흰색 슬라이더를 클릭하고 ❷컬러 패널에서 하늘색(C50)을 설정하면 ❸그레이디언트가 시작되는 흰색 부분이 하늘색으로 바뀝니다.

08 ❶검은색 슬라이더를 클릭하고 ❷컬러 패널에서 파란색(C100, M70)을 설정하면 ❸그레이디언트 검은색 부분이 파란색으로 바뀝니다. ❹◈ 모양의 그레이디언트 경계 슬라이더를 오른쪽으로 드래그해서 ❺하늘색 영역을 넓혀 글자를 완성합니다.

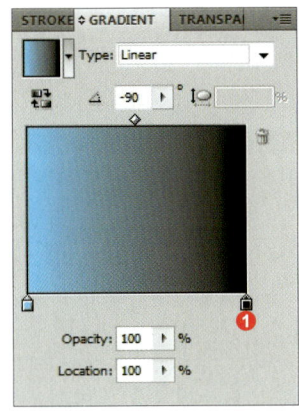

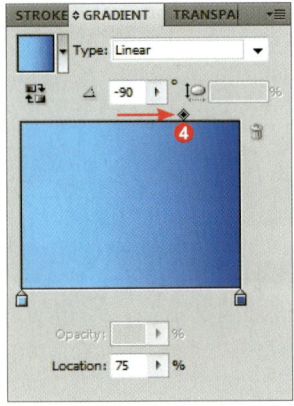

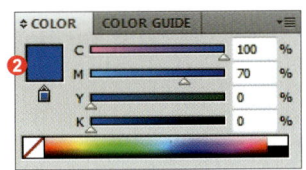

나무 무늬 글자 만들기

01 ❶글자에 나무 질감을 입혀보겠습니다. ❷❸[[File]−[Place] 메뉴를 선택해서 부록CD\Sample\Part06\Lesson21.jpg 파일을 불러옵니다. ❹ 너비를 10cm로 만듭니다.

02 ❶컨트롤 패널에서 라이브 트레이스 항목 중 [Simple Trace]를 선택하고 ❷❸Threshold를 200, Min Area를 0으로 입력하면 사진에서 어두운 부분이 검게 정돈됩니다. ❹❺ Expand 버튼을 눌러 검은 부분을 벡터 오브젝트로 만듭니다. ❻❼나뭇결 오브젝트를 글자 위로 옮기고 글자 오브젝트와 함께 선택합니다. ❽변화 과정을 잘 확인할 수 있도록 Ctrl+H를 눌러 패스를 숨깁니다.

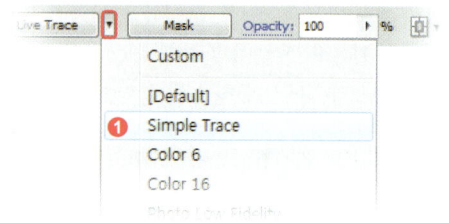

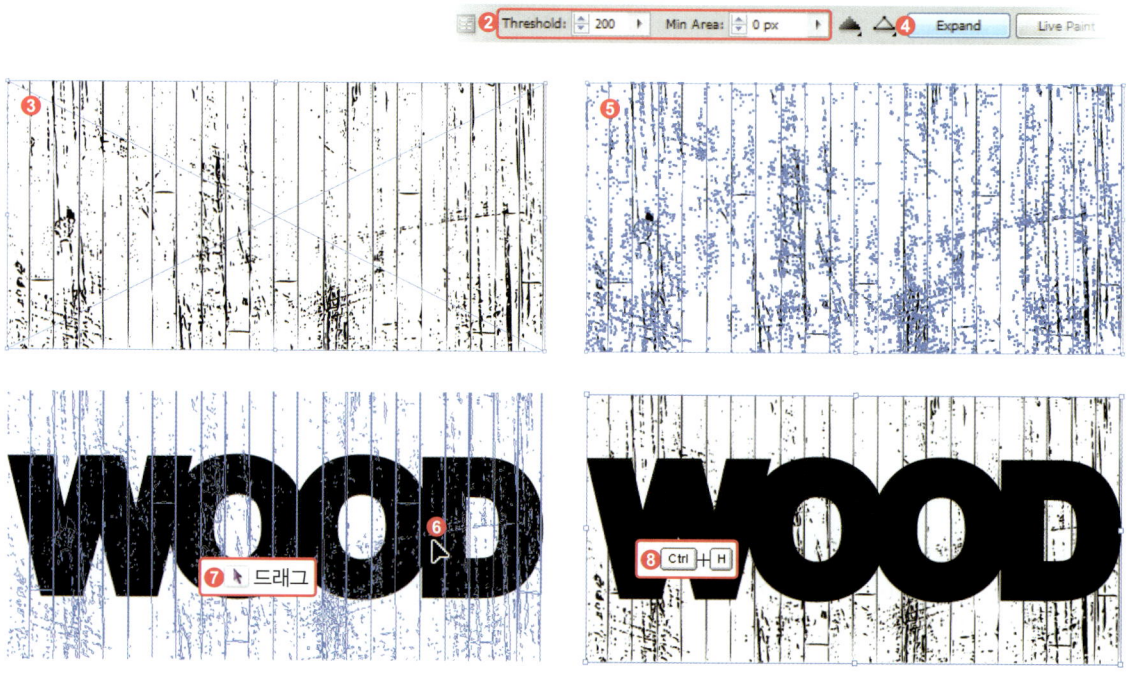

03 ❶❷패스파인더 패널에서 🗗 버튼을 누르면 글자 오브젝트와 나뭇결 오브젝트가 겹친 부분이 지워집니다. ❸툴 패널 아래쪽에 있는 ▯ 버튼을 눌러 그레이디언트를 적용하고 ❹❺그레이디언트 툴(▭)로 글자를 비스듬하게 드래그해서 전체에 그레이디언트를 적용합니다.

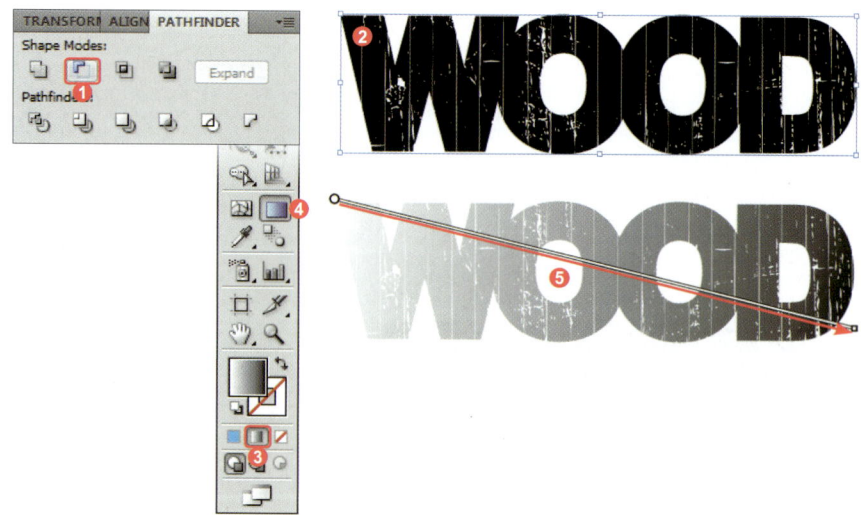

04 ❶❷그레이디언트 흰색 슬라이더를 황토색(M50, Y80, K30), ❸❹검은색 슬라이더를 진갈색(C35, M60, Y85, K55)으로 칠하면 ❺글자가 갈색 톤으로 바뀝니다. ❻비어 있는 슬라이더 중간을 클릭하면 중간색 컬러 슬라이더가 추가됩니다. ❼추가된 컬러 슬라이더를 진한 초콜릿색(C20, M60, Y100, K95)으로 칠해 ❽세 가지 색이 그레이디언트된 나무 무늬 글자를 만듭니다.

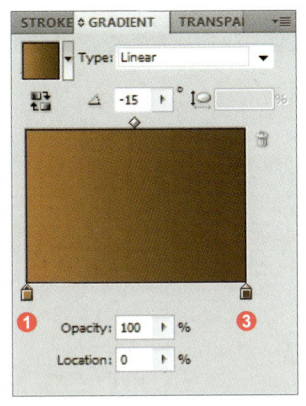

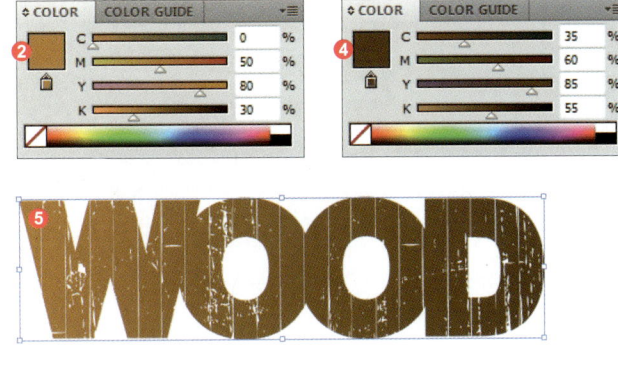

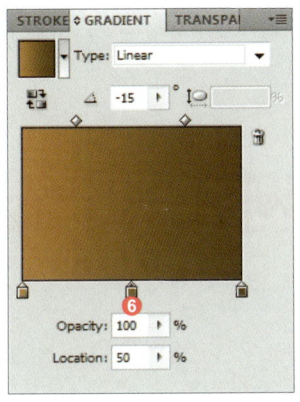

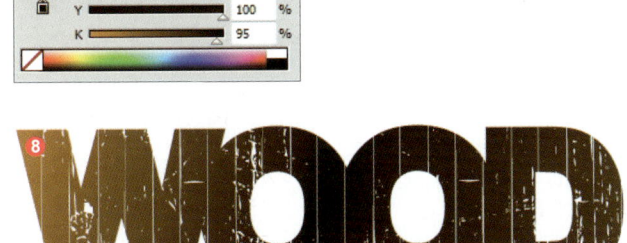

그림 넣은 글자 만들기

01 ❶[Window]-[Swatch Libraries] 속에는 손쉽게 쓸 수 있는 갖가지 스와치(컬러 버튼)와 컬러 배합이 있습니다. ❷❸[Gradients]-[Brights] 메뉴를 선택해 밝은색 그레이디언트 스와치를 불러옵니다. ❹패널 옆에 있는 버튼을 누르면 스와치 보기 옵션을 선택할 수 있습니다.

02 ❶❷사각형 툴(▢)로 화면을 클릭해서 ❸❹너비와 높이가 11cm와 0.5cm인 직사각형을 그립니다. ❺❻빨간색 그레이디언트 스와치를 클릭하면 그레이디언트 스와치가 오브젝트 면 색으로 적용됩니다.

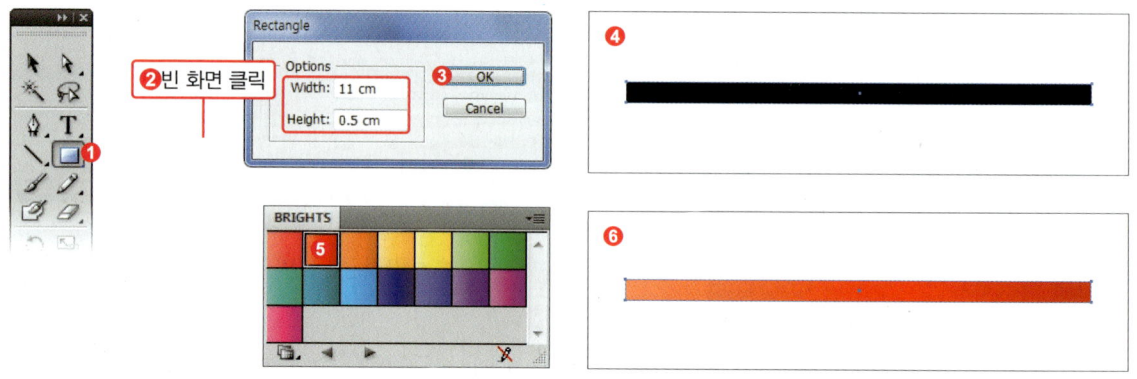

03 ❶선택 툴(▸)을 더블클릭하면 옵션 창이 나타납니다. ❷옵션을 그림과 같이 설정한 후 Copy 버튼을 누릅니다. ❸아래쪽으로 0.5cm 부분에 오브젝트가 복제됩니다. ❹❺주황색 그레이디언트 스와치를 클릭해서 칠합니다.

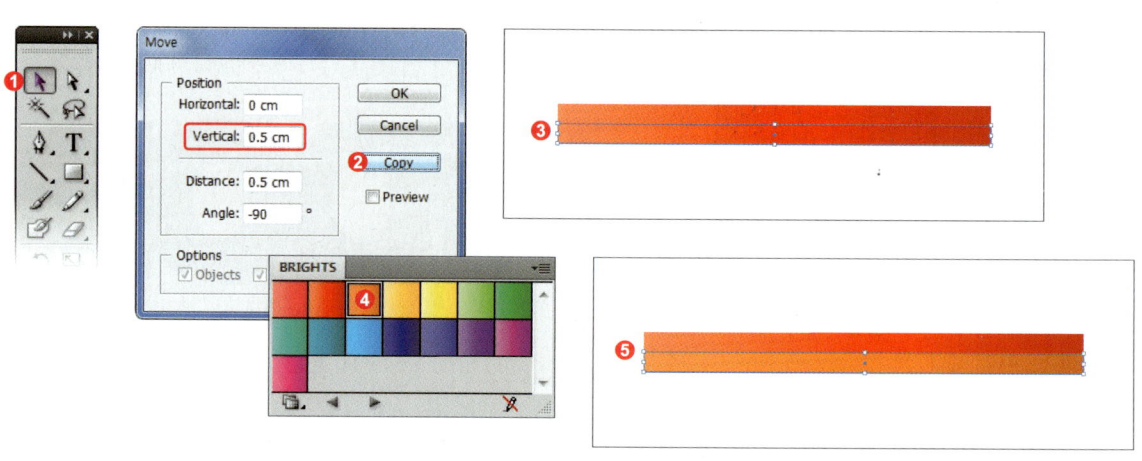

04 ❶Ctrl+D를 누르면 방금 실행한 이동&복제 작업이 반복되어 아래쪽으로 0.5cm 지점에 오브젝트가 복제됩니다. ❷❸노란색 그레이디언트 스와치를 클릭해 복제된 오브젝트를 칠합니다.

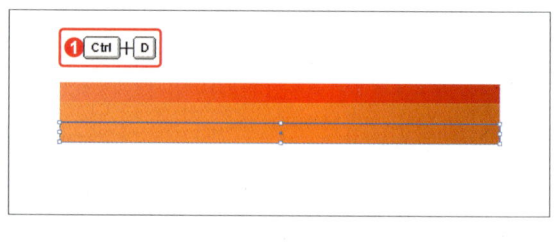

05 ❶ Ctrl + D 를 눌러 칠하는 과정을 반복해 무지개 색 오브젝트를 만들고 ❷❸ 모두 선택한 후 Ctrl + G 를 눌러 그룹화합니다. ❹❺ 무지개색 오브젝트를 글자 위로 가져간 다음 Ctrl + Shift + [를 눌러 글자 밑으로 보낸 다음 완성된 오브젝트를 글자 높이에 맞게 조정합니다.

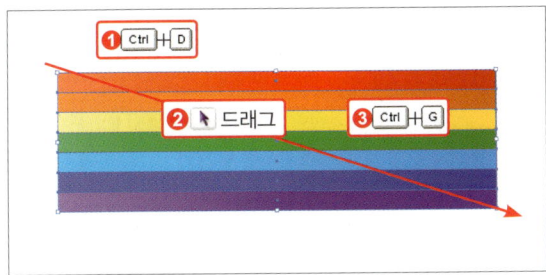 

06 ❶❷ 글자를 선택하고 Ctrl + 8 을 누르면 닫힌 패스 여러 개로 만들어진 글자가 한 덩어리로 인식되면서 ❸ 투명하게 바뀝니다.

 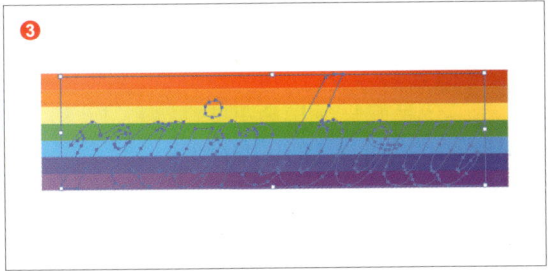

07 ❶ 무지개 색 오브젝트와 글자를 함께 선택하고 ❷ Ctrl + 7 을 누르면 ❸ 글자 모양으로 클리핑 마스크가 씌워져 무지개 색 글자가 만들어집니다. ❹ 같은 방법으로 다른 오브젝트에도 적용해 보고 비트맵 이미지를 이용해서 다양한 글자를 만들어보세요.

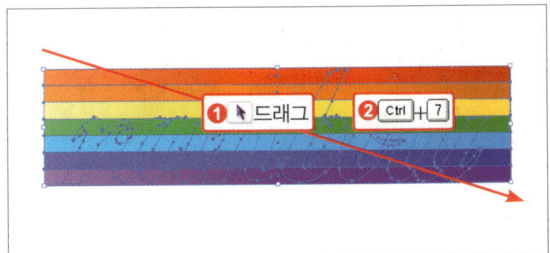 

왜곡 툴로 왜곡하기

01 이번에는 Lesson 16에서 배운 왜곡 툴을 이용해서 글자를 왜곡해보겠습니다. ❶폭 툴(🖊)을 꾹 눌러 회오리 모양 왜곡 툴(🖼)을 선택합니다. [Alt]+[Shift]+드래그해서 툴 크기를 조절할 수 있습니다. ❷❸숫자 5 획 끝 부분을 꾹 누르면 획이 툴 크기 안쪽에서 회오리 모양으로 왜곡됩니다.

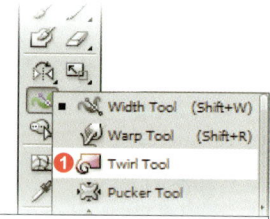

02 ❶❷누르는 도중 [Alt]를 누르면 반대 방향으로 돌아가는 회오리 모양을 만들 수 있습니다. ❸❹툴 크기와 회전 방향을 적절하게 섞어 글자를 왜곡시켜주세요. ❺❻❼펜 툴(🖋)로 허전한 부분에 유선형 오브젝트를 그려 장식합니다.

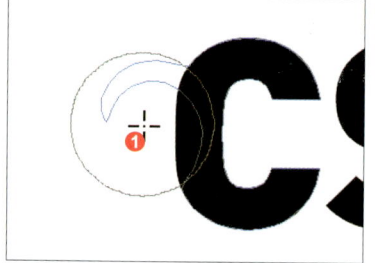

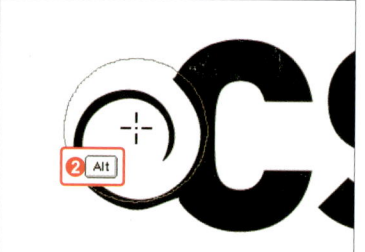

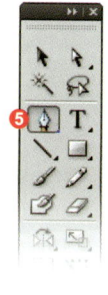

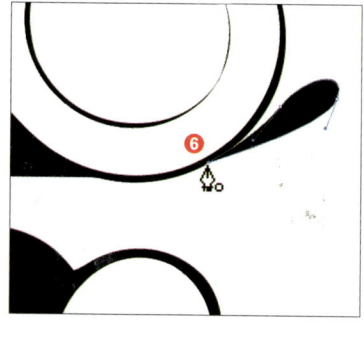

03 ❶전체를 선택하고 ❷패스파인더 패널에서 □ 버튼을 눌러 ❸한덩어리로 합칩니다. ❹원하는 색을 칠하거나 이미지를 넣어 완성합니다.

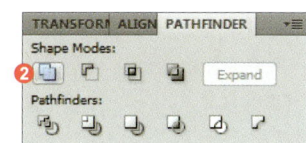

글자에 스타일 적용하기

01 ❶❷글자를 선택하고 [Window]–[Graphic Style Libraries]–[Illuminate Styles] 메뉴를 선택합니다. ❸❹세 번째 버튼을 클릭하면 연회색 입체 조명 효과가 글자에 적용됩니다.

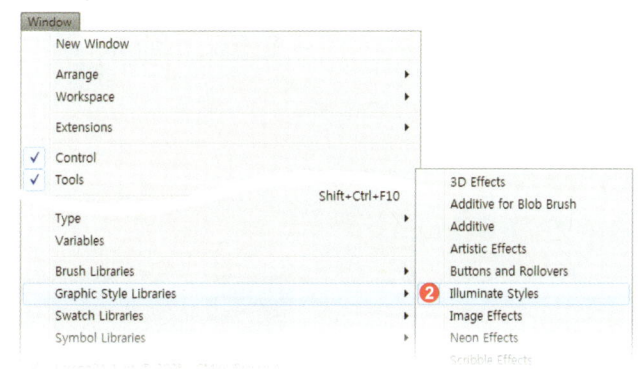

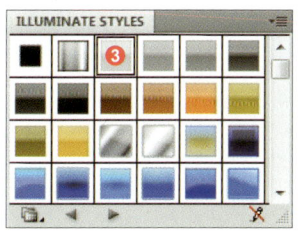

02 ❶❷다른 버튼도 눌러 적용해봅니다. ❸그래픽 스타일 패널 아래쪽에 있는 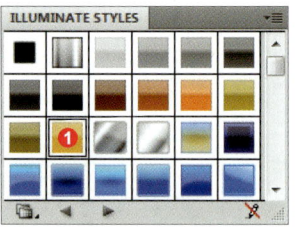 버튼을 누르면 [Illuminate Styles]의 다음 스타일이 나타납니다. ❹❺파란색 스타일 버튼을 클릭해 적용해보세요.

예제에서는 Lesson 19에서 소개한 무료 폰트 중 네이버에서 제공하는 나눔고딕을 썼습니다. 폰트가 설치되지 않았다면 다른 폰트로 대체됩니다.

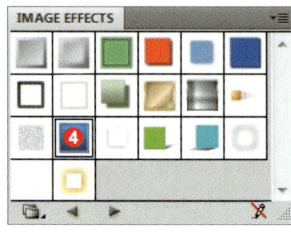

03 ❶❷스타일을 적용한 다음 모양 패널을 보면 적용된 스타일이 어떻게 만들어졌는지 확인할 수 있습니다. ❸❹❺Fill을 눌러 면 색을 바꿀 수 있고, Stroke에서 선 색과 두께를 수정할 수 있습니다.

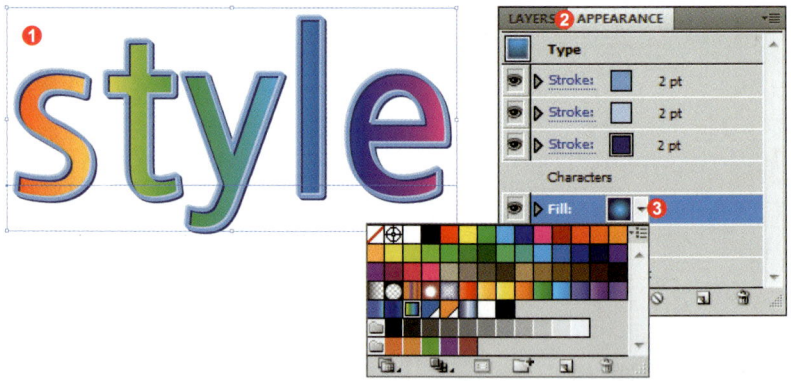

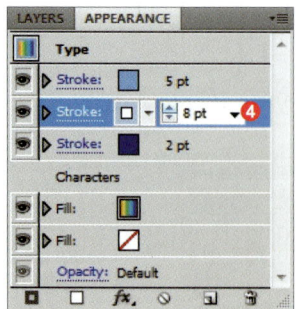

04 ❶패널 아래쪽에 있는 [　] 버튼을 누르면 목록에서 원하는 스타일을 불러올 수 있습니다. ❷[3D Effects] 스타일을 선택하고 ❸❹여섯 번째 스타일 버튼을 클릭해 적용합니다. 입체적인 3D 효과가 적용됩니다.

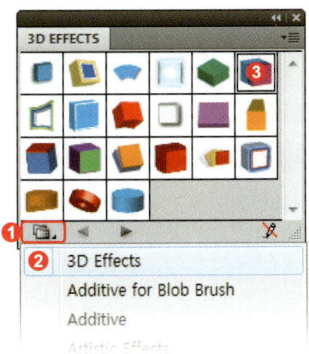

05 이펙트가 적용된 글자는 철자를 수정할 때 불편합니다. ❶이럴 때는 [Ctrl]+[Y]를 눌러 원본 글자의 외곽선을 볼 수 있습니다. ❷이 상태에서 글자 툴(T)을 드래그한 후 ❸글자를 바꾼 다음 다시 ❹[Ctrl]+[Y]를 누르면 ❺스타일이 적용된 화면으로 돌아옵니다.

스타일은 그대로 유지하고 글자만 수정할 때 [Ctrl]+[Y]를 이용합니다.

06 다양한 스타일을 적용해서 글자를 꾸며보세요. 텍스트뿐만 아니라 오브젝트에도 적용할 수 있습니다.

Lesson 22
왜곡한 타이프를 디자인에 써먹기

글자를 이용해서 디자인하다 보면 곡선으로 휘어 사용하거나 원하는 도형 속에 글자를 끼워 넣어야
하는 경우가 있습니다. 텍스트 와프 기능을 이용해 곡선 오브젝트에도 자연스럽게 합성해보고,
원하는 도형에 글자를 끼워 넣어 타이포그래피 포스터를 만들어보겠습니다.

● 실습 파일 : 부록CD\Sample\Part06\Lesson22-1.ai
　　완성 파일 : 부록CD\Sample\Part06\Lesson22-2.ai

01 영문 폰트인 Arista 폰트를 이용해서 이미지를 만들어보겠습니다. ❶먼저 Lesson 19에서 소개한 무료 영문 폰트 사이트인 다폰트(http://www.dafont.com)에서 "Arista"를 검색합니다. ❷❸검색된 arista 폰트 오른쪽에 있는 〈Download〉 버튼을 누르고 〈저장〉 버튼을 누릅니다.

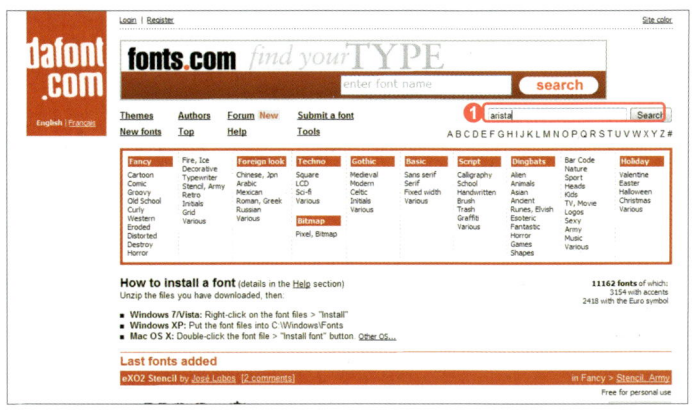

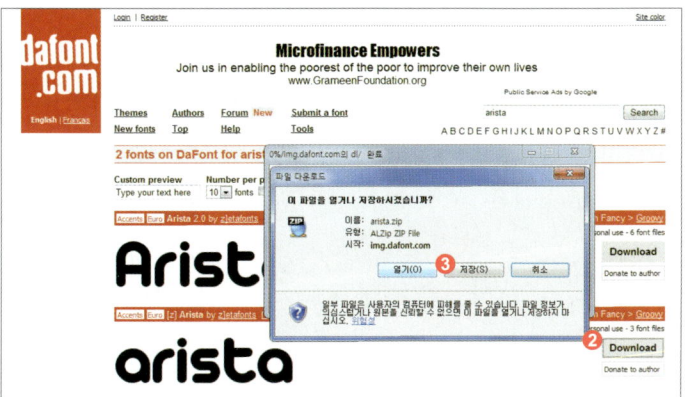

02 압축 파일을 풀고 Arista.ttf 파일을 C:\WINDOWS\Fonts 폴더에 넣어주면 폰트가 설치됩니다. 폰트를 설치하지 않으면 Lesson22-1.ai 파일에 담긴 텍스트가 다른 폰트로 대체됩니다.

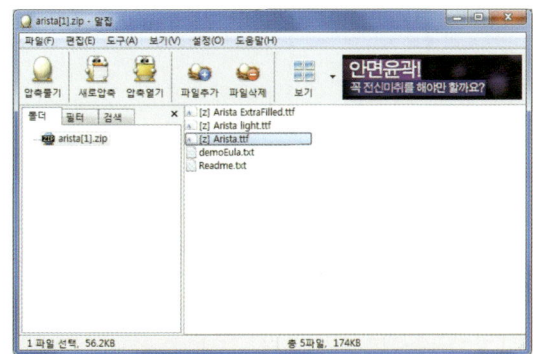

설치한 폰트가 일러스트레이터에서 보이지 않으면 컴퓨터를 재부팅하고 일러스트레이터를 다시 실행해주세요.

03 ❶ Ctrl + O 를 눌러 부록CD\Sample\Part06\Lesson22-1.ai 파일을 불러옵니다. 글자가 들어갈 영역, 컵케이크 일러스트가 들어 있습니다. ❷컵케이크 위에 있는 오브젝트를 모두 선택하고 ❸ Ctrl + Shift + J 를 눌러 맨 앞으로 올린 다음 ❹CS CUPCAKE 글자와 맨 위에 있는 오브젝트를 선택합니다.

04 [Object]-[Envelope Distort]-[Make with Top Object] 메뉴를 선택합니다.

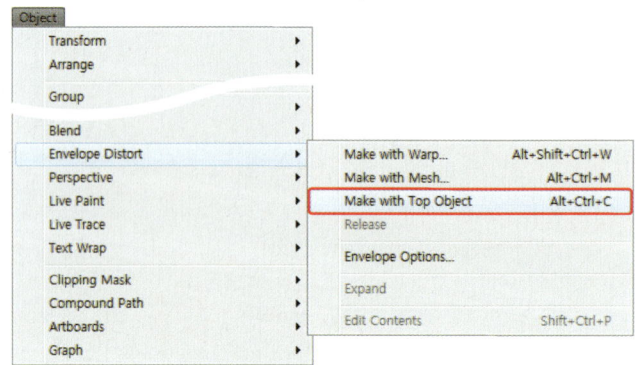

05 ❶오브젝트 모양에 맞게 글자가 들어갔습니다. 다른 글자도 같은 방법으로 하나씩 끼워 넣습니다. 단축키인 Ctrl+Alt+C를 사용하면 간편합니다. ❷오브젝트 4개에 글자를 채워 넣고 전체적인 이미지를 살펴봅니다.

[Make with Top Object] 메뉴는 상단에 위치한 오브젝트 모양으로 아래 오브젝트를 왜곡시킵니다. 일반 오브젝트만 아니라 글자에도 적용할 수 있어 글자를 활용한 다양한 작업을 할 때 유용합니다.

06 ❶BBIDDAK 글자까지 합성했지만 일부 어색한 부분이 있습니다. ❷직접 선택 툴( )로 오브젝트 외곽선 패스를 클릭하면 모양을 수정할 수 있습니다. 글자가 읽힐 수 있도록 오브젝트 곡선의 각도 등을 수정해주세요.

07 ❶'19~20'과 '2DAY'를 선택하고 ❷❸컬러 패널을 이용해서 노란색(M15, Y100)을 칠합
니다. ❹JULY/2011'은 자주색(M100), ❺'TUE~WED'는 파란색(C100)으로 칠합니다.

08 ❶❷사각형 툴(□)로 글자 위를 감싸는 직사각형을 그립니다. ❸❹Ctrl+Shift+[를 눌러
맨 뒤로 보내고 검은색(K100)으로 칠합니다. ❺❻사각형과 글자를 함께 선택하고 Ctrl+G를
눌러 그룹으로 묶습니다.

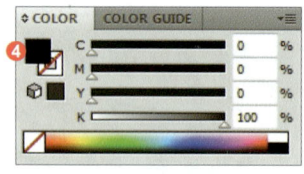

09 ❶그룹으로 묶인 글자를 BBIDDAK 아래 오브젝트에 끼워 넣습니다. ❷글자가 잘 읽히지
않는 부분은 ❸직접 선택 툴(🔧)을 이용해 오브젝트 외곽선을 수정해서 보완합니다.

Warp로 글자 왜곡하고 수정하기

10 ❶'an invitation to the party'를 컵케이크 위쪽으로 가져오고 ❷컨트롤 패널에 있는 🖼
버튼을 누릅니다.

11 ❶Style을 부채꼴 모양인 Arc, Bend를 −25로 입력한 후
OK 버튼을 누르면 ❷글자가 곡선으로 왜곡됩니다. ❸왜곡된 글
자 위치와 각도를 수정해서 날자 아래에 배치합니다.

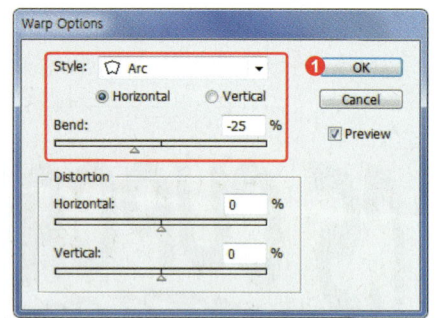

12 ❶❷'sweet'을 선택하고 🏛 버튼을 누릅니다. ❸❹Style을 Bulge, Bend를 85로 입력하
고 OK 버튼을 누르면 글자가 동그랗게 왜곡됩니다.

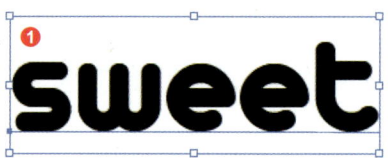

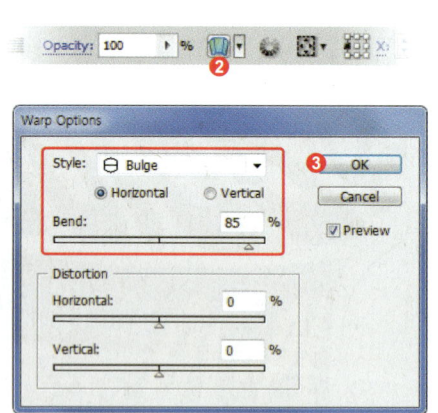

13 ❶위치와 각도를 수정해서 동그란 오브젝트 가운데에 배치합니다. ❷❸왜곡된 글자를 더블클릭하면 작업 창이 격리 모드로 변하고 글자 패스가 선택됩니다. ❹ Ctrl + Y 를 누르면 글자 외곽선을 볼 수 있습니다. ❺글자 툴(T)을 이용해 스펠링을 'GOOD'으로 바꿉니다.

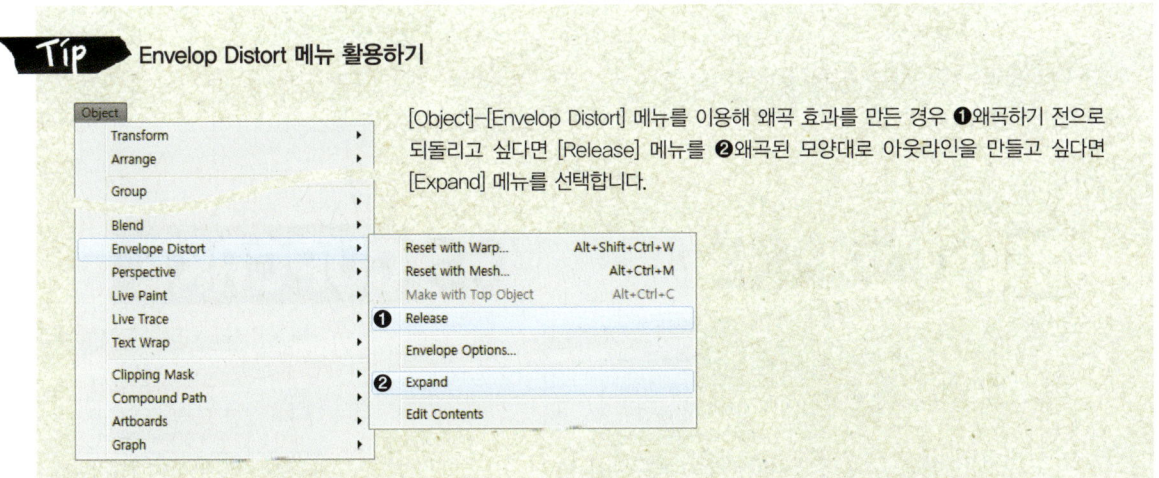

Envelop Distort 메뉴 활용하기

[Object]–[Envelop Distort] 메뉴를 이용해 왜곡 효과를 만든 경우 ❶왜곡하기 전으로 되돌리고 싶다면 [Release] 메뉴를 ❷왜곡된 모양대로 아웃라인을 만들고 싶다면 [Expand] 메뉴를 선택합니다.

14 ❶다시 `Ctrl`+`Y`를 누르면 수정한 글자대로 왜곡된 글자를 볼 수 있습니다. ❷선택 툴(↖)
로 빈 화면을 더블클릭하면 격리 모드를 벗어나 본래 화면으로 돌아옵니다.

다른 툴이 선택된 상태라면 빈 화면을 `Ctrl`을 누른 채로 더블클릭하면 격리
모드에서 일반 화면으로 되돌아올 수 있습니다.

15 ❶[Make with Top Object] 메뉴를 이용해서 만든 가장 위의 글자를 선택합니다. ❷❸더
블클릭해서 격리 모드로 들어간 다음 `Ctrl`+`Y`를 눌러 외곽선 상태를 봅니다.

16 ❶❷한 번 더 더블클릭해서 글자에 커서를 표시한 다음 'CS' 부분을 드래그해서 선택하
고 파란색(C70)으로 칠합니다. ❸❹'CUPCAKE'는 핑크색(M60, Y30)으로 칠합니다.

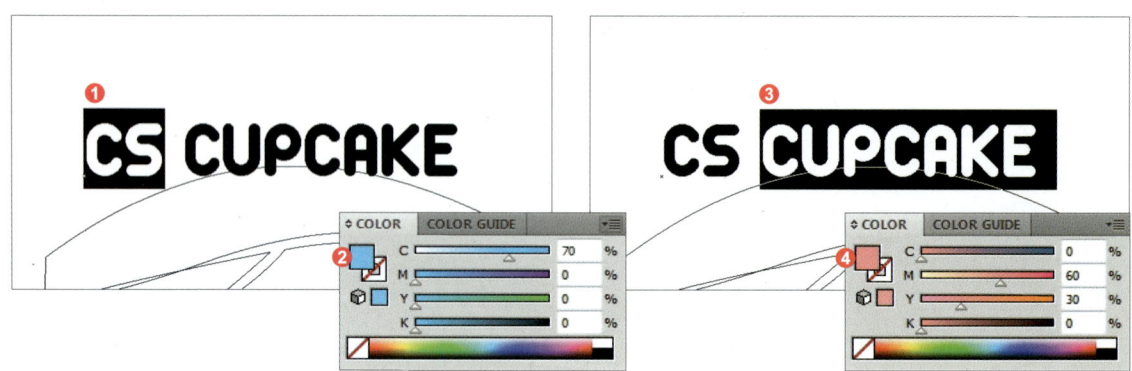

17 다른 부분도 원하는 색으로 칠하고 디자인
을 마무리합니다.

18 앞서 배운 글자 왜곡 기능을 응용해서 다른 작품도 만들어
보세요.

Warp 왜곡을 이용해서 만든 꽃 일러스트

[Make with Top Object] 메뉴를 이용해서 만든 고양이 일러스트

01 텍스트가 아닌 일반 오브젝트에도 Warp를 적용할 수 있습니다. ❶❷오브젝트를 선택하고 [Object]−[Envelope Distort]−[Make with Warp] 메뉴를 선택하면 ❸텍스트를 왜곡하려고 띄운 Warp 옵션 창이 똑같이 나타납니다. 옵션을 조정하면 ❹텍스트를 조절할 때와 같은 효과가 나타납니다.

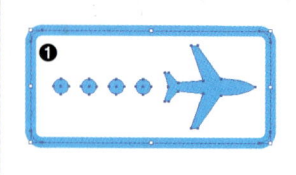

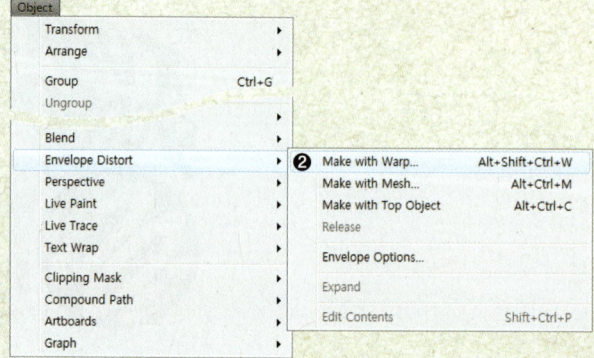

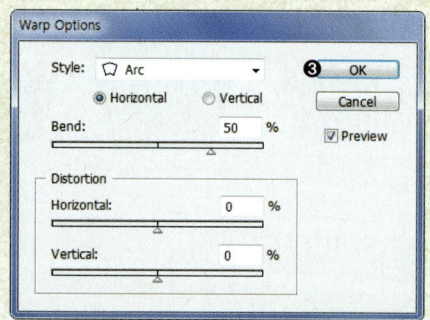

02 Warp가 적용된 텍스트와 오브젝트는 모두 컨트롤 패널에서도 Warp를 조정할 수 있습니다.

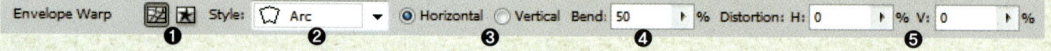

❶ 버튼을 누르면 Warp가 적용된 전체적인 형태를 수정할 수 있고, 버튼을 누르면 원본 데이터를 수정할 수 있습니다. 원본을 수정하면 Warp에도 반영됩니다. 다시 Warp 상태를 편집하고 싶다면 [Object]−[Envelope Distort]−[Edit Envelope] 메뉴를 선택합니다.

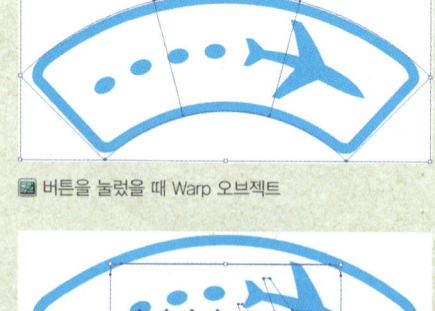

버튼을 눌렀을 때 Warp 오브젝트

버튼을 눌렀을 때 Warp 오브젝트

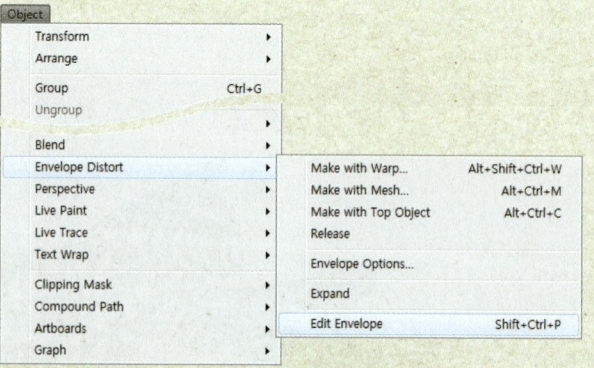

❷Style : Warp 스타일을 선택합니다.

Arc

Arc Lower

Arc Upper

Arch

Bulge

Shell Lower

Shell Upper

Flag

Wave

Fish

Rise

Fisheye

Inflate

Squeeze

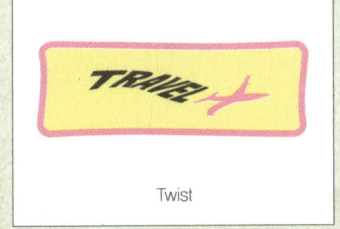

Twist

❸ Horizontal을 체크하면 Warp가 가로 방향으로 적용되고, Vertical을 체크하면 Warp가 세로 방향으로 적용됩니다.
❹ Bend : 왜곡되는 방향과 강도를 비율로 표시합니다.
❺ Distortion : 좌우, 상하 방향으로 찌그러뜨립니다.

Part 07
손맛이 느껴지는 캘리그래피 테크닉

캘리그래피(Calligraphy)는 사전적 의미로 '서예'라는 뜻을 담고 있지만, 현대에 이르러서는 단순한 서예가 아닌 디자인을 접목시켜 컨셉에 맞게 개성을 뽐내는 새로운 분야로 발전했습니다. 재료 역시 면봉에서 붓, 나무젓가락, 손가락까지 자유자재로 사용되기 때문에 표현할 수 있는 느낌과 형태도 무한합니다. 작가나 디자이너가 직접 캘리그래피를 쓰고 스캔해서 데이터화하는 것이 정석이지만, 일러스트레이터에서도 비슷하게나마 흉내를 낼 수 있습니다. 일러스트레이터 프로그램을 이용해 캘리그래피를 만드는 방법과 테크닉을 알아보겠습니다.

Specialist Interview

강병인캘리그래피연구소 술통 대표 강병인님

現 강병인캘리그래피연구소 술통 대표
홍익대학교 산업미술대학원 광고디자인 석사 과정
ACA(아시아크리에이티브아카데미) 교수
한국캘리그래피디자인협회(KCDA) 이사
한국시각정보디자인협회(VIDAK) 타이포편집분과 이사
前 그래픽매거진 『프로워』 발행인 겸 편집인

국내외 전시 다수
2009년 『글꽃 하나 피었네-강병인의 캘리그래피 이야기』 (북하우스) 출간
2006~2011년 캘리그래피 캘린더 출시

홈페이지 http://www.sooltong.co.kr

시작은 이렇습니다

초등학교에서 서예를 접하고 그것이 운명이 되었습니다. 잘 쓰지 못했지만 늘 붓을 잡고 놀았고 언젠가 큰 서예가가 되는 것이 꿈이었습니다. 디자인 분야 일을 하면서 서예와 디자인을 접목하면 새로운 디자인 분야로 발전할 수 있을 것이라는 기대를 하게 되었습니다. 일본의 캘리그래피 시장을 분석하면서 그 가능성을 확인했습니다. 한글은 단순해서 멋이 없다는 편견을 없애고 한글이 가지고 있는 아름다움을 캘리그래피를 통해 표현하겠다는 다짐과 목표를 가지고 시작했지만 모든 분야가 그렇듯이 처음에는 무척 어려웠습니다. 하지만 글자를 쓰면서 평생을 살겠다는 어릴 적 꿈이 있었기에 포기하지 않고 지금까지 작업을 하고 있습니다. 한글이 매우 과학적인 문자일 뿐만 아니라 시각적으로도 매우 아름다운 문자임을 세상에 알리게 되어 나름 기쁘게 생각합니다.

매력있는 캘리그래피란 이런 것

캘리그래피는 기본적으로 서예를 바탕으로 하고 있습니다. 서예는 붓을 다루는 법부터 정신을 중요시하는 문자 조형 예술입니다. 따라서 오랜 연마와 노력을 요구합니다. 더불어 타이포그래피 공부와 이해, 디자인 프로세스에 관한 전반적인 이해와 공부가 필요합니다. 단순히 스킬만 배워 글자를 쓰면 깊이도 없고 감동을 줄 수 없기 때문에 훌륭한 글자라 말할 수 없을 것입니다. 캘리그래피는 글의 뜻이나 제품의 특징을 자연스럽게 글꼴에 담을 수 있다는 점이 활자와 다른 차별점이자 매력입니다. 단순히 쓰는 것에 그치는 것이 아니라 조형성을 갖추고 글꼴 안에 다양한 표정과 이야기를 담아낼 때 좋은 캘리그래피라고 할 수 있을 것입니다.

1 풀무원
클라이언트 풀무원/캘리그래피 강병인/디자인 cd's association
2 참이슬
클라이언트 (주)진로/캘리그래피 강병인/2006 디자인 A&B커뮤니케이션, 2009 디자인 소디움파트너스
3 아침햇살
클라이언트 웅진식품(주)/캘리그래피 강병인/디자인 cd's association
4 산사춘
클라이언트 배상면주가/캘리그래피 강병인/디자인 601비상
5 서울의 門 동대문구 CI
6 충무로국제영화제 CI
7 웃字, 웃자!
2009 한중일 love&peace 포스터전 출품작. 한글의 멋스러움과 의미적인 상형성을 웃字에서 표현
8 영화 〈의형제〉 타이틀
캘리그래피 강병인/포스터디자인 빛나는 박시영
9 SBS드라마 〈인생은 아름다워〉 타이틀
연출 정을영/극본 김수현/제작총괄 이항봉/캘리그래피 강병인

캘리그라퍼가 되고 싶다면

캘리그래피는 서예와 디자인을 접목한 것이므로 디자인을 전공하고 디자인 실무를 오랫동안 접한 후에 시작해도 늦지 않습니다. 디자인 일을 하면서 틈틈이 서예 기초를 제대로 배워두는 것도 중요한 방법이 될 수 있습니다. 디자인 비전공자라면 디자인과 디자인이 어떤 과정으로 이루어지는지 공부하고 이해해야 합니다. 당연히 서예 공부도 필요하고요. 이러한 과정을 거쳐 다시 캘리그래피 공부를 하면 좀더 빠르게 접근할 수 있을 것입니다. 그러나 무엇보다 좋아해야 합니다. 좋아하면서 노력해야 합니다. 그리고 즐길 줄 알아야 합니다. 욕심이 앞설 경우 슬럼프가 올 수 있는데, 욕심을 내려놓고 천천히 길을 가는 것이 더 먼 길을 갈 수 있는 지혜가 아닌가 합니다.

Lesson 23
펜 툴로 그리는 캘리그래피

일러스트레이터에서는 거의 모든 오브젝트를 패스를 합쳐 만듭니다. 캘리그래피를 쓸 때도 펜 툴, 브러시 툴, 연필 툴과 같은 선 속성을 가진 패스가 모여 완성됩니다. 이 중 가장 기본이 되고 쓰기도 편한 펜 툴을 이용해서 글자를 쓰는 방법을 알아보겠습니다.

● 실습 파일 : 부록CD\Sample\Part07\Lesson23-1.ai
완성 파일 : 부록CD\Sample\Part07\Lesson23-2.ai

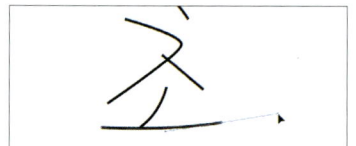 > 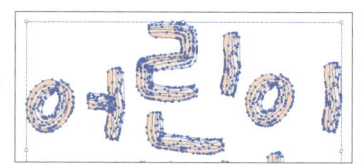 >

펜 툴로 글자 쓰기

01 '초콜릿'이라는 글자를 써보겠습니다. ❶검은색 선만 나오
도록 설정하고 펜 툴(✒)을 선택한 후 ❷❸획을 하나하나 그립
니다. 그리는 순서는 우리가 연필이나 볼펜으로 글자를 쓸 때
와 같습니다. 한 획이 끝날 때마다 Enter↵를 눌러 다음 획을 그
을 때 패스가 연결되지 않도록 합니다. ❹획을 모두 쓴 다음 글
자 전체를 선택합니다.

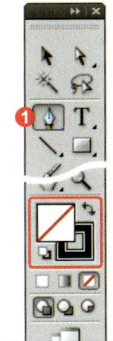

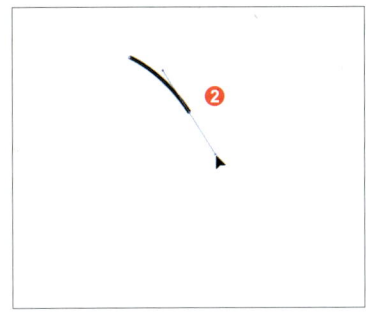

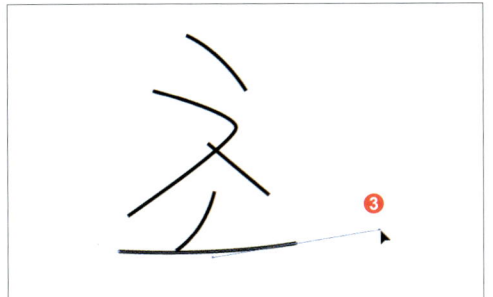

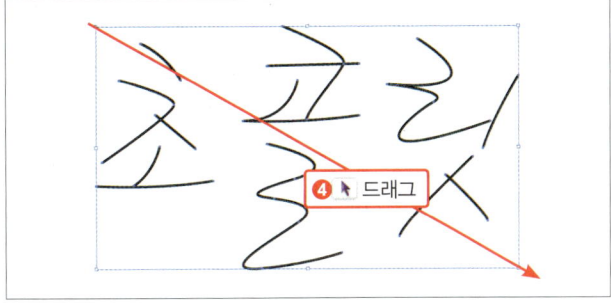

종이에 쓴 글자를 스캔해서 펜 툴로 따라 그려도 좋습니다.

패스에 브러시 적용하기

02 ❶❷브러시 패널에서 🔲 버튼을 누르고 [Artistic]-[Artistic_Calligraphic] 라이브러
리를 불러와 ❸❹두 번째 브러시를 클릭합니다.

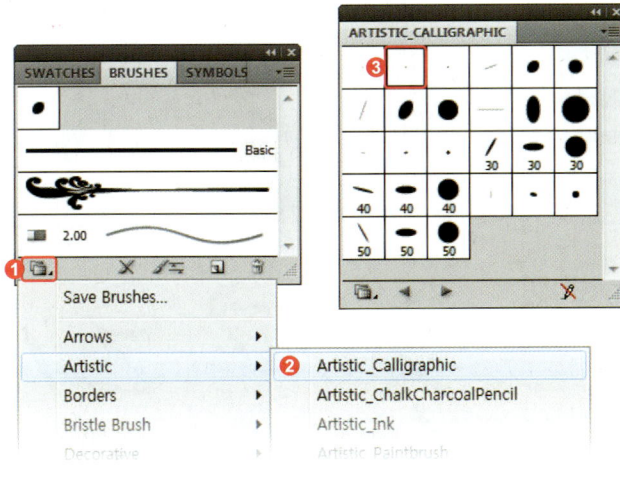

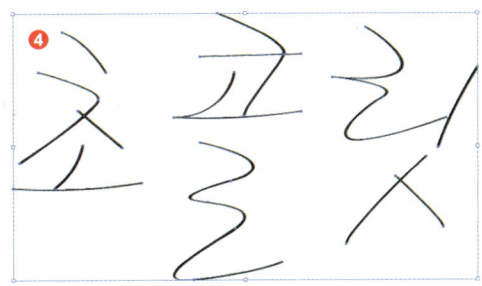

03 ❶❷선 굵기를 3pt로 두껍게 하면 브러시가 두꺼워집니다. ❸브러시 패널에 등록된 브러시를 더블클릭합니다. ❹❺브러시 속성을 다음과 같이 설정하고 OK 버튼을 누르면 선에 활력이 생깁니다.

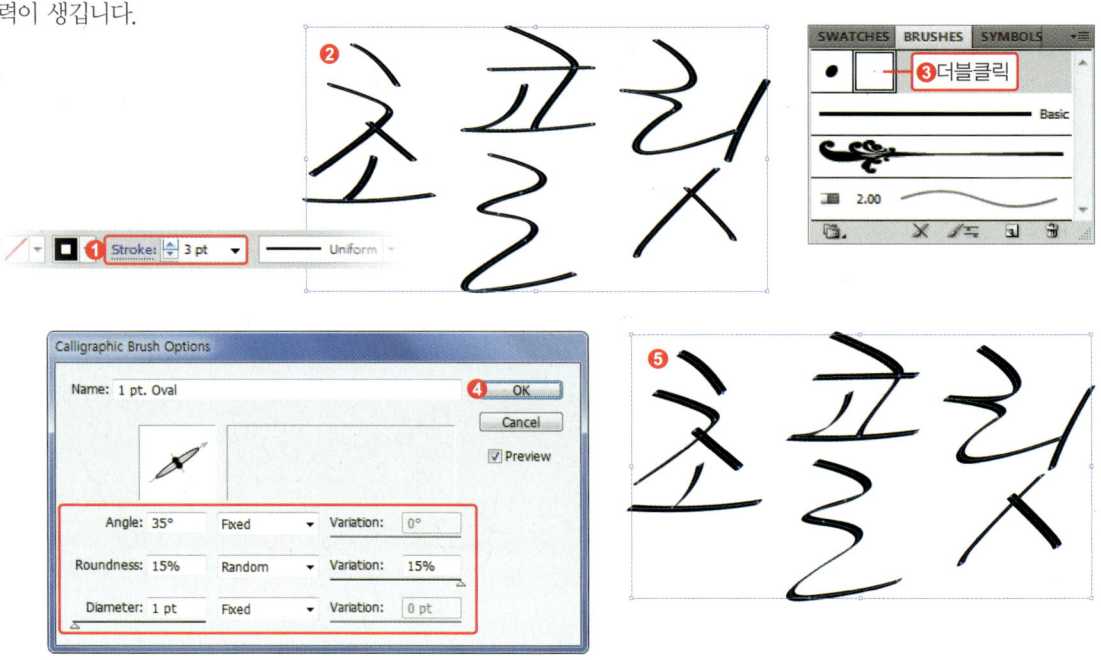

04 ❶브러시 라이브러리 패널에서 ▶ 버튼을 누르면 [Artistic_ChalkCharcoalPencil] 라이브러리 목록이 나타납니다. ❷❸라이브러리 목록에서 Chalk-Scribble 브러시를 눌러 글자에 브러시 속성을 반영합니다. ❹❺브러시가 너무 두꺼워 보이면 선 굵기를 가늘게 수정해서 글자를 쓰면 됩니다.

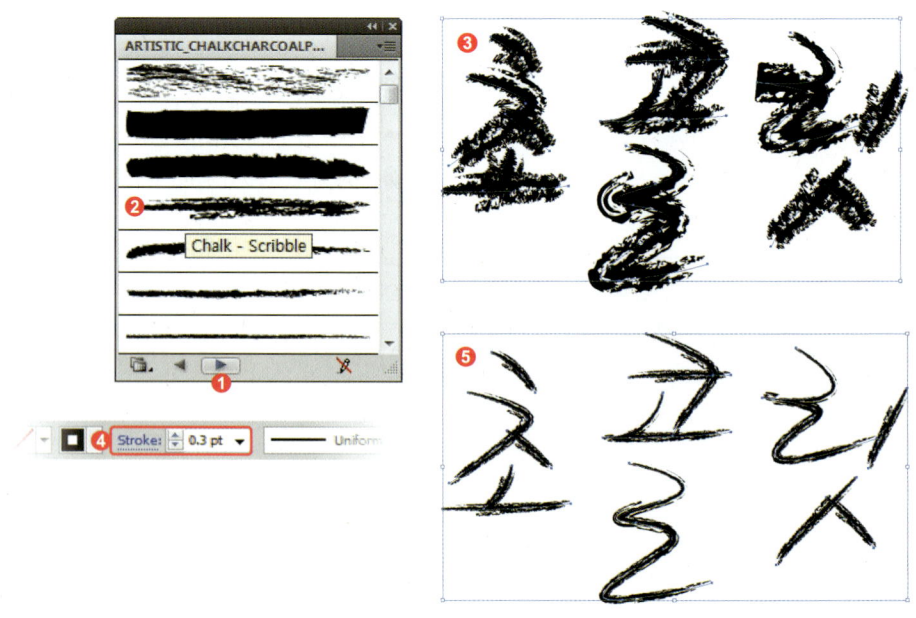

05 펜 툴(✎)로 그린 선이나 브러시는 패스 속성을 가진 선이므로 ❶선 색을 지정하면 ❷그대로 반영됩니다.

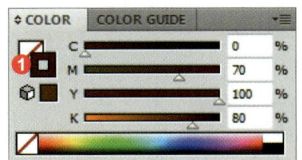

브러시에 색칠하기

01 ❶❷'어린이 세상' 글자를 선택하고 [이미지] 버튼을 누릅니다. ❸[Artistic]-[Artistic_WaterColor] 라이브러리를 선택하고 ❹❺Light Wash-Thick 브러시를 눌러 글자에 브러시 속성을 반영합니다. ❻❼선 굵기를 0.5pt로 줄여 자연스럽게 바꿉니다.

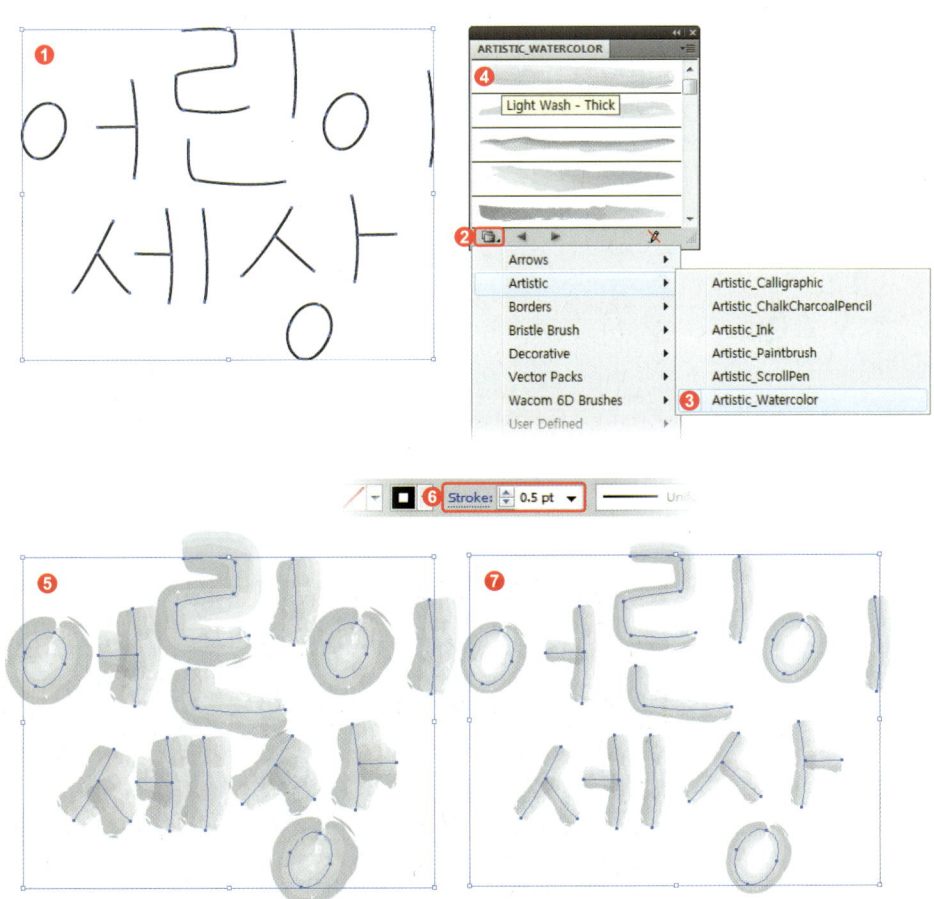

02 ❶❷선 색을 빨간색(M100, Y100)으로 칠합니다. 브러시에 투명
도가 설정되어 있어 색이 흐리게 적용됩니다. ❸❹[Object]–[Expand
Appearance] 메뉴를 선택해서 브러시를 면 오브젝트로 바꿉니다.

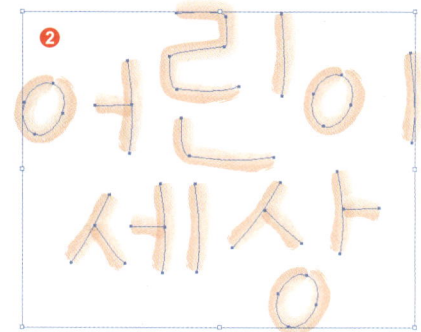

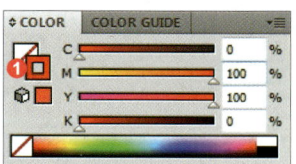

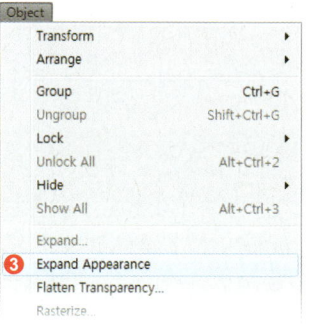

03 ❶[Object]–[Flatten Transparency] 메뉴를 선택합니다. ❷다음과 같이 설정하고
OK 버튼을 누릅니다. ❸벡터 상태를 유지한 채로 투명도가 병합되어 불투명한 상태가 됩
니다. 불투명한 오브젝트 또는 투명도를 지원하지 않는 파일 형식이 필요할 때 쓰기 좋습니다.

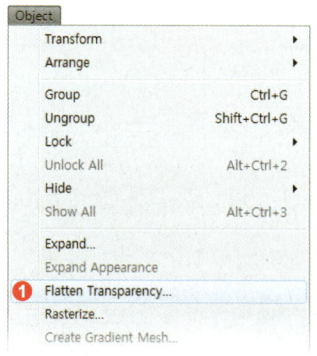

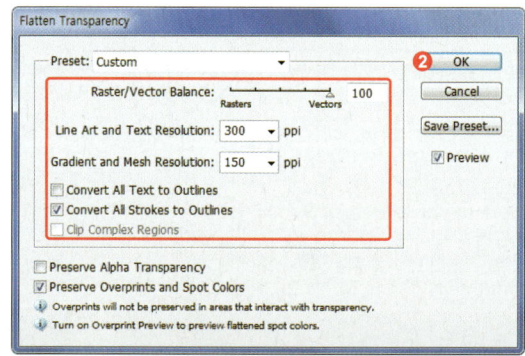

투명도를 병합한 후

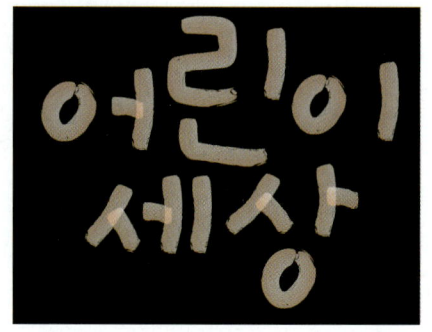

투명도를 병합하기 전

Flatten Transparency

Preset: Custom ▼   OK
① Raster/Vector Balance: [____|100] Rasters ◀▶ Vectors   Cancel
② Line Art and Text Resolution: [300 ▼] ppi   Save Preset...
③ Gradient and Mesh Resolution: [150 ▼] ppi   ☑ Preview
④ ☐ Convert All Text to Outlines
⑤ ☑ Convert All Strokes to Outlines
⑥ ☐ Clip Complex Regions

⑦ ☐ Preserve Alpha Transparency
⑧ ☑ Preserve Overprints and Spot Colors
ⓘ Overprints will not be preserved in areas that interact with transparency.
ⓘ Turn on Overprint Preview to preview flattened spot colors.

❶Raster/Vector Balance : 벡터와 비트맵 비율을 정합니다. 수치가 높을수록 벡터 상태를 많이 유지하고, 낮을수록 래스터(비트맵)화됩니다. 50%로 설정하면 간단한 영역은 벡터로 유지하고 복잡한 영역은 래스터화됩니다.

❷Line Art and Text Resolution : 오브젝트를 지정한 해상도로 래스터화합니다. 작은 글자나 얇은 선은 600~1200으로 지정합니다.

❸Gradient and Mesh Resolution : 그레이디언트된 오브젝트 해상도를 설정합니다. 그레이디언트, 메시, 그림자 등은 수치가 높아도 결과가 차이가 없으므로 150~300으로 지정합니다.

❹Convert All Text to Outlines : 모든 문자 오브젝트를 아웃라인 처리합니다.

❺Convert All Strokes to Outlines : 모든 선을 아웃라인 처리해서 면으로 만듭니다. 가는 선은 약간 두껍게 나타날 수 있고, 벡터로 처리할 때 패스가 늘어나기 때문에 속도가 느려질 수 있습니다.

❻Clip Complex Regions : 벡터와 비트맵의 경계를 자연스럽게 표시하는 옵션입니다. 경우에 따라 복잡한 패스가 만들어져 속도가 느려질 수 있습니다.

❼Preserve Alpha Transparency : 알파 투명도를 지원하는 형식으로 저장할 때 체크합니다.

❽Preserve Overprints and Spot Colors : 오버프린트와 별색을 보존하는 옵션입니다. 문서에 별색과 오버프린트가 설정되어 있으면 분판으로 인쇄할 때 선택합니다(편집 프로그램만 쓸 때는 체크하지 않습니다).

04 여러 단계로 색을 지정하는 오브젝트라면 원하는 컬러 그룹을 지정해 칠할 수 있습니다. ❶[Window]-[Swatch Libraries]-[Kids Stuff] 메뉴를 선택하고 ❷Rainbow 컬러 그룹의 📁 아이콘을 클릭하면 컬러 가이드 패널에 표시됩니다.

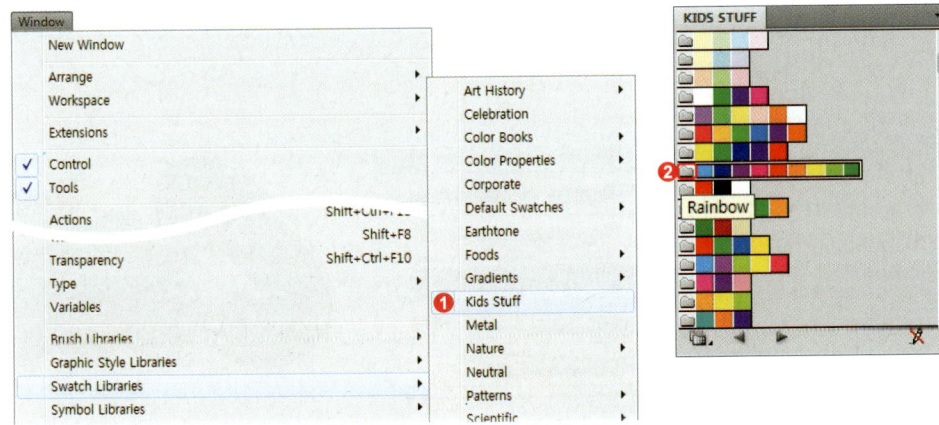

05 ❶컬러 가이드 패널 아래쪽에 있는 🎨 버튼을 누르면 ❷Recolor Artwork 창이 나타나고
❸선택한 컬러 그룹의 색이 자동으로 배치됩니다. ❹🔀 버튼을 누르면 컬러 순서가 바뀌어 ❺❻❼
다양한 배합의 컬러 글자가 만들어집니다. 원하는 색이 배치되면 〔 OK 〕 버튼을 누릅니다.

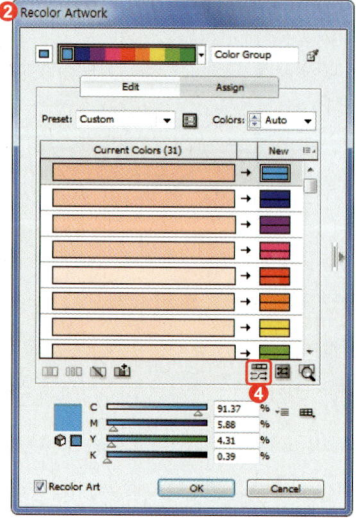

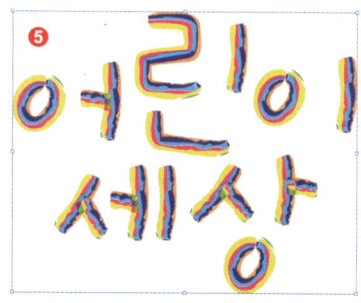

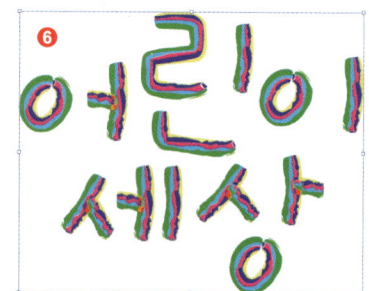

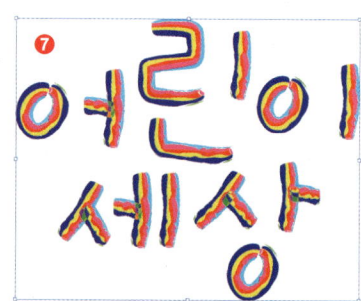

심벌로 글자 꾸미기

01 ❶글자를 선택하고 ❷[Artistic_Paintbrush] 라이브러리에서
Paintbrush-Wide 브러시를 눌러 ❸브러시 속성을 적용합니다.

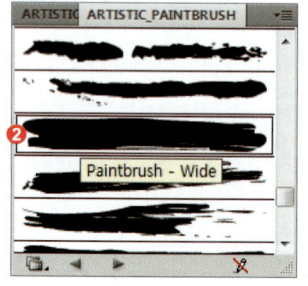

02 ❶❷선 굵기를 0.3pt로 줄여 적당한 굵기로 바꿉니다. 아트
브러시는 폭 툴(🔧)을 사용할 수 있습니다. ❸❹❺폭 툴(🔧)을
이용해서 획이 시작되는 부분을 두껍게 하거나 끝나는 부분을
가늘게 해서 획에 변화를 줍니다(폭 툴(🔧) 사용법은 Lesson
14를 참고하세요).

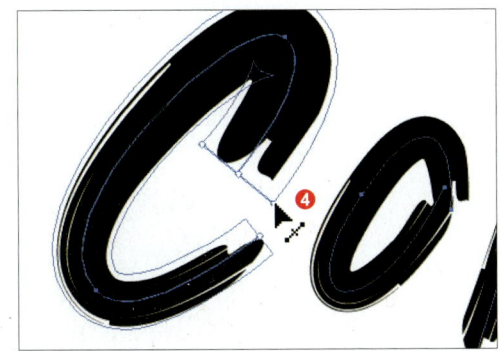

03 ❶글자를 선택하고 ❷툴 패널에서 선 색을 클릭한 다음 ❸❹[Kids Stuff] 컬러 그룹에
서 첫 번째 노란색을 클릭하면 선 색이 클릭한 색으로 바뀝니다. ❺❻[Window]−[Symbol
Libraries]−[Grime Vector Pack] 메뉴를 선택하면 먹이 튄 모양이 담긴 심벌이 나타납니다.

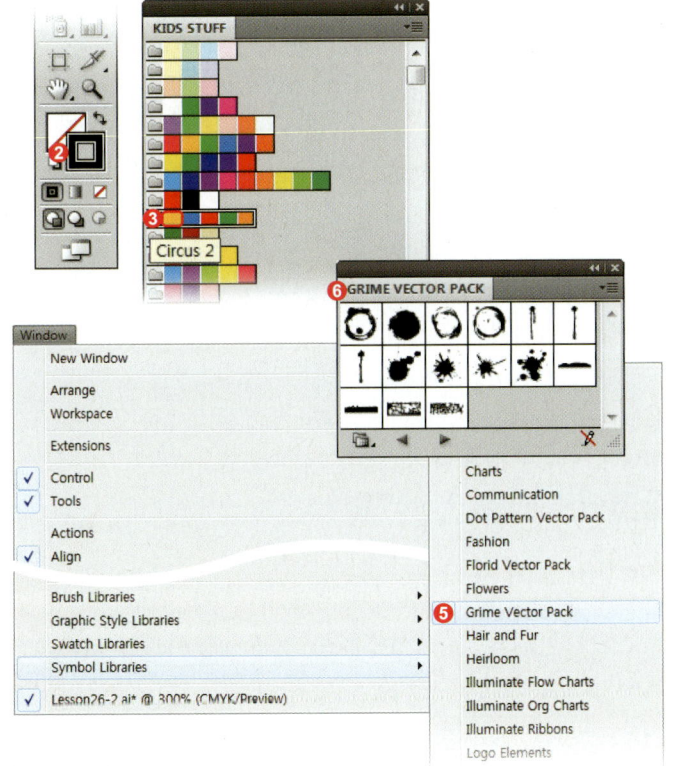

04 ❶두 번째 심벌을 화면으로 드래그합니다. ❷❸심벌 패널에서 [버튼] 버튼을 눌러 심벌 링크를 끊으면 심벌이 일반 오브젝트로 바뀝니다. ❹❺마음에 드는 컬러 그룹에 담긴 색을 클릭해서 칠하고 Ctrl+Shift+[를 눌러 맨 뒤로 보냅니다.

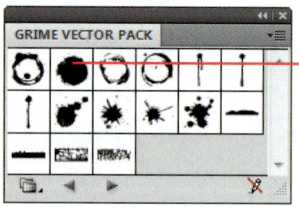

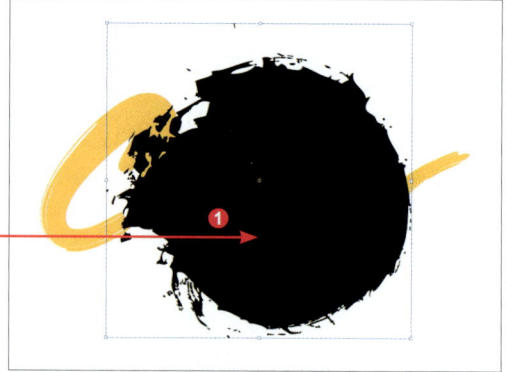

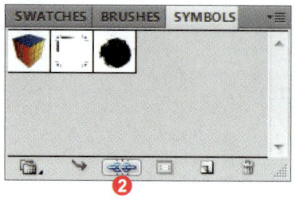

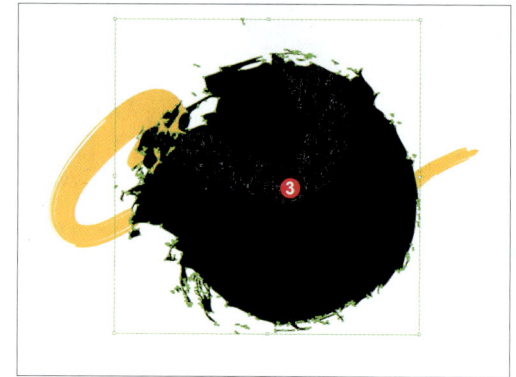

05 다른 심벌도 같은 방법으로 배치하고 칠합니다. 글자가 눈에 띌 수 있게 그림자를 만들겠습니다. 글자를 다시 선택합니다.

06 ❶[Effect]-[Stylize]-[Drop Shadow] 메뉴를 선택합니다.
❷다음과 같이 설정하고 [OK] 버튼을 누르면 ❸글자에 그림자
가 생겨 입체적인 효과가 납니다.

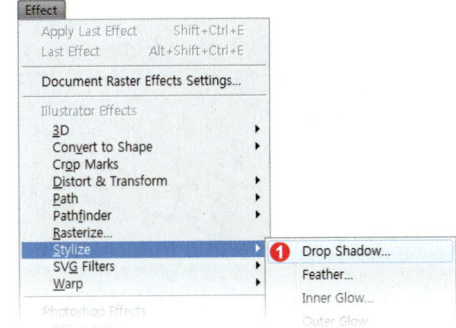

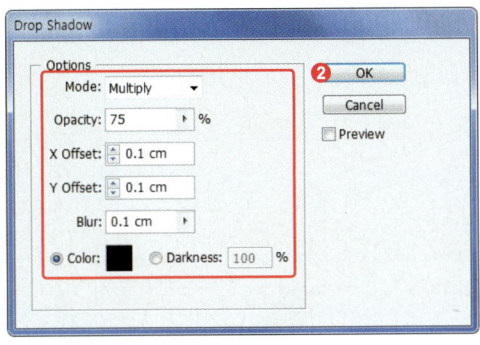

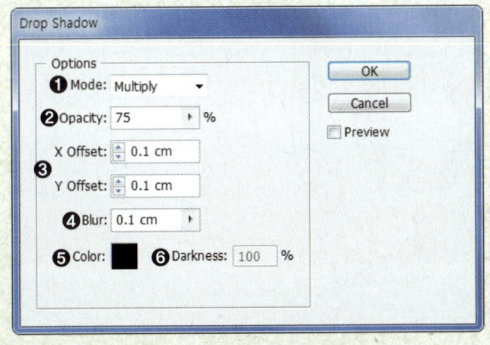

❶Mode : 그림자의 블렌딩 모드를 설정합니다.
❷Opacity : 그림자의 투명도를 설정합니다.
❸X Offset, Y Offset : 그림자 위치를 설정합니다.
❹Blur : 그림자 크기를 설정합니다. 숫자가 클수록 크게 번진 그림자가 만들어집니다.
❺Color : 지정한 색으로 그림자가 만들어집니다.
❻Darkness : 선택한 오브젝트 색에 검은색을 섞어 그림자를 만듭니다.

Lesson 24
브러시 툴로 그리는 캘리그래피

일러스트레이터에서는 캘리그래픽 브러시 라이브러리를 제공합니다. 손글씨를 쓸 때 캘리그래픽 브러시를 사용하면 종이 위에 매직으로 그리듯 그려지는 과정을 보면서 그릴 수 있기 때문에 펜 툴이나 연필 툴로 그리는 것보다 편리합니다. 캘리그래픽 브러시를 이용해 손글씨를 쓰는 방법과 모양 패널과 이펙트를 활용해서 손글씨를 꾸미는 방법을 알아보겠습니다.

실습 파일 : 부록CD\Sample\Part07\Lesson24-1.ai
완성 파일 : 부록CD\Sample\Part07\Lesson24-2.ai

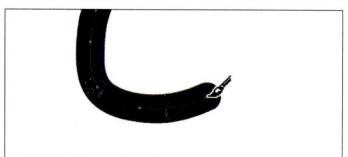 > 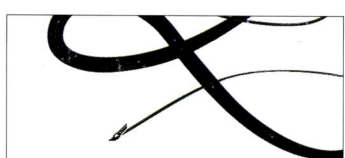 >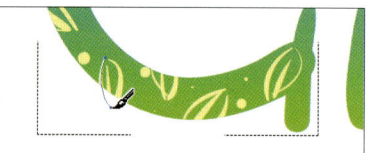

손글씨 쓰고 모양 패널 이용해서 꾸미기

01 ❶❷브러시 툴(✏)을 더블클릭해서 브러시 옵션을 다음과 같이 설정합니다. ❸❹캘리그 래픽 브러시를 불러온 다음 20pt. Round 브러시를 선택합니다.

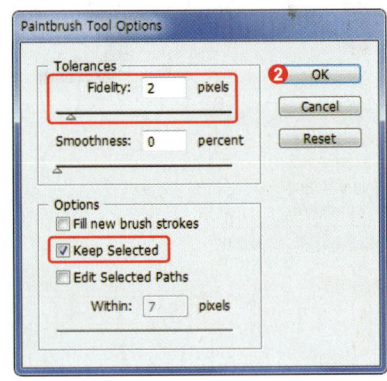
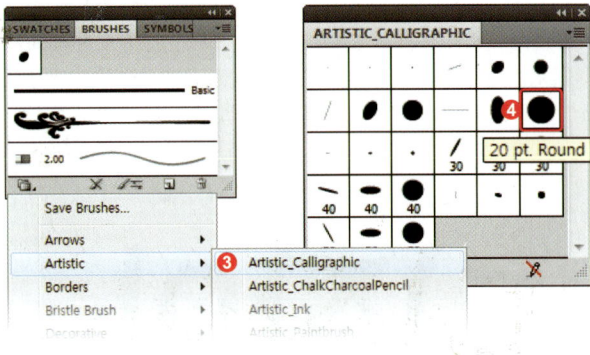

02 '디자인'을 써보겠습니다. ❶한 획을 그으면 긋는 과정이 그대로 진회색으로 그려지고 ❷ 마우스를 누르고 있던 손가락을 떼면 드래그한 부분이 패스로 그려집니다. ❸❹종이 위에 매 직으로 글자를 쓴다고 생각하면서 써봅시다. ❺❻이번에는 10pt. Round 브러시를 선택하고 글자 주변을 클릭해서 점을 찍습니다.

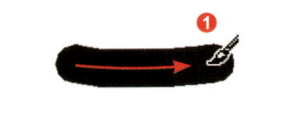
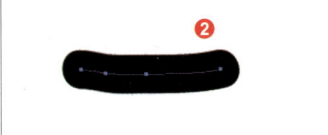

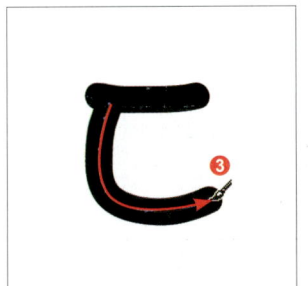

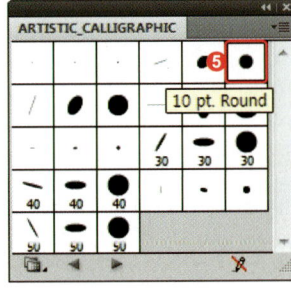
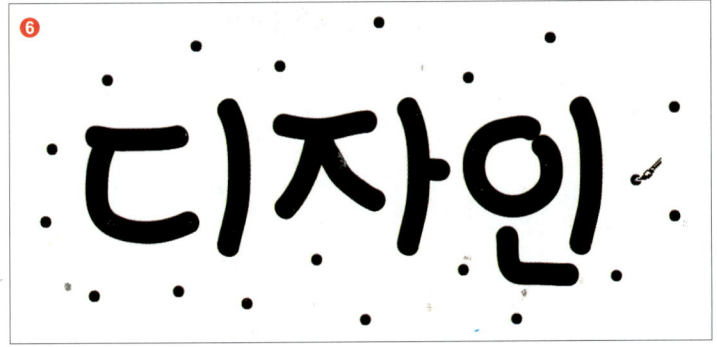

03 ❶브러시로 쓴 글자는 선택 툴(▶)로 선택해서 옮기거나 회전할 수 있고, ❷직접 선택 툴(▷)을 이용해서 획을 수정할 수 있습니다. ❸모양을 적절하게 수정한 다음 선택 툴(▶)로 글자만 선택합니다. ❹❺컬러 패널의 선 색을 노란색(M15, Y100)으로 칠합니다.

부록CD\Sample\Part07\Lesson24-1.ai 파일을 열면 지금까지 작업한 글자가 들어 있습니다.

04 모양 패널에는 선택한 오브젝트의 면과 선에 적용된 효과들이 순서대로 쌓여 있습니다 (모양 패널이 보이지 않으면 [Window]-[Appearance] 메뉴를 선택합니다). ❶❷선 속성을 🔲 버튼으로 드래그해서 속성을 복제합니다. ❸❹컨트롤 패널을 이용해서 선 색을 CMYK Magenta로 바꾸고 선 굵기를 0.5pt로 바꾸면 ❺노란색 선 위로 굵기가 0.5pt인 자주색 선이 한 줄 더 생깁니다. ❻따로따로 떨어진 선이지만 Ctrl + 8 ([Object]-[Compound Path]-[Make] 메뉴 단축키)을 누르면 한 덩어리로 인식되어 선이 자연스럽게 이어집니다.

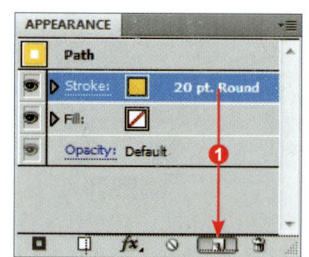

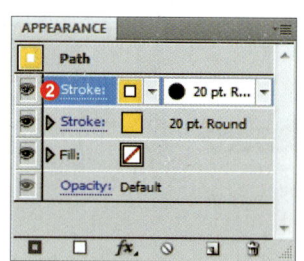

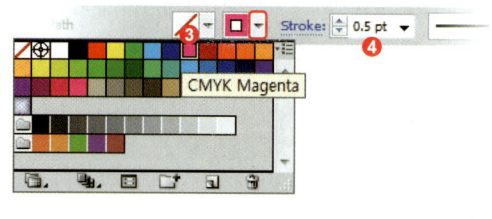

05 ❶❷자주색 선 속성을 하나 더 복제하고 ❸❹
선 색을 CMYK Cyan, 선 굵기를 0.25pt로 수정
하면 ❺총 3가지 색으로 둘러싸인 글자가 만들어
집니다. 이처럼 모양 패널을 이용하면 패스 하나가
여러 오브젝트를 겹친 것처럼 보이도록 할 수 있습
니다.

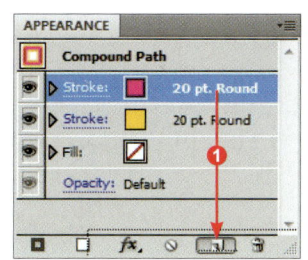 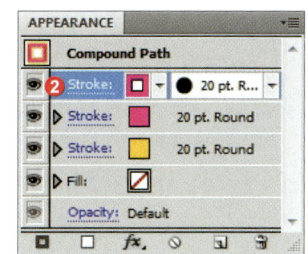

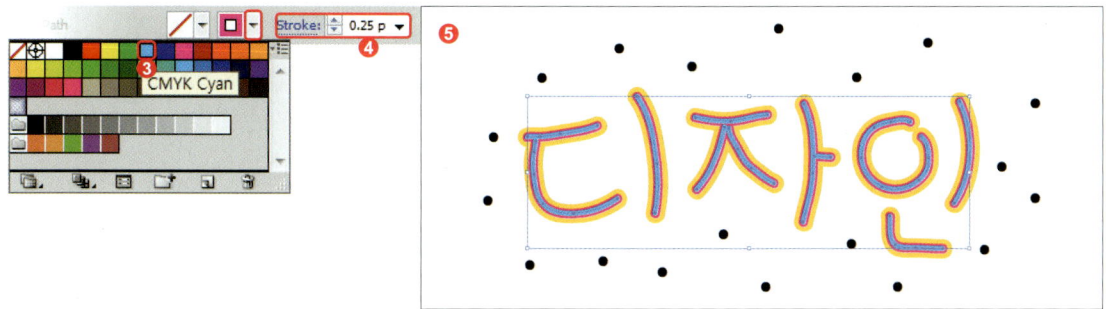

06 ❶노란색 선 모양을 선택하고 ❷[Effect]-[Stylize]-[Drop Shadow] 메뉴를 선택합니다.
❸X, Y 위치 값을 0.1cm, Blur를 0으로 설정하고 ❹컬러 영역을 클릭합니다. ❺클릭해서 녹
색(C100, Y100)으로 설정한 다음 ❻ OK 버튼을 누릅니다.

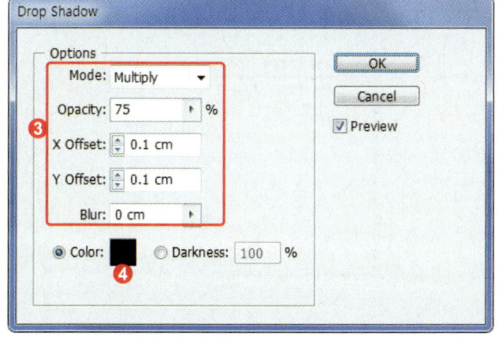 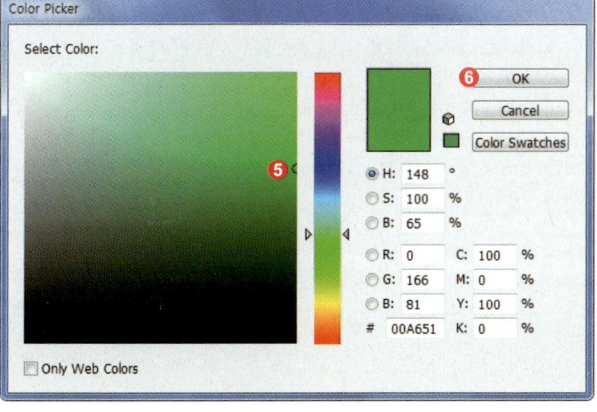

07 ❶선명한 녹색 그림자가 만들어집니다. ❷주변에 있는 점을 직접 선택 툴( )로 Shift +드래그해서 몇 개를 선택하고 ❸ ❹스포이트 툴( )로 글자를 클릭하면 속성이 똑같이 복제됩니다.

TIP ▶ 스포이트 툴 활용하기

스포이트 툴( )을 더블클릭하면 스포이트 툴로 복제될 속성 범위를 설정할 수 있습니다. 지금 예제에서 화면과 다르게 복제된다면 복제할 속성을 모두 체크하고 OK 버튼을 누른 다음 실습해보세요.

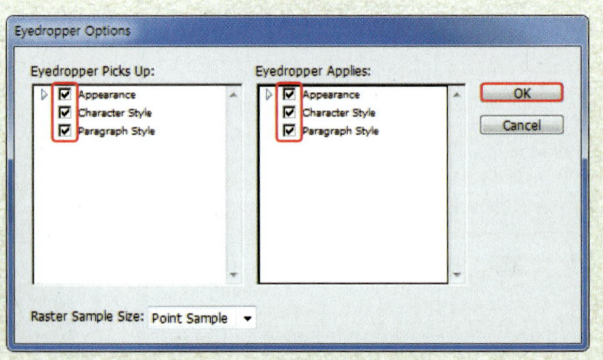

08 ❶노란색 선 속성에서 ▷ 버튼을 누르면 적용된 추가 속성을 확인할 수 있습니다. ❷그림자 이펙트를 🗑 버튼으로 드래그하면 그림자 이펙트가 사라집니다. ❸빨간색 선 속성도 같은 방법으로 지웁니다. ❹❺❻노란색 선 속성의 Stroke 글자를 클릭해서 굵기를 0.5pt로 수정하면 자주색과 노란색이 겹친 점이 만들어집니다. ❼나머지 점도 원하는 효과나 색을 설정해서 완성합니다.

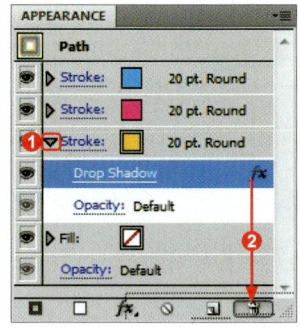

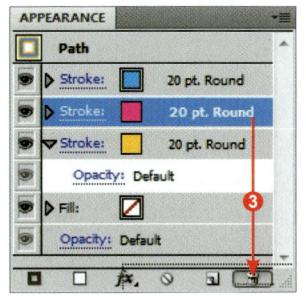

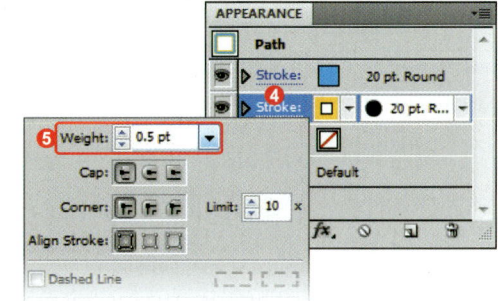

태블릿을 이용해서 필압이 느껴지는 글자 쓰기

※ 이번 예제는 압력 감지 태블릿이 설치된 분만 따라할 수 있습니다.

01 브러시 패널을 보면 라이브러리에서 클릭했던 브러시가 등록되어 있습니다. ❶❷20pt. Round 브러시를 더블클릭하고 맨 마지막 항목을 Pressure로 설정한 다음 OK 버튼을 누릅니다. ❸❹앞서 쓴 브러시에도 새 설정을 적용하려면 Apply to Strokes 버튼, 기존 브러시를 그대로 놔두려면 Leave Strokes 버튼을 누릅니다.

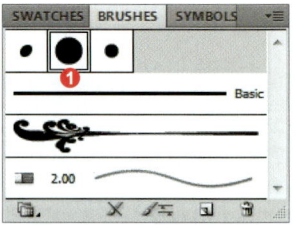

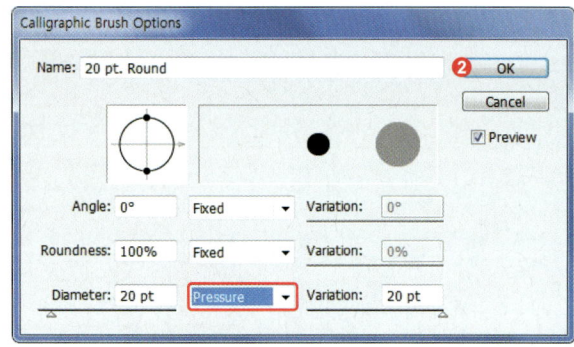

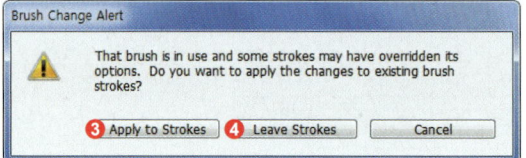

02 ❶태블릿 펜을 누를 때 힘을 조절하면서 선을 그려보세요. ❷20pt 굵기 내에서 세게 누르는 곳은 두껍게, 약하게 누르는 곳은 가늘게 선이 그려집니다. 그림과 글자를 그립니다.

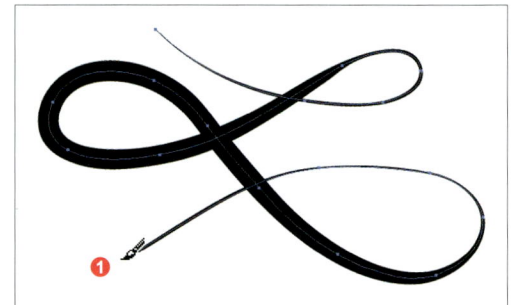

부록CD\Sample\Part07\Lesson24-1.ai 파일을 열면 지금까지 작업한 이미지가 들어 있습니다.

03 ❶❷❸태블릿으로 그린 글자와 그림을 선택하고 [Object]-[Expand Appearance] 메뉴를 선택해 브러시 모양대로 면 오브젝트를 만듭니다. ❹❺패스파인더 패널에서 🔲 버튼을 눌러 면을 하나로 합칩니다.

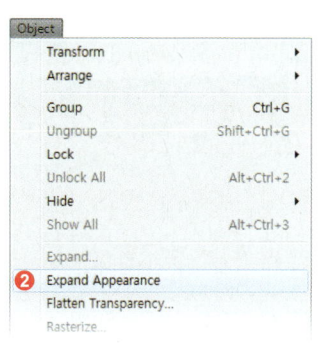

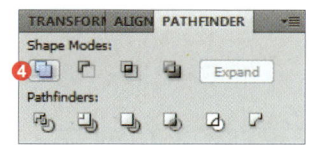

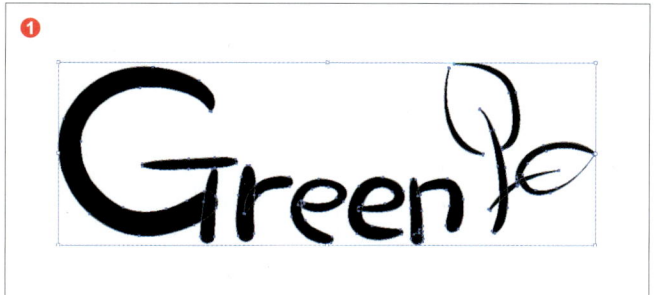

04 ❶❷그레이디언트 패널에서 그레이디언트 채우기를 클릭해 그레이디언트를 적용한 다음 ❸❹그레이디언트 시작 색을 연두색(C40, Y100), ❺❻끝 색을 파란색(C100)으로 설정합니다.

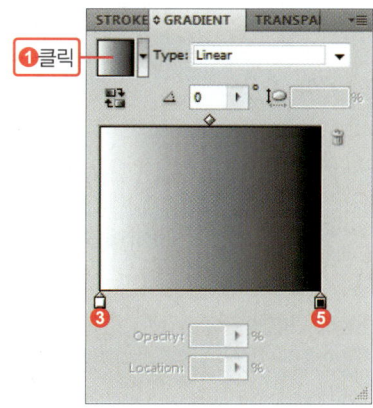

05 ❶❷그레이디언트 패널에 지정한 색이 표현되고, 오브젝트마다 그레이디언트가 따로따로 적용되었습니다. 오브젝트 전체가 선택된 상태에서 ❸그레이디언트 툴(▣)을 선택하고 ❹아래 에서 위로 Shift +드래그하면 그레이디언트가 오브젝트 전체에 적용됩니다.

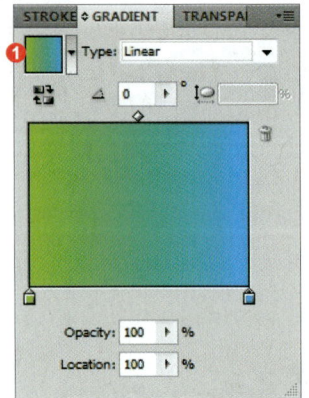

06 ❶❷직접 선택 툴(▸)로 G를 선택하고 툴 패널 아래쪽에 있는 ⒢ 버튼을 누릅니다. ❸선 택 오브젝트 영역이 점선으로 표시되면 빈 화면을 Ctrl +클릭해서 선택을 해제합니다.

07 ❶적용된 브러시를 다시 더블클릭해서 ❷브러시 크기를 수정한 다음 ❸선 색을 연노랑 (Y50)으로 설정합니다. ❹브러시 툴(✍)로 나뭇잎 모양을 그리면 선택한 오브젝트 안쪽으로 만 그림이 그려집니다. ❺빈 화면을 Ctrl+더블클릭하면 점선이 사라집니다. ❻부분적으로 나 뭇잎 그림이 들어간 예쁜 손글씨가 완성됩니다.

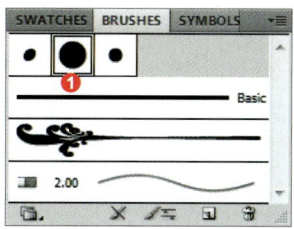

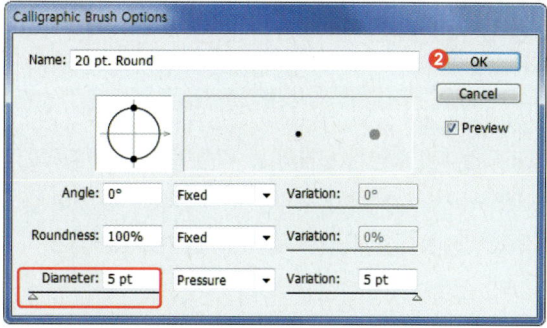

브러시 툴은 ⬚, ⬚를 눌러 굵기를 줄이거나 키울 수 있습니다.

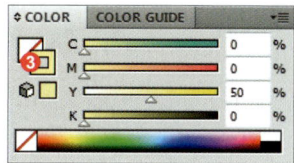

Lesson 25
수묵화 그리기

앞서 배운 것과 같이 브러시로 글자와 그림을 그릴 때는 태블릿을 사용하면 손맛을 낼 때 더욱 효과적입니다. 다양한 모양의 붓 터치 브러시, 태블릿의 필압, 그레이디언트와 투명도를 조정하면 디자인 소스로 손색없는 캘리그래피 오브젝트를 만들 수 있습니다. 이번에는 브러시 라이브러리를 이용해 그림을 그린 다음 수묵화 효과를 내보겠습니다.

실습 파일 : 부록CD\Sample\Part07\Lesson25-1.ai
완성 파일 : 부록CD\Sample\Part07\Lesson25-2.ai

수묵화 느낌이 나는 국화 그리기

01 ① Ctrl + O 를 눌러 부록CD\Sample\Part07\Lesson25-1.ai 파일을 불러옵니다. ②흰
색 면과 진회색 브러시로 그려진 곡선 오브젝트를 브러시 패널로 드래그해서 넣습니다.

02 ①브러시 등록 창이 나타나면 Art Brush를 체크
하고 OK 버튼을 누릅니다. ②③브러시 이름과 컬
러 스타일을 설정하고 OK 버튼을 누르면 아트 브
러시가 등록됩니다. ④브러시 툴(🖌)로 화면을 드래그
하면 등록한 브러시 모양이 패스에 맞게 늘어나면서
적용됩니다. 이 브러시를 이용해 국화를 그리겠습니다.

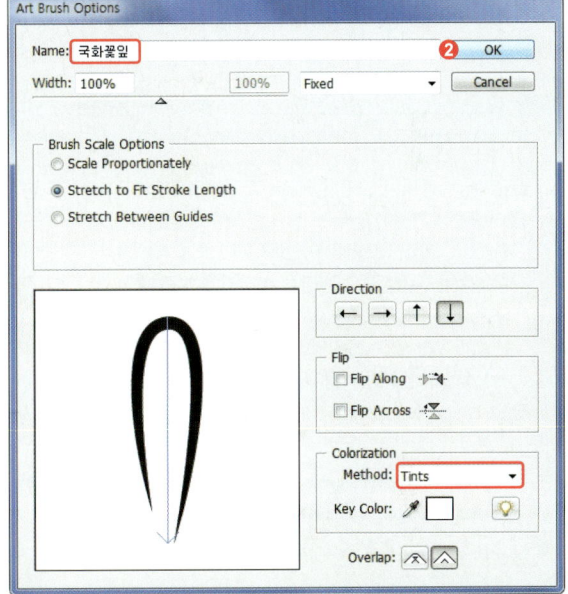

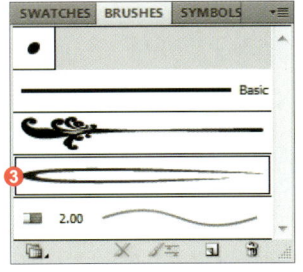

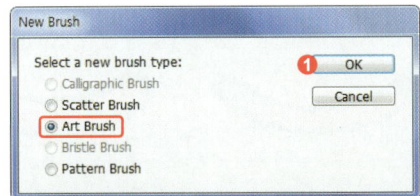

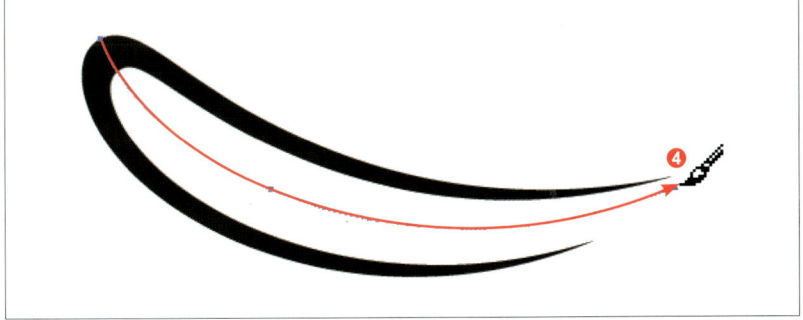

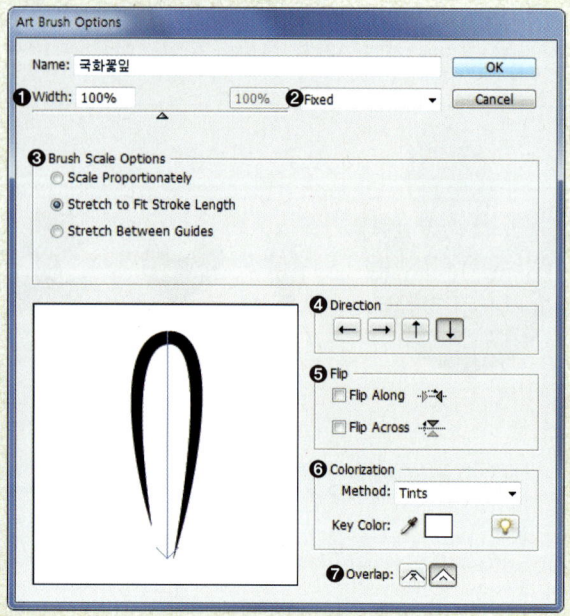

❶ Width : 등록한 크기를 100%로 가정하고 브러시 크기를 설정합니다.
❷ 태블릿이 연결된 경우 브러시 변형을 조절할 수 있습니다.
　Fixed : 고정된 브러시를 만듭니다.
　Random : 랜덤으로 변하는 브러시를 만듭니다.
　Pressure : 태블릿이 설치된 경우 압력을 기준으로 바뀌는 브러시를 만듭니다.
　Stylus Wheel(스타일러스 휠), Tilt(수직 감지), Bearing(기울기 감지), Rotation(회전 감지)을 기준으로 바뀌는 브러시를
　만듭니다. 각 기능이 감지되는 태블릿이 있을 때만 사용할 수 있습니다.
❸ Brush Scale Options : 브러시를 사용할 때 등록한 아트 브러시 모양이 적용되는 비율을 설정합니다.

등록한 아트 브러시　　　　　Scale Proportionately : 그리는　　Stretch to Fit Stroke Length :　Stretch Between Guides : 지정
　　　　　　　　　　　　　선에 맞게 등록한 브러시 모양을　　등록한 브러시 모양을 선 길이에　한 영역 안에서 모양만 늘립니다.
　　　　　　　　　　　　　정비례로 키우거나 줄입니다.　　　맞게 늘립니다.

❹ Direction : 드래그했을 때 그려지는 방향을 설정합니다. 왼쪽 미리보기 화면에서 그려질 방향을 확인할 수 있습니다.
❺ Flip : 선을 기준으로 아트 브러시 방향을 가로 또는 세로로 뒤집어 바꿉니다.
❻ Colorization : 칠하는 방법을 선택합니다.
❼ Overlap : 꺾이는 부분에서 아트 브러시가 접히거나 연결되는 모양을 설정합니다.

버튼을 눌렀을 때　　　　　　　　버튼을 눌렀을 때

03 ❶❷꽃 가장자리에서 가운데로 드래그해서 꽃잎을 그립니다. 돌아가면서 순서대로 그리
지 말고 군데군데 마음이 가는대로 그리는 것이 더 자연스럽습니다. ❸가장자리 꽃잎을 모두
그렸다면 빈 화면을 Ctrl+클릭해서 선택을 해제합니다.

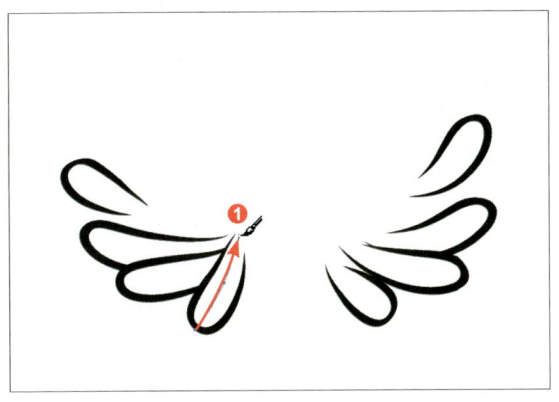

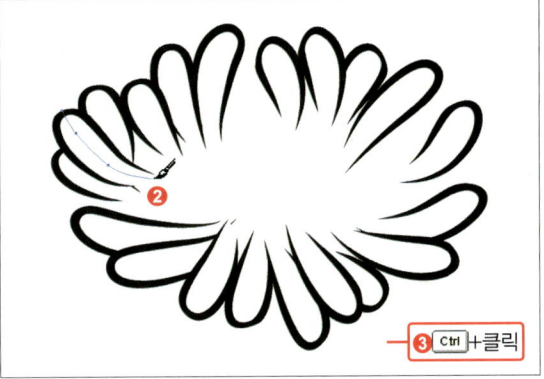

04 ❶❷컨트롤 패널에서 선 굵기를 0.7pt로 바꾸고 중
간 크기의 꽃잎을 그립니다. ❸❹다시 선 굵기를 0.4pt로
바꾸고 가운데 작은 꽃잎을 그립니다. ❺❻모두 그렸으면
전체를 선택하고 Ctrl+G를 눌러 그룹으로 묶습니다.

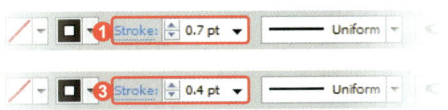

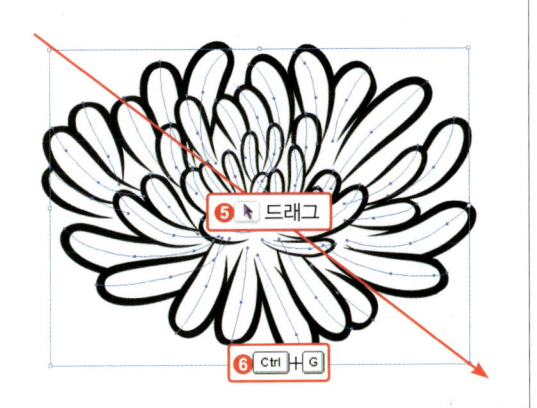

05 이번에는 국화 줄기를 그리겠습니다. ❶브러시 패널 아래에 있는 ![button] 버튼을 누르면 브러시 라이브러리를 불러올 수 있습니다. ❷[Artistic]−[Artistic_Paintbrush] 메뉴를 선택해서 페인트 브러시를 불러옵니다. ❸맨 위에 있는 브러시를 클릭하고 ❹아래에서 위로 구불구불한 선을 드래그합니다.

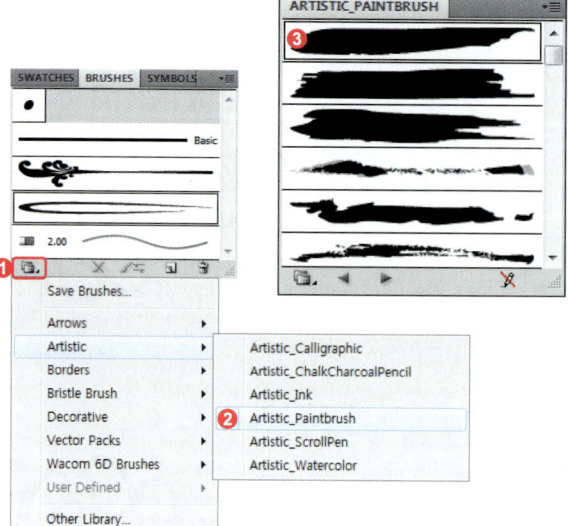
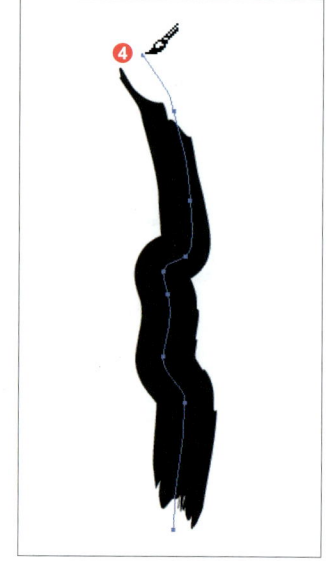

06 ❶❷컨트롤 패널을 이용해 선 굵기를 적당히 바꿉니다. 아트 브러시는 폭 툴을 사용할 수 있습니다. ❸❹❺폭 툴(🖌️)로 선 군데군데를 바깥쪽이나 안쪽으로 드래그해서 굴곡 있는 줄기가 되도록 수정합니다. ❻같은 방법으로 선 굵기와 폭을 조정해서 줄기를 완성합니다(폭 툴 사용법에 대한 자세한 내용은 Lesson 14를 참고하세요).

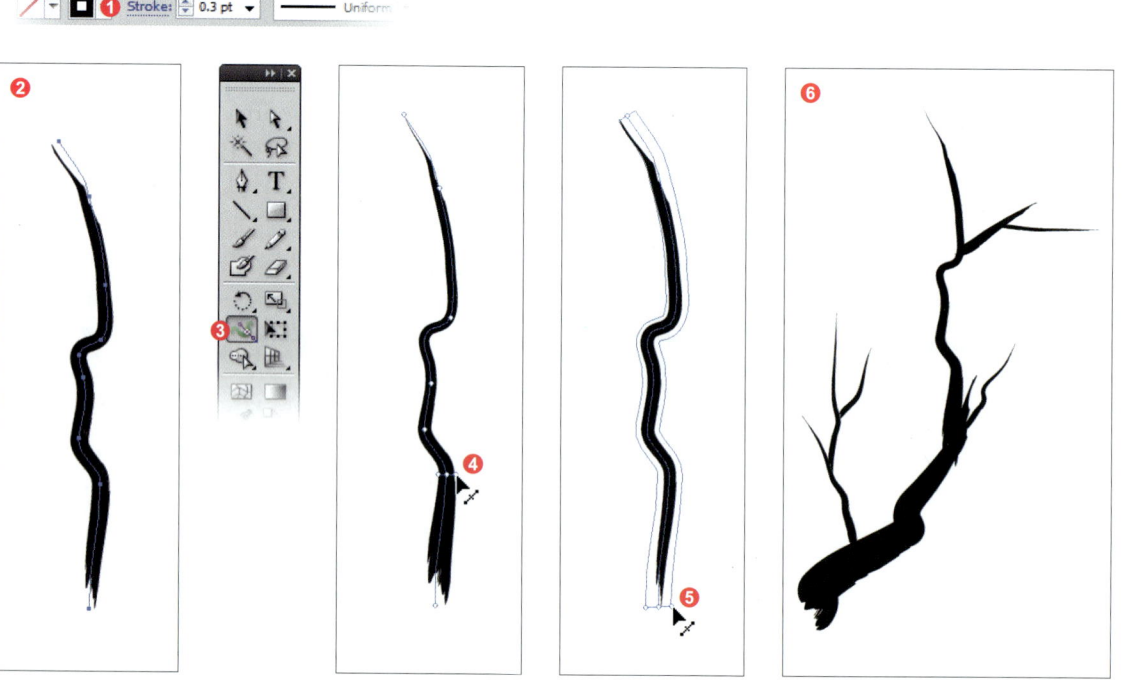

07 ❶줄기를 선택하고 ❷❸[Object]−[Expand Appearance] 메뉴를 선택해 브러시를 면 오브젝트로 만듭니다. ❹❺그레이디언트 패널을 이용해서 회색 톤인 원형 그레이디언트를 만듭니다.

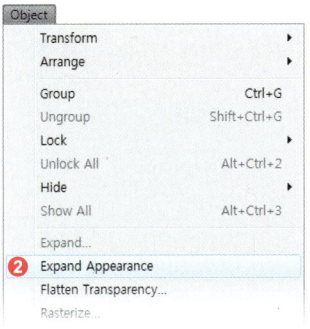

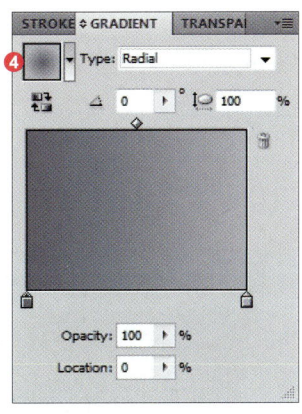

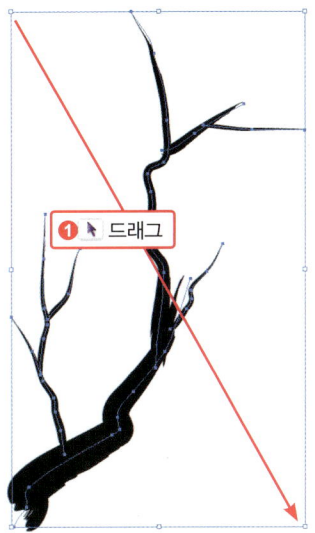

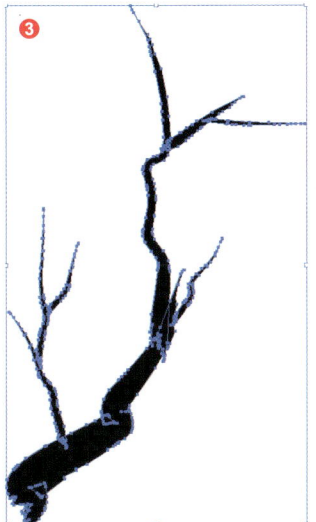

08 ❶라이브러리 패널 아래에 있는 ◀ 버튼을 두 번 누르면 [Artistic_ChalkCharcoal Pencil] 브러시 라이브러리가 나타납니다. ❷❸맨 아래에 있는 가느다란 아트 브러시를 선택하고 브러시 툴(✐)을 선택합니다. ❹❺미리 그려져 있는 나뭇잎에 줄기를 그려 넣습니다.

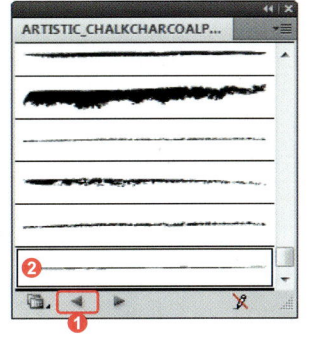

09 ❶폭 툴(✎)로 두께를 조정하고 줄기를 모두 선택합니다. ❷❸[Object]–[Expand Appea
–rance] 메뉴를 이용해 브러시를 면 오브젝트로 만듭니다.

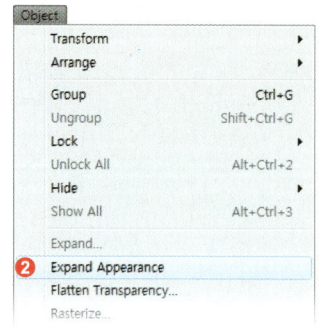
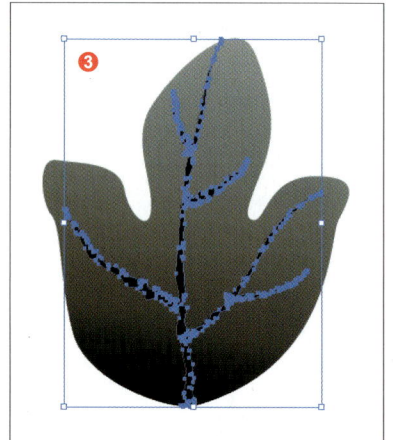

10 ❶면이 된 잎 줄기는 패스파인더 패널에서 🔲 버튼을 누르면 한 덩어리로 만들어집니다.
❷컬러 패널을 이용해 줄기 색을 회색(K45)으로 바꾸고 ❸투명도 패널에서 블렌딩 모드를
Multiply로 바꿉니다. ❹잎 줄기가 잎사귀에 그려졌습니다. ❺❻잎과 잎줄기를 함께 선택하고
Ctrl+G를 눌러 그룹으로 묶습니다. ❼나머지 잎도 같은 방법으로 잎줄기를 꾸밉니다.

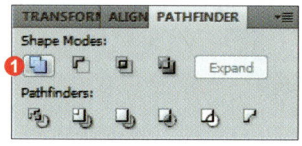
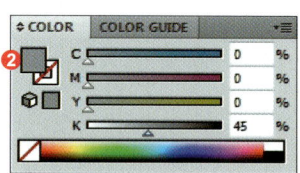
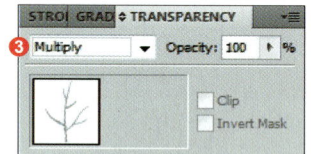

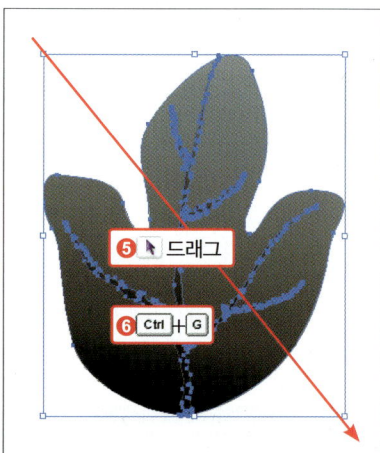

11 ❶앞서 그린 꽃을 Alt +드래그해서 복제한 다음 나뭇가지에 각도를 비틀어 배치합니다.
❷잎 크기, 각도, 위치를 조절해서 적당히 배치하면 수묵화 느낌이 나는 국화 일러스트가 완성됩니다.

담채화 느낌이 나는 매화 그리기

01 ❶브러시 라이브러리 패널 아래쪽에 있는 ▶ 버튼을 두 번 누르면 [Artistic_ Watercolor] 브러시 라이브러리가 나타납니다. ❷Watercolor Stroke 4 브러시를 선택하고 ❸ ❹구불구불 꺾인 나무를 그립니다. 자연스럽게 보이도록 폭 툴(🔧)로 나무 굵기를 조정합니다.

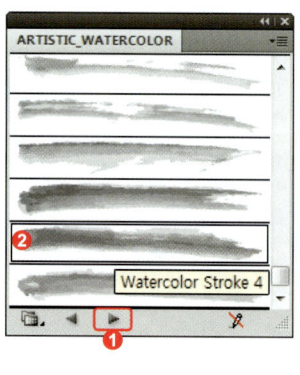

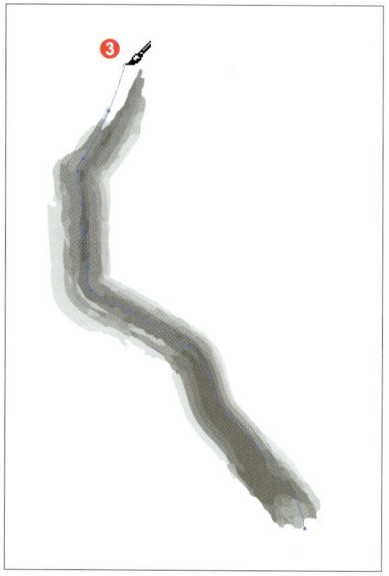

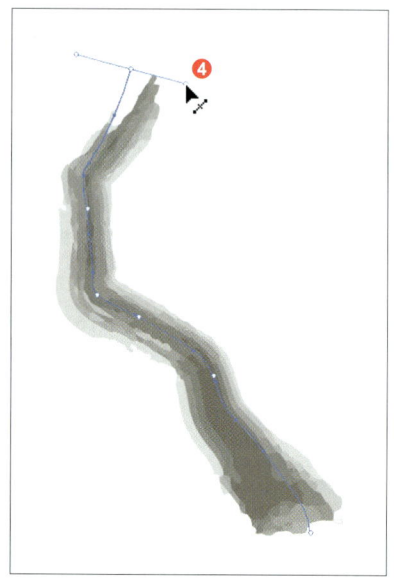

02 ❶[Object]-[Flatten Transparency] 메뉴를 선택하고 ❷다음과 같이 설정한 후 OK 버튼을 누르면 ❸선 오브젝트가 면 오브젝트로 바뀌고 투명도가 병합되어 불투명한 상태가 됩니다.

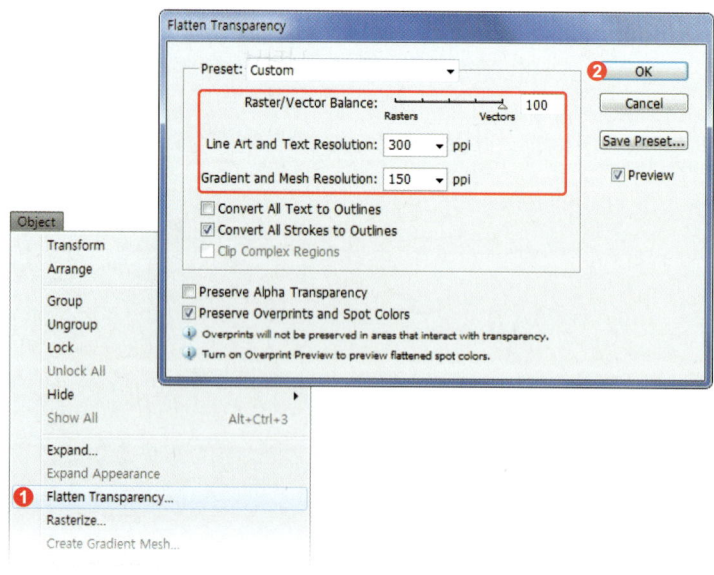

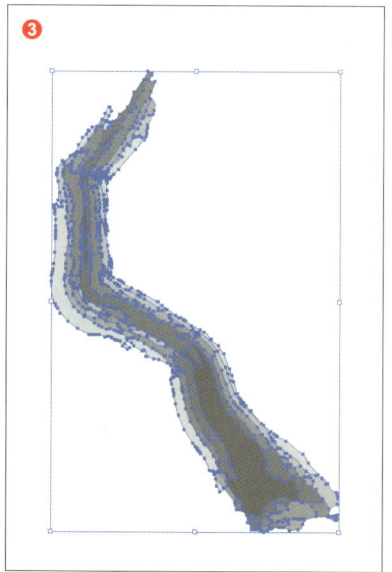

03 지금까지 과정을 반복해서 굵기가 다양한 나뭇가지를 추가합니다. ❶❷굵은 가지를 먼저 그리고 잔가지를 차근차근 그려나갑니다.

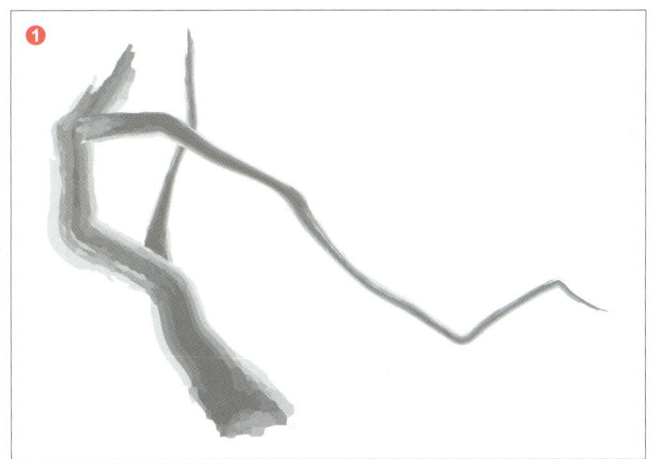

04 컬러 그룹을 이용해서 자연스러운 나무로 칠해보겠습니다. ❶[Window]–[Swatch Libraries]–[Nature]–[Foliage] 메뉴를 선택하면 나뭇잎에 어울리는 컬러 그룹이 나타납니다. ❷이 중 [Foliage 12] 컬러 그룹에서 ➜ 아이콘을 클릭하면 컬러 가이드 패널에 등록됩니다. ❸컬러 가이드 패널 아래쪽에 있는 ➜ 버튼을 누릅니다.

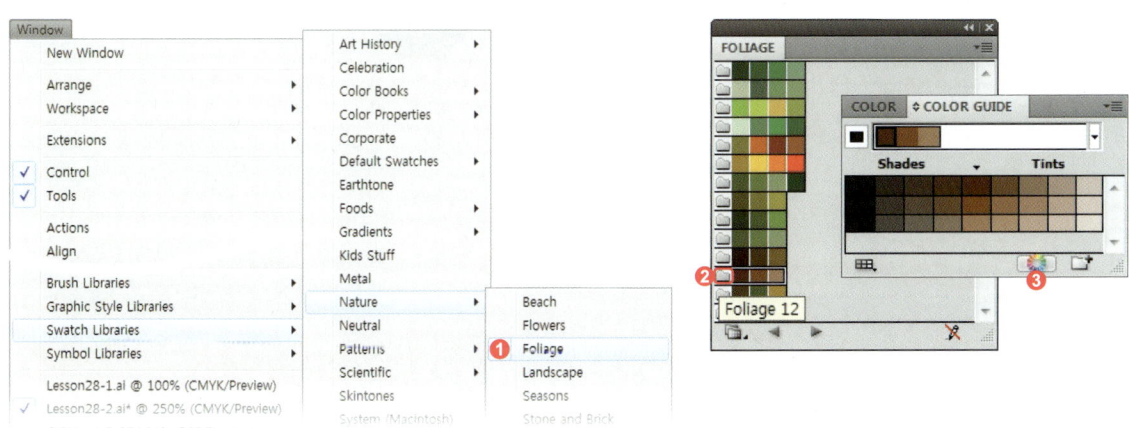

05 Recolor Artwork 창이 실행되고, 선택된 컬러 그룹 색으로 재배치됩니다. ❶❷아래와 같은 색이 나올 때까지 ▦ 버튼을 여러 차례 누릅니다. ❸❹⚏ 버튼을 눌러 [Global Adjust] 를 선택하고 ❺❻밝기와 광도를 각각 −50과 −15로 설정한 다음 OK 버튼을 누릅니다. ❼ 나뭇가지가 어두운 고동색으로 칠해집니다.

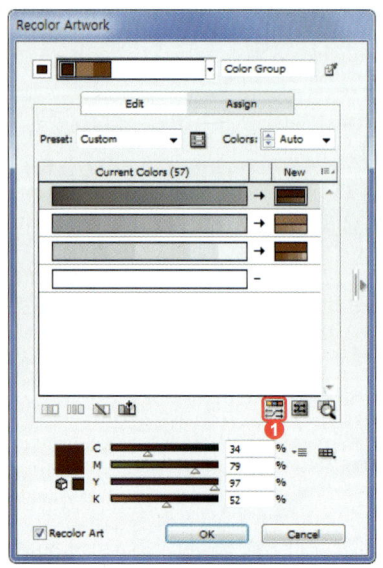

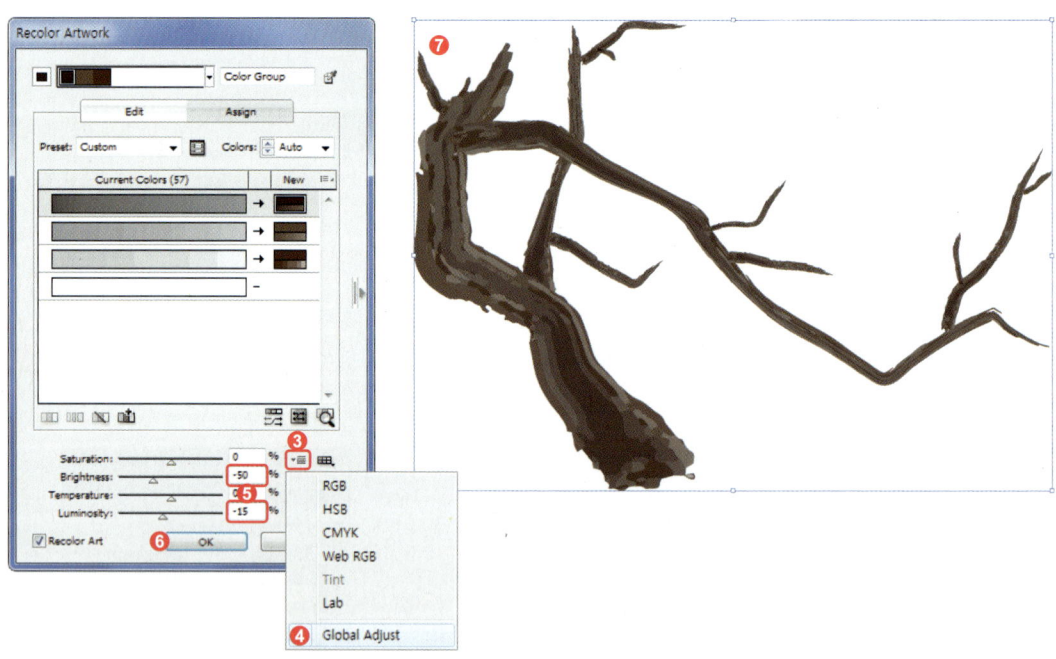

06 ❶❷원형 툴(◯)로 화면을 Shift+드래그해서 정원을 그립니다. ❸❹❺밀기 왜곡 툴(🖐)로 군데군데 밀어 넣어 왜곡시킵니다(왜곡 툴 사용방법은 Lesson 16을 참고하세요).

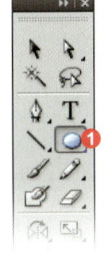
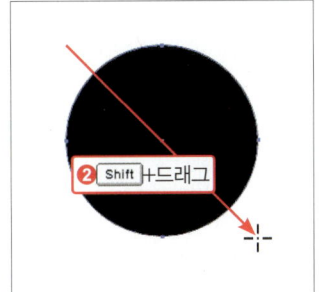

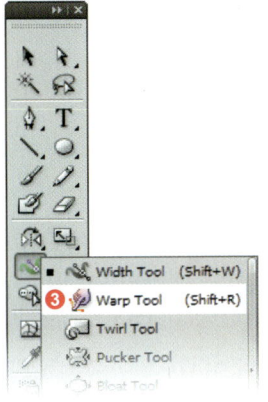
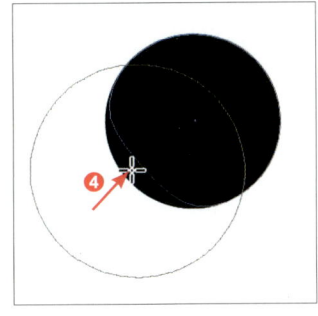
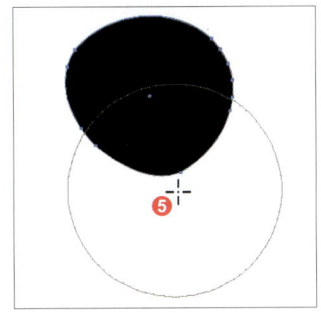

07 ❶❷핑크색(C5, M75, Y30)으로 칠한 다음 ❸❹메시 툴(🔲)로 가운데를 클릭합니다. ❺❻❼직접 선택 툴(▶)로 메시의 아래쪽 기준점을 클릭하고 살구색(M20, Y40)으로 칠합니다. ❽❾위쪽 기준점을 클릭해서 연분홍색(M50, Y10)으로 칠하면 꽃잎 하나가 완성됩니다.

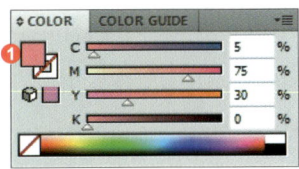
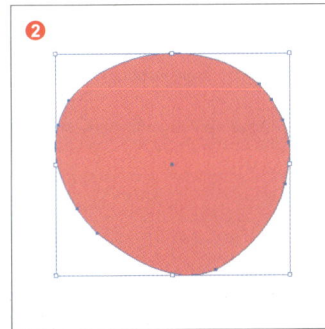

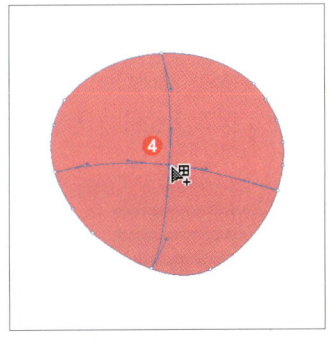

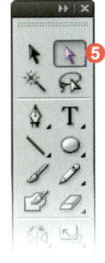
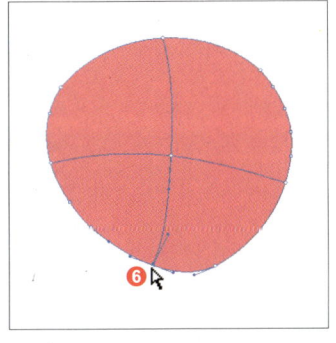
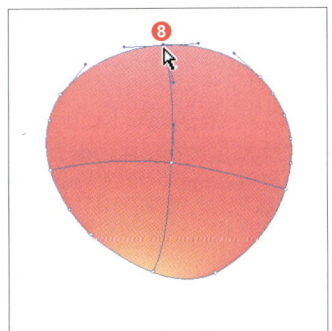
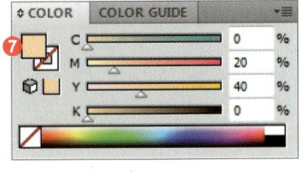
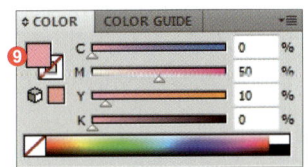

08 ❶선택 툴(▶)로 Alt +드래그해서 꽃잎을 복제한 다음 ❷밀기 왜곡 툴(🖌)로 밀어 꽃잎
모양을 변형시킵니다. ❸같은 방법으로 꽃잎을 다섯 개 만듭니다. 크기나 모양을 다르게 만드
는 게 더 자연스럽습니다. ❹꽃잎 다섯 장을 밝은 부분이 가운데로 모이도록 배치합니다.

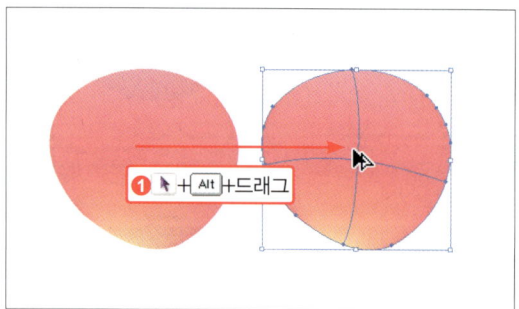
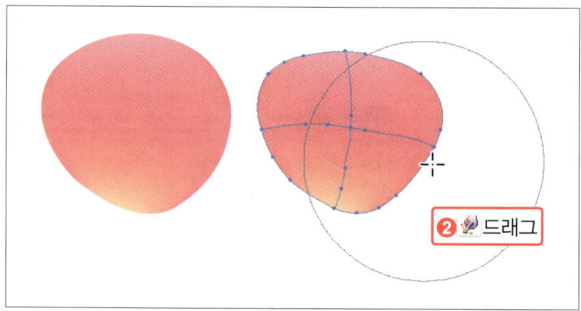

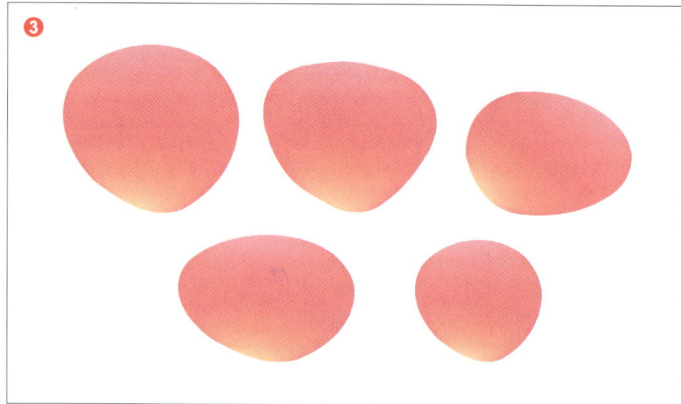

09 ❶수술을 갈색(C20, M70, Y100, K60)으로 만듭니다. ❷약간씩 모양이 다르게 꽃을 다
섯 송이 정도 만듭니다(꽃은 한 송이씩 선택해서 Ctrl + G 를 눌러 그룹으로 묶어둡니다).

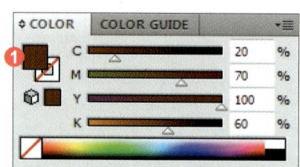

10 ❶꽃잎 크기와 각도를 조정해서 가지에 복제해서 배치합니다. ❷낱개 꽃잎은 꽃 봉우리로 사용합니다. 빈 공간에 적절히 배치해주세요. ❸꽃 봉우리 색을 녹색 계열로 바꾸면 나뭇잎으로 쓸 수 있습니다. 꽃, 꽃잎, 나뭇잎을 적절히 배치해서 매화나무를 완성합니다.

Lesson 26
이미지에 캘리그래피 적용하기

캘리그래피는 단독으로 쓰기도 하지만 사진, 그림, 패턴, 글자와 함께 배치해서 디자인 요소로 쓰는 경우도 많습니다. 단색 캘리그래피라면 이미지 위에 올리면 되지만, 색이 칠해져 있거나 명암이 살아 있는 캘리그래피는 배경과 어울리도록 별도로 작업하는게 좋습니다. 캘리그래피를 이미지에 자연스럽게 합성하는 방법과 캘리그래피 속에 그림이나 글자를 넣는 방법을 알아보겠습니다.

실습 파일 : 부록CD\Sample\Part07\Lesson26-1.ai
완성 파일 : 부록CD\Sample\Part07\Lesson26-2.ai

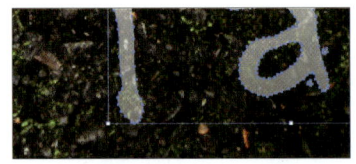 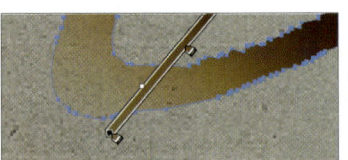 

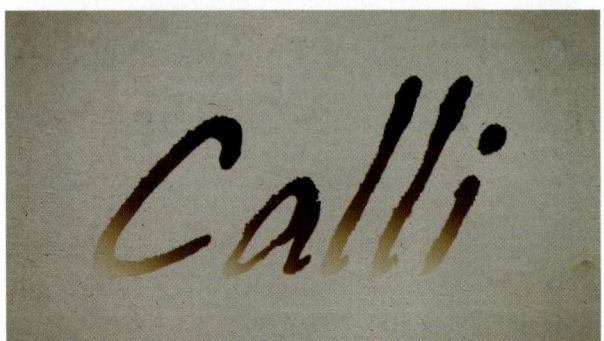

어두운 배경에 흰색 캘리그래피 만들기

01 ❶ Ctrl + O 를 눌러 부록CD\Sample\Part07\Lesson26-1.ai 파일을 불러옵니다. 어두운 사진 배경 위에 놓인 흰색 캘리그래피를 투명한 느낌으로 만들어 자연스럽게 합성해보겠습니다. ❷글자 부분을 확대한 다음 ❸선택 툴( )로 글자를 선택하고 ❹툴 패널에서 버튼을 누르면 그레이디언트가 적용됩니다.

02 ❶그레이디언트 각도를 −90으로 설정합니다. ❷❸검은색 슬라이더를 클릭한 다음 컬러 패널에서 흰색으로 칠합니다. ❹❺불투명도를 50으로 설정하면 클릭한 슬라이더 색이 50% 투명한 흰색으로 흐려지는 글자가 만들어집니다.

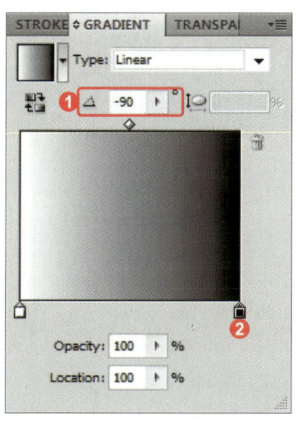
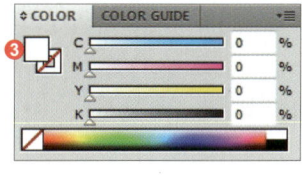
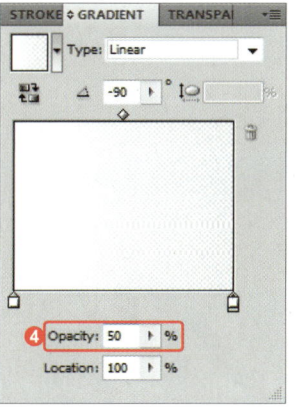

03 ❶❷중간점 슬라이더를 오른쪽으로 당기면 투명도가 100%인 흰색 영역이 넓어지고, 투명한 영역이 줄어듭니다. ❸투명한 효과를 적용한 캘리그래피가 만들어졌습니다.

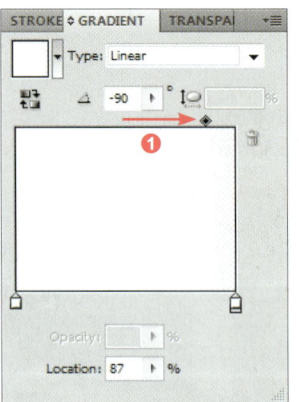

종이 위에 커피로 쓴 캘리그래피 만들기

01 낡은 종이 위에 커피로 쓴 것 같은 캘리그래피를 만들겠습니다.

02 ❶첫 글자 C를 선택하고 ❷툴 패널에서 🔲 버튼을 누르면 ❸앞서 사용한 그레이디언트가
그대로 적용됩니다.

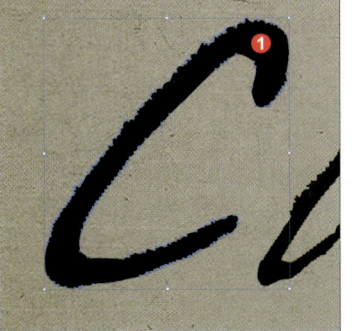 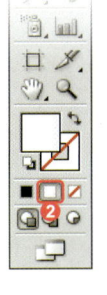 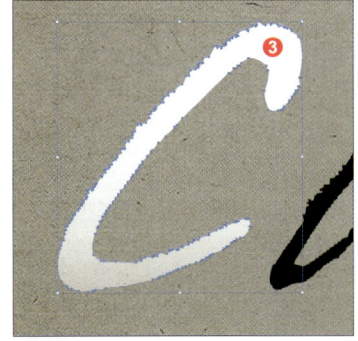

03 ❶❷그레이디언트 툴(🔲)을 선택하고 [View]-[Show
Gradient Annotator] 메뉴를 선택하면 그레이디언트 슬라이더
가 오브젝트 위에 나타납니다. ❸❹맨 위 슬라이더를 더블클릭
하면 컬러 박스가 나타납니다. 진한 커피색(M60,Y100, K90)으
로 칠합니다. ❺그레이디언트 중간을 클릭하면 클릭한 지점에 해
당하는 컬러 슬라이더가 추가됩니다. 슬라이더를 더블클릭해서
❻커피색(M40, Y100, K65)으로 칠합니다.

View	
Outline	Ctrl+Y
Overprint Preview	Alt+Shift+Ctrl+Y
Pixel Preview	Alt+Ctrl+Y
Proof Setup	▶
Proof Colors	
	▶
Hide Bounding Box	Shift+Ctrl+B
Show Transparency Grid	Shift+Ctrl+D
Hide Text Threads	Shift+Ctrl+Y
❷ Show Gradient Annotator	Alt+Ctrl+G
Show Live Paint Gaps	
Guides	▶
Smart Guides	Ctrl+U

[Hide Gradient Annotator] 메뉴로 나타나면 그
대로 둡니다.

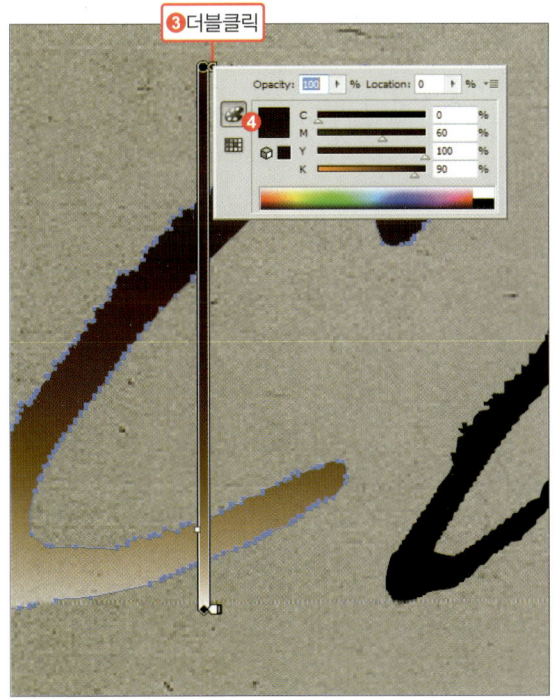

❸더블클릭

❺클릭 후 더블클릭

04 ❶슬라이더 끝부분에 마우스를 갖다 대면 마우스 포인터가 🔄 모양이 되고, 드래그해서 그레이디언트 각도를 수동으로 조정할 수 있습니다. 글자 각도에 맞게 기울인 다음 ❷마우스를 누르고 있던 손가락을 떼면 수정한 각도가 재설정됩니다.

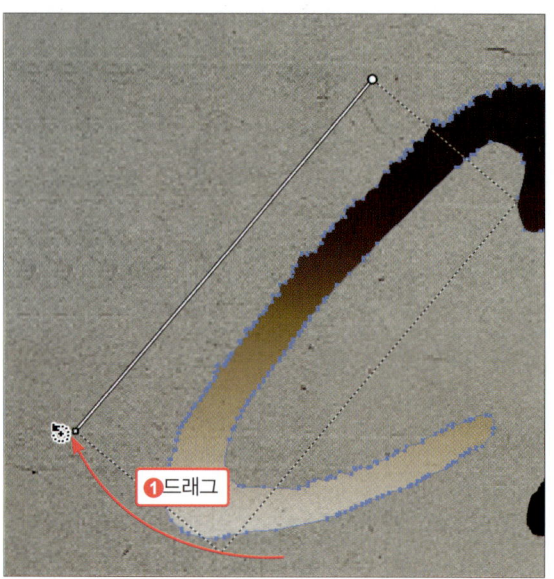

05 ❶❷❸끝부분 슬라이더를 더블클릭해서 연한 커피색(M20, Y60, K60)으로 칠하고 불투명도를 20으로 설정합니다. ❹중간 지점에 있던 슬라이더를 아래쪽으로 드래그해 투명한 영역을 줄여주세요.

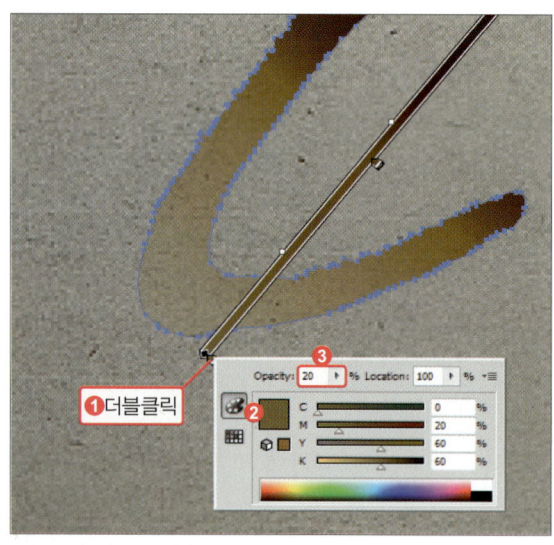
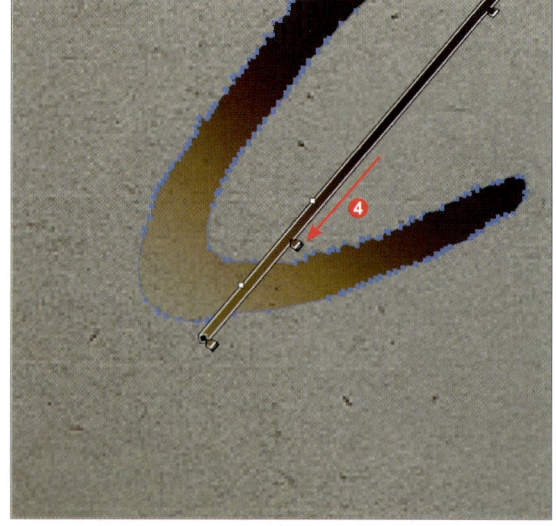

06 ❶맨 위 슬라이더를 Alt+드래그해서 복제합니다. ❷❸끝 슬라이더를 더블클릭해서 검은 색(100, Y100, K100)으로 칠한 다음 ❹중간점을 슬라이더 중간 지점으로 드래그해 옮깁니 다. ❺나머지 글자를 선택하고 ❻스포이트 툴(✐)로 완성한 첫 글자를 클릭하면 동일한 그레 이디언트가 적용됩니다.

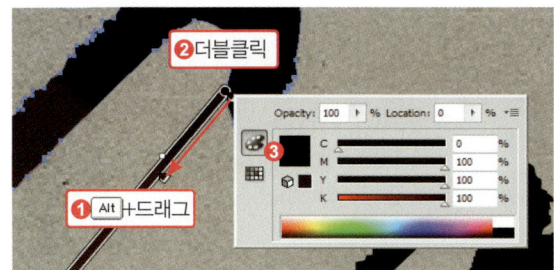
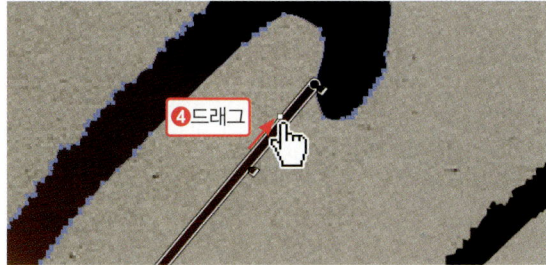

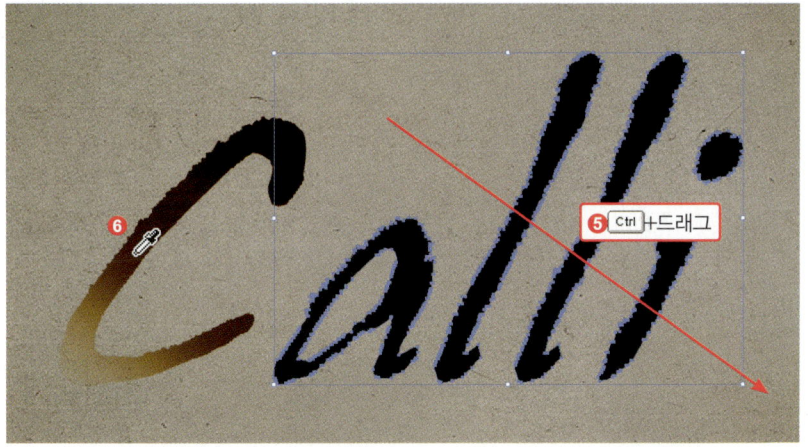

07 마지막 스펠링인 i는 오브젝트 두 개가 합쳐져 그레이디언트가 어색합니다. ❶스펠링을 선택하고 ❷그레이디언트 툴(▣)을 선택하면 ❸따로 적용된 그레이디언트를 확인할 수 있습니 다. ❹기존 그레이디언트를 무시하고 글자 위쪽에서 아래쪽으로 드래그합니다. 그레이디언트 가 하나로 이어집니다.

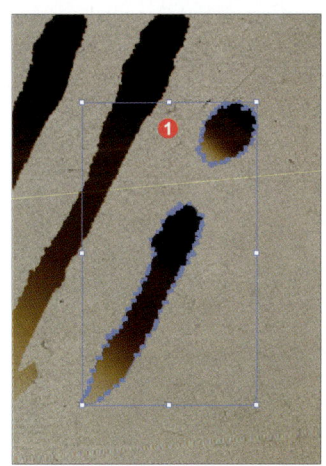
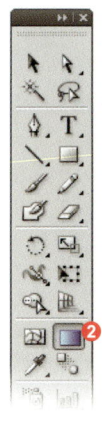
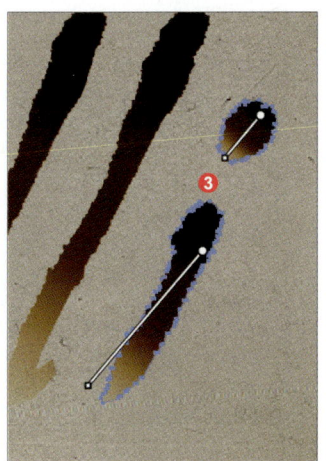
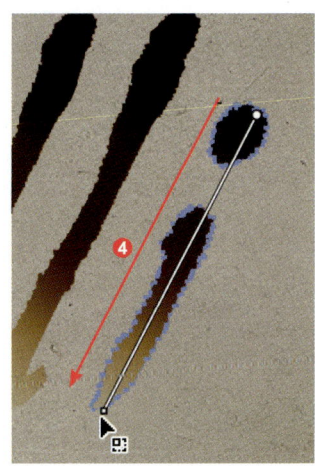

08 각 글자에 맞게 그레이디언트 각도나 슬라이더 위치를 옮겨 글자 전체를 자연스럽게 만듭니다.

어두운 색이 그레이디언트로 적용된 글자는 배경에 따라 떠 보일 수 있습니다. 이럴 때는 글자 전체를 선택하고 블렌딩 모드를 Multiply로 바꿔주면 어둡게 스며든 효과를 만들 수 있습니다.

캘리그래피 속에 이미지 넣기 1

캘리그래피 속에 이미지를 넣으려면 클리핑 마스크를 만들면 편합니다. ❶캘리그래피 오브젝트를 이미지 위로 드래그해서 이미지 위에 놓습니다. ❷지금처럼 여러 면으로 만들어진 오브젝트는 클리핑 마스크를 적용하기 전에 Ctrl+8을 눌러 패스를 하나로 만듭니다. ❸이미지와 캘리그래피 오브젝트를 함께 선택한 후 ❹Ctrl+7을 누르면 이미지가 캘리그래피 모양대로 마스크 처리됩니다.

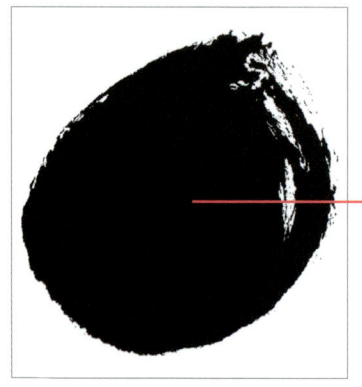

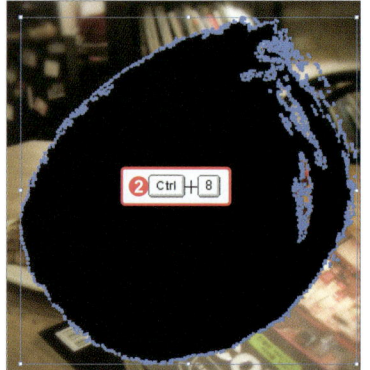

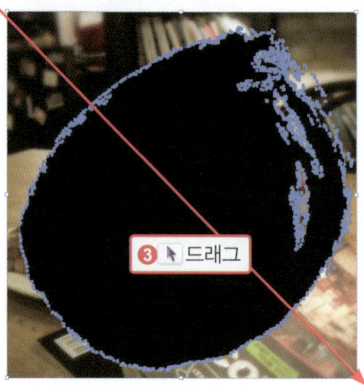

캘리그래피 속에 이미지 넣기 2

01 이번에는 투명도가 적용된 캘리그래피 이미지를 만들어보겠습니다. ❶ Ctrl + Z 를 여러 번
눌러 클리핑 마스크가 적용되기 전으로 돌아갑니다. ❷ 캘리그래피 오브젝트를 선택하고 ❸ ❹
흑백의 원형 그레이디언트를 만듭니다. 컬러 슬라이더 색은 검은색(K100), 회색(K50), 흰색입
니다. ❺ ❻ 검은색과 회색 슬라이더를 흰색 슬라이더 쪽으로 당겨서 검은색 영역을 넓힙니다.

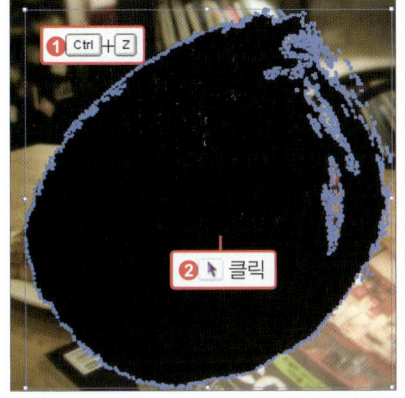
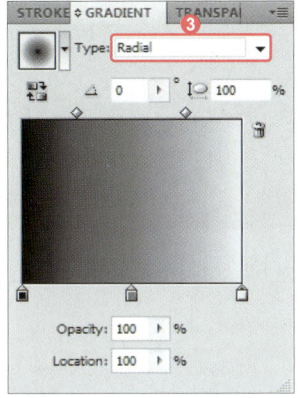

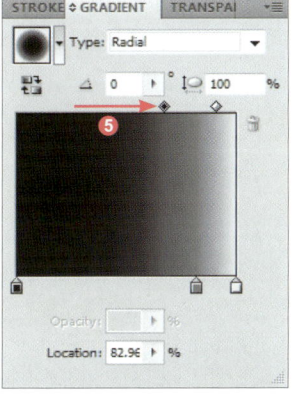

02 ❶ 캘리그래피 조각마다 그레이
디언트가 따로 적용되어 어색합니다.
❷ 그레이디언트 툴(■)을 중심에서
바깥쪽으로 드래그해 그레이디언트
를 전체적으로 적용합니다.

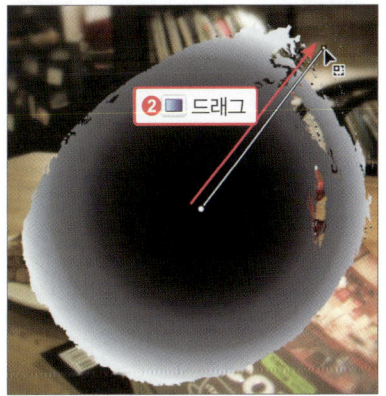

03 다음과 같이 원형 그레이디언트 영역이 생깁니다. ❶선형 그레이디언트와 똑같이 슬라이더를 드래그해서 옮길 수 있고 ❷슬라이드 바를 드래그해서 위치를 옮길 수도 있습니다. ❸그레이디언트 영역에 있는 점을 안쪽으로 드래그하면 타원형 그레이디언트를 만들 수 있습니다.

356페이지에서 Ctrl + 8 을 누르지 않았다면 그레이디언트 영역이 나타나지 않을 수 있습니다. 눌렀는데도 나타나지 않는다면 [View]–[Show Gradient Annotator] 메뉴를 선택해주세요.

04 ❶완성된 캘리그래피 오브젝트와 이미지를 함께 선택합니다. ❷❸투명도 패널에서 ≡ 버튼을 누르고 [Make Opacity Mask] 메뉴를 선택합니다. ❹❺Clip과 Invert Mask에 모두 체크하면 그레이디언트 효과의 밝은 부분만 투명한 이미지가 만들어집니다.

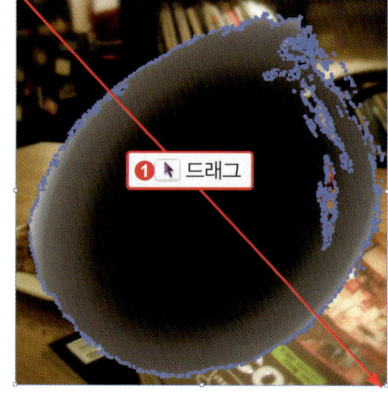

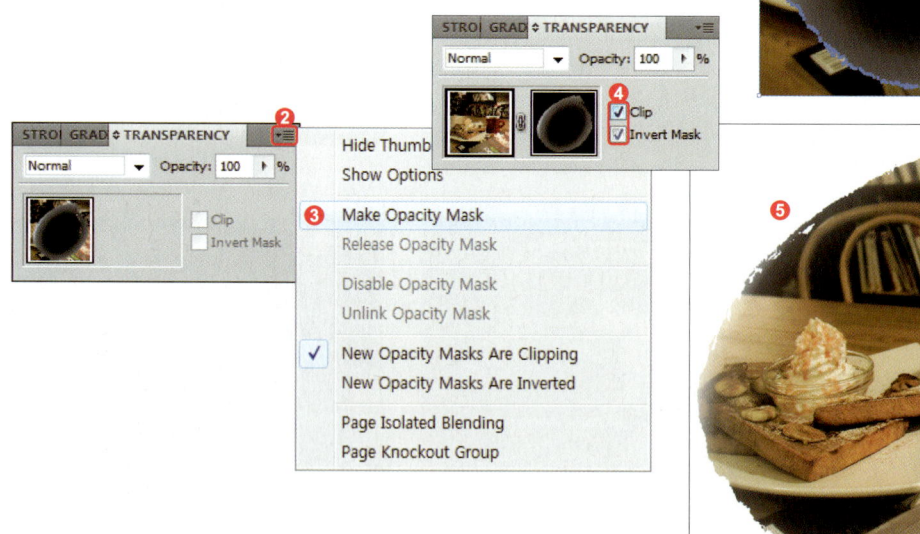

05 ❶❷투명한 효과는 배경에 컬러나 패턴을 깔았을 때 눈에 잘 띕니다. 적용된 캘리그래피의 그레이디언트를 수정하고 싶다면 ❸❹투명도 패널에서 오른쪽 마스크 미리보기를 클릭해 마스크가 적용된 상태일 때 그레이디언트를 수정할 수 있습니다.

③ 클릭

TIP 투명 마스크 옵션 살펴보기

그레이디언트 오브젝트로 투명 마스크를 만들 때는 Clip과 Invert Mask에 따라 다양한 투명 마스크를 만들 수 있습니다.

Clip을 체크하면 그레이디언트 오브젝트 모양대로 이미지가 나타납니다. 흰색은 불투명도 100%, 검은색은 불투명도 0%로 표현됩니다.	Invert Mask를 체크하면 흰색과 검은색 그레이디언트가 반전되어, 검은색은 불투명도 100%, 흰색은 불투명도 0%로 표현됩니다.	Clip을 체크하지 않으면 그레이디언트 오브젝트 모양대로 이미지가 투명하게 가려집니다.

Special Tip 05

종이에 쓴 캘리그래피를 벡터 파일과 PSD 파일로 만들기

종이 위에 붓으로 그린 캘리그래피를 디자인 작업에 활용하려면 컴퓨터에서 사용할 수 있는 데이터로 바꿔야 합니다. 먹의 농담과 번짐이 살아 있는 캘리그래피는 벡터 파일로 바꾸면 농담 효과가 제대로 살지 않기 때문에 비트맵 이미지로 바꿔야 합니다. 진한 단색으로 표현된 농묵의 캘리그래피 역시 비트맵 이미지가 원본에 가장 가깝지만 용도에 따라 벡터 파일로 바꾸기도 합니다. 농묵의 캘리그래피를 포토샵을 이용해서 벡터 파일로 바꾸는 방법과 발묵 이미지를 투명한 배경에 띄워 PSD 파일로 만드는 방법을 알아보겠습니다.

먹 선을 벡터 파일로 만들기

01 포토샵을 실행하고 Ctrl+O를 눌러 부록CD\Sample\Part07\Special_calli.jpg 파일을 불러옵니다. 불러온 이미지는 붓으로 그린 이미지를 스캔 받아 [Image]-[Adjustment]-[Levels] 메뉴를 이용해서 색 보정을 마친 이미지입니다. ❶툴 패널에서 마술봉 툴(✎)을 선택합니다. ❷컨트롤 패널에서 Tolerance를 50으로 설정하고 Anti-alias만 체크합니다. ❸마술봉 툴(✎)로 먹색 부분을 클릭하면 먹색 전체가 점선으로 선택됩니다. ❹❺패스 패널의 ▼≣ 버튼을 눌러 [Make Work Path] 메뉴를 선택합니다.

02 ❶❷Tolerance를 0.5로 입력하고 [OK] 버튼을 누릅니다. ❸이미지를 확대해보면
검은색 경계에 회색 패스가 그려진 것을 볼 수 있습니다.

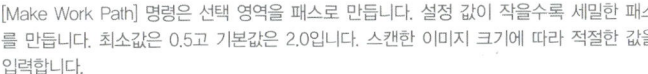

[Make Work Path] 명령은 선택 영역을 패스로 만듭니다. 설정 값이 작을수록 세밀한 패스
를 만듭니다. 최소값은 0.5고 기본값은 2.0입니다. 스캔한 이미지 크기에 따라 적절한 값을
입력합니다.

03 ❶❷[File]-[Export]-[Paths to Illustrator] 메뉴를 선택합니다. ❸저장할 패스를 선택
한 후 원하는 폴더에 ai 파일로 저장합니다.

04 ❶일러스트레이터를 실행하고 저장한 파일을 불러옵니다. ❷Ctrl+A를 누르면 포토샵에
서 설정한 패스가 선택됩니다.

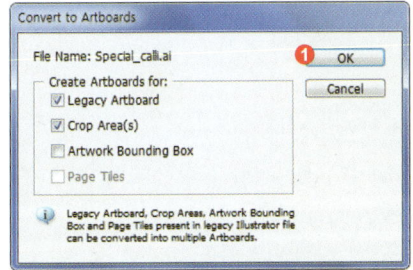

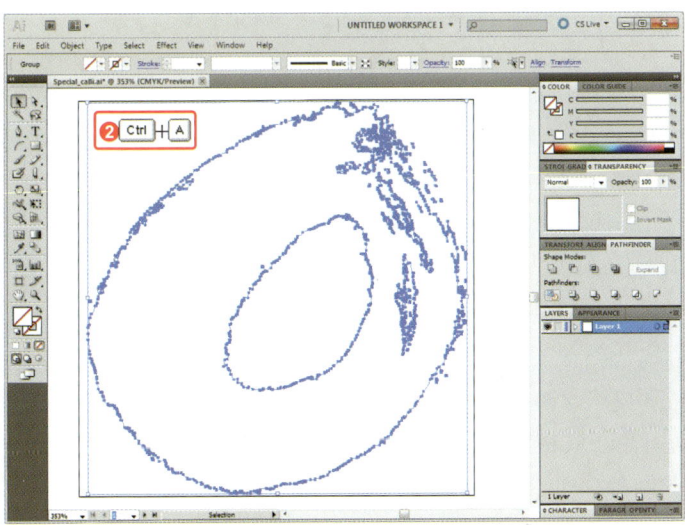

포토샵에서 만든 패스 파일을 일러스트레이터에서 열면
위와 같은 옵션 창이 나타납니다. Legacy Artboard에
체크하면 패스 크기대로 아트보드가 만들어지고, Crop
Area에 체크하면 크롭 마크가 표시된 채로 열립니다.

05 ❶면 색을 검은색으로 채우고 ❷패스파인더 패널에서 🔲 버튼을 누릅니다. ❸겹친 부분이 뚫리면서 캘리그래피 벡터 파일이 만들어집니다. ❹이렇게 만든 벡터 오브젝트는 색을 바꿔 다양하게 활용할 수 있습니다.

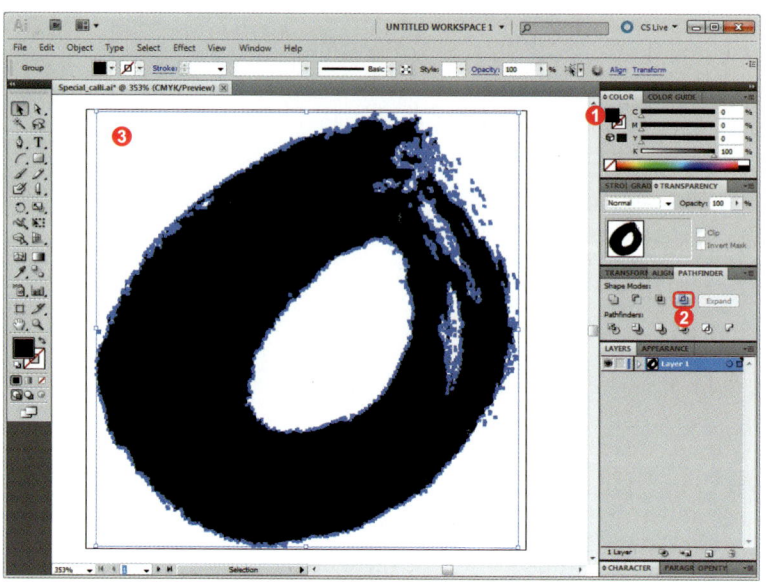

발묵 이미지를 PSD 파일로 만들기

먹의 농담과 번짐이 살아 있는 발묵 이미지는 벡터 파일로는 제대로 표현할 수 없기 때문에 포토샵을 이용해서 투명 배경에 먹만 띄우는 작업을 거쳐야 합니다. 디자이너에게 꼭 필요하고 매우 유용한 과정이므로 주의 깊게 살펴보기 바랍니다(일러스트레이터에서 활용하는 방법은 Lesson 26에서 다루었습니다).

01 먹을 띄우는 가장 쉬운 방법은 먹 이미지가 들어 있는 레이어의 블렌딩 모드를 Multiply로 바꾸는 것입니다. ❶포토샵에서 Ctrl+O를 눌러 부록CD\Sample\Part07\Special_balmuk.jpg 파일을 불러옵니다. 먹이 번진 이미지가 🔒 모양이 있는 [Background] 레이어로 이루어져 있습니다. ❷[Background] 레이어를 Alt+더블클릭하면 🔒 모양이 사라지고 일반 레이어로 바뀝니다. ❸발묵 이미지 레이어의 블렌딩 모드를 Multiply로 바꿉니다. ❹🔲 버튼을 눌러 레이어를 만들고 ❺맨 아래로 드래그해서 옮깁니다. ❻새로 만든 레이어에 원하는 색을 채웁니다.

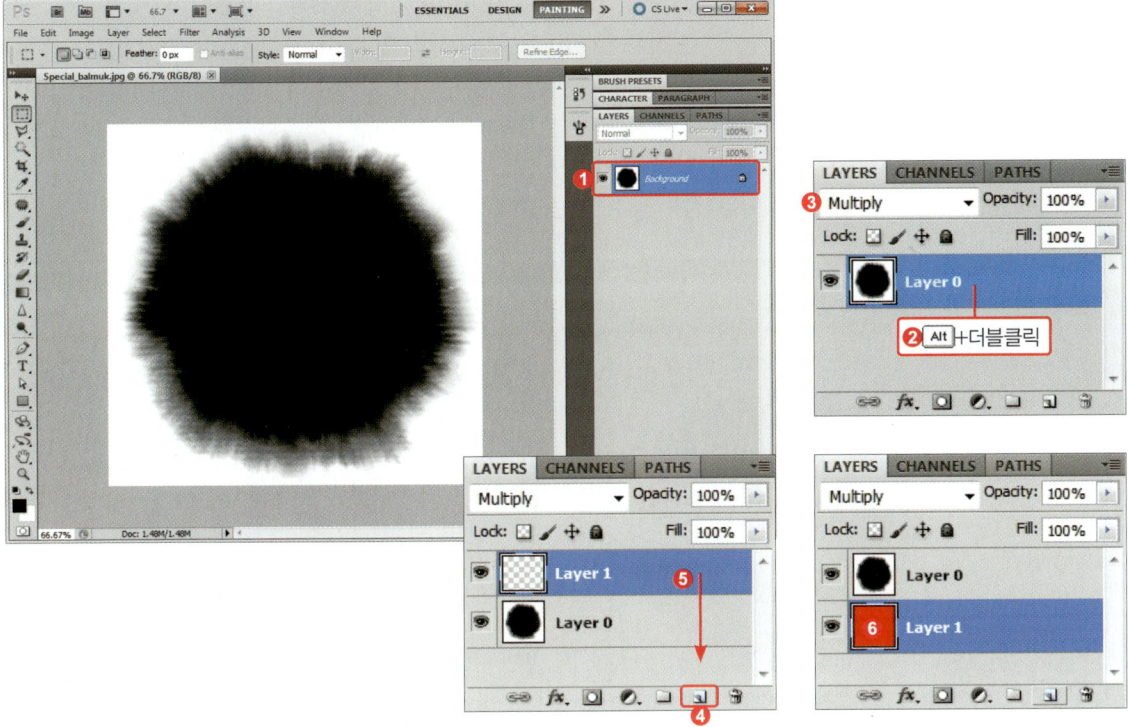

02 배경색이 어떤 색이든 자연스럽게 먹이 덧입혀집니다. 이 효과는 먹색 이미지를 사용할
때 효과적이며, 원본을 손상하지 않고 그대로 사용할 수 있다는 장점이 있습니다.

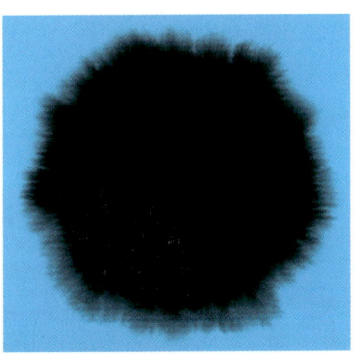

03 ❶발묵 이미지를 Ctrl+I를 눌러
반전시키고 ❷블렌딩 모드를 Screen
으로 바꾸면 흰색 발묵 효과를 낼 수
도 있습니다.

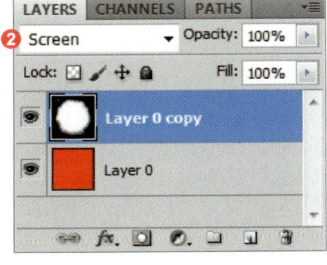

첫 번째 방법이 간편하지만 활용도 면에서 제약이 있습니다. 이번에는 먹 이미지 색까지 바꿀
수 있는 방법을 알아보겠습니다.

01 포토샵에서 Ctrl+O를 눌러 부록CD\Sample\Part07\Special_balmuk.jpg 파일을
다시 불러옵니다. ❶채널 패널에서 RGB 채널을 Ctrl+클릭하면 ❷먹 이미지 바깥쪽이 선택 영
역으로 잡힙니다. ❸Ctrl+Shift+I를 눌러 선택 영역을 반전시키고 ❹🔲 버튼을 누릅니다.

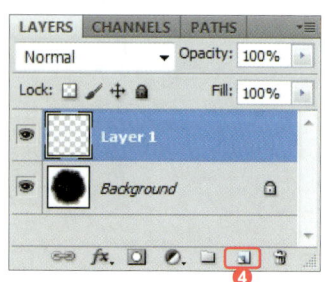

02 ❶❷❸전경색을 검은색으로 설정하고 Alt+Delete를 누르면 새 레이어에 검은색이 채워집
니다. Ctrl+D를 눌러 선택을 해제합니다. ❹❺[Background] 레이어를 선택하고 Ctrl+Delete
를 눌러 흰색을 채우면 발묵 이미지만 떠 있는 PSD 파일이 만들어집니다. ❻분리된 레이어를
이용해서 배경색과 먹색을 원하는 색으로 채울 수 있습니다. 배경이 투명하기 때문에 다양한
용도로 쓸 수 있습니다.

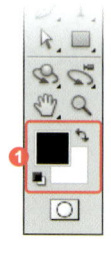

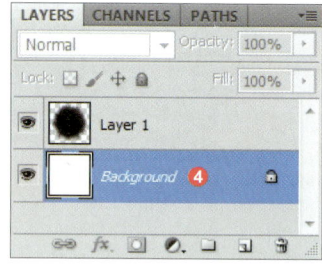
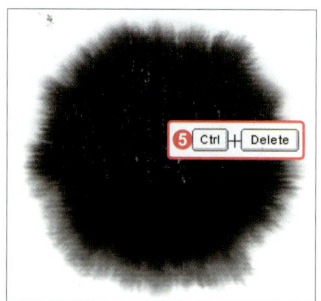

먹 터치 속에 이미지 넣기

01 포토샵에서 먹 이미지를 다루다 보면 ❶먹 터치 속에 ❷이미지를 넣어야 할 때가 있습니다. 먹 터치 안에 이미지를 넣어보겠습니다. 먼저 레이어가 분리되지 않은 먹 터치일 경우 ❸ ❹이미지가 담긴 레이어를 먹 터치가 담긴 레이어 위로 올리고 블렌딩 모드를 Screen으로 바꿉니다. ❺먹 터치에 해당하는 검은 부분에만 이미지가 보입니다. 배경이 흰색일 때 쓰면 유용합니다.

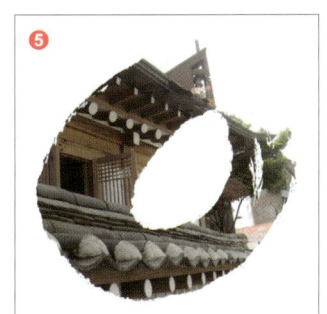

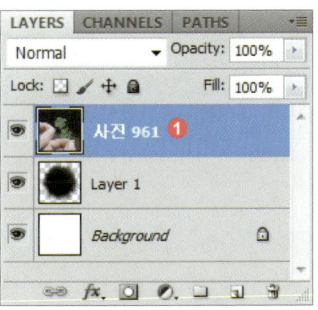

02 배경색이 흰색이 아니라면 먹 색만 따로 분리해서 합성합니다. ❶❷분리된 먹 터치 레이어 위에 사진을 올린 다음 [Ctrl] +[Alt]+[G]를 누르면 ❸하위 레이어 영역대로 클리핑 마스크가 처리되어 먹 터치 속에만 이미지가 표현됩니다. ❹이 경우 배경을 마음대로 꾸밀 수 있습니다.

Part 08

이미지 통합! 아이덴티티 디자인

작게는 개인부터 크게는 기업까지! 요즘은 기업 이름보다 중요한 것이 기업 아이덴티티를 형상화한 로고 또는 심벌입니다. 단순화된 철자와 그림만으로 기업 이미지를 표현해야 하기 때문에 까다롭고 복잡한 과정을 거치는 경우가 많은데, 이 과정에서 디자이너의 역할은 매우 중요해집니다. 기업의 아이덴티티를 이끌어낼 때 필요한 디자인 테크닉을 알아보겠습니다.

제네시스 그룹 크리에이티브 디렉터 박지현님

홈페이지 : www.genesisgroup.co.kr
이메일 : master@genesisgroup.co.kr

제네시스 그룹은 마음을 사로잡는 브랜드를 만드는 genesis branding과 새로운 비즈니스를 창조하는 genesis genius로 구성되어 있습니다. 다양한 방면의 전문가와 함께 프로젝트 형식으로 재능을 기부하는 Project-G를 함께 진행하고 있습니다. 제네시스 그룹은 브랜드와 아이덴티티를 넘어 사람들의 라이프 스타일을 연구하고, 새로운 경험을 창조하는 창의적이고 유연한 그룹을 추구합니다.

이렇게 시작했어요

디자인을 시작하며 디자인으로 사람들의 마음을 어떻게 움직일지, 커뮤니케이션 관점에서 디자인의 역할이 무엇일지 고민했습니다. 디자인의 거의 모든 분야를 접해보며 아이덴티티 디자인을 알아갔습니다. 하지만 제가 이 일을 시작할 때만 해도 국내에는 전문가가 거의 없었고 아이덴티티 디자인이라는 개념조차 명확하지 않았습니다. 그래서 아이덴티티 디자인의 본고장인 미국으로 유학을 갔습니다. 하지만 미국에서도 '아이덴티티 디자인은 무엇이다'라고 직접적으로 가르쳐주진 않았습니다. 결국 스스로 공부하고 연구하면서 디자인과 커뮤니케이션에 대해 통합적으로 이해해왔고, 지금도 연구는 계속되고 있습니다.

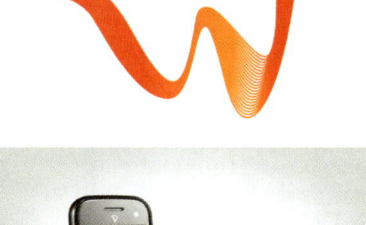

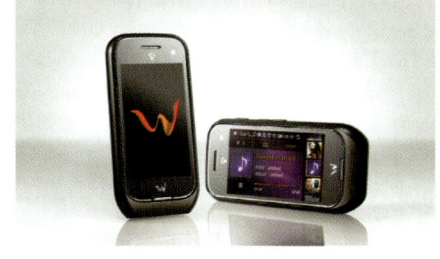

▲ SK telesys 'W

아이덴티티 디자인이란 이런 것

아이덴티티 디자인에서는 그것만의 본질인 고유한 정체성을 찾는 것이 가장 중요합니다. 정체성을 찾아내는 능력이 핵심인만큼 그림만 잘 그린다고 할 수 있는 일은 아닙니다. 기업, 제품, 여러 분야의 문화 등 사회 전반에 대한 기본적이고 폭넓은 이해가 있어야 하고, 이러한 이해는 근본적으로 '사람'에 대한 이해에서 출발합니다. 그리고 이 모든 것을 통합하여 하나의 정체성으로 만들어야 하기에 오케스트라 지휘자처럼 모든 것을 넓고 깊게 볼 수 있어야 합니다. 이렇게 구축한 본질을 디자인으로 풀어내려면 혼자가 아니라 많은 사람과 함께 하는 창작 과정이 필연적이며, 이는 곧 커뮤니케이션을 통한 설득 과정이라고 할 수 있습니다.

세상에 있는 수많은 브랜드와 차별화된 브랜드를 만드는 것이 쉽지 않지만, 쉽지 않기 때문에 남다른 보람을 느낍니다.

I AM COMPASSION

▲ 한국 컴패션 후원자 커뮤니티 브랜드 I AM COMPASSION

▲ SK 그룹 14개 계열사 기업 브랜드 SK

아이덴티티 디자이너가 되려면

대학에는 Communication Design 같은 전공이 있지만 디자인적으로 접근하는 교육이므로 브랜드에 대한 이해와 비즈니스에 대한 이해는 스스로 공부하고 준비해야 합니다. 비전공자라면 디자인에 대한 기본적인 이해와 툴을 다룰 수 있는 스킬이 반드시 필요하므로 이를 익힐 수 있는 코스를 이수해야 하고, 다른 분야에 대한 이해가 있다는 것이 좋은 장점이 될 수 있으므로 사고의 폭을 넓히는 훈련을 꾸준하게 해야 합니다. 자신의 포트폴리오와 생각을 전문업체에 보내 인터뷰하고 인턴 과정을 거치면 일을 시작할 수 있습니다.

▲ 서울시 정신 건강 브랜드 블루터치

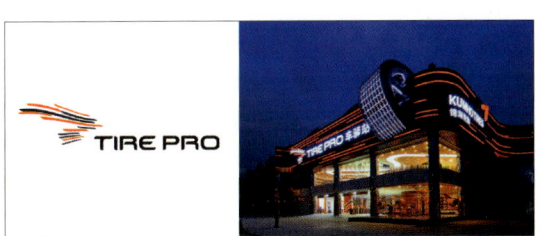

▲ 금호타이어 유통 브랜드 타이어프로

Lesson 27
아이덴티티 디자인 작업 순서 살펴보기

CI는 Corporate Identity의 약자로 기업 이미지를 통합하는 작업을 말하며, CIP(Corporate Identity Program)라고도 합니다. 소비자에게 기업 이미지를 친숙하면서도 강하게 인식시키기 위해 CI를 활용합니다. 따라서 CI는 기업이 갖고 있는 이미지나 추구하는 가치나 철학 등을 함축적으로 담고 있어야 합니다. 기업의 아이덴티티를 표현하는 것뿐만 아니라 적극적인 마케팅 활동이나 경영 환경을 개선하여 나가는 데 CI 작업은 꼭 필요한 절차로 인식되고 있습니다.

사람에게 인상이 중요하듯 기업도 기업 이름에서 느껴지는 이미지가 매우 중요합니다. CI는 기업 이미지를 드러내는 얼굴 역할을 합니다. 그만큼 CI는 다른 어떤 작업보다 중요한 작업임과 동시에 어려운 작업입니다. CI를 만드는 순서와 디자인 매뉴얼의 구성을 알아보겠습니다.

CI 작업 순서

1단계 : 조사&분석
해당 기업을 조사합니다. 최고 경영진은 물론 여러 직원과 인터뷰해야 합니다. 상품 조사와 소비자 조사 등을 통해 다양한 자료를 확보하고 분석해서 회사의 성격과 추구하는 방향을 정의합니다.

2단계 : 베이직 디자인
기본적인 심벌 디자인을 진행합니다. 다양한 방향으로 디자인을 전개하고 논의를 거쳐 몇 가지 시안으로 압축시킵니다. 결정한 시안을 변리사에게 보내 법적으로 문제가 없는지 검증받은 후, 기업 경영진에게 최종 디자인을 결정받습니다.

3단계 : 애플리케이션 디자인
결정된 CI를 명함, 서식, 간판, 의류, 차량, 포장 등 기업에서 사용될 모든 것에 적용시킵니다.

4 단계 : 매뉴얼 제작 및 완료

완성한 CI 활용에 대한 가이드북 기능을 하는 매뉴얼을 제작합니다. 매뉴얼에는 CI를 사용할 때 금지하는 항목, 전용 컬러, 전용 폰트 등을 상세하게 작성하여 CI를 잘못 활용해서 기업 이미지에 해가 가는 일이 없도록 합니다.

CI 베이직 디자인

심벌마크

기업의 얼굴이라고 할 수 있는 심벌마크(Symbol Mark)는 기업을 대표하는 시각적 상징물로 CI에서 가장 중요한 요소입니다. 각종 공식적인 표시나 시각적인 매체에 광범위하게 쓰이며 기업 이미지를 전달하는데 중요한 역할을 합니다. LG의 얼굴 모양 심벌, 네이버의 모자 심벌, 아우디의 원 모양 심벌처럼 이름 없이 심벌만으로도 기업을 떠올릴 수 있어야 합니다.

로고 타입

심벌마크가 기업의 얼굴이라면, 로고 타입(Logo Type)은 기업의 이름입니다. 최근에는 삼성처럼 심벌마크를 생략하고 로고 타입만으로 디자인한 CI가 늘어나는 추세입니다. 로고 타입은 상호를 디자인한 특정한 문자로 읽기 쉽고 독창적이어야 하며, 특별한 경우를 제외하고는 한글과 영문 타입을 따로 만듭니다

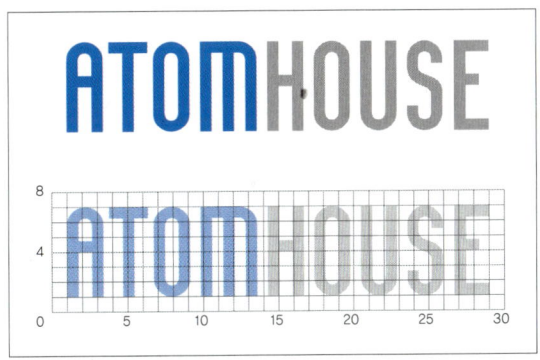

시그니처

시그니처(Signature)는 심벌마크와 로고 타입을 조합한 것으로 규정한 적용 공간을 무시하여 사용할 수는 없습니다.

전용 컬러

디자인에 활용할 때 사용할 전용 컬러를 지정함으로써 소비자에게 기업 이미지를 전달할 수 있습니다. 전용 컬러는 CI에 사용된 메인 컬러와 메인 컬러에 어울리는 서브 컬러가 있고, 특별한 경우 금색과 은색 등을 사용하기도 합니다. 전용 컬러는 주로 컬러 북의 고유 컬러 번호를 사용해서 어디에 사용하더라도 통일해서 사용합니다.

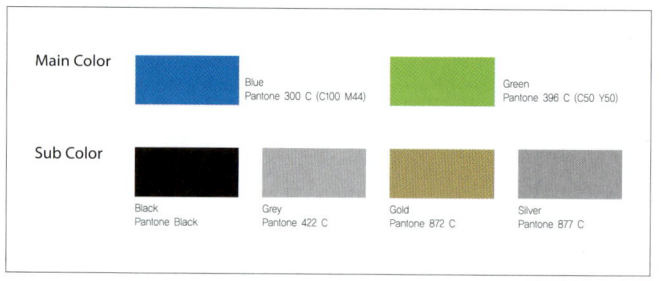

컬러 활용 규정

CI를 각 매체에 효과적으로 사용하려면 전용 컬러를 바꿔야 할 때가 있습니다. 이런 경우를 대비해서 대표적인 컬러 활용 규정을 만들어 CI를 활용할 수 있도록 합니다. 배경에 묻히지 않도록 명확하게 구분해야 하며, 지정한 조건 외에는 사용할 수 없도록 합니다.

금지 규정

앞에서 규정한 여러 가지 시스템은 정확하게 사용해야 하며, 이를 왜곡시킬 경우 기업 이미지에 타격이 올 수도 있습니다. 따라서 베이직 디자인 매뉴얼 마지막에는 변형해서 사용할 수 없다는 금지 규정을 만들어두는 것이 좋습니다.

전용 폰트

각종 응용 디자인에서도 글자를 표현할 때 통일감이 생기도록 특정한 폰트를 지정합니다. 관리 부서와 상의해서 특별한 경우에만 다른 폰트를 사용할 수 있도록 합니다.

정해진 CI는 기업에서 사용할 각 분야에 적용됩니다. 작게는 명함이나 봉투부터 크게는 사인, 배너, 차량 그래픽 등 해당 기업의 분야에 맞게 적극적으로 활용해서 쓸 수 있습니다.

서식

기업의 임직원이 대외적인 활동을 할 때 가장 많이 사용하는 명함과 봉투, 팩스 용지와 견적서 등 인쇄 매체를 통일감 있게 디자인합니다.

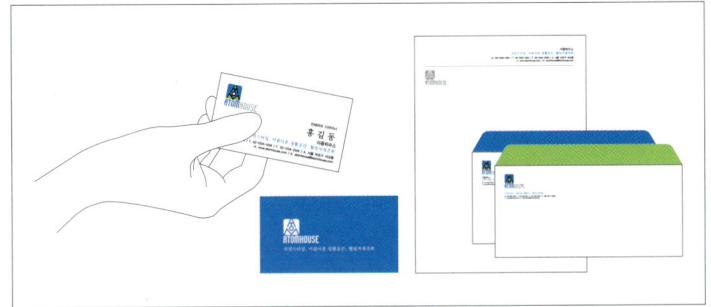

차량과 사인

움직이는 광고 매체로 불리는 차량은 물론 회사의 얼굴인 간판과 유도 사인 등을 디자인합니다.

홍보물&기념품 류

기업을 홍보할 때 필요한 포장 패턴, 쇼핑백, 배너 등 밖에서 보는 홍보물을 디자인할 때도 CI 규정에 어긋나지 않도록 디자인합니다. 기업을 홍보하거나 행사를 할 때 사용하는 티셔츠나 머그 컵 같은 각종 답례품 등에도 활용할 수 있습니다.

Lesson 28
입체적인 엠블럼 만들기

텍스트 왜곡 기능, 스타일 버튼, 3D 이펙트를 잘 활용하면 깨끗하고 입체적인 로고나 엠블럼을 만들 수 있습니다. 브러시 라이브러리와 심벌 라이브러리를 활용해서 동호회, 모임, 클럽, 스포츠 팀에 꼭 필요한 대표 엠블럼을 만들어보겠습니다.

실습 파일 : 부록CD\Sample\Part08\Lesson28-1.ai
완성 파일 : 부록CD\Sample\Part08\Lesson28-2.ai

 >  >

심벌 라이브러리로 엠블럼 만들기

01 ❶[Window]-[Symbol Libraries]-[Regal Vector Pack] 메뉴를 선택하면 엠블럼에 어울리
는 왕족 스타일 심벌 라이브러리가 나타납니다. ❷Regal Vector Pack 1 심벌을 화면으로 드래그
합니다. ❸❹심벌 패널에서 [이미지] 버튼을 눌러 심벌 링크를 끊고 일반 오브젝트로 만듭니다.

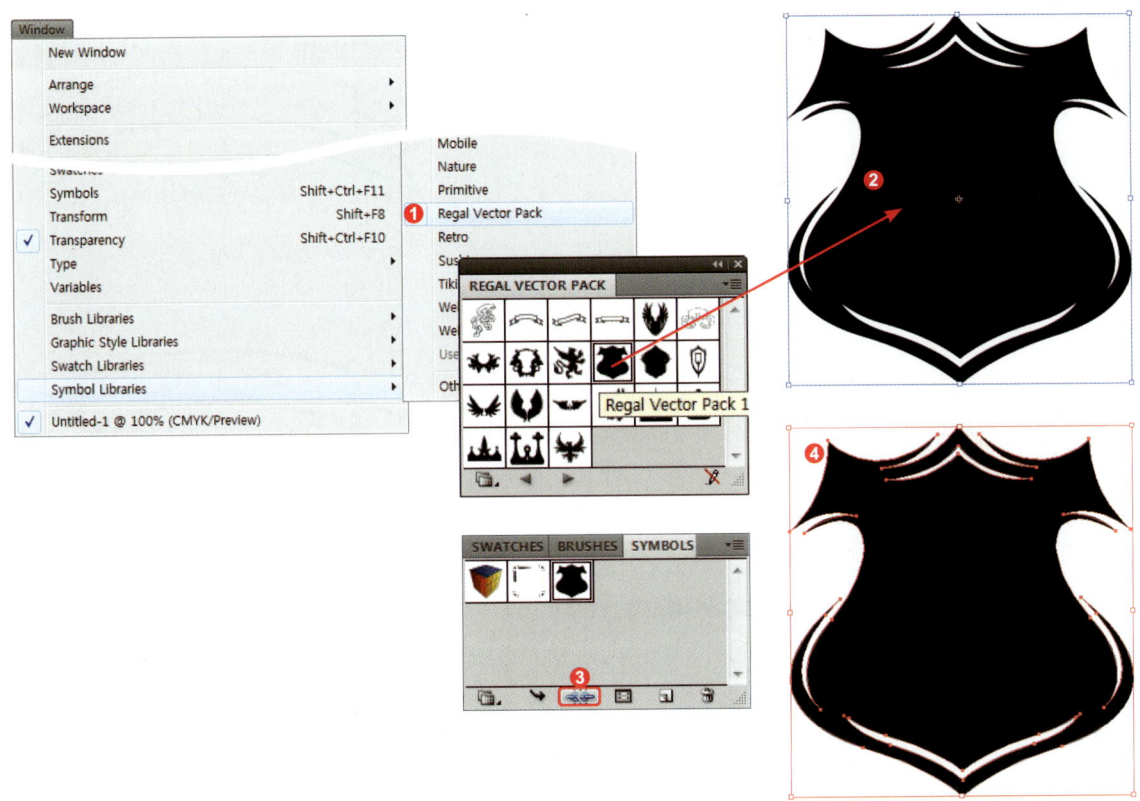

02 ❶[Window]-[Graphic Style Libraries]-[Illuminate Styles] 메뉴를 선택하고 ❷❸
Gold 스타일을 선택해 금색 효과를 적용합니다.

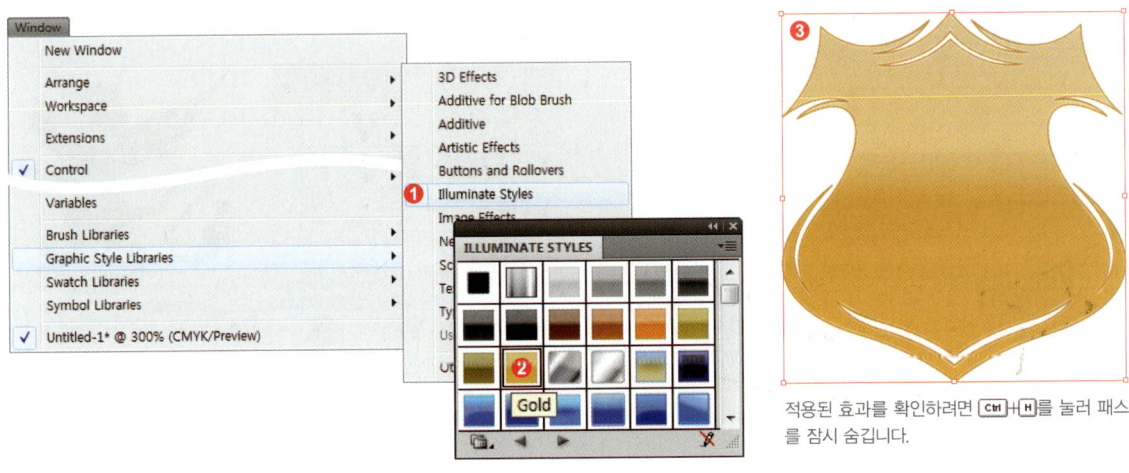

적용된 효과를 확인하려면 Ctrl+H를 눌러 패스
를 잠시 숨깁니다.

03 ①심벌 라이브러리 패널에서 Regal Vector Pack 02 심벌을 화면으로 드래그해서 꺼내고 심벌 패널에 있는 ② ⬌ 버튼을 눌러 심벌 링크를 끊어 일반 오브젝트로 만듭니다. ③ Ctrl + Shift + G 를 여러 번 눌러 그룹을 해제한 다음 ④빈 화면을 Ctrl +클릭해서 선택을 해제합니다.

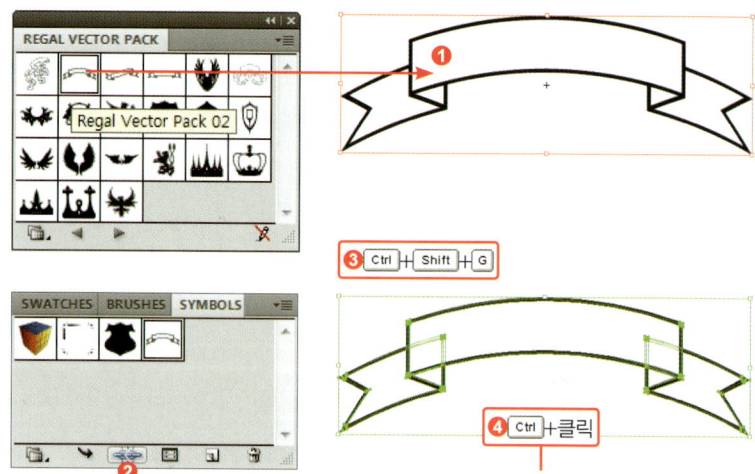

04 ① Shift 를 누른 채로 흰색 부분만 클릭해서 선택합니다. ②스타일 라이브러리에서 Blue Corner Gradient 스타일을 눌러 파란색 조명 효과를 적용합니다. ③다시 리본을 모두 선택해서 Ctrl + G 를 눌러 그룹으로 묶습니다. ④바운딩 박스 모서리를 Shift +드래그해서 180° 회전합니다(Ctrl + H 를 눌러 패스를 잠시 숨기면 적용된 스타일을 확인하기 좋습니다).

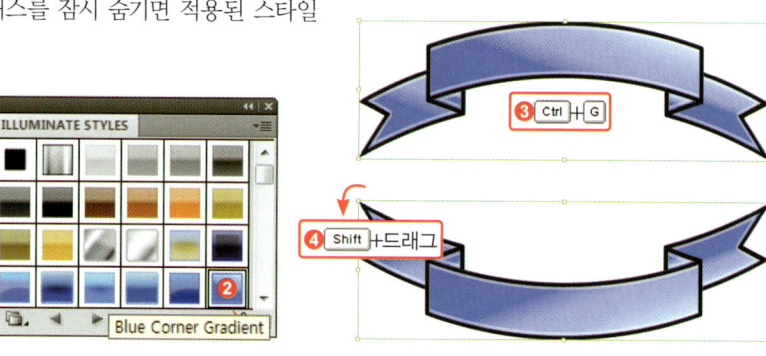

05 ①금색 오브젝트 아래쪽에 배치합니다. ②심벌 라이브러리에서 Regal Vector Pack 09 심벌을 화면으로 드래그합니다. ③리본과 마찬가지로 링크를 끊어 일반 오브젝트로 만듭니다.

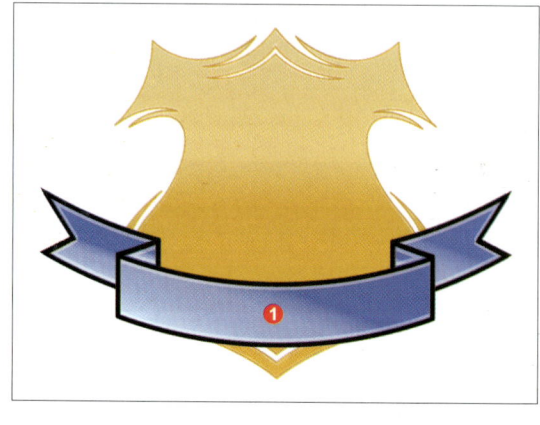

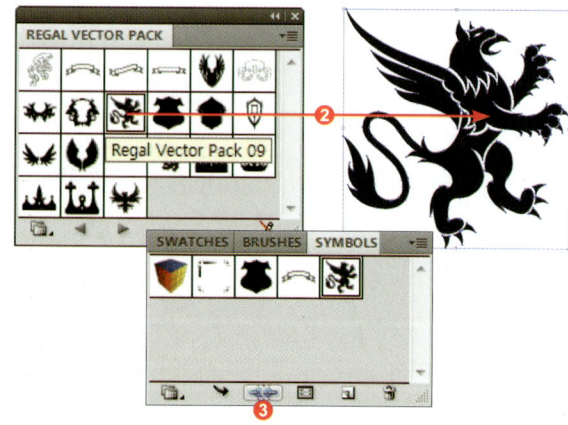

06 ❶금색 오브젝트 위에 적절히 배치합니다. ❷❸흰색의 스타일을 적용한 다음 ❹ Ctrl + [을
눌러 리본 뒤로 보내고 글자를 넣어 마무리합니다(글자를 쓰는 방법과 곡선으로 왜곡하는 방
법은 Part 06을 참고하세요).

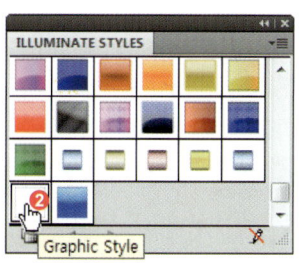

오브젝트가 여러 면으로 나눠져 있으면
스타일이 적용되지 않을 수 있습니다. 이
럴 때는 Ctrl + 8 을 눌러 한 덩어리로 인
식시킨 후 다시 적용합니다.

3D 농구 엠블럼 만들기

01 ❶❷글자를 선택하고 [Object]-[Envelope
Distort]-[Make with Warp] 메뉴를 선택합
니다.

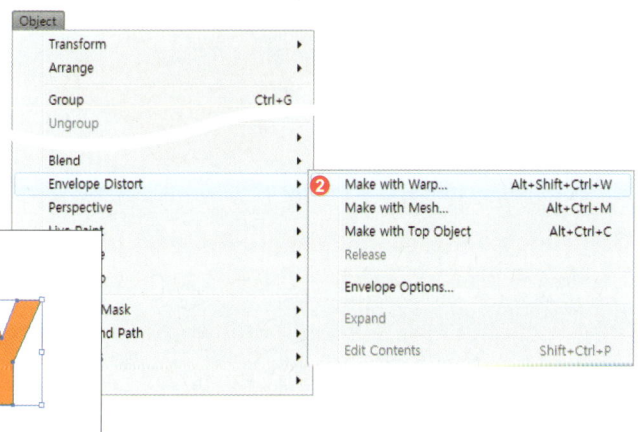

02 ❶스타일을 Arc, Bend를 55, Distortion의 Horizontal을 50
으로 입력하고 [OK] 버튼을 누릅니다. ❷오른쪽이 좀더 확대된 아
치 형태로 왜곡됩니다. ❸바운딩 박스 오른쪽을 드래그해서 폭을 좁
힙니다.

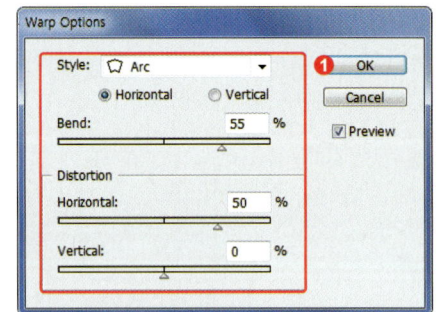

03 ❶[Effect]-[3D]-[Extrude&Bevel] 메뉴를 선택하면 오브젝트를 3D 블럭으로 만드는
설정 창이 나타납니다. ❷다음과 같이 설정하고 [OK] 버튼을 누르면 ❸입체적인 글자로 바
뀝니다(3D 이펙트에 대한 자세한 내용은 Special Tip 06을 참고하세요).

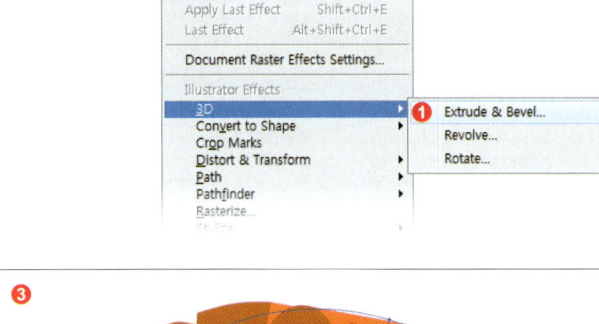

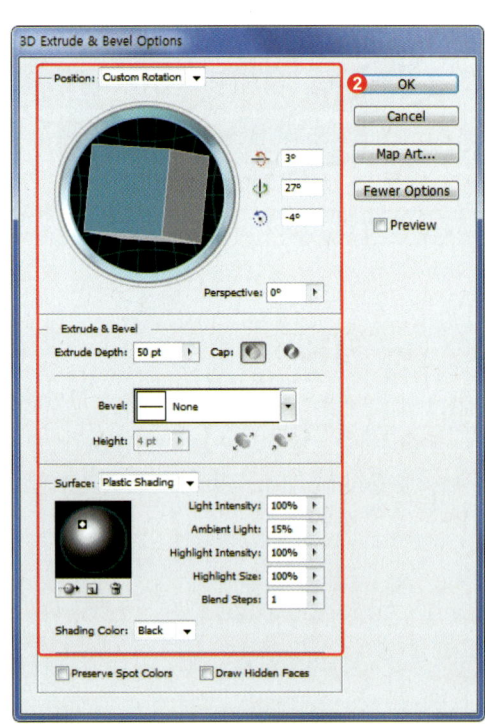

Surface 옵션이 보이지 않으면 [More Options] 버튼을 누릅니다.

04 ❶❷[Object]-[Expand Appearance] 메뉴를 선택해 일반 오브젝트로 바꿉니다. ❸툴 패널에서 🔳 버튼을 누르고 ❹❺스트로크 패널에서 선 모서리와 끝 모양을 둥글게 설정합니다.

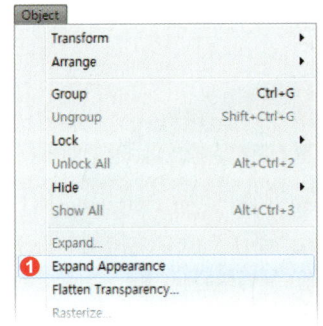

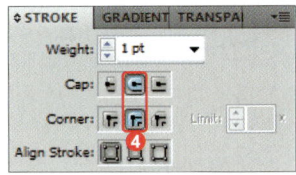

05 ❶❷❸면 색을 청록색(C100, M50, Y50), 선 색을 파란색(C70, Y20)으로 칠합니다. ❹빈 화면을 Ctrl+클릭해서 선택을 해제합니다. ❺직접 선택 툴(🔺)로 Shift를 누른 채로 글자 부분만 클릭해서 선택한 다음 ❻면 색을 원래 색인 주황색(M60, Y100)으로 칠합니다.

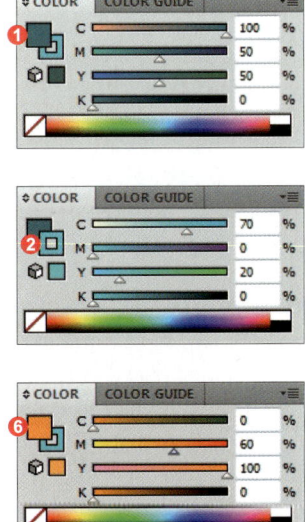

06 ❶❷원형 툴(◯)로 Shift+드래그해서 글자 아랫부분에 동그라미를 그립니다. ❸펜 툴(✑)
로 농구공 무늬를 그립니다. ❹❺동그라미와 선을 함께 선택하고 패스파인더 패널에서 🗐 버튼
을 누르면 ❻동그라미가 선 모양대로 분할되어 농구공이 만들어집니다.

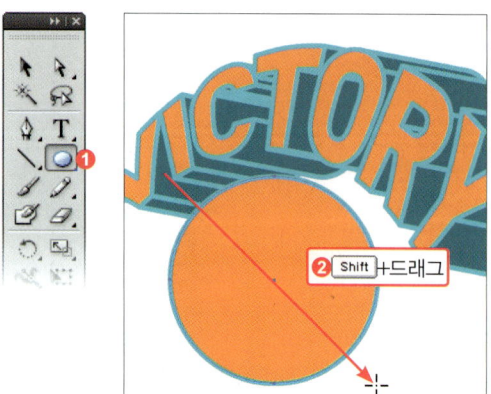

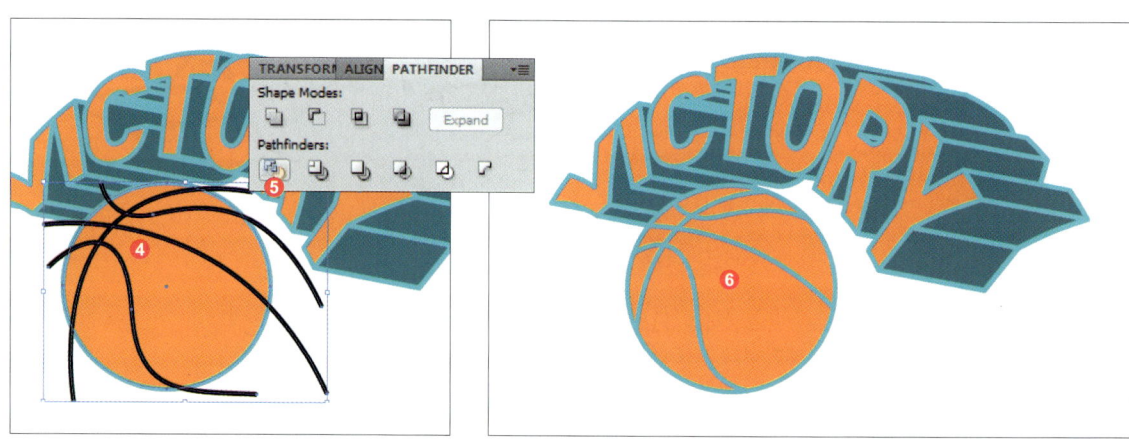

이펙트를 활용해서 입체 엠블럼 만들기

07 ❶❷❸❹원형 툴(◯)로 화면을 클릭해서 지름이 5cm인 정원을 그립니다. ❺선택 툴(▶)
로 Shift+Alt+드래그해서 유선형으로 겹치도록 복제한 다음 ❻모두 선택합니다.

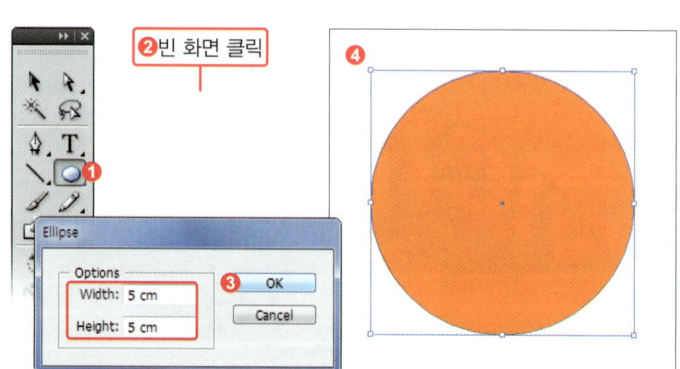
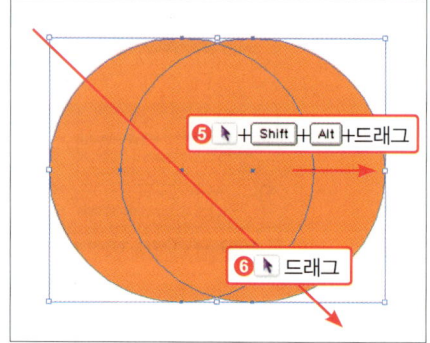

08 ❶❷패스파인더 패널에서 ▣ 버튼을 눌러 겹치는 부분만 남깁니다. ❸❹선 툴(✏)을 Shift +드래그해서 수평선을 그립니다.

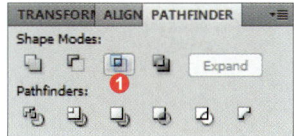
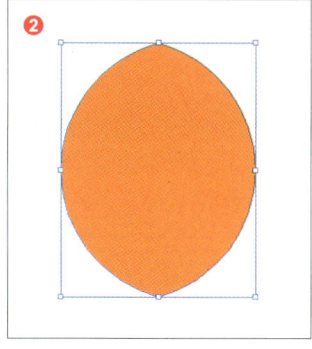
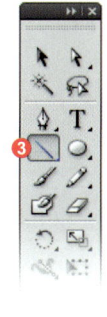
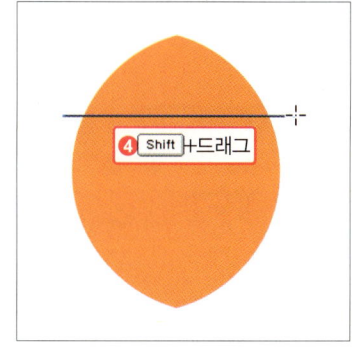

09 ❶[Effect]−[Distort&Transform]−[Zig Zag] 메뉴를 선택합니다. ❷❸다음과 같이 설 정하고 OK 버튼을 누르면 굴곡이 세 개인 물결 모양이 만들어집니다.

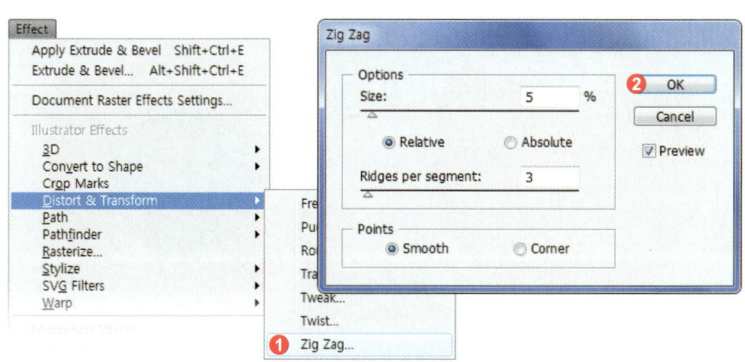
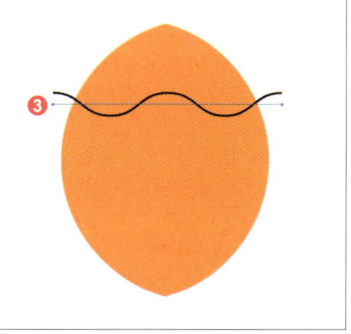

10 ❶❷[Object]−[Expand Appearance] 메뉴를 선택해서 일반 오브젝트로 바꾼 다음 곡 선을 좌우로 길게 늘입니다. ❸❹유선형 오브젝트와 함께 선택한 다음 가운데로 정렬합니다.

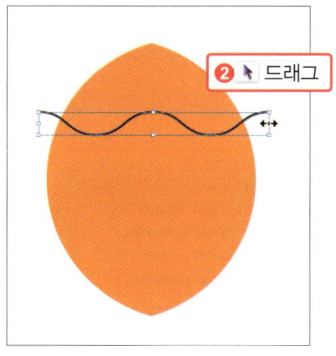
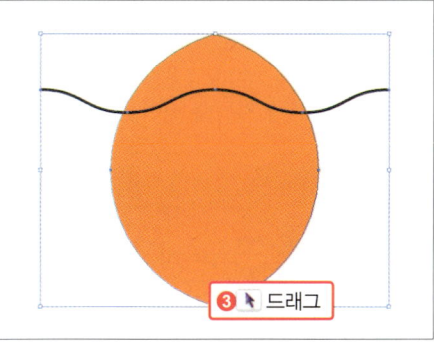

11 ❶패스파인더에서 🔳 버튼을 누 릅니다. ❷❸분할된 오브젝트 중 윗 부분을 직접 선택 툴(▶)로 선택하고 Delete 를 눌러 배지 모양을 만듭니다.

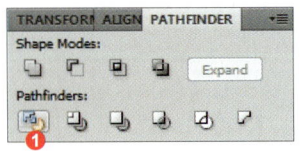

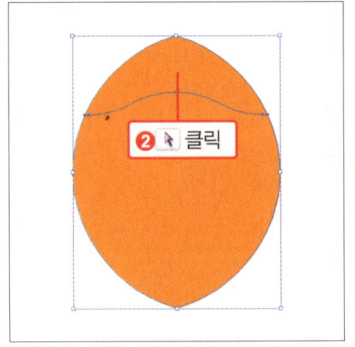

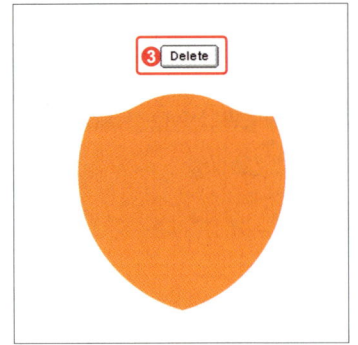

12 ❶선택 툴(▶)로 오브젝트를 선택하고 ❷ Ctrl + C , Ctrl + F 를 눌러 오브젝트를 복제해 제자리에 붙입니다. ❸바운딩 박스 조절점을 Shift + Alt +드래그해서 가운데 방향으로 축소합니다. ❹❺면 색은 진녹색(C100, M60, Y100), 선 색은 흰색으로 지정합니다.

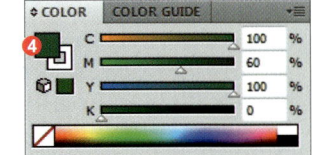

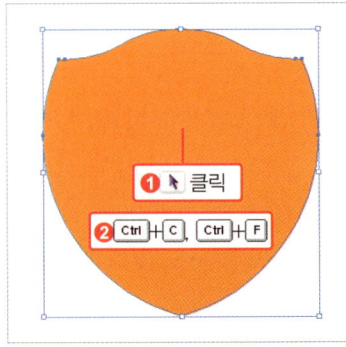

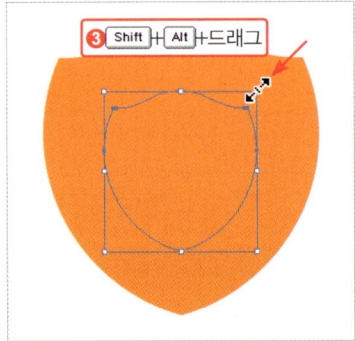

13 ❶모양 패널에서 Contents를 더블클릭하면 선택한 오브젝트의 모양 속성이 나타납니다. ❷ 선 속성을 🔳 버튼으로 드래그해 복제합니다. ❸ ❹아래쪽의 선 속성을 클릭하고 굵기를 4pt, 색 을 진녹색(C100, M60, Y100)으로 설정하면 ❺ 흰색 선 바깥쪽에 진녹색 선이 추가됩니다.

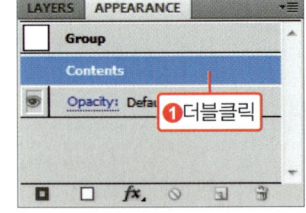

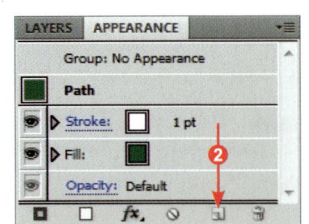

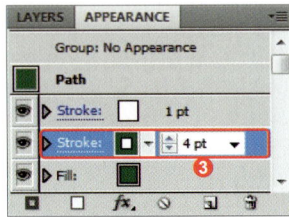

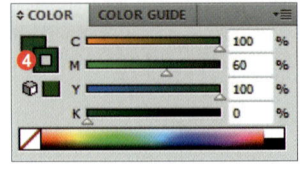

14 ❶❷어울릴 만한 심벌 라이브러리 문양을 가져와 일반 오브젝트로 만들고 노란색(M30, Y100)으로 칠합니다. ❸심벌과 글자를 적절히 배치합니다.

15 ❶❷사각형 툴(■)로 이미지를 가로지르는 흰색 직사각형을 그린 다음 ❸❹두 개를 더 복제합니다. ❺❻선택 툴(▶)로 흰 사각형을 모두 선택해 ❼Ctrl+[를 눌러 문양 뒤로 보냅니다. ❽지금까지 만든 이미지를 모두 선택하면 패스 선택 색이 제각각인 것을 알 수 있습니다. 같은 레이어라도 출처나 만든 방법에 따라 분류되기 때문인데 이 상태로는 그룹으로 묶거나(Ctrl +G) 순서를 변경하기(Ctrl+[, Ctrl+])가 번거롭습니다.

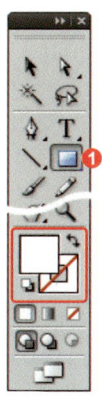  

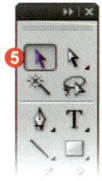  

16 ❶ Ctrl + X 를 눌러 전체를 잘라내고 ❷❸[Layer 1]을 선택하고 Ctrl + F 를 눌러 제자리에 붙입니다. ❹❺하나의 레이어로 인식되어 전체 패스 선택 색이 파란색으로 표시됩니다.

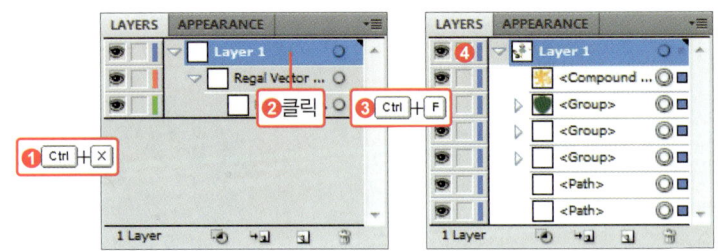

17 ❶전체가 선택된 상태에서 뱃지 모양 오브젝트를 Shift +클릭하면 나머지 부분만 선택됩니다. ❷❸ Ctrl + G 를 눌러 그룹으로 묶고 Ctrl + Shift + [를 눌러 맨 뒤로 보냅니다. ❹다시 전체를 선택합니다.

18 ❶ Ctrl + 7 을 눌러 클리핑 마스크를 만듭니다. 클리핑 마스크 영역이 투명해져서 흰색 오브젝트가 보이지 않습니다. ❷빈 화면을 클릭해서 선택을 해제하고, ❸직접 선택 툴( )을 경계선 부근으로 가져가 마우스 포인터가 모양이 될 때 클릭하면 경계선 패스만 선택됩니다. ❹❺컬러 패널에서 면 색을 진녹색(C100, M60, Y100)으로 설정하면 마스크 영역에 있는 흰색 오브젝트가 진녹색 배경에 표시됩니다.

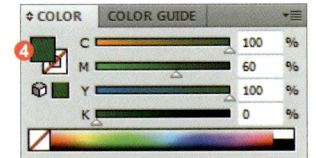

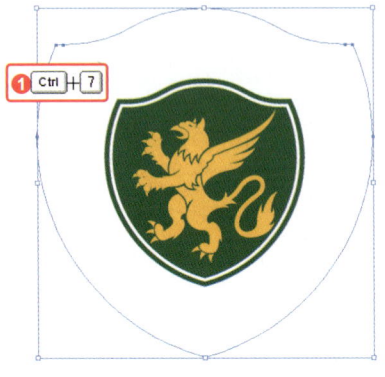

19 ❶모양 패널에서 Group을 선택하고 ❷[Effect]-[Stylize]-[Inner Glow] 메뉴를 선택합니다. ❸[Inner Glow] 메뉴는 오브젝트 안에 빛을 주는 효과지만 블렌딩 모드를 Multiply로 설정하면 어둡게 할 수 있습니다. 불투명도와 효과 크기를 55와 0.3으로 설정하고 ❹컬러 박스를 더블클릭합니다.

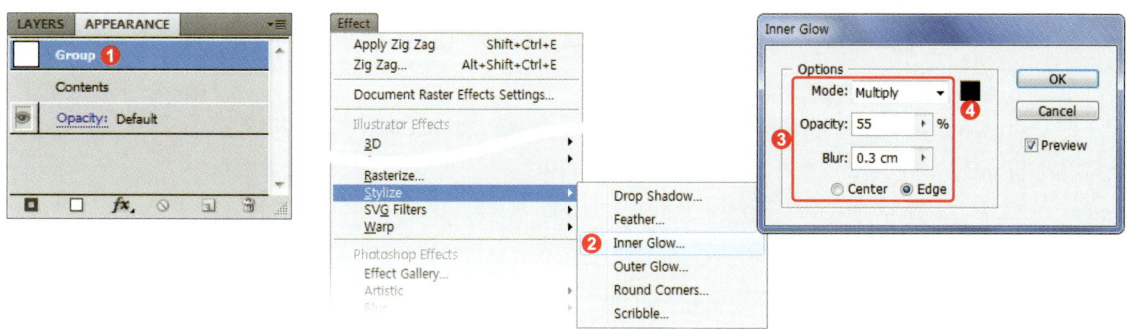

20 컬러 설정으로 그림자 색을 만들 수 있습니다. ❶❷그림자 색을 진녹색(C100, M50, Y100, K50)으로 설정한 후 OK 버튼을 차례로 눌러 이펙트를 마무리합니다. ❸오브젝트 가장자리가 어두워지면서 볼록해 보이는 엠블럼이 완성됩니다.

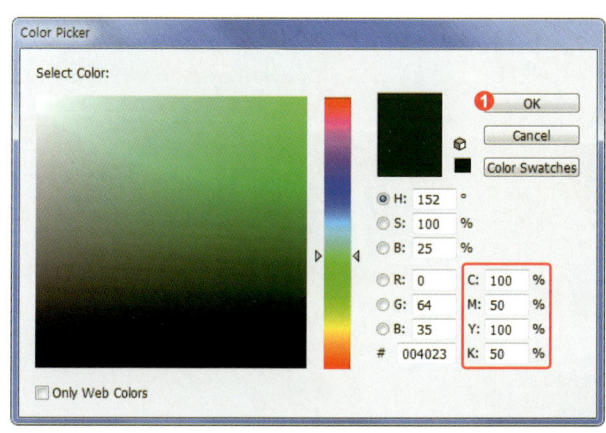

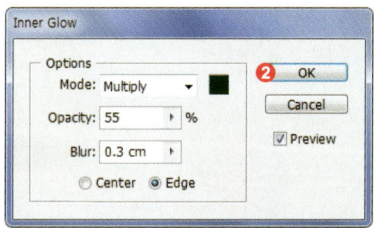

Lesson 29
더 디자인에 유용한 일러스트레이터 테크닉

요즘은 아이덴티티 디자인도 딱딱하고 단순한 색의 도형 형태를 벗어나 자유롭고 컬러풀한
스타일이 많아졌습니다. 일러스트레이터에서 제공하는 다양한 효과를 사용하면 머릿속으로
형태를 더 쉽게 그려낼 수 있습니다. 블렌딩 모드와 이펙트를 활용한 일러스트레이터 테크닉을
배워보겠습니다.

실습 파일 : 부록CD\Sample\Part08\Lesson29-1.ai
완성 파일 : 부록CD\Sample\Part08\Lesson29-2.ai

블렌딩 모드를 활용해서 로고 디자인하기

01 ❶❷부록CD\Sample\Part08\Lesson29-1.ai 파일을 불러온 다음 스펠링 N을 선택합니다. ❸파란색(C100)으로 색을 칠하고 ❹블렌딩 모드를 Multiply로 바꾼 다음 ❺세로 선 두께만큼 [Shift]+[Alt]+드래그해서 N을 하나 더 복제합니다.

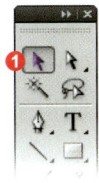

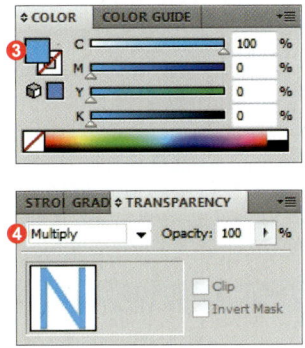

02 ❶❷복제한 오브젝트를 자주색(M100)으로 칠합니다. Multiply 모드가 적용되어 색이 겹치는 부분이 어둡게 표현됩니다. ❸[Ctrl]+[D]를 눌러 복제 명령을 반복합니다. ❹❺노란색(Y100)으로 칠하면 세 가지 색이 셀로판지를 겹친 것처럼 진하게 표현됩니다.

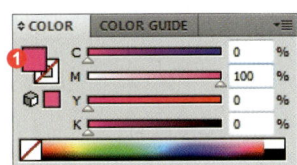
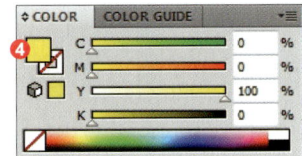

03 다른 글자에도 배운 방법을 응용해보면 다양한 느낌을 낼 수 있습니다.

이펙트를 활용해서 로고 디자인하기

01 ❶❷동그라미만 선택하고 [Effect]-[Stylize]-[Scribble] 메뉴를 선택합니다. ❸다음과 같이 설정하고 [OK] 버튼을 누르면 ❹사인펜으로 낙서를 한 것처럼 털실이 엉긴 모양으로 표현됩니다.

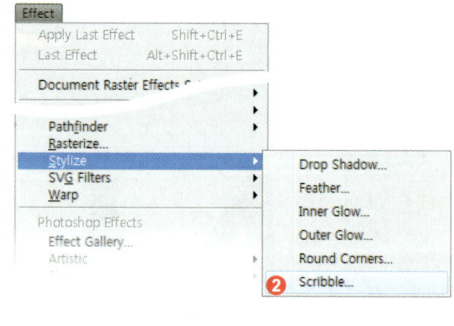

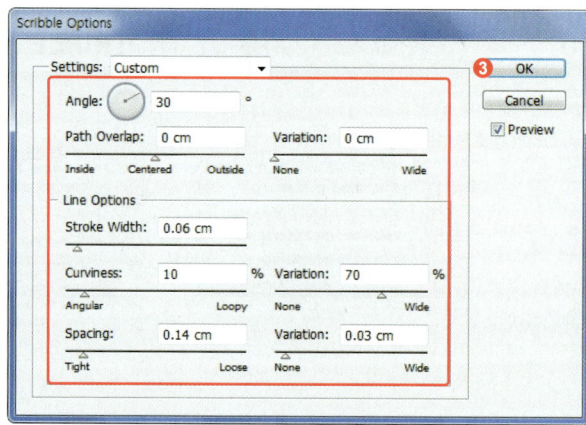

02 ❶[Effect]-[Stylize]-[Drop Shadow] 메뉴를 선택합니다. ❷❸다음과 같이 설정해서 연하고 선명한 그림자를 만듭니다.

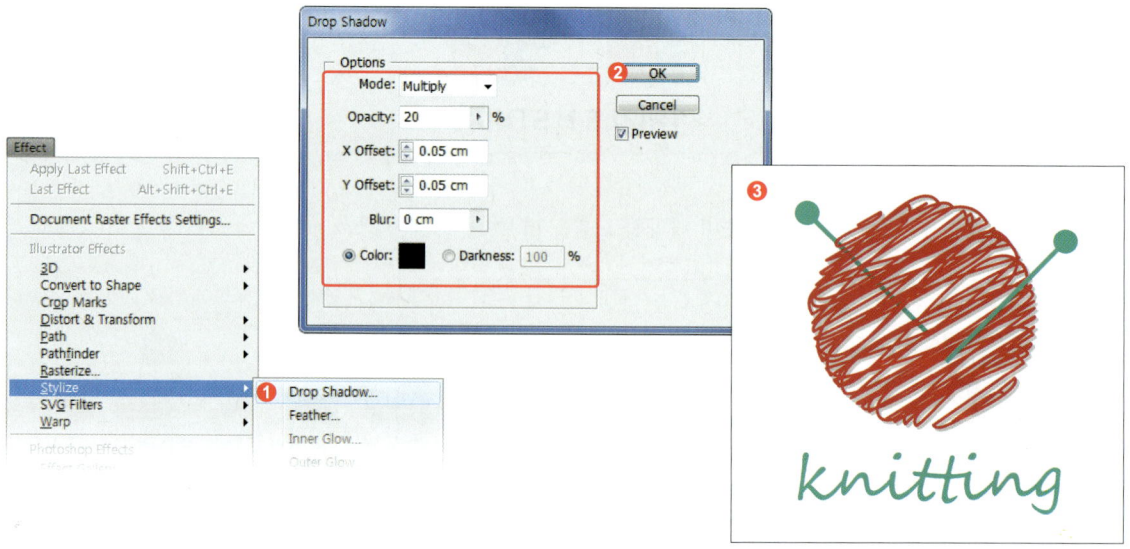

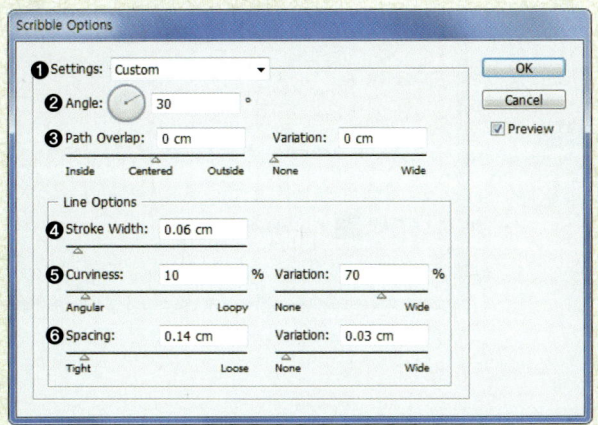

❶Settings : 미리 설정된 낙서 스타일을 선택할 수 있습니다.
❷Angle : 선 각도를 설정합니다.
❸Path Overlap : 선이 오브젝트를 벗어나는 정도를 설정합니다. Variation 값으로 뒤틀린 선들의 길이 차이를 설정합니다.
❹Stroke Width : 선 두께를 설정합니다.
❺Curviness : 선이 구부러지는 정도를 설정합니다. Variation 값으로 뒤틀린 선들의 곡선 차이를 설정합니다.
❻Spacing : 선이 접힌 간격을 설정합니다. Variation 값으로 뒤틀린 선의 간격 차이를 설정합니다.

| Childlike | Moir | Snarl | Swash | Tight | Zig-zag |

03 ❶이펙트를 수정하고 싶다면 모양 패널에서 수정하려는 이펙트 글자를 클릭합니다. ❷이
펙트를 설정했던 창이 나타나고, 이곳에서 수치를 수정할 수 있습니다.

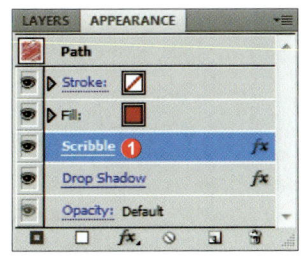

모양 패널에서 Scribble 이펙트 항목을
클릭했을 때

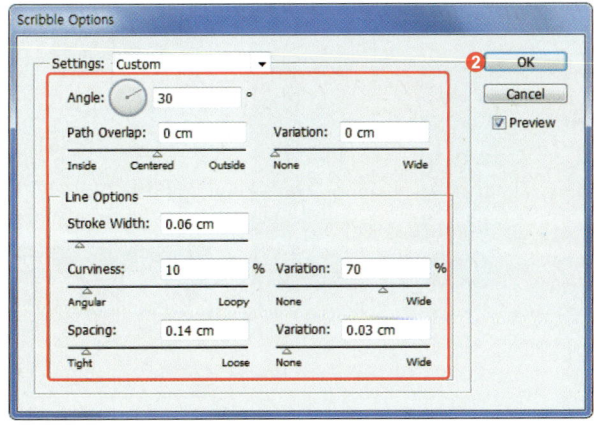

04 ❶모양 패널에 나타나는 면, 선, 이펙트, 불투명도 등의 속성도 클릭해서 ❷수정해보세요.

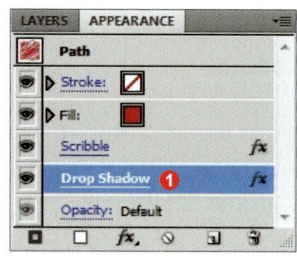 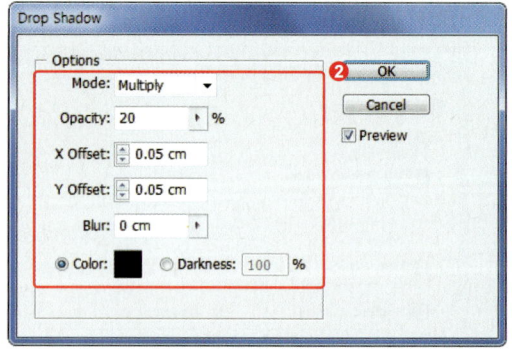

모양 패널에서 Drop Shadow 이펙트 항목을 클릭했을 때

05 적용한 이펙트를 일반 오브젝트로 만들려면 ❶오브젝트를 선택하고 ❷[Object]-[Expand Appearance] 메뉴를 선택합니다. ❸Scribble 이펙트는 선 오브젝트로 바뀌기 때문에 스트로크 패널을 이용해 선 굵기를 조절할 수 있습니다.

 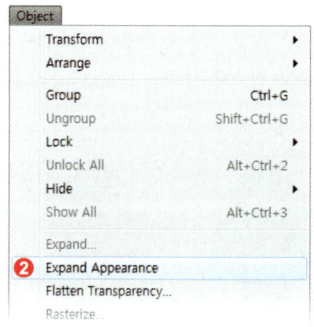 

3D 맵핑으로 입체적인 심벌 만들기

01 ❶사각형을 무지개 색으로 나열한 오브젝트를 심벌 패널로 드래그합니다. ❷Type을 Graphic으로 선택하고 [OK] 버튼을 누르면 ❸심벌 패널에 등록됩니다.

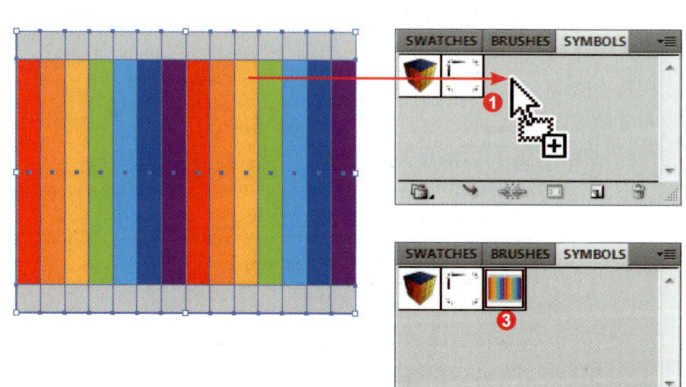 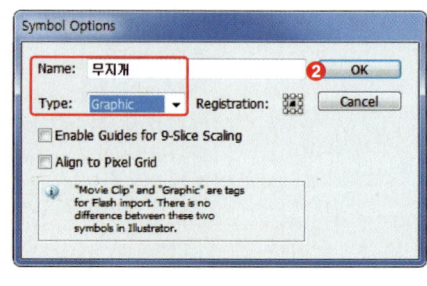

02 ❶❷반원 오브젝트를 선택하고 [Effect]–[3D]–[Revolve] 메뉴를 선택하면 오브젝트를 회전해서 입체로 만들 수 있는 설정 창이 나타납니다. ❸다음과 같이 설정하고 Map Art... 버튼을 누릅니다. Map Art는 3D 오브젝트 표면에 심벌로 등록한 이미지를 덧입히는 기능입니다. ❹❺드롭 메뉴에서 앞서 등록한 무지개 심벌을 선택하고 Scale to Fit 버튼을 눌러 영역에 딱 맞춥니다. ❻❼Shade Artwork를 체크해 조명 효과를 적용한 후 OK 버튼을 눌러 화면으로 돌아옵니다.

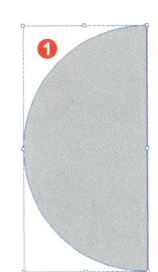

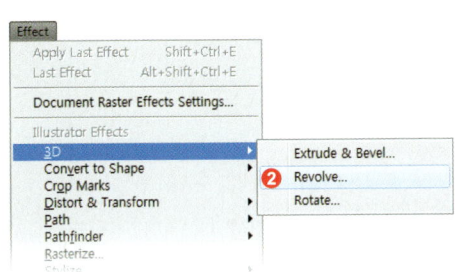

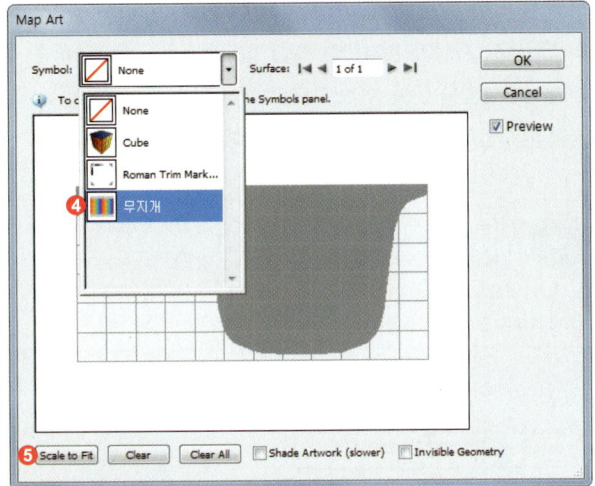

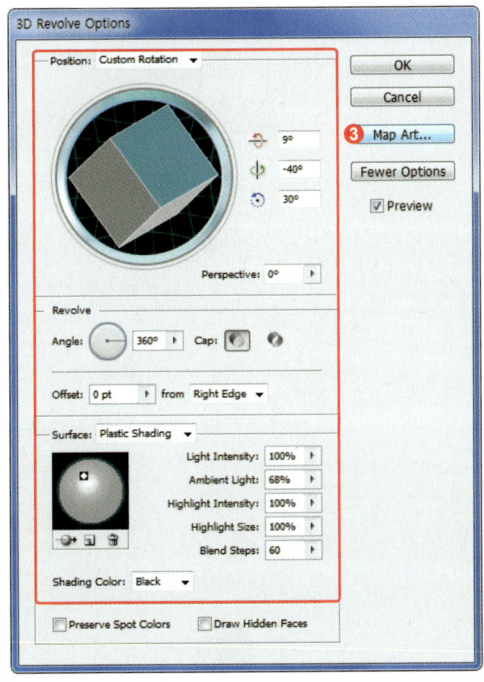

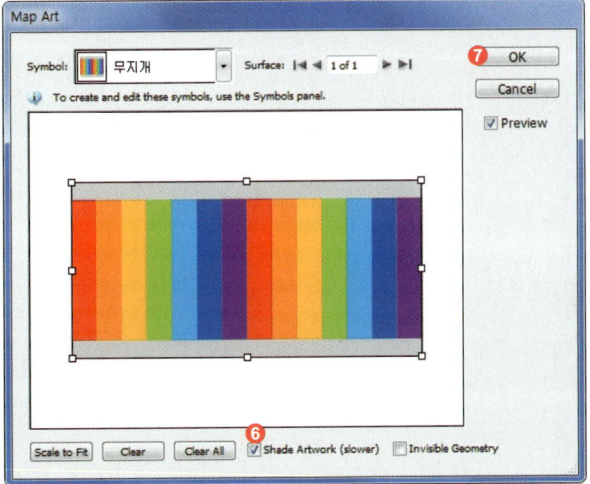

03 입체적으로 변한 심벌과 로고 타입을 배치해 마무리합니다. Map Art를 이용하면 회전체 3D 오브젝트를 손쉽게 만들 수 있습니다(3D 이펙트에 대한 자세한 내용은 Special Tip 06을 참고하세요).

Lesson 30
디를 넣은 명함과 서식 만들기

아이덴티티를 표현할 때 가장 흔하게 사용되는 것이 명함입니다. 회사원, 프리랜서, 강사, 심지어 학생들까지 자신이나 자신이 속한 집단을 나타내는 명함을 갖고 다닙니다. 요즘은 인터넷으로도 저렴하게 명함을 만들 수 있으므로 직접 디자인한 명함을 사용하는 것도 좋은 경험이 될 것입니다. 명함 디자인과 간단한 서식 류를 만들어보겠습니다.

실습 파일 : 부록CD\Sample\Part08\Lesson30-1.ai, Lesson30-3.ai
완성 파일 : 부록CD\Sample\Part08\Lesson30-2.ai, Lesson30-4.ai

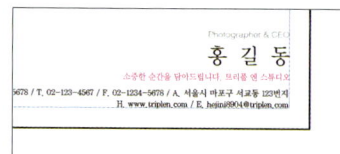  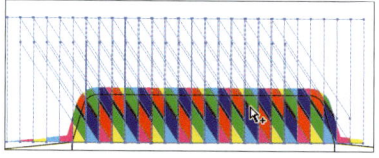

명함 만들기

01 부록CD\Sample\Part08\Lesson30-1. ai 파일을 엽니다. ❶❷사각형 툴(□)로 화면을 클릭해서 ❸❹크기가 9×5cm인 사각형을 그립니다(명함 종류에 따라 크기가 다를 수 있습니다).

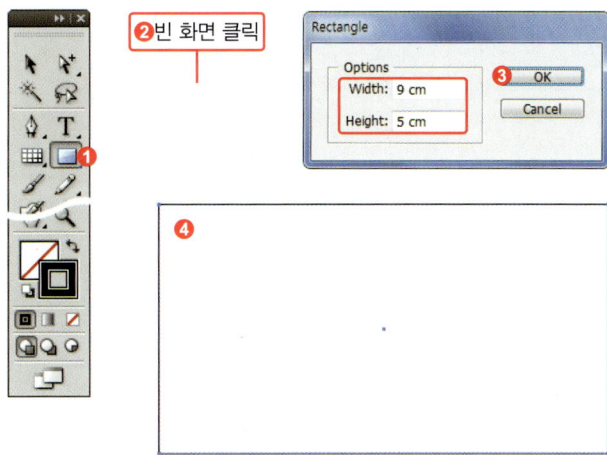

02 ❶[Object]-[Path]-[Offset Path] 메뉴를 선택합니다. ❷Offset에 -5를 입력하고 OK 버튼을 누르면 ❸0.5cm 안쪽에 패스가 생깁니다.

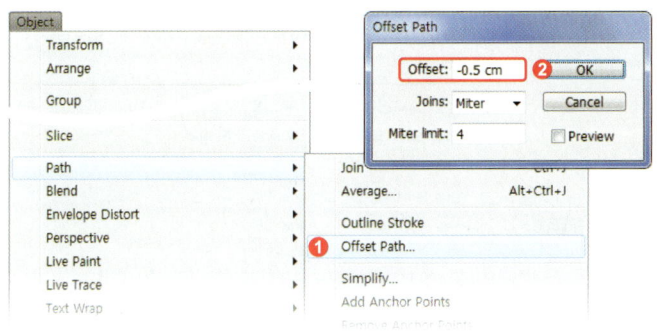

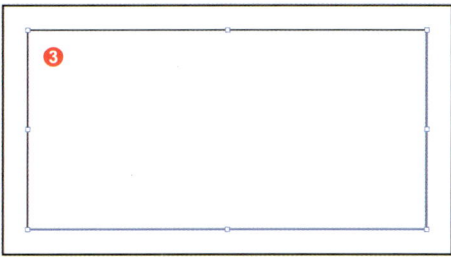

Ctrl+R을 누르면 작업 화면에 줄자가 나타납니다. 줄자 위를 마우스 오른쪽 버튼으로 누르고 길이 단위를 cm로 바꾸면 Offset 설정 단위도 cm로 바뀝니다.

03 ❶[View]-[Guides]-[Make Guides] 메뉴를 선택하면 ❷안쪽 패스가 안내선이 됩니다. 이 안내선은 단순한 가이드 역할을 하기 때문에 인쇄되지 않으며 명함 속에 글자를 넣을 때 여백을 참고하려고 만든 것입니다.

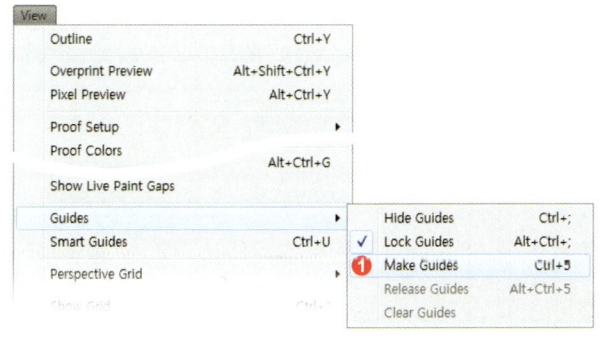

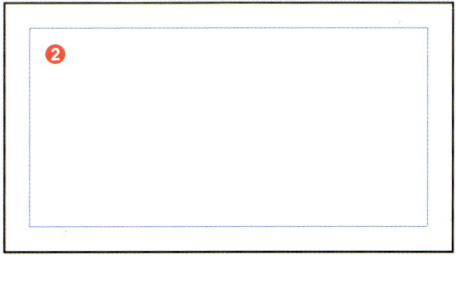

04 ❶다시 명함 크기 사각형을 클릭하고 ❷[Object]-[Path]-[Offset Path] 메뉴를 선택합니다. ❸❹0.2cm 바깥쪽으로 패스를 만듭니다. 0.2cm는 재단 여분을 의미합니다. ❺❻선 색을 투명하게 바꾸고 Lesson 29에서 만든 CI, 이름, 회사 정보를 명함 전체에 균형있게 배치합니다. 명함 디자인은 디자이너 감각에 따라 다양하게 바뀔 수 있습니다.

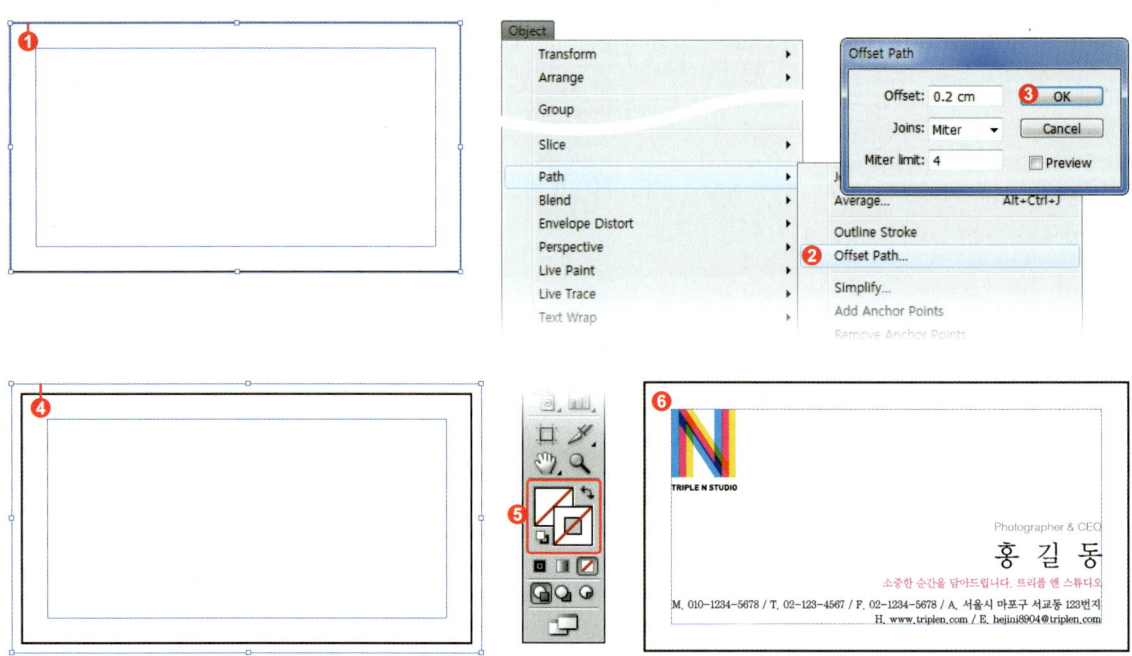

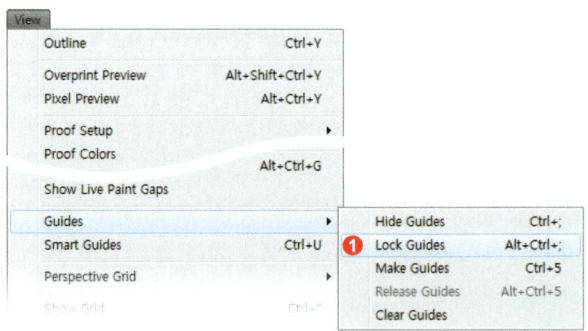

글자 크기를 6pt 이하로 쓰면 너무 작아 읽기 힘듭니다. 글자 크기는 적당하고 보기 좋게 6pt 이상으로 써주세요.

05 기본적으로 안내선은 선택하거나 옮길 수 없지만 ❶[View]-[Guides]-[Lock Guides] 메뉴에서 체크를 풀면 선택하거나 옮길 수 있습니다. ❷❸명함 틀과 CI와 안내선을 선택한 다음 Shift+Alt+드래그해서 복제합니다.

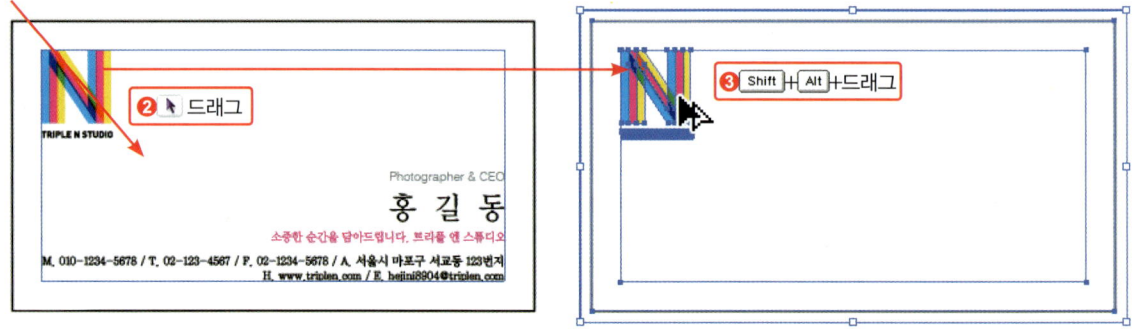

06 ❶로고를 명함 가운데에 배치하고 ❷❸직접 선택 툴(↘)로 가장 바깥쪽 사각형을 클릭해 흰
색으로 칠합니다.

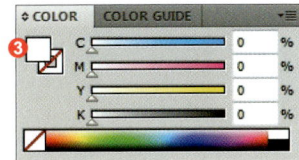

07 ❶[Effect]-[Stylize]-[Inner Glow] 메뉴를 선택합니다. ❷
[Inner Glow]는 오브젝트 안쪽으로 빛을 주는 효과지만 블렌딩
모드를 Multiply로 설정하면 어둡게 할 수 있습니다. 불투명도와
효과 크기를 30%와 1cm로 설정하고 [OK] 버튼을 누릅니다.
❸가장자리에 어두운 그림자가 만들어집니다.

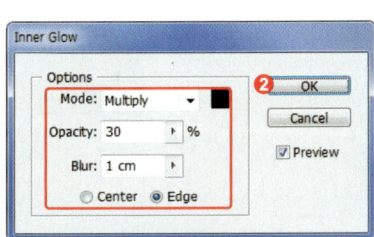

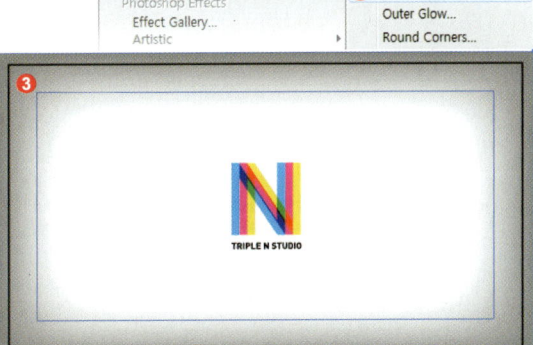

08 ❶❷직접 선택 툴(↘)로 명함 크기 사각형을 클릭한 다음 ❸선 색깔을 투명으로 만듭니다.

09 ❶❷명함의 앞면과 뒷면을 각각 그룹으로 묶어주세요.

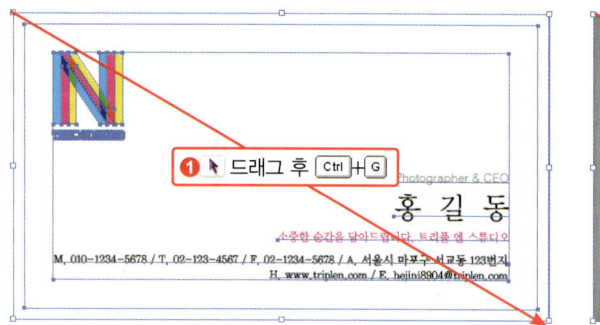 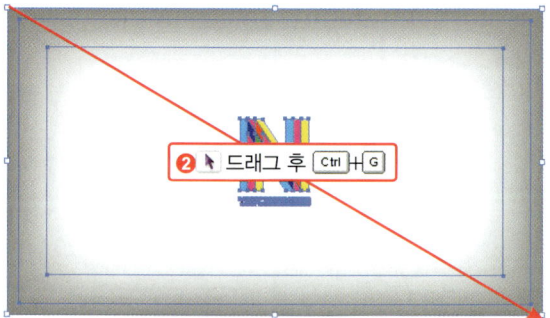

10 ❶명함 전체를 선택하고 ❷`Alt`+드래그해서 복제합니다. ❸`Ctrl`+`Shift`+`O`를 눌러 글자를 아웃라인 처리해 일반 오브젝트로 만듭니다. 인쇄소에는 아웃라인 처리된 데이터를 보내야 하므로 인쇄물을 디자인할 때는 마지막에 반드시 전체를 선택하고 `Ctrl`+`Shift`+`O`를 눌러 글자를 일반 오브젝트로 바꾸는 것이 좋습니다.

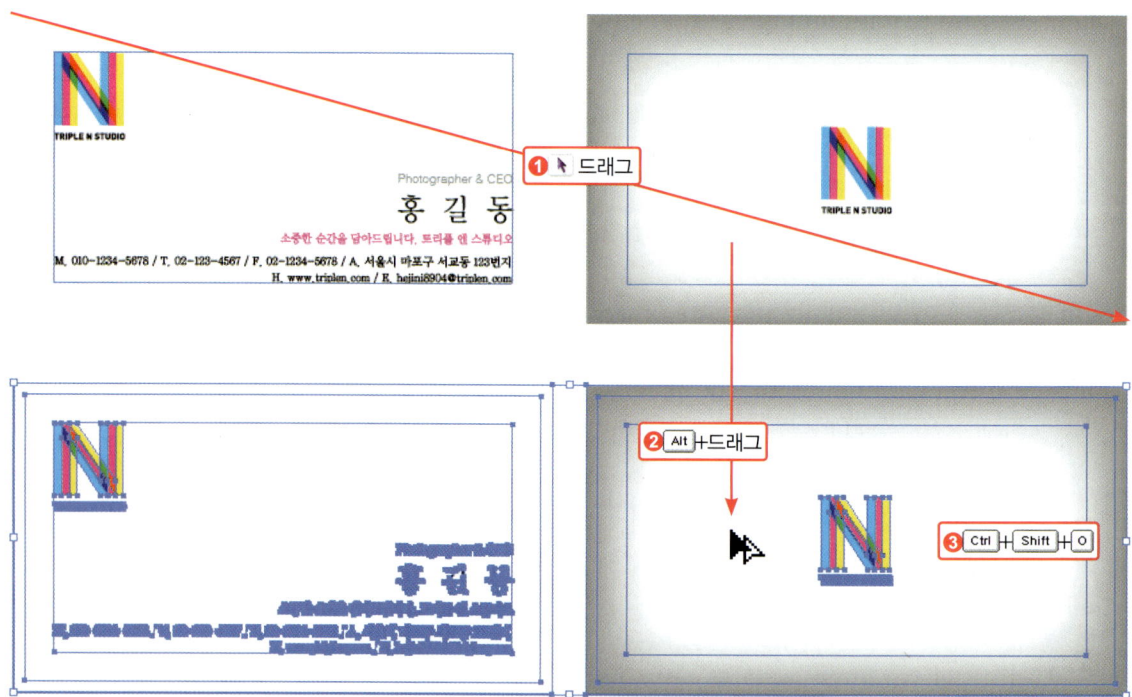

언제 수정할 일이 생길지 모르므로 아웃라인 되지 않은 데이터는 별도로 저장해둡니다.

11 앞면과 뒷면을 EPS 파일로 따로 만들어 명함업체에 넘깁니다. 명함업체에 주문할 때는 명함 종류와 수량을 말해둡니다. 인쇄를 마치면 9×5cm 크기인 사각형 명함을 받아볼 수 있습니다.

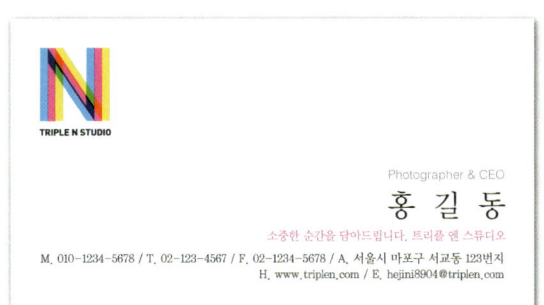

인쇄업체로 보내기 전에 프린터로 인쇄해서 전체적인 모습, 글자 크기, 오탈자 등을 확인합니다.

12 명함 재질은 일반 종이뿐만 아니라 매우 다양합니다. 컨셉에 맞는 재질을 선택해서 멋진 명함을 만들어보세요.

크라프트 명함

금색 카드 명함

투명 카드 명함

홀로그램 카드 명함

접이식 명함

은색 카드 명함

투명 무광 명함

흰색 카드 명함

Tip 명함을 디자인할 때 주의할 사항

❶ 불필요한 선, 상자, 포인트는 깨끗하게 지웁니다.

❷ 선을 넣었다면 선 두께를 0.3pt 이상으로 설정합니다. 0.3pt 미만으로 선을 그리면 인쇄되지 않는 경우가 많습니다.

❸ 색상 값은 최하 10% 이상으로 설정합니다. 예를 들면, K5~8% 정도 색상 값은 인쇄되지 않을 수 있습니다.

❹ 인쇄업체에 따라 금색과 은색만 별색으로 허용하는 경우가 있습니다. 금색과 은색 이외의 별색을 사용하려면 반드시 업체에 문의한 후 사용합니다.

❺ 글자는 오탈자가 있는지 다시 한 번 확인합니다. 인쇄업체에 없는 폰트는 다른 폰트로 바뀔 수 있으므로 교정을 마친 글자는 꼭 아웃라인 처리를 해 일반 오브젝트로 바꿉니다

❻ 명함 재질은 매우 다양합니다. 컨셉에 맞는 재질을 선택하고, 위 사항 이외에 어떤 주의점이 있는지 인쇄업체에 문의합니다. 인쇄 업무는 항상 조심하고 여러 번 확인하는 것이 좋습니다.

서식 만들기

01 회사용 편지지와 봉투를 만들겠습니다. 부록CD\Sample\Part08\Lesson30-3.ai 파일을 엽니다. ❶❷사각형 툴(□)로 화면을 클릭해서 ❸❹A4용지 크기인 사각형을 그리고 CI를 가운데 배치합니다. ❺❻❼[Object]-[Path]-[Offset Path] 메뉴를 선택해 0.2cm 바깥쪽으로 패스를 만듭니다(0.2cm는 재단 여분입니다). ❽면 색을 흰색으로 칠합니다.

❷빈 화면 클릭

Rectangle
Options
Width: 21 cm
Height: 29.7 cm
❸ OK
Cancel

TRIPLE N STUDIO

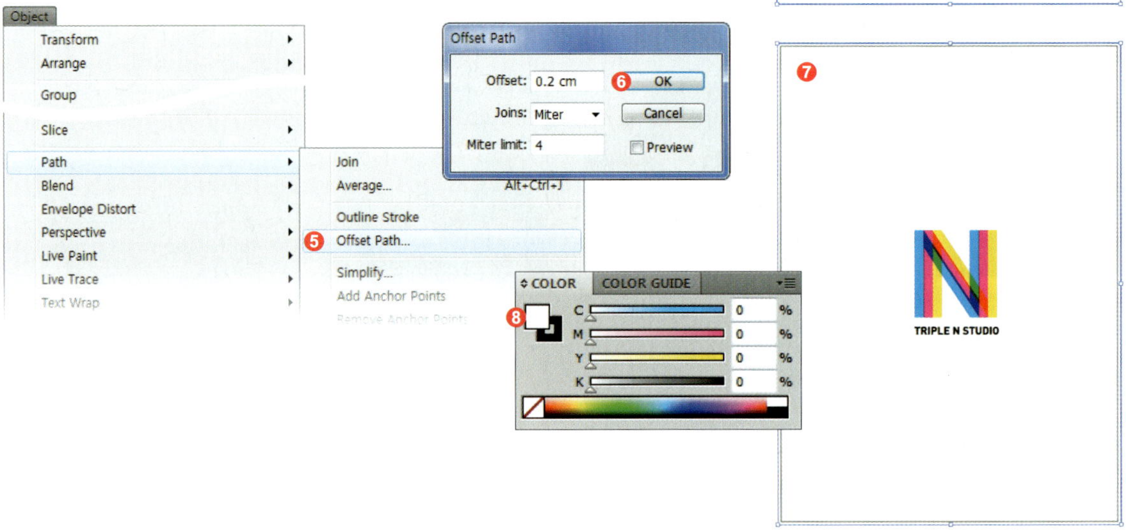

Object
Transform ▶
Arrange ▶
Group
Slice ▶
Path ▶
Blend ▶
Envelope Distort ▶
Perspective ▶
Live Paint ▶
Live Trace ▶
Text Wrap ▶

Join
Average...   Alt+Ctrl+J
Outline Stroke
❺ Offset Path...
Simplify...
Add Anchor Points
Remove Anchor Points

Offset Path
Offset: 0.2 cm   ❻ OK
Joins: Miter ▾   Cancel
Miter limit: 4   ☐ Preview

❼

COLOR   COLOR GUIDE
❽ C _____ 0 %
M _____ 0 %
Y _____ 0 %
K _____ 0 %

TRIPLE N STUDIO

02 편지지는 명함 뒷면과 같은 스타일로 만들겠습니다. ❶[Effect]-[Stylize]-[Inner Glow] 메뉴를 선택하고 ❷불투명도와 효과 크기를 30%와 1.5cm로 설정하고 ▭OK▭ 버튼을 누릅니다. ❸종이 크기와 여분 크기를 나타내는 사각형 두 개를 함께 선택하고 ❹❺선 색을 투명으로 설정합니다.

Effect
Apply Zig Zag   Shift+Ctrl+E
Zig Zag...   Alt+Shift+Ctrl+E
Document Raster Effects Settings...
Illustrator Effects
3D ▶
Rasterize...
Stylize ▶
SVG Filters ▶
Ph...
    Drop Shadow...
    Feather...
❶ Inner Glow...
    Outer Glow...

Inner Glow
Options
Mode: Multiply ▾ ■
Opacity: 30 ▸ %
Blur: 1.5 cm ▸
○ Center ◉ Edge
❷ OK
Cancel
☑ Preview

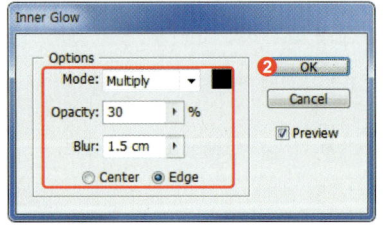

❸

❹

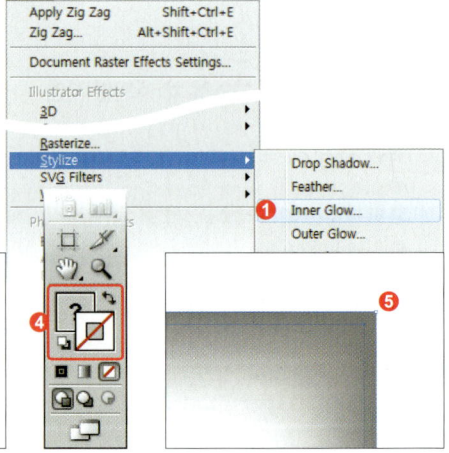

❺

03 ❶❷CI 오브젝트를 선택하고 너비를 1.5cm로 정비례 축소한 다음 ❸
편지지 가운데 윗부분에 정렬합니다.

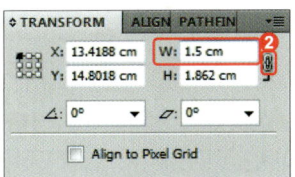

⑧ 버튼을 클릭하면 연결된 크기는 정비
례로 축소되거나 확대됩니다.

04 ❶❷선 툴(✎)로 화면을 클릭해서 ❸❹
18cm인 수평선을 만든 다음 CI 오브젝트
아래로 정렬합니다. ❺❻선 색을 회색(K50),
굵기를 0.3pt로 설정합니다.

❷빈 화면 클릭

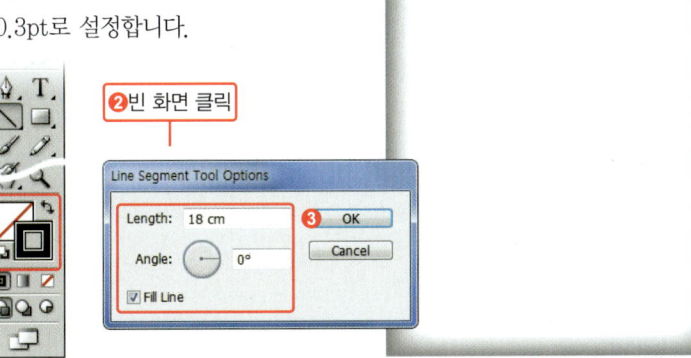

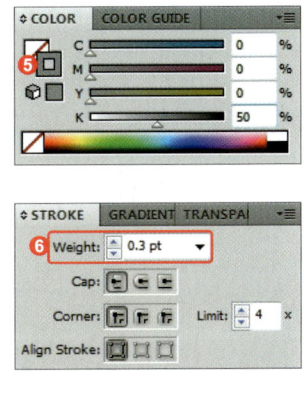

05 ❶선택 툴(▶)을 더블클릭하고 ❷세로에 0.8을 입력한 다음 〔 Copy 〕 버튼을 누릅니다. ❸
선이 0.8cm 아래에 복제됩니다. ❹ Ctrl + D 를 여러 번 눌러 편지지 선을 만듭니다.

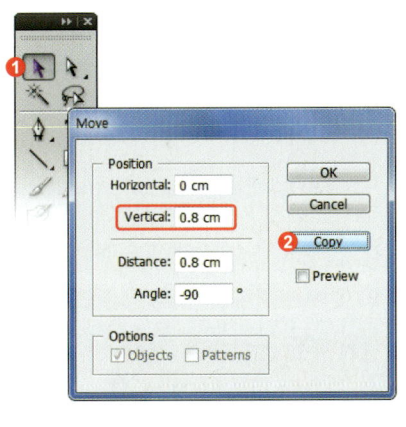

06 이번에는 CI 오브젝트를 이용해서 봉투를 만들겠습니다. ❶CI 오브젝트를 복제해서 글자를 지운 다음 ❷❸오브젝트 중간에 획이 들어가도록 Shift+Alt+드래그해서 복제합니다. ❹Ctrl+D를 다섯 번 눌러 길쭉한 패턴을 만든 다음 ❺전체를 선택하고 Ctrl+G를 눌러 그룹으로 묶습니다.

07 ❶봉투 뚜껑이 접히는 부분에 오브젝트를 가져가 다음과 같이 배치하고 ❷Ctrl+Shift+[를 눌러 맨 뒤로 보냅니다. ❸여분용 선과 함께 선택한 후 ❹❺Ctrl+7을 누르면 여분 경계선에 맞게 클리핑 마스크가 만들어집니다.

예제에서는 봉투 모양을 제공했지만 실무에서는 거래하는 인쇄소를 통해 원하는 크기에 맞는 봉투 데이터를 받아 그 위에 작업합니다. 봉투 크기는 매우 다양하고, 원하는 크기로 주문해서 제작할 수도 있으므로 디자인하기 전에 봉투업체에 문의해주세요.

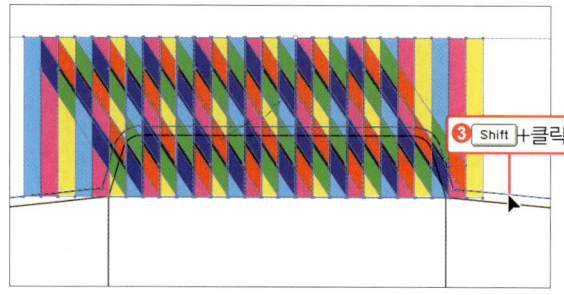

08 ❶❷그룹 선택 툴( )로 패턴 부분을 클릭하면 오브젝트 하나가 선택되고 ❸한 번 더 클릭하면 패턴 전체가 선택됩니다.

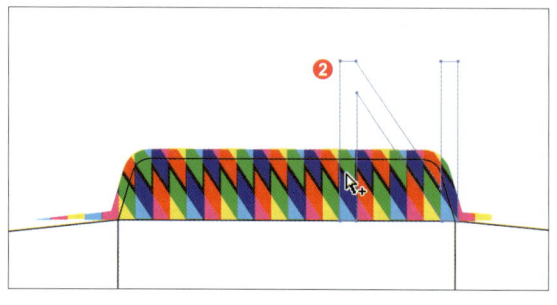

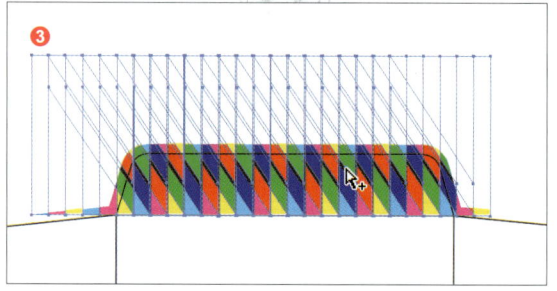

09 ❶ Shift + Alt +드래그해서 아랫부분 뚜껑에 복제합니다. 클리핑 마스크 안에서 이뤄
지는 작업이기 때문에 복제된 오브젝트 역시 여분 경계선을 벗어나지 않습니다. ❷명함
을 디자인했을 때처럼 봉투에 들어갈 내용을 보기 좋게 배치합니다. 검은 선은 모두 투
명하게 바꾸고, ❸글자 데이터는 Ctrl + Shift + O 를 눌러 모두 아웃라인 처리합니다.

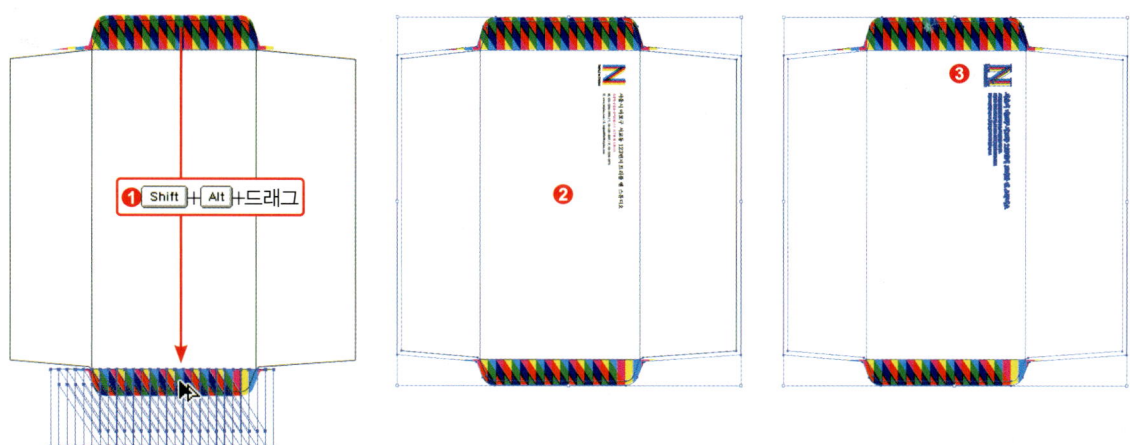

10 편지지와 봉투를 각각 EPS 파일로 저장한 다음 인쇄업체에 넘기면 작업이 완료됩니다.

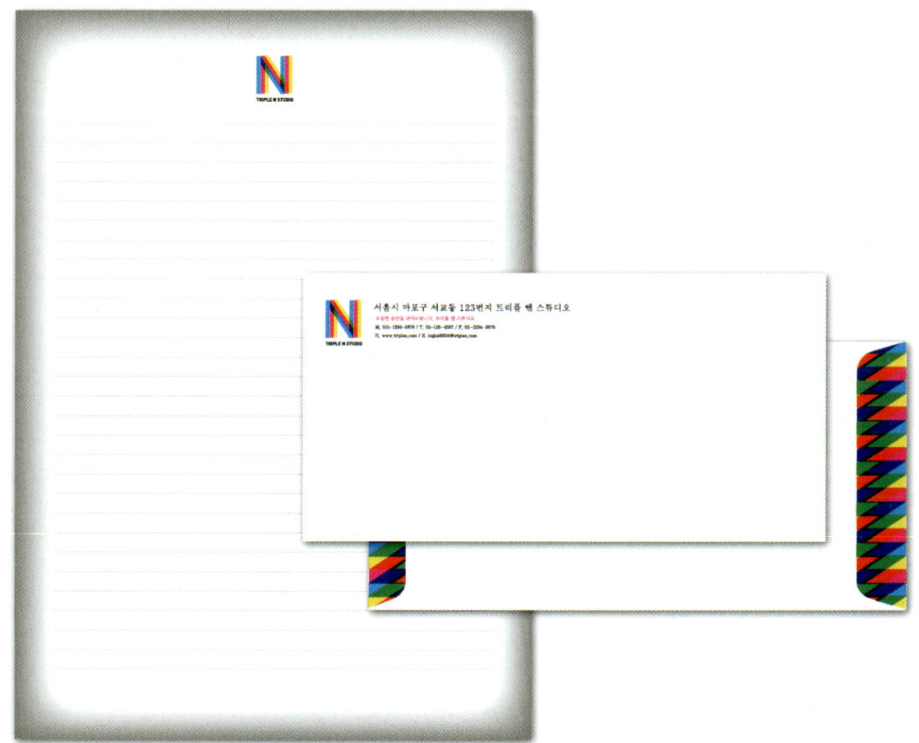

Special Tip 06

3D 이펙트 활용하기

일러스트레이터 CS5는 입체적인 효과를 쉽게 만들고 모델링할 수 있는 3D 이펙트를 제공합니다. 3가지 스타일의 3D 이펙트 옵션을 살펴보고 활용하는 방법도 알아보겠습니다.

🔘 실습 파일 : 부록CD\Sample\Part08\Special_3D.ai

블록처럼 만들어주는 Extrude & Bevel

❶오브젝트를 선택하고 [Effect]-[3D]-[Extrude & Bevel] 메뉴를 선택하면 ❷오브젝트를 3D 블록으로 만들 수 있는 설정 창이 나타납니다. More Options 버튼을 누르면 빛 방향과 빛 색 등을 세밀하게 조정할 수 있습니다. ❸이 이펙트를 적용하면 두께가 있는 블록 스타일 오브젝트를 만들 수 있습니다.

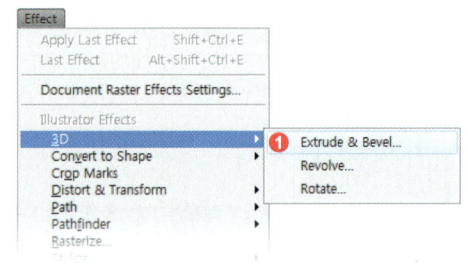

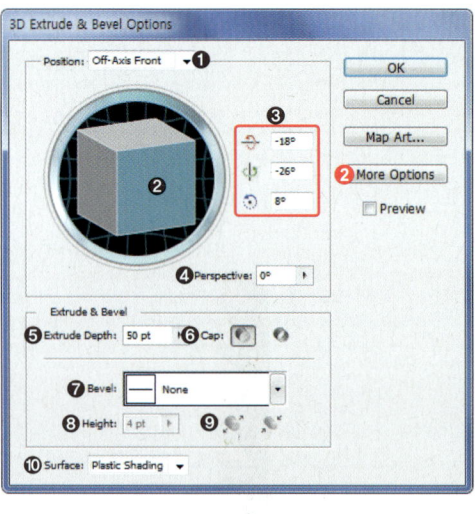

평면 오브젝트(위)와 Extrude & Bevel을 적용한 결과물(아래)

❶Position : 3D 오브젝트의 방향을 선택합니다.
❷마우스로 드래그해서 위치를 정합니다.
❸수치를 입력해서 위치를 정합니다.
❹Perspective : 원근법을 적용합니다.
❺Extrude Depth : 입체 기둥의 두께를 정합니다.
❻Cap : 오브젝트 면을 표시하거나 없앱니다.
❼Bevel : Bevel 모양을 선택합니다.
❽Height : Bevel 두께를 정합니다.
❾Bevel을 오브젝트 바깥쪽 또는 안쪽으로 표현합니다.

❿Surface : 표면 광택을 외곽선, 단색, 무광, 유광으로 표현합니다.

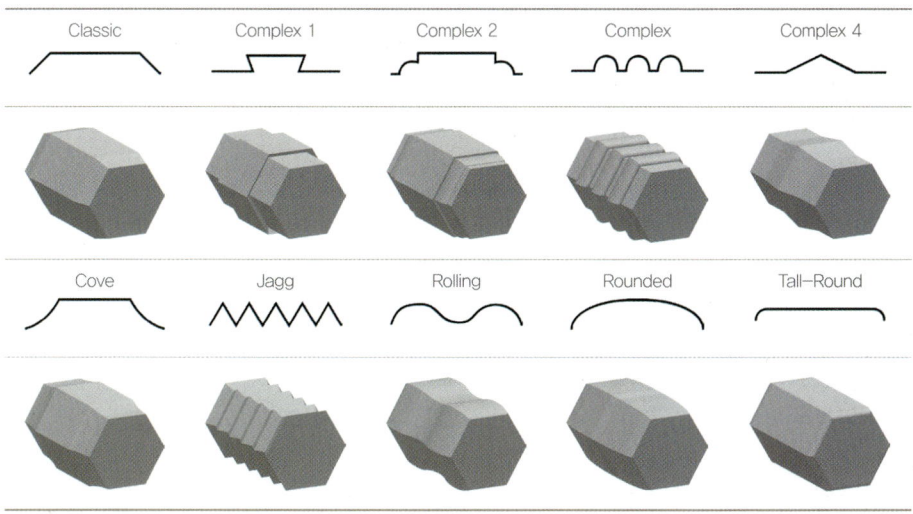

Bevel 종류

면 처리와 Bevel 위치에 따른 변화

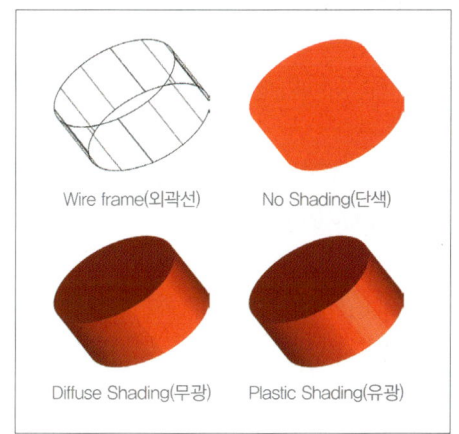

Surface 설정에 따른 광택 변화

여러 오브젝트에 3D 효과를 따로따로 적용해보면 더 수준 높은 3D 일러스트를 만들 수 있습니다.

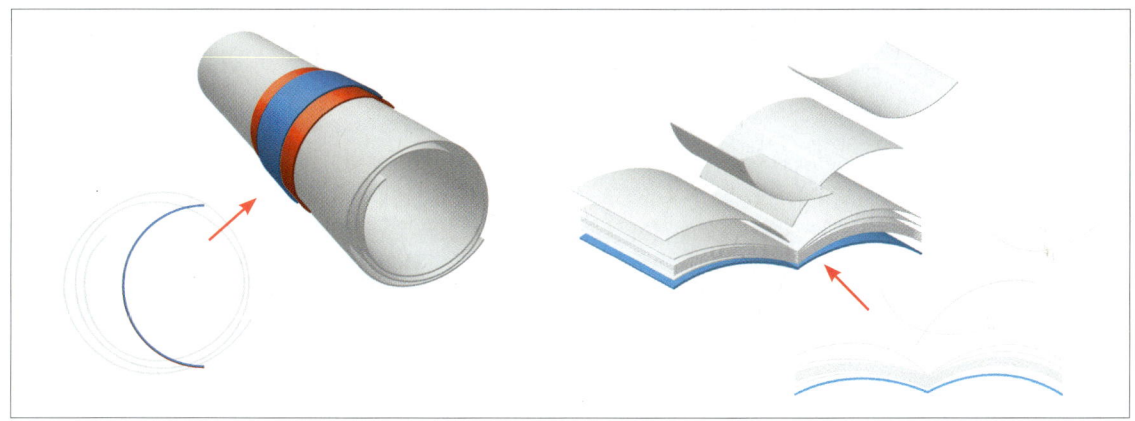

회전한 모양대로 만들어주는 Revolve

❶오브젝트를 선택하고 [Effect]-[3D]-[Revolve] 메뉴를 선택하면 ❷회전체를 만드는 설정 창이 나타납니다. More Options 버튼을 누르면 빛 방향과 빛 색 등을 세밀하게 조정할 수 있습니다. ❸이 이펙트를 적용하면 회전축을 기준으로 회전한 모양의 대칭형 3D 오브젝트를 만들 수 있습니다.

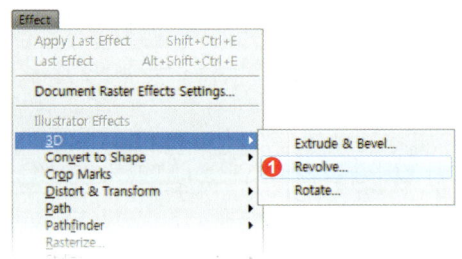

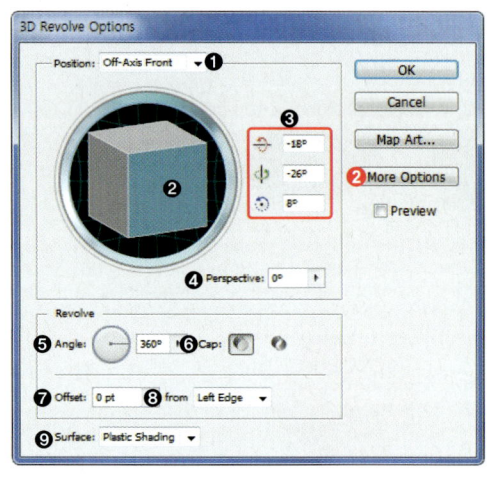

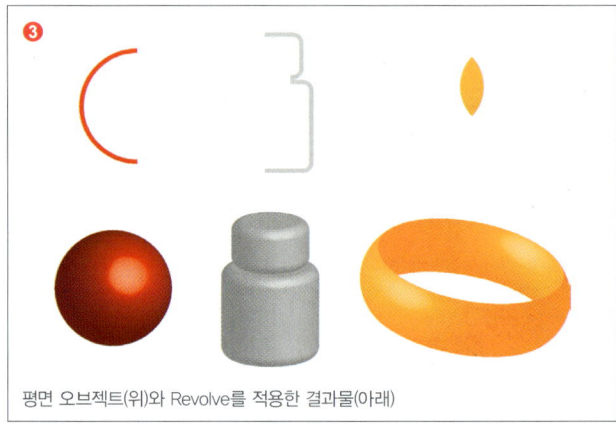

평면 오브젝트(위)와 Revolve를 적용한 결과물(아래)

❶Position : 3D 오브젝트의 방향을 선택합니다.
❷드래그해서 위치를 정합니다.
❸수치를 입력해서 위치를 정합니다.
❹Perspective : 원근법을 적용합니다.
❺Angle : 회전각을 정합니다.
❻Cap : 오브젝트 면을 표시하거나 없앱니다.
❼Offset : 회전축에 공간을 줍니다.
❽From : 회전축 위치를 설정합니다.
❾Surface : 표면 광택을 외곽선, 단색, 무광, 유광으로 표현합니다.

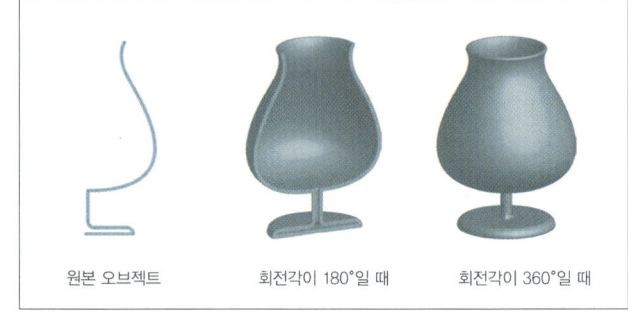

원본 오브젝트   회전각이 180°일 때   회전각이 360°일 때

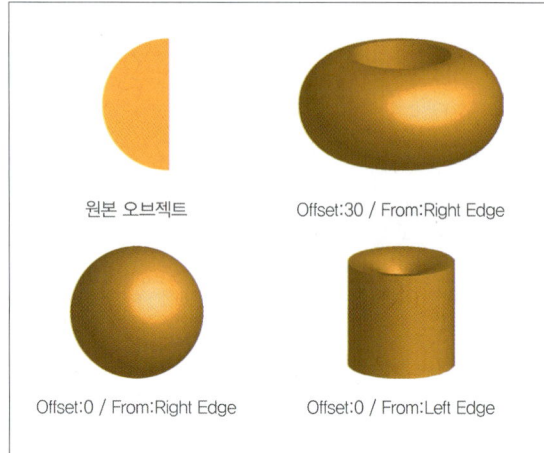

원본 오브젝트   Offset:30 / From:Right Edge

Offset:0 / From:Right Edge   Offset:0 / From:Left Edge

Wireframe(외곽선)   No Shading(단색)

Diffuse Shading(무광)   Plastic Shading(유광)

여러 오브젝트에 3D 효과를 적용해보면 더 수준 높은 3D 일러스트를 만들 수 있습니다.

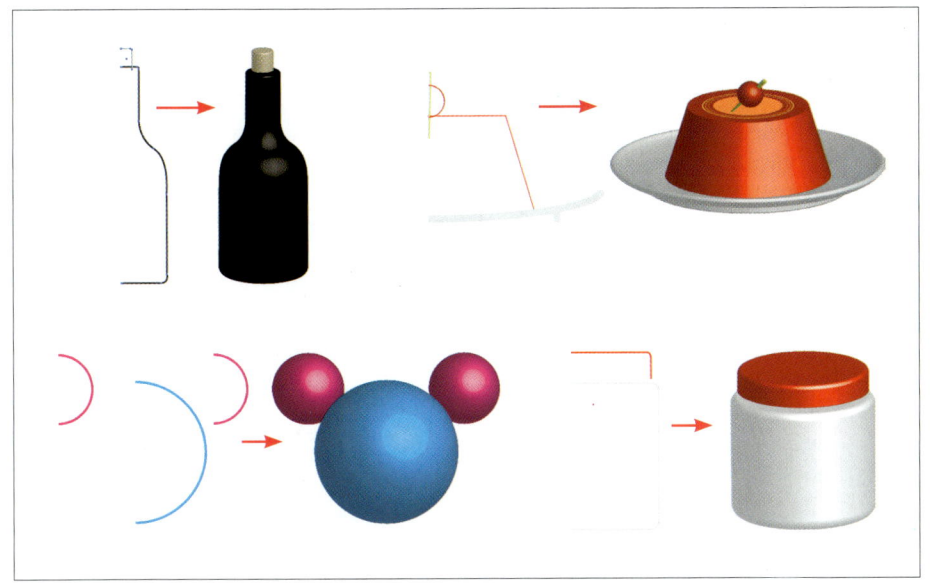

비틀어 회전하는 Rotate

❶오브젝트를 선택하고 [Effect]–[3D]–[Rotate] 메뉴를 선택하면 ❷오브젝트를 비틀어 회전할 수 있는 설정 창이 나타납니다. More Options 버튼을 누르면 빛 방향과 빛 색 등을 조정할 수 있습니다. ❸이 이펙트를 적용하면 평면적인 이미지를 투시감 있게 회전할 수 있습니다.

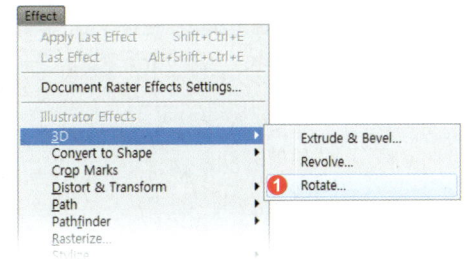

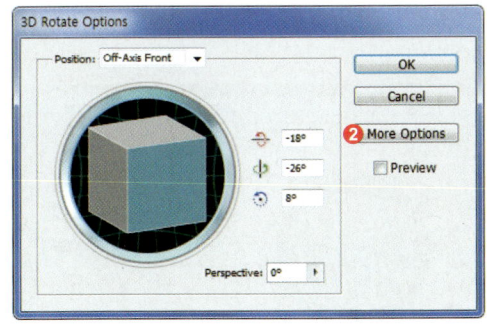

평면 오브젝트(위)와 Rotate를 적용한 결과물(아래)

3D 오브젝트에 맵핑하기

Lesson 29에서는 [Revolve] 메뉴를 이용해 만든 구형에 무지개 색 오브젝트를 맵핑해서 비치볼을 만들었습니다. 같은 방법으로 맵핑할 심벌과 회전체 모양에 따라 다양한 3D 효과를 만들 수 있습니다. 비트맵 이미지도 심벌로 등록할 수 있으므로 사진이나 일러스트를 이용한 맵핑으로 실사 같은 3D 효과를 만들 수 있습니다.

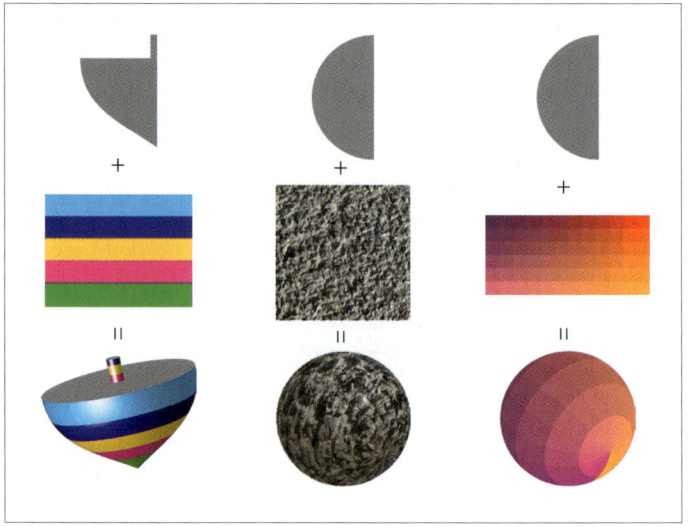

01 면이 2개 이상일 때 맵핑하는 방법을 알아보겠습니다. 부록CD\Sample\Part08\ Special_3D.ai 파일을 불러온 다음 ❶❷심벌 패널에서 [   ] 버튼을 눌러 [3D Symbols] 라이브러리를 선택해서 불러옵니다. ❸❹주사위 모양 심벌 6개를 차례대로 클릭하면 심벌 패널에 등록됩니다.

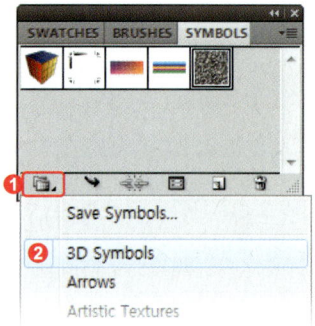
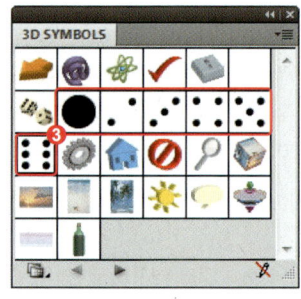
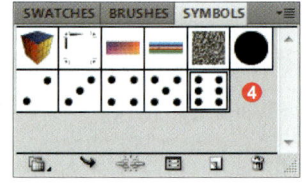

02 ❶노란색 사각형을 선택하고 ❷[Effect]-[3D]-[Extrude & Bevel] 메뉴를 선택합니다. ❸❹다음과 같이 설정하고 [Map Art...] 버튼을 누릅니다.

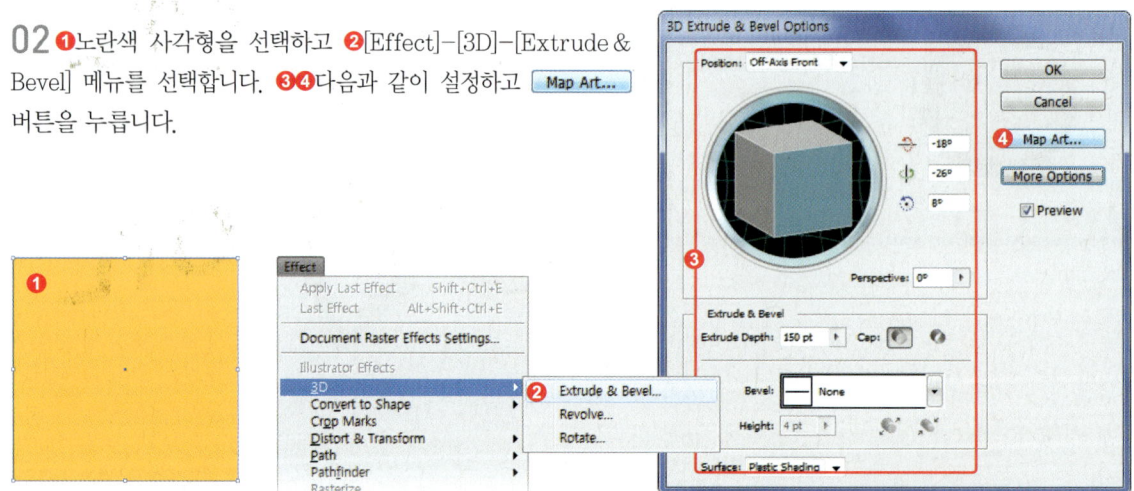

03 ❶Map Art 창이 나타나면서 육면체의 앞부분에 빨간색 테두리가 생깁니다. 이 표시는
심벌을 적용할 위치를 나타냅니다. ❷동그라미 1개가 있는 심벌을 선택하면 빨간색으로 표시
된 면에 심벌이 적용됩니다. ❸▶ 버튼을 누르면 면이 차례대로 선택됩니다. ❹같은 방법으로
각 면에 해당하는 심벌을 적용해 주사위를 완성합니다.

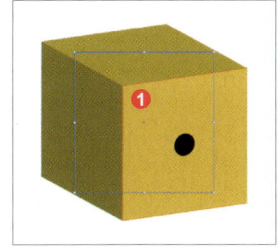
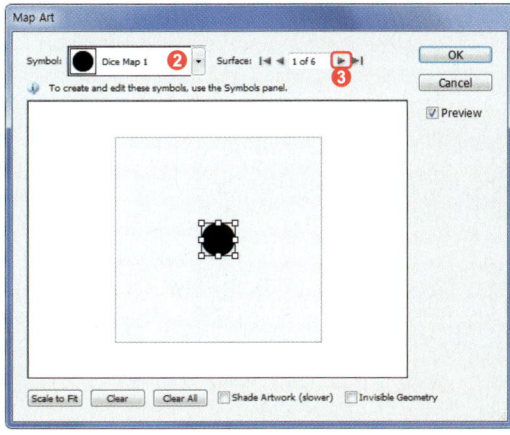

04 ❶❷완성된 3D 오브젝트는 컬러 패널에서 설정한 색에 따라 쉽게 색을 칠할 수 있습니다.
❸❹모양 패널에 있는 이펙트 항목을 클릭하면 언제든 3D 오브젝트 속성을 수정할 수 있습니
다. ❺❻[Object]-[Expand Appearance] 메뉴를 선택하면 일반 오브젝트로 만들 수 있습니다.

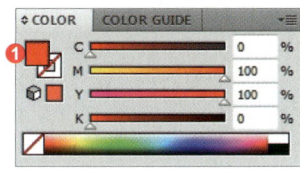

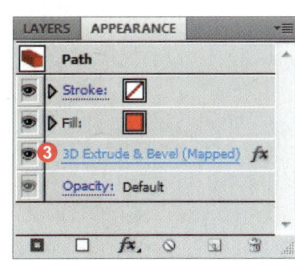

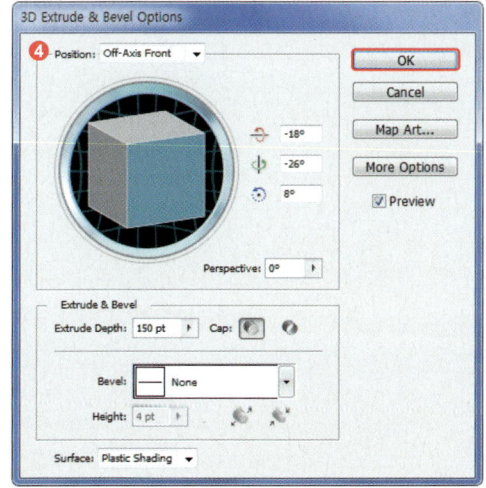
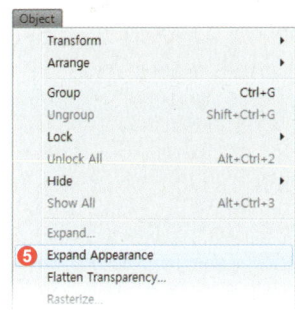

Part 09

모든 디자인의 기본!
편집 디자인 테크닉

디자인은 글과 그림을 어디에 배치할지 결정하고 공간을 배분해서 더욱 아름답게 보이게 하는 것은 물론 글과 그림을 더 편하게 읽고 볼 수 있도록 하는 편집 과정이 필요합니다. 편집 과정은 웹, 책, 명함, 어디든지 필요한 가장 기본적인 디자인입니다. 실무에서 편집 디자인은 글자를 주로 사용하여 종이에 인쇄되는 것을 일컫고, 대표적인 작업물로 책 표지와 내지, 설명서나 메뉴, 홍보 브로슈어 및 책자 등이 있습니다. 편집의 기본적인 테크닉을 알아보고, 직접 만들어보겠습니다(Part 09를 따라하려면 Part 06을 먼저 공부해야 합니다).

인덱스 스티커 붙이는 곳

아름다운 레이아웃을 만드는 studio BAF 김종수님

김종수
2009년 studio BAF 재입사.
2007년 웅진 근무
2004년 studio BAF 근무

개인 홈페이지 www.1sang2sang.com
회사 홈페이지 www.baf.co.kr
이메일 singing@1sang2sang.com

시작은

예전부터 그림을 좋아하고 무언가를 만드는 행위를 좋아했습니다. 그런 행동에 몰두하면 시간가는 줄 몰랐습니다. 막연히 '미'를 추구하기를 원했고 그것이 '나만이 아닌 우리를 위하면 좋겠다'라고 생각한 것 같습니다. 내가 아는 우리를 위한다는 측면에서 순수 회화보다 일러스트레이션이 좋았고, 시각 디자인학과를 다닐 때도 다른 작업보다 일러스트레이션 작업에 더 많은 시간을 할애했습니다. 그 일러스트레이션이 지금의 디자이너로서 살게 한 것 같습니다.

편집 디자인은 이런 것

다양한 프로젝트, 다양한 장르로 작업해보니 편집 디자인이란 아름답고 감각적인 레이아웃의 문제라기보다 논제를 전체적으로 파악하고 아우르는 척도에 가까웠습니다. 그것이 상당히 논리있고 치밀하게 시스템화가 되어야 비로소 아름다운 건물을 올릴 수 있는 기초 공사가 끝났다고 할 수 있습니다. 이때부터는 감각적인 연출과 디자인이 더해져 내가 아닌 우리를 위한 훌륭한 결과물을 내기 위해 노력합니다.

모든 일이 그러하듯 자신이 의도한 대로 디자인을 끌고 가려면 여러 사람을 설득시켜야 합니다. 설득하려면 커뮤니케이션 능력이 무엇보다 중요하고 열린 마음으로 수용하는 자세와 설득력 있게 자신의 의견을 관철시키는 능력과 자신감이 필요합니다. 설득 과정은 작업을 전체적으로 아우

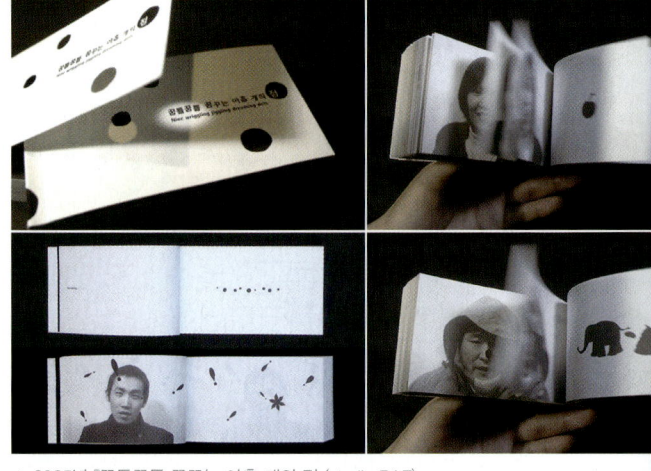

▲ 2005년 『꿈틀꿈틀 꿈꾸는 아홉 개의 점』(studio BAF)
studio BAF 10주년 기념 애니메이션 북 기획/사진/일러스트레이션

르고 있어야만 가능한 작업입니다. 그만큼 신중함과 치밀함이 필요합니다. 하지만 설득 과정이라는 자체가 매력이고 그 과정을 잘 버티고 나온 결과물에 의도한 대로 사람들이 반응하면 그보다 더한 쾌감과 보람도 없습니다.

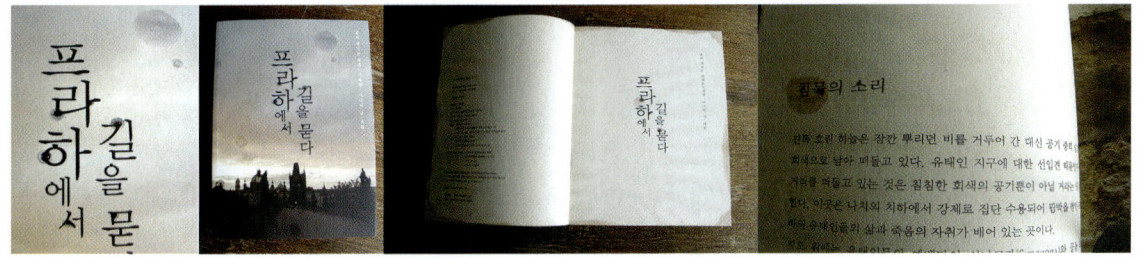

▲ 『프라하에서 길을 묻다』 (2005, studio BAF, 안그라픽스)
서점에서 팔리는 책을 처음으로 작업, '프라하'라는 도시를 책에 옮기기 위해 노력

편집 디자이너에게 필요한 능력

앞서 말한 것처럼 디자인이란 문제를 해결하고 그 해결책이 사용자를 위해 아름다워야 합니다. 혹여 특이한 레이아웃과 구조, 특별한 테크닉이 담긴 결과물은 사람의 눈을 자극해서 끌리게 할 수 있습니다. 하지만 문제를 해결하지 못하는 결과물이라면 사람들의 마음을 움직일 수 없습니다. 오히려 그 반대일 때 사람들은 감동할 것입니다. 따라서 관찰, 문제 도출, 원인 파악, 결과 도출(해결법) 등을 아우르는 능력을 키우는 것이 좋습니다.

평소에 사회 현상과 이슈, 내 관심사 등을 이해하는 것을 넘어 비판해보는 습관을 들이는 것도 좋은 방법입니다. 저는 일러스트레이션 작업이 해결 방법으로 많은 도움이 되었습니다. 어떤 그림을 그릴 것인가를 문제로 보고, 원인을 파악하고, 손으로 그려보면서 사물을 보는 시각과 문제 해결, 즉 표현하는 조형적인 감각이 좋아졌습니다. 다양한 디바이스(관련 소프트웨어나 하드웨어)를 응용해서 작업하면서 작업 세계는 더 넓혀졌습니다. 디자인하는데 총체적인 밑거름이 된 듯합니다. 또한 글쓰기도 빼놓을 수 없습니다. 가장 쉽고 편하게 자기의 생각을 기승전결로 풀어보는 것도 더 할 나위 없이 훌륭한 방법입니다.

▲ 『핑크리본 스토리 북』(2010, studio BAF, 한국유방건강재단)
한국유방건강재단에서 벌이는 '핑크리본 캠페인' 10주년을 기념하여 발간한 스토리 북

Lesson 31
격자 툴과 Tabs 기능으로 스케줄러 만들기

일러스트레이터 CS5에서는 손쉽게 표를 그릴 수 있는 표 툴과 Tab 으로 글자를 원하는 곳에 정렬할 수 있는 Tabs 기능을 제공합니다. 이 두 가지 기능을 이용해서 실생활에서 유용하게 사용할 수 있는 스케줄러를 만들어보겠습니다.

 완성 파일 : 부록CD\Sample\Part09\Lesson31.ai

MY SCHEDULER
2011 / SEPTEMBER

S	M	T	W	T	F	S
			1	2	3	
4	5	6	7	8	9	10
11	12	13	14	15	16	17
18	19	20	21	22	23	24
25	26	27	28	29	30	

스케줄러용 표 만들기

01 ❶❷ Ctrl + N 을 눌러 A4용지 크기로 가로 방향 새 창을 만듭니다. ❸툴 패널에 있는 버튼을 눌러 흰색 면과 검은색 선으로 설정합니다. ❹선 툴(\ )을 꾹 눌러 격자 툴(▦)을 선택하고 ❺아트보드 왼쪽 위를 클릭해서 ❻❼크기가 28×18cm인 사각형 안에 가로 줄 5개, 세로 줄 6개를 넣어 표를 만듭니다. ❽❾컨트롤 패널에서 ▦▾ 버튼을 눌러 [Align to Artboard]를 선택하면 정렬 버튼을 클릭할 때 아트보드를 기준으로 정렬됩니다. ❿▣ 버튼을 눌러 ⓫아트보드 가운데로 정렬합니다.

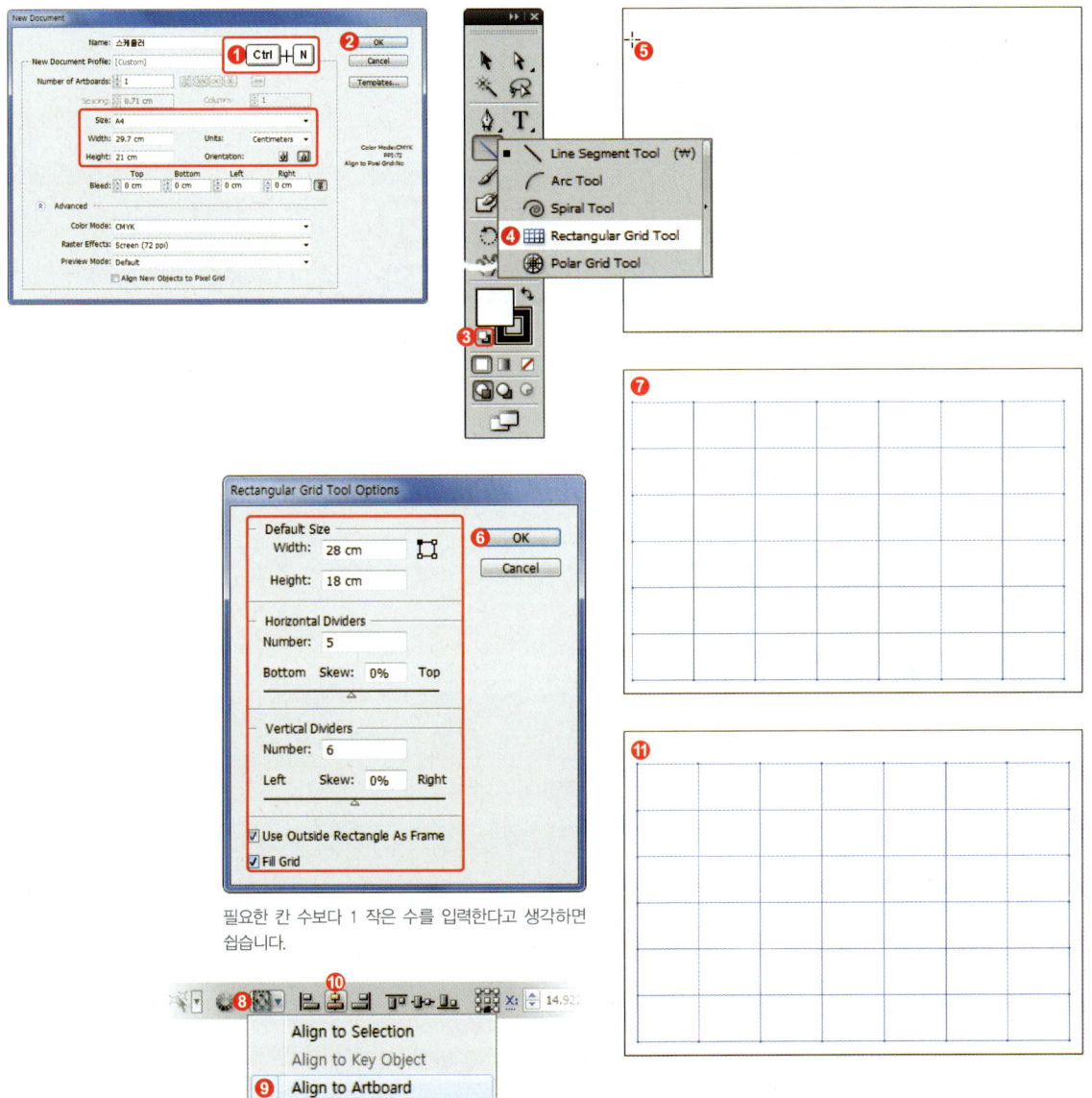

필요한 칸 수보다 1 작은 수를 입력한다고 생각하면 쉽습니다.

02 ❶❷직접 선택 툴()로 가장 윗면을 드래그해서 선택하고 ❸↓를 여러 번 눌러 높이를 좁힙니다. ❹Ctrl+A를 눌러 전체를 선택하고 ❺❻선 색을 회색(K50), 선 굵기를 0.25pt로 설정합니다.

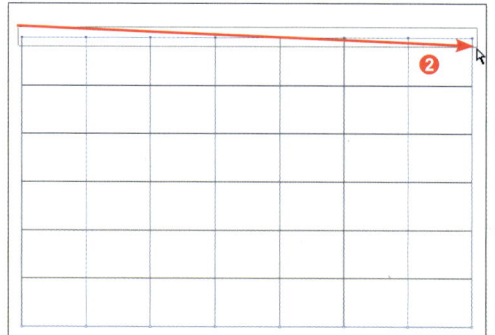

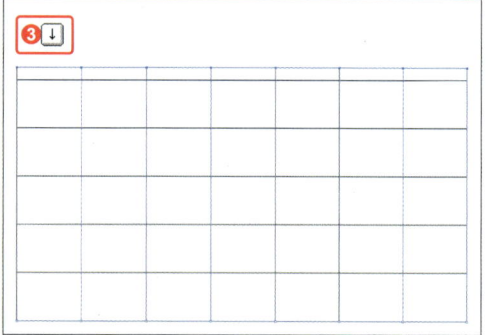

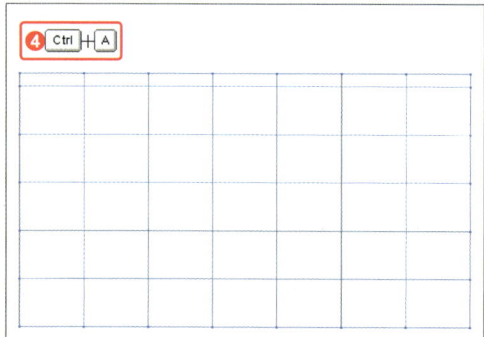

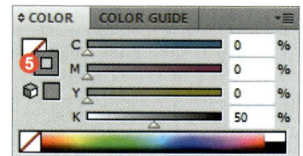

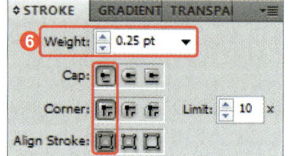

TIP 표 툴 옵션 자세히 보기

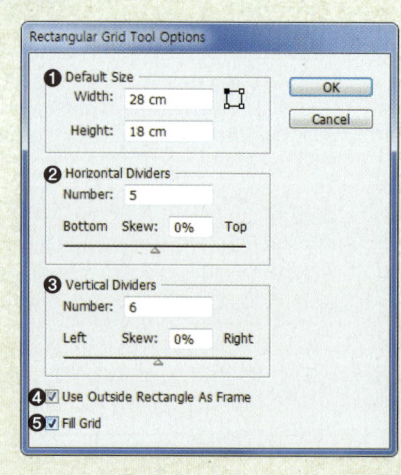

❶Default Size : 표의 너비×높이 크기입니다.
❷Horizontal Dividers : 표를 나누는 가로 선 개수
❸Vertical Dividers : 표를 나누는 세로 선 개수
❹체크하면 가장자리가 사각형으로 그려지고, 체크를 해제하면 선 4개가 별도로 그려집니다.
❺체크하면 설정해둔 색으로 표가 칠해집니다.

03 ❶빈 화면을 클릭해서 선택을 해제한 다음 다시 ❷❸표 바깥쪽 사각형을 선택하고, 선 굵기를 1pt로 바꿉니다. ❹❺[Effect]-[Stylize]-[Round Corners] 메뉴를 선택해서 모서리 굴림 반지름 크기가 0.5cm인 모서리가 둥근 사각형을 만듭니다.

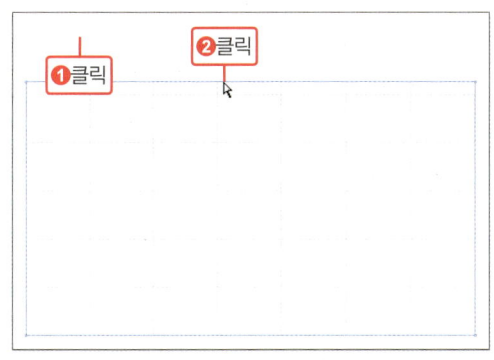

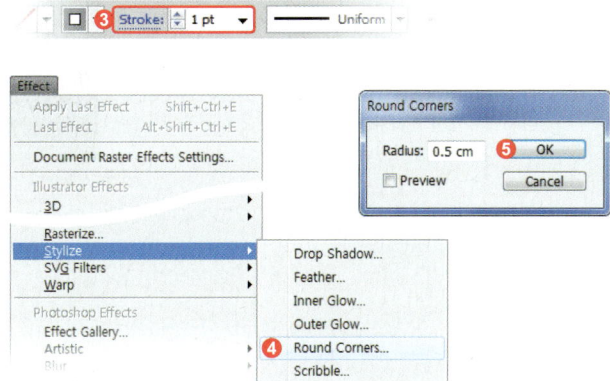

04 ❶❷[Object]-[Expand Appearance] 메뉴를 선택해 이펙트를 일반 패스로 만듭니다. ❸ Ctrl + A 를 눌러 전체를 선택하고 ❹ Ctrl + Alt + X 를 눌러 라이브 페인트 환경으로 만듭니다. ❺빈 화면을 클릭해서 선택을 해제하고 ❻라이브 페인트 버킷 툴(🪣)을 선택합니다. ❼❽핑크색(M50, Y30)으로 설정한 다음 높이가 낮은 첫 번째 사각형을 클릭해서 칠합니다.

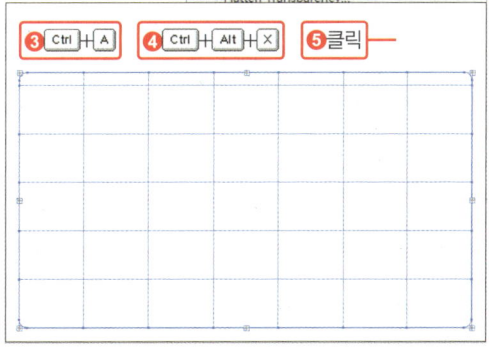

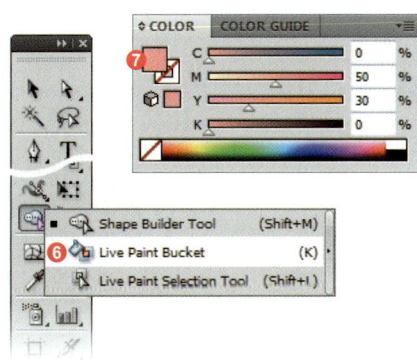

05 컬러 가이드 패널에는 선택한 색의 명도별 색이 나타납니다. ❶❷설정한 핑크 계열에서
가장 밝은 색을 클릭하고 첫 번째 세로 줄을 클릭해서 모두 칠합니다. ❸❹다시 컬러 패널에
서 하늘색(C30)을 설정하고 나머지 높이가 낮은 사각형을 클릭해 칠합니다.

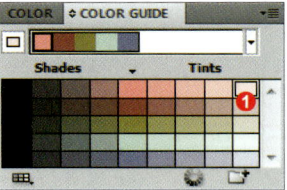
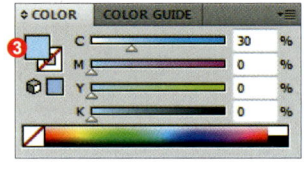

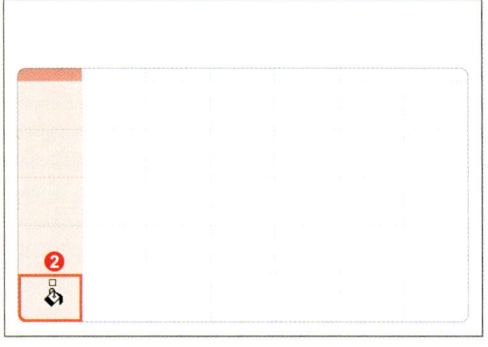
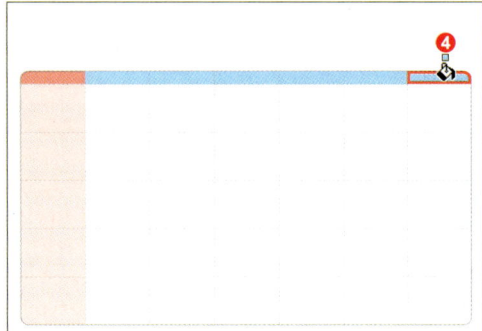

TIP 컬러 가이드 패널 옵션 자세히 보기

03번에서 컬러 가이드 패널 스와치가 책과 다르게 나타나면 컬러 가이드 패널에서 ▼≡ 버튼을 누르고 [Show Tints/Shades]
메뉴를 선택해주세요.

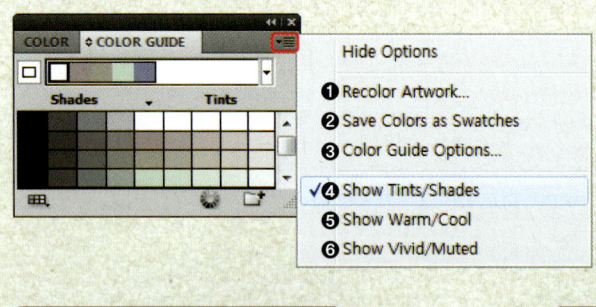

❶Recolor Artowrk 창을 실행합니다.
❷선택된 컬러 그룹을 스와치 패널에 등록합니다.
❸컬러 가이드 패널에 나타나는 컬러 단계를 늘리거
나 줄일 수 있습니다.
❹컬러 그룹을 밝고 어두운 단계로 나타냅니다.
❺컬러 그룹을 따뜻하고 차가운 단계로 나타냅니다.
❻컬러 그룹을 고채도와 저채도 단계로 나타냅니다.

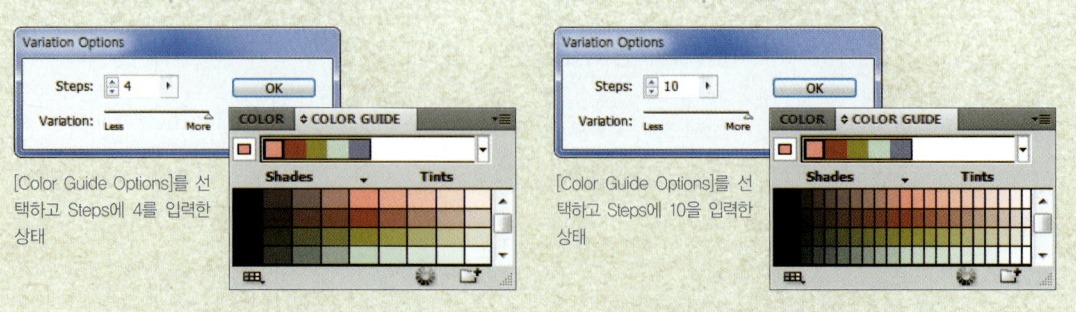

[Color Guide Options]를 선
택하고 Steps에 4를 입력한
상태

[Color Guide Options]를 선
택하고 Steps에 10을 입력한
상태

06 Lesson 19에서 소개한 네이버 무료 폰트인 나눔명조체를 이용해서 스케줄러에 어울리는 제목을 씁니다.

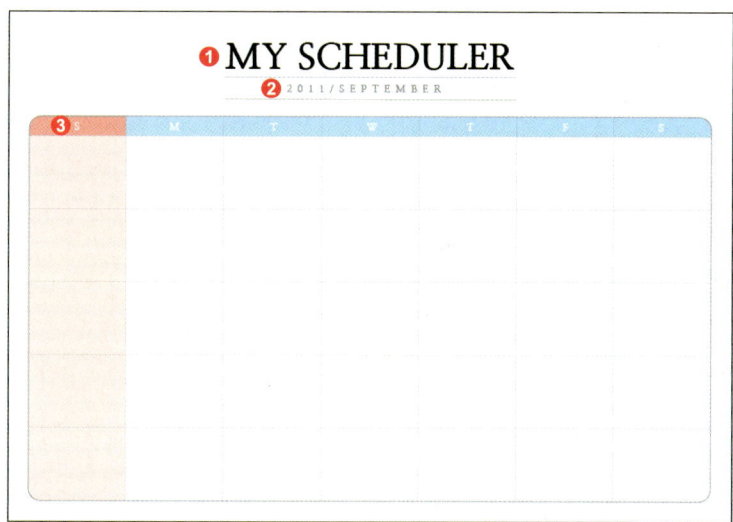

제목 글자 속성

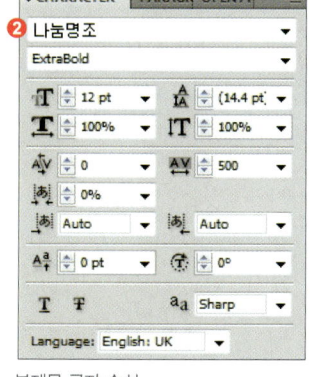

부제목 글자 속성

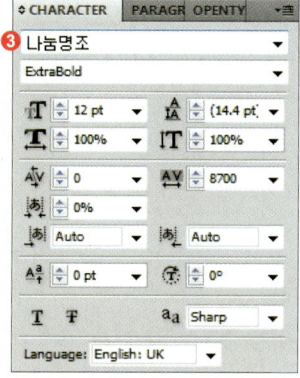

요일 글자 속성

Tabs 기능으로 달력 숫자 입력하기

07 이번에는 스케줄러 안에 날짜를 써보겠습니다. ❶글자 툴(T)을 선택하고 폰트를 나눔명조, 글자 크기를 15pt로 설정합니다. ❷❸첫 번째 칸을 클릭하고 "1"을 입력합니다.

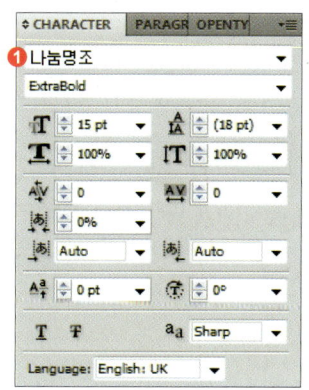

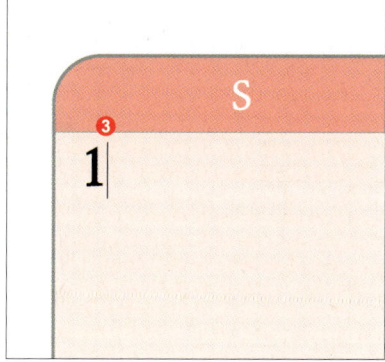

08 ❶❷ `Tab`을 누르고 "2"를 입력
합니다. ❸같은 방법으로 날짜에 해
당하는 숫자를 쓰고 `Tab`을 누르
고, 줄을 바꿀 때는 `Enter↵`를 누릅
니다. 30까지 입력합니다.

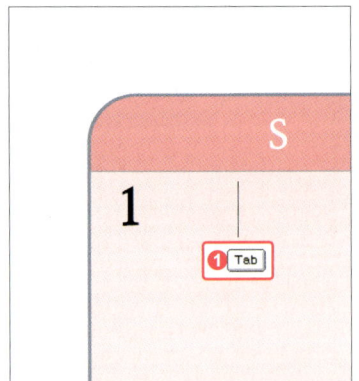

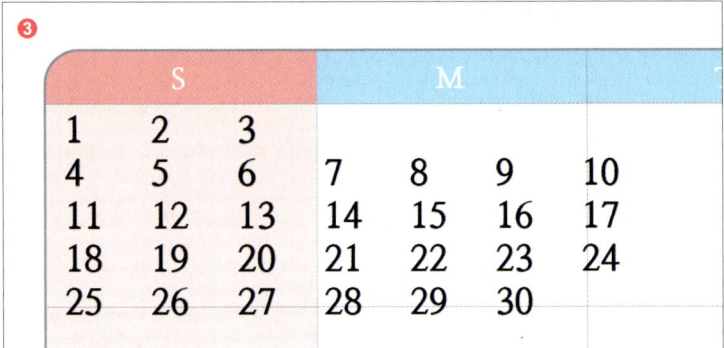

09 ❶❷글자 오브젝트를 선택하고 `Ctrl`+`Shift`+`T`를 누르면 글자 오브젝트 위에 Tabs 패널이
나타납니다. ❸패널을 드래그해서 스케줄러 너비에 맞게 늘려주세요.

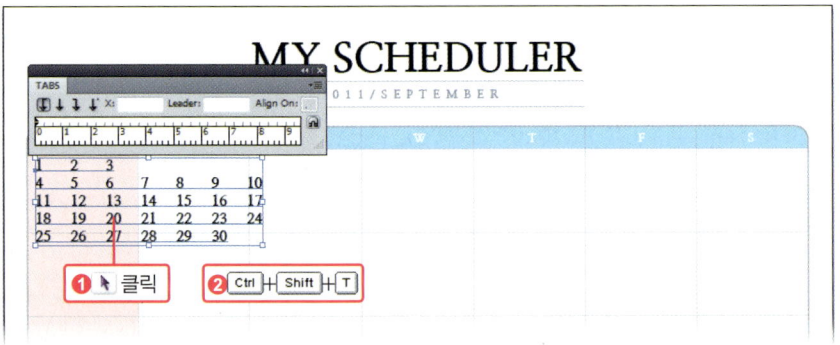

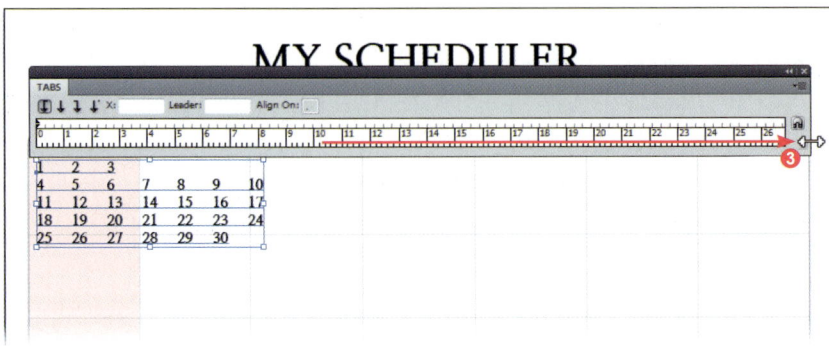

10 ❶줄자 위 4cm 부분을 클릭하면 클릭한 지점에 🅹 표시가 생기고(클릭하고 X값에 "4"를 입력한 후 Enter↵를 누르면 정확히 4cm 지점으로 옮겨집니다), ❷ Tab 을 이용해 입력한 숫자 들이 클릭한 지점 뒤로 옮겨집니다.

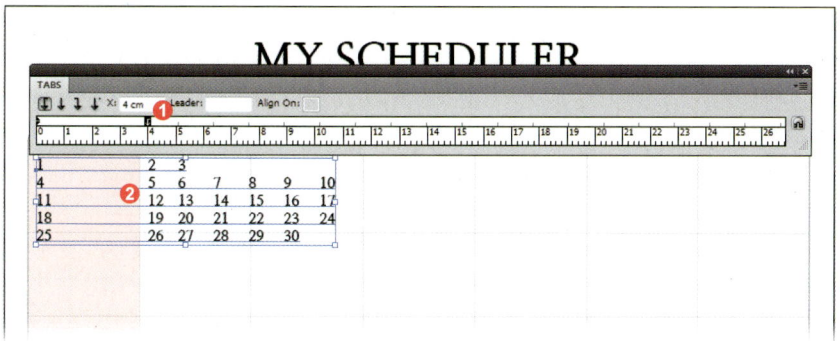

11 ❶❷Tabs 패널 오른쪽에 있는 ▼☰ 버튼을 누르고 [Repeat Tab]을 선택하면 ❸같은 간격 으로 탭이 반복해서 설정됩니다. 따라서 숫자가 자동으로 칸에 맞게 정렬됩니다. ❹다시 Ctrl + Shift + T 를 누르거나 ✖ 버튼을 눌러 Tabs 패널을 꺼주세요.

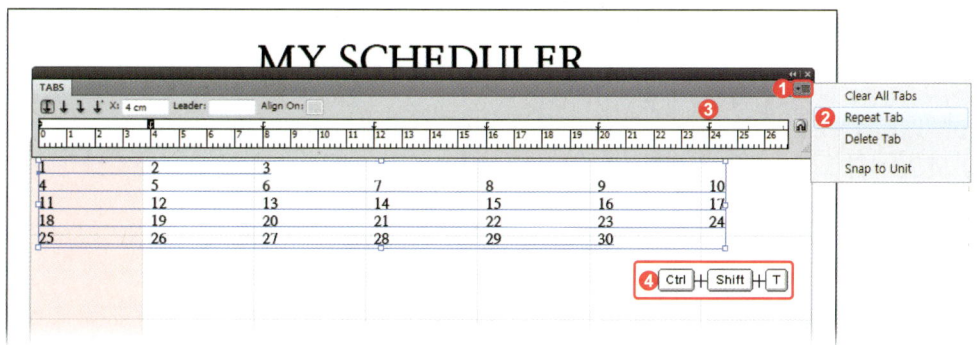

설정된 탭은 드래그해서 언제든지 옮길 수 있습니다. Shift 를 누른 채로 드래그하면 눈금자에 스냅이 걸려 정확한 위 치에 탭을 만들 수 있고, Ctrl 을 누른 채로 옮기면 모든 탭이 함께 옮겨집니다. 탭을 밖으로 드래그하면 삭제됩니다. 화면이 축소될 경우 줄자의 숫자 단위는 생략될 수 있습니다.

12 ❶행간을 85pt로 설정해 숫자가 칸의 왼쪽 위에 위치하도록 고친 다음 ❷글자 오브젝트
를 더블클릭해서 커서를 만듭니다. ❸커서를 숫자 1 앞에 두고 ❹ Tab 을 4번 눌러 4칸 옮깁니
다. 모든 날짜가 각 칸에 정확하게 들어갔습니다.

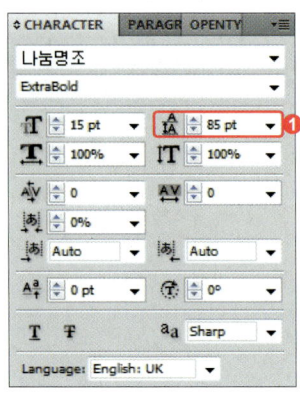

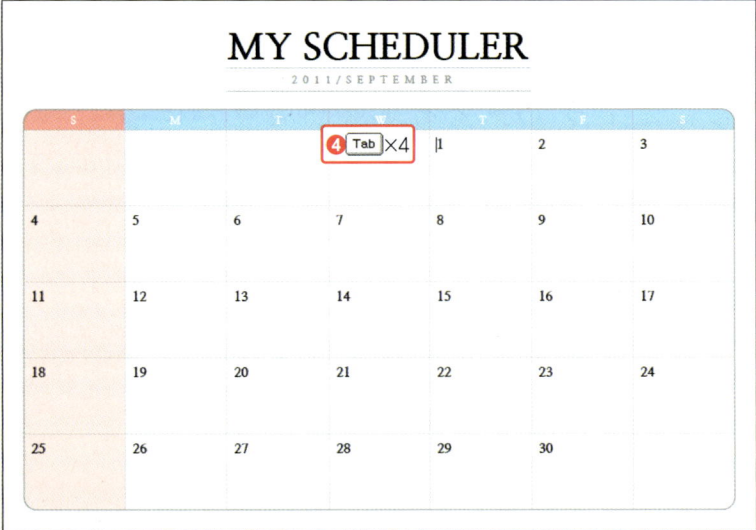

13 ❶핑크색 상자에 들어 있는 글자는 하나하나 선택해 ❷❸빨간색(M100, Y100)으로 설정
합니다.

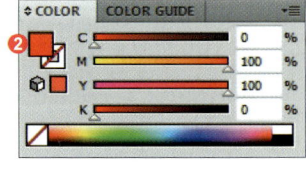

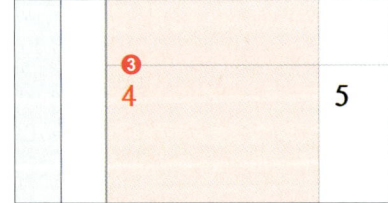

14 스케줄러가 완성되었습니다. 같은 방법으로 달력이나 시간표도 만들 수 있습니다.

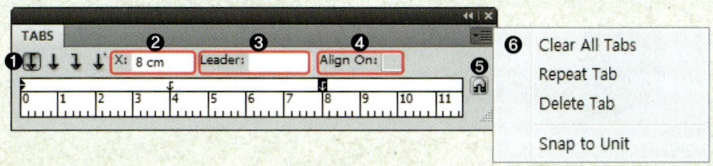

❶탭 정렬 버튼입니다. 앞줄 정렬, 가운데 정렬, 뒷줄 정렬, 소수점 기준 정렬 중 선택할 수 있으며 원하는 버튼을 클릭하고 줄자를 클릭해서 탭을 설정합니다.
❷선택한 탭 위치를 나타냅니다.
❸Leader : 탭과 탭 사이에 채워질 글자를 입력합니다.
❹Align On : 정렬 기준이 될 글자를 입력합니다.
❺Tabs 패널이 글자 오브젝트와 떨어져 있을 때 누르면 글자 위로 딱 맞게 이동됩니다.
❻Clear All Tabs : 설정된 모든 탭을 삭제합니다.
　Repeat Tab : 설정한 탭과 같은 간격으로 탭을 만듭니다.
　Delete Tab : 선택한 탭을 삭제합니다.
　Snap to Unit : 단위에 스냅을 걸어, 탭을 드래그해서 옮길 때 편합니다.

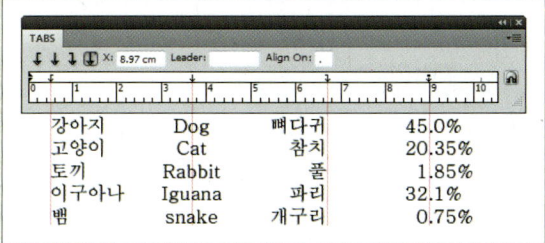

앞줄 정렬, 가운데 정렬, 뒷줄 정렬, 소수점 기준 정렬

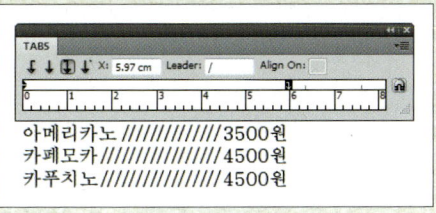

Leader에 "/"를 입력하고 뒷줄 정렬 탭을 사용했을 때

Lesson 32

글자 스타일 만들어 카페 메뉴판 만들기

편집물을 만들 때는 두세 가지 폰트를 쓰되 크기와 자간을 적절히 조절해 변화를 줍니다. 두세 가지 폰트만 써도 보기 좋고 지루하지 않으면서 중요한 곳을 강조할 수 있습니다. 글자를 쓸 때마다 글자 속성을 바꾸거나 스포이트 툴(✐)을 이용해 글자 속성을 복제할 수도 있지만 일러스트레이터에서는 이러한 과정을 생략할 수 있는 글자 스타일과 문단 스타일 패널을 제공합니다. 원하는 글자 속성을 등록해두고 편하게 꺼내 쓸 수 있는 글자 스타일 기능을 공부해보겠습니다.

⊙ 실습 파일 : 부록CD\Sample\Part09\Lesson32.txt, Lesson32_1.ai
완성 파일 : 부록CD\Sample\Part09\Lesson32_2.ai

 >  >

접지용 환경 만들기

01 반을 접어서 사용하는 카페 메뉴판을 만들겠습니다. ❶❷Ctrl+N을 눌러 다음과 같이 설정하고 OK 버튼을 누릅니다. ❸크기가 40×14cm인 아트보드 두 개가 1cm 간격으로 만들어집니다. 빨간 선은 0.2cm인 재단 여분을 나타냅니다. 위쪽 아트보드는 메뉴 겉면인 표지, 아래쪽 아트보드는 메뉴 안쪽 면입니다. 종이 한 장에 앞뒤로 인쇄할 부분입니다.

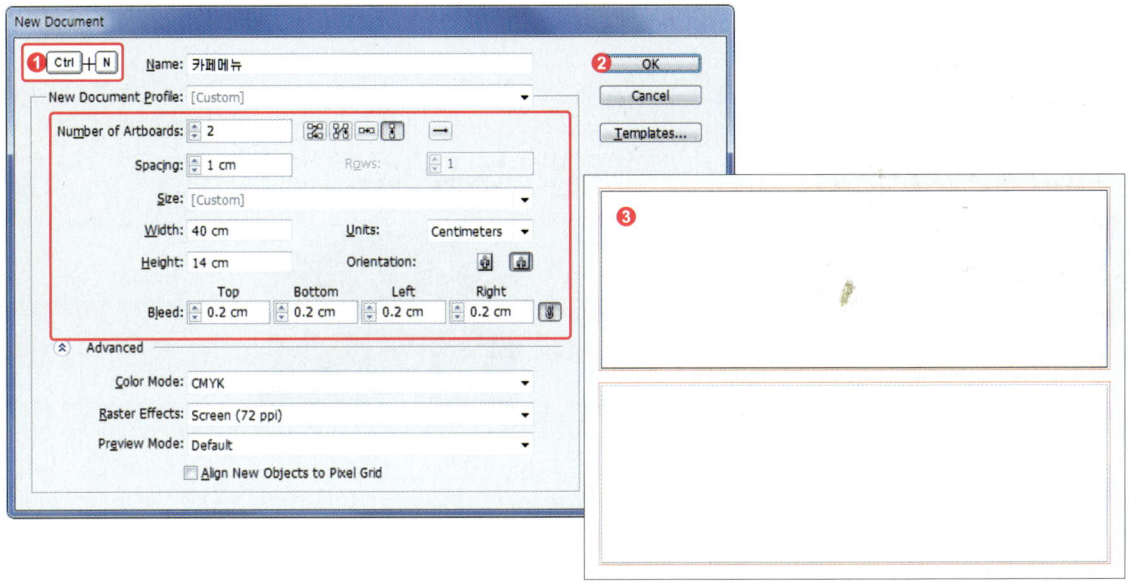

02 접히는 선을 만들겠습니다. ❶❷선 툴(＼)로 Shift+드래그해서 수직선을 그리고 ❸❹아트보드를 기준으로 가운데로 정렬합니다. ❺[View]-[Guides]-[Make Guides] 메뉴를 선택하거나 Ctrl+5를 눌러 안내선을 만듭니다.

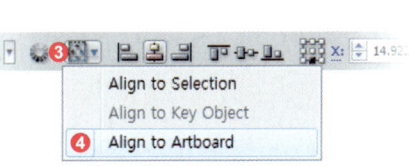

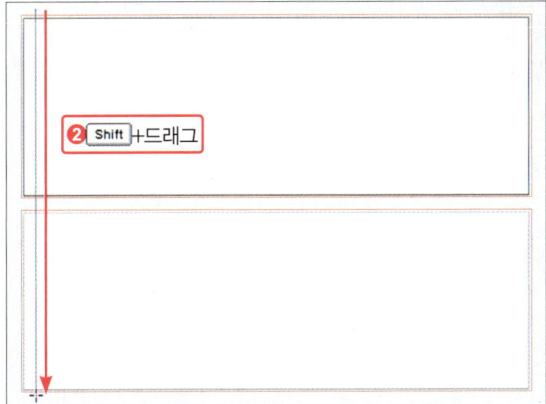

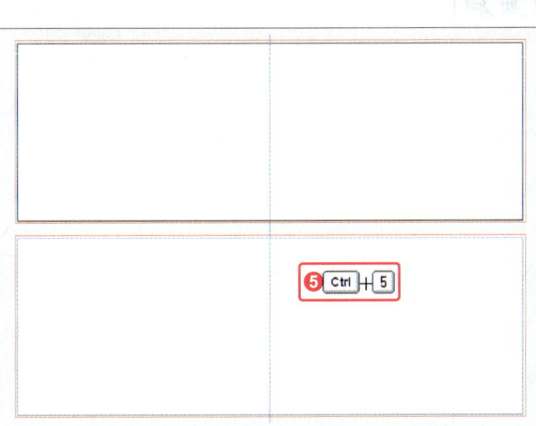

03 ❶ Ctrl + O 를 눌러 부록CD\Sample\Part09\Lesson32_1.ai 파일을 불러오면 카페 로
고와 사진 6개가 들어 있습니다. ❷❸ Ctrl + A 를 눌러 전체를 선택하고 Ctrl + C 를 눌러 복사
합니다. ❹새로 만든 메뉴 도큐먼트에서 Ctrl + V 를 눌러 붙여 넣습니다. ❺로고와 사진을 대
충 배치합니다.

04 부록CD\Sample\Part09\Lesson32.txt 파일을 열면 카페 소개와 메뉴 내용이 들어 있습니다. ❶카페 소개 부분을 드래그하고 [Ctrl]+[C]를 눌러 복사한 다음 ❷일러스트레이터 화면으로 돌아와 [Ctrl]+[V]를 누르면 복사한 글자가 화면에 입력됩니다. ❸같은 방법으로 각 메뉴 텍스트도 따로따로 복사해서 붙입니다. 이렇게 필요한 사진과 텍스트를 모아놓은 뒤 디자인하면 배치하거나 여백을 고민할 때 수월합니다.

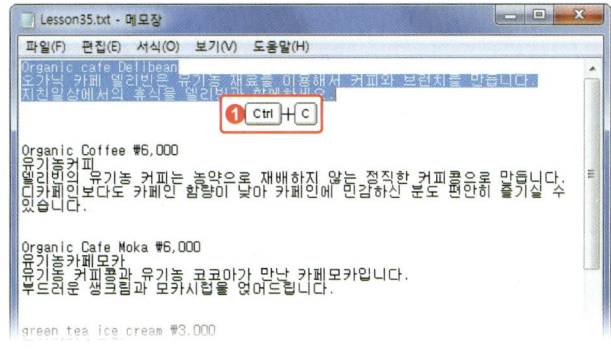

05 ❶❷❸사각형 툴(▢)로 화면을 클릭해서 여분을 포함한 표지 크기 사각형을 만듭니다. ❹
❺아트보드 가운데로 정렬하고 ❻로고와 같은 진녹색(C100, M50, Y100)으로 칠합니다. ❼❽
로고는 잘 보이도록 흰색으로 칠하고 ❾너비를 10cm로 줄입니다. ❿뒤표지에는 카페 소개 글
을 흰색으로 작게 입력합니다.

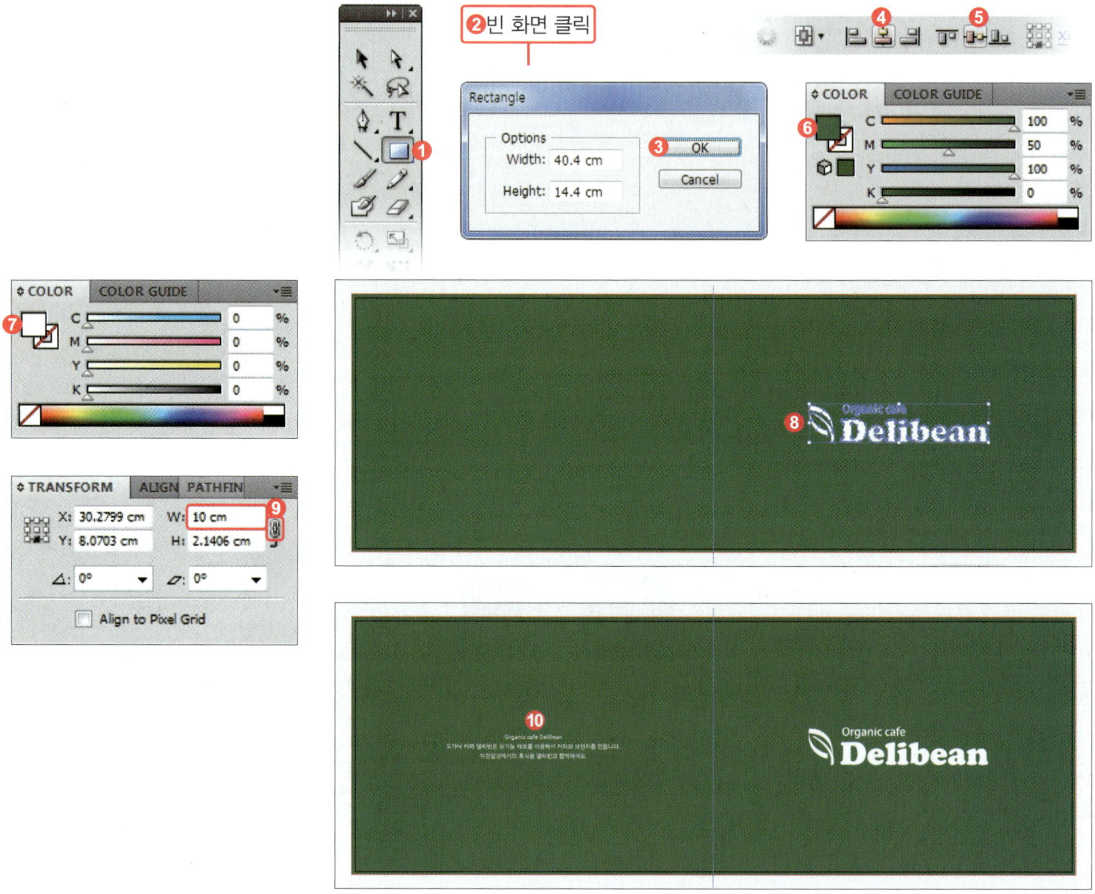

❷빈 화면 클릭

Rectangle

Options

Width: 40.4 cm

Height: 14.4 cm

❸ OK

Cancel

COLOR   COLOR GUIDE

❻ C 100 %
M 50 %
Y 100 %
K 0 %

COLOR   COLOR GUIDE

❼ C 0 %
M 0 %
Y 0 %
K 0 %

TRANSFORM   ALIGN PATHFIN

X: 30.2799 cm W: 10 cm ❾
Y: 8.0703 cm H: 2.1406 cm

△: 0° ⧄: 0°

☐ Align to Pixel Grid

❽ Organic cafe
Delibean

❿ Organic cafe Delibean

Organic cafe
Delibean

06 선택 툴(▶)로 [Shift]+클릭해서 사진 6개를 모두 선택합니다.

07 ❶[Object]-[Transform]-[Transform Each] 메뉴를 선택합니다. ❷다음과 같이 설정한 다음 ⟨ OK ⟩ 버튼을 누릅니다. ❸사진이 각자 위치를 유지한 채 60% 크기로 축소됩니다.

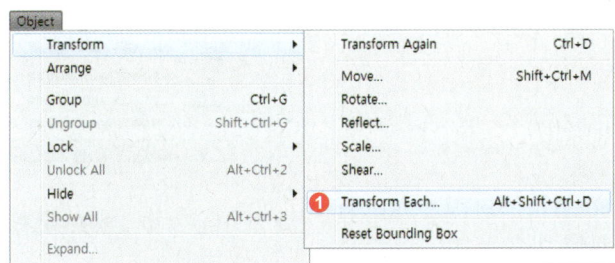
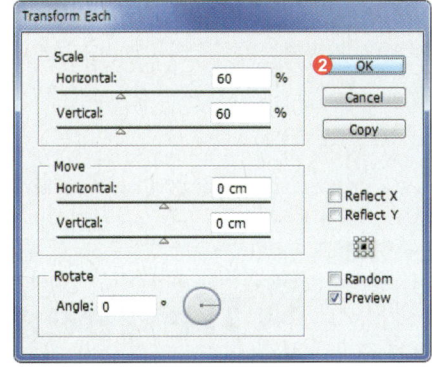

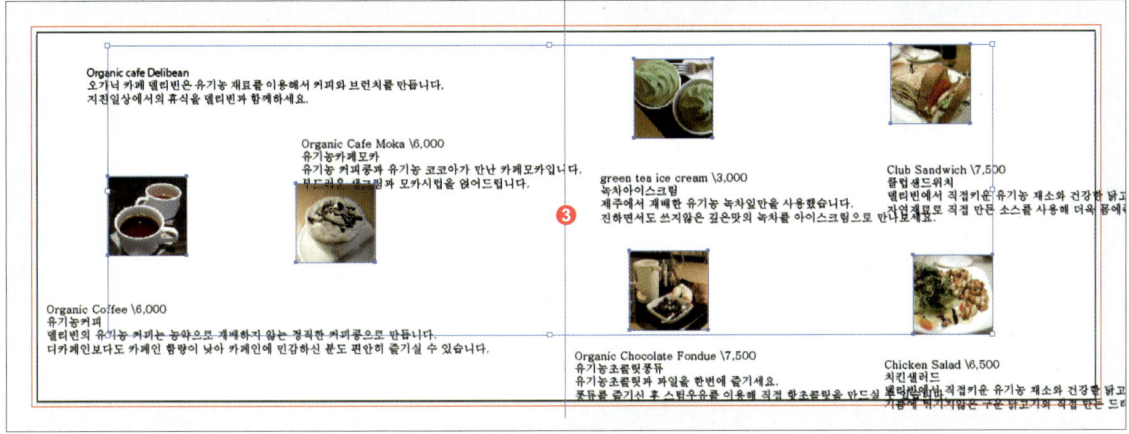

원래 사진 크기는 5cm 정사각형이었지만, 60% 크기로 축소되어 3cm 정사각형으로 바뀌었습니다.

08 ❶부록CD\Sample\Part09\Lesson32_1.ai 파일에서 로고를 복사해서 내지에 붙여 넣습니다. ❷❸너비를 7.5cm로 줄이고 ❹사진과 텍스트를 다음과 같이 다시 정리합니다.

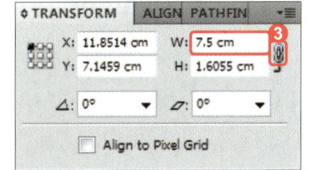

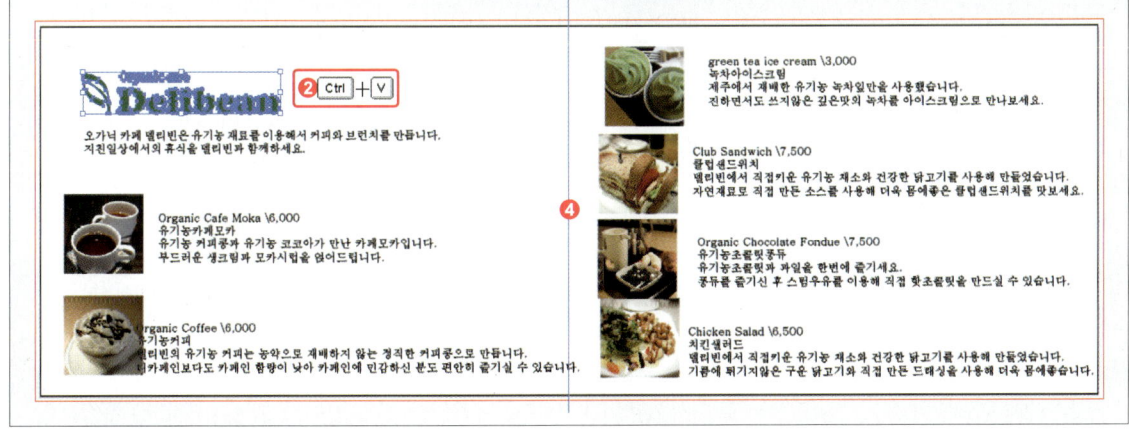

09 ❶카페 소개 글에서 로고와 겹치는 Organic cafe Delibean 텍스트를 지운 다음 ❷로고
와 같은 진녹색(C100, M50, Y100)으로 칠하고 ❸❹폰트를 나눔명조, 글자 크기를 8pt로 설
정합니다.

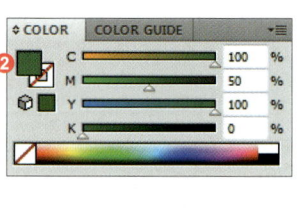
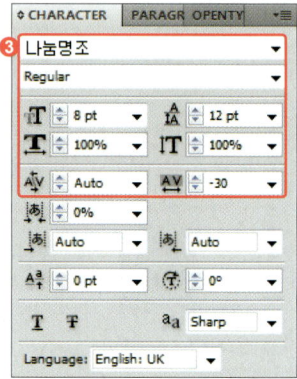

10 ❶❷앞장에 있는 사진을 두 개 선택하고 위 사진을 한 번 더 클릭해서 기준으로 설정한
다음 ❸❹정렬 패널에서 ▣ 버튼을 눌러 붙여줍니다.

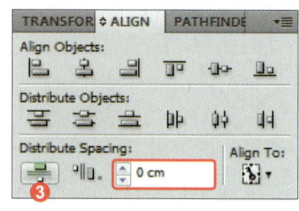

11 ❶❷❸사각형 툴(▢)로 화면을 클릭해서 7×1.3cm인 진녹색 사각형을 만듭니다. ❹❺위 사진과 진녹색 사각형을 함께 선택하고 사진을 한 번 더 클릭해 기준으로 설정합니다. ❻❼❽ 정렬 패널을 이용해서 윗줄과 옆면을 맞춥니다.

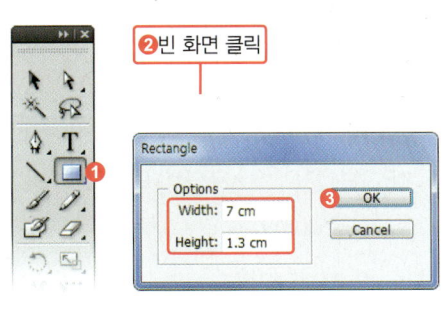

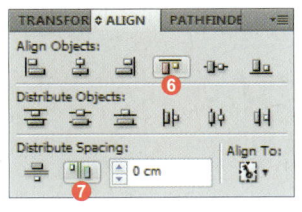

12 ❶사각형을 복제해서 아래 사진과도 윗줄과 옆면을 맞춰준 다음 ❷컬러 가이드 패널을 선택합니다. 진녹색과 어울리는 다른 색이 선택되어 있습니다. ❸❹그 중 겨자색을 클릭해서 칠합니다.

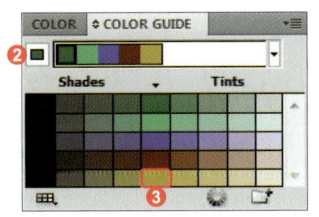

13 ❶❷글자 툴(T)로 첫 번째 줄을 드래그해서 선택한 다음 흰색으로 칠합니다. ❸글자 패널에서 폰트, 글자 크기, 자간을 설정합니다. ❹문단 패널에서 들여쓰기를 22pt로 설정합니다.

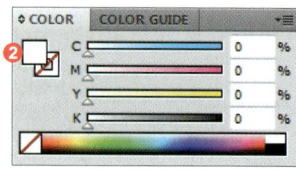

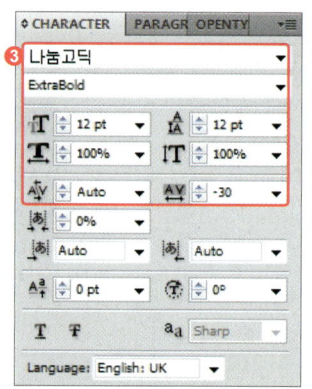

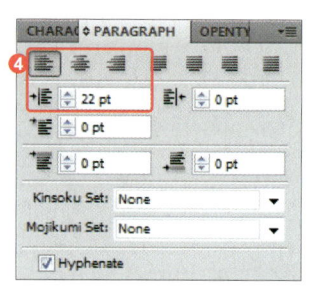

14 ❶❷두 번째 줄을 드래그해서 선택한 다음 회색(K50)으로 칠하고 ❸글자 패널에서 폰트, 글자 크기, 자간을 설정하고 ❹문단 패널에서 들여쓰기를 22pt로 설정합니다.

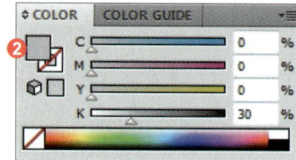

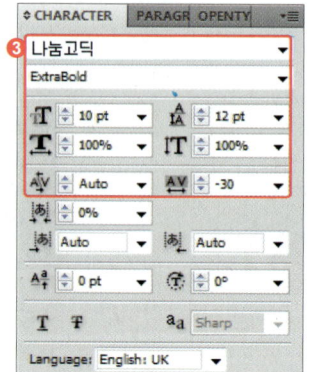

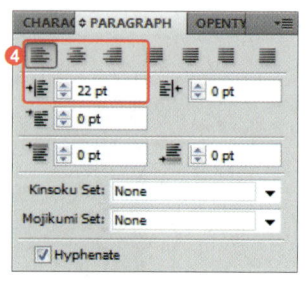

15 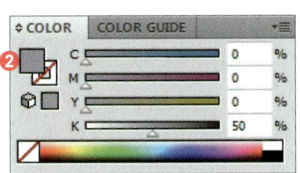를 이용해 메뉴 설명 글과 메뉴 이름 사이에 빈 행을 추가하고, 글자를 드래그해서 선택합니다. **❷❸**회색(K50)으로 칠하고 글자 패널에서 폰트, 글자 크기, 자간을 설정합니다. **❹**선택 툴(▶)로 제목과 설명 글이 공간에 어울리도록 배치하고, 카페 로고에 있던 나뭇잎 모양을 복제해 들여쓰기 한 공간에 배치합니다.

16 지금까지 지정한 3가지 글자 스타일을 등록하겠습니다. **❶**메뉴 이름과 가격을 글자 툴(T)로 선택하고 **❷**[Window]-[Type]-[Paragraph Styles] 메뉴를 선택하면 문단 스타일 패널이 나타납니다. **❸❹**🔲 버튼을 누르면 선택한 글자 속성이 새로운 스타일로 등록됩니다.

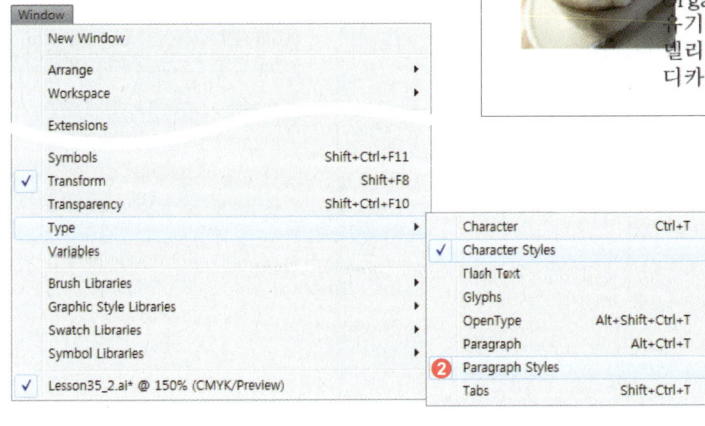

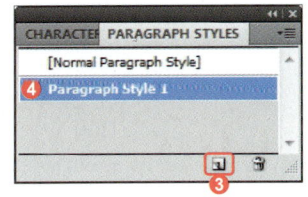

17 ❶스타일을 더블클릭하면 글자 속성을 확인할 수 있으며, 속성을 수정할 수도 있습니다. ❷스타일 이름을 지정하고 ［ OK ］ 버튼을 눌러 ❸스타일 등록을 마칩니다. ❹❺한글 메뉴도 드래그해서 선택한 다음 같은 방법으로 문단 스타일을 등록합니다.

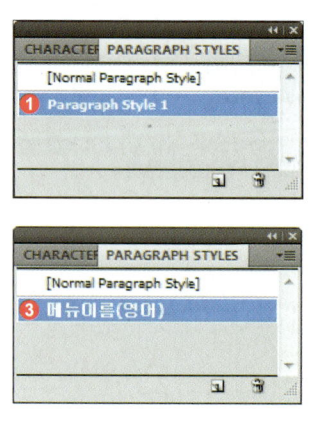

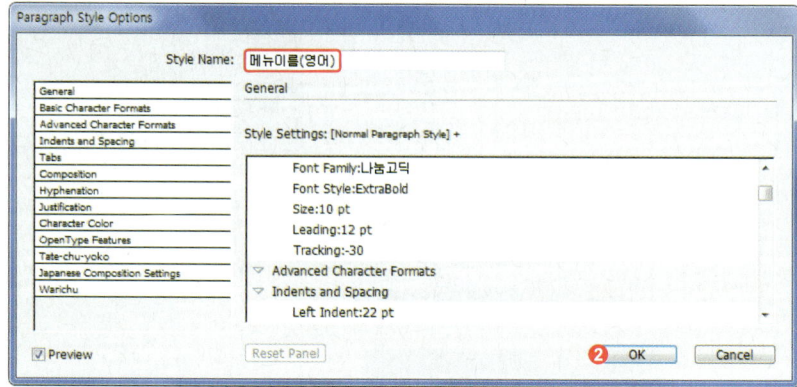

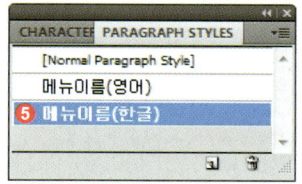

18 ❶메뉴 설명 글을 드래그해서 선택하고 ❷글자 스타일 패널에서 ▣ 버튼을 누르면 선택한 글자 속성이 새로운 스타일로 등록됩니다. ❸스타일을 더블클릭하면 글자 속성을 확인할 수 있고 속성을 수정할 수도 있습니다. ❹스타일 이름을 지정하고 ［ OK ］ 버튼을 눌러 ❺스타일 등록을 마칩니다.

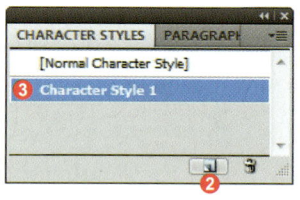

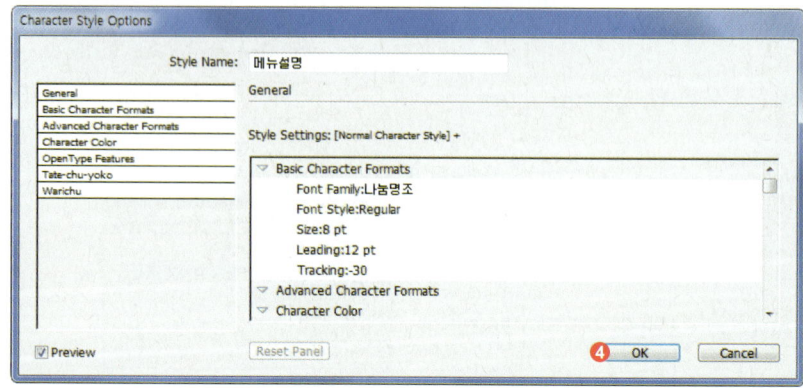

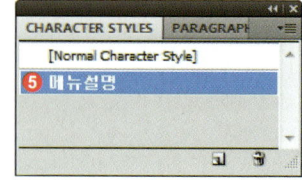

19 ❶스타일이 적용되지 않은 다음 메뉴의 메뉴 이름을 드래그해서 선택합니다. ❷문단 스타일에 등록한 첫 번째 스타일을 클릭하면 일부 속성이 적용되고 +가 표시됩니다. ❸한 번 더 클릭하면 + 표시가 사라지고 등록된 스타일이 완벽하게 적용됩니다.

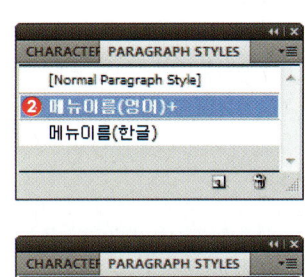

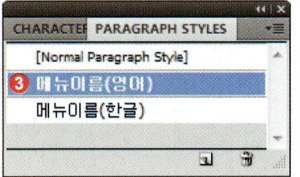

20 ❶두 번째 스타일도 같은 방법으로 적용합니다. ❷메뉴 설명 글을 드래그해서 선택하고 ❸❹글자 스타일 패널에 등록한 스타일을 천천히 두 번 클릭해서 적용합니다. ❺나뭇잎 모양을 복제하고 ❻정렬 패널을 이용해 글자 위치를 정돈합니다.

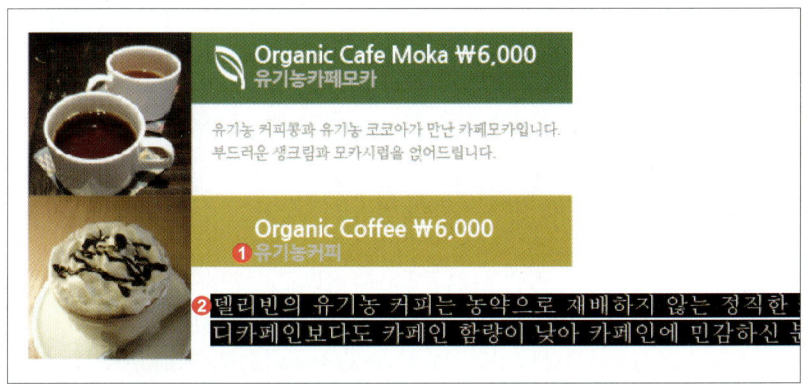

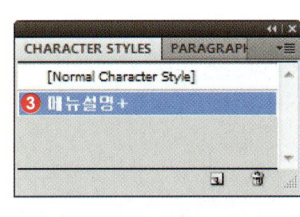

오브젝트를 기준으로 정렬할 때는 [Align to Selection]을 선택하세요.

글자 스타일은 일부 몇 글자에 스타일을 적용하지만, 문단 스타일은 문단 전체에 스타일을 적용합니다. 적용되는 범위가 다르므로 한 문단에 글자 스타일과 문단 스타일을 섞어 쓸 수 없습니다. 문단 패널에서 들여쓰기 속성을 적용했다면 문단 스타일로 등록해야 합니다.

21 나머지 부분에도 스타일을 적용하고 보기 좋게 배치합니다. 표지에 여분을 포함한 크기인 사각형을 그렸던 것처럼 내지에도 투명한 사각형을 그리고 선과 로고의 나뭇잎 모양을 이용해서 허전한 공간을 꾸며 마무리합니다. 마무리한 이미지는 AI 파일로 따로 저장해둡니다.

22 글자를 아웃라인 처리합니다. 표지와 내지를 각각 EPS 또는 PDF 파일로 따로 저장한 다음 인쇄업체에 넘깁니다.

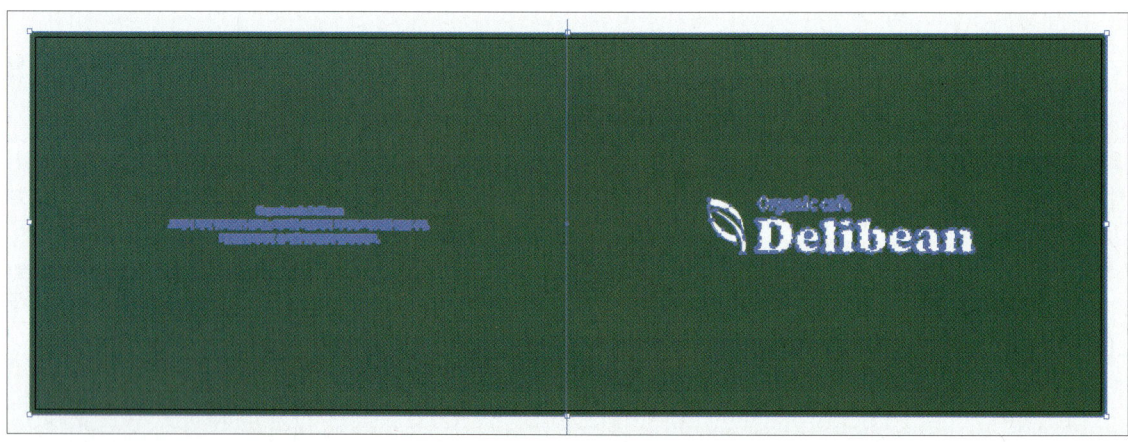

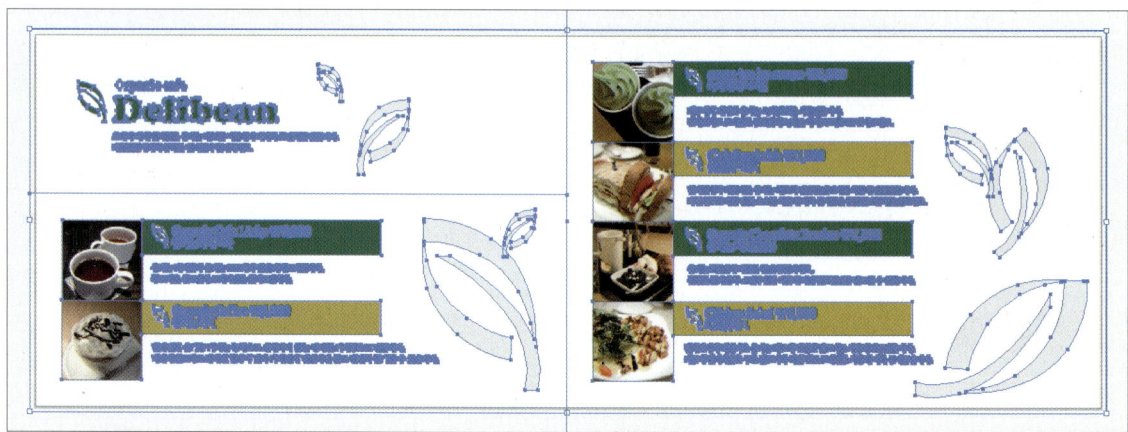

23 인쇄한 메뉴판은 반으로 접어서 사용합니다.

TIP 문단 패널 자세히 보기

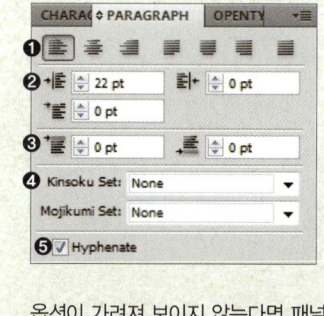

❶ 문장의 정렬 방향과 모양을 선택합니다.
❷ 문장의 앞, 뒤, 첫 줄을 얼마나 들여쓸지 또는 내어 쓸지 설정합니다.
❸ 문단과 문단 사이 간격을 설정합니다.
❹ 일본 문자의 첫 글자 금지어를 설정하거나 간격을 조정하는 기능이므로 한글과 영어를 사용할 때는 None을 선택하면 됩니다.
❺ 긴 영어 단어에 줄 바꿈이 필요할 때 하이픈(–)을 삽입합니다.

옵션이 가려져 보이지 않는다면 패널 옆 버튼을 눌러 [Show Options]를 선택합니다.

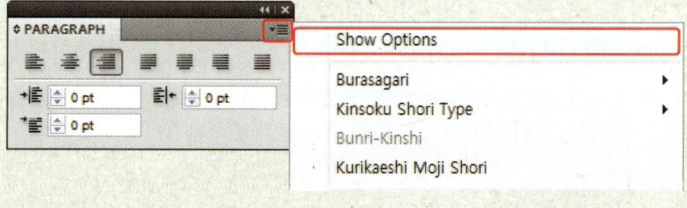

Lesson 33
팬톤 컬러를 활용한 별색 책 표지 만들기

'디자인을 보려면 서점에 가라'는 말이 있을 정도로 서점에 가면 수많은 편집 디자인을 접할 수 있습니다. 책 표지는 물론 내지 디자인까지 책 수만큼 다양하게 볼 수 있습니다. 책의 얼굴이라고 할 수 있는 책 표지의 구성 요소를 알아보고 직접 만들어보겠습니다.

실습 파일 : 부록CD\Sample\Part09\Lesson33_1.txt, Lesson33_2.eps, Lesson33_3.eps
완성 파일 : 부록CD\Sample\Part09\Lesson33_4.ai

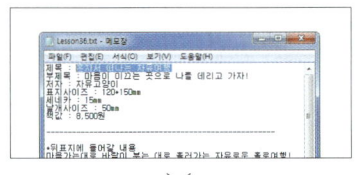

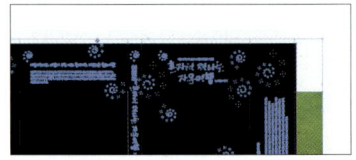

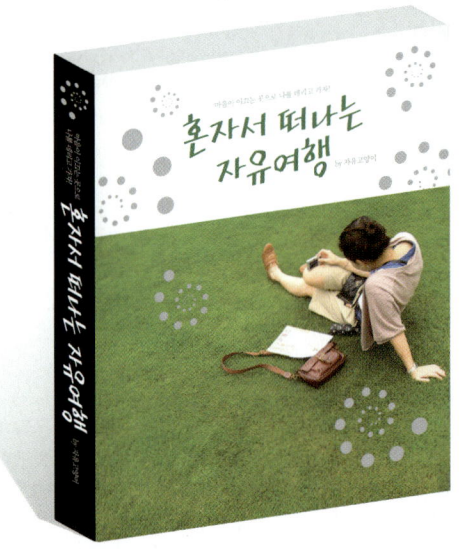

책 표지에 대해

책 표지는 책 속에 담긴 내용을 함축적으로 표현하면서도 소비자의 눈길을 끌어야 하므로 출판 기획자나 디자이너가 컨셉을 잡을 때 가장 많이 고민하는 부분입니다. 책을 엮는 제책 방식과 재질에 따라 디자인하는 방법에도 조금씩 차이가 있으므로 책 표지 디자인에 관심이 있다면 수시로 서점에 가서 디자인 스타일은 물론 제책 방식과 재질 등을 눈여겨보기 바랍니다.

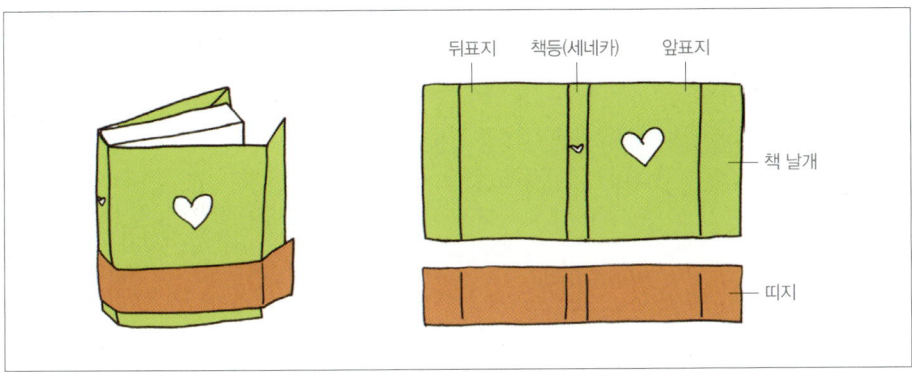

제본 방식과 표지 모양

중철 : 종이 가운데를 철침으로 고정시키는 방식입니다. 내구성이 떨어지므로 얇고 가벼운 인쇄물이나 오래 보관할 필요가 없는 인쇄물을 만들 때 사용합니다. 책 두께만큼 표지 폭이 늘어나고, 중철 부분에서 책 두께만큼 표지가 말려들어가므로 글자를 배치할 때 여분을 고려해야 합니다.

본드 제본 : 본드로 책등을 고정시킵니다. 무선 제본 또는 떡 제본이라고도 불리며 가장 많이 쓰는 방식입니다. 책등, 앞표지, 뒤표지를 따로 디자인할 수 있습니다. 책이 두껍거나 내지가 두꺼우면 책등이 갈라지거나 내지가 빠질 수 있습니다.

실 제본 : 종이를 모아 실로 엮은 다음 이어붙이는 방식입니다. 주로 고급 서적이나 다이어리를 만들 때 씁니다. 표지는 가죽이나 두꺼운 재질로 양장한 다음 종이 표지를 덧씌우는 방식을 많이 씁니다.

트윈 링 제본 : 표지와 내지에 네모난 구멍을 뚫고 트윈 링을 끼워 엮는 방식입니다. 양면이 어긋나는 스프링 제본 방식의 단점을 보완한 것으로 달력, 팬시 노트, 동화책 등에 사용됩니다.

본드 제본+겉 표지 : 본드로 제본한 책에 표지를 따로 디자인해서 덧씌우는 방식입니다. 만화책이나 소설책 등 다양한 분야에 쓰입니다. 본드로 제본한 것보다 고급스러워 보입니다.

실 제본+양장+표지+띠지 : 양장으로 제본한 다음 종이로 표지를 한 번 더 씌우고, 별도로 띠지를 둘러준 스타일입니다. 광고용 문구를 띠지에 넣을 수 있어 좋습니다.

표지 환경 만들기

01 ❶메모장에서 부록CD\Sample\Part09\Lesson33_1.txt 파일을 열면 책 표지 의뢰서가 들어 있습니다. 의뢰서 속에는 책 크기, 책 제목, 저자, 가격 등 표지에 들어가야 할 내용이 모두 들어 있습니다. ❷❸❹Ctrl+N을 눌러 책 날개, 표지, 책등을 연결했을 때 나오는 크기에 여분 2mm를 더해 아트보드 크기를 만듭니다.

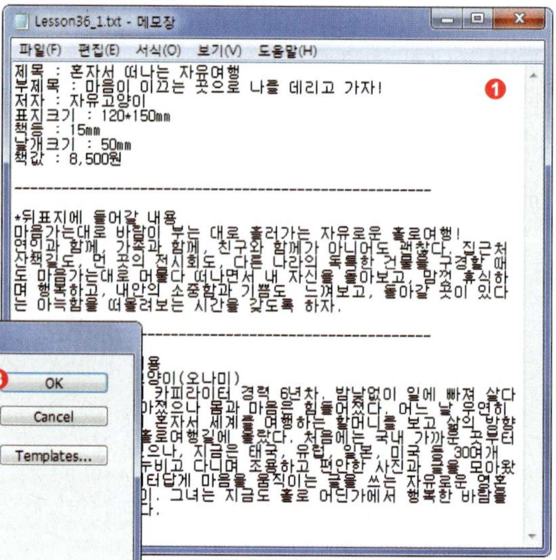

디자인 의뢰서는 한글 파일, 엑셀, 파워포인트 파일 등으로 주기도 하고 메일로 주기도 합니다.

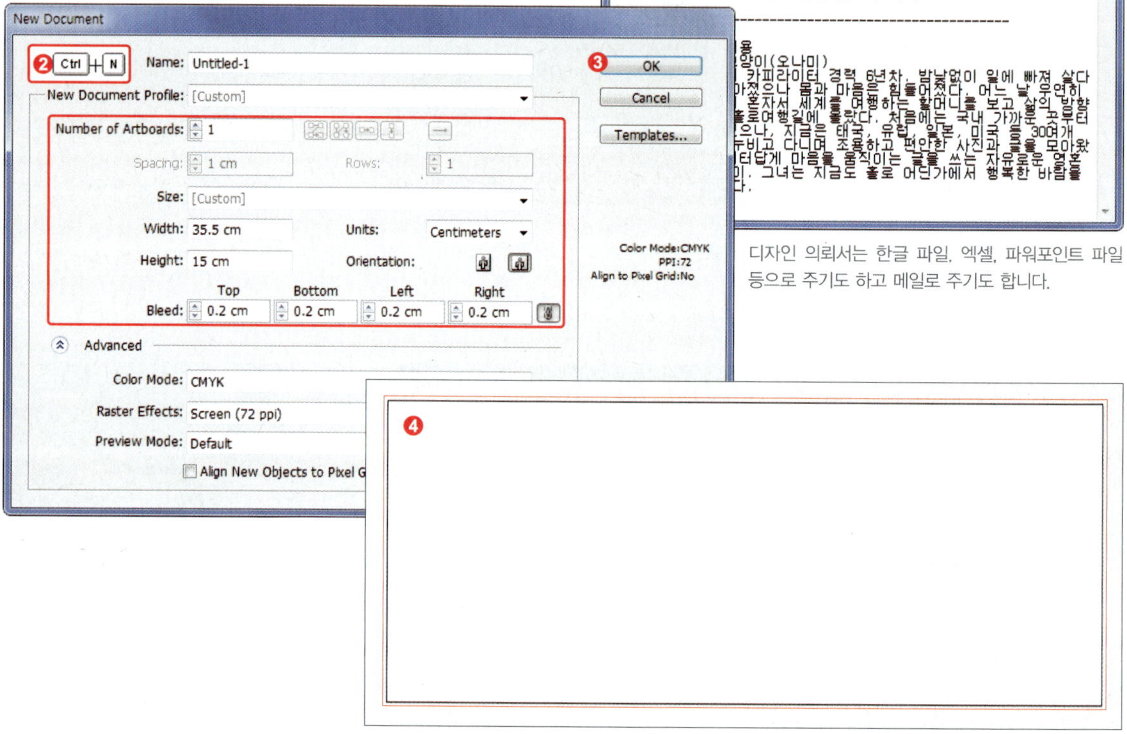

02 접히는 부분을 안내선으로 표시하겠습니다. ❶❷선 툴( )로 Shift+드래그해서 수직선을 그립니다.

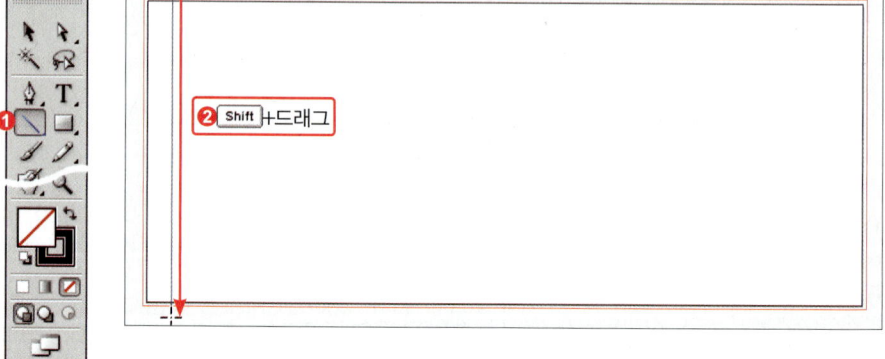

03 ❶❷❸❹아트보드를 기준으로 왼쪽 정렬을 해서 수직선을 아트보드 왼쪽 끝에 붙입니다.
❺❻선택 툴(▸)을 더블클릭하고 가로 값에 5를 입력한 뒤 Copy 버튼을 눌러 ❼날개가 접
히는 부분에 수직선을 복제합니다.

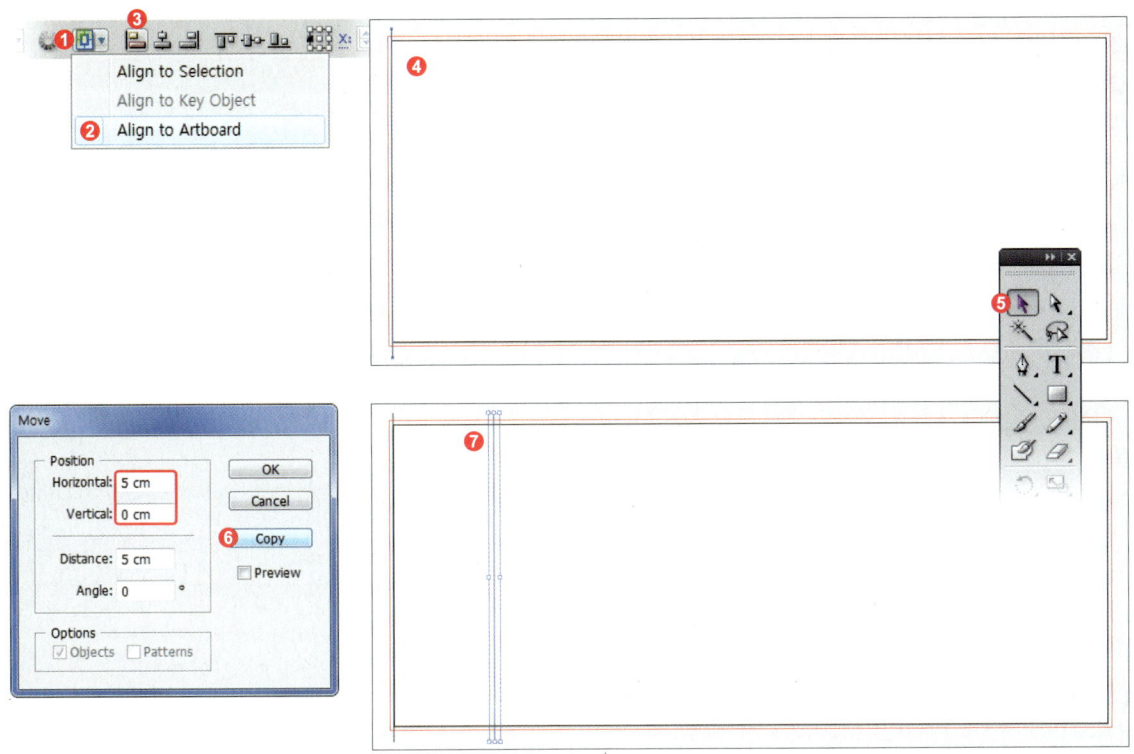

04 ❶❷다시 선택 툴(▸)을 더블클릭하고 표지 너비 값인 12를
입력한 다음 Copy 버튼을 누릅니다. ❸뒤표지 영역에 세로 선
이 복제됩니다.

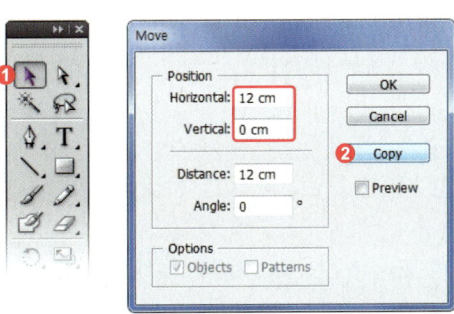

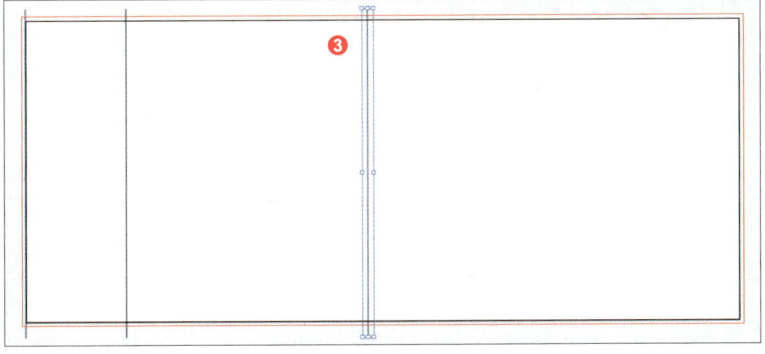

05 ❶같은 방법으로 책등(세네카) 두께, 앞표지, 날개가 접히는 부분에 수직선을 복제합니다. ❷ 만들어둔 직선을 모두 선택하고 ❸ Ctrl + 5 를 눌러 안내선으로 바꿉니다.

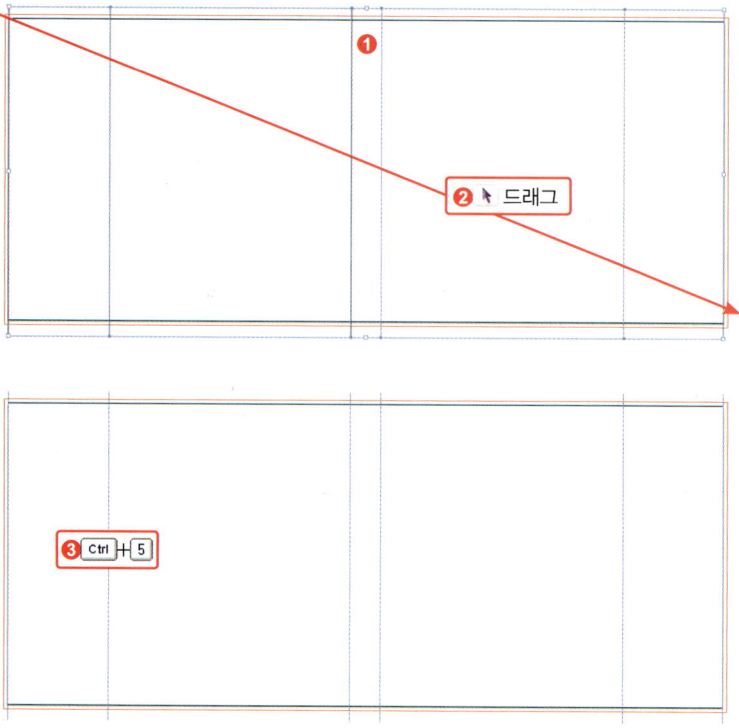

데이터 배치하기

06 ❶의뢰서에서 책 제목을 복사하고 ❷일러스트레이터 도큐먼트로 돌아와 붙여 넣습니다 ❸같은 방법으로 부제목과 저자 이름도 넣습니다.

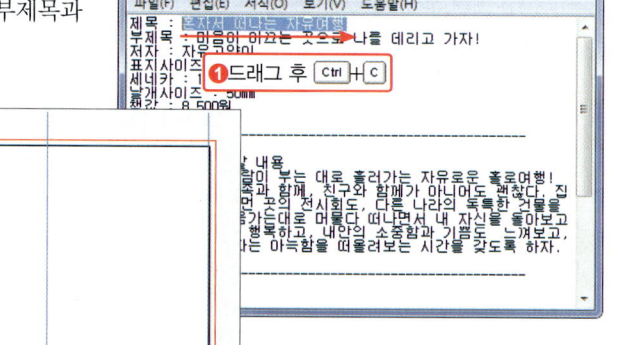

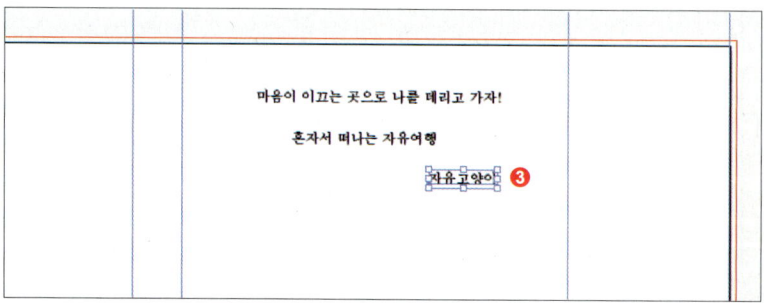

07 ❶뒤표지에 들어갈 긴 문장을 복사합니다. ❷❸글자 툴
(T)로 화면을 드래그해서 텍스트 영역을 만듭니다. ❹ Ctrl
+ V 를 눌러 텍스트 영역 안에 글자를 붙여 넣습니다.

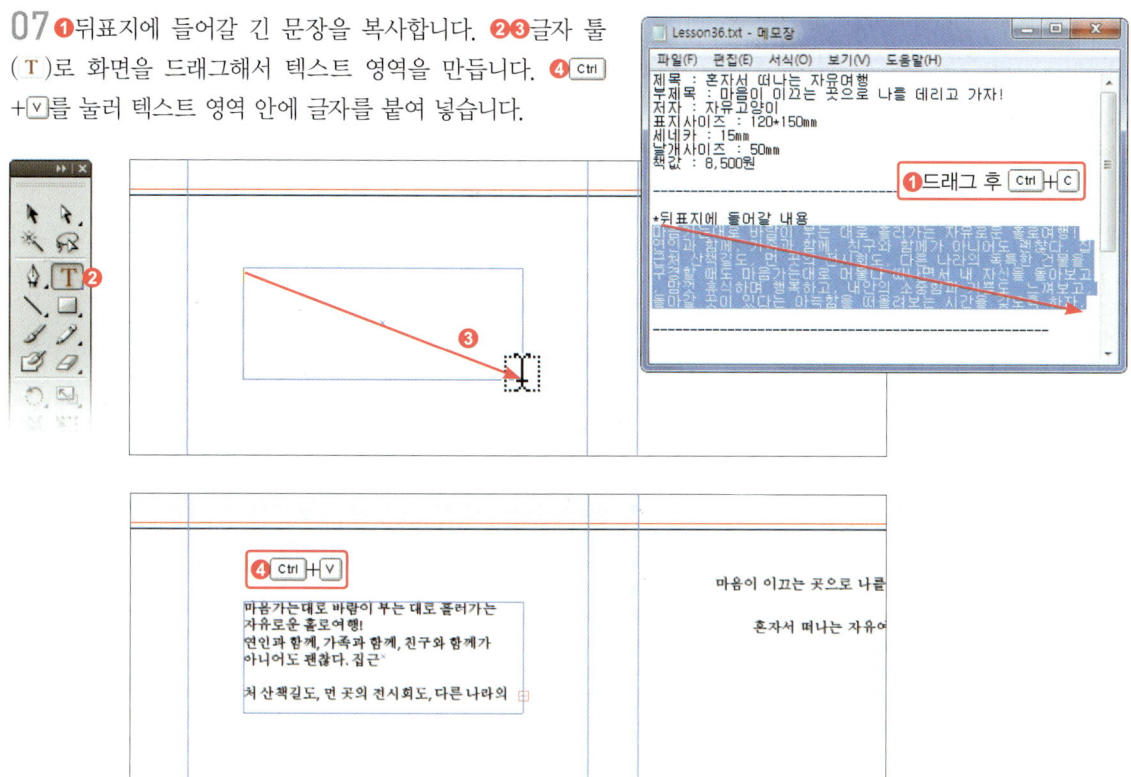

08 ❶[FIle]−[Place] 메뉴를 선택하고 부록CD\Sample\Part09\
Lesson33_2.eps 파일을 가져온 다음 ❷❸컨트롤 패널에서 Embed 버튼
을 눌러 사진을 도큐먼트에 포함시킵니다.

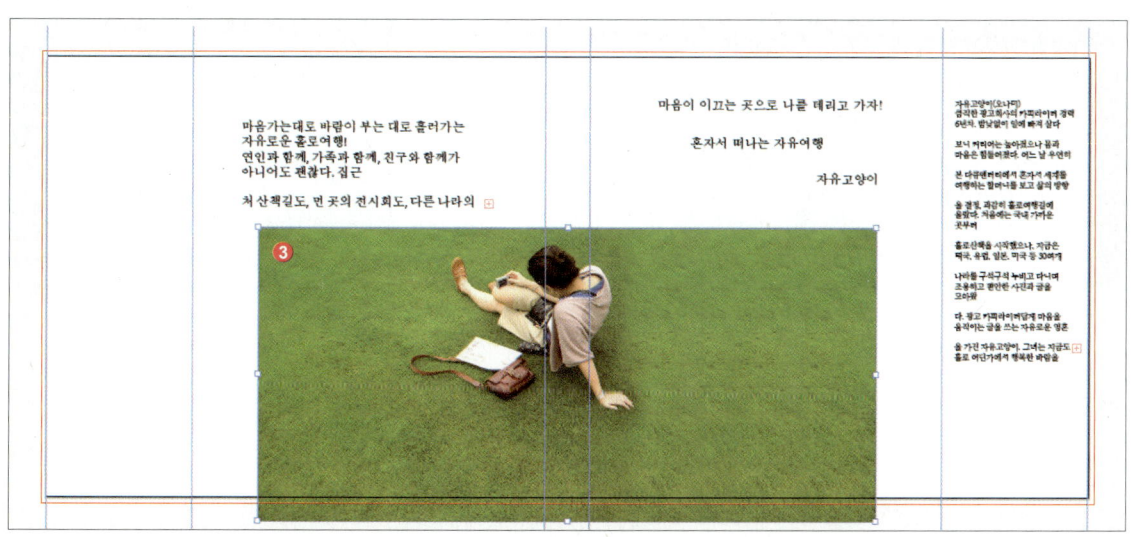

09 앞표지에 어울리는 구도로 사진을 배치합니다. 나중에 클리핑 마스크로 처리할 것이므로
사진이 도큐먼트를 넘어가는 것은 신경 쓰지 않아도 됩니다.

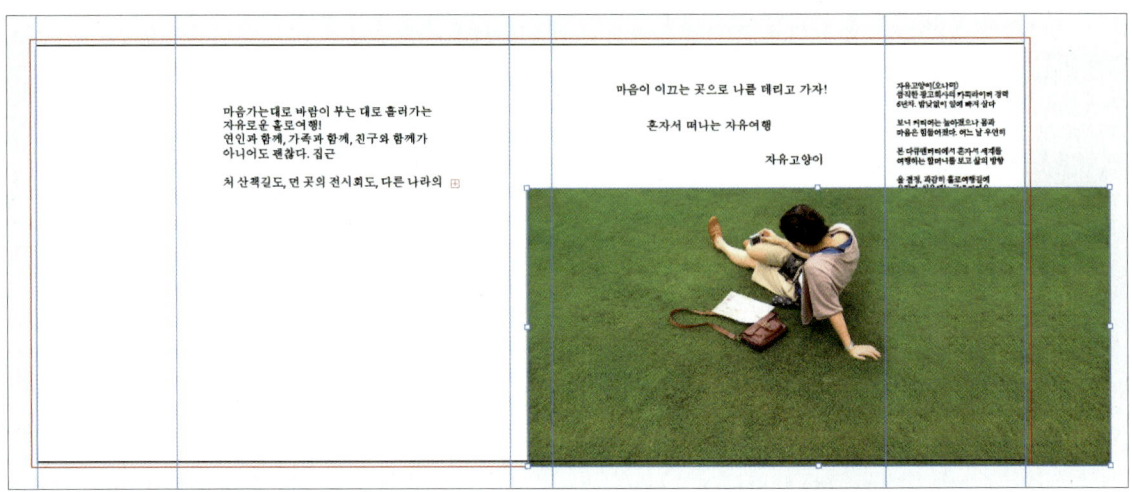

이미지는 포토샵에서 300dpi로 저장한 EPS 파일로 컬러 모드는 CMYK입니다.

10 ❶제목을 선택하고 ❷❸다음과 같이 글자 속성을 지정합니다.

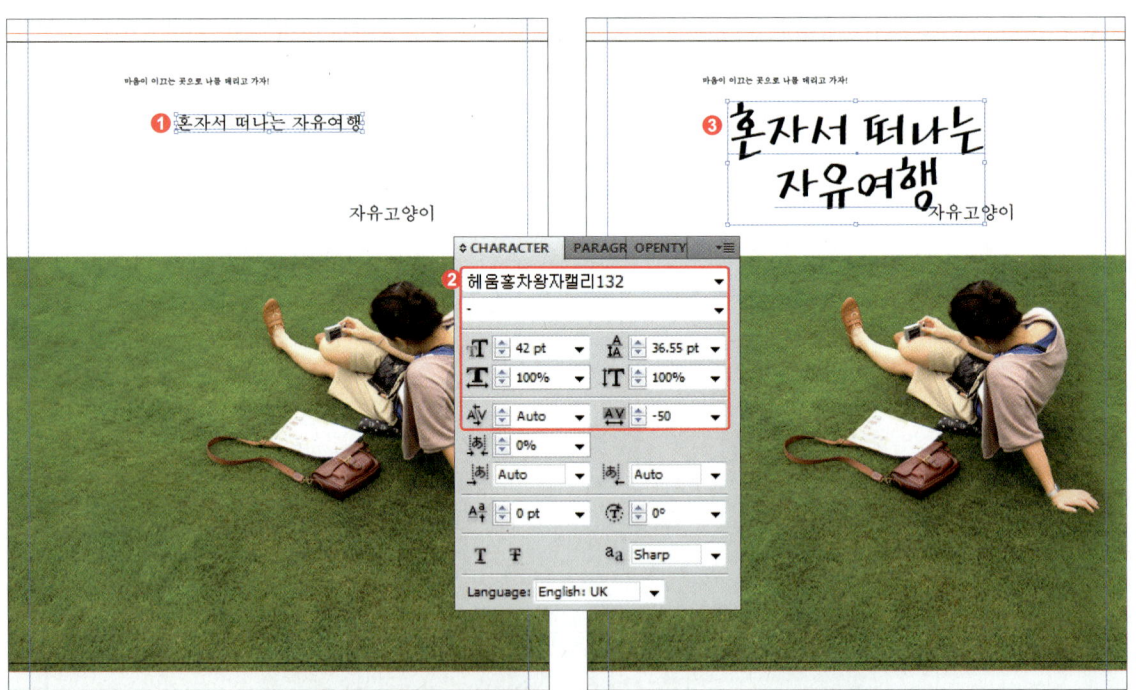

예제에서는 Lesson 19에서 소개한 무료 폰트인 헤움홍차왕자캘리를 사용했습니다.

11 ❶글자 색을 배경 이미지와 어울리는 진녹색으로 칠하고, ❷❸❹나머지 서브 카피와 저자 이름도 어울리는 폰트, 글자 색, 글자 크기로 설정하고 적당히 배치합니다.

작은 글자는 Lesson 19에서 소개한 무료 폰트인 나눔명조입니다.

제목 글자 색

서브 카피와 저자 이름 색

서브 카피와 저자 이름 글자 속성

12 ❶[File]-[Place] 메뉴를 선택하고 부록CD\Sample\Part09\Lesson33_3.eps 파일을 가져옵니다. ❷❸ Embed 버튼을 눌러 사진을 도큐먼트에 포함시키고 여분 선에 딱 맞게 배치합니다.

13 여분이 포함된 책등 크기(15×154)와 같은 검은색 사각형을 그리고, 앞표지 제목과 저자 이름을 복제해서 책등을 꾸밉니다.

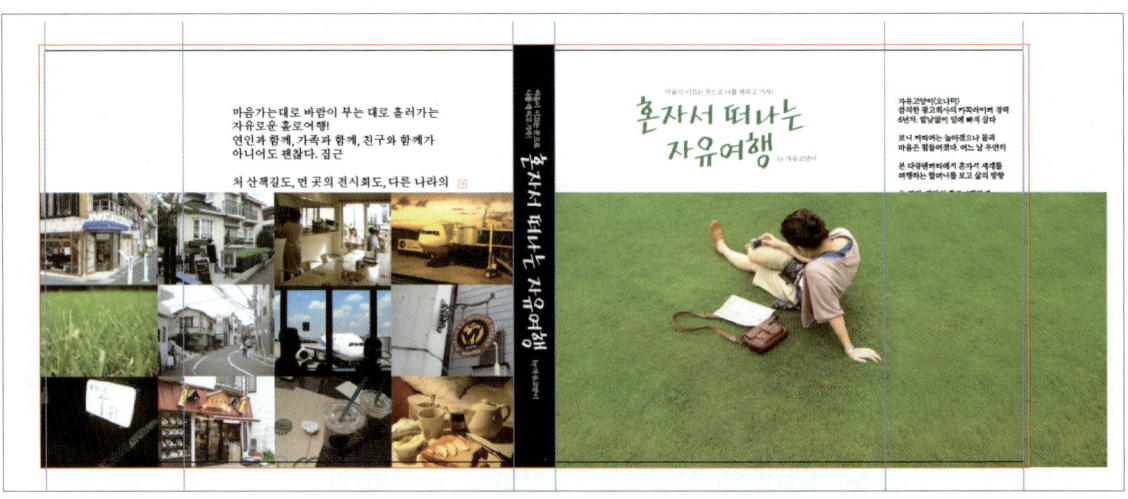

14 ①②뒤표지에 있는 글자를 선택하고 글자 속성을 설정합니다. ③텍스트 영역보다 글자가 줄어들면서 田 모양이 사라집니다. ④문장을 어색하지 않게 고치고 바운딩 박스 조절점을 드래그해서 글자 크기를 조절합니다. 바운딩 박스를 조절해도 글자 속성은 유지됩니다.

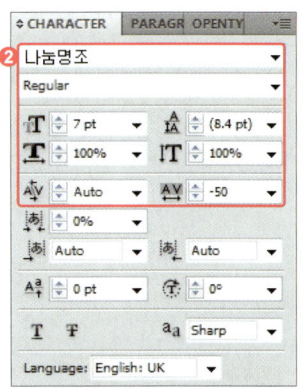

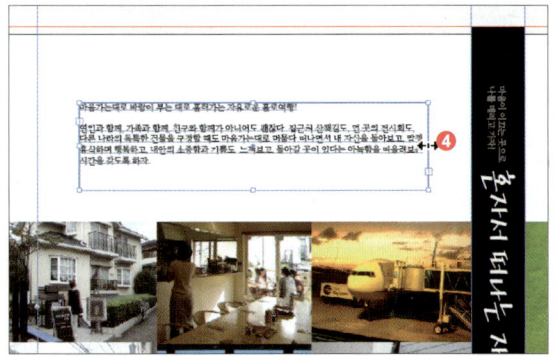

트랜스폼 패널을 이용해서 바운딩 박스 크기를 설정하거나, 다른 오브젝트와 함께 선택하고 바운딩 박스 조절점을 드래그하면 글자도 함께 바뀝니다.

15 ❶글자 툴(T)로 첫 문장을 드래그해서 선택하고 ❷ ❸❹폰트, 글자 크기, 글자 색을 적절히 바꿉니다.

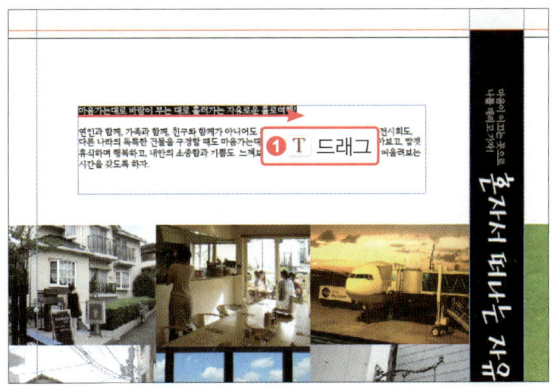

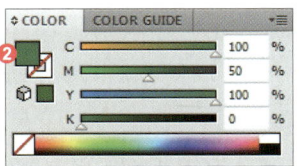

16 ❶전체적으로 보았을 때 행간이 좁아 답답해 보일 때는 원하는 문단을 드래그해서 선택한 다음 ❷❸행간 만 늘릴 수 있습니다.

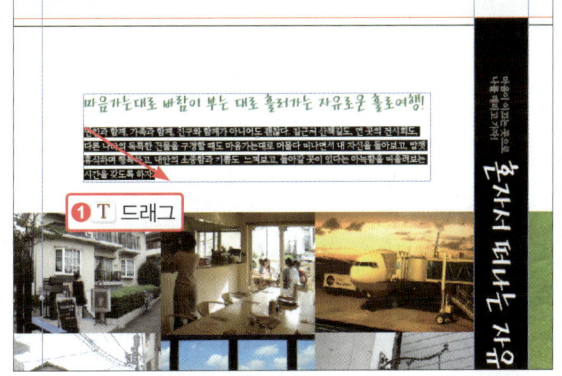

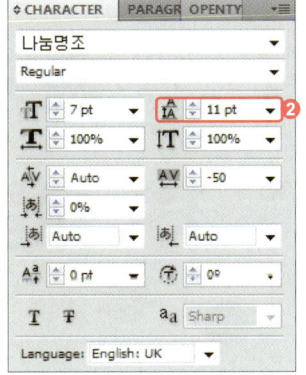

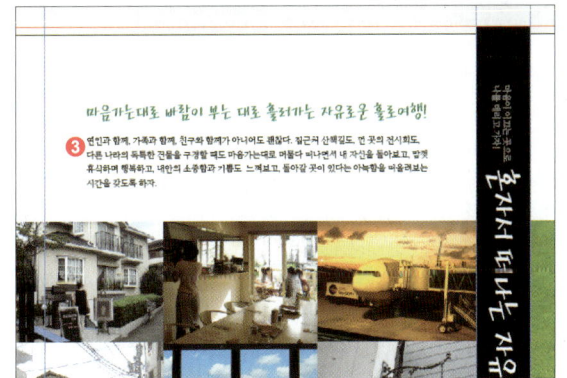

17 전체적인 모양을 봐가면서 나머지 글자도 표지에 어울리게 배치합니다.

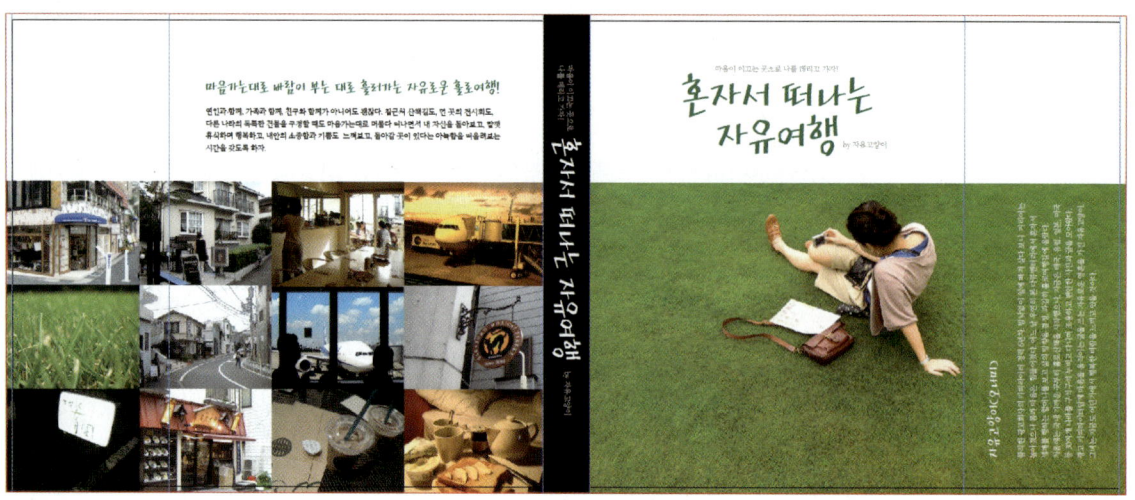

별색 지정하기

18 허전해 보이는 배경을 동그라미를 넣어 장식하겠습니다. ❶❷❸❹원형 툴(⬤)로 화면을 클릭해서 지름이 0.7cm인 정원을 그립니다. ❺[Effect]-[Distort Transform]-[Transform] 메뉴를 선택합니다. ❻다음과 같이 설정하고 OK 버튼을 누르면 ❼오브젝트가 90%씩 축소된 동그라미 20개가 회오리 모양으로 만들어집니다.

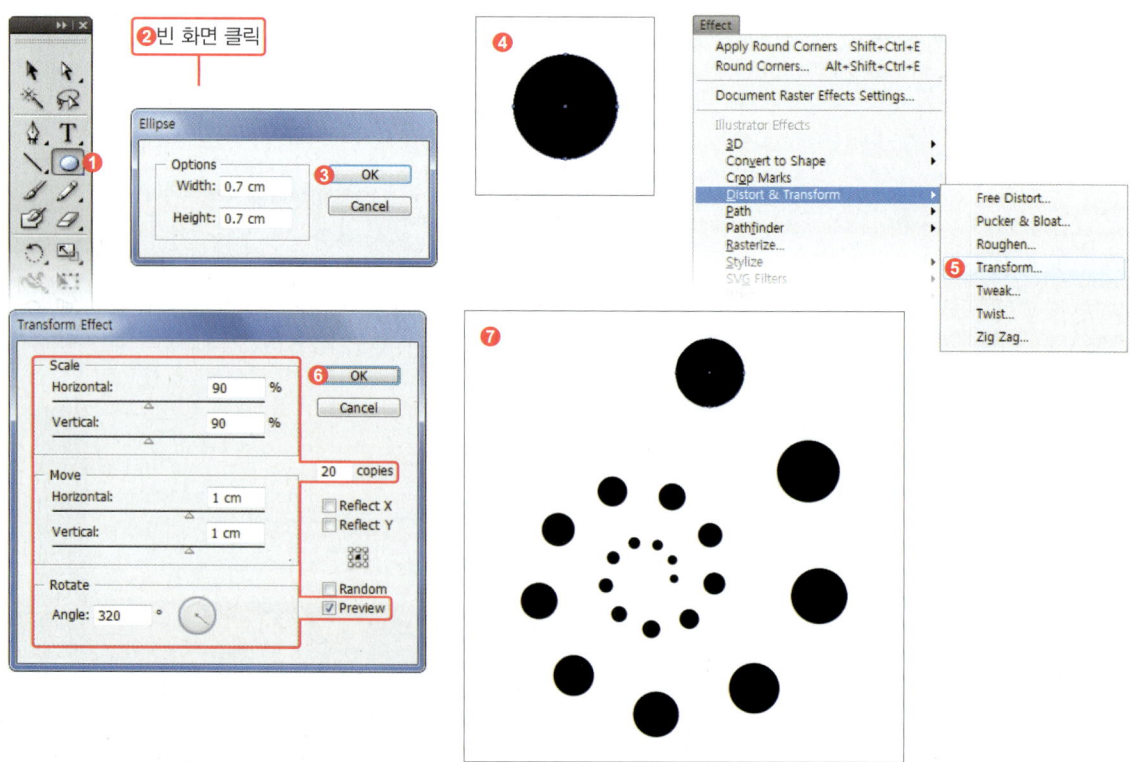

19 ❶❷[Object]-[Expand Appearance] 메뉴를 선택해서 이펙트를 일반 패스로 바꿉니다. 이 동그라미는 팬톤 877C(은별색)로 칠하겠습니다.

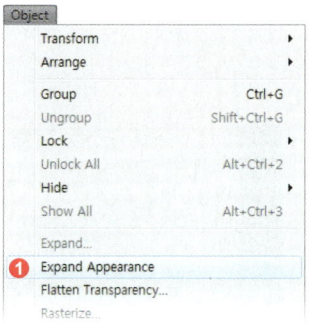

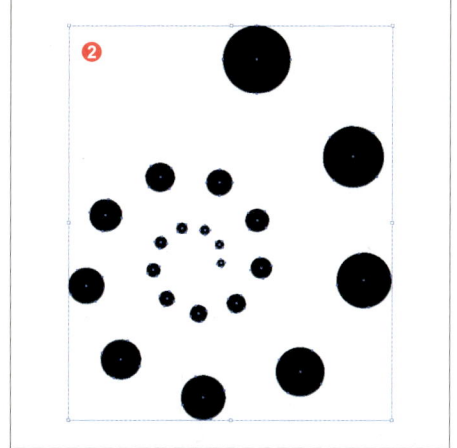

20 ❶[Window]-[Swatch Libraries]-[Color Books]-[PANTONE solid coated] 메뉴를 선택합니다. PANTONE solid coated 컬러 북에 있는 별색 스와치가 나타납니다. ❷정해놓은 팬톤 번호가 있다면 ▼≡ 버튼을 누르고 ❸[Show Find Field]를 선택합니다. ❹팬톤 이름을 검색하는 창이 나타나면 이름에 붙은 숫자 "877"을 입력합니다. ❺❻원하는 은별색 팬톤 스와치가 목록에 나타나면 색을 클릭해서 오브젝트에 적용합니다.

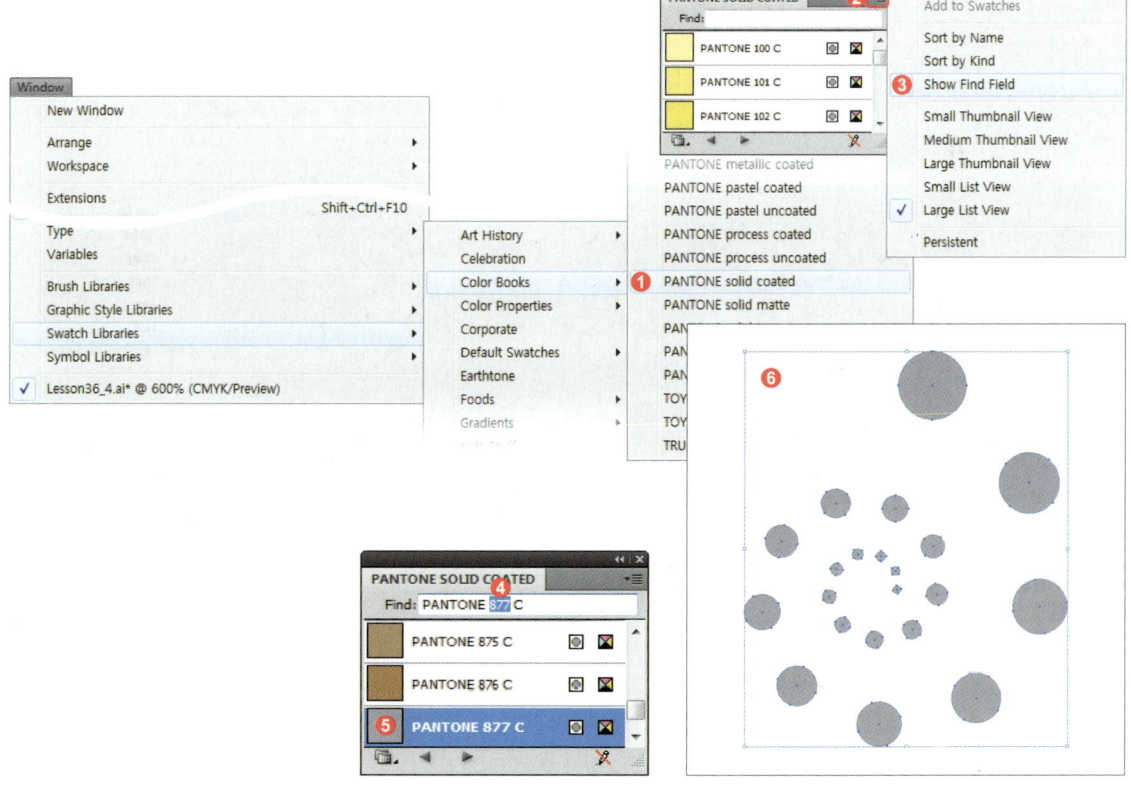

21 ❶별색은 일반 색과 달리 4원색이 아닌 한 가지 색으로 표시되고 아래쪽에 별색 이름이 나타납니다. ❷은별색으로 처리된 오브젝트를 이용해서 배경을 꾸며 주세요.

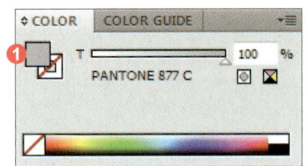

22 디자인이 완료되었다면 ❶❷ `Ctrl`+`A`를 눌러 전체를 선택하고, `Ctrl`+`Shift`+`O`를 눌러 아웃라인 처리합니다. ❸ `Ctrl`+`G`를 눌러 그룹으로 묶습니다.

23 ❶❷❸사각형 툴(□)로 화면을 클릭해서 여분이 포함된 표지 전체 크기의 사각형을 그린 다음 ❹❺❻❼아트보드 가운데로 정렬합니다. ❽ Ctrl +A를 눌러 사각형과 책 표지 디자인을 함께 선택한 다음 ❾ Ctrl +7을 눌러 클리핑 마스크 처리를 하면 완료됩니다.

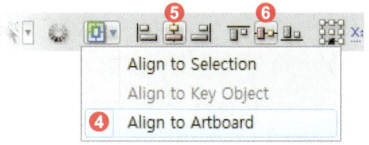

Align to Selection
Align to Key Object
❹ Align to Artboard

❷빈 화면 클릭

Rectangle
Options
Width: 35.9 cm
Height: 15.4 cm
❸ OK
Cancel

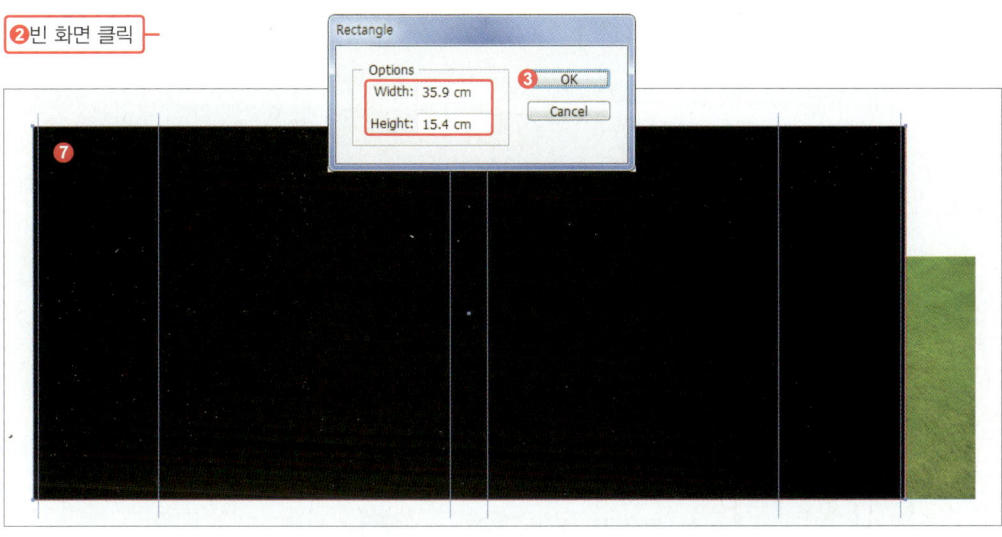

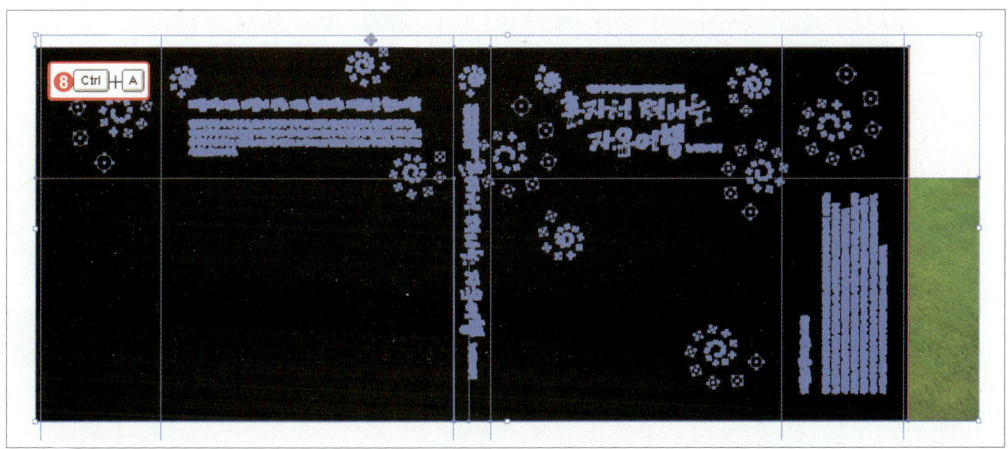

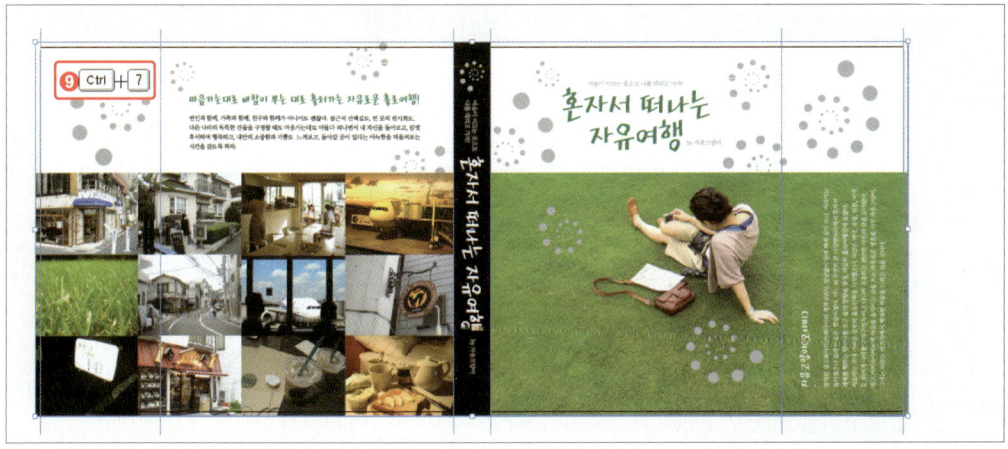

24 데이터를 인쇄소에 넘길 때 책 표지, 책등, 날개 크기 등을
전달하고 별색이 있다고 알려줍니다. 표지가 인쇄된 후 내지와 함
께 제책되어 책이 완성됩니다.

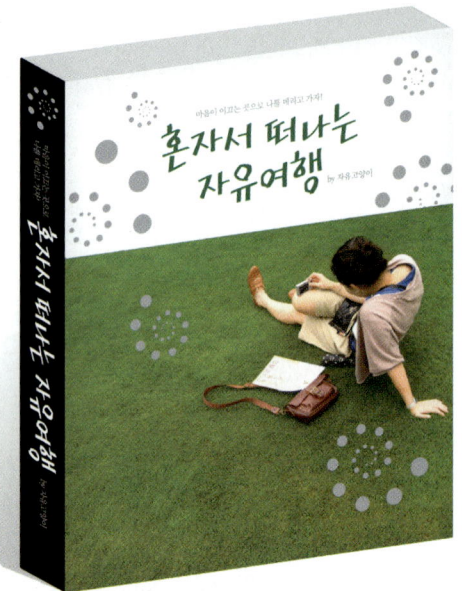

책으로 만들어진 모습

완성된 데이터

인쇄된 모습

C, M, Y, K 4원색을 섞어서 만들면 인쇄 상태에 따라 색이 미세하게 차이가 날 수 있습니다. 따라서 원하는 색을 정확히 인쇄하고자 할 때와 4원색으로 만들 수 없는 펄이 섞인 은색이나 금색 같은 특별한 색을 인쇄해야 할 때는 물감을 따로 만들어 사용하는데 이런 색을 별색이라고 합니다.

이 중 디자인 작업을 할 때 가장 많이 쓰는 팬톤 컬러 가이드 북은 인쇄될 소재와 색 스타일, 코팅 유무에 따라 다양한 버전이 있습니다. 색마다 고유한 이름이 있으므로, 색 견본이 없어도 원하는 팬톤 컬러 이름을 인쇄소에 알려주면 됩니다.

PANTONE Formula Guide : 가장 일반적인 비코팅, 코팅, 매트지에 인쇄된 팬톤 컬러 가이드 세트

01 사용자 편의를 위해 컬러 북 스와치를 제공하지만, 컬러 북이 없어도 별색을 처리할 수 있습니다. ❶오브젝트를 파란색(다른 컬러도 상관 없음)으로 칠하고, ❷스와치 패널에서 🔲 버튼을 누릅니다.

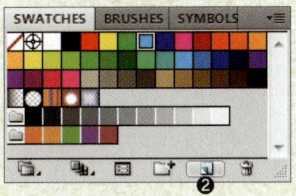

02 ❶이름을 은별색으로, 컬러 타입을 Spot Color로 설정한 다음 [OK] 버튼을 누르면 ❷스와치 패널에 별색 스와치가 등록되고 ❸컬러 패널 역시 별색으로 표시됩니다. 이 상태로 인쇄업체에 데이터를 가지고 가서 별색 처리된 곳은 은별색으로 처리해달라고 주문하면 파란색 글자는 은색으로 인쇄됩니다(원하는 컬러 북에 있는 다른 색 이름을 불러줘도 됩니다).

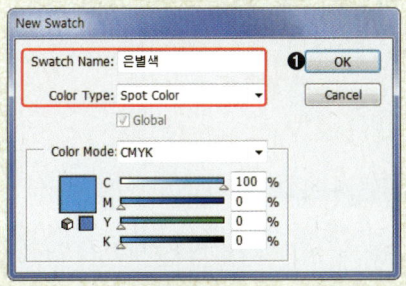

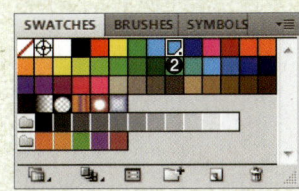

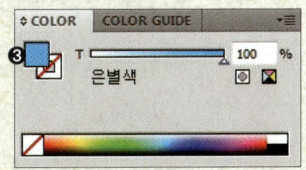

Special Tip 07

알아두면 좋은 글자 편집 기능

일러스트레이터 CS5는 메뉴와 패널에 수많은 편집 기능이 숨어 있습니다. Lesson에서 설명하지 못한 기능 중 알아두면 좋은 기능 몇 가지를 짚어보겠습니다.

 실습 파일 : 부록CD\Sample\Part09\Special_07.ai, Special_07.txt

글자에 딱 맞게 바운딩 박스 만들기

글자 오브젝트는 바운딩 박스가 글자 크기보다 조금 크게 만들어지기 때문에 편집할 때 정렬 버튼을 눌러 정리하기가 불편합니다. 이럴 때는 글자 크기 그대로 인식시키면 작업할 때 편합니다. ❶❷글자를 선택하고 [Effect]-[Path]-[Outline Object] 메뉴를 선택합니다. ❸정렬 패널에서 ▼≡ 버튼을 눌러 [Use Preview Bounds]를 체크합니다. ❹글자에 딱 맞게 바운딩 박스가 생겨 다른 오브젝트와 함께 정렬할 때 편리합니다.

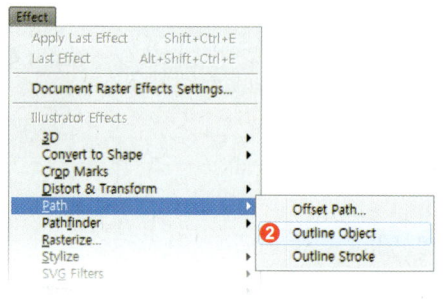

위첨자와 아래첨자 만들기

❶위첨자와 아래첨자로 표시할 부분을 글자 툴(T)로 드래그해서 선택합니다. ❷글자 패널에서 ▤ 버튼을 누르고 ❸❺위첨자를 만들 때는 [Superscript] ❹❻아래첨자를 만들 때는 [Subscript] 메뉴를 선택합니다.

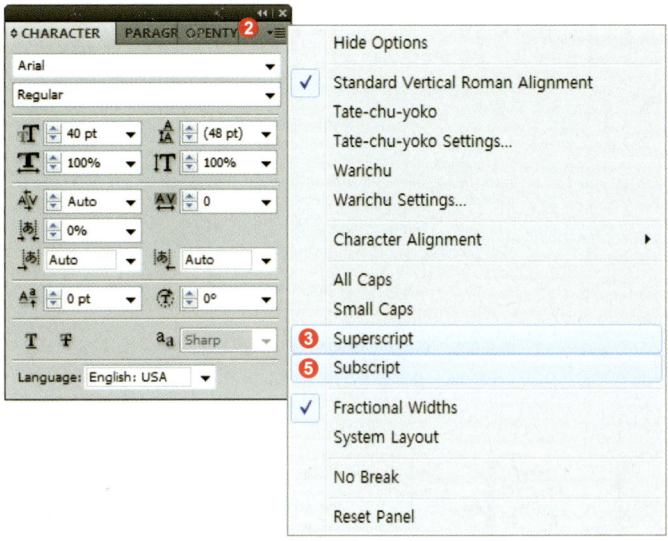

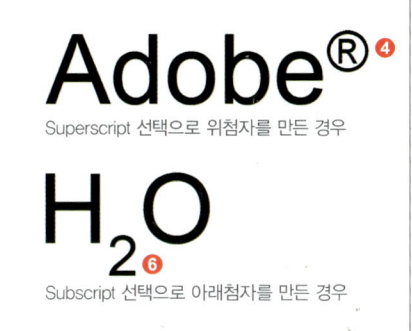

Superscript 선택으로 위첨자를 만든 경우

Subscript 선택으로 아래첨자를 만든 경우

구두점 내어 쓰기

기본적으로 쉼표, 따옴표, 마침표 등의 구두점은 텍스트 영역 안에 표시되지만 ❶❷글자를 선택하고 문단 패널에서 ▤ 버튼을 눌러 [Roman Hanging Punctuation]을 선택하면 ❸텍스트 영역 바깥에 표시됩니다.

"The clearest way into ❶
eht Universe is through
a forest wilderness."
–John Muir

"The clearest way into ❸
eht Universe is through
a forest wilderness."
–John Muir

별, 물결, 세미콜론 등의 특수문자는 절반만 바깥에 표시됩니다.

글자 배열 바꾸기

크기가 서로 다른 글자가 한 번에 쓰였을 경우 기준선을 그대로 둔 채로 글자 배열을
조정할 수 있습니다. 텍스트를 선택하고 ▼≡ 버튼을 눌러 [Character Alignment]
메뉴 중 원하는 배열을 선택해보세요.

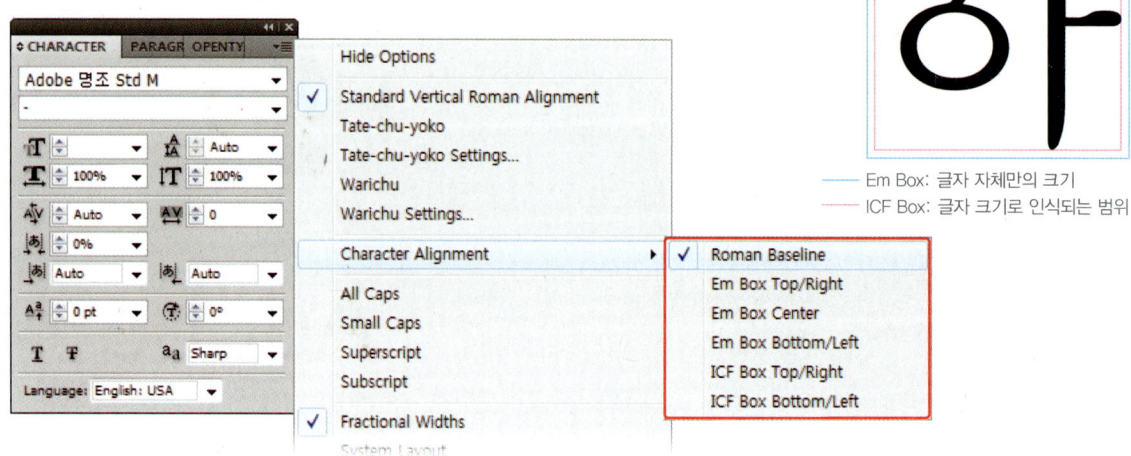

Em Box: 글자 자체만의 크기
ICF Box: 글자 크기로 인식되는 범위

Roman Baseline

Em Box Top/Right

Em Box Top/Center

Em Box Bottom/Left

ICF Box Top/Right

ICF Box Bottom/Left

텍스트 둘러싸기

글자 오브젝트와 그림 오브젝트가 겹쳤을 때 글자가 그림 바깥쪽
에 써지도록 설정할 수 있습니다. ❶텍스트 오브젝트와 겹쳐진 일
러스트를 선택하고 Ctrl + Shift +] 를 눌러 맨 위로 올립니다. ❷❸
[Object]-[Text Wrap]-[Make] 메뉴를 선택하면 겹쳐 있던 문자
가 일러스트 테두리를 따라 밀려난 듯 배치됩니다. ❹[Release] 메
뉴를 선택하면 둘러싸기가 취소되고 ❺[Text Wrap Options] 메
뉴를 선택하면 둘러싸기 범위를 조절할 수 있습니다.

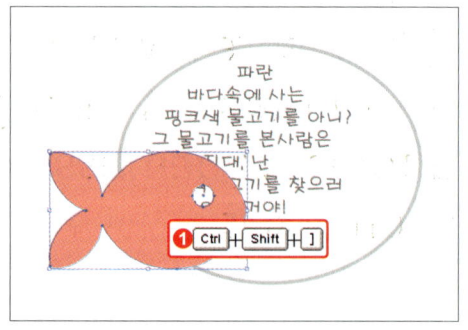

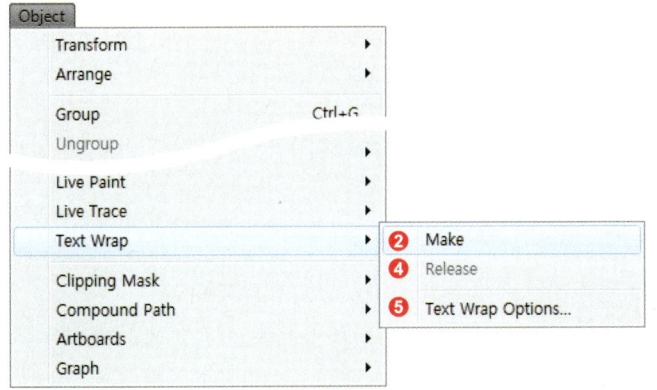

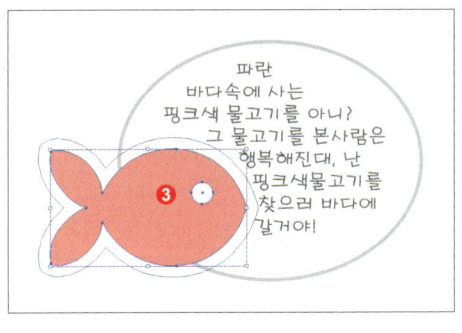

텍스트 불러오기

❶글자 툴(T)로 빈 화면을 사선으로 드래그해서 텍스트 영역을 만듭니다. ❷❸[File]-[Place] 메뉴를 선택하고 부록CD\Sample\Part09\Special_07.txt 파일을 가져온 뒤 옵션을 확인 합니다. ┌ OK ┐ 버튼을 누르면 ❹txt 파일이 텍스트 영역 속에 들어가고, 글자를 편집해서 원 하는 모양으로 만들 수 있습니다.

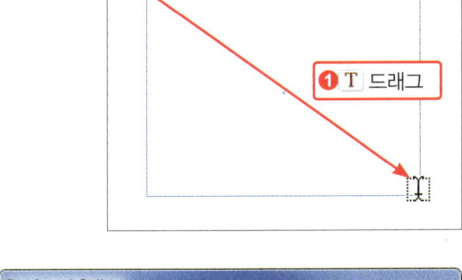

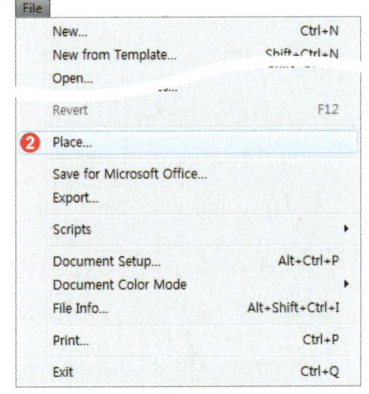

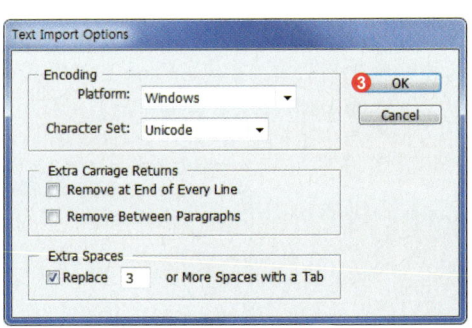

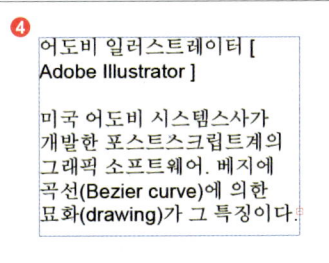

불러오기가 가능한 파일 : MS 워드 파일, RTF(서식 있는 텍스트 형식), ANSI, 유니코드, Shift JIS, GB2312, Chinese Big 5, 키릴 어, GB18030, 그리스어, 터키어, 발트어 및 중앙 유럽어 인코딩 이 지원되는 일반 텍스트(ASCII)

텍스트 불러오기를 선택하넌 불러온 텍스트 글자와 문단 스타일이 그대로 유지됩니다. 폰트 와 스타일이 적용된 RTF 파일을 불러올 경우 그대로 유지된 채 불러올 수 있습니다(RTF 파 일에 사용된 폰트 이름과 형식이 일러스트레이터에서도 사용할 수 있는 폰트여야 합니다).

글자 찾아 바꾸기

01 ❶다음 문장에서 '초코칩'을 '쵸코칩'으로 바꿔보겠습니다. ❷❸[Edit]-[Find and Replace] 메뉴를 선택하고 찾을 단어와 바꿀 단어를 입력합니다. ❹❺ Find 버튼을 누르면 첫 번째 초코칩이 선택됩니다.

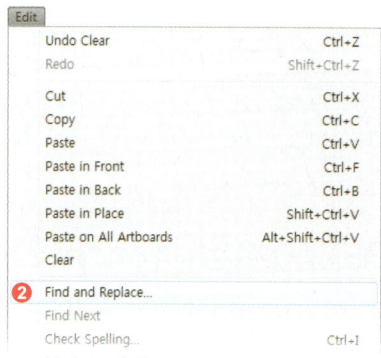

Match Case : 알파벳 대소문자 구분하기
Find Whole Word : 단어 전체가 일치할 때만 찾기
Search Backwards : 역순으로 찾기
Check Hidden Layers : 숨겨진 레이어에 담긴 글자도 검색하기
Check Locked Layers : 잠긴 레이어에 있는 글자도 검색하기

02 ❶❷ Replace & Find 버튼을 누르면 첫 번째 단어가 바뀌고, 다시 두 번째 단어를 찾습니다.
❸❹❺ Replace All 버튼을 누르면 모든 단어가 바뀌고 바꾼 횟수가 표시됩니다.

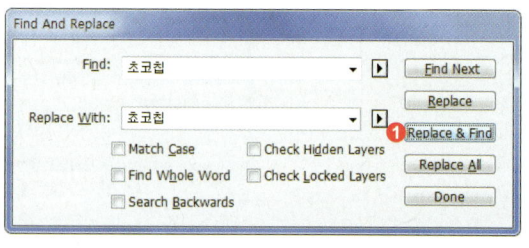

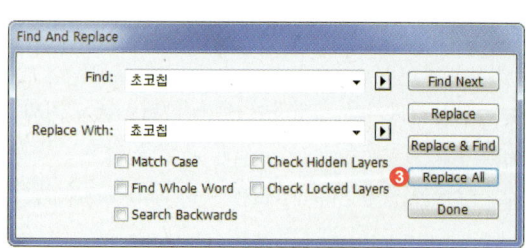

❹ 안축축한 쵸코칩 나라에 살던 안축축한
쵸코칩이 축축한 쵸코칩 나라의 축축한
쵸코칩을 보고 축축한 쵸코칩이 되고
싶어서 축축한 쵸코칩 나라에 갔는데
축축한 쵸코칩 나라의 문지기가 '넌 축축한
쵸코칩이 아니고 안축축한 쵸코칩이니까
안축축한 쵸코칩나라에서 살아'라고해서
안축축한 쵸코칩은 축축한 쵸코칩이
되는것을 포기하고 안축축한 쵸코칩 나라로
돌아갔다

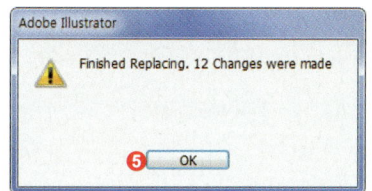

맞춤법 검사하기

일러스트레이터에서는 영문 맞춤법을 검사할 수 있습니다. ❶❷[Edit]-[Check Spelling] 메뉴를 선택하고 [Start] 버튼을 누르면 검사를 시작합니다. ❸맞춤법이 의심되는 단어가 위 칸에 나타나고, 아래 칸에는 바꿔 입력할 단어 목록이 나타납니다. ❹무시하고 다음 단어를 찾으려면 [Ignore] 버튼을 누르고 ❺수정하려면 아래 목록에서 단어를 선택한 다음 [Change] 버튼을 누릅니다. ❻검사를 마치면 모든 버튼이 비활성화되고 [Done] 버튼을 눌러 맞춤법 검사 창을 끄면 ❼수정된 문장을 확인할 수 있습니다.

I was walking in the woods
Just on a whim of mine,
And seeking nathing,
That was my intention.

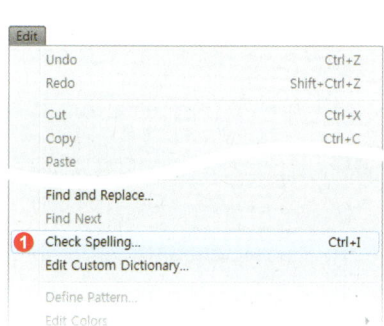

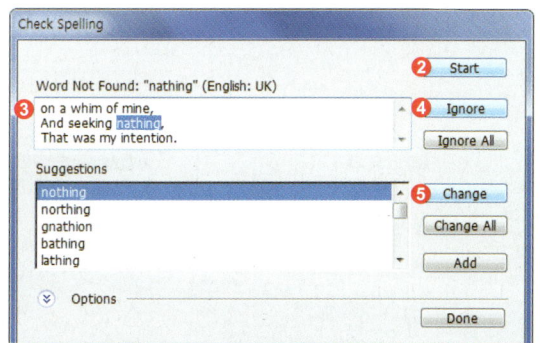

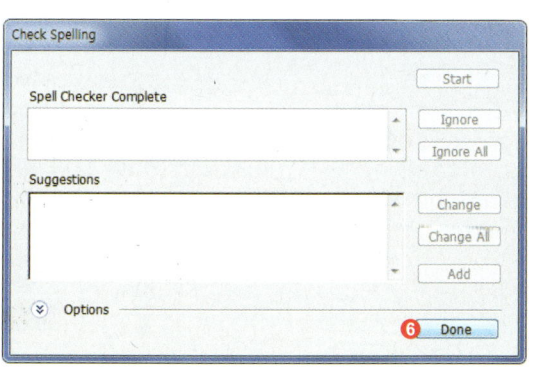

I was walking in the woods
Just on a whim of mine,
And seeking nothing,❼
That was my intention.

문단을 세로쓰기로 만들기

01 ❶가로쓰기 문단을 선택하고 ❷❸[Type]-[Type Orientation]-[Vertical] 메뉴를 선택하면 세로쓰기로 바뀝니다.

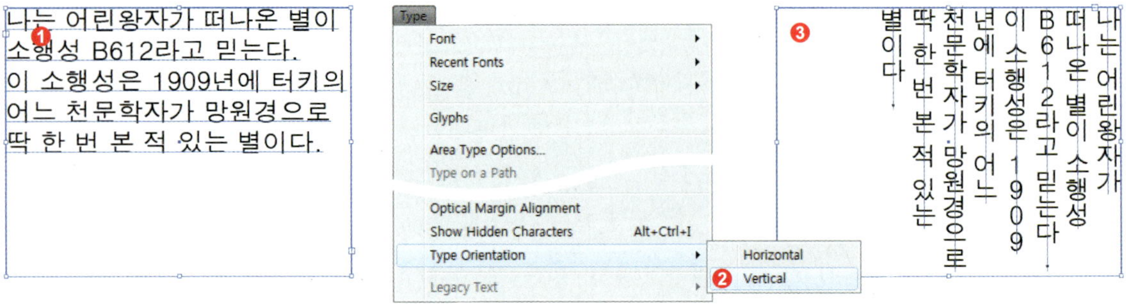

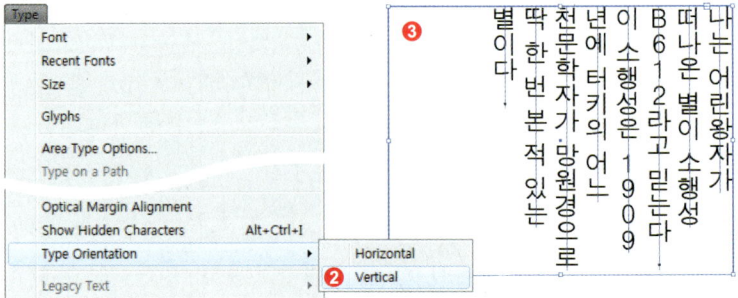

02 ❶세로쓰기로 된 단어를 드래그해서 선택합니다. ❷❸글자 패널에서 버튼을 눌러 [Standard Vertical Roman Alignment] 체크를 해제하면 ❹글자 방향이 기준선 쪽으로 바뀝니다. ❺❻[Tate-chu-yoko]를 선택하면 가로쓰기로 바뀝니다.

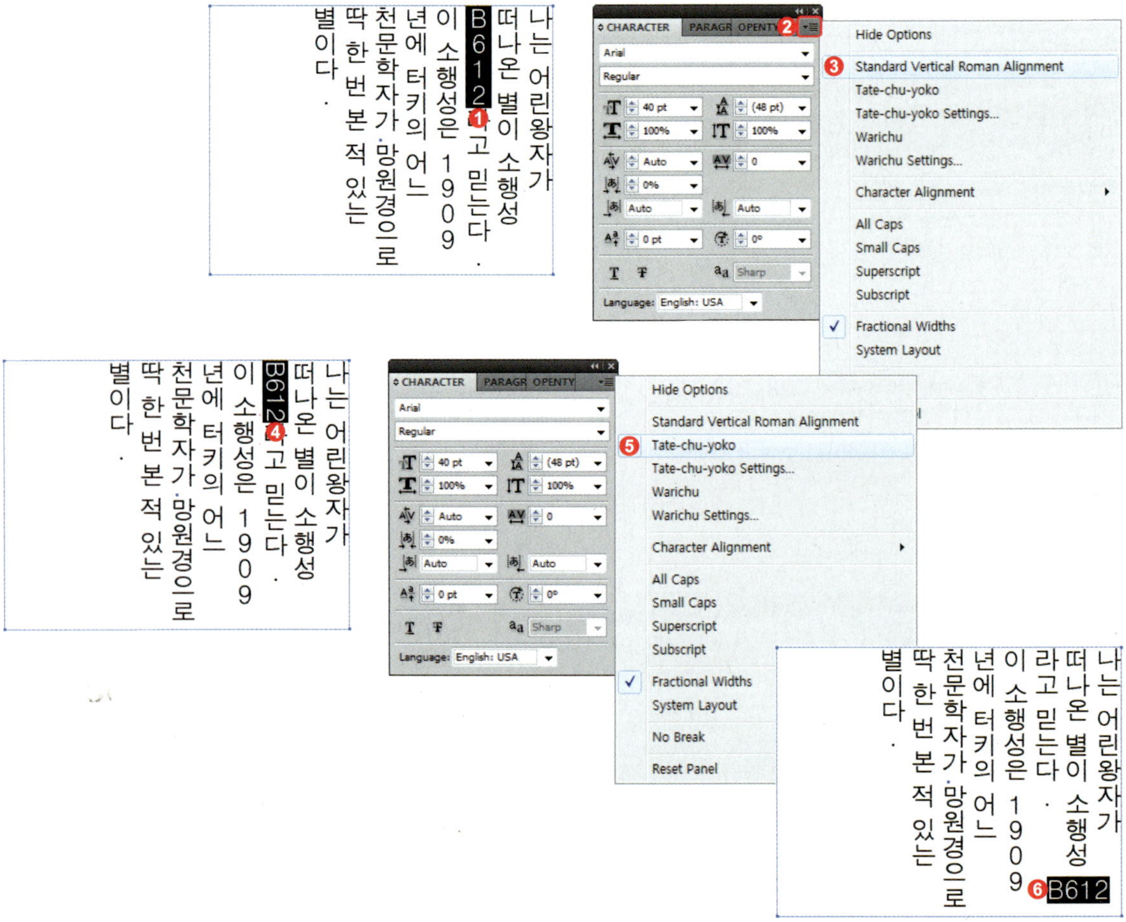

텍스트 영역에 다단 만들기

❶❷텍스트 영역을 선택하고 [Type]-[Area Type Options] 메뉴를 선택합니다. ❸❹0.4cm
만큼 공간이 있는 단 2개를 설정하면 하나의 텍스트 영역 속에서도 다단이 만들어집니다. 단
설정 창에서 Fixed를 체크하면 단을 고정할 수 있습니다.

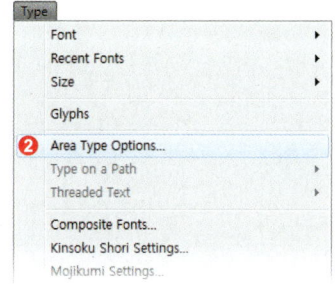

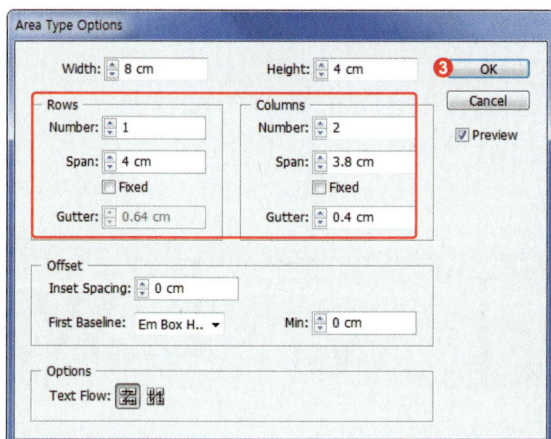

Fixed를 체크하면 단 크기가 고정되어 텍스트 영역을 크게 늘려도 설정된 단이 계속 만들어집니다.

Fixed에 체크를 해제하면 단 간격만 고정되어 텍스트 영역을 크게 늘려도 단 개수는 늘어나지 않습니다.

텍스트 영역의 기준선 설정하기

❶글자에는 기준선이 있고, 기준선에 맞춰 텍스트 영역에 여백이 생깁니다. 글자가 시작되는 텍스트 영역의 왼쪽 위에 글자를 딱 맞게 맞추고 싶다면 ❷[Type]-[Area Type Options] 메뉴를 선택하고 ❸❹First Baseline 값을 설정하면 됩니다.

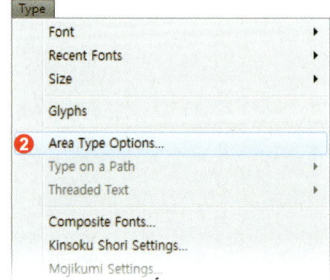

❶
I want nobody
nobody But You, I
want nobody nobody
But You.

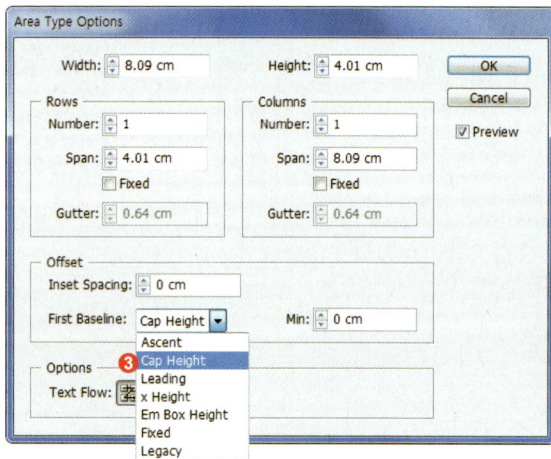

❹
I want nobody
nobody But You, I
want nobody nobody
But You.

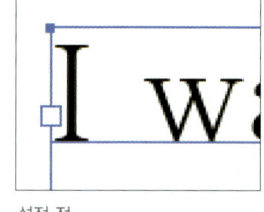
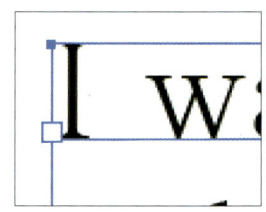

설정 전   설정 후

Ascent : 소문자 d 높이를 텍스트 영역 윗줄에 맞춥니다.
Cap Height : 대문자 높이를 텍스트 영역 윗줄에 맞춥니다.
Leading : 기준선과 텍스트 영역 윗줄에 행간 값을 적용합니다.
x Height : 소문자 x 높이를 텍스트 영역 윗줄에 맞춥니다.
Em Box Height : 전각 문자(한글, 한자, 일본어 등)를 사용할 때 전각 상자(Em Box) 상단과 글자 텍스트 영역 윗줄이 만나도록 합니다.
Fixed : 기준선과 텍스트 영역 윗줄에 거리를 둡니다.
Legacy : 일러스트레이터 10 이상에서 사용된 첫 번째 기준선 기본 값을 사용합니다.

텍스트 스레드 만들기

01 문장이 길어 여러 영역에 나눠 입력하고 싶을 때 쓰는 기능이 텍스트 스레드입니다. ❶텍스트 영역으로 만들 오브젝트를 두 개 이상 선택하고 ❷❸[Type]-[Threaded Text]-[Create] 메뉴를 선택합니다. 오브젝트가 서로 연결된 텍스트 영역으로 바뀝니다.

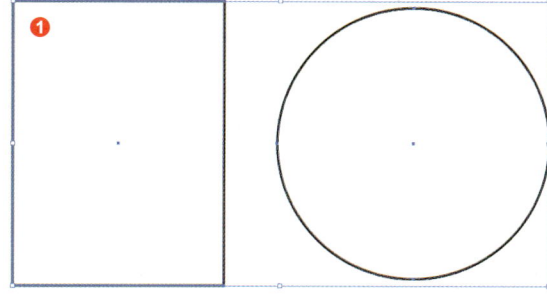

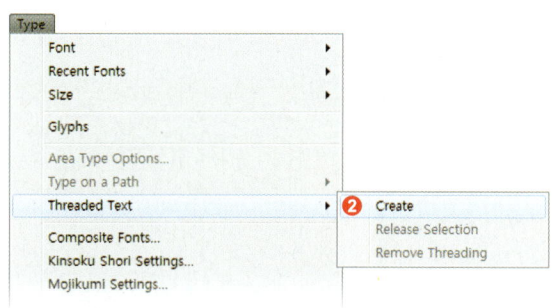

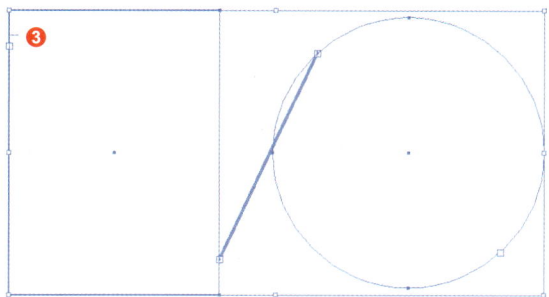

02 ❶글자 툴(T)로 첫 번째 사각형 속에 글자를 입력하면 칸을 넘어가는 문자는 두 번째 도형에 이어서 써집니다. ❷텍스트 영역은 분리된 오브젝트이므로 위치를 옮기거나 형태를 변형할 수 있지만 텍스트 스레드는 유지됩니다. 이 메뉴는 오브젝트가 아닌 기존 텍스트 영역에도 적용할 수 있습니다.

[Type]-[Threaded Text]-[Release Selection] 메뉴를 선택하면 스레드가 끊어지고 첫 번째 도형에만 글자가 들어갑니다. [Type]-[Threaded Text]-[Remove Threading] 메뉴를 선택하면 스레드 모양 그대로 글자를 끊어 분리된 텍스트 영역으로 만듭니다.

텍스트 영역에 여백 넣기

❶5cm 정사각형 위에 5cm 정사각형 텍스트 영역이 있습니다. ❷[Type]-[Area Type Options] 메뉴를 선택하고 ❸ Inset Spacing에 0.5cm를 입력한 다음 OK 버튼을 누릅니다. ❹텍스트 영역 크기인 5cm 정사각형은 그대로 유지하고 글자만 0.5cm 안쪽에 표시됩니다.

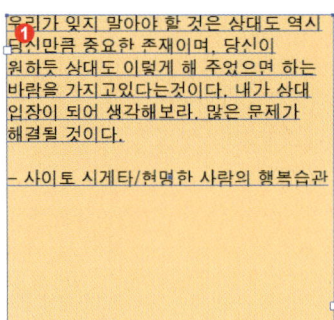

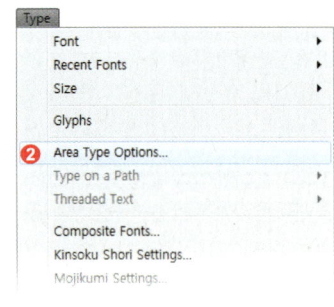

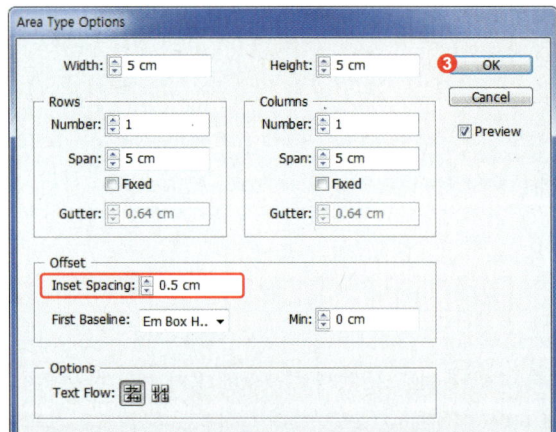

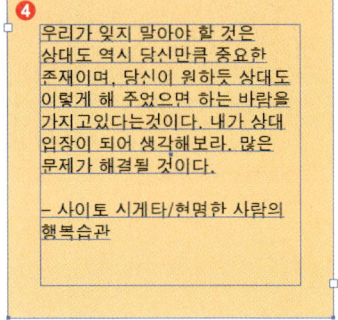

글자 호환 문제 해결하기

01 일러스트레이터 CS 이전 버전(~10)과 CS 이상 버전(CS~)은 글자 데이터가 호환되지 않습니다. 업데이트한 다음 글자를 수정해도 되지만, 단어나 행이 조각난 상태로 열리기 때문에 긴 문장을 편집하기 어렵습니다. ❶9.0 버전에서 작성한 글자 데이터를 ❷CS5에서 열면 경고 창이 뜹니다. OK 버튼을 누르면 ❸단어 또는 행별로 각 상자 모양으로 이미지화되어 열립니다.

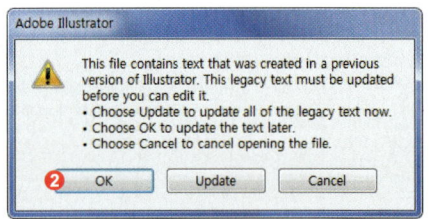

❶아이디어 구상에서 최종 결과물 제작에 이르는 전 과정에서 Adobe Illustrator의 세밀하고 강력한 기능을 활용할 수 있습니다. 정교한 드로잉 툴, 표현이 풍부하고 자연스러운 브러쉬, 작업 시간을 단축시켜주는 다양한 기능, Adobe CS Live 온라인 서비스**와의 통합을 활용하여 아름답고 효과적인 벡터 아트웍을 제작할 수 있습니다.CS Live 서비스는 제한된 기간 동안 무료로 이용할 수 있습니다.

❸아이디어 구상에서 최종 결과물 제작에 이르는 전 과정에서 Adobe Illustrator의 세밀하고 강력한 기능을 활용할 수 있습니다. 정교한 드로잉 툴, 표현이 풍부하고 자연스러운 브러쉬, 작업 시간을 단축시켜주는 다양한 기능, Adobe CS Live 온라인 서비스**와의 통합을 활용하여 아름답고 효과적인 벡터 아트웍을 제작할 수 있습니다.CS Live 서비스는 제한된 기간 동안 무료로 이용할 수 있습니다.

02 이런 경우는 이전 버전에서 작성한 모양 그대로 확인하거나 인쇄할 수 있습니다. 하지만 글자를 수정하려고 ❶이미지를 더블클릭하고 [Update] 버튼을 누르면 ❷더블클릭한 상자에 커서가 표시되면서 글자나 문단 속성이 바뀔 수 있습니다.

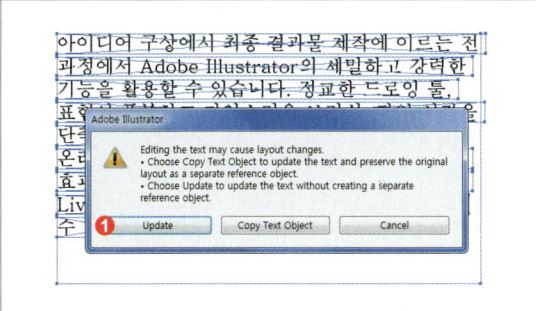

03 ❶만약 일러스트레이터 CS5에서 9.0 버전에서 작성한 글자 데이터를 열고 [Update] 버튼을 누르면 ❷각 행이 따로따로 떨어진 글자 데이터로 열립니다. 경우에 따라 글자 속성이 바뀔 수 있으므로 글자를 수정할 필요가 없는 데이터라면 [OK] 버튼을 누르는 것이 좋습니다.

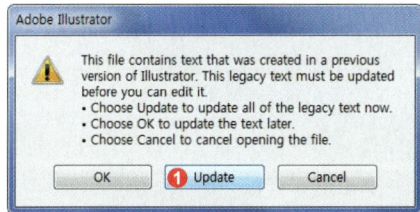

Part 10
제품을 돋보이게 하는
패키지 디자인 테크닉

패키지 디자인은 평면을 자르고 접어서 입체적으로 만들어야 하므로 일반적인 일러스트나 평면적인 디자인과 차이가 있습니다. 형태와 내·외부의 재질은 물론 인쇄 기법까지도 고려해야 하는 조금 복잡한 과정입니다. Part 10에서는 종이로 만들 수 있는 기본 지기구조를 알아보고, 직접 만들어보겠습니다. 만들어진 지기구조 위에 직접 디자인한 데이터를 덧입혀보면 구조를 더 쉽게 이해할 수 있습니다.

아맥스 스티커 붙이는 곳

맛있는 포장을 만드는 SPC 샤니/삼립 선임디자이너 김유정님

現. SPC 샤니/삼립 디자인총괄 팀장
홍익대학교 산업미술대학원 포장디자인 재학중
대한민국패키지디자인협회 회원

2010년 APDA아시아패키지디자인대전 참가
2009년 The 18th KOREA Package Design Award KOREA
   – Packstar상(3개 부문) 3관왕 / 패키지디자인협회
2009년 대한민국디자인총연합회/크레에이티오– 코리아디자인센타 대한민국 최우수
   디자인 100선 선정
2009년 대한민국 2009 Good design GD 마크 선정

시작과 과정은

디자인하는 친구들이 그러하듯 어릴 때부터 동화책 내용보다 동화책에 그려진 그림이나 사진에 흥미가 많았습니다. 중학교 시절, 아이스 샤벳을 입힌 듯한 피부에 가죽 공을 들고 있는 매료된 표정의 이지적인 모델 매기라이저의 루이비통 신문 광고를 보고 감각적인 아름다움에 전율을 느꼈고, 꿈을 구체화시켜 대학에서 디자인을 전공했고, 지금까지 디자이너의 길을 걷고 있습니다.

시작할 때부터 패키지 디자인을 한 것은 아니었습니다. 패키지, 광고 모두 관심이 있었지만 그중 화장품 분야 일을 하고 싶어서 로레알 계열 광고 디자인 부티크에 취직을 했습니다. 좋아하는 분야라 정말 재미있었습니다. 그러던 중 SPC 파리크라상에서 스카웃 제의를 받아 지금까지 SPC 샤니 디자인팀에서 일하고 있습니다. 대학을 졸업하고 오랜만에 한 패키지 작업이라 고생도 따랐지만 어떤 일이든 배우면 다 도움이 된다고, 광고 디자인을 하면서 키웠던 아이디어 도출 능력이라든지, 기획 능력이 패키지 디자인할 때 플러스 요인이 되었습니다.

실무 디자인이 8년째 접어들자 디자인 기획 능력이나 이론에 갈증을 느꼈고, 조리 있게 말하는 능력도 키워보고자 대학원에 진학하여 지금까지 공부중입니다. 지금도 미래의 제 모습과 제가 진정으로 하고 싶은 일이 무엇인지 늘 고민합니다.

▲ 런치 팩, 대한민국 Good design GD 마크 선정

『논어』옹야 편을 보면 '아는 것은 좋아하는 것만 못하고, 좋아하는 것은 즐기는 것만 못하다(知之者 不如好之者 好之者 不如樂之者)'란 구절이 나옵니다. 요즘 뜨는 분야라고 무작정 쫓아다니거나 친구들보다 취업이 늦어졌다고 조급한 마음에 맞지도 않는 직장에 들어가지 말고 진정 즐기고 행복할 수 있는 일이 무엇인지 생각해보고 그 것을 향해 갔으면 좋겠습니다.

라뜨레팡 ▶
제18회 대한민국패키지디자인대전 팩스타상

▲ 샌드팜, 2009 디자인연감 『CREATIO'BEST DESIGN 100선』에 선정
Sandwich+Farm 농장에서 갓 따온 신선한 재료를 담은 샌드위치란 의미
로, 유럽의 풍요로운 농장 이미지를 일러스트로 표현

◀ 디저트클래식

패키지 디자이너의 매력과 힘든 점

하나의 제품에 불과하던 것에 브랜드를 붙이고 옷을 입혀서 상품으로 만드는 일, 다른 분야 디자인보다 매력이 느껴집니다. 처음으로 디자인한 제품이 전국 매장에 다 깔려있을 때 그 기분이란. 취업을 앞둔 학생들께 드리고 싶은 말은 앞서 말한 것처럼 회사 규모만 보고 또는 어떤 상황에 밀려 원하지 않은 분야에 들어가지 않았으면 좋겠고, 정말 자신이 하고 싶은 일을 했으면 좋겠습니다. 하루의 반 이상을 회사에 있는데 좋아하는 일을 해야 일상이 즐거워지고 디자이너로써도 발전이 있거든요. 회사에 소속되어 있는 디자이너로 있다 보면 일정에 쫓겨 완성도가 떨어진 디자인이 나올 경우, 또 원치 않는 방향으로 디자인이 나올 경우도 많답니다.

회사생활에서 가장 힘든 건 일보다 사람 사이에서 오는 스트레스라고 볼 수 있어요. 학교 다니면서 동아리 활동이나 선배들과 협동 작업을 해보면서 팀웍을 배우고, 원활한 커뮤니케이션이 뭔지, 서로를 위한 배려가 무엇인지 자주 접해 보면 도움이 많이 될 거 같아요.

패키지 디자이너가 되려면

무엇보다도 가장 중요한건 좋은 디자인을 볼 수 있는 '눈'입니다. 많이 보고 많이 느끼고, 대학생이라면 아르바이트를 해서라도 해외 배낭여행을 꼭 가보시길 추천해요. 나이 들어서야 해외에 가본 저는 대학생 때 나갔다 왔더라면 시야도 넓어지고 스스로 더 발전할 수 있었겠단 생각이 들더라구요.

디자인 프로그램은 실무의 시작과 끝, 70%를 함께 하는 기본 스킬인 일러스트레이터 프로그램을 익히는 것이 가장 중요합니다. 그 외엔 포토샵 프로그램을 공부하면 됩니다. 요즘은 리뉴얼된 백설 로고처럼 CI의 3D 추세가 트렌드인데요. 패키지의 핵심이라고 볼 수 있는 CI 작업을 할 때도 3D 프로그램을 익혀두면 도움이 된답니다(지기구조에 관심 있는 분은 필수 프로그램이라고 볼 수 있습니다). 캘리그래피(손글씨), 사진 촬영 등의 감각 또한 필요합니다. 그리고 어학 한 가지는 습관처럼 공부하셨으면 합니다(대기업 인사에는 필수). 업무에는 그다지 필요가 없겠지만 출장을 가거나 디자인 서적을 볼 때에는 플러스 알파 요인이 될 수 있습니다.

Lessom 34
패키지 디자인과 지기구조

패키지 디자인은 만든 제품을 안전하게 보호하고, 상품을 좀 더 돋보이도록 꾸며야 합니다. 과거에는 패키지 디자인이 상품을 보호하는데 머물렀다면, 최근에는 패키지 디자인이 상품 판매에 큰 영향을 끼치면서 중요한 요소로 떠올랐습니다. 패키지를 디자인하는 과정과 지기구조를 살펴보겠습니다.

 실습 파일 : 부록CD\Sample\Part10\Lesson34.ai

패키지 디자인의 조건

상품을 안전하게 보호할 것
상품에 손상이 가지 않도록 안전하게 보호하는 것은 패키지를 디자인할 때 가장 기본이 되면서도 중요한 조건입니다. 소재가 딱딱한 제품도 있지만 부드러운 제품도 있고, 유리처럼 깨지기 쉽거나, 식품류처럼 신선도를 유지해야 하는 제품도 있습니다. 제품의 특성과 모양에 맞게 최대한 변형이 없도록 포장하는 방법을 고민한 후 디자인해야 합니다.

상품을 효과적으로 부각시켜 소비자가 사고 싶도록 만들 것
내가 팔려는 물건이 수많은 물건 속에 진열되었다면 다른 사람이 파는 물건보다 눈에 띄도록 해야 합니다. 내용물의 형태나 특성을 보여줄 수 없기 때문에 내용물의 특성을 포장에 잘 드러내야 합니다. 다른 상품보다 더 튼튼하고, 더 재미있고, 더 맛있어 보이도록, 사고 싶고, 갖고 싶은 디자인이라야 소비자의 지갑을 열 수 있다는 사실을 명심합니다.

물건을 운반하고 진열하고 보관하기 좋을 것
대량으로 한꺼번에 박스 단위로 배송되는 상품은 진열과 보관이 수월해야 합니다. 디자인적인 면만 중시해서 이 점을 간과하면 운송료와 보관 비용이 필요 이상으로 소요되므로 대량으로 취급할 경우까지 고려해서 디자인합니다.

제작 비용을 줄일 것

아무리 좋은 디자인이라도 포장 값이 필요 이상으로 들어가면 상품을 팔아도 이윤이 줄어들수밖에 없습니다. 상품 컨셉, 판매 가격, 적절한 포장 견적에 맞춰 현실적인 여건에 맞게 디자인해야 합니다. 이윤이 남아야 하는 상품이므로 최소 비용으로 최대 효과를 낼 수 있는 방법을 모색하는 것 역시 디자이너의 역할입니다.

다양한 형태의 패키지 디자인

패키지 형태가 종이 박스 형태만 있는 것이 아닙니다. 어떤 형태를 쓰고 어떤 재료를 썼느냐와 상관없이 제품을 보호하고 보이는 곳을 표현하는 모든 디자인이 패키지 디자인입니다. 마트나 슈퍼마켓 등 내 주위에는 어떤 형태의 패키지 디자인이 있는지 잘 살펴보기 바랍니다.

▲ 비닐 팩 형태

▲ 박스 형태　　　　　　　　　　　　　　　　　　　　▲ 종이 팩 형태

▲ 캔 형태   ▲ 라벨 형태

▲ 우유 팩 형태

▲ 종이 팩 형태

지기구조 이해하기

지기구조란 종이 상자의 펼친 면이라고 생각하면 됩니다. 다음은 모두 잘 아는 정육면체의 전개도입니다.

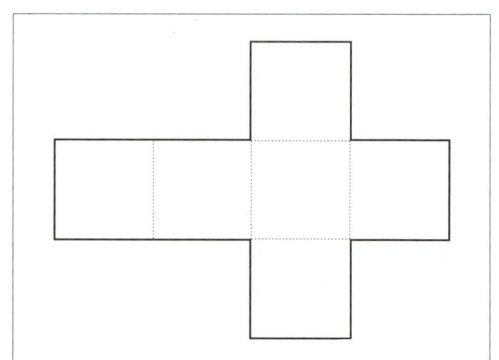

이 정육면체가 상품을 넣을 수 있는 패키지가 되려면 이런 모양의 지기구조가 되어야 합니다(용도와 디자인에 따라 같은 크기라도 여러 가지 지기구조가 나올 수 있습니다. 다음은 한 가지 예일 뿐입니다).

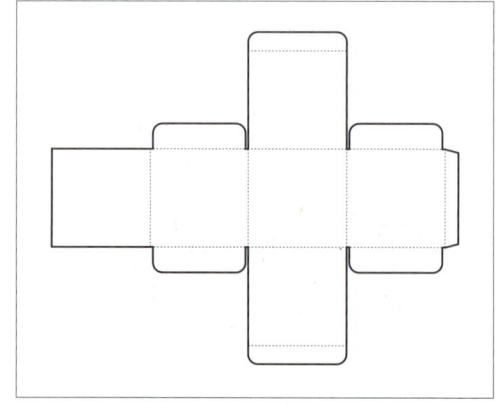

주변에서 흔히 볼 수 있는 택배 상자, 화장품 상자, 담뱃갑 등 각종 상품의 패키지를 조심스럽게 뜯어보세요. 어떤 모양의 지기구조가 어떤 식으로 상품을 감싸고 있는지 살펴보고, 살펴본 내용을 응용해서 그려보는 것이 큰 도움이 됩니다.

지기구조를 그리는 것은 그림을 그리는 것과 큰 차이는 없지만 정확한 수치와 각도 계산, 약간의 패키지 지식이 필요합니다. 다음은 밑면이 고정되어 있어 물건을 넣기 안전한 납작한 박스의 스케치와 지기구조입니다. 컴퓨터로 그리기 전에 완성된 모습을 미리 스케치해 보는 것이 좋습니다.

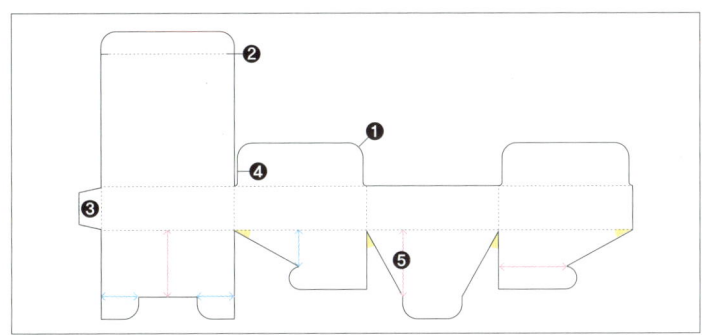

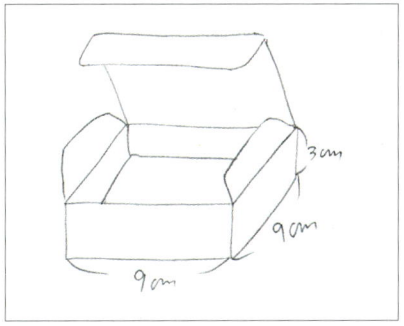

❶ 마찰이 있거나 손이 닿는 모서리는 둥글게 처리합니다.
❷ 뚜껑 모서리에서 끝 부분을 잘라두면 닫았을 때 뚜껑이 쉽게 열리지 않게 됩니다.
❸ 풀칠할 곳은 모서리를 둥글게 하지 않아도 됩니다.
❹ 종이 두께를 감안해서 여유분만큼 줄여서 그립니다.
❺ 색이 같은 선과 면은 길이와 각도가 같다는 표시입니다. 이런 구조로 밑면을 만들면 단단하게 고정되기 때문에 제품이 바닥으로 떨어지지 않습니다.

부록CD\Sample\Part10\Lesson34.ai 파일에는 앞에서 살펴본 지기구조가 실제 크기로 담겨 있습니다. 인쇄해서 오린 다음 직접 샘플을 만들어봅시다(프린트 설정은 Special Tip 08을 참고합니다).

Lesson 35
정확한 수치로 지기구조 그리기

지기구조는 도형과 선만으로 만들 수 있어 특별한 테크닉이 필요하지 않습니다. 물론 일러스트보다 쉬울 수도 있지만 정확한 수치와 계산이 필요하기 때문에 만만하지는 않습니다. 기존 패키지를 뜯어 지기구조의 형태를 살펴보고, 같은 모양의 지기구조를 그려서 샘플을 만들어보겠습니다.

실습 파일 : 부록CD\Sample\Part10\Lesson35_1.jpg
완성 파일 : 부록CD\Sample\Part10\Lesson35_2.ai

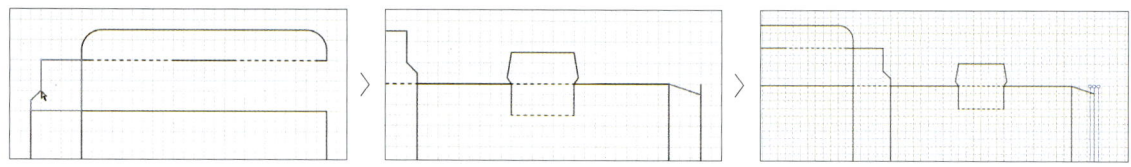

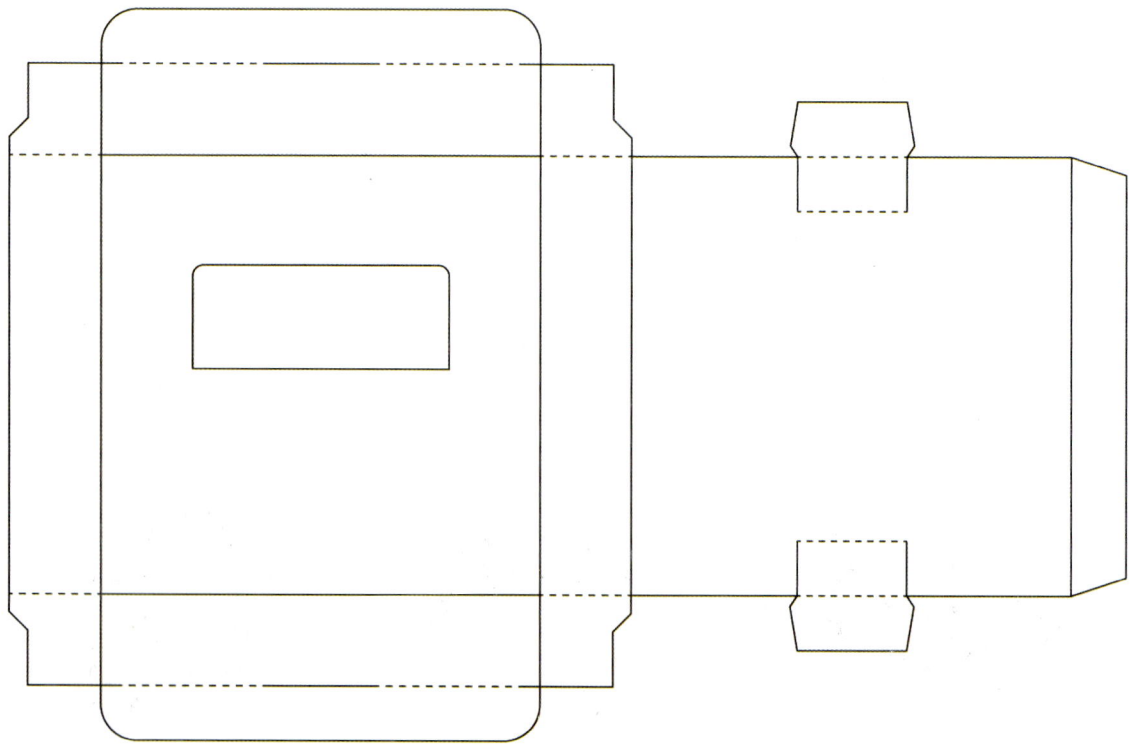

종이 상자 뜯어서 지기구조 살펴보기

주위에서 쉽게 볼 수 있는 종이 상자를 뜯어보면 정확한 지기구조 형태를 알 수 있습니다. 지기
구조가 궁금한 상품 상자를 준비하고 접착 면을 조심히 뜯어 바닥에 펼칩니다. 디자인할 때 글
자 방향이 어디를 향하고 있는지, 어떤 요소가 들어가 있는지 살펴보고 참고할 수 있습니다.

뒤집어 보면 상자 내부를 볼 수 있습니다. 각 부분 길이를 자로 재고 연필로 표기합니다. 이
모양을 참고해서 지기구조를 정확하게 그려보고, 크기가 다른 상자로 바꿔보겠습니다. 펼친
상자에 길이를 표시한 이미지는 부록CD\Sample\Part10\Lesson35_1.jpg 파일에 저장되
어 있습니다. 필요한 경우 인쇄해서 다음 과정을 따라해봅시다.

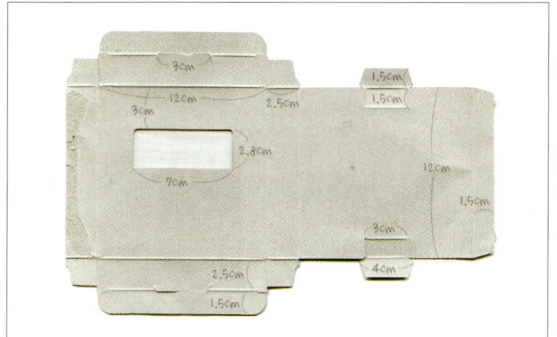

지기구조 그리기

01 상자 세로 선을 먼저 그리겠습니다. ❶❷
선 툴(◣)로 화면을 클릭해서 ❸❹12cm의 수
직선을 그립니다.

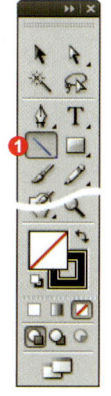

❷빈 화면 클릭

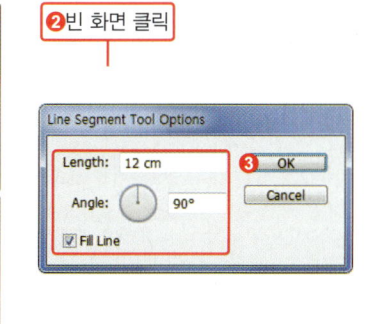

Line Segment Tool Options

Length: 12 cm

Angle: 90°

☑ Fill Line

❸ OK

Cancel

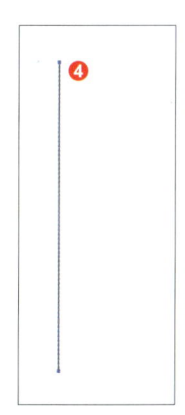

❹

02 ❶❷❸선택 툴(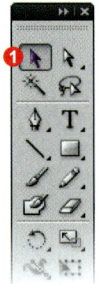)을 더블클릭해서 상자 두께인 2.5cm 지점에 세로 선을 복제합니다. ❹같은 방법으로 상자의 앞면, 옆면, 풀칠 부분에 해당하는 너비만큼 세로 선을 복제합니다.

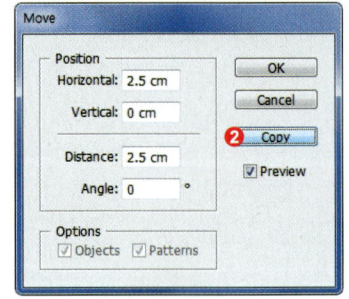

03 남은 부분을 더 쉽게 그릴 수 있도록 환경 설정을 바꿔보겠습니다. ❶Ctrl+K를 눌러 환경 설정 창을 실행하고 ❷❸방향를 눌렀을 때 이동하는 거리를 0.1cm, 그리드 선 간격을 0.5cm로 설정한 다음 ❹ OK 버튼을 누릅니다.

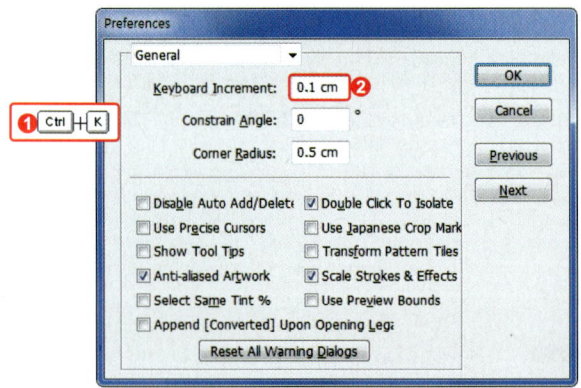

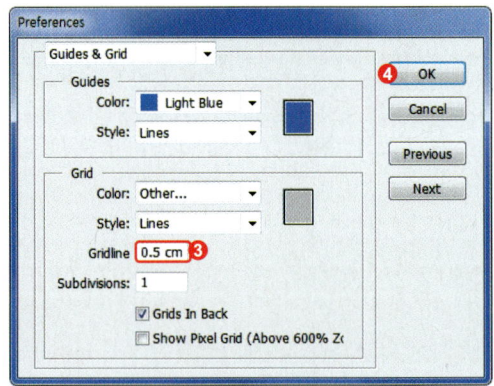

04 ❶[View]-[Snap to Grid] 메뉴를 선택합니다. ❷앞서 그린 세로 선을
모두 선택하고 모눈에 맞게 옮깁니다. [Snap to Grid]를 설정해두었기 때문
에 0.5cm 간격으로 모눈이 생겨 오브젝트를 쉽게 맞출 수 있습니다. ❸상자
의 앞면 윗부분이 될 곳을 Ctrl + Space bar +드래그해서 확대합니다.

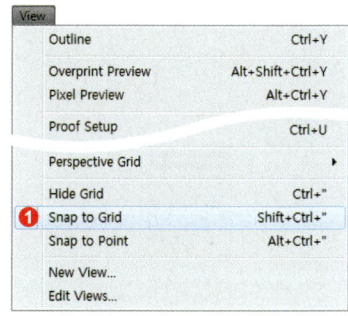

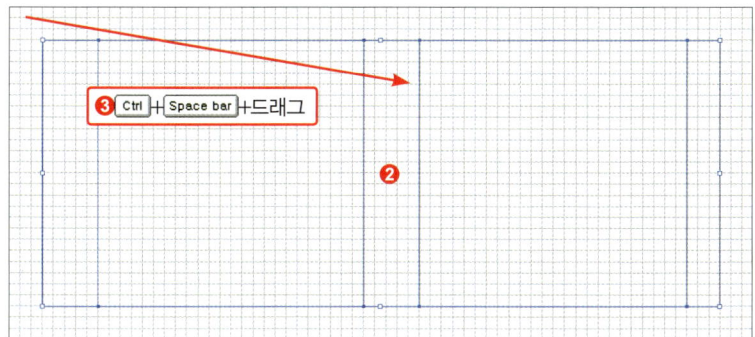

05 ❶❷선 툴(⟍)로 Shift +드래그해서 상자 윗면
의 수평선을 그리고 ❸❹선택 툴(▸)로 Shift + Alt
+드래그해서 위로 2.5cm 지점에 복제합니다. 모눈
한 칸이 0.5cm이므로 5칸 위로 복제하면 됩니다.

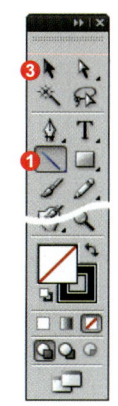

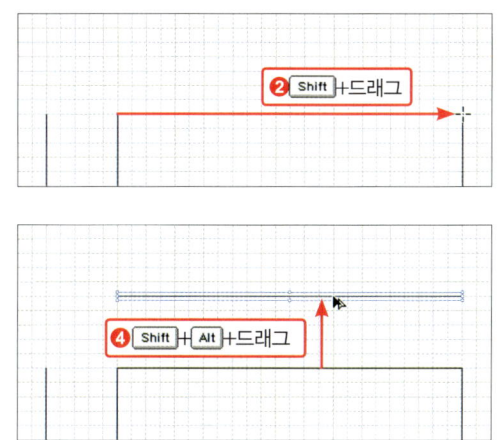

06 뚜껑에 끼우는 부분을 그려보겠습니다. ❶❷모서리가 둥근 사각형 툴(▢)로 화면을 클릭
합니다. ❸❹크기가 12×3cm이고 모서리 굴림 반지름이 1cm인 모서리가 둥근 사각형을 그립
니다. 앞에서 그린 수평선 가운데에 배치합니다. 윗부분은 뚜껑에 끼우는 부분이고 아랫부분
은 지울 부분입니다.

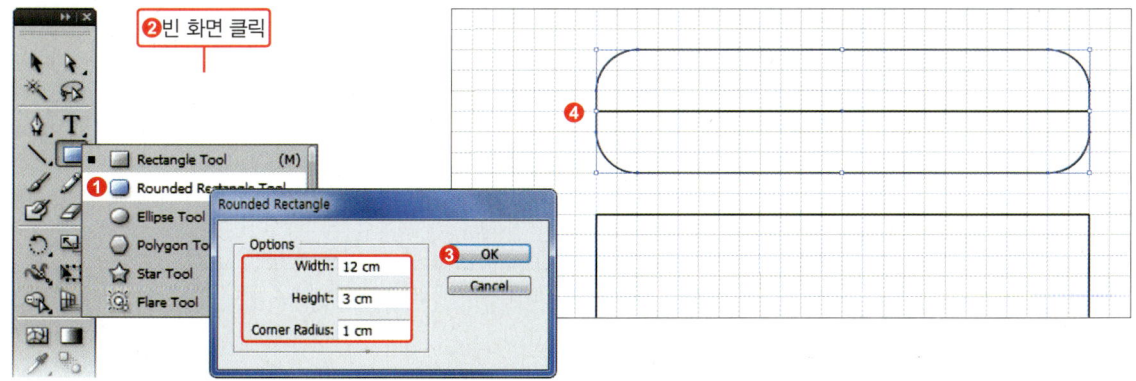

07 ❶지우개 툴(✐)을 꾹 눌러 가위 툴(✂)을 선택합니다. 모서리가 둥근 사각형이 선택된
상태에서 ❷❸수평선 끝과 맞닿는 부분을 클릭합니다. 클릭한 곳의 패스가 끊어집니다. ❹❺
직접 선택 툴(▷)로 아랫부분을 클릭하고 ❻ Delete 를 눌러 삭제합니다.

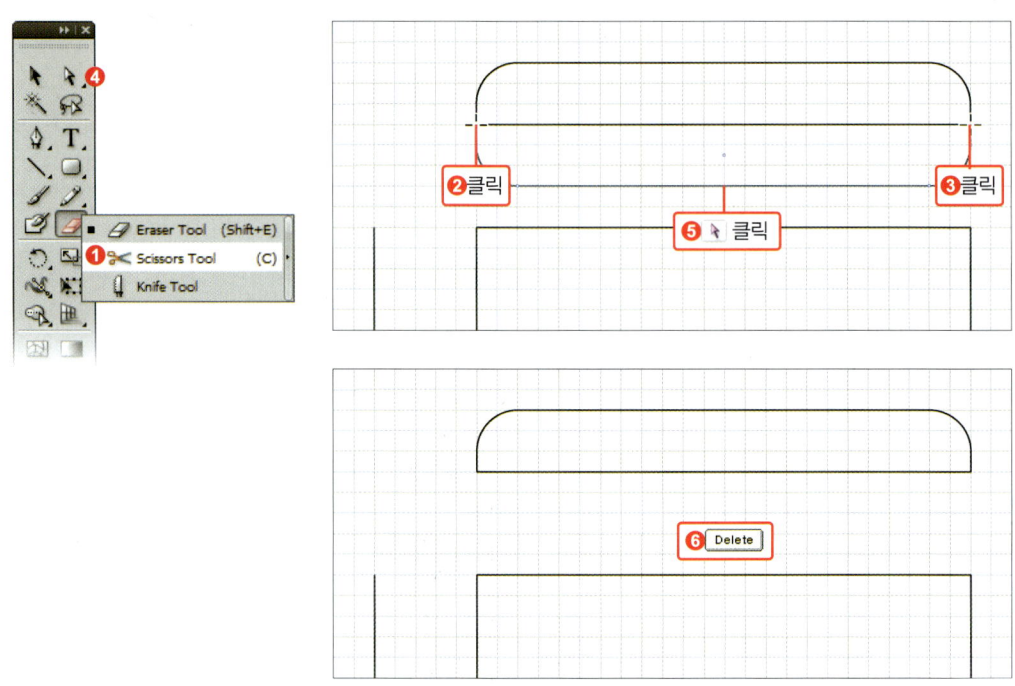

08 ❶직접 선택 툴(▷)로 수평선을 선택하고 ❷❸가위 툴(✂)로 양쪽 0.5cm 안쪽을 클릭해
서 패스를 자릅니다. ❹❺가운데 수평선을 선택하고 점선으로 만듭니다. 실선은 재단선을 의
미하고 점선은 접는 선을 의미합니다.

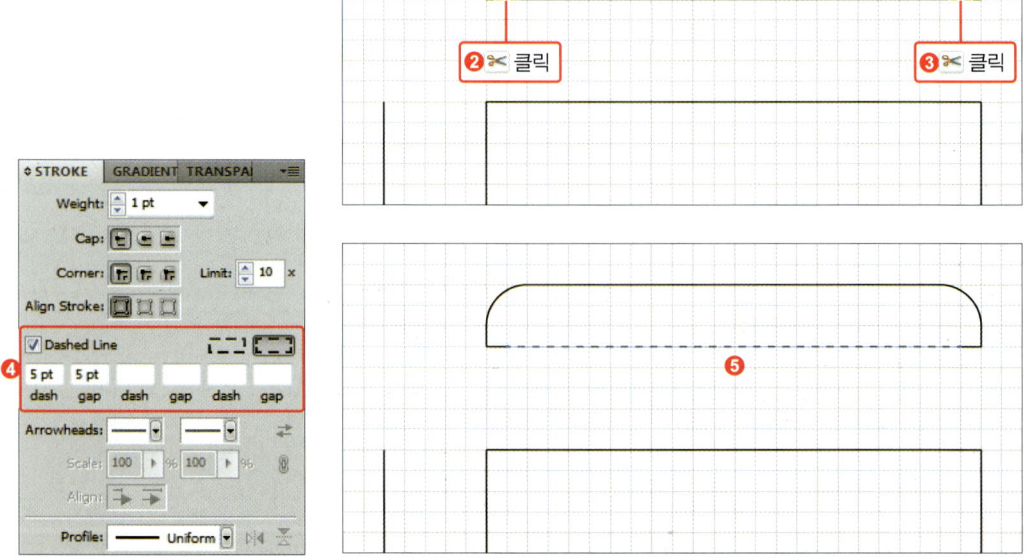

09 ❶점선으로 된 수평선을 가운데 부분 3cm 정도를 끊고 ❷❸다시 실선으로 바꿉니다.

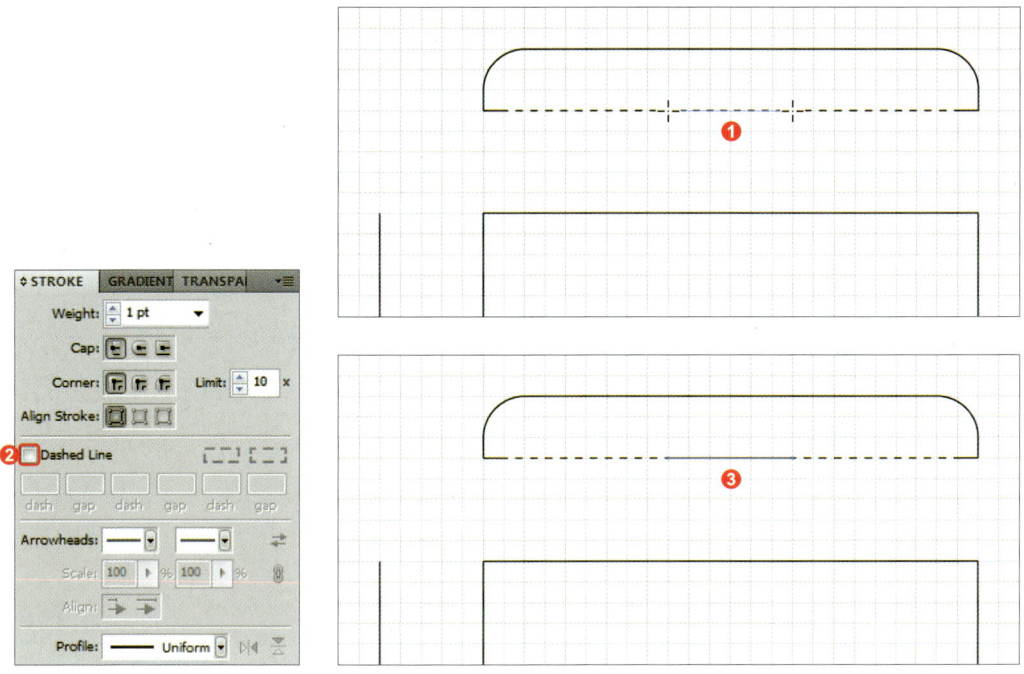

10 뚜껑 옆에 접히는 부분을 만들겠습니다. ❶❷사각형 툴(⬜)로 상자 두께와 맞닿는 정사각형을 그립니다. ❸❹펜 툴(✒)로 다음 동그라미로 표시한 세 곳을 클릭해 기준점을 추가합니다. ❺모서리에 있는 기준점은 클릭해서 지웁니다.

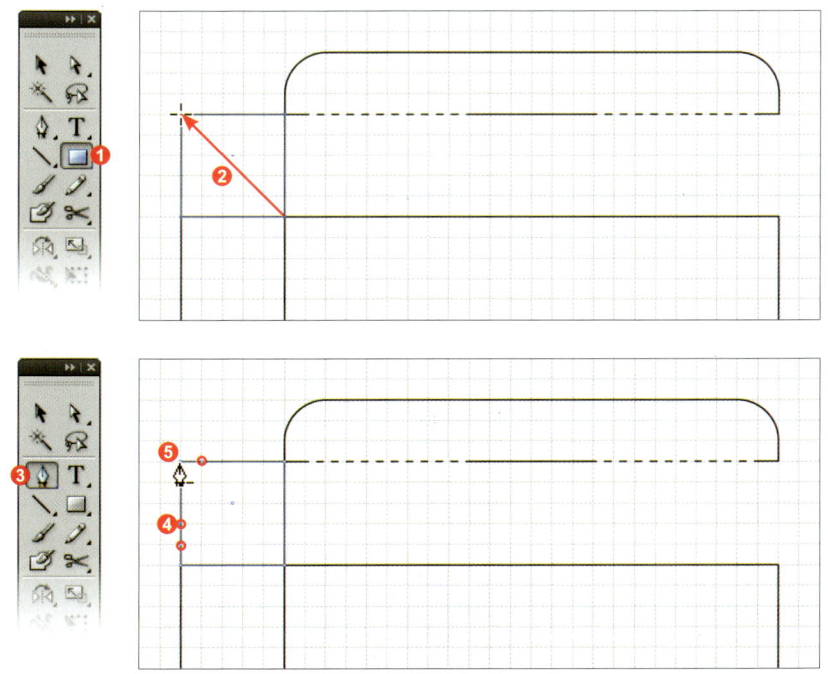

11 ❶❷직접 선택 툴(🔖)로 기준점을 다음과 같이 옮깁니다. ❸연결된 패스를 면별로 자르고 다음과 같이 실선과 점선으로 설정합니다.

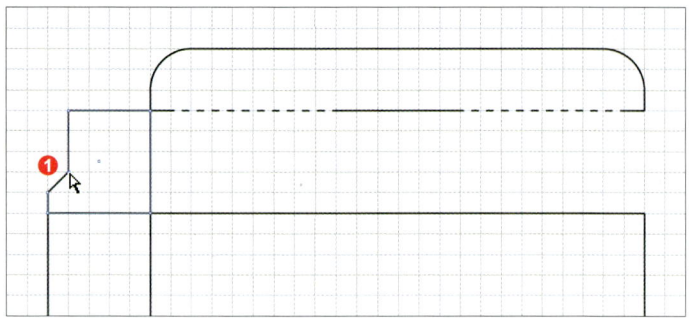

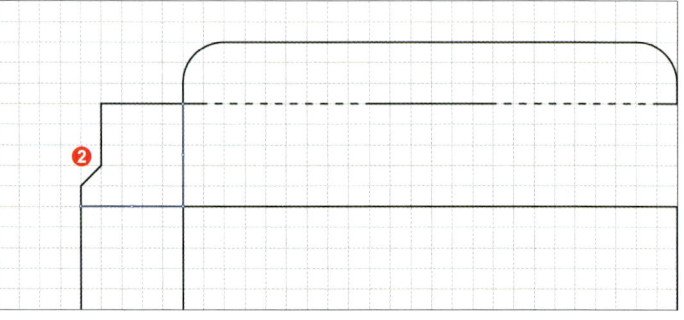

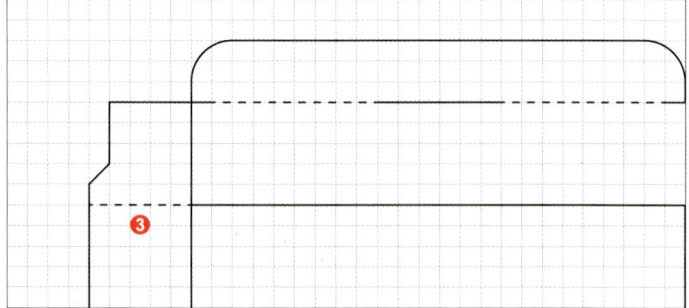

12 ❶분할된 선을 선택한 다음 오른쪽에 복제하고, ❷❸반전 툴(🔄)로 Shift +드래그해서 방향을 뒤집어 배치합니다.

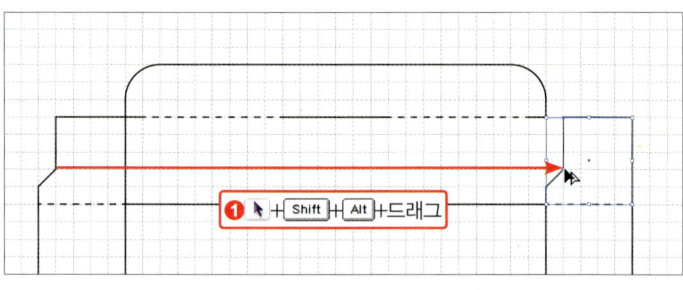

❶ 🔖 + Shift + Alt +드래그

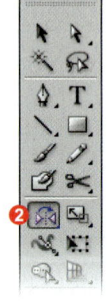

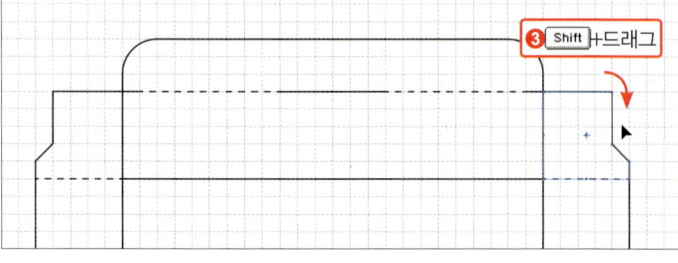

❸ Shift +드래그

13 ❶❷선 툴(✎)로 Shift+드래그해서 상자 뒷면에 윗변도 그립니다. ❸Ctrl을 누르면 일시적
으로 선택 툴 상태가 되어 오브젝트에 바운딩 박스가 생깁니다. 바운딩 박스 가운데 조절점
위치를 기억해둡니다.

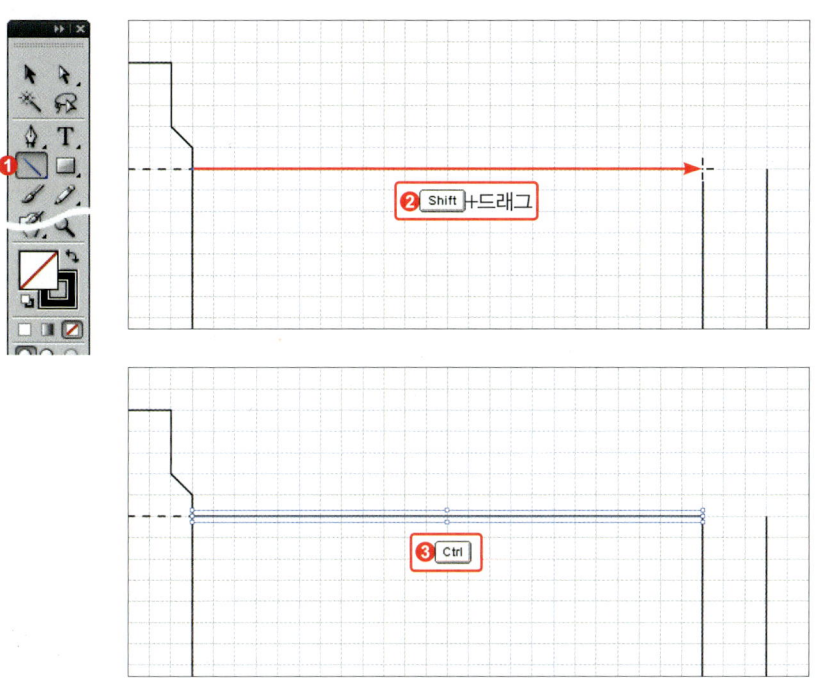

14 ❶❷사각형 툴(▣)로 선 가운데를 Alt+클릭합니다. ❸너비와 높이에 각각 3을 입력하고
OK 버튼을 누르면 ❹클릭한 지점이 중심이 되는 정사각형이 그려집니다(도형 툴 사용법
은 Lesson 09를 참고하세요).

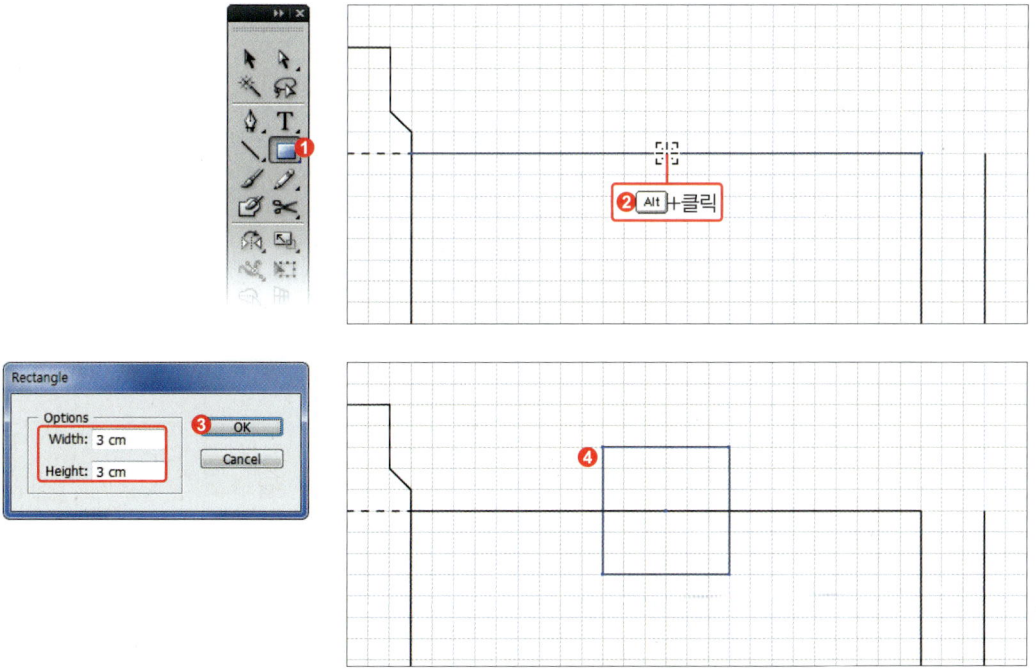

15 ❶사각형과 수평선을 함께 선택하고 ❷❸패스파인더 패널에서 🔲 버튼을 누릅니다. 🔲 버튼은 교차하는 패스를 끊어줍니다. ❹❺투명으로 바뀐 오브젝트 선을 검은색으로 칠합니다.

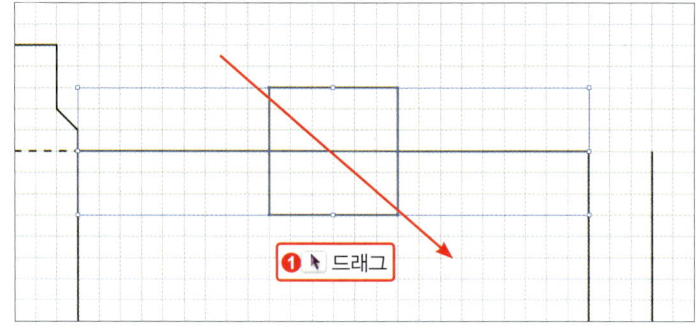

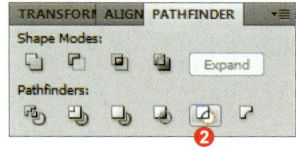

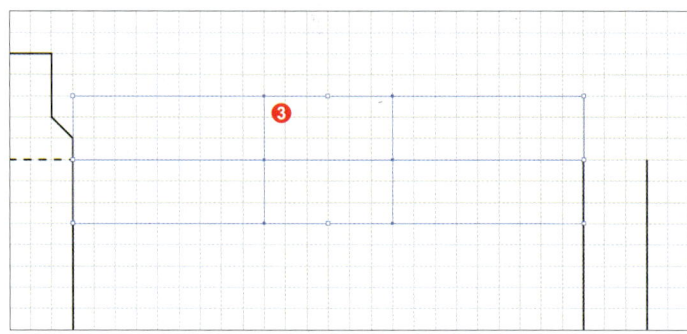

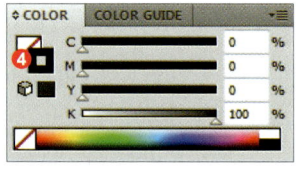

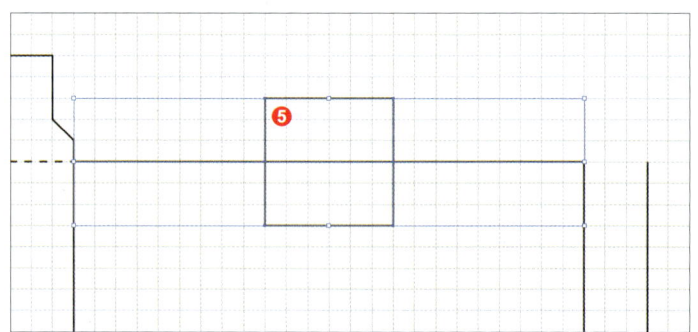

16 교차하지 않은 꺾인 선은 분할되지 않습니다. ❶❷아랫부분 사각형의 모서리를 가위 툴(✂)로 클릭해서 끊어준 다음 ❸작은 수평선 두 개를 점선으로 표시합니다. ❹펜 툴(✏)로 위쪽 사각형의 2/3 지점을 클릭해서 기준점을 추가합니다.

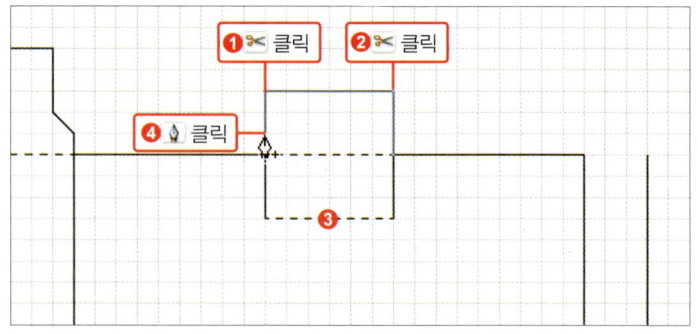

17 ❶❷❸직접 선택 툴(↖)을 더블클릭해서 왼쪽 아래로 0.2cm 옮깁니다. ❹❺❻❼반대쪽도
펜 툴로 클릭해서 기준점을 추가한 다음 직접 선택 툴을 더블클릭해서 오른쪽 아래로 0.2cm
옮깁니다. ❽접착 부위 수평선은 0.5cm 아래쪽으로 비스듬하게 그립니다.

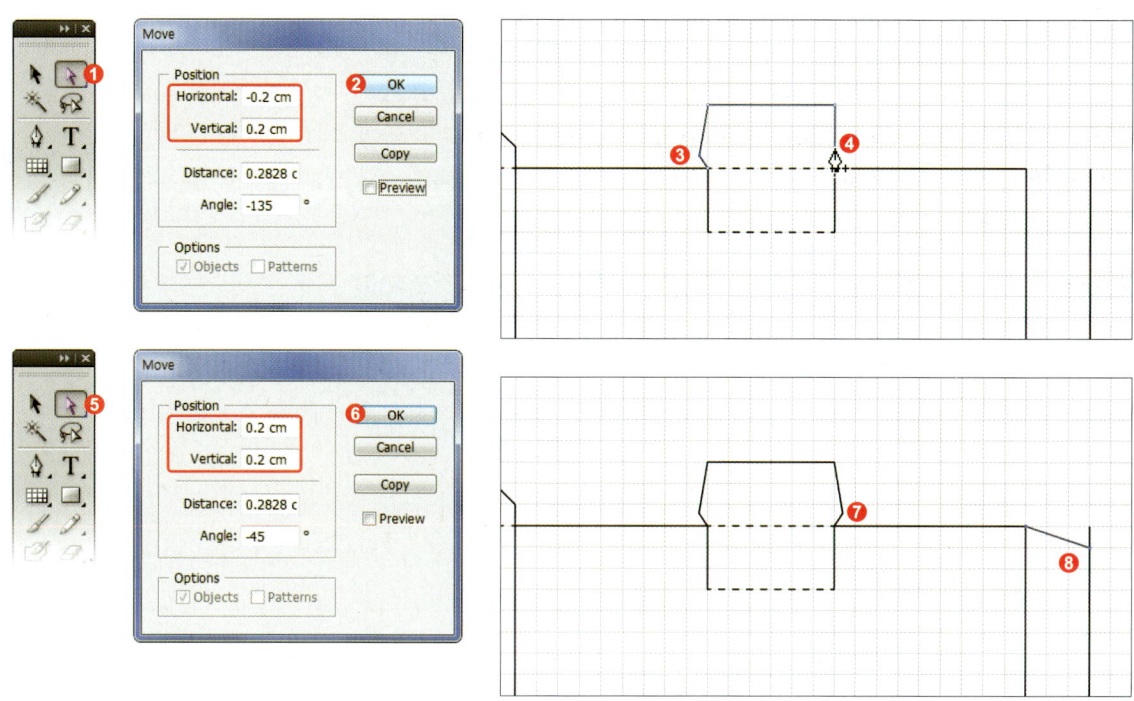

18 ❶몸체 부분에 있는 수직선을 제외
한 모든 부분을 선택한 다음 ❷ Shift + Alt
+드래그해서 아래쪽에 복제합니다.

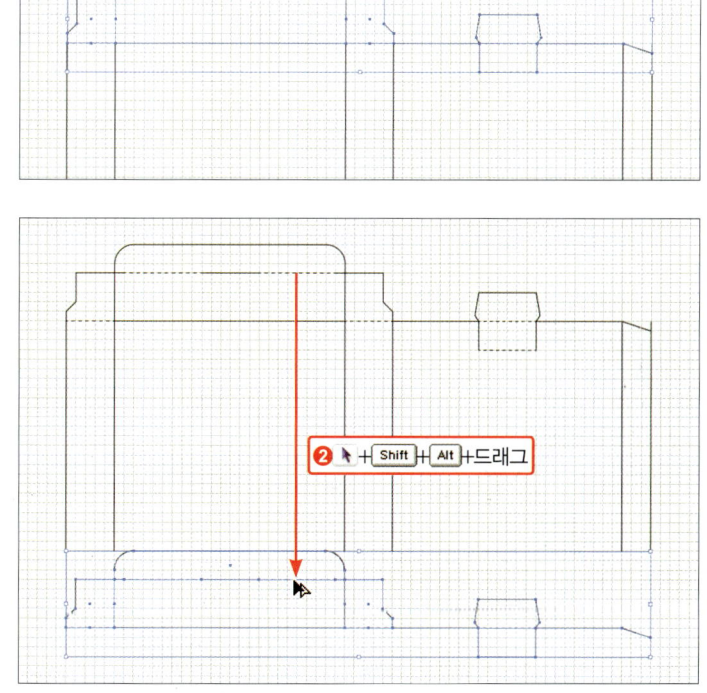

19 ❶❷반전 툴(🔄)을 더블클릭하고 Horizontal을 체크한 다음 [OK] 버튼을 누르면 ❸위
아래를 손쉽게 반전시킬 수 있습니다. ❹❺❻❼접착 면 끝부분에 있는 수직선을 선택하고 양
쪽을 0.5cm씩 줄입니다.

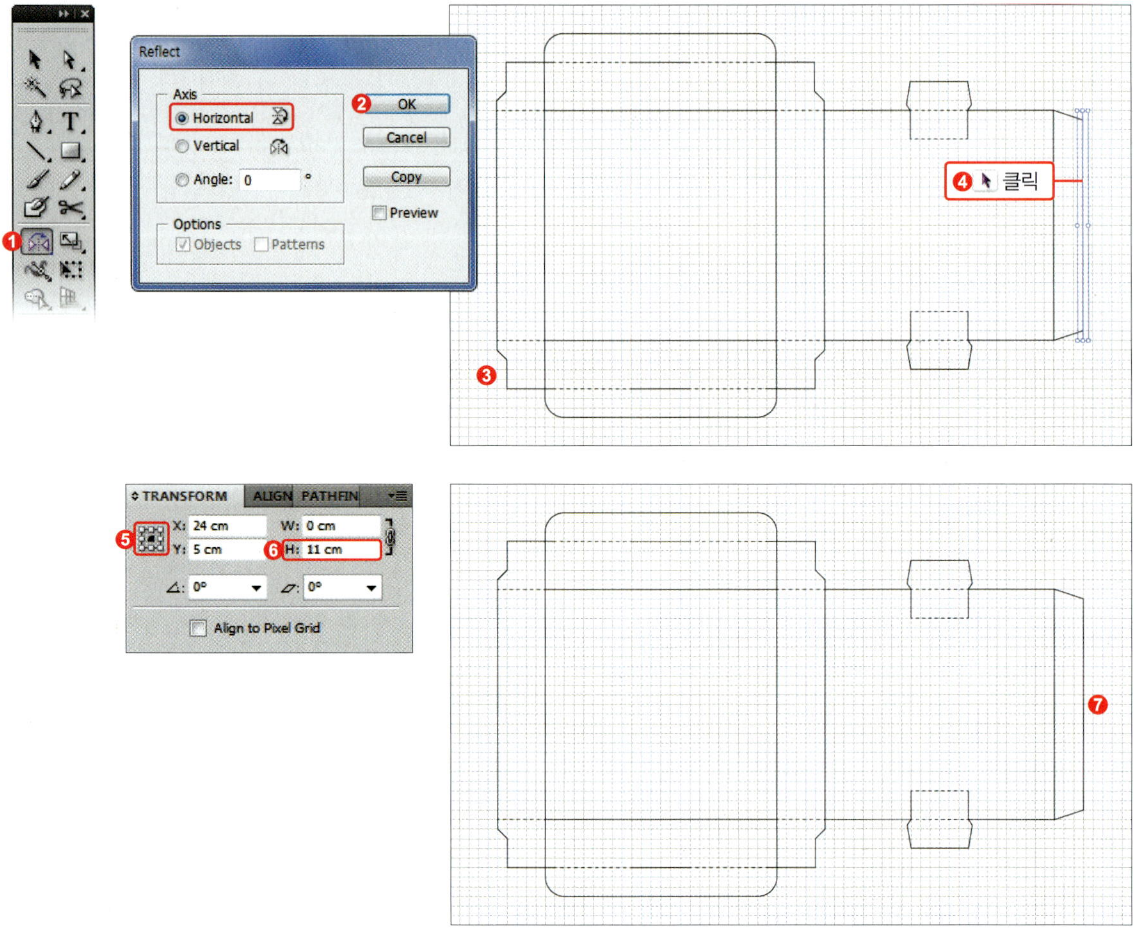

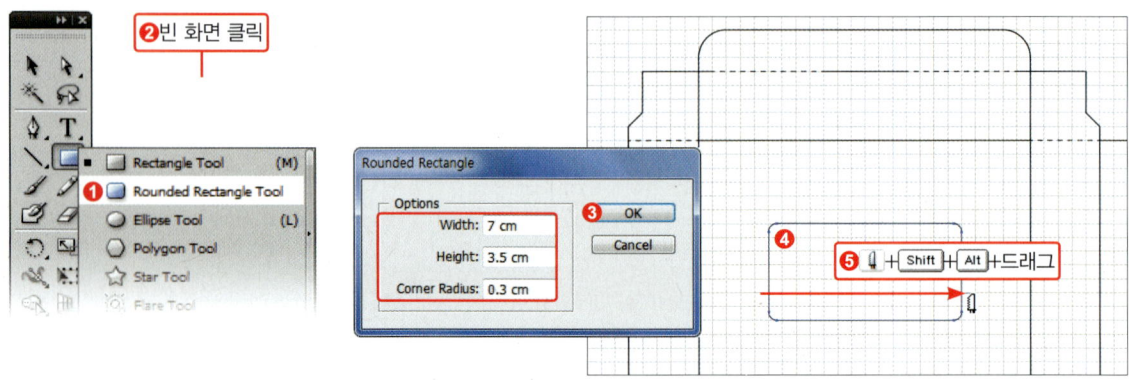

20 마지막으로 창 구멍을 만들겠습니다. ❶❷모서리가 둥근 사각형 툴(🔲)로 화면을 클릭해
서 ❸❹크기가 7×3.5cm이고 모서리 굴림 반지름이 0.3cm인 모서리가 둥근 사각형을 상자
앞면에 그립니다. ❺칼 툴(🔪)로 2.5cm 지점을 [Shift]+[Alt]+드래그해서 자릅니다.

21 ❶❷직접 선택 툴(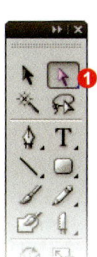)로 밑변을 선택하고
❸❹❺직접 선택 툴을 더블클릭해서 아래쪽으
로 0.3cm 옮기면 ❻지기구조를 그리는 작업이
완료됩니다.

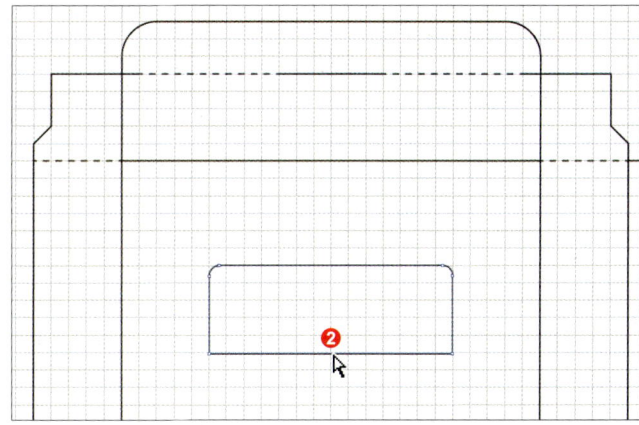

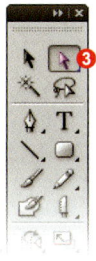

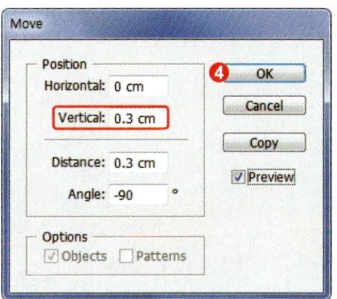

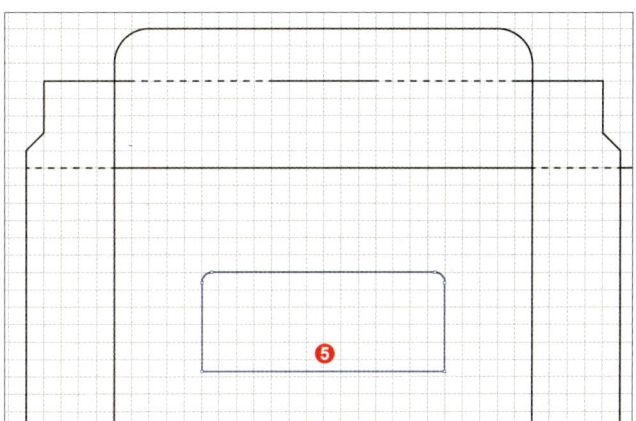

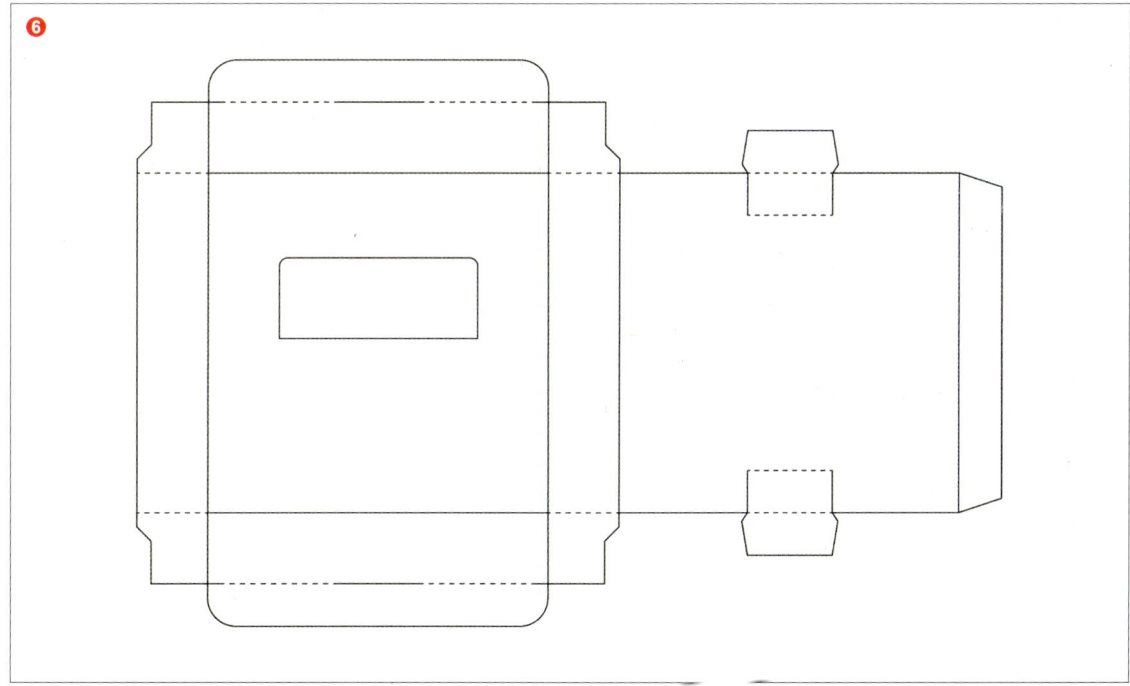

제공된 지기구조 위에 디자인 작업만 할 때는 도형 툴을 이용해서 여분 크기 내에서만 마음껏 그리면 되지만, 새로운 지기구조를 그릴 때는(재단 칼을 제작
해야 할 때는) 지금까지 그린 것처럼 재단선과 접는 선을 1줄로 만들어야 합니다.

Lesson 36
심벌 툴을 활용해서 캔디 상자 만들기

픽토그램, 일러스트, 텍스처 등은 심벌로 등록해두면 필요할 때마다 꺼내 쓸 수 있어 유용합니다. 더구나 수백 개가 넘는 오브젝트를 써도 저장 용량이 1개 용량 밖에 되지 않아 저장 용량과 작업 시간을 동시에 줄일 수 있습니다. 심벌을 이용해서 빠르고 쉽게 캔디 상자를 만들어보겠습니다.

실습 파일 : 부록CD\Sample\Part10\Lesson36_1.ai
완성 파일 : 부록CD\Sample\Part10\Lesson36_2.ai

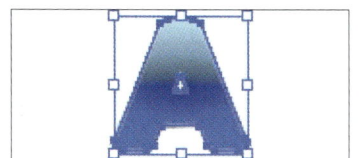 > 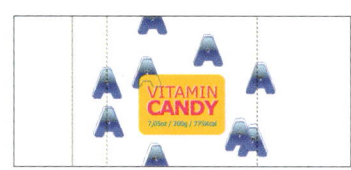 >

심벌 등록하고 사용하기

01 ❶부록CD\Sample\Part10\Lesson36_1.ai 파일을 불러오면 스펠링 A~C, 동그라미, 지기구조가 들어있고, 라인, 로고, 디자인이 들어갈 부분이 레이어로 구분되어 있습니다. 라인과 로고가 움직이지 않도록 ❷[Dieline] 레이어와 [Logo] 레이어를 잠그고, ❸ [Design] 레이어를 선택합니다.

예제의 지기구조는 어도비에서 제공하는 템플릿 파일(Blank Templates\Gift Certificate Pouchette.ait)입니다.

02 ❶스펠링 A를 심벌 패널에 드래그해서 넣습니다. ❷❸이름을 "A"로 입력하고 [OK] 버튼을 누르면 그래픽 심벌로 등록됩니다. ❹❺심벌 스프레이어 툴(🥫)을 선택하고 지기구조 위를 클릭하면 심벌 한 개가 도장을 찍은 것처럼 생깁니다.

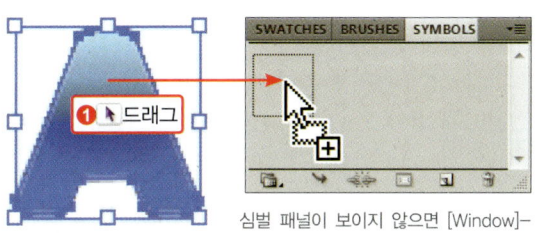

심벌 패널이 보이지 않으면 [Window]– [Symbols] 메뉴를 선택합니다.

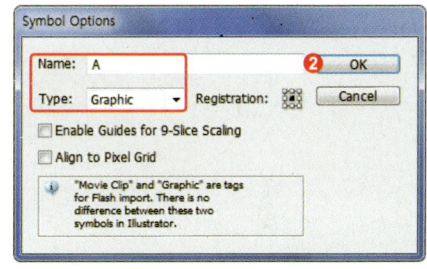

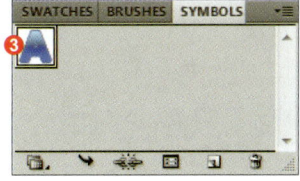

03 ❶계속해서 클릭하거나 드래그하면 스프레이로
뿌리듯 심벌이 나타납니다. ❷심벌 스프레이어로 만
든 오브젝트는 한 덩어리로 인식됩니다. 지기구조
의 영역에 골고루 퍼지도록 심벌 스프레이어를 클
릭하거나 드래그해주세요.

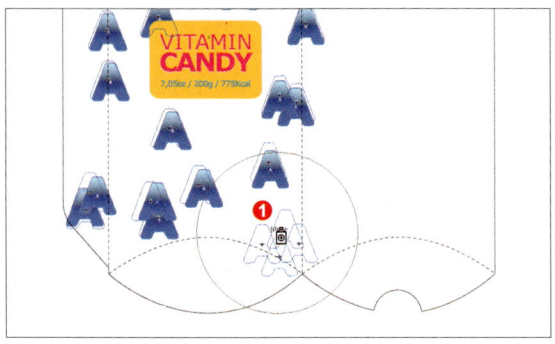

[ ], [ ]를 누르면 심벌 툴의 적용 영역을 줄이거나 키울 수 있습니다.

04 ❶심벌 크기 조절 툴( )을 선택하고 ❷선택한 심벌을 클릭하거나 꾹 누르면 심벌이 확대
됩니다. ❸[Alt]를 누른 채로 클릭하거나 꾹 누르면 심벌이 축소됩니다. ❹이리저리 클릭 또는
[Alt]+클릭해서 크기를 다양하게 만듭니다.

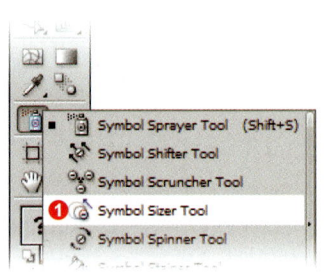

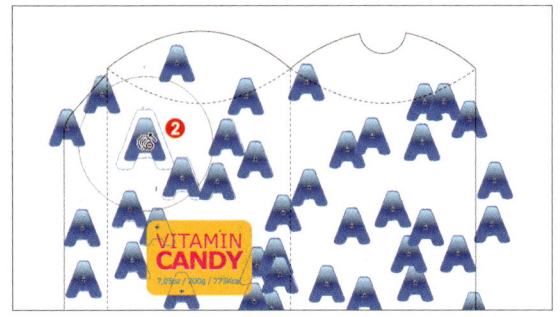

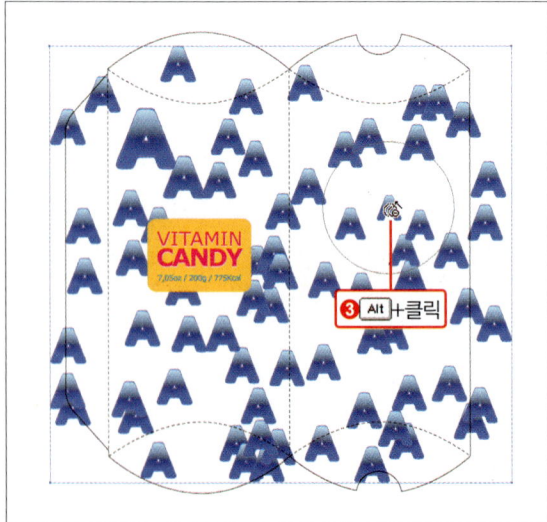

05 ❶심벌 회전 툴(🎡)을 선택하고 ❷심벌 부분을 드래그하면 드래그한 방향으로 심벌이 회전되고, 회전되는 방향으로 화살표가 나타납니다. ❸이리저리 드래그해서 심벌 방향을 바꿔주세요.

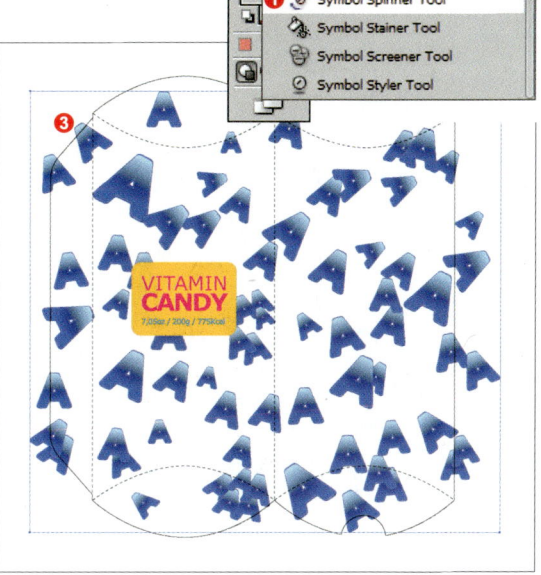

06 ❶❷핑크색 동그라미도 그래픽 심벌로 등록한 다음 지기구조에 골고루 뿌려줍니다. 크기를 다양하게 바꿉니다.

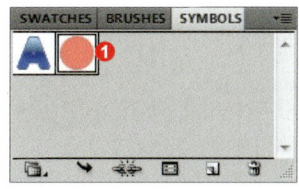

07 ❶❷심벌 칠 툴(🖌)을 선택하고 컬러 패널에서 노란색 (Y100)을 설정합니다. ❸심벌을 클릭하면 툴 영역 가장자리로 갈수록 연하게 칠됩니다. ❹군데군데를 클릭해서 노란색과 핑크색이 자연스럽게 섞이도록 만듭니다.

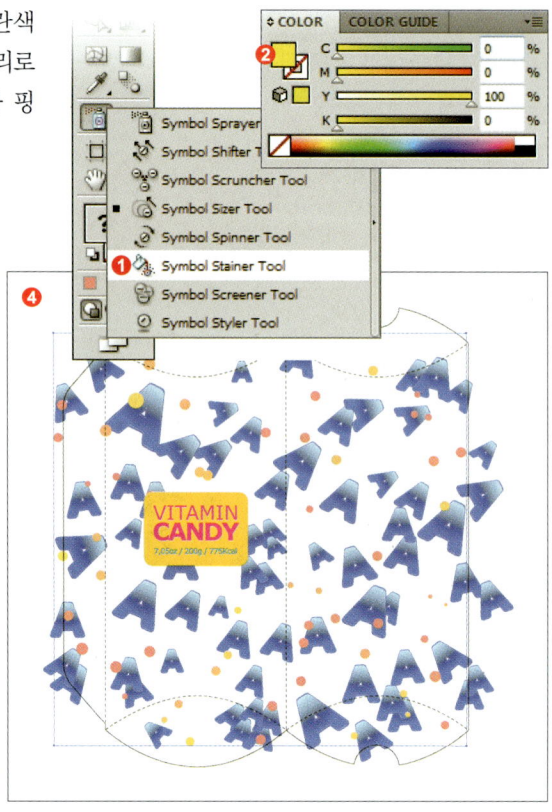

Symbol Sprayer
Symbol Shifter T
Symbol Scruncher Tool
Symbol Sizer Tool
Symbol Spinner Tool
❶ Symbol Stainer Tool
Symbol Screener Tool
Symbol Styler Tool

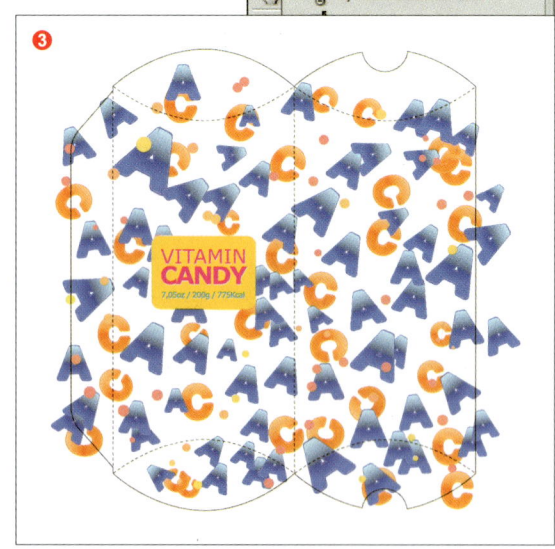

[Alt]를 누른 상태에서 클릭하거나 드래그하면 칠된 것이 지워지고 심벌 원래 색이 나타납니다.

08 ❶심벌 이동 툴(🖐)로 심벌을 드래그하면 뿌려진 심벌 위치를 바꿀 수 있습니다. ❷심벌이 골고루 배치되도록 위치를 조정합니다. ❸앞서 배운 방법으로 스펠링 C도 크기와 방향을 조정하며 뿌려줍니다.

Symbol Sprayer Tool   (Shift+S)
❶ Symbol Shifter Tool
Symbol Scruncher Tool

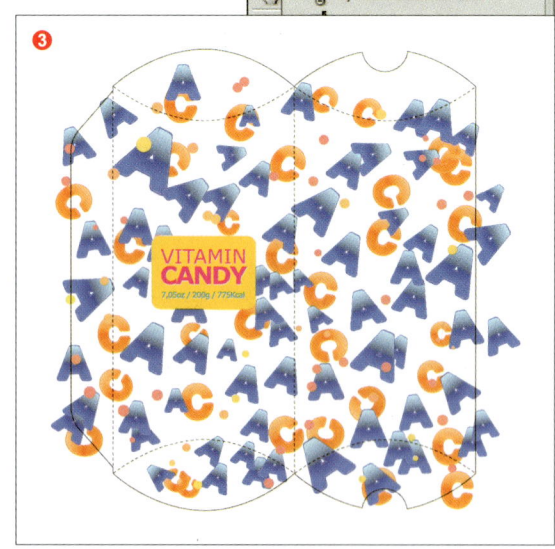

심벌 교체하기

09 이미 뿌려진 심벌을 다른 심벌로 교체해보겠습니다. **❶**스펠링 B를 선택합니다. **❷**심벌 패널에서 A 심벌을 클릭한 다음 **❸❹**패널 오른쪽에 있는 버튼을 누르고 [Redefine Symbol] 메뉴를 선택합니다. **❺**선택한 A 오브젝트가 B 오브젝트로 바뀝니다. **❻**심벌 오브젝트를 모두 선택하고 Ctrl+G를 눌러 그룹으로 묶습니다.

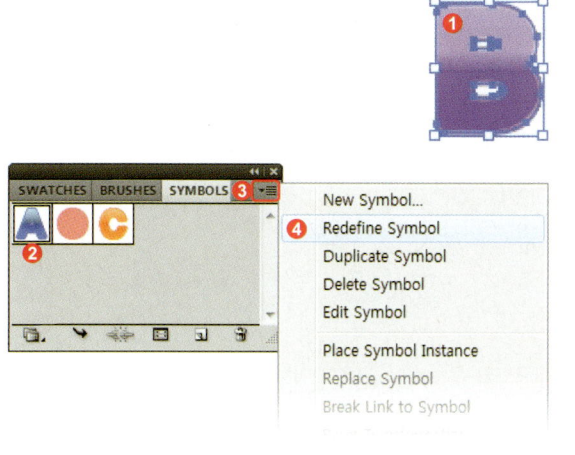

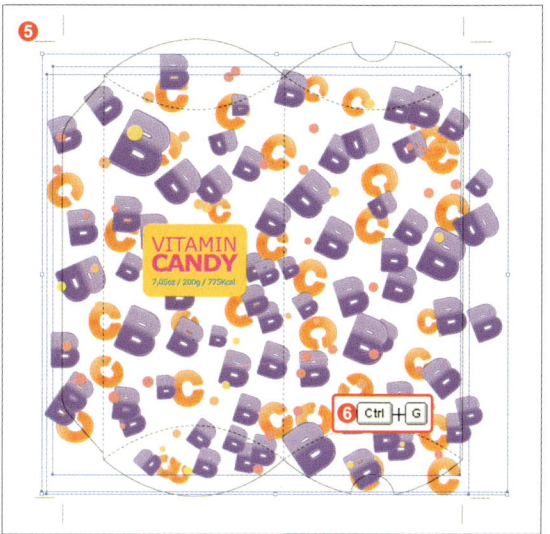

10 **❶**사각형 툴(▢)로 지기구조보다 조금 큰 사각형을 그립니다. **❷**그룹으로 묶은 심벌 오브젝트와 함께 선택하고 Ctrl+7을 눌러 클리핑 마스크 처리합니다. **❸**디자인 파일을 인쇄소로 넘기기 전에 프린터로 출력해서 샘플을 만들어봅니다. 샘플을 보면서 보완한 다음 완료한 파일을 인쇄업체로 넘깁니다.

풀칠될 부분은 인쇄할 때 집착력이 떨어지므로 여백으로 처리해야 합니다.

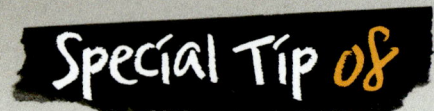

디자이너에게 유용한 프린트 설정하기

디자인을 공부하는 학생이나 여러가지 샘플을 출력해야 하는 디자이너에게 프린터는 필수품입니다. 하지만 일반 출력 기능만 사용하는 경우가 대부분인데요, 일러스트레이터 CS5에서 제공하는 다양한 프린트 옵션과 기능을 알면 매우 유용하게 활용할 수 있습니다. 프린트 영역, 종이 크기, 분할 출력 등 디자이너에게 꼭 필요한 프린트 설정법을 알아보겠습니다.

 실습 파일 : 부록CD\Sample\Part10\Special_page.ai, Lesson34.ai, Special_rose.ai, Special_color.ai

아트보드가 여러 개인 문서 출력하기

01 ❶ Ctrl + O 를 눌러 부록CD\Sample\Part10\Special_page.ai 파일을 불러옵니다. A4 크기인 아트보드에 동그라미, 네모, 별 오브젝트가 들어 있습니다. ❷ Ctrl + P 를 눌러 프린트 설정 창을 실행하면 첫 번째 아트보드 출력물이 미리 보입니다.

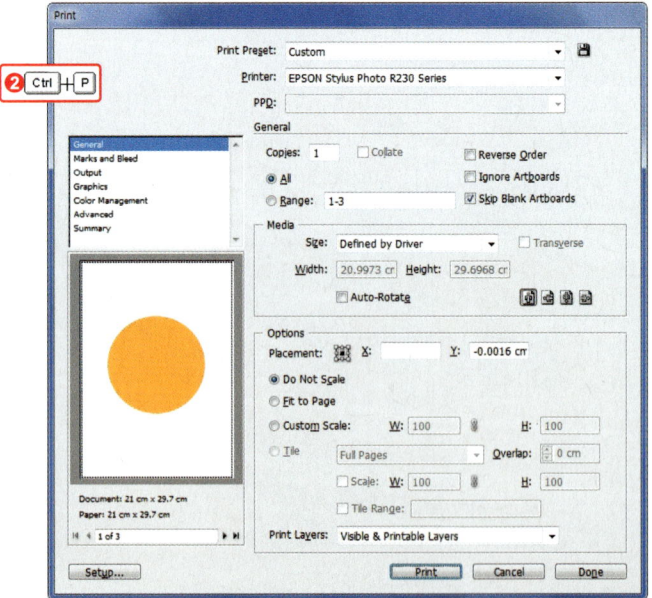

02 ❶미리보기 창에서 ▶ 버튼을 누르면 아트보드가 차례대로 보입니다. ❷아트보드 전체를 인쇄하고 싶다면 All을 체크하고 ❸일부만 인쇄하려면 Range를 체크하고 원하는 영역을 입력한 후 ❹〈Print〉 버튼을 누릅니다.

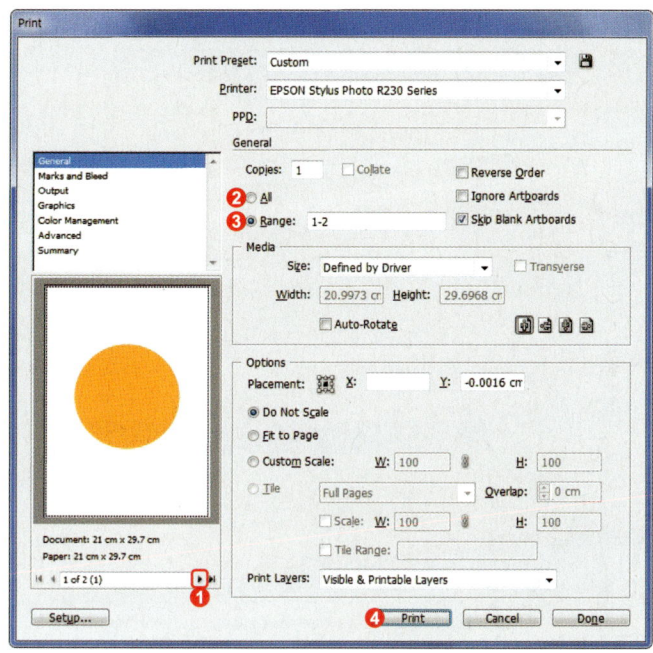

길쭉한 종이에 프린트하기

가끔 프린터가 지원하는 용지 크기보다 길거나 넓은 출력물을 인쇄해야 할 때가 있습니다. 하지만 A4 전용 프린트라고 해도 폭은 정해져 있지만 길이는 마음대로 조절할 수 있습니다. 길이를 조절할 수 있는 기능을 응용해 큰 출력물을 인쇄하는 방법을 살펴보겠습니다.

01 ❶Ctrl+O를 눌러 부록CD\Sample\Part10\Lesson34.ai 파일을 불러옵니다. ❷❸ [View]-[Show Artboard] 메뉴와 [View]-[Show Page Tiling] 메뉴를 선택해서 도큐먼트 크기와 프린트 영역이 보이도록 합니다. ❹종이 방향으로 오브젝트를 회전시킵니다.

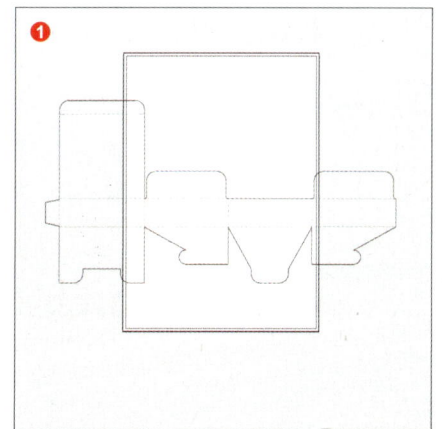

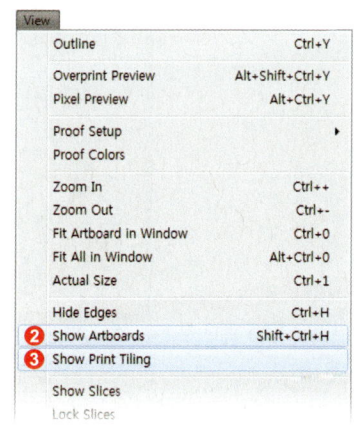

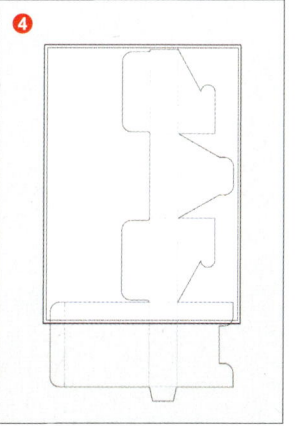

02 ❶ Ctrl + P 를 누르면 프린트 설정 옵션이 나타납니다. 이 곳에서는 규격 종이 크기만 선택
할 수 있습니다. 규격 외 종이는 프린터 설정 창에서 직접 설정해야 합니다. ❷ Setup... 버
튼을 누르고 ❸ Continue 버튼을 누른 후 ❹인쇄 설정 창에서 기본 설정(R) 버튼을 누릅니
다. ❺용지 옵션 중 크기를 선택하고 맨 아래에 있는 [사용자 정의]를 선택합니다.

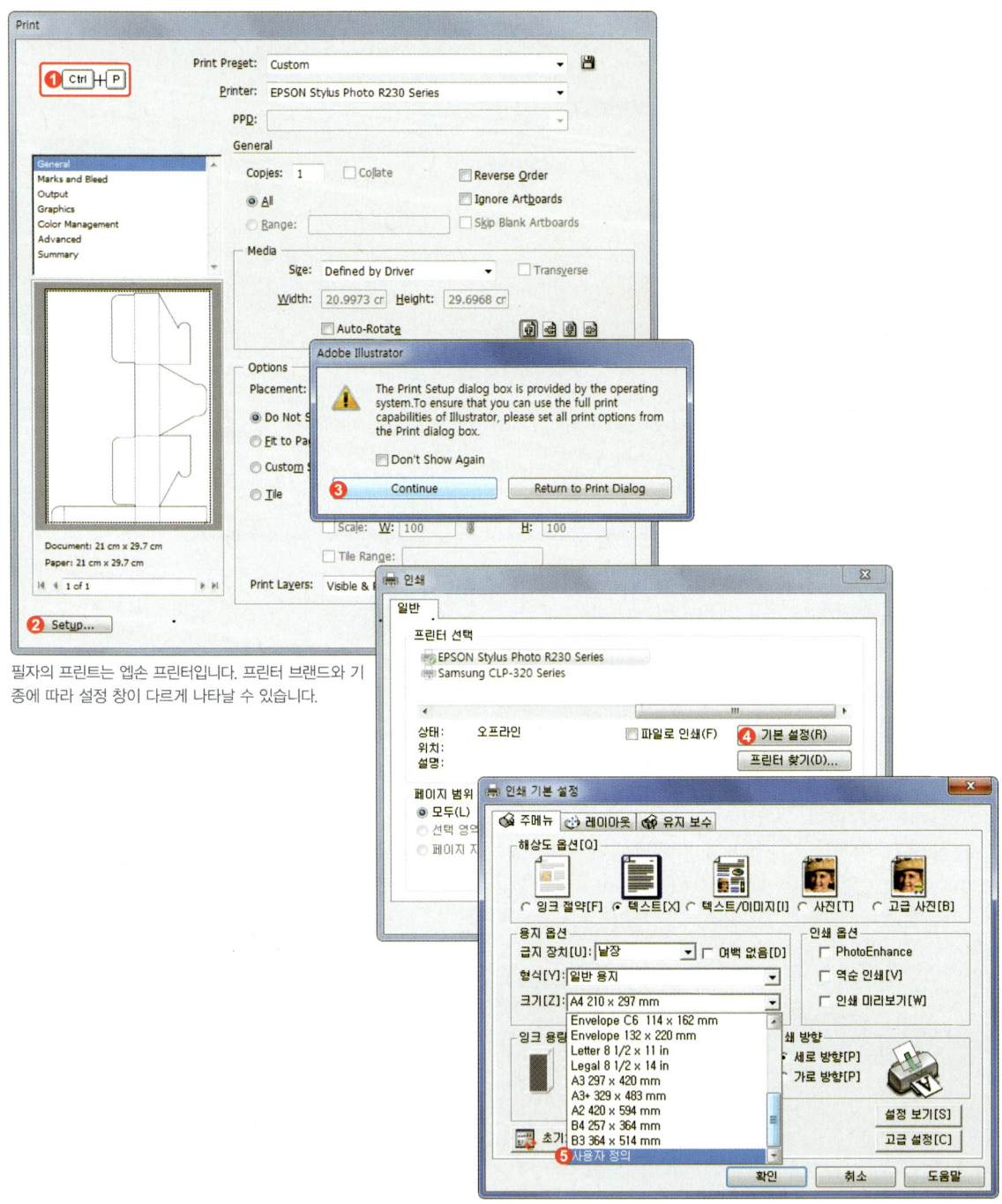

필자의 프린트는 엡손 프린터입니다. 프린터 브랜드와 기
종에 따라 설정 창이 다르게 나타날 수 있습니다.

03 종이 크기를 직접 설정할 수 있는 창이 나타납니다. ❶용지 크기 이름에 "50cm"를 입력하고 크기를 숫자로 입력한 다음 ❷❸ 저장[S] 과 확인[O] 버튼을 차례로 누릅니다. ❹인쇄 기본 설정 창에서 확인 버튼을 누르고, ❺인쇄 창에서 취소 버튼을 눌러 일러스트레이터로 돌아옵니다.

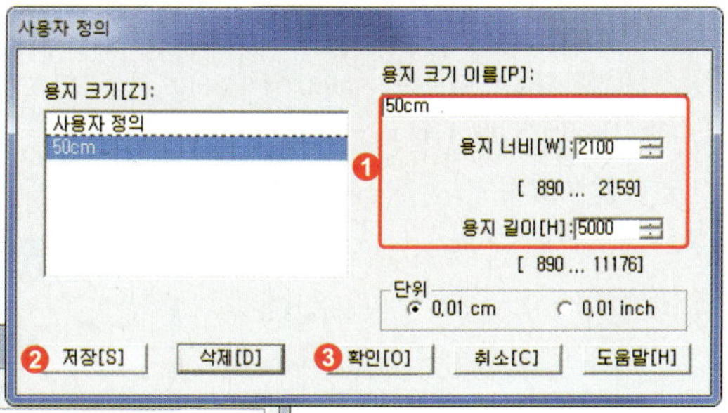

사용자 정의

용지 크기[Z]:
사용자 정의
50cm

용지 크기 이름[P]:
50cm

용지 너비[W]: 2100
[890 ... 2159]

용지 길이[H]: 5000
[890 ... 11176]

단위
⦿ 0.01 cm   ○ 0.01 inch

❷ 저장[S]   삭제[D]   ❸ 확인[O]   취소[C]   도움말[H]

0.01cm 단위로 표시되기 때문에 두 자리를 덧붙여 입력하면 됩니다. 예) 10cm=1000, 50cm= 5000

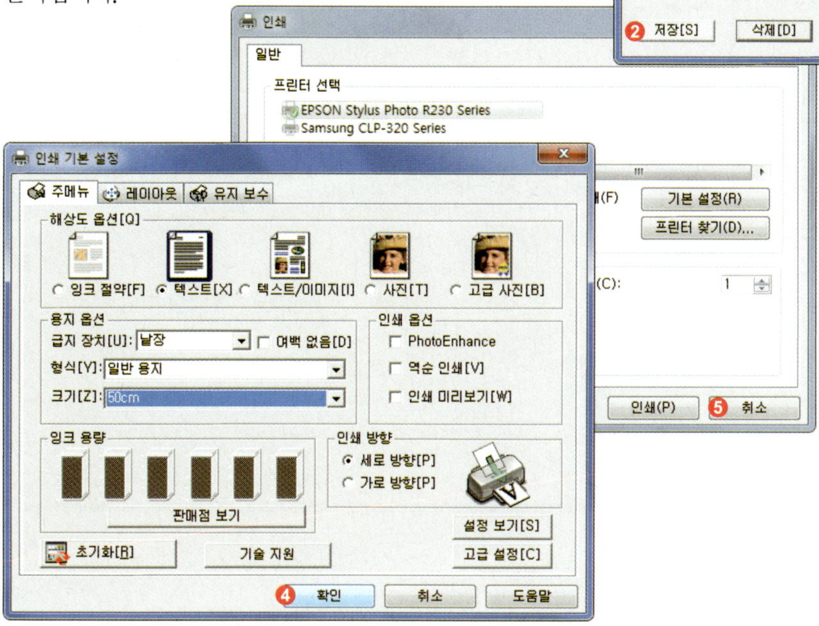

인쇄

일반

프린터 선택
EPSON Stylus Photo R230 Series
Samsung CLP-320 Series

기본 설정(R)
프린터 찾기(D)...

(C):   1

인쇄(P)   ❺ 취소

인쇄 기본 설정

주메뉴   레이아웃   유지 보수

해상도 옵션[Q]
○ 잉크 절약[F] ⦿ 텍스트[X] ○ 텍스트/이미지[I] ○ 사진[T] ○ 고급 사진[B]

용지 옵션
급지 장치[U]: 낱장   ☐ 여백 없음[D]
형식[Y]: 일반 용지
크기[Z]: 50cm

인쇄 옵션
☐ PhotoEnhance
☐ 역순 인쇄[V]
☐ 인쇄 미리보기[W]

잉크 용량

판매점 보기

인쇄 방향
⦿ 세로 방향[P]
○ 가로 방향[P]

설정 보기[S]

초기화[R]   기술 지원   고급 설정[C]

❹ 확인   취소   도움말

04 ❶미리보기 창을 보면 종이 크기가 바뀐 것을 볼 수 있습니다. ❷ 저장된 50cm 종이 크기는 설정 창에서 언제든지 선택할 수 있습니다.

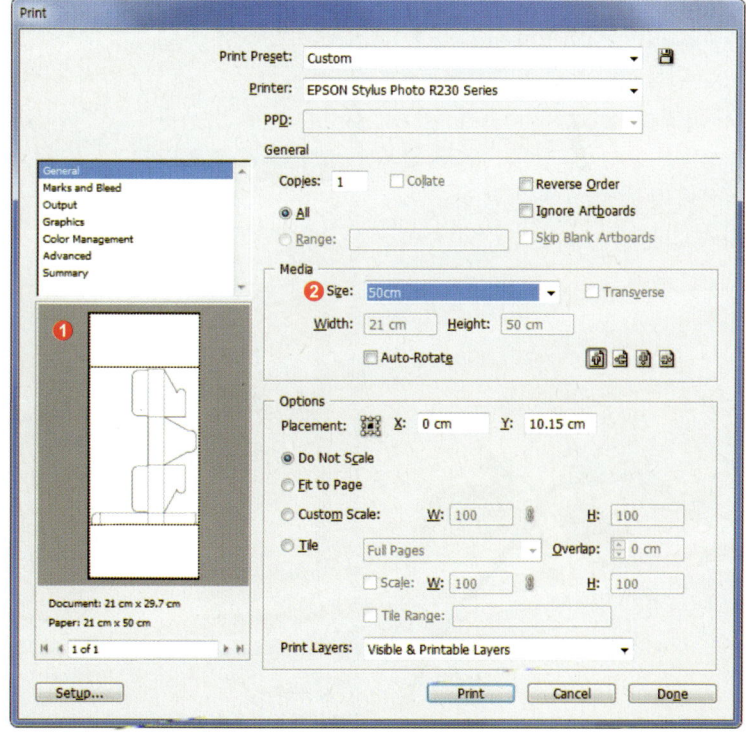

Print

Print Preset: Custom
Printer: EPSON Stylus Photo R230 Series
PPD:

General
General
Marks and Bleed
Output
Graphics
Color Management
Advanced
Summary

Copies: 1   ☐ Collate   ☐ Reverse Order
⦿ All   ☐ Ignore Artboards
○ Range: ☐ Skip Blank Artboards

Media
❷ Size: 50cm   ☐ Transverse
Width: 21 cm   Height: 50 cm
☐ Auto-Rotate

Options
Placement: X: 0 cm   Y: 10.15 cm
⦿ Do Not Scale
○ Fit to Page
○ Custom Scale: W: 100   H: 100
○ Tile   Full Pages   Overlap: 0 cm
☐ Scale: W: 100   H: 100
☐ Tile Range:
Print Layers: Visible & Printable Layers

Document: 21 cm x 29.7 cm
Paper: 21 cm x 50 cm
1 of 1

Setup...   Print   Cancel   Done

05 ❶아트보드 크기에 맞게 잘린 미리보기 이미지는 Ignore Artboards를 체크하면 오브젝트 전체를 프린트할 수 있습니다. ❷프린트 영역에서 빈 곳이 없도록 설정한 후 길이에 맞는 종이를 프린터에 넣고 ❸ Print 버튼을 누릅니다. A4 용지 길이를 넘는 길쭉한 종이에 그림이 잘리지 않도록 인쇄할 수 있습니다.

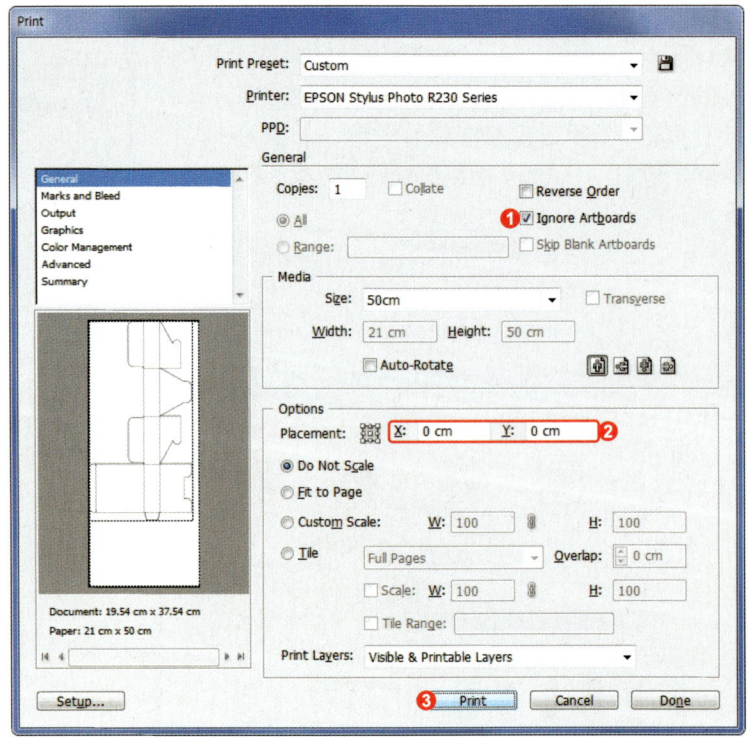

커다란 그림을 분할해서 출력하기

01 ❶Ctrl+ㅇ를 눌러 부록CD\Sample\Part10\Special_rose.ai 파일을 불러옵니다. 40×50cm 도큐먼트에 장미 일러스트가 담겨 있습니다. ❷❸Ctrl+P를 누르면 꽃 가운데 부분이 A4 용지 한 장에 미리 보입니다.

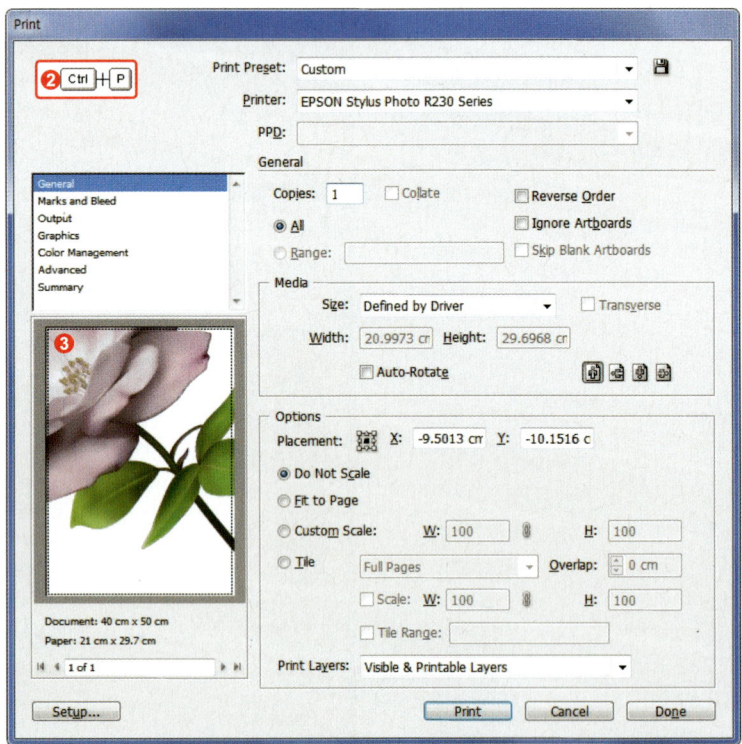

02 ❶옵션 항목에서 Tile을 체크하고, [Imageable Areas]를 선택하면 ❷A4 용지 크기대로 이미지가 분할됩니다. ❸❹ **Print** 버튼을 누르면 분할된 모양대로 네 장이 인쇄됩니다. 흰색 여백을 칼로 잘라내면 맞닿는 부분의 이미지가 정확하게 맞아떨어집니다. ❺테이프로 뒷면을 붙여주거나 3M 접착제를 이용해서 벽이나 우드락 등에 붙이면 됩니다.

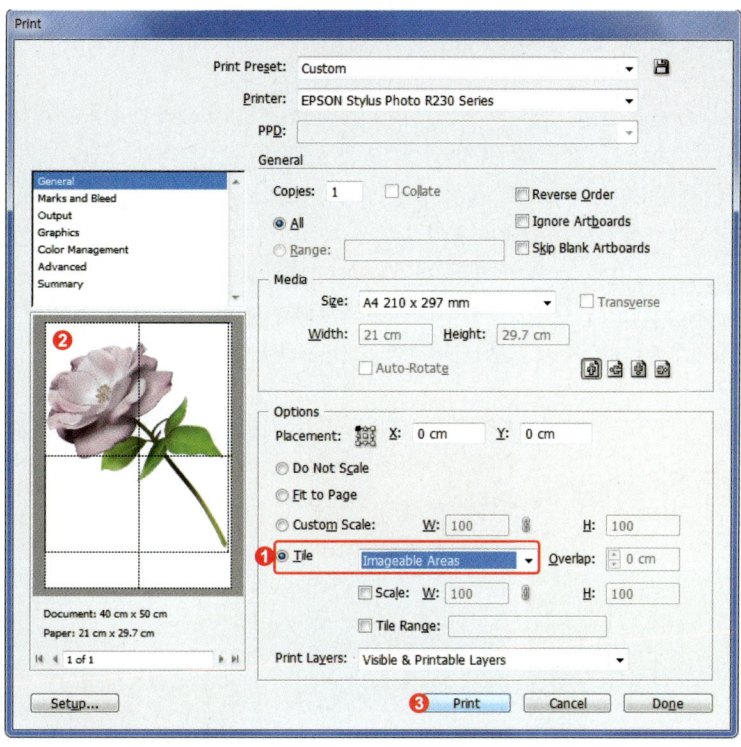

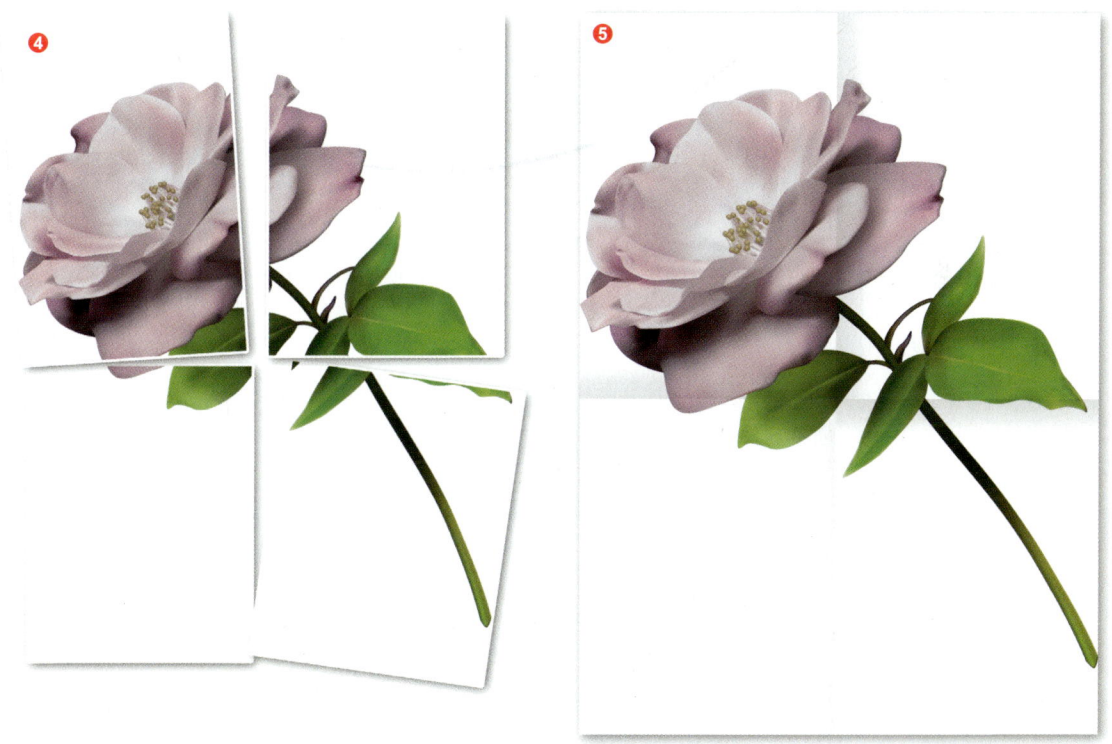

나눠서 인쇄하기 때문에 붙인 경계선에는 표시가 날 수 밖에 없습니다. 하지만 갖가지 시안 작업 샘플을 뽑고자 할 때는 유용한 프린트 설정입니다.

원하는 곳만 출력하기

01 ❶ Ctrl + O 를 눌러 부록CD\Sample\Part10\Special_color.ai 파일을 불러옵니다.
59.4×42cm 크기로 A4 용지 넉 장 크기 아트보드에 네 가지 오브젝트가 들어 있습니다. ❷
❸ Ctrl + P 를 눌러 프린트 설정 창을 실행하면 세로 방향 A4 크기에 맞게 오브젝트 한가운데
가 미리 보입니다. ❹❺인쇄 종이 방향을 가로 방향으로 선택하고, 옵션 항목에서 Tile을 체크
한 후 [Full Pages]를 선택합니다. ❻❼가로 방향 A4 크기로 인쇄 영역이 나눠진 것을 확인할
수 있습니다. Done 버튼을 누릅니다. ❽각 페이지에는 출력 순서대로 페이지 번호가 매
겨져 있습니다. 이 중 1페이지에 있는 Yellow 오브젝트만 인쇄해보겠습니다.

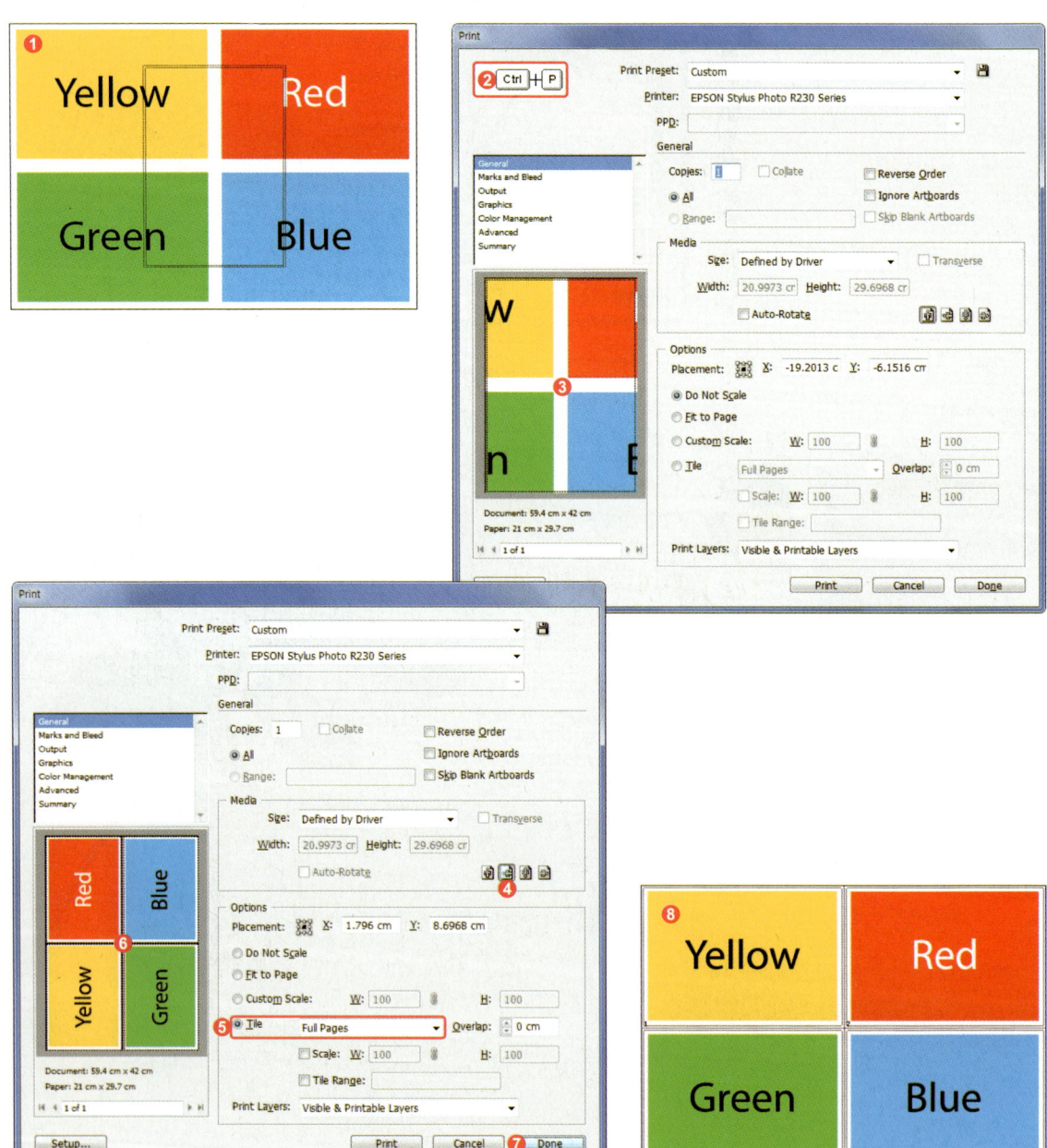

02 ❶다시 [Ctrl]+[P] 를 눌러 프린트 설정 창을 실행하고 ❷Tile Range를 체크하고 1을 입력합니다. ❸❹ [Print] 버튼을 누르면 분할된 4페이지 중 1페이지가 출력됩니다. ❺Tile Rang을 체크 해제하면 1~4페이지 전체가 출력됩니다. "1~3"을 입력하면 1~3페이지가 출력됩니다.

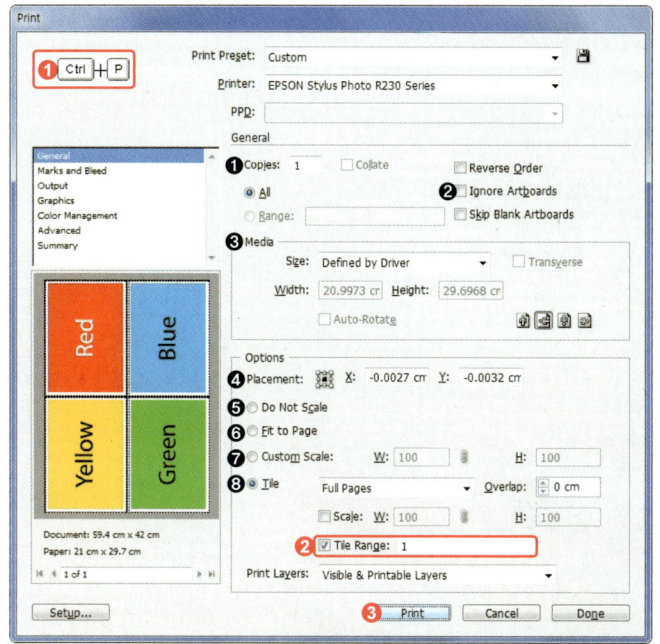

❶Copies : 인쇄할 장 수를 입력합니다.

❷Ignore Artboards : 아트보드 크기와 상관없이 원하는 영역을 인쇄합니다.

❸Media : 종이 크기와 인쇄 방향을 선택합니다.

❹Placement : 인쇄 시작점을 설정합니다. X, Y값에 0을 입력하고 인쇄하면 종이의 왼쪽과 위쪽에 딱 맞게 붙여서 인쇄할 수 있습니다.

❺Do Not Scale : 원본 크기 그대로 인쇄합니다.

❻Fit to Page : 넣어진 용지에 크기를 맞춥니다.

❼Custom Scale : 원하는 %를 입력해서 확대 또는 축소합니다.

❽Tile : 종이 크기를 넘어가는 오브젝트를 종이 여러 장에 나눠서 인쇄합니다. 나눠서 인쇄한 종이는 이어붙일 수 있습니다.

Part 11.

세상에서 제일 예쁜
팬시 디자인 테크닉

작은 수첩, 매일 갖고 다니는 다이어리, 소품과 카드, 항상 가까운 곳에 있기 때문에 예쁜 것을 고르게 되는 팬시용품은 디자이너의 손을 거쳐 더 다양하게 발전되어 왔습니다. 그림을 그리고 디자인할 수 있는 분이라면 얼마든지 멋진 팬시를 디자인할 수 있고, 대량으로 제작할 수 있습니다. Part 11에서는 지금까지 배운 일러스트와 디자인 테크닉을 바탕으로 간단한 팬시 제품을 디자인해보겠습니다.

Specialist Interview

환경을 생각하는 디자인 팬시 공장 대표 박현정님

2002년~현재 친환경 문구 브랜드 공장(GONGJANG) 대표
2008년~현재 그린 디자인 프로젝트 그룹 농장(NONGJANG) 임원
그린 디자인 프로젝트와 관련된 국내 전시 다수 참여

홈페이지 : http://www.gongjangs.com
이메일 : gongjang1@naver.com

stop global warming! ▶
지구 온난화를 막자는 메시지를 담은 연필 세트
재생지를 말아 만들었으며 친환경적으로 폐기할 수 있도록
접착제 대신 박음질로 상자를 마무리했습니다.

군더더기 없는 최소한의 디자인을 추구하고, 제품 생산의 전 과정(디자인, 재료 선택, 가공, 사용, 폐기 등)에서 환경을 생각합니다. 우리의 디자인 영역 안에서 사회적 역할과 책임을 다하고자 노력합니다. 안녕하세요, 그린 디자인 문구 공장의 박현정입니다.

이렇게 시작했어요

처음부터 문구 디자인을 해야겠다는 뚜렷한 목표는 없었습니다. 대학교 3학년 휴학 중에 홍대 앞에서 어버이날 꽃을 만들어 팔았습니다. 그때 8만원을 벌었는데 그 돈으로 작은 노트를 만든 것이 시작이었습니다. 회화를 전공했기 때문에 내 그림으로 만든 노트가 있으면 좋겠다고 가끔 생각했는데 마침 돈이 생겨 만든 겁니다.

대학원에서 그린 디자인을 전공하면서 환경에 대한 관심이 많아졌고, 환경에 대한 생각과 캠페인 등을 제품에 적용해 수익금 일부를 기부하고 있습니다. 지금은 공장 팬시를 운영하면서 환경에 관심있는 디자이너들과 전시도 하고 여러 가지 환경과 관련된 워크숍을 진행하고 있습니다.

공장 팬시엔 이런 매력이 있어요

팬시의 매력은 종이라고 생각합니다. 여러 질감과 색감을 가진 다양한 종이가 있고, 그것을 서로 잘 배합해 만드는

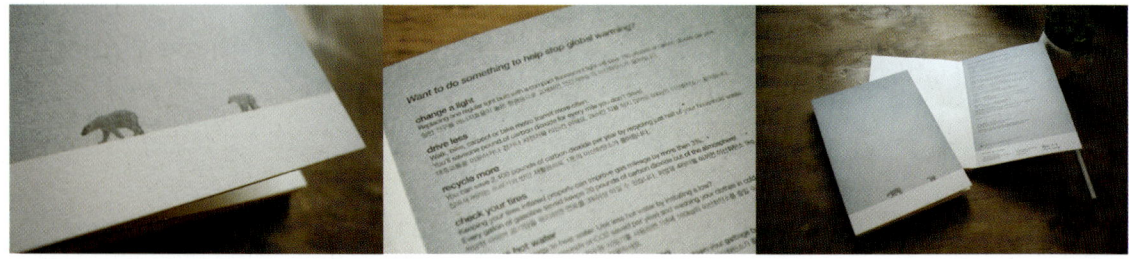

▲ We live together on planet earth.
다양한 동식물과 우리는 지구에 함께 살고 있다는 생각을 담은 노트. 양면 라인 노트(144page), 무지 노트(48page)로 실 제본을 하여 넘김이 부드러우며, 노트 뒷면에는 환경과 지구를 위해 우리가 할 수 있는 일들이 적혀 있어 노트를 쓰는 동안 늘 기억할 수 있습니다.

▲ 그 때는 연못도 맑았습니다. / 그 때는 새들도 행복했습니다.
민화를 모티브로 하여 만든 포켓용 라인 노트. 무분별한 개발이 이루어지고 있는 요즘 옛 그림에서 자연의 편안함을 찾았습니다. 한쪽은 모눈, 한쪽은 라인으로 인쇄되어 있습니다.

▲ 일상 속 작고 따듯한 움직임들, 나와 환경을 위한 -1
생활 속에서 환경을 보호하기 위해 할 수 있는 작은 행동이 담긴 다이어리. 내지 디자인은 본연의 기능 외에는 그 어떤 틀도 만들지 않았습니다. 사용자 편의에 따라 비어있는 공간을 활용하세요.

결과물은 경험을 계속할수록 신선하게 다가오는 것 같습니다. 환경 용지 중에는 오렌지 껍질이나 해초로 만든 종이도 있고, 얼마 전엔 녹차 찌꺼기로 만든 종이도 보았습니다. 저는 재생지, 비목재지 등 환경 용지에 관심이 많은 만큼 팬시에도 적용하고 있는데, 사람들이 저희 상품을 보고 환경에 대해 한 번쯤 생각해보는 시간을 가지게 되어 큰 보람을 느낍니다.

팬시를 디자인하고 싶다면 막연히 멋진 디자인, 예쁜 디자인보다는 내가 이것을 왜 하고 싶은지, 꼭 필요한 디자인인지를 먼저 생각했으면 좋겠습니다. 저 같은 경우는 꼭 문구 디자인을 해야겠다는 생각보다는 여러 가지 환경적인 대안을 종이에서 보았기 때문에 그 안에서 답을 찾으려고 노력하고 있습니다.

경험을 많이 하세요.

디자이너를 준비중이라면 여러 가지 경험을 많이 했으면 좋겠습니다. 디자인은 자신의 철학을 표현해야 하는데 그냥 멋진 것만 보고 따라 하는 사람들을 종종 봅니다. 예술 작품 전시도 많이 보고 작가의 생각을 읽으려고 노력하고, 책도 읽고 여행도 많이 하길 권합니다. 전공은 그다지 중요하지 않습니다. 그 일을 하고 싶은 열정이 얼마나 있는지가 가장 중요합니다.

▲ 자연에서 온 노트
자연에서 직접 수집한 오브제를 그려 넣어 만든 노트. 표지는 고급 수입지로 내추럴하고 빈티지한 느낌이 나고, 내지는 재생지에 콩기름 잉크로 인쇄한 라인이 한쪽 면에만 있습니다.

Lesson 37.
도형 일러스트로 엽서 만들기

팬시는 깜찍한 캐릭터가 들어간 귀여운 느낌이라는 고정관념이 있었지만 최근에는 귀여운 느낌을
벗어나 다양한 스타일이 접목된 개성 있는 팬시가 많이 출시되고 있습니다. 단순한 선과 도형을 활
용한 도형 일러스트 엽서 세트를 만들어보겠습니다.

 완성 파일 : 부록CD\Sample\Part11\Lesson37.ai

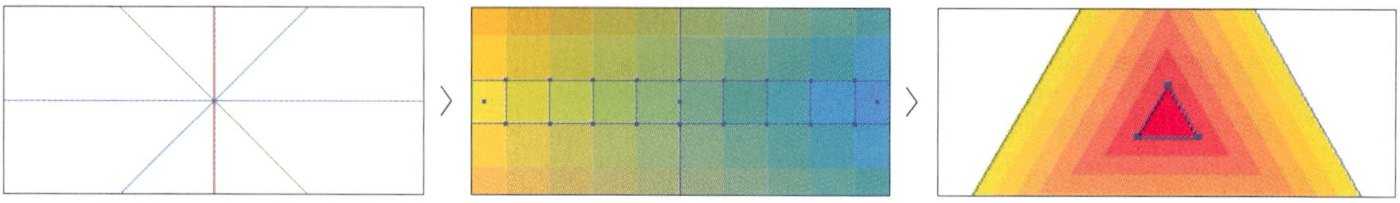

스무드 블렌드로 원형 스펙트럼 만들기

01 ❶❷선 툴(�)로 화면을 클릭합니다. ❸❹❺16cm 수직선을 그리고 빨간색(M100, Y100)
으로 칠합니다.

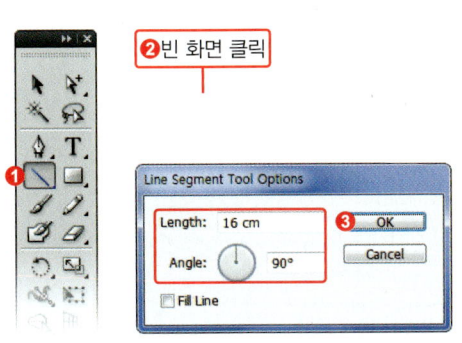
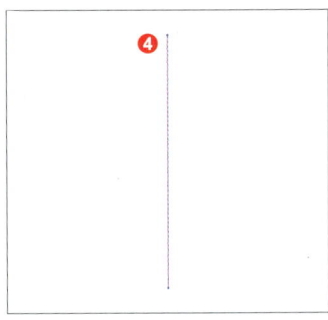
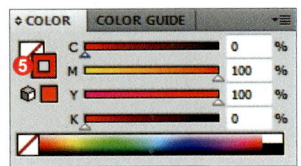

02 ❶회전 툴(◌)을 더블클릭하고 ❷각도에 45를 입력한 다음 [Copy] 버튼을 누릅니다. ❸
❹45° 회전한 위치에 선이 복제되면 노란색(M15, Y100)으로 칠합니다.

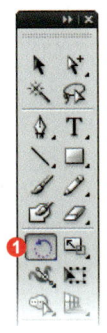
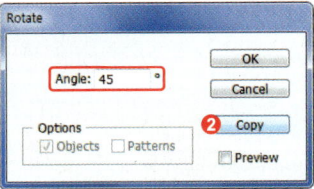
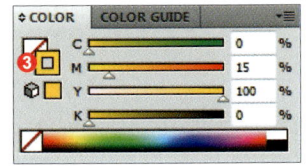
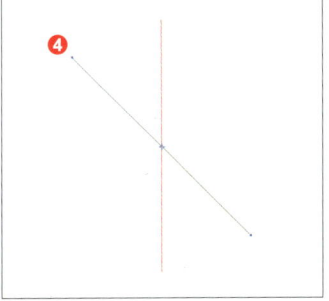

03 ❶[Ctrl]+[D]를 두 번 눌러 선을 두 개 더 복제합니다. ❷❸복제한 선을 각각 연두색(C45,
Y100)과 파란색(C100)으로 칠합니다. ❹❺[Ctrl]+[D]를 한 번 더 누르면 처음 만든 빨간색 수직
선과 겹쳐서 복제됩니다. 겹쳐진 수직선을 빨간색(M100, Y100)으로 칠합니다.

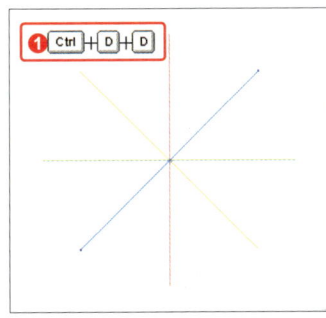
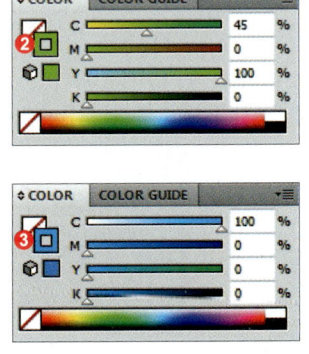
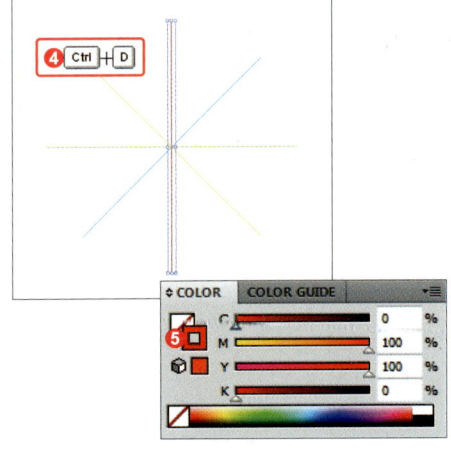

04 ❶❷선을 모두 선택하고 블렌드 툴(🔧)을 더블클릭합니다. ❸Spacing을 Smooth Color 로 선택하고 [OK] 버튼을 누릅니다. ❹❺[Object]-[Blend]-[Make] 메뉴를 선택하면 스무드 블렌드가 적용되어 원형 스펙트럼이 만들어집니다.

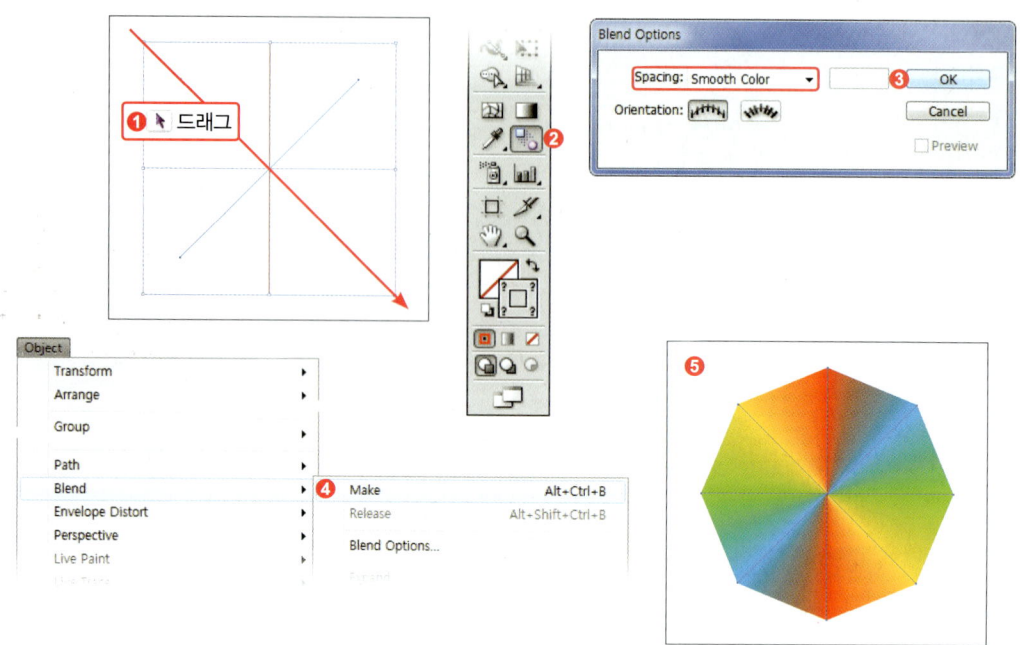

05 ❶❷사각형 툴(⬜)로 화면을 클릭해서 ❸❹크기가 10×15cm인 사각형을 그립니다. ❺❻ ❼[Object]-[Path]-[Offset Path] 메뉴를 눌러 여분선을 0.2cm 바깥쪽에 만듭니다. 여분 선은 엽서 크기에 여분을 더한 것입니다.

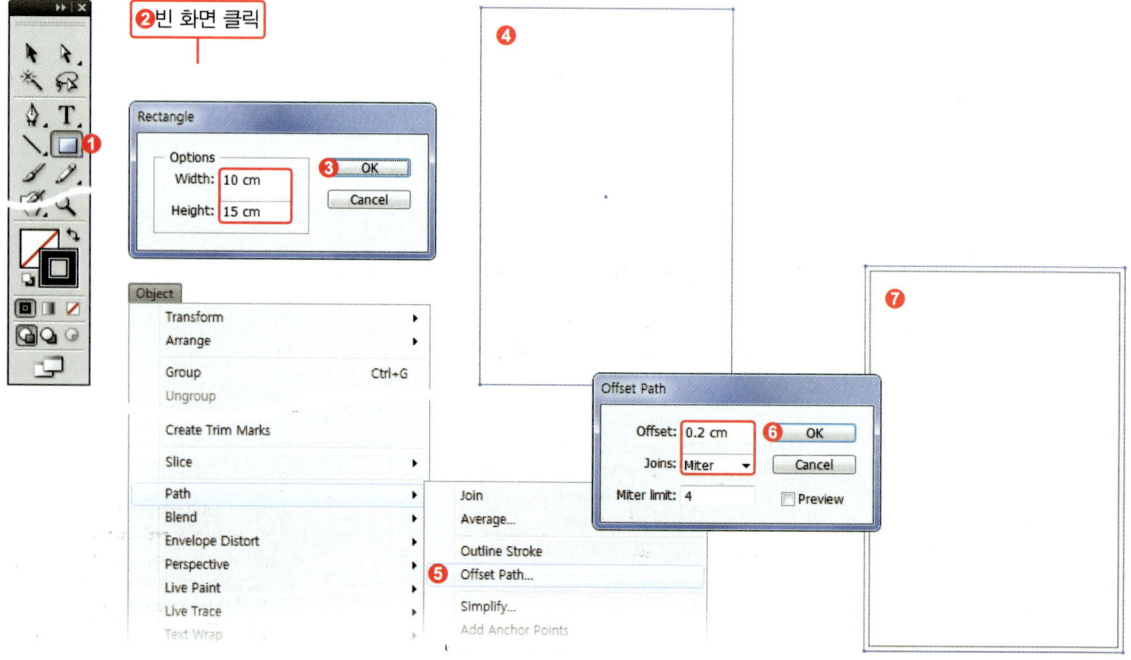

06 ❶엽서 크기 사각형에 여백이 없을 만큼 블렌드 오브젝트를 확대한 다음 가운데를 맞춰
정렬합니다. ❷여분선과 블렌드 오브젝트만 선택한 상태에서 ❸Ctrl+7을 눌러 클리핑 마스
크 처리를 합니다.

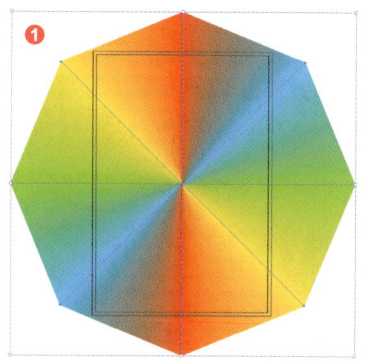
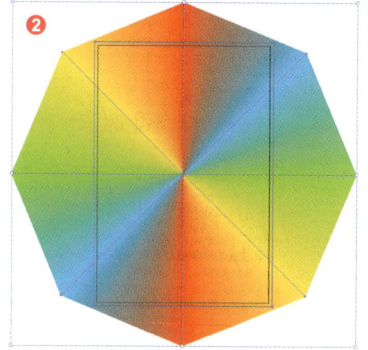
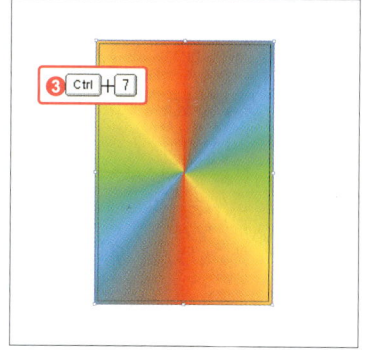

07 ❶❷재단선을 투명하게 바꾸고 ❸배경에 어울리는 검은색 원과 글자를 이용해 엽서 디자
인을 마무리합니다. 완성된 엽서를 선택하고 Ctrl+G를 눌러 그룹으로 묶습니다.

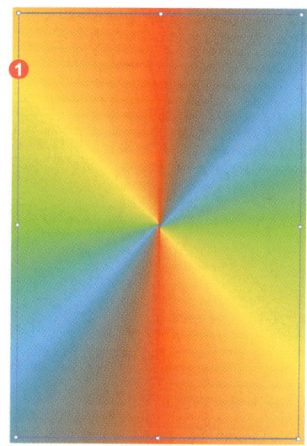
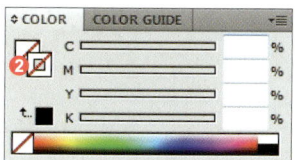
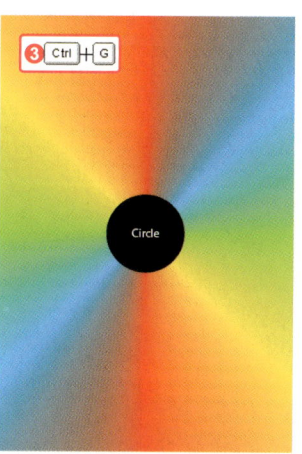

Tip 스무드 블렌드 응용하기

❶여러 오브젝트 아래에 투명한 패스를 배치합니다. 오브젝트와 투명 패스를 함께 선택한 다음 ❷스무드 블렌드를 적용하면
패스 모양을 따라 블렌드가 적용됩니다(모든 블렌드에 사용할 수 있는 기능입니다). 스무드 블렌드를 적용하면 패스 모양대로
부드럽게 이어져 유연한 고무 느낌이 나는 형태를 만들 수 있습니다.

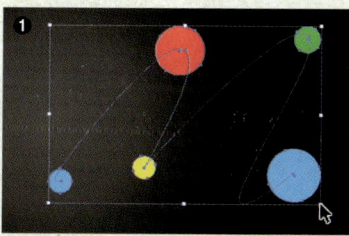

스탭 블렌드로 삼각 프리즘 만들기

08 ❶❷다각형 툴(◯)로 화면을 클릭해서 ❸❹❺반지름이 3cm인 삼각형을 만들고 노란색 (Y100)으로 칠합니다. ❻[Object]–[Path]–[Offset Path] 메뉴를 선택합니다. ❼❽안쪽으로 1.3cm 작은 삼각형을 만들고 자주색(M100)으로 칠합니다.

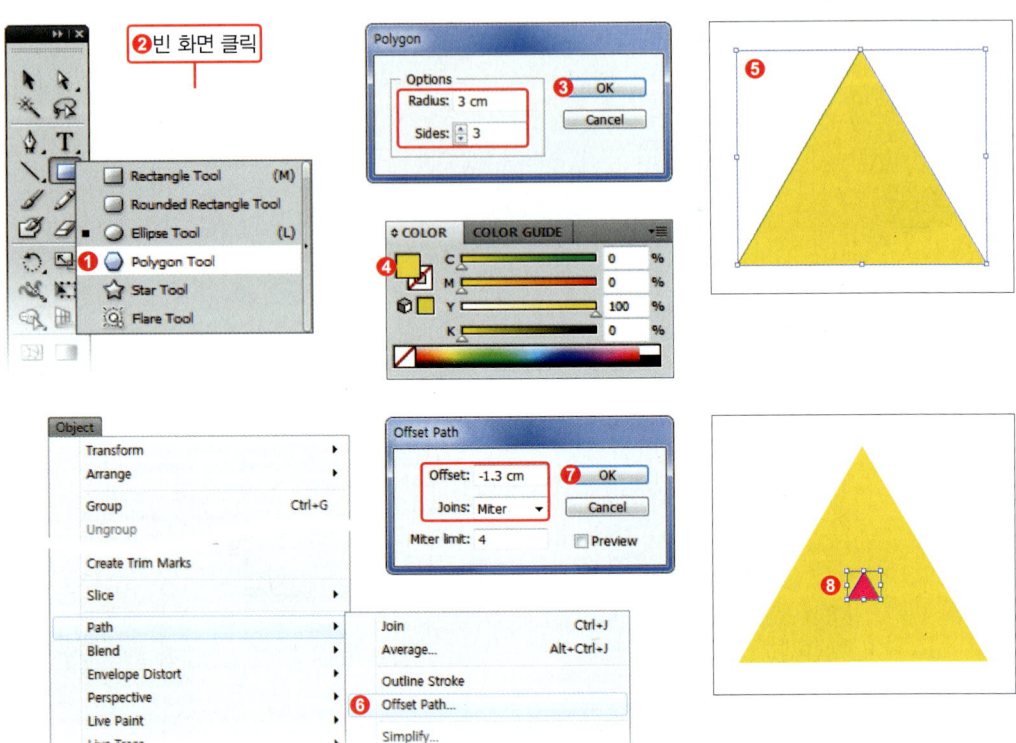

09 ❶두 삼각형을 함께 선택합니다. ❷블렌드 툴(⬛)을 더블클릭합니다. ❸ Spacing을 Specified Distance로 선택하고 간격에 5를 입력한 다음 ❏❑ OK ❐ 버튼을 누릅니다. ❹❺[Object]–[Blend]–[Make] 메뉴 또는 Ctrl+Alt+B를 누르면 오브젝트 사이에 5단계 블렌드가 생깁니다. ❻트랜스폼 패널에서 크기 조절 기준을 바운딩 박스의 밑면 가운데로 설정하고, 너비를 5cm로 설정합니다.

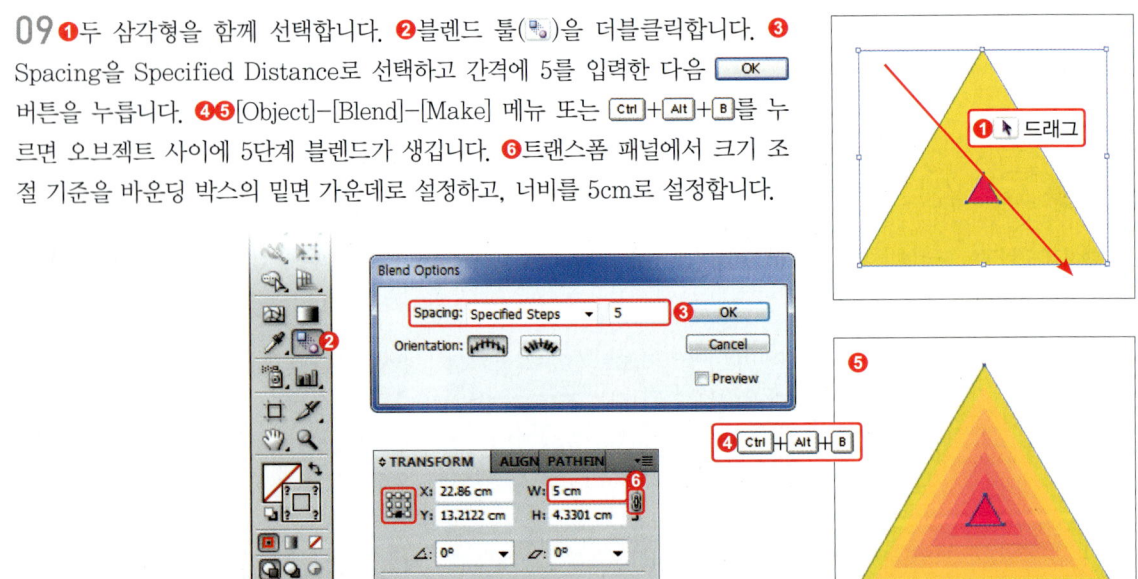

10 ❶❷❸선택 툴(🔧)을 더블클릭해서 너비 5cm(삼각형 너비) 위치에 삼각형을 복제하고 ❹
Ctrl + D 를 눌러 복제를 반복합니다. ❺❻삼각형 세 개를 모두 선택하고 Ctrl + G 를 눌러 그룹
으로 묶습니다.

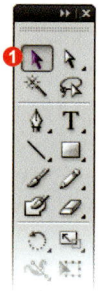
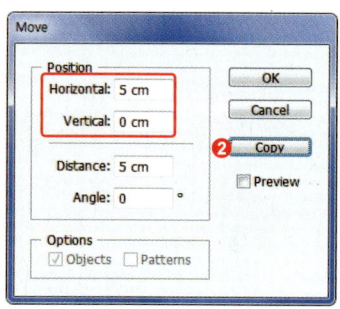
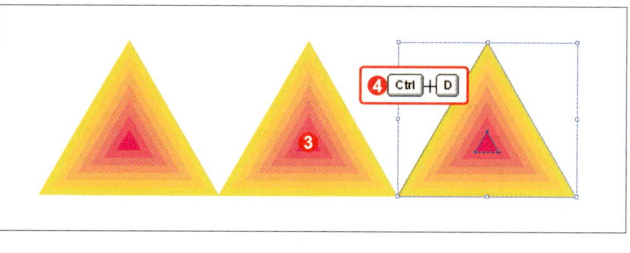

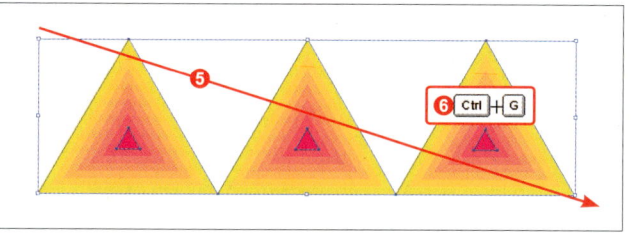

11 ❶❷아래쪽으로 Shift + Alt +드래그해서 삼각형을 복제하고, Ctrl + D 를 두 번
더 눌러 복제를 반복합니다. ❸❹삼각형을 모두 선택하고 맨 아래에 있는 삼각형
을 한 번 더 클릭해서 기준으로 설정합니다. ❺❻오브젝트 간격을 0으로 설정하고
🔲 버튼을 누릅니다.

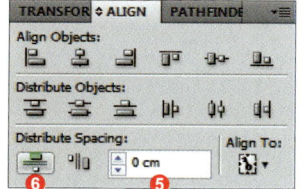

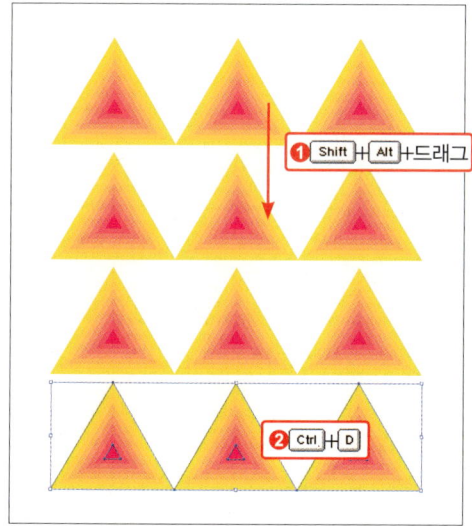
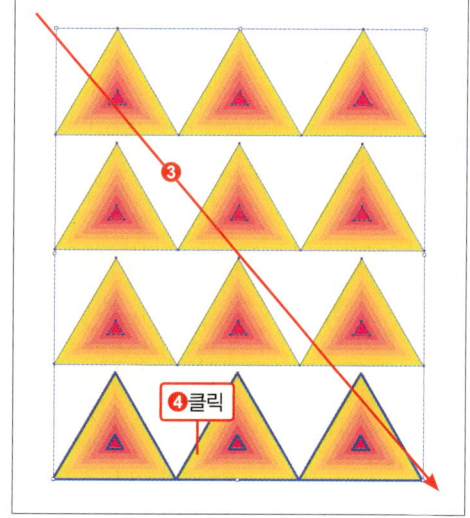

12 ❶ Ctrl + Shift + G 를 여러 번 눌러 그룹을 푼 다음 ❷오른쪽에 있는 삼각형 8개를 선택합니다. ❸ Ctrl + G 를 눌러 다시 그룹으로 묶고 ❹ Alt +드래그해서 복제합니다. ❺바운딩 박스 조절점을 Shift +드래그해서 반대로 뒤집습니다. ❻❼아래에 있는 가운데 삼각형을 Shift +클릭해서 선택하고 한 번 더 클릭해서 기준으로 설정합니다. ❽❾❿컨트롤 패널에서 정렬 버튼을 눌러 빈 여백에 딱 맞게 정렬합니다.

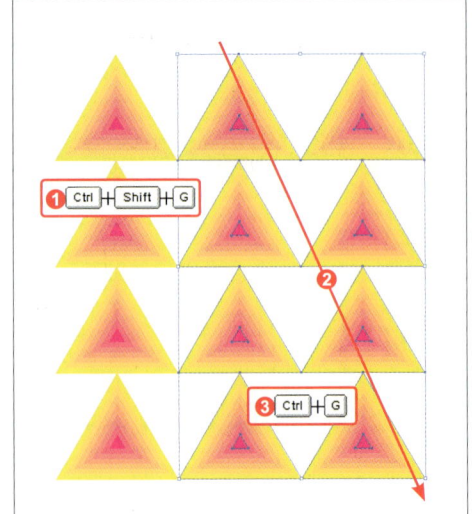

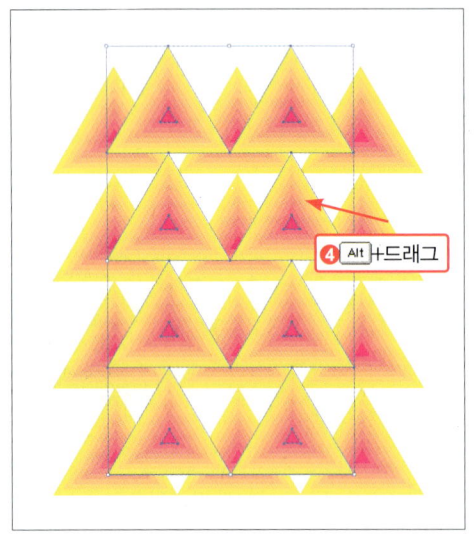

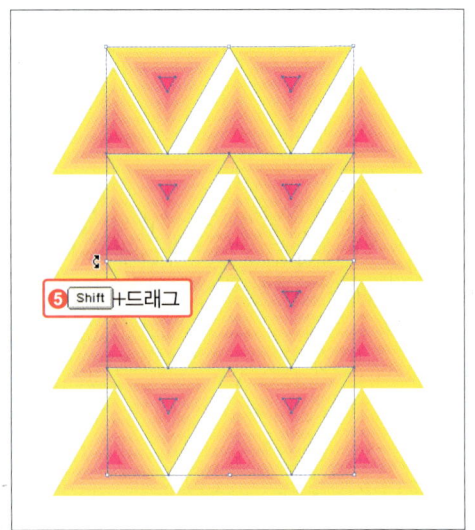

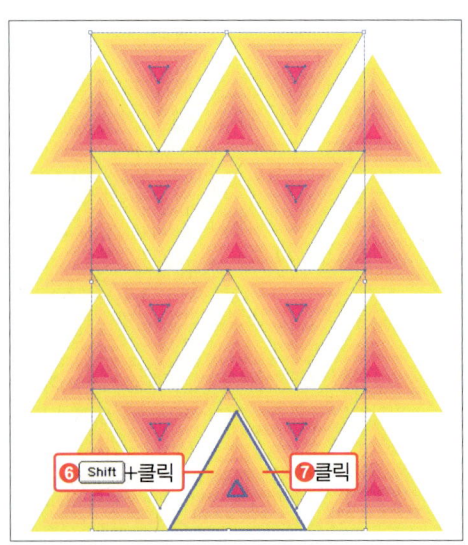

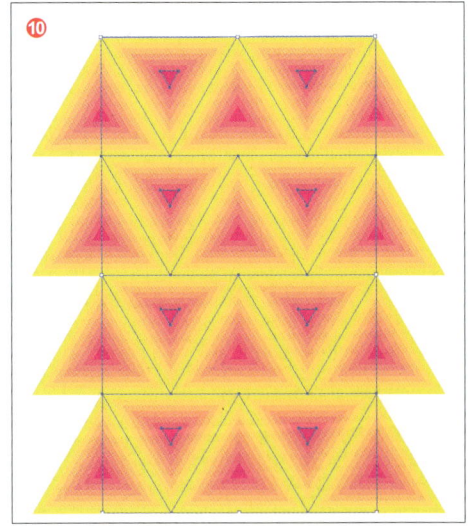

13 ①컬러 가이드 패널에서 ▨▨ 버튼을 누르면 Recolor Artwork 창이 실행됩니다. ②☞ 버튼을 눌러 원본 색으로 되돌린 다음 ③④노란색 New 버튼을 클릭하고 연두색(C50, Y100)으로 칠합니다. ⑤⑥자주색 New 버튼은 노란색(Y100)으로 칠한 뒤 ⑦ OK 버튼을 누릅니다.

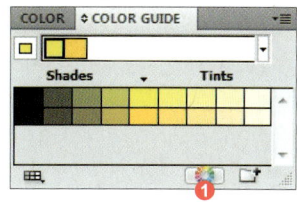

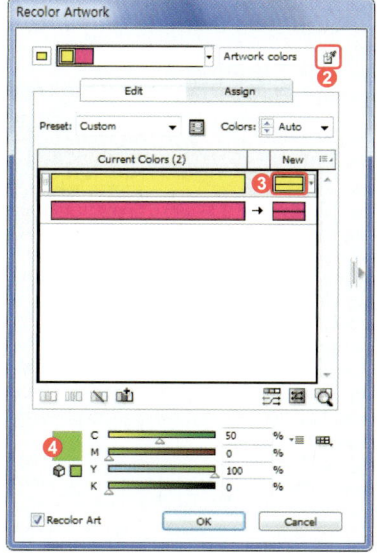

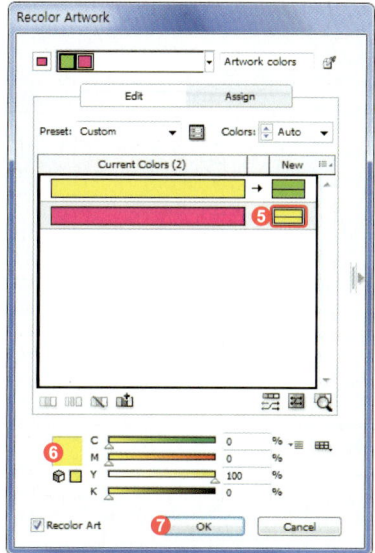

14 바뀐 색으로 블렌드 오브젝트가 완성되면 전체를 그룹으로 묶고, 앞에서 한 것처럼 엽서 여분 크기로 클리핑 마스크를 만들어 엽서 디자인을 마칩니다.

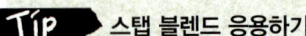

스탭 블렌드 응용하기

❶두 개 이상의 오브젝트 아래에 투명한 패스를 배치하고 ❷함께 선택한 다음 블렌드를 적용하면 패스 모양을 따라 블렌드가 적용됩니다(모든 블렌드에 사용할 수 있는 기능입니다).

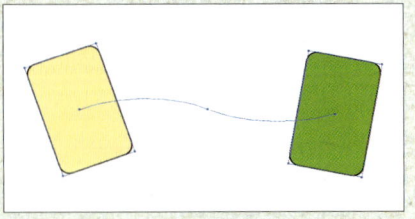 

❶색이 다양한 선 오브젝트에 스탭 블렌드를 적용하면 ❷용수철 같은 모양을 만들 수 있습니다.

간격 블렌드로 사각 컬러 차트 만들기

15 ❶❷사각형 툴(■)로 화면을 클릭해서 ❸❹❺크기가 1cm인 정사각형을 만들고 빨간색 (M100, Y100)으로 칠합니다. ❻선택 툴(▶)을 더블클릭해서 ❼❽❾가로 9cm 위치에 사각형 을 복제하고 노란색(Y100)으로 칠합니다.

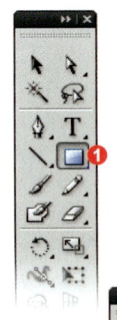 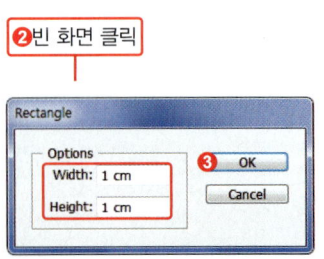 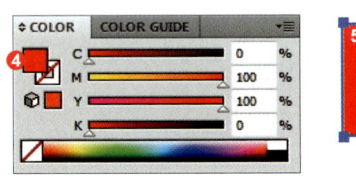

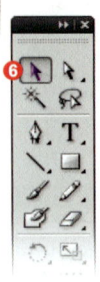 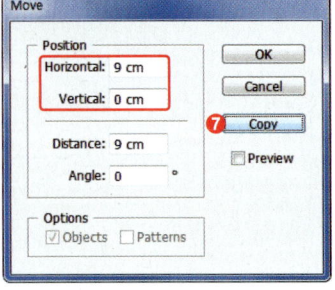 

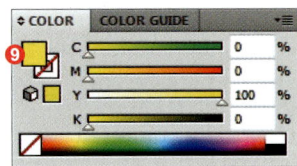

16 ❶❷사각형을 함께 선택하고 블렌드 툴(🔲)을 더블클릭합니다. ❸Spacing을 Specified Distance로 선택하고 간격에 1을 입력한 다음 ☐OK☐ 버튼을 누릅니다. ❹[Object]-[Blend]-[Make] 메뉴 또는 ☐Ctrl☐+☐Alt☐+☐B☐를 누르면 오브젝트 사이에 1cm 간격으로 블렌드가 생깁니다.

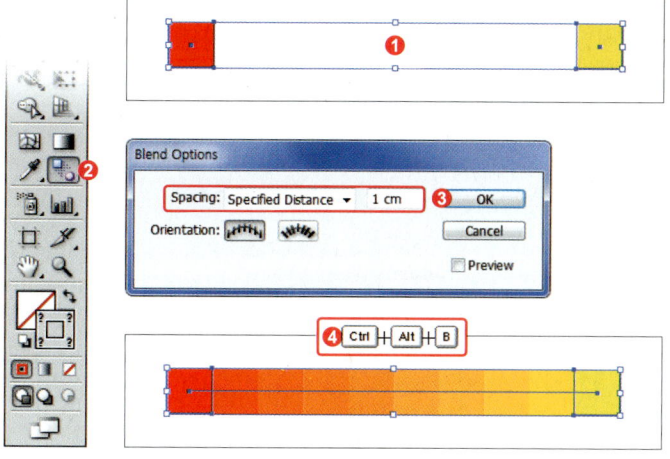

17 ❶❷❸선택 툴(▶)을 더블클릭해서 세로 7cm 위치에 블렌드 오브젝트를 복제합니다. ❹ ❺직접 선택 툴(▷)로 복제된 오브젝트의 빨간색 사각형을 클릭해서 노란색(Y100)으로 바꾸고, ❻❼노란색 오브젝트를 클릭해서 파란색(C100)으로 바꿉니다. 바뀐 색으로 블렌드 오브젝트가 만들어집니다.

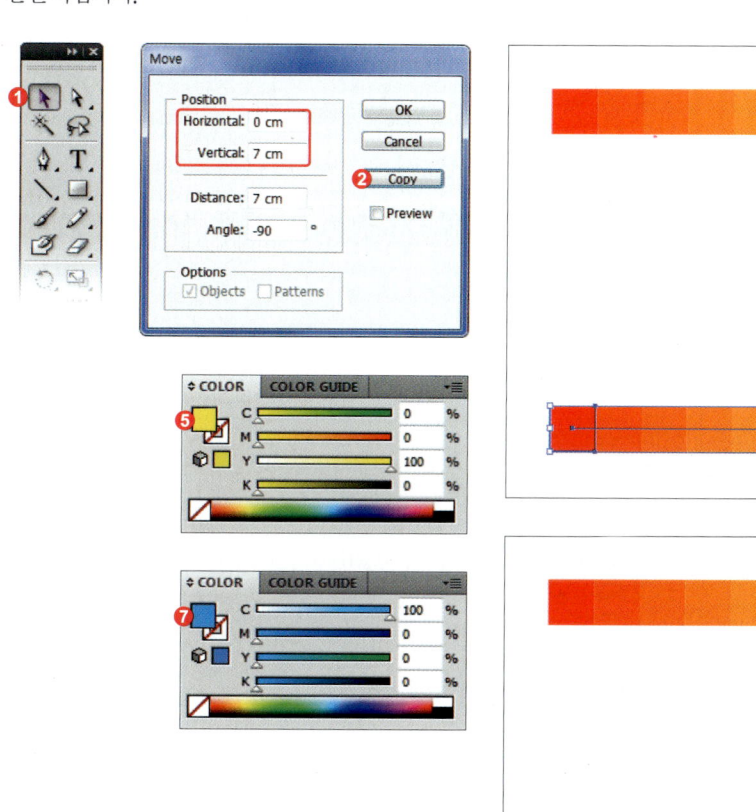

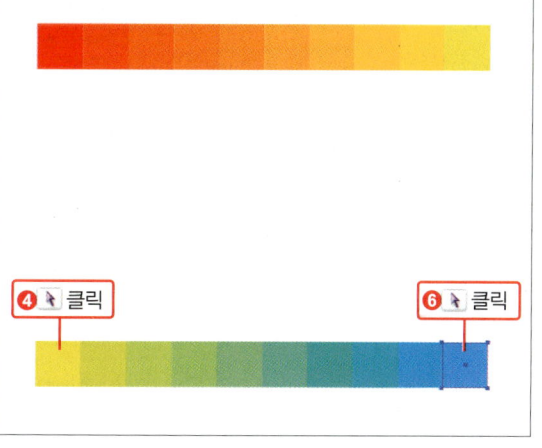

18 ❶색을 바꾼 블렌드 오브젝트를 선택하고 ❷ Ctrl + D 를 눌러 복제를 반복합니다. 복제된 오브젝트에서 ❸❹노란색 사각형을 클릭해서 자주색(M100)으로 바꾸고 ❺❻파란색 오브젝트를 클릭해서 노란색(Y100)으로 바꿉니다.

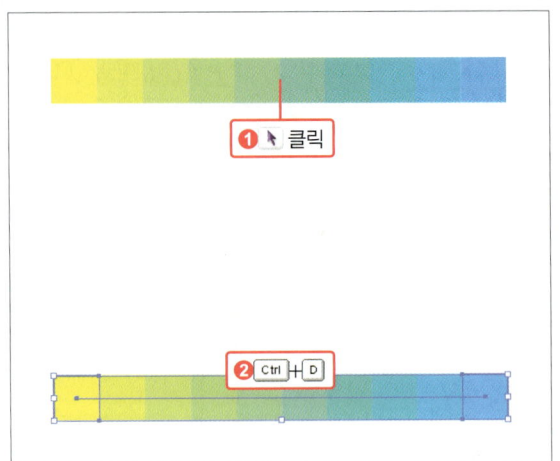

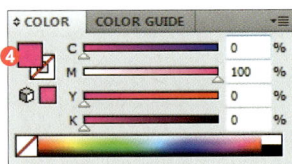

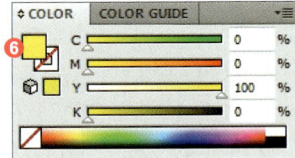

19 ❶블렌드 오브젝트 세 개를 모두 선택하고 ❷[Object]-[Expand] 메뉴를 선택해 ❸❹일반 오브젝트로 바꿉니다.

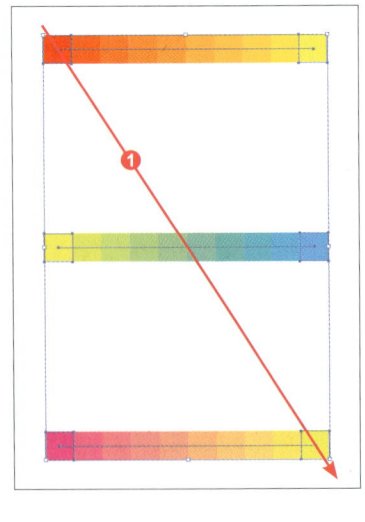

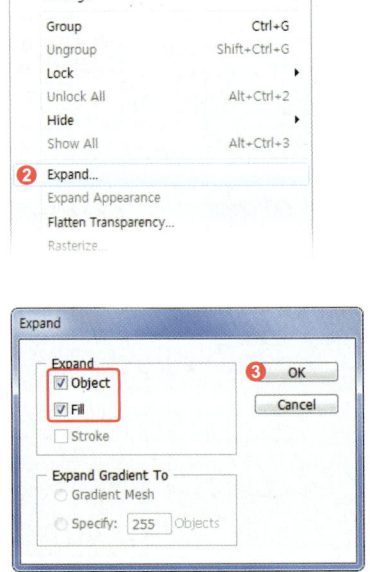

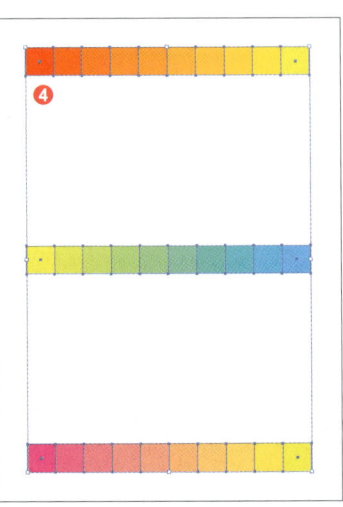

20 ❶[Object]−[Blend]−[Make] 메뉴 또는 [Ctrl]+[Alt]+[B]를 누르면 설정되어 있는 1cm 간격
블렌드가 적용되어 컬러 차트가 만들어집니다. ❷❸이 상태로 트랜스폼 패널을 이용해서 엽서
여분 크기로 키워 엽서 디자인을 마칩니다.

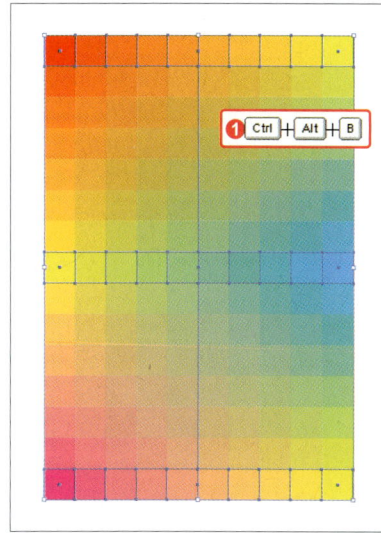

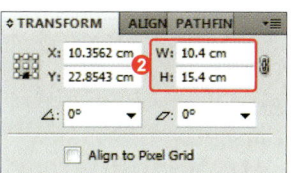

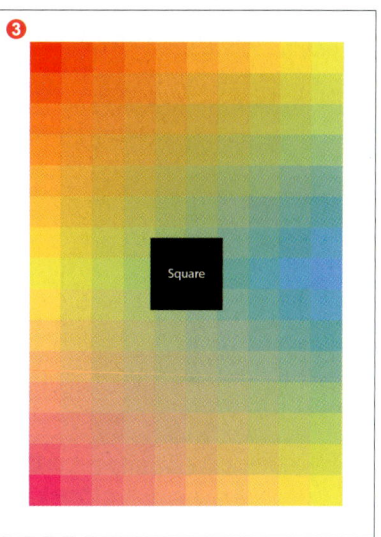

TIP 간격 블렌드 응용하기

❶굵기와 색이 서로 다른 오브젝트를 겹쳐놓고 간격 블렌드를 적용하면 ❷입체적인 선을 만들 수 있습니다.

❶그레이디언트 오브젝트 두 개에 간격 블렌드를 1pt로 적용하면 ❷색이 자연스럽게 이어집니다.

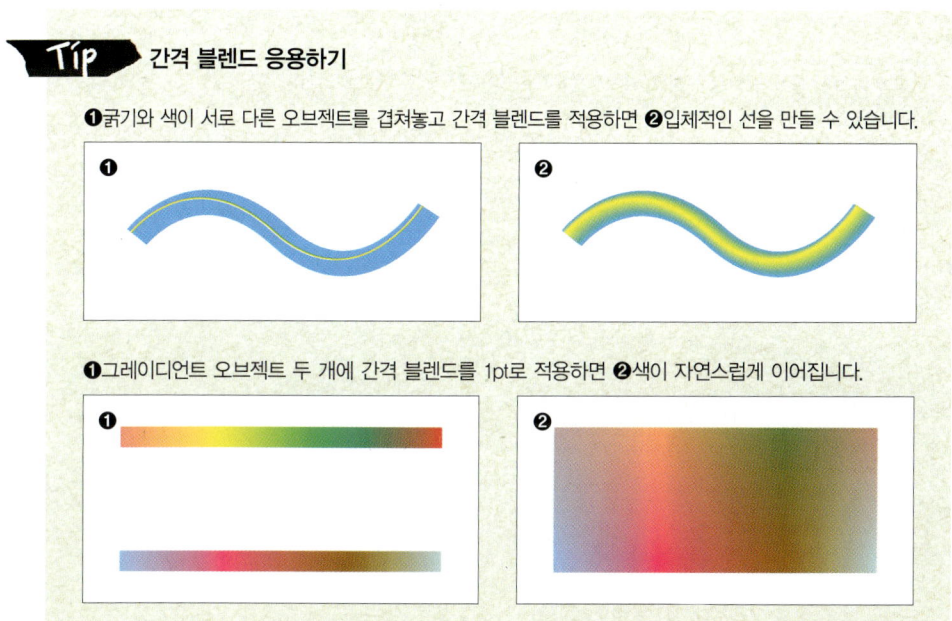

Tip **Blend 메뉴 응용하기**

❶블렌드가 적용된 오브젝트와 투명한 선 오브젝트를 함께
선택한 다음 ❷[Object]–[Blend]–[Replace Spine] 메뉴를
선택하면 ❸블랜드가 선 오브젝트 모양대로 합성됩니다.

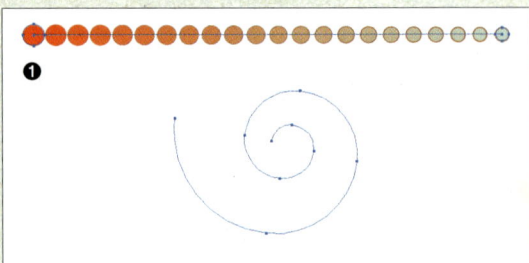

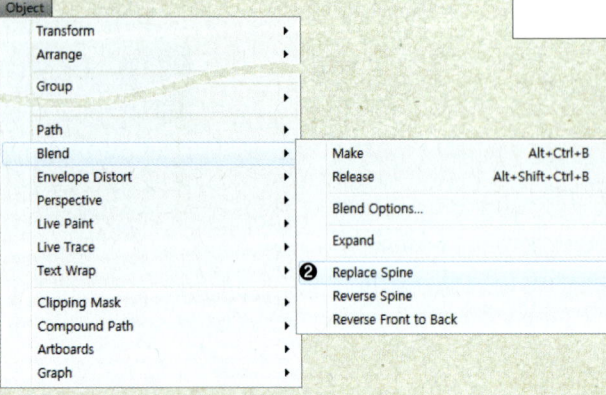

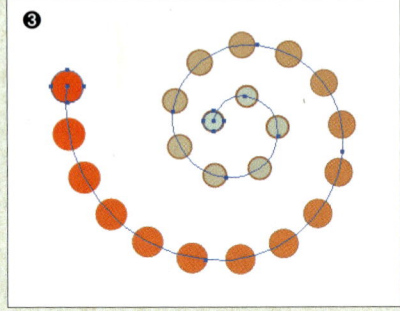

❶블렌드가 적용된 상태에서 [Object]–[Blend]–[Reverse Spine] 메뉴를 선택하면 ❷블랜드의 오브젝트 위치가 반전됩니다

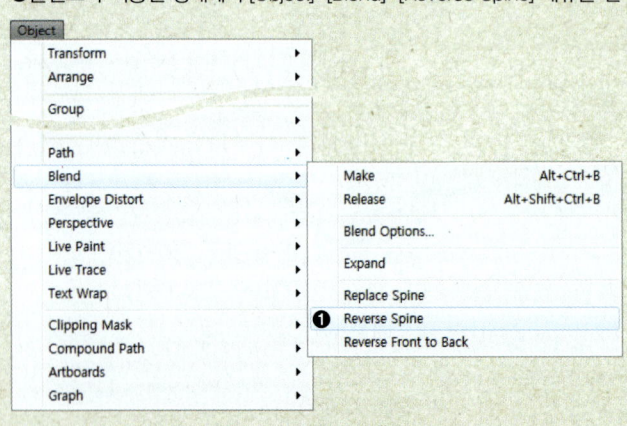

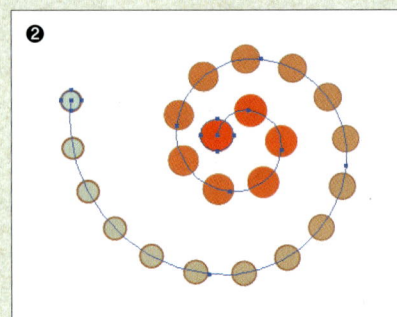

514 Part 11 세상에서 제일 예쁜 팬시 디자인 테크닉

21 엽서별로 그룹을 묶고, 각 엽서에 어울리는 뒷면을 만든 다음 인쇄소에 인쇄를 맡깁니다.

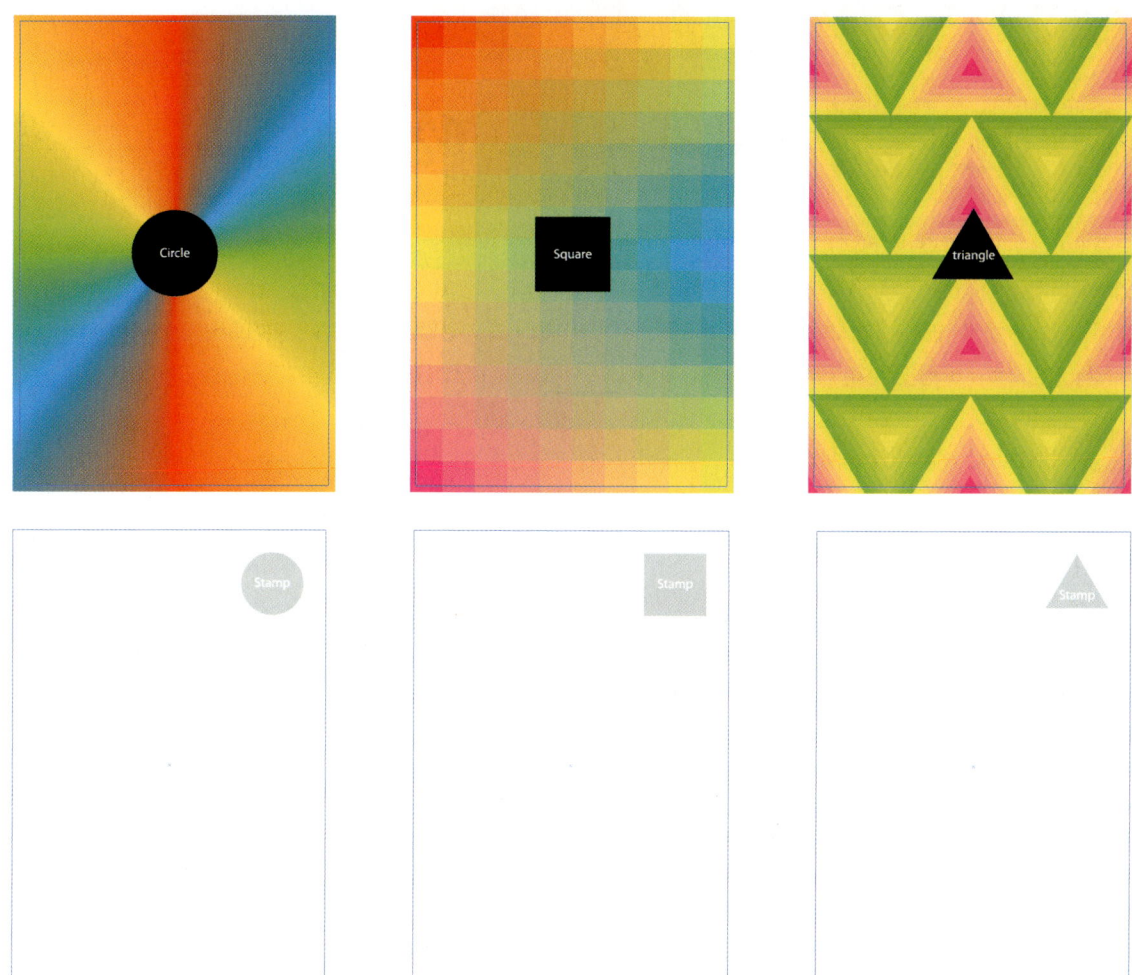

Lesson 38.
피에로 모양 미니 카드 만들기

요즘 나오는 문구류를 보면 단순한 사각형에서 벗어난 다양한 모양의 노트, 스티커, 카드, 엽서들이 많습니다. 모양 칼(도무송)을 따로 제작해야 하기 때문에 개인이 만들 때는 돈이 많이 들어 부담스러울 수 있지만, 회사에서 대량으로 만들 때는 부담없이 디자인할 수 있습니다. 피에로 캐릭터 모양으로 카드를 만들고, 인쇄를 넘기기 전에 데이터를 처리하는 방법을 알아보겠습니다.

 완성 파일 : 부록CD\Sample\Part11\Lesson38.ai

피에로 얼굴 그리기

01 머릿속으로 아이디어가 떠올랐다면 종이 위에 연필로 스케치해봅니다. 그리면서 다른 아이디어가 떠오를 수도 있고, 스케치를 바탕으로 그림을 그리면 더 수월하기 때문입니다. 예제에서는 모서리가 둥근 사각형 모양 얼굴을 가진 피에로 모양 엽서를 스케치했습니다. 옆머리 모양도 칼선을 넣어 접었을 때 튀어나오도록 하고, 모자는 뒷장에 배치해서 재미있는 모양으로 디자인하려고 합니다.

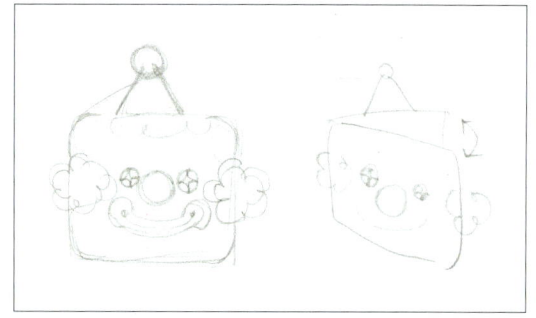

02 ❶❷모서리가 둥근 사각형 툴(■)을 화면에 클릭합니다. ❸❹너비와 높이가 5cm이고 모서리 굴림 반지름이 0.5cm인 정사각형을 만듭니다.

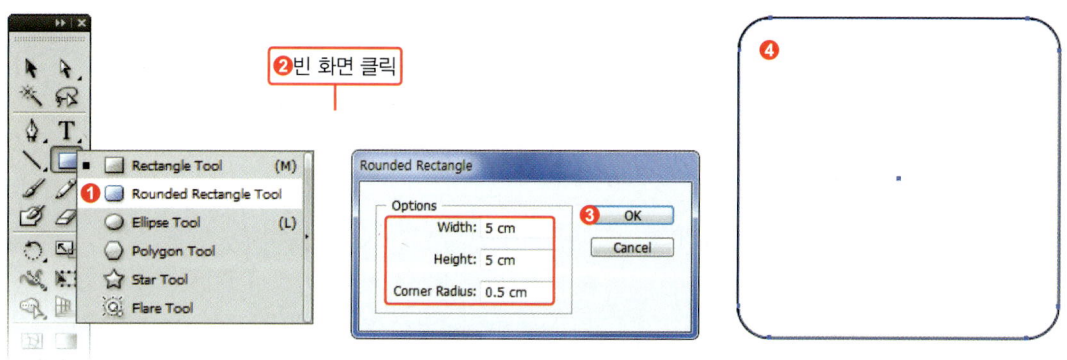

03 ❶❷선택 툴(▶)을 더블클릭하고 가로 값에 5cm를 입력한 다음 Copy 버튼을 누릅니다. ❸맞닿는 위치에 사각형이 복제됩니다. 왼쪽 사각형이 카드 뒷면, 오른쪽 사각형이 카드 앞면이 됩니다.

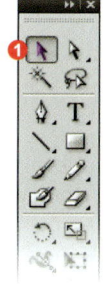
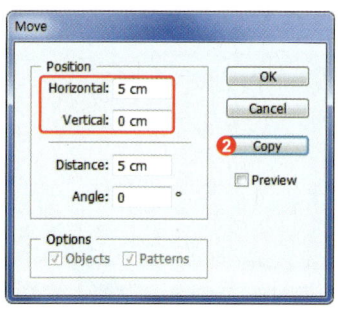

04 ❶❷원형 툴(◯)로 화면을 클릭해서 ❸❹❺크기가 0.8cm인 정원을 그린 다음 청록색
(C80, Y40)으로 칠합니다.

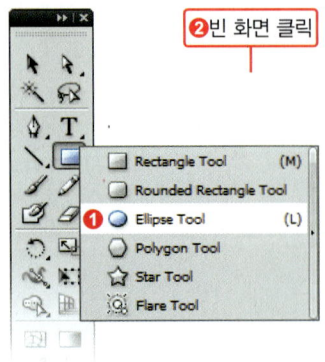
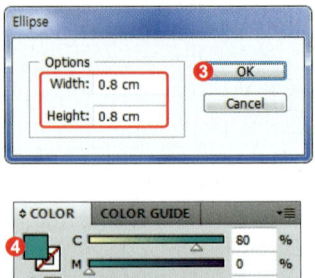
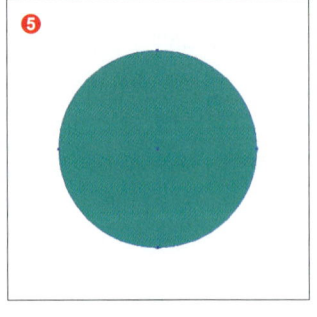

05 ❶❷Ctrl+C, Ctrl+F를 차례로 눌러 원을 제자리에 복제합니다. ❸❹복제
한 원을 연노랑색(Y50)으로 칠합니다. ❺❻[Effect]-[Distort&Transform]-
[Pucker&Bloat] 메뉴를 선택하고 Pucker에 -50을 입력한 다음 OK 버튼
을 누릅니다. ❼원 기준점이 바깥쪽으로 뾰족하게 왜곡됩니다.

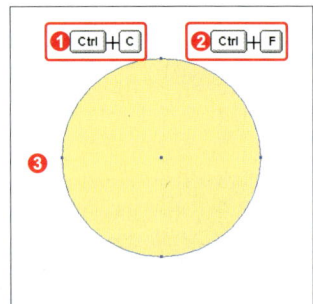

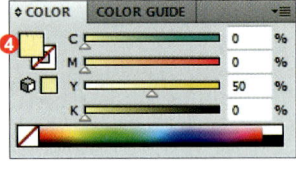
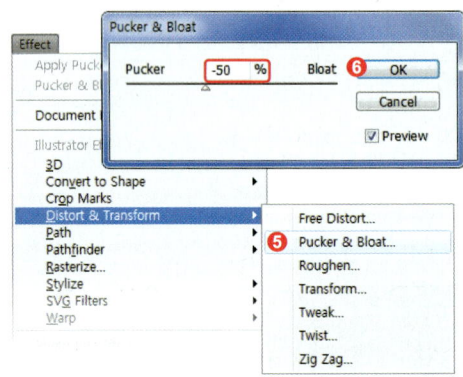
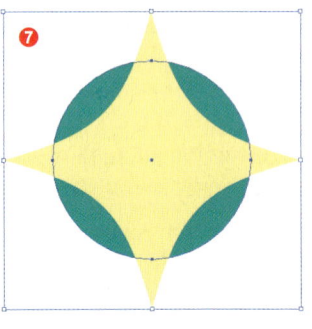

06 ❶[Object]-[Expand Appearance] 메
뉴를 선택해서 ❷이펙트를 일반 오브젝트로
만듭니다.

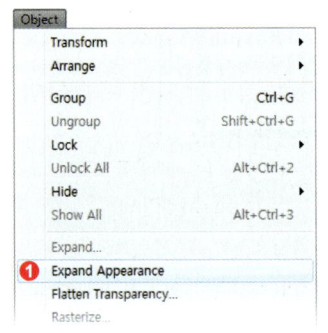
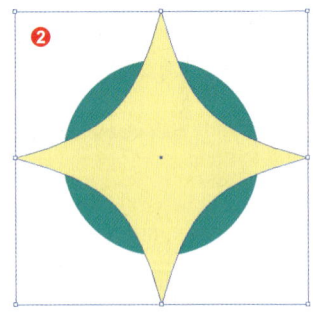

07 ❶크기 패널을 이용해서 원지름 크기에 딱 맞도록 오브젝트를 0.8cm로 축소합니다. ❷❸
오브젝트 두 개를 모두 선택하고 Ctrl+G를 눌러 그룹으로 묶습니다. ❹❺카드 표지가 될 부분
에 피에로 눈을 배치합니다. 선택 툴로 Shift+Alt+드래그해서 반대쪽 눈을 복제합니다.

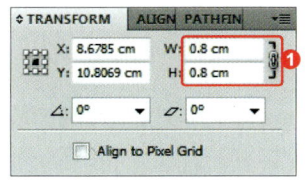

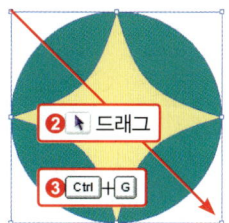

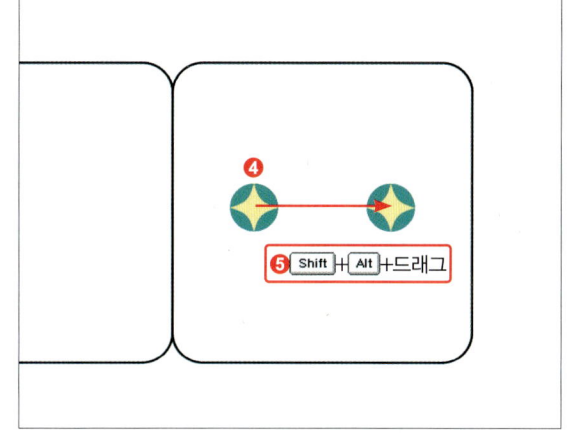

08 ❶피에로 코를 흰색과 빨간색(M100, Y100, K5)
원으로 그려주세요. ❷옆머리로 사용할 큰 동그라미를
그리고 중심점을 사각형 선에 맞춰 배치합니다. ❸❹
[Object]-[Path]-[Add Anchor Points] 메뉴를 선택
하면 기준점 사이에 기준점이 하나씩 더 생깁니다.

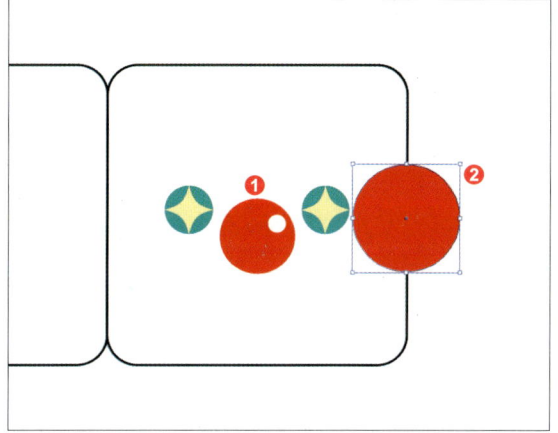

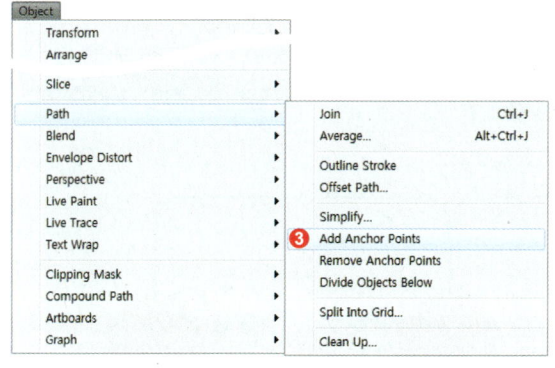

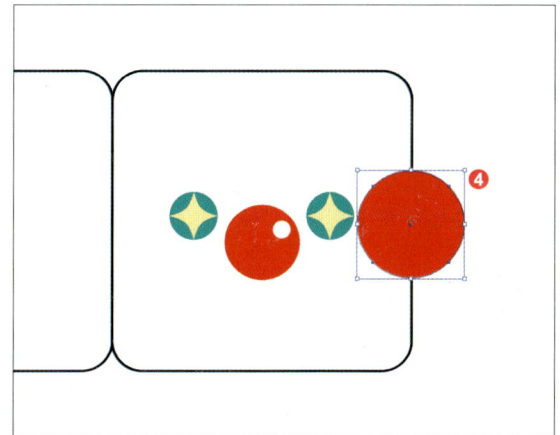

09 ❶[Effect]-[Distort&Transform]-[Pucker&Bloat] 메뉴를 선택합니다. ❷❸Pucker
에 10을 입력하고 OK 버튼을 누르면 볼록한 모양으로 왜곡됩니다. ❹[Object]-[Expand
Appearance] 메뉴를 선택해서 이펙트를 일반 오브젝트로 만든 다음 ❺선택 툴( )로 Shift
+ Alt +드래그해서 반대쪽 머리를 복제합니다.

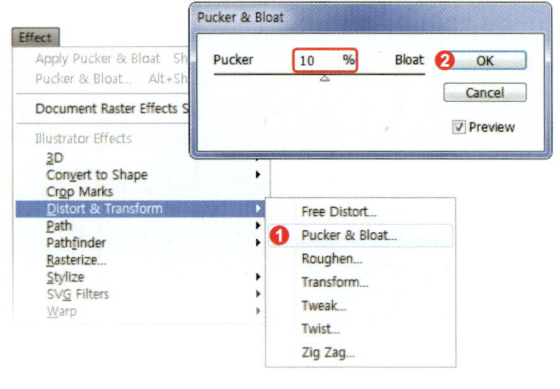

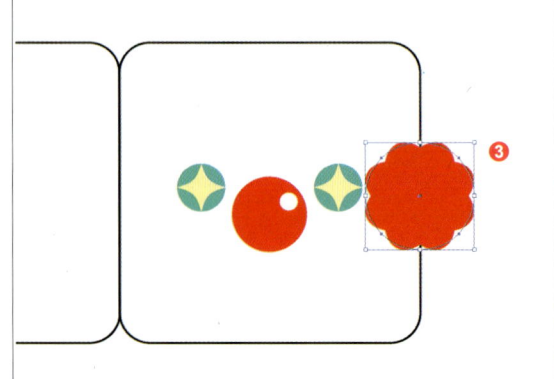

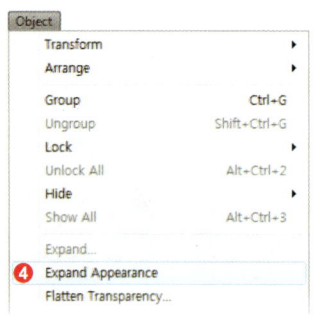

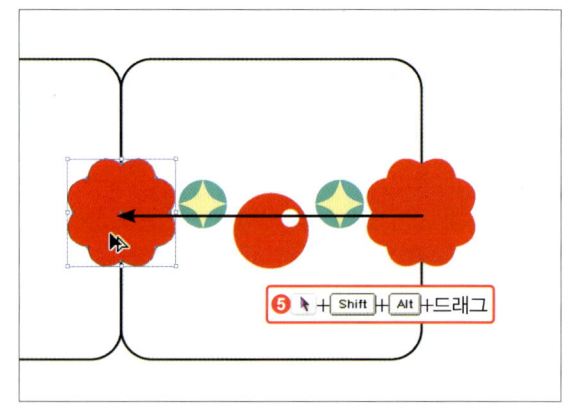

10 ❶❷곡선 툴( )로 화면을 클릭하고 ❸다음
과 같이 설정한 다음 OK 버튼을 누릅니다.
❹선 굵기를 15pt, 모서리와 선 끝 모양을 둥글
게 설정합니다. ❺선 색은 머리색과 같은 빨간색
(M100, Y100, K5)으로 칠합니다. ❻선택 툴( )
로 바운딩 박스의 모서리를 Shift +드래그해서 피
에로 입 모양에 맞게 회전합니다.

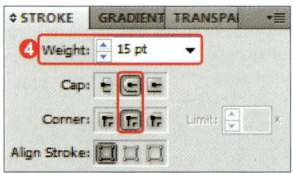

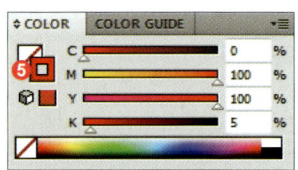

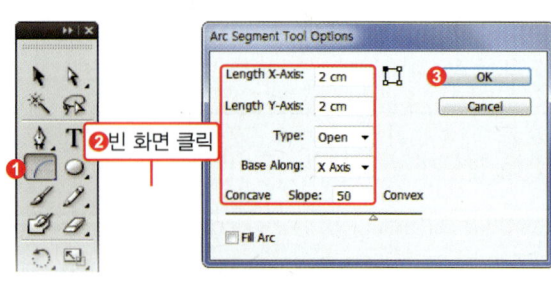

11 ❶모양 패널을 보면 빨간색 선 속성이 들어 있습니다. 선 속성을 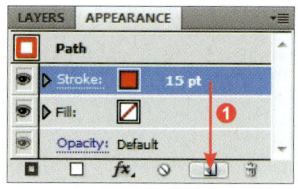 버튼으로 드래그해서 복제합니다. ❷❸복제한 선의 굵기를 1pt, 양쪽 화살표 촉 모양을 동그라미로 바꿉니다. ❹❺선 색도 연노랑색(Y50)으로 바꿉니다.

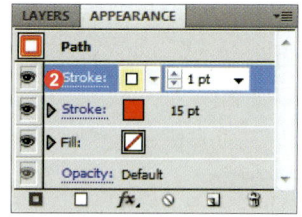

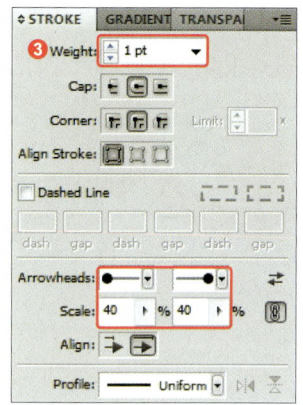

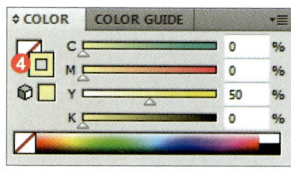

12 ❶머리를 복제해서 크기를 키운 다음 칼 툴(✎)로 Alt +드래그해서 오브젝트를 수평선으로 자릅니다. ❷ ❸직접 선택 툴(▶)로 위쪽을 클릭한 다음 Delete 를 눌러 삭제합니다. ❹❺❻❼선택 툴(▶)로 남은 오브젝트와 사각형을 선택하고, 사각형을 한 번 더 클릭해 기준 오브젝트로 설정한 다음 정렬 버튼을 눌러 윗면 가운데에 오도록 만듭니다(나머지 눈, 코, 입도 사각형 가운데에 오도록 정렬해주세요).

13 ❶❷다각형 툴(⬤)로 화면을 클릭해서 **❸❹**반지름이 1cm인 삼각형을 만듭니다. 피에로 머리 위 가운데로 삼각형을 옮깁니다(정렬 버튼을 사용하는 자세한 방법은 Lesson 12를 참고하세요).

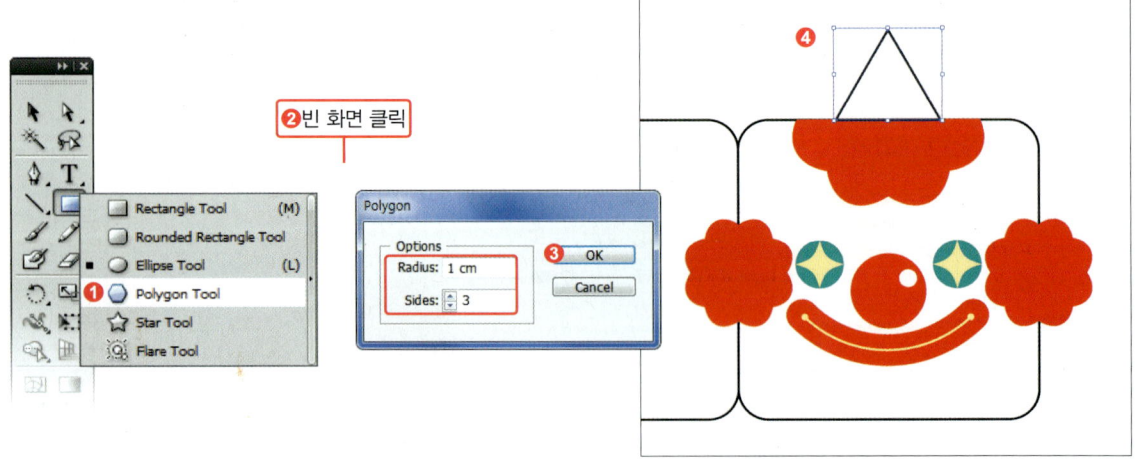

14 원하는 컬러와 패턴으로 칠합니다. **❶❷❸**예제에서는 [Window]-[Swatch Libraries]-[Patterns]-[Decorative]-[Decorative_Modern] 메뉴를 선택해서 핑크, 보라, 노란색이 섞인 패턴으로 칠했습니다.

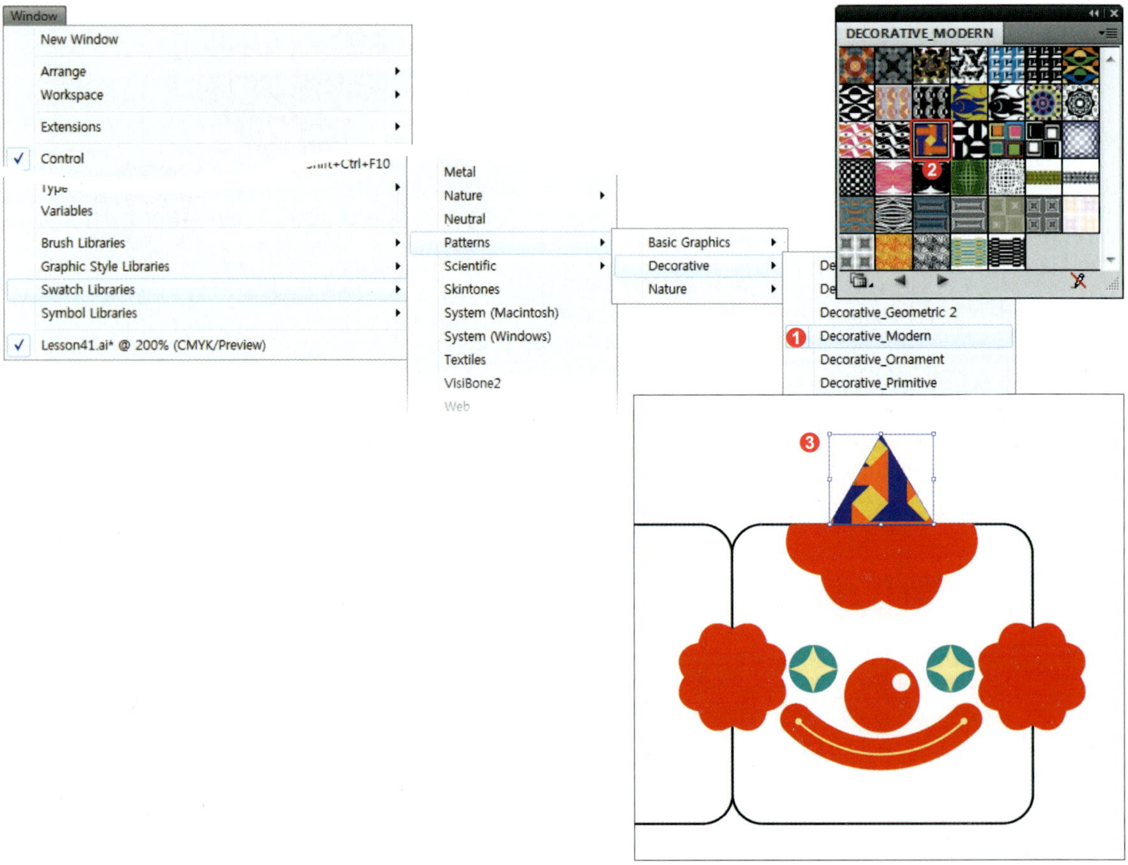

15 사각형 두 개, 모자, 바깥으로 튀어나온 양옆머리를 선택하고 Shift + Alt +드래그해서 옆
으로 복제합니다.

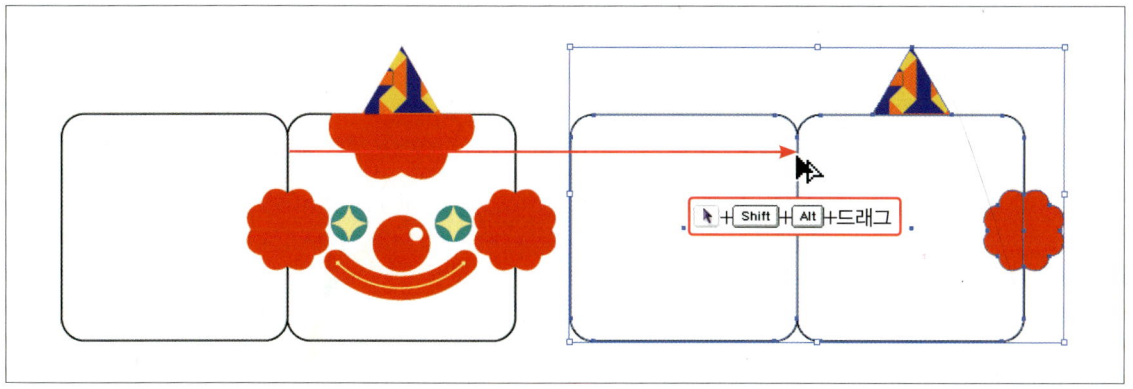

카드 내지 그리기

16 복제된 오브젝트는 카드의 안쪽 면이 됩
니다. ❶❷사각형 두 개를 선택하고 [Object]–
[Path]–[Offset Path] 메뉴를 누릅니다. ❸❹
안쪽으로 0.5cm 들어간 작은 사각형을 만듭
니다.

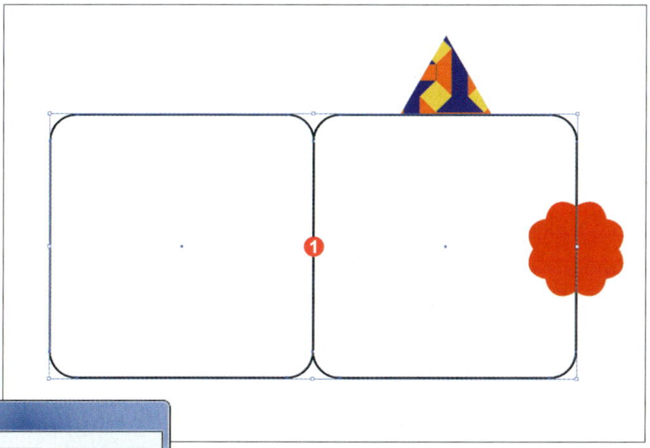

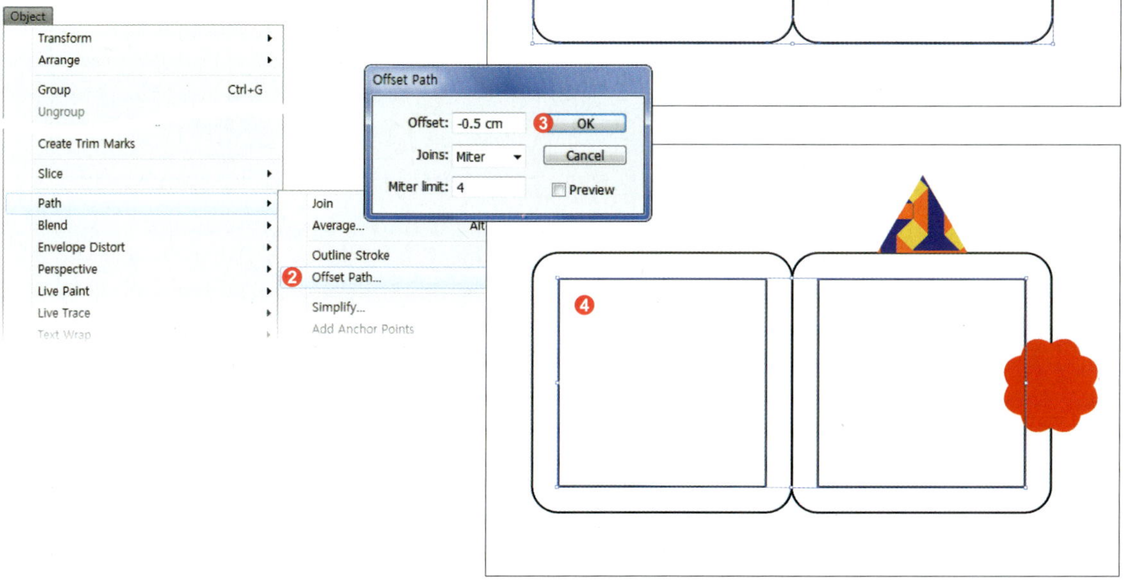

17 ❶노란색(Y30)을 칠합니다. ❷삼각형은 아래쪽으로 확대(바운딩 박스 아래쪽 조절점을 Shift+드래그)해서 노란색 사각형 뒤(Ctrl+[)로 보내고 ❸튀어나온 옆머리는 사각형과 한 덩어리로 만듭니다(함께 선택한 다음 패스파인더 패널에서 🗐 버튼을 누릅니다).

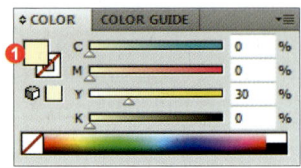

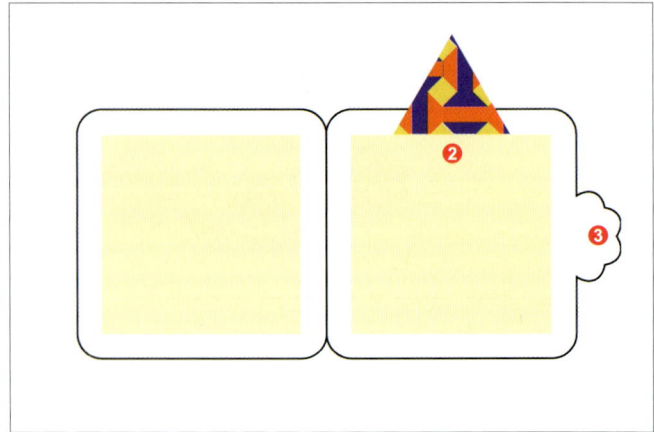

18 카드 앞면과 내지의 방향은 서로 반대가 되어야 합니다. ❶❷전체를 선택하고 반전 툴(🔄)로 Shift+드래그해서 방향을 뒤집은 다음 ❸삼각형은 오른쪽 사각형 가운데로 다시 배치하고, 노란색 사각형 안에는 선을 그립니다.

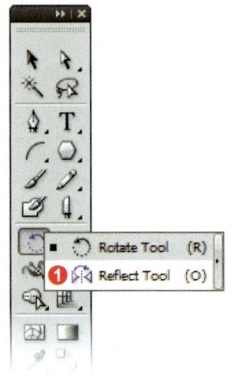

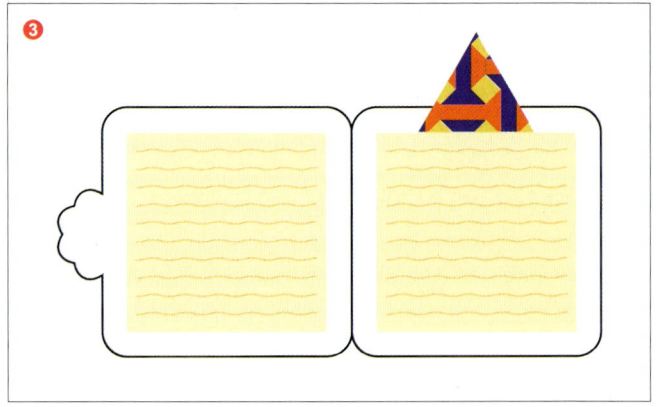

19 카드 앞면 삼각형도 카드 뒤표지 가운데로 옮기고, 나머지 여백도 원하는 모양으로 마음껏 꾸밉니다.

칼선 만들기

20 카드 디자인은 마쳤지만 이대로는 인쇄할 수 없습니다. 모양대로 잘라내려면 칼선을 만들어야 합니다. ❶카드 경계선에 해당하는 삼각형, 사각형 두 개, 양옆머리를 선택 툴(▶)로 Alt +드래그해서 복제합니다. ❷가운데 머리를 Shift +클릭해서 선택을 해제하고 ❸패스파인더 패널에서 🔲 버튼을 누릅니다. ❹면 색을 투명, 선 색을 검은색, 선 굵기를 0.25pt로 설정합니다.

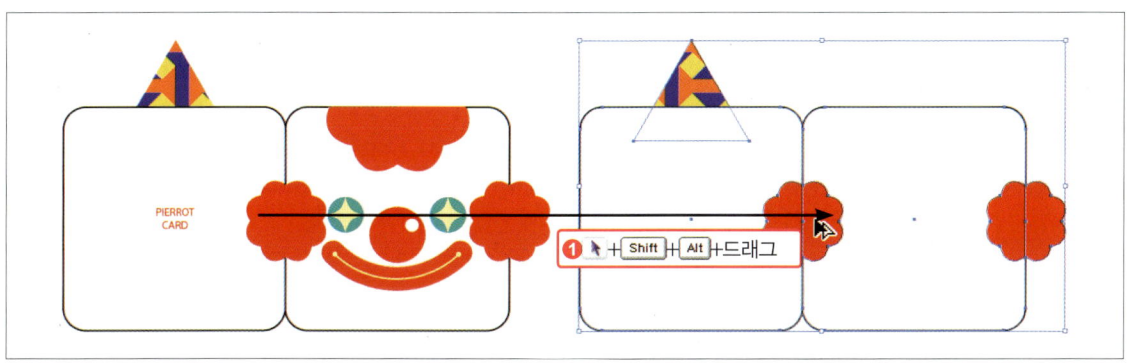

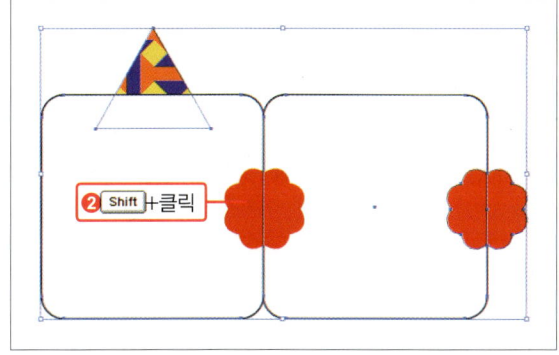

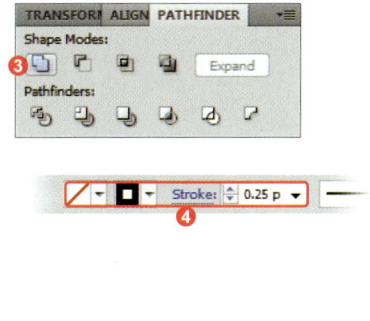

21 카드 외곽선이 검은색으로 칠해집니다. ❶❷가운데 머리에서 오른쪽 패스를 직접 선택 툴(🔍)로 드래그해서 선택한 다음 Delete 를 눌러 삭제합니다. ❸외곽선과 같이 면 색을 투명, 선 색을 검은색, 선 굵기를 0.25pt로 설정합니다. ❹칼선이 완성되었습니다. 이 외곽선 모양대로 도무송 칼날을 제작해 카드를 잘라낼 수 있습니다.

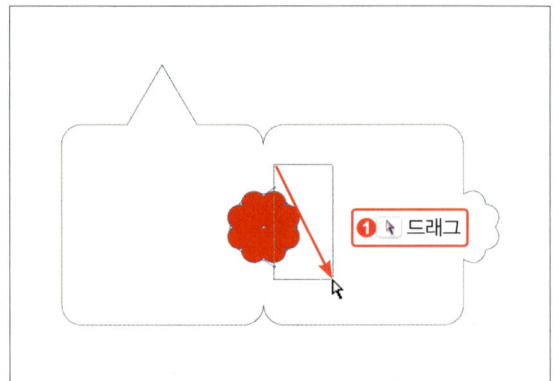

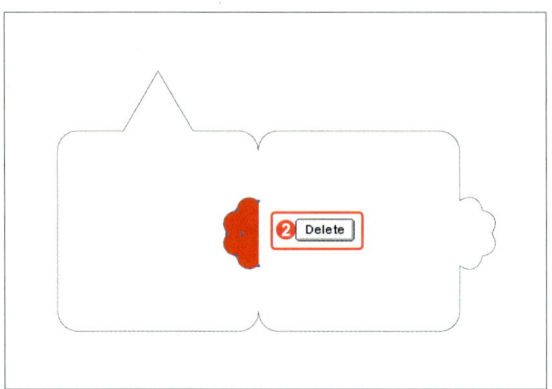

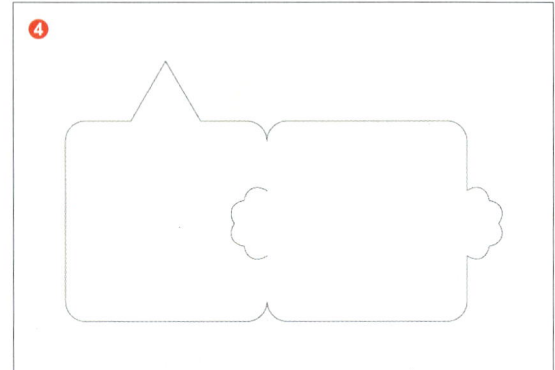

재단 여분 만들기

수백, 수천 장 인쇄된 종이를 도무송 칼로 재단하기 때문에 칼이 밀리거나 기준점이 조그만 흔들려도 안쪽으로 잘리거나 바깥쪽으로 잘릴 수 있습니다. 따라서 재단선을 벗어나서 잘려도 흰 여백이 생기지 않도록 칼 선에 맞닿는 부분에 있는 색은 재단 여분을 만들어야 합니다.

22 재단선에 해당하는 삼각형(모자), 사각형 두 개, 오른쪽 옆머리를 선택합니다.

23 ❶❷❸[Object]-[Path]-[Offset Path] 메뉴를 눌러 바깥쪽으로 0.2cm 큰 패스를 만듭니다. ❹❺패스파인더 패널에서 ⬜ 버튼을 누르고 면 색을 투명, 선 색을 검은색, 선 굵기를 0.25pt로 설정합니다.

24 ❶재단선에 맞닿는 색이 있는 오브젝트(삼각형, 윗머리, 오른쪽 옆머리)를 선택합니다. ❷❸ ❹[Object]-[Path]-[Offset Path] 메뉴를 눌러 바깥쪽으로 0.2cm 큰 패스를 만듭니다. ❺[Ctrl] +[Shift]+[[]를 눌러 맨 뒤로 보냅니다.

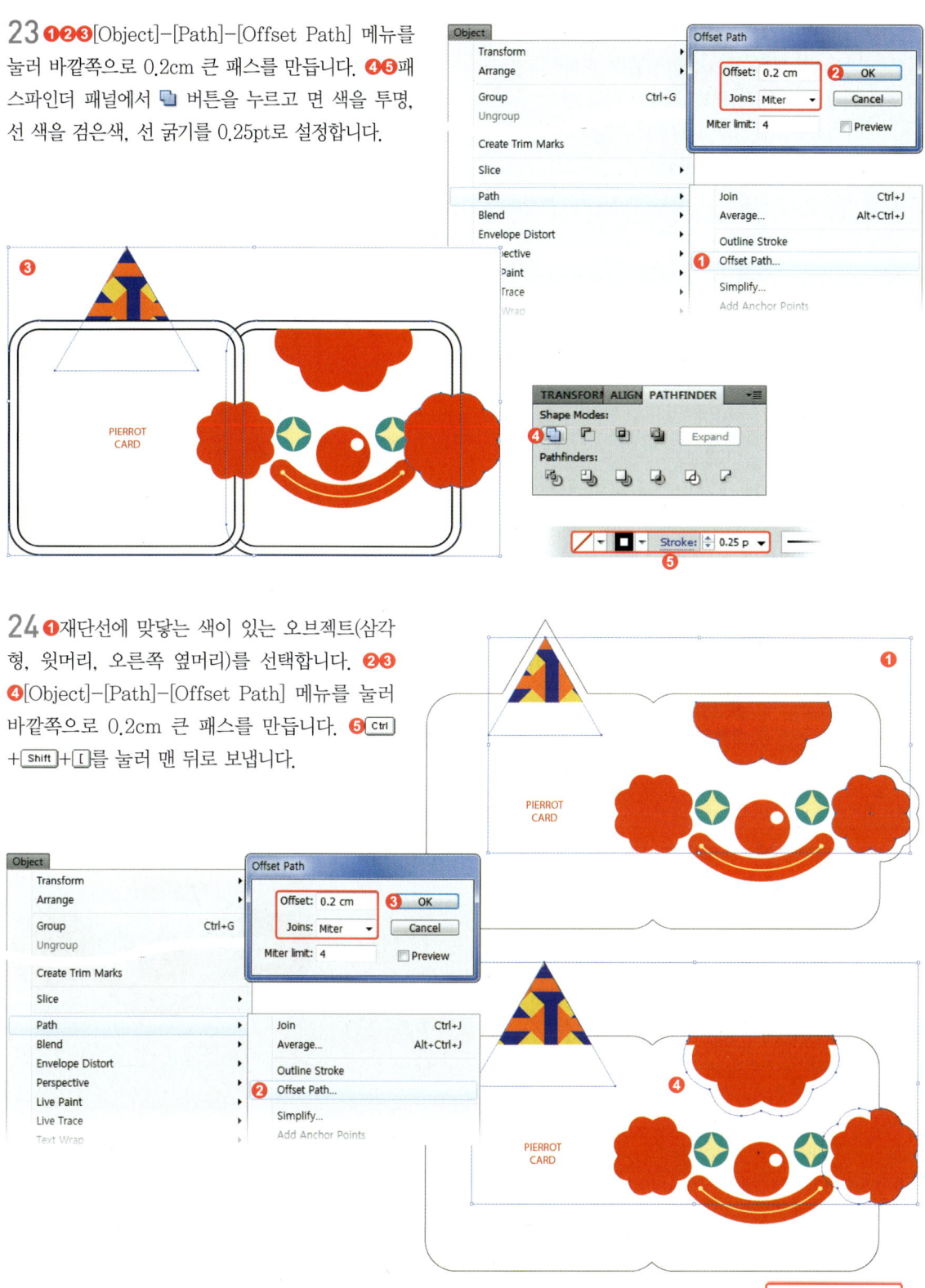

25 ❶카드 안쪽 면도 같은 방법으로 재단 여분을 만들어주세요. ❷❸재단 여분을 투명으로 처리하고 ❹❺전체를 선택한 다음 [Ctrl]+[G]를 눌러 그룹으로 묶습니다. 카드 안쪽 면도 같은 방법으로 처리합니다.

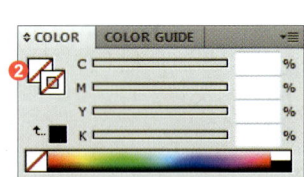

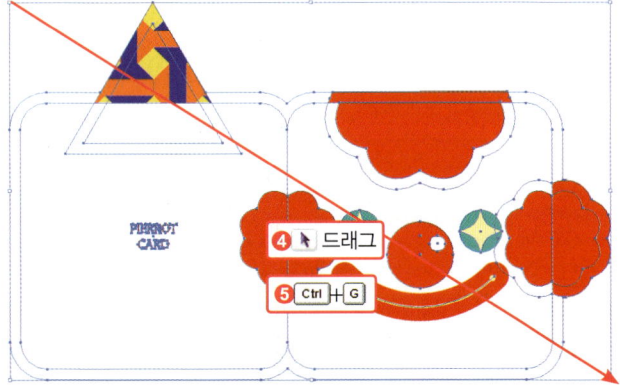

26 데이터는 칼선, 카드 겉면, 카드 안쪽 면으로 만들어집니다. 인쇄소에서 요구하는 저장 형식으로 바꾼 다음 인쇄를 의뢰합니다.

여기서는 여러분이 쉽게 구분할 수 있도록 카드 표지와 안쪽 면의 잘릴 부분을 파란 색 안내 선으로 표시했습니다.

완성한 미니 카드

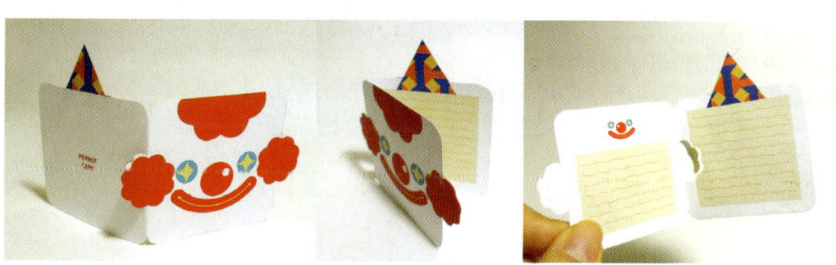

Lesson 39.
픽셀아트 도무송 스티커 만들기

픽셀아트는 포토샵에서 도트를 찍어 쉽게 만들 수 있습니다. 하지만 포토샵으로 만든 픽셀아트는 크기 제약이 많아 인쇄하기에 적합하지 않을 때가 많습니다. 일러스트레이터에 있는 라이브 페인트 환경을 활용해서 컴퓨터용 아이콘을 픽셀아트 느낌으로 그려보겠습니다. 그린 아이콘은 도무송 스티커로 만들어보겠습니다.

실습 파일 : 부록CD\Sample\Part11\Lesson39_1.ai
완성 파일 : 부록CD\Sample\Part11\Lesson39_2.ai

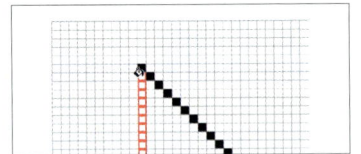 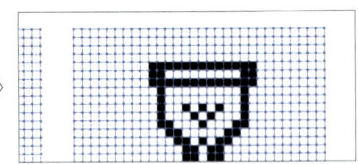 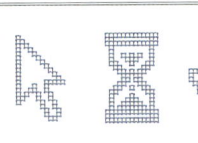

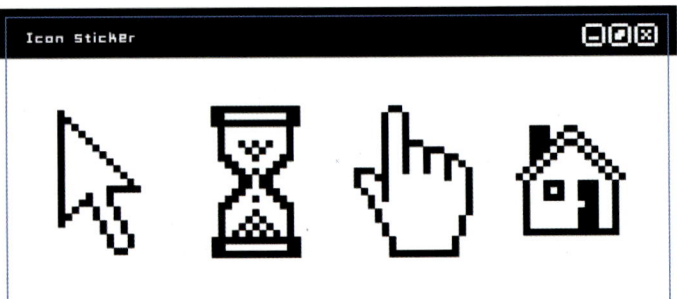

도트 아이콘을 만들고 스티커로 편집하기

01 ❶❷격자 툴(▦)로 화면을 클릭해서 ❸❹크기가 5cm이고 30칸×30 칸이 있는 모눈을 만듭니다. ❺면 색을 투명, 선 색을 회색(색상 값), 선 굵 기를 0.25pt로 설정합니다. ❻❼[Object]-[Live Paint]-[Make] 또는 Ctrl +Alt+X를 눌러 라이브 페인트 환경을 만든 다음 빈 화면을 Ctrl+클릭해 서 선택을 해제합니다.

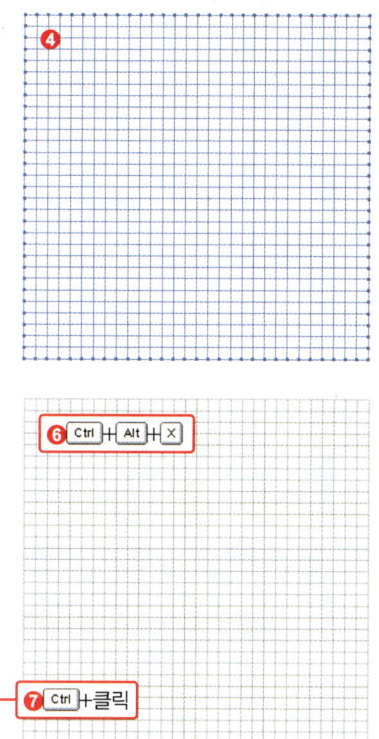

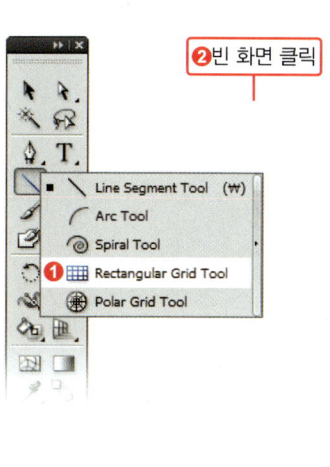

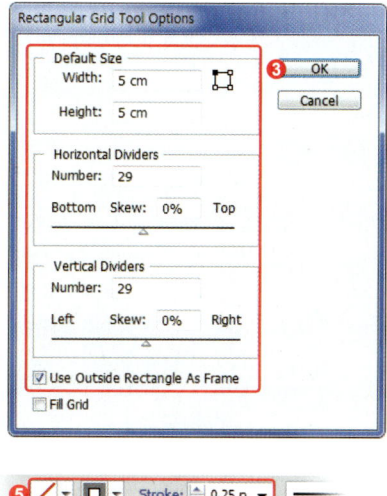

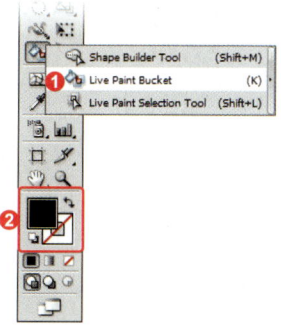

02 ❶라이브 페인트 버킷 툴(🪣)을 선택하고 ❷면 색을 검은색으로 설정합니다. ❸ 모눈에 커서를 갖다 대면 한 칸 한 칸 빨간색 테두리가 표시되고 표시된 곳을 클릭하 면 사각형 점이 찍힙니다. 점을 사선 방향으로 12개 찍어줍니다. ❹다음과 같이 화살 표 모양으로 점을 찍습니다. ❺드래그하면 일직선으로 쉽게 찍을 수 있습니다.

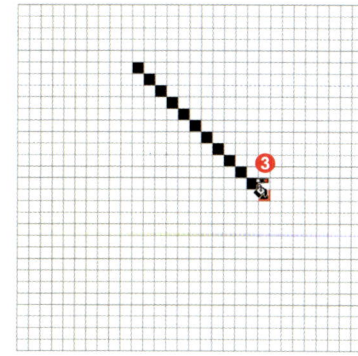

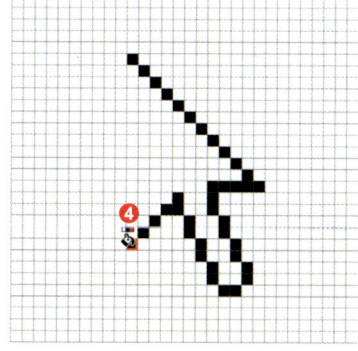

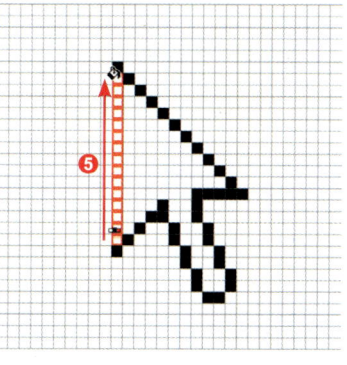

03 같은 방법으로 픽셀아트 아이콘을 여러 개 그려보세요(다음 그림은 부록CD\Sample\
Part11\Lesson39_1.ai 파일로 저장되어 있습니다).

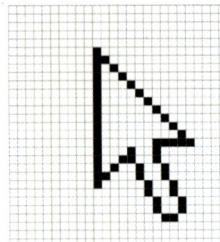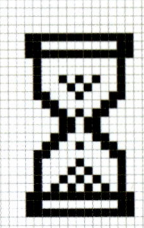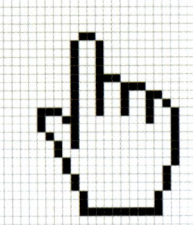

Tip ▶ 라이브 페인트 버킷 툴 활용하기

❶라이브 페인트 버킷 툴 위에는 컬러 박스가 세 개 나타납니다. ❷이것은 스와치 패널에 있는 색을
사용할 때 선택한 색(클릭할 때 칠되는 색)과 선택한 색 양옆에 있는 색입니다. ❸왼쪽과 오른쪽
방향키(←, →)를 눌러 양옆 색을 선택할 수 있습니다.

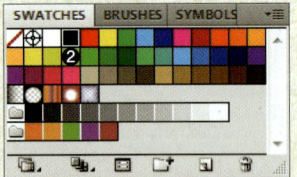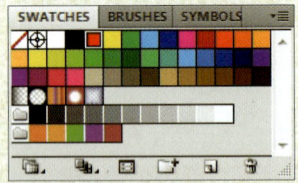

❶스와치 라이브러리에서 원하는 컬러 그룹을 클릭해서 ❷스와치에 등록하면 ❸❹선택한 컬러 그룹
안에 있는 색을 돌아가면서 선택할 수 있습니다.

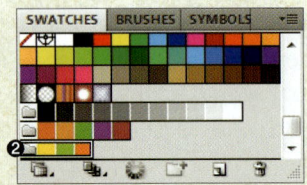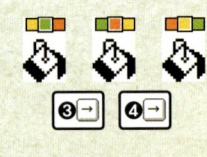

❶❷선 색이 설정된 상태에서 사용하다가 ❸Shift를 누르면 마우스 포인터가 브러시 모양으로 바뀌고,
선에 붉은색이 표시됩니다. 클릭하면 설정된 선 색을 칠할 수 있습니다. 마찬가지로 ←, →를 눌러
스와치 앞뒤 색을 선택할 수 있습니다(스와치에 등록되어 있지 않은 색을 사용하면 설정한 색 하나만
표시됩니다).

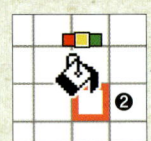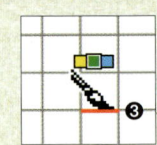

04 ❶❷완성한 오브젝트를 선택하고 [Object]−[Expand] 메뉴를 선택합니다.
❸❹옵션을 모두 체크하고 [OK] 버튼을 눌러 일반 오브젝트로 바꿉니다(라
이브 페인팅 환경을 벗어납니다).

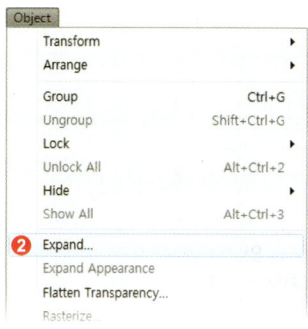 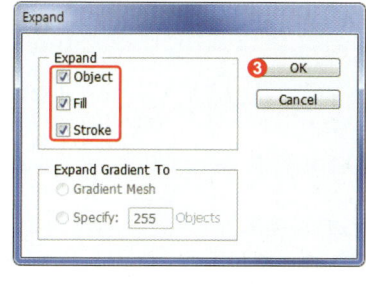 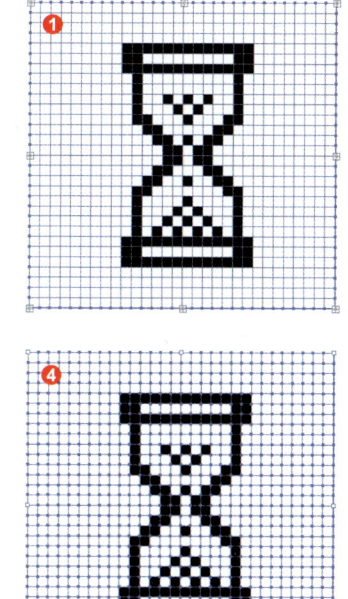

05 ❶❷직접 선택 툴(↖)로 모눈을 클릭한 다음 ❸❹[Select]−[Same]−[Fill&Stroke] 메뉴
를 선택하면 클릭한 선과 속성이 같은 선이 모두 선택됩니다. ❺[Delete]를 눌러 삭제하면 아이
콘만 남습니다.

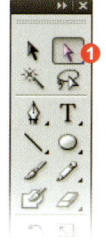 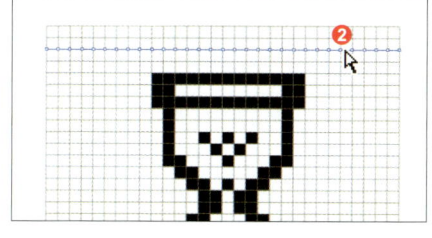 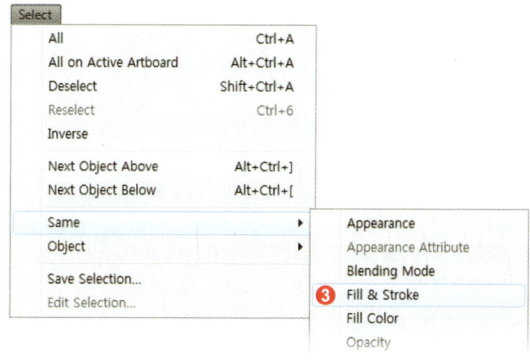

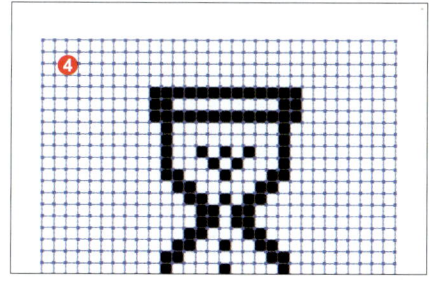 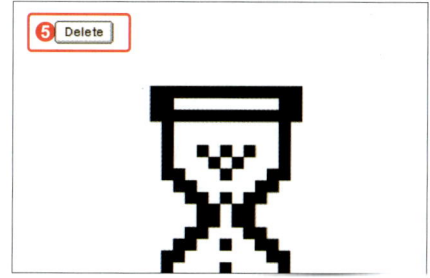

[Select]-[Same] 메뉴를 이용하면
선택한 오브젝트와 속성이 같은
오브젝트를 한 번에 선택할 수
있습니다.

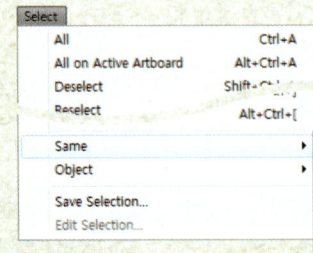

❶Appearance : 모양이 같은 오브젝트를 모두 선택합니다.
❷Appearance Attribute : 모양 속성이 같은 오브젝트를 모두 선택합니다.
❸Blending Mode : 블렌딩 모드가 같은 오브젝트를 모두 선택합니다.
❹Fill & Stroke : 면과 선 속성이 같은 오브젝트를 모두 선택합니다.
❺Fill Color : 면 색이 같은 오브젝트를 모두 선택합니다.
❻Opacity : 불투명도가 같은 오브젝트를 모두 선택합니다.
❼Stroke Color : 선 색이 같은 오브젝트를 모두 선택합니다.
❽Stroke Weight : 선 두께가 같은 오브젝트를 모두 선택합니다.
❾Graphic Style : 그래픽 스타일이 같은 오브젝트를 모두 선택합니다.
❿Symbol Instance : 심벌 속성이 같은 오브젝트를 모두 선택합니다.
⓫Link Block Series : 같은 블록으로 연결된 텍스트 박스를 선택합니다.

[Select]-[Object] 메뉴를 이용하면
원하는 오브젝트를 한 번에 선택할
수 있습니다.

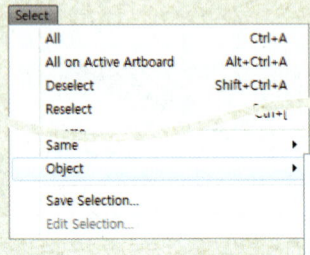

❶All on Same Layers : 같은 레이어에 있는 오브젝트를 모두 선택합니다.
❷Direction Handles : 선택한 오브젝트의 방향선을 모두 봅니다.
❸Not Aligned to Pixel Grid : 픽셀 그리드에 정렬되지 않은 오브젝트를
　모두 선택합니다.
❹Bristle Brush Strokes : 강모 브러시가 적용된 오브젝트를 모두 선택
　합니다.
❺Brush Strokes : 브러시가 적용된 오브젝트를 모두 선택합니다.
❻Clipping Masks : 클리핑 마스크를 모두 선택합니다(오브젝트는 제외하고 마스크 영역만 선택합니다).
❼Stray Points : 패스가 작성되지 않은 기준점(클릭만 한 상태)을 모두 선택합니다.
❽Text Objects : 텍스트 오브젝트(글자 툴로 쓰인 것)를 선택합니다.
❾Flash Dynamic Text : 플래시 다이내믹 텍스트를 선택합니다.
❿Flash Input Text : 플래시 인풋 텍스트를 선택합니다.

06 스티커 틀을 디자인하겠습니다. 스티커는 규격이 따로 없으므로 원하는 크기로 만들면 됩니다. 예제에서는 16×7cm 사각형으로 만들고 아이콘을 가로로 배열했습니다. 윈도우 창 모양을 틀로 쓰고 픽셀아트 아이콘과 어울리도록 제목과 아이콘을 찍어서 표현한 것처럼 꾸몄습니다. 이 스티커는 아이콘 모양대로 떼어 쓸 수 있는 투명 재질 스티커로 만들 예정입니다.

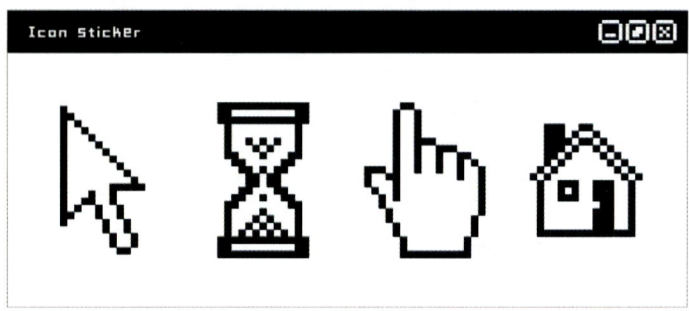

재단 여분 만들기

07 스티커 디자인이 완성되면 인쇄용 데이터를 만들어야 합니다. 가장자리에 검은색 배경이 있으므로 재단 여분을 만들어야 합니다. ❶스티커 크기(재단선) 사각형을 선택하고 ❷❸❹ [Object]–[Path]–[Offset Path] 메뉴를 눌러 바깥쪽으로 0.2cm 큰 사각형을 만듭니다(일반적으로 재단 여분은 2~5mm지만 인쇄소에 따라 다를 수 있습니다).

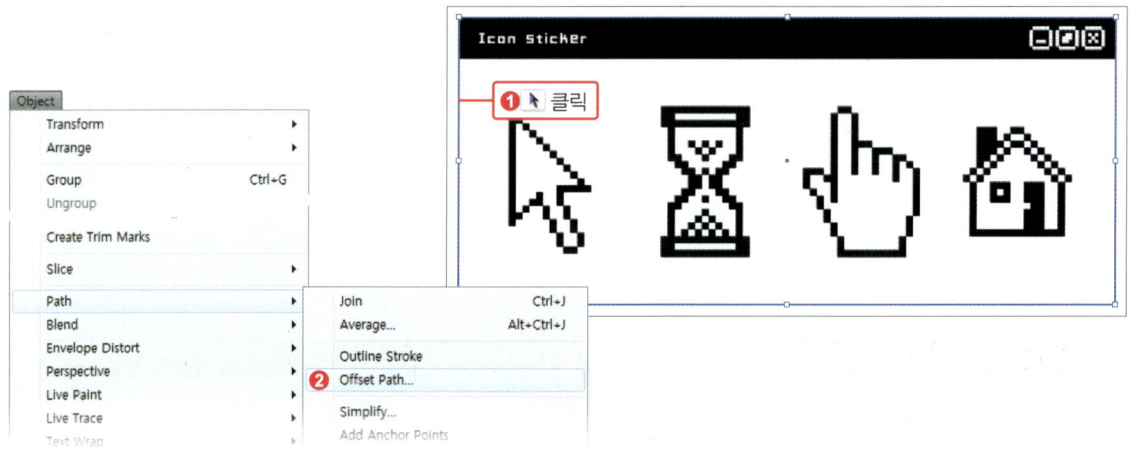

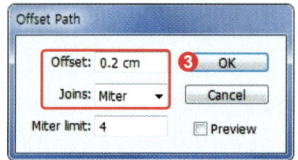

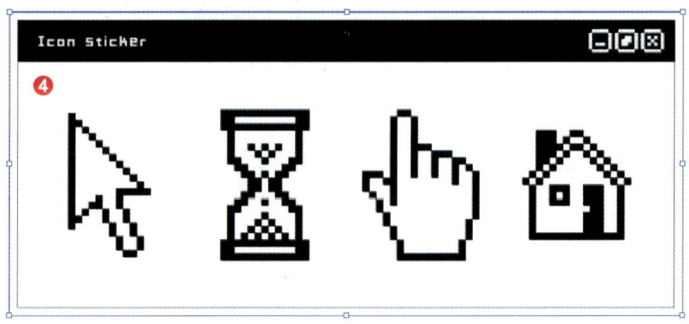

08 ❶❷검은색 사각형을 선택하고 트랜스폼 패널을 보면 선택한 사각형 크기가 나타납니다. ❸크기 설정 기준을 밑변 가운데로 설정하고 ❹너비 값보다 4mm 큰 값, 높이 값보다 2mm 큰 값을 입력하고 Enter↵를 눌러 여분 크기에 맞춥니다. ❺ ❻재단선과 여분선을 선택하고 투명하게 설정합니다.

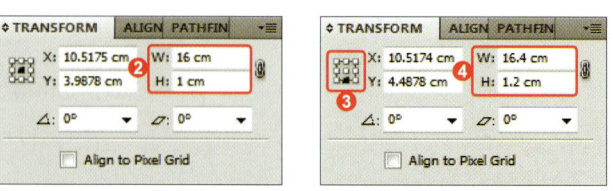

 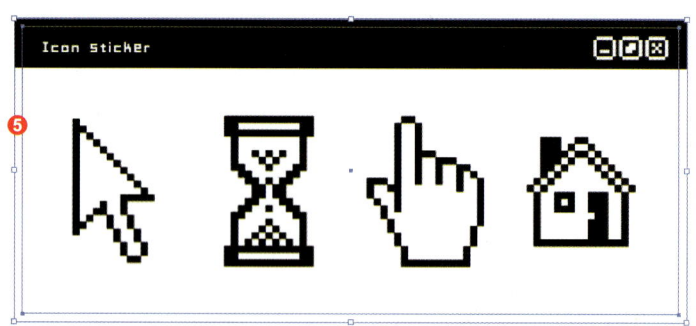

칼선과 재단선 만들기

09 아이콘을 하나씩 떼어 쓸 수 있도록 칼선을 만들겠습니다. 지금까지 만든 오브젝트를 모두 선택하고 Shift + Alt +드래그해서 복제합니다.

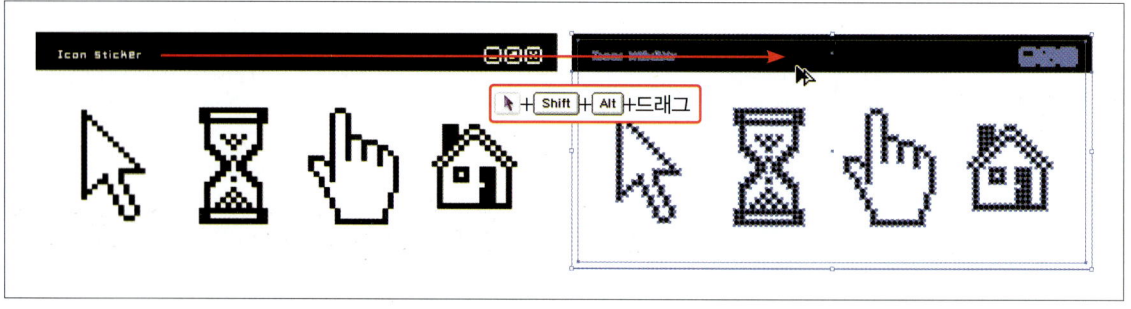

10 ❶복제된 오브젝트 중 아이콘을 모두 선택하고 ❷❸❹[Object]−[Path]−[Offset Path] 메뉴를 눌러 바깥쪽으로 0.2cm 큰 패스를 만듭니다. ❺❻❼패스파인더 패널에서 🖫 버튼과 🖫 버튼을 차례로 눌러 검은색 덩어리로 만듭니다. ❽툴 패널을 이용해 검은선만 나오도록 합니다.

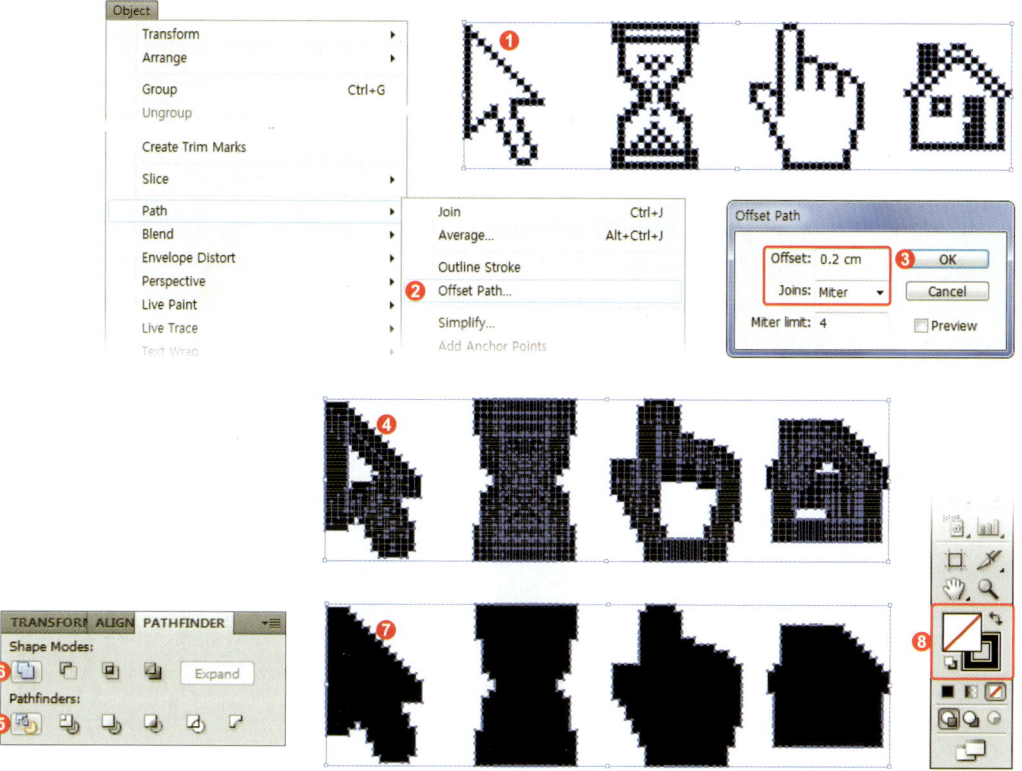

11 ❶불필요한 기준점이 많이 있습니다. ❷[Object]−[Path]−[Simplify] 메뉴를 선택하고 ❸ 다음과 같이 설정한 다음 OK 버튼을 누릅니다.

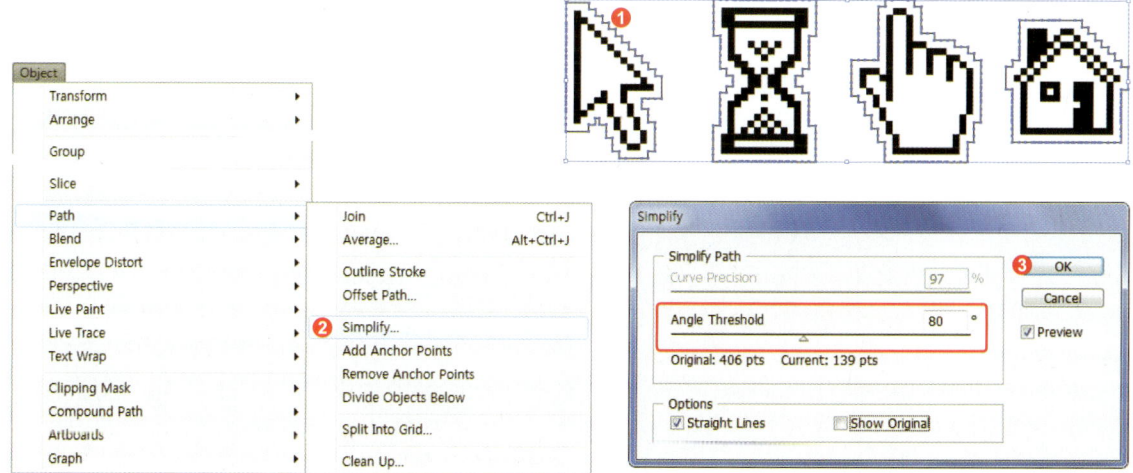

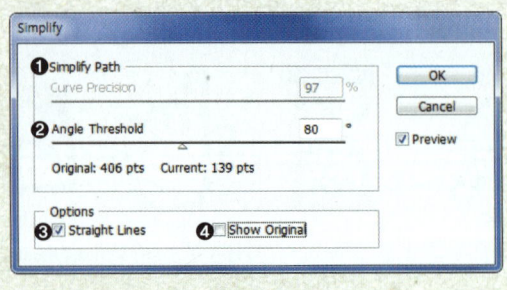

❶ Simplify Path : 값이 작을수록 더 단순하게 표현됩니다. Angle Threshold에 값을 입력하지 않는 한 곡선 끝점과 모퉁이 점을 제외한 기존의 고정점은 무시됩니다.

❷ Angle Threshold : 모퉁이의 매끄러움을 조절합니다. 모퉁이 각도가 각도 고대비보다 작으면 모퉁이 점은 변경되지 않습니다.

❸ Straight Lines : 기준점 사이를 직선으로 표현합니다. 모퉁이 각도가 Angle Threshold에 설정된 값보다 크면 해당 기준점은 제거됩니다.

❹ Show Original : 단순화된 패스 뒤로 원본 패스를 표시합니다.

12 ❶기준점과 기준점을 잇는 직선만 남습니다. ❷Ctrl+Y를 눌러 외곽선만 보이도록 만듭니다. ❸재단선을 Shift+클릭해서 함께 선택하고 ❹Ctrl+X를 눌러 잘라냅니다. ❺❻남아 있는 오브젝트를 선택하고 Delete를 눌러 삭제합니다.

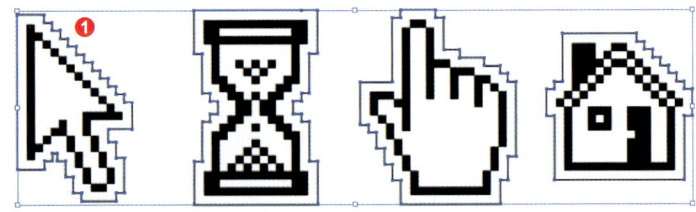

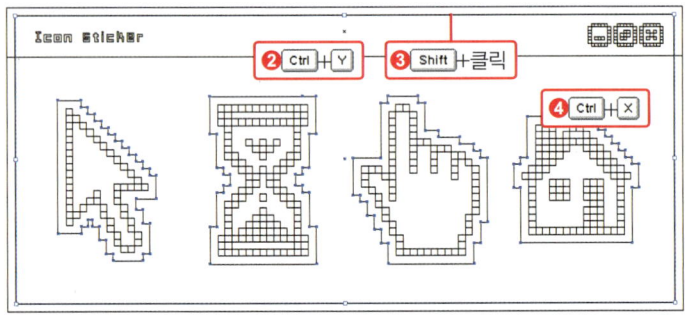

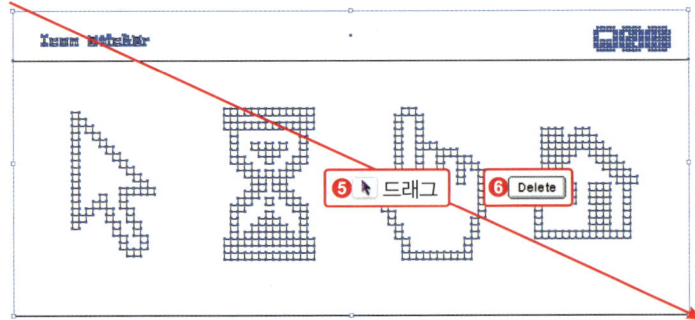

13 ❶ Ctrl + F 를 눌러 방금 잘라낸 오브젝트를 제자리에 붙여 넣습니다. ❷❸ Ctrl + Y 를 눌러 일반 보기 화면으로 돌아온 다음 재단선과 칼선을 구분해서 표시합니다(인쇄소에 따라 선을 처리하는 방법을 다르게 요구할 수 있습니다).

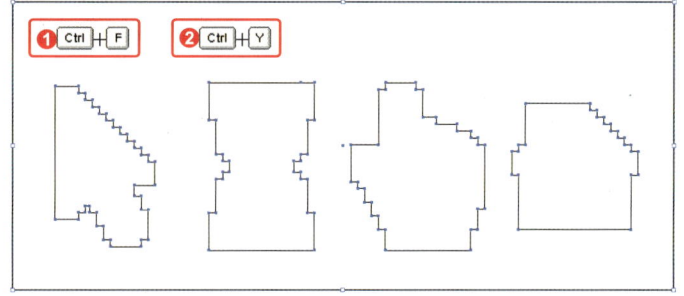

❸ ― 재단선(16×7cm)　― 칼선

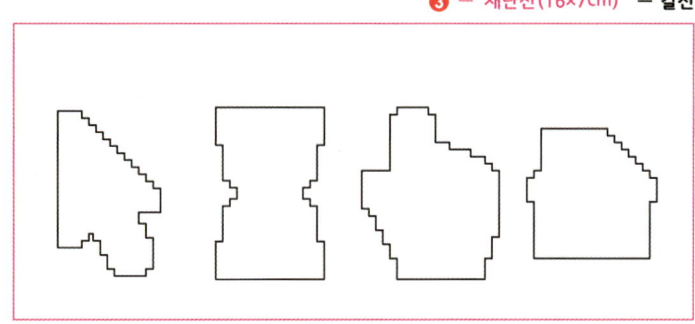

백판 만들기

14 투명한 재질에 인쇄할 때 불투명한 부분을 원하는 경우가 있습니다. 이럴 때는 백판(흰색 밑판) 데이터를 따로 보내야 합니다. 아이콘 내부가 흰색으로 표시되도록 아이콘 영역에 해당하는 백판을 만들겠습니다. ❶만들어둔 스티커 디자인을 복제합니다. ❷흰색 바탕이 필요한 아이콘을 선택하고 ❸❹패스파인더 패널에서 🖫 버튼과 🖺 버튼을 차례로 누릅니다.

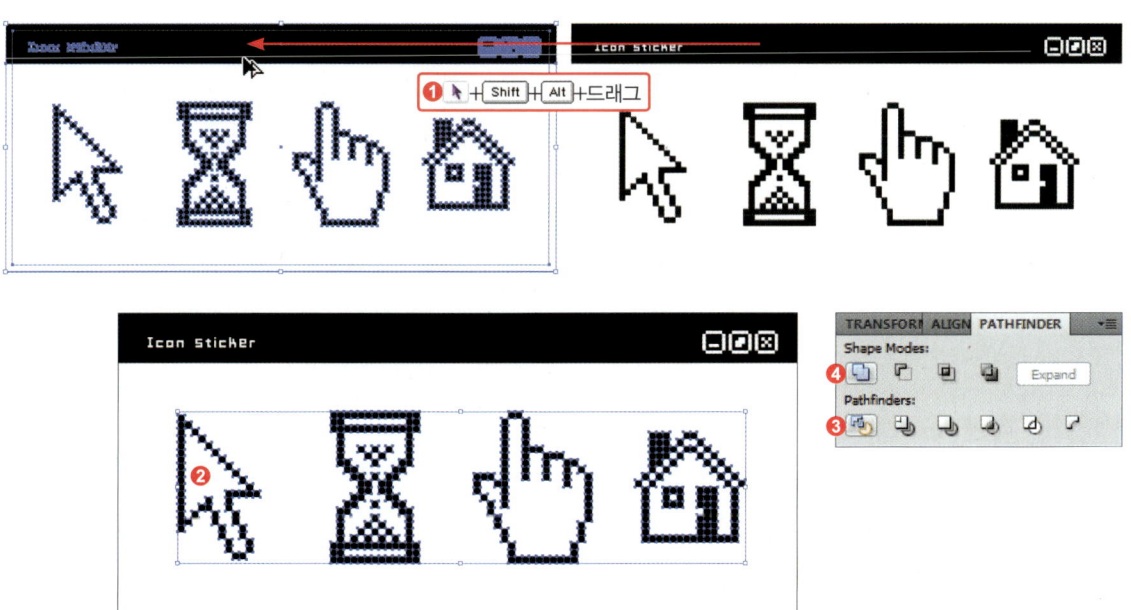

15 ❶검은색 덩어리가 만들어집니다. ❷
❸필요한 기준점은 [Object]–[Path]–
[Simplify] 메뉴를 선택해 단순화시킵니다.

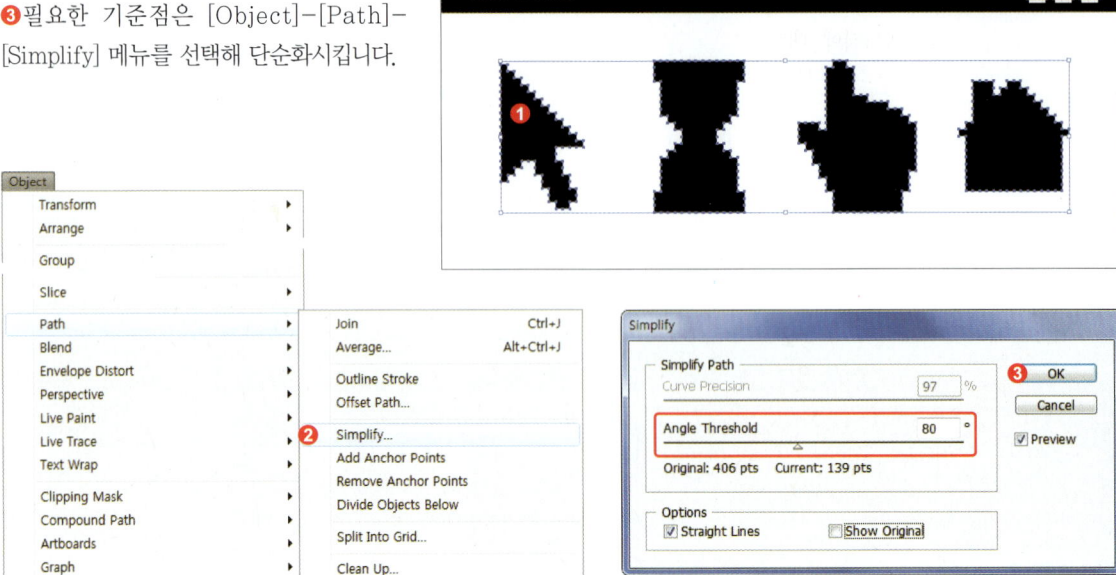

16 백판용 오브젝트와 재단선만 남기고
나머지는 지웁니다. ❶❷남아 있는 투명
재단선과 검은색 아이콘 배경을 함께 선
택하고 그룹으로 묶습니다.

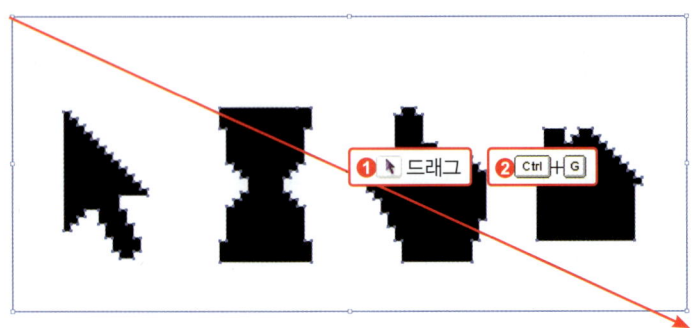

17 백판, 스티커 디자인, 칼선 파일(또는 한 도큐먼트에 함께 배치)을 모두 인쇄소로 보냅니다. 각 데이터에 대한 내용은 인쇄소 데이터 담당자와 의논한 다음 인쇄합니다.

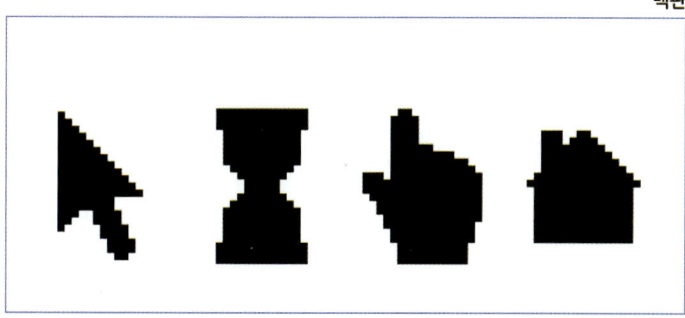

투명스티커 1000매 주문요~
도무송 모양 4개 들어가 있고요,
백판도 들어있어요.
파일 열어보시면
백판이랑 칼선이랑 재단선,
디자인 다같이 들어있어요.
데이터 확인하시고
연락주세요~

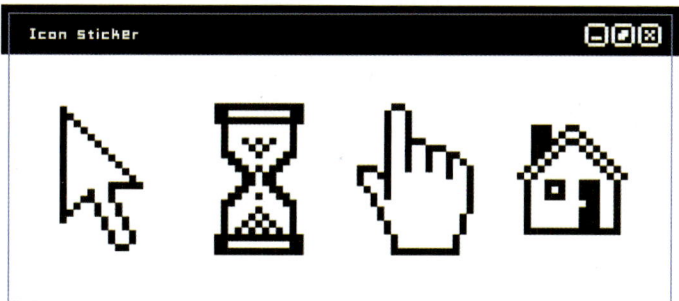

― 재단선(16×7cm)   ― 칼선

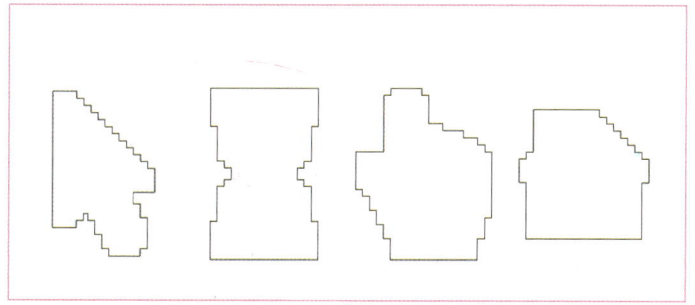

독자의 편의를 위해 카드의 표지와 재단선을 파란색 인내선으로 표시했습니다.

완성된 스티커 모양

CMYK 인쇄 색상표

모니터로 보는 색과 인쇄해서 종이로 보는 색은 약간 차이가 있습니다. 아래 색상표는 인쇄할 때 기본이 되는 색을 모아놓은 참고표입니다. 디자인 작업을 할 때 참고하세요(이 책의 종이는 스노우 화이트 100g입니다).

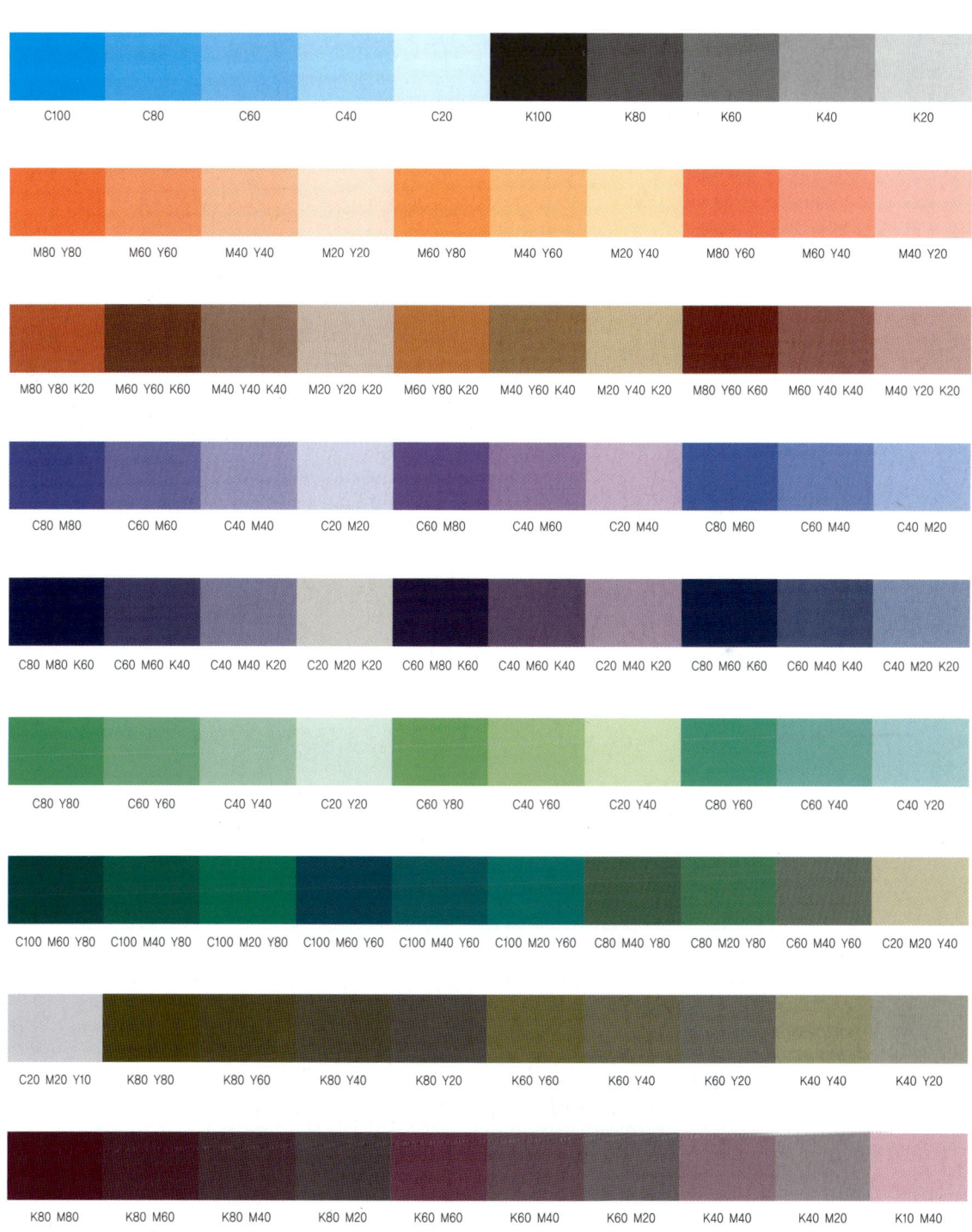

| C100 | C80 | C60 | C40 | C20 | K100 | K80 | K60 | K40 | K20 |

| M80 Y80 | M60 Y60 | M40 Y40 | M20 Y20 | M60 Y80 | M40 Y60 | M20 Y40 | M80 Y60 | M60 Y40 | M40 Y20 |

| M80 Y80 K20 | M60 Y60 K60 | M40 Y40 K40 | M20 Y20 K20 | M60 Y80 K20 | M40 Y60 K40 | M20 Y40 K20 | M80 Y60 K60 | M60 Y40 K40 | M40 Y20 K20 |

| C80 M80 | C60 M60 | C40 M40 | C20 M20 | C60 M80 | C40 M60 | C20 M40 | C80 M60 | C60 M40 | C40 M20 |

| C80 M80 K60 | C60 M60 K40 | C40 M40 K20 | C20 M20 K20 | C60 M80 K60 | C40 M60 K40 | C20 M40 K20 | C80 M60 K60 | C60 M40 K40 | C40 M20 K20 |

| C80 Y80 | C60 Y60 | C40 Y40 | C20 Y20 | C60 Y80 | C40 Y60 | C20 Y40 | C80 Y60 | C60 Y40 | C40 Y20 |

| C100 M60 Y80 | C100 M40 Y80 | C100 M20 Y80 | C100 M60 Y60 | C100 M40 Y60 | C100 M20 Y60 | C80 M40 Y80 | C80 M20 Y80 | C60 M40 Y60 | C20 M20 Y40 |

| C20 M20 Y10 | K80 Y80 | K80 Y60 | K80 Y40 | K80 Y20 | K60 Y60 | K60 Y40 | K60 Y20 | K40 Y40 | K40 Y20 |

| K80 M80 | K80 M60 | K80 M40 | K80 M20 | K60 M60 | K60 M40 | K60 M20 | K40 M40 | K40 M20 | K10 M40 |

글자 크기 대조표

모니터만 보면서 디자인 작업을 하다보면 글자 크기에 둔감해집니다. 인쇄되었을 때의 적당한
글자 크기가 어느 정도인지 살펴가며 디자인을 해야 합니다. 아래는 디자인 작업에 가장 많이
사용하는 윤고딕, 윤명조의 실제 크기 대조표입니다. 디자인할 때 참고하세요.

윤고딕120, 장평95%, 자간-80   윤명조120, 장평95%, 자간-80

6pt 일러스트레이터 Illustrator 012345	일러스트레이터 Illustrator 012345 15pt
6.5pt 일러스트레이터 Illustrator 012345	일러스트레이터 Illustrator 012345 14pt
7pt 일러스트레이터 Illustrator 012345	일러스트레이터 Illustrator 012345 13pt
7.5pt 일러스트레이터 Illustrator 012345	일러스트레이터 Illustrator 012345 12pt
8pt 일러스트레이터 Illustrator 012345	일러스트레이터 Illustrator 012345 11pt
9pt 일러스트레이터 Illustrator 012345	일러스트레이터 Illustrator 012345 10pt
10pt 일러스트레이터 Illustrator 012345	일러스트레이터 Illustrator 012345 9pt
11pt 일러스트레이터 Illustrator 012345	일러스트레이터 Illustrator 012345 8pt
12pt 일러스트레이터 Illustrator 012345	일러스트레이터 Illustrator 012345 7.5pt
13pt 일러스트레이터 Illustrator 012345	일러스트레이터 Illustrator 012345 7pt
14pt 일러스트레이터 Illustrator 012345	일러스트레이터 Illustrator 012345 6.5pt
15pt 일러스트레이터 Illustrator 012345	일러스트레이터 Illustrator 012345 6pt

선 굵기 비교표

다양한 굵기의 선은 디자인 요소로 자주 활용됩니다. 검은색과 회색일 때 선이 인쇄된 모양
을 참고하세요.

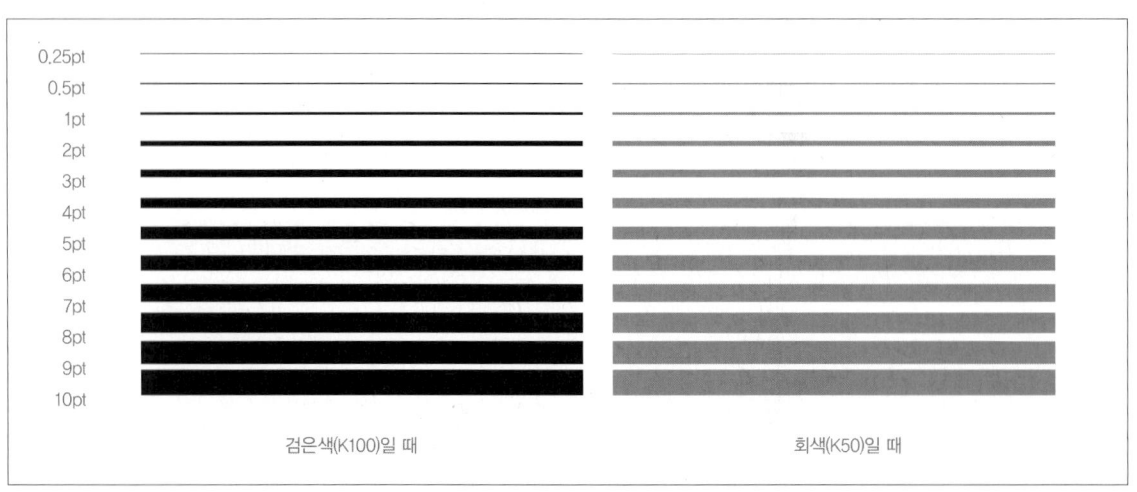

검은색(K100)일 때   회색(K50)일 때

찾아보기

단축키 요약

파일 관련

`Ctrl`+`N` 새 파일 만들기
`Ctrl`+`Shift`+`N` 템플릿 불러오기
`Ctrl`+`O` 파일 불러오기
`Ctrl`+`Alt`+`O` 어도비 브릿지로 불러오기

`Ctrl`+`W` 파일 닫기
`Ctrl`+`Alt`+`W` 열린 파일 모두 닫기
`Ctrl`+`S` 파일 저장하기
`Ctrl`+`Shift`+`S` 다른 이름으로 저장하기
`Ctrl`+`Alt`+`S` 복사본 저장하기
`Ctrl`+`Shift`+`Alt`+`S` 웹용 파일로 저장하기

`Ctrl`+`Alt`+`P` 도큐먼트 셋업하기
`Ctrl`+`P` 프린트하기
`Ctrl`+`Q` 일러스트레이터 종료하기

오브젝트 관련

`Ctrl`+`D` 변형 작업 반복하기
`Ctrl`+`G` 선택한 오브젝트를 그룹으로 묶기
`Ctrl`+`Shift`+`G` 묶인 그룹 풀어주기
`Ctrl`+`]`, `Ctrl`+`[` 선택한 오브젝트의 배열을 위·아래로
`Ctrl`+`Shift`+`]`, `Ctrl`+`Shift`+`[`
선택한 오브젝트의 배열을 최상위·최하위로

`Ctrl`+`2` 선택한 오브젝트 잠그기
`Ctrl`+`Alt`+`2` 잠긴 오브젝트 풀어주기
`Ctrl`+`3` 선택한 오브젝트 보이지 않게 숨기기
`Ctrl`+`Alt`+`3` 감춘 오브젝트 보이게 하기
`Ctrl`+`Shift`+`Alt`+`3` 선택한 오브젝트만 남기고 모두 숨기기

`Ctrl`+`J` 떨어져 있는 패스 기준점 이어주기
`Ctrl`+`Alt`+`X` 라이브 페인트 환경 만들기
`Ctrl`+`7` 클리핑 마스크 만들기
`Ctrl`+`Alt`+`7` 클리핑 마스크 해제하기
`Ctrl`+`8` 컴파운드 패스 만들기

`Ctrl`+`Alt`+`B` 블렌드 만들기
`Ctrl`+`Shift`+`Alt`+`B` 블렌드 없애기
`Ctrl`+`Shift`+`Alt`+`W` 와프로 둘러싸서 왜곡하기
`Ctrl`+`Alt`+`M` 메시로 둘러싸서 왜곡하기
`Ctrl`+`Alt`+`C` 상위 오브젝트로 둘러싸서 왜곡하기
`Ctrl`+`Alt`+`X` 라이브 페인트 환경 만들기

키를 동시에 누르면 단축키가 제대로 작동하지 않을 수 있습니다.
차례대로 누른다 생각하면서 단축키를 써주세요.

편집 관련

`Ctrl`+`Z` 실행 취소(작업 순서를 전단계로 되돌리기)
`Ctrl`+`Shift`+`Z` 다시 실행(최근 작업 순서로 돌아오기)
`Ctrl`+`X` 잘라내기
`Ctrl`+`C` 복사하기
`Ctrl`+`V` 붙여 넣기
`Ctrl`+`F` 제자리 위에 붙여 넣기
`Ctrl`+`B` 제자리 뒤에 붙여 넣기
`Ctrl`+`Shift`+`V` 현재 아트보드에 붙여 넣기
`Ctrl`+`Shift`+`Alt`+`V` 모든 아트보드에 붙여 넣기
`Ctrl`+`I` 맞춤법 검사하기

보기 관련

`Ctrl`+`+`, `Ctrl`+`Space bar`+드래그(or 클릭) 도큐먼트 확대
`Ctrl`+`-`, `Ctrl`+`Space bar`+`Alt`+클릭 도큐먼트 축소
`Ctrl`+`0` 도큐먼트를 화면에 딱 맞게 보기
`Ctrl`+`1` 실 사이즈(100%)로 보기
`Space bar`+드래그 화면 옮기기
`Ctrl`+`Y` 아웃라인 보기/숨기기
`Ctrl`+`H` 패스 보기/숨기기
`Ctrl`+`R` 눈금자 보기/숨기기
`Ctrl`+`Shift`+`B` 바운딩 박스 보기/숨기기
`Ctrl`+`Shift`+`D` 도큐먼트를 투명으로 보기/흰색으로 보기

`Ctrl`+`;` 안내선 보기/숨기기
`Ctrl`+`Alt`+`;` 안내선 잠그기/풀기
`Ctrl`+`5` 선택한 패스를 안내선으로 만들기
`Ctrl`+`"` 격자 보기/숨기기
`Ctrl`+`Shift`+`I` 원근감 격자 보기/숨기기

글자 관련

`Ctrl`+`Shift`+`O` 글자 속성을 버리고 아웃라인 만들기
`Ctrl`+`→` 단어 끝 부분으로 커서 옮기기
`Ctrl`+`←` 단어 첫 부분으로 커서 옮기기
`Ctrl`+`Shift`+`↑`, `Ctrl`+`Shift`+`↓` 행 단위로 블록 선택
`Ctrl`+`Shift`+`→`, `Ctrl`+`Shift`+ 단어 단위로 블록 선택
`Ctrl`+`Shift`+`R` 오른쪽 정렬
`Ctrl`+`Shift`+`L` 왼쪽 정렬
`Ctrl`+`Shift`+`C` 가운데 정렬
`Ctrl`+`Shift`+`>` 글자 크기 키우기
`Ctrl`+`Shift`+`<` 글자 크기 줄이기
`Alt`+`↑`, `Alt`+`↓` 행간 넓히기, 행간 좁히기
`Alt`+`→`, `Alt`+`←` 자간 넓히기, 자간 좁히기
`Shift`+`Alt`+`↑` 기준선 올리기
`Shift`+`Alt`+`↓` 기준선 내리기